Herausgegeben von
Alexander Mitscherlich · Angela Richards · James Strachey †
Mitherausgeber des Ergänzungsbandes
Ilse Grubrich-Simitis

Band I: Vorlesungen zur Einführung in die Psychoanalyse (1916–17 [1915–17]) · Neue Folge der Vorlesungen zur Einführung in die Psychoanalyse (1933 [1932])

SIGMUND FREUD

Studienausgabe

BAND I

Vorlesungen zur Einführung in die Psychoanalyse Und Neue Folge

FISCHER TASCHENBUCH VERLAG

Die Freud-Studienausgabe erschien ursprünglich (1969–1979)
im Rahmen der S. Fischer-Reihe
CONDITIO HUMANA
ERGEBNISSE AUS DEN WISSENSCHAFTEN VOM MENSCHEN
(Herausgeber: Thure von Uexküll und Ilse Grubrich-Simitis;
Berater: Johannes Cremerius, Hans J. Eggers, Thomas Luckmann).
Der vorliegende Abdruck übernimmt unverändert den Text
der neunten, korrigierten Auflage von Band I.

Ungekürzte Ausgabe
Fischer Taschenbuch Verlag
April 1982
Fischer Taschenbuch Verlag GmbH, Frankfurt am Main
Lizenzausgabe mit freundlicher Genehmigung
des S. Fischer Verlages GmbH, Frankfurt am Main

Umschlaggestaltung: Mendell & Oberer
Satz: Buchdruckerei Eugen Göbel, Tübingen
Druck und Bindung: Clausen & Bosse, Leck
Printed in Germany
3880-ISBN 3-596-27301-3

INHALT

SIGMUND FREUD

Eine Skizze seines Lebens und Denkens

VON JAMES STRACHEY

Sigmund Freud wurde am 6. Mai 1856 in der kleinen Stadt Freiberg in Mähren, das damals noch zur Österreichisch-Ungarischen Monarchie gehörte, geboren. Äußerlich gesehen, waren die dreiundachtzig Jahre seines Lebens nicht besonders ereignisreich und sind rasch erzählt.
Freud kam aus einer mittelständischen jüdischen Familie. Er war ältestes Kind der zweiten Frau seines Vaters. Sein Platz in der Geschwisterreihe war insofern etwas ungewöhnlich, als er zwei bei seiner Geburt bereits erwachsene Brüder aus der ersten Ehe seines Vaters hatte. Diese waren über zwanzig Jahre älter als er; der eine war sogar verheiratet und hatte ein Söhnchen, so daß Freud also schon als ein Onkel zur Welt kam. Dieser Neffe spielte in den ersten Jahren seiner Kindheit eine mindestens ebenso große Rolle wie seine eigenen jüngeren Geschwister, von denen noch sieben geboren wurden.
Freuds Vater war Wollkaufmann. Bald nach der Geburt des Sohnes geriet er in zunehmende geschäftliche Schwierigkeiten und entschloß sich – Freud war eben drei Jahre alt –, Freiberg zu verlassen. Ein Jahr später ließ sich die ganze Familie in Wien nieder, mit Ausnahme der beiden älteren Halbbrüder, die mit ihren Familien nach Manchester zogen. Mehrmals im Laufe seines Lebens spielte Freud mit dem Gedanken, ihnen nach England zu folgen; dies geschah aber erst nach fast achtzig Jahren.
In Wien lebte die Familie während der ganzen Kindheit Freuds in sehr bedrängten Verhältnissen, und es ist dem Vater hoch anzurechnen, daß er trotzdem für eine gute Erziehung des Sohnes sorgte. Dieser war zweifellos ein begabter, fleißiger Schüler; schon mit neun Jahren bestand er die Aufnahmeprüfung ins Gymnasium und war in den letzten sechs seiner acht Gymnasialjahre stets Primus seiner Klasse. Mit siebzehn Jahren bestand er sein Abitur; zu diesem Zeitpunkt hatte er sich noch nicht für einen bestimmten Beruf entschieden. Er hatte bislang eine sehr allgemeine Bildung genossen; auf jeden Fall sollte es aber eine Universitätslaufbahn sein, jedoch kamen mehrere Fakultäten in Betracht.
Freud hat mehrmals erklärt, daß er »eine besondere Vorliebe für die Stellung und Tätigkeit des Arztes« nicht verspürt habe; »eher bewegte

mich eine Art von Wißbegierde, die sich aber mehr auf menschliche Verhältnisse als auf natürliche Objekte bezog«[1]. An anderer Stelle schreibt er: »Aus früheren Jahren ist mir nichts von einem Bedürfnis, leidenden Menschen zu helfen, bekannt... In den Jugendjahren wurde das Bedürfnis, etwas von den Rätseln dieser Welt zu verstehen, und vielleicht selbst etwas zu ihrer Lösung beizutragen, übermächtig.«[2] In einer späteren Erwähnung der soziologischen Studien seiner letzten Lebensjahre sagt Freud: »Nach dem lebenslangen Umweg über die Naturwissenschaften, Medizin und Psychotherapie war mein Interesse zu jenen kulturellen Problemen zurückgekehrt, die dereinst den kaum zum Denken erwachten Jüngling gefesselt hatten.«[3]

Unmittelbar bestimmend für die Wahl eines naturwissenschaftlichen Faches sei, so erzählt Freud, die Lektüre eines (offenbar irrtümlicherweise) Goethe zugeschriebenen populärwissenschaftlichen Vortrags ›Die Natur‹ kurz vor der Reifeprüfung gewesen. Praktische Erwägungen engten seine Wahl auf das Medizinstudium ein. Und so immatrikulierte sich Freud im Herbst 1873 im Alter von siebzehn Jahren für die Medizinische Fakultät der Universität Wien. Er hatte es aber nicht eilig, sein Medizinstudium zum Abschluß zu bringen. In den ersten Semestern hörte er Vorlesungen auf den verschiedensten Gebieten und konzentrierte sich erst allmählich zunächst auf Biologie und danach auf Physiologie. In seinem dritten Universitätsjahr erhielt er eine erste Forschungsaufgabe: sein Professor für Vergleichende Anatomie beauftragte ihn, die Anatomie des Aals zu klären, was bedeutete, daß Freud einige vierhundert Aale sezieren mußte. Bald darauf trat er in das physiologische Laboratorium von Brücke ein und forschte dort zu seiner großen Zufriedenheit sechs Jahre lang. Ohne Zweifel übernahm er von Brücke die Grundzüge seiner Einstellung zu den Naturwissenschaften. Er arbeitete in dieser Zeit hauptsächlich über die Anatomie des Zentralnervensystems und begann bereits, darüber zu publizieren. Aber es wurde zunehmend deutlich, daß diese Laboratoriumsstudien als Basis für eine Beschäftigung ungeeignet waren, deren Erträgnisse ausreichen sollten, die große elterliche Familie zu unterstützen. So beschloß er schließlich im Jahre 1881, seinen medizinischen Doktorgrad zu erwerben; ein Jahr später gab er sehr ungern seine Stellung im Brücke-

---

[1] [*Selbstdarstellung* (1925 *d*), ganz am Anfang dieser Arbeit.]
[2] [›Nachwort zur *Frage der Laienanalyse*‹ (1927 *a*).]
[3] [›Nachschrift 1935 zur *Selbstdarstellung*‹ (1935 *a*).]

schen Laboratorium auf und trat in das Wiener Allgemeine Krankenhaus ein.

Mehr noch als durch Familienrücksichten war seine neue Laufbahn durch etwas anderes bestimmt: Im Juni 1882 hatte er sich verlobt und bemühte sich von nun an ständig, die Grundlagen für seine Heirat zu schaffen. Seine Braut, Martha Bernays, stammte aus einer bekannten jüdischen Hamburger Familie; sie lebte zwar vorübergehend in Wien, mußte aber bald nach Norddeutschland zurückkehren. Während der folgenden vier Jahre sah er sie nur bei kurzen Besuchen, und die beiden Liebenden mußten sich mit einem beinahe täglichen Briefwechsel begnügen. Freud setzte es sich nun zum Ziel, in der medizinischen Welt sich eine Position und einen Ruf zu erwerben. Er arbeitete an mehreren Abteilungen des Krankenhauses, begann aber bald, sich auf Gehirnanatomie und Neuropathologie zu konzentrieren. Damals veröffentlichte er auch die erste Untersuchung über die möglichen medizinischen Verwendungsweisen des Kokains, was [den Augenarzt] Koller veranlaßte, Kokain zur Lokalanästhesie zu verwenden. Freud faßte zwei Pläne für die unmittelbare Zukunft: erstens eine Privatdozentur zu erlangen und zweitens ein Reisestipendium zu bekommen, mit dem er einige Zeit in Paris verbringen konnte, wo der große [Neurologe und Psychiater] Charcot die beherrschende Gestalt war. Er versprach sich von diesen Plänen reale Vorteile und erreichte nach hartem Kampf im Jahre 1885 ihre Verwirklichung.

Die Monate bei Charcot in der Salpêtrière, der berühmten Pariser Klinik für Nervenleiden, führten jedoch zu einer weiteren, diesmal umstürzenden Änderung in Freuds Lebenslauf. Bis dahin hatte er sich ausschließlich naturwissenschaftlichen Forschungen gewidmet; und auch noch in Paris unternahm er histologische Studien am Gehirn. Charcot interessierte sich zu jener Zeit jedoch vorwiegend für Hysterie und Hypnose. In der medizinischen Welt, aus der Freud kam, galten diese Themen als unseriös, fast anstößig; aber sie begannen ihn zu faszinieren, und während Charcot sie lediglich als Zweige der Neuropathologie betrachtete, bedeuteten sie für Freud die ersten Anfänge seiner Erforschung der Seele.

Bei seiner Rückkehr nach Wien im Frühjahr 1886 eröffnete Freud eine Privatpraxis als Facharzt für Nervenleiden, und bald darauf erfolgte seine so lange aufgeschobene Heirat. Er gab die neuropathologische Arbeit jedoch nicht sogleich auf; noch mehrere Jahre lang studierte er besonders die Zerebrallähmungen bei Kindern und wurde auf diesem

Gebiet zur führenden Autorität. Gleichzeitig schrieb er eine wichtige Monographie über die Aphasie. Aber die Behandlung von Neurosen beschäftigte ihn in zunehmendem Maße. Nachdem er erfolglos mit Elektrotherapie experimentiert hatte, wandte er sich der hypnotischen Suggestion zu und fuhr im Jahre 1888 nach Nancy, um die von Liébeault und Bernheim mit offenbar großem Erfolg praktizierte Technik zu erlernen. Auch diese erwies sich jedoch als unbefriedigend, und er begann, sich eines anderen Verfahrens zu bedienen. Er wußte, daß sein Freund Josef Breuer, ein erheblich älterer Wiener Facharzt, etwa zehn Jahre zuvor ein an Hysterie leidendes Mädchen mit einer ganz neuen Behandlungsweise geheilt hatte. Nun überredete er Breuer, diese Methode noch einmal aufzugreifen; er selbst wandte sie bei mehreren neuen Fällen mit vielversprechendem Erfolg an. Diese Methode stützte sich auf die Annahme, daß die Hysterie das Produkt eines psychischen Traumas sei, das vom Patienten vergessen worden war; die Behandlung bestand darin, die Patientin in den hypnotischen Zustand zu versetzen und ihr zu suggerieren, das vergessene Trauma mit den dazugehörigen Gefühlsbewegungen zu erinnern. Schon bald begann Freud jedoch, Änderungen am Verfahren und auch an der Theorie, auf die es sich stützte, vorzunehmen; dies führte schließlich zum Bruch mit Breuer, während Freud nach und nach das theoretische Gebäude errichtete, dem er den Namen Psychoanalyse gab.

Von da an – also etwa seit 1895 – bis zum Ende seines Lebens drehte sich Freuds Denken, seine ganze geistige Existenz um diese Entwicklung, um deren weitreichende Folgerungen und die theoretischen und praktischen Auswirkungen. Es ist natürlich unmöglich, in wenigen Sätzen eine zusammenhängende Aufzählung aller Entdeckungen und Ideen Freuds zu geben; immerhin soll versucht werden, an einigen Punkten die wesentlichen Veränderungen anzudeuten, die Freud in unseren Denkgewohnheiten bewirkt hat. Vorerst sollen jedoch noch die Wege seines Lebens weiterverfolgt werden.

Seine Häuslichkeit in Wien ist durch Kontinuität und Ausgeglichenheit gekennzeichnet. Von 1891 bis zu seiner Auswanderung nach London siebenundvierzig Jahre später befanden sich Wohnung und Praxis immer im gleichen Hause in der Berggasse. Seine glückliche Ehe und die wachsende Familie – drei Söhne und drei Töchter – lieferten ein gutes Gegengewicht gegen die Schwierigkeiten, die, wenigstens zu Anfang, seine berufliche Laufbahn überschatteten. Es war nicht nur der Inhalt seiner Entdeckungen, der in den ärztlichen Kreisen ein Vorurteil gegen ihn hervorrief; mindestens ebenso stark war die antisemitische Einstellung, die im öffentlichen Leben Wiens herrschte; so wurde seine Berufung auf einen Lehrstuhl an der Universität ständig durch politische Intrigen hintertrieben.

Ein Erlebnis jener frühen Jahre ist wegen seiner Folgen bemerkenswert: Freuds Freundschaft mit Wilhelm Fließ, einem glänzenden, aber seelisch unausgeglichenen Berliner Hals-Nasen-Ohren-Arzt, dessen Interessen sich jedoch auf die ganze menschliche Biologie und besonders auf periodische Erscheinungen in den Lebensvorgängen erstreckten. Fünfzehn Jahre lang, von 1887 bis 1902, korrespondierte Freud regelmäßig mit ihm, beschrieb ihm die Entwicklung seiner Ideen, sandte ihm lange Entwürfe zu seinen späteren Arbeiten, darunter die bedeutsame und recht umfangreiche Skizze, der man den Namen ›Entwurf einer wissenschaftlichen Psychologie‹ gegeben hat. Diese Arbeit stammt aus dem Jahre 1895, einem Jahr, das man als einen Wendepunkt in Freuds Laufbahn bezeichnen könnte, denn nun löste er sich widerstrebend von der Physiologie und bewegte sich auf die Psychologie zu. Es ist ein Versuch, psychologische Tatsachen in rein neurologischer Terminologie darzustellen. Diese Skizze und alle übrigen Mitteilungen Freuds an Fließ sind durch einen glücklichen Zufall erhalten geblieben; sie geben einen faszinierenden Einblick in die Entwicklung seines Denkens. Sie zeigen, wie früh viele seiner späteren psychoanalytischen Funde schon in seinem Geiste vorbereitet waren.

Außer durch Fließ erhielt Freud zu Anfang nur wenig Anerkennung von außen. In Wien sammelten sich zwar einige Schüler um ihn, aber erst nach rund zehn Jahren, etwa 1906, trat eine Änderung ein, als mehrere Schweizer Psychiater sich zu seinen Ansichten bekannten. Die bedeutendsten unter ihnen waren Eugen Bleuler, der Leiter der Züricher Psychiatrischen Klinik [Burghölzli], und sein Assistent C. G. Jung. Ihr Engagement erwies sich als der Beginn der Ausbreitung der Psychoanalyse. Im Jahre 1908 fand die erste internationale Zusammenkunft von Psychoanalytikern in Salzburg statt; im Jahre 1909 wurden Freud und Jung eingeladen, in den Vereinigten Staaten Vorträge zu halten. Freuds Schriften begannen in andere Sprachen übersetzt zu werden, und überall in der Welt bildeten sich Gruppen praktizierender Psychoanalytiker. Aber der Fortschritt der Psychoanalyse erlitt auch Rückschläge: die emotionalen Strömungen, die durch den Stoff der Psychoanalyse aufgerührt wurden, reichten zu tief, als daß Freuds Lehre leicht hätte akzeptiert werden können. Im Jahre 1911 sagte sich Alfred Adler, einer der prominentesten Wiener Anhänger, von Freud los, und zwei oder drei Jahre später führten Meinungsverschiedenheiten zur Trennung von Jung. Unmittelbar darauf brach der Erste Weltkrieg aus; die internationale Ausbreitung der Psychoanalyse wurde unterbrochen. Bald trafen Freud auch noch die härtesten persönlichen Tragödien: der Tod einer Tochter und eines Lieblingsenkels und schließlich der Beginn jener bösartigen Krankheit, die ihn die letzten sechzehn Jahre seines Lebens unerbittlich verfolgen sollte. Von keinem dieser bedrückenden Ereignisse ließ Freud sich jedoch in der Fortführung seiner Beobachtungen und Schlußfolgerungen aufhalten. Der Ausbau seiner Ideen ging weiter und umfaßte immer größere Anwendungsgebiete, vor allem im soziologischen Bereich. Inzwischen war er ein allgemein anerkannter, weltberühmter Mann geworden; keine Ehrung, die er erlebte, bereitete ihm jedoch mehr Vergnügen als die Wahl zum Korrespondierenden Mitglied der »Royal Society« im Jahre 1936, dem Jahr seines achtzigsten Geburtstages. Zweifellos ist es seinem Ruhm und natürlich den Bemühungen einflußreicher Bewunderer, darunter angeblich auch Präsident Roosevelt, zu danken, daß Freud vor den schlimmsten Ausschreitungen der Nationalsozialisten bei Hitlers Invasion in Österreich im Jahre 1938 verschont blieb; seine Schriften wurden jedoch beschlagnahmt und vernichtet. Es war unvermeidlich, daß Freud Wien verließ, und im Juni desselben Jahres unternahm er in Begleitung einiger Familienangehöriger die Ausreise nach London, wo er ein Jahr später, am 23. September 1939, starb.

Es ist nun schon ein journalistisches Klischee geworden, von Freud als einem der revolutionären Begründer des modernen Denkens zu sprechen und seinen Namen mit dem Einsteins zu verbinden. Es würde aber wohl den meisten Menschen fast gleich schwerfallen, die Veränderungen, die von jedem dieser beiden Männer in Gang gesetzt worden sind, in kurzen Worten zusammenzufassen.

Freuds Entdeckungen könnten unter drei Rubriken subsumiert werden: die Psychoanalyse als Forschungsinstrument, die mit diesem Instrument zutage geförderten Befunde und die daraus abgeleiteten theoretischen Hypothesen. Natürlich sind diese drei Gruppen wechselseitig miteinander verbunden. Hinter dem Gesamtwerk Freuds müssen wir jedoch seinen Glauben an die universelle Gültigkeit des Determinismus als gegeben voraussetzen. Was die physischen Erscheinungen betrifft, so stammte diese Überzeugung, wie erwähnt, vielleicht aus der Zeit seiner

Erfahrungen im Brückeschen Laboratorium, letztendlich von der Helmholtzschen Schule. Aber Freud übertrug dieses Gesetz kompromißlos auf das Feld der seelischen Erscheinungen und war hier vielleicht von einem anderen seiner Lehrer, dem Psychiater Meynert, indirekt also von der Philosophie Herbarts, beeinflußt.

Vor allem war Freud also der Entdecker des ersten Instruments zur wissenschaftlichen Erforschung der menschlichen Seele. Wohl hatten geniale Schriftsteller aller Zeiten manchen Einblick in seelische Vorgänge getan, aber vor Freud existierte noch keine systematische Forschungsmethode. Diese Methode wurde erst nach und nach vervollkommnet, wie auch die Schwierigkeiten, denen eine solche Forschung begegnete, erst allmählich sichtbar wurden. Das vergessene Trauma in Breuers Hysterieerklärung lieferte bereits das früheste und vielleicht grundsätzlichste Problem, denn es zeigte unwiderleglich, daß es in der Seele aktive Anteile gibt, die der Erkenntnis nicht unmittelbar zugänglich sind, weder für einen Betrachter von außen noch für den Betroffenen selbst. Diese Anteile der Seele wurden von Freud unter Außerachtlassung aller metaphysischen oder terminologischen Streitfragen das Unbewußte genannt. Ihr Vorhandensein war schon mit Hilfe der post-hypnotischen Suggestion demonstriert worden, wenn etwa der Proband in hellwachem Zustand eine Handlung vornahm, die ihm zuvor suggeriert worden war, während er die Suggestion selbst völlig vergessen hatte. Von nun an konnte keine Erforschung der Seele mehr als vollständig betrachtet werden, wenn sie nicht auch die unbewußten Teile erfaßte.

Wie konnte dies gelingen? Die nächstliegende Antwort schien zu sein: durch Suggestion in der Hypnose. Dieses Mittel benutzten denn auch Breuer und – anfangs – Freud. Aber es erwies sich bald als unvollkommen, erbrachte unregelmäßige und unsichere, manchmal sogar überhaupt keine Erfolge. Nach und nach gab Freud daher die Suggestion auf und verwendete an ihrer Stelle ein gänzlich neues Instrument, das später unter dem Namen »freie Assoziation« bekannt wurde. Er schlug den bis dahin unbekannten Weg ein, die Person, deren Seelenleben er erforschte, einfach aufzufordern, alles zu sagen, was ihr durch den Kopf ging. Dieser entscheidende Schritt führte sogleich zu den merkwürdigsten Ergebnissen, und schon in dieser primitiven Form lieferte Freuds Instrument neue Einsichten. Denn obwohl sich das Unterfangen eine Zeitlang sehr gut entwickelte, versandete der Strom der Assoziationen früher oder später: der Analysand wollte oder konnte sich nichts mehr vorstellen, was es noch zu sagen gäbe. Damit trat der

»Widerstand« ans Licht, eine Kraft, die außerhalb des bewußten Willens des Analysanden steht und sich der Mitarbeit bei der Erforschung widersetzt. Hier ergab sich die eine Grundlage der Theorie, nämlich die Hypothese, daß das Seelische etwas Dynamisches sei und aus einer Anzahl psychischer Kräfte sich zusammensetze, von denen einige bewußt, andere unbewußt seien und welche bald im Einklang miteinander, bald gegeneinander operierten.

Obwohl es sich später zeigte, daß diese Phänomene ubiquitär waren, wurden sie zuerst an neurotischen Patienten beobachtet und studiert, und in den ersten Jahren bestand Freuds Arbeit weitgehend darin, Mittel zu erfinden, mit denen der »Widerstand« jener Patienten überwunden und das, was dahinter lag, ans Licht gebracht werden konnte. Die Lösung ergab sich aber erst durch einen außergewöhnlichen Akt der Selbstbeobachtung von Freud selber – wir würden ihn heute als seine Selbstanalyse bezeichnen. Glücklicherweise besitzen wir eine gleichzeitige Beschreibung dieses Ereignisses aus erster Hand in den schon erwähnten Briefen Freuds an Wilhelm Fließ. Diese Analyse machte es ihm möglich, das Wesen der unbewußten seelischen Vorgänge zu entdecken und zu verstehen, warum sich ihrer Bewußtwerdung ein so starker Widerstand entgegensetzt; sie half ihm, Techniken zur Überwindung oder Umgehung dieses Widerstandes bei seinen Patienten zu finden, und, was das Wichtigste war, sie erlaubte ihm, die erheblichen Unterschiede zwischen der Funktionsweise dieser unbewußten Prozesse und jener der bekannten bewußten zu erkennen. Zu jedem dieser drei Punkte sei ein Wort gesagt, denn sie bilden tatsächlich den Kern der Beiträge Freuds zu unserem Wissen von der Seele.

Es erwies sich, daß die unbewußten Inhalte der Seele gänzlich aus der Aktivität volitionaler Tendenzen bestanden – Sehnsüchten und Wünschen –, die ihre Energie direkt von den primären physischen Trieben beziehen. Sie haben eigentlich kein anderes Ziel als die Erlangung unmittelbarer Befriedigung und geraten deshalb leicht mit den bewußtseinsnäheren Elementen des Seelenlebens aus dem Tritt, welche für die Realitätsanpassung und die Vermeidung äußerer Gefahr zuständig sind. Da ferner diese primitiven Tendenzen zum großen Teil sexueller oder destruktiver Natur sind, kommen sie notwendigerweise mit den das Sozial- und Kulturleben tragenden seelischen Kräften in Konflikt. Forschungen in dieser Richtung führten Freud zur Entdeckung lange bemäntelter Geheimnisse des kindlichen Sexuallebens und des Ödipuskomplexes.

In zweiter Linie führte Freuds Selbstanalyse zur Erforschung des Wesens der Träume. Diese erwiesen sich, ähnlich den neurotischen Symptomen, als Produkt eines Konfliktes und eines Kompromisses zwischen den primären unbewußten und den sekundären bewußten Regungen. Wenn man sie in ihre Elemente zerlegt, kann man auf ihren verborgenen unbewußten Inhalt schließen; und da die Träume eine ganz allgemeine, fast ubiquitäre Erscheinung sind, erwies sich ihre Deutung als eines der nützlichsten technischen Hilfsmittel, um den Widerstand neurotischer Patienten zu durchdringen.

Schließlich wurde es Freud durch die detaillierte Erforschung der Träume möglich, die bemerkenswerten Unterschiede zwischen dem Denken nach dem Primärvorgang und dem nach dem Sekundärvorgang – wie er diese Prozesse nannte –, also zwischen Erscheinungen im unbewußten beziehungsweise im bewußten Bereich der Seele zu erkennen. Es zeigte sich, daß im Unbewußten keinerlei Organisation oder Koordination besteht; jede einzelne Regung sucht unabhängig von allen übrigen nach Befriedigung; alle verlaufen voneinander unbeeinflußt; Widersprüche haben keinerlei Bedeutung, und die entgegengesetzten Regungen bestehen nebeneinander. So vollziehen sich im Unbewußten Ideenassoziationen ohne Rücksicht auf logische Zusammenhänge: Ähnliches wird zu Gleichem, Negatives wird Positivem gleichgesetzt. Desgleichen sind die Objekte, an die sich die volitionalen Tendenzen im Unbewußten heften, sehr leicht vertauschbar – in einer langen Kette von Assoziationen, die keine rationale Grundlage haben, kann eines durch ein anderes ersetzt werden. Freud bemerkte, daß das Eindringen von Mechanismen, die eigentlich zum Primärvorgang gehören, in das bewußte Denken nicht nur die Seltsamkeiten der Träume, sondern auch die vieler anderer normaler und pathologischer seelischer Erscheinungen erklärt.

Es ist wohl keine Übertreibung zu behaupten, daß die ganze spätere Arbeit Freuds darin bestand, diese seine ursprünglichen Ideen zu erweitern und auszuarbeiten. Er benutzte sie zur Erhellung der Mechanismen der Psychoneurosen und Psychosen, aber auch zur Erklärung so normaler Vorgänge wie der Fehlleistungen, des Witzes, des künstlerischen Schaffens, sogar politischer und religiöser Institutionen; sie verhalfen dazu, neues Licht auf manche angewandte Wissenschaften – wie Archäologie, Anthropologie, Kriminologie, Pädagogik – zu werfen; sie lieferten ferner Begründungen für die Leistungsfähigkeit der psychoanalytischen Therapie; schließlich errichtete Freud auf der Grundlage dieser Beobachtungselemente einen theoretischen Überbau aus allgemeineren Konzepten, den er »Metapsychologie« nannte. Er betonte jedoch immer wieder, daß es sich dabei nur um vorläufige Hypothesen handele, so faszinierend sie uns erscheinen mögen. Wegen der Mehrdeutigkeit der Bezeichnung »unbewußt« und ihrer widersprüchlichen Verwendung legte er noch spät in seinem Leben eine neue Strukturtheorie der Seele vor, in welcher er die unkoordinierten Triebtendenzen das »Es«, den organisierten realitätsgerechten Teil das »Ich« und die kritische, moralisierende Funktion das »Über-Ich« nannte – eine neue Betrachtungsweise, die zweifellos zur Klärung vieler Probleme beigetragen hat.

Hiermit hat der Leser eine Skizze der äußeren Ereignisse in Freuds Leben und eine erste Vorstellung von der Reichweite seiner Entdeckungen erhalten. Sind wir berechtigt, mehr zu verlangen, zu versuchen, etwas weiter einzudringen und zu fragen, was für ein Mensch Freud nun eigentlich war? Vielleicht nicht. Aber die Neugier der Menschen bei großen Persönlichkeiten ist unersättlich, und wenn sie nicht durch wahre Darstellungen gestillt wird, pflegt sie sich an mythologische zu halten. In zwei seiner frühen Werke, der *Traumdeutung* und der *Psychopathologie des Alltagslebens,* hatte sich Freud genötigt gesehen, zur Darlegung seiner Thesen einen ungewöhnlich großen Anteil persönlichen Materials vorzulegen. Dennoch, oder vielleicht gerade deshalb, mißbilligte er aufs entschiedenste jegliches Eindringen in sein Privatleben und war dementsprechend auch von mancherlei Mythen umgeben. Nach den frühesten, höchst naiven Gerüchten war er ein verworfener, mit der Korruption der Moral beschäftigter Lüstling. Später ergingen sich die Phantasien in entgegengesetzter Richtung: Freud sei ein strenger Moralist, bestehe rücksichtslos auf Disziplin; er sei ein egozentrischer, finsterer Autokrat und ein zutiefst unglücklicher Mensch. Jedem, der ihn auch nur flüchtig kannte, müssen beide Bilder gleich absurd erscheinen. Das zweite leitete sich zweifellos vom Bekanntwerden seines körperlichen Leidens während seiner letzten Lebensjahre, teilweise aber wohl auch von dem ungünstigen Eindruck her, den einige seiner am meisten verbreiteten Porträts machen. Er ließ sich, vor allem von Berufsphotographen, nur sehr ungern aufnehmen, und dies kam gelegentlich in seinem Gesicht zum Ausdruck; auch bildende Künstler scheinen sich verpflichtet gefühlt zu haben, den Schöpfer der Psychoanalyse als eine grimmige, furchterregende Figur darzustellen. Glücklicherweise existieren jedoch liebenswürdigere und echtere Bilder, zum Beispiel Schnappschüsse aus den Ferien oder mit seinen Kindern, etwa in den Erinnerungen, die sein ältester Sohn von seinem Vater geschrieben hat (*Glory Reflected* von Martin Freud [1957]). In der Tat ist dieses reizende, amüsante Buch sehr geeignet, das Gegengewicht gegen die – natürlich höchst wertvollen – offizielleren Biographien zu halten und etwas von dem Freud des täglichen Lebens zu enthüllen. Einige dieser Porträts zeigen, daß Freud in jüngeren Jahren ein volleres Gesicht hatte; später, jedenfalls nach dem Ersten Weltkrieg, aber doch schon vor seiner Erkrankung, war dies nicht mehr so, und seine Gesichtszüge wie auch seine ganze Gestalt (er war von mittlerer Größe) erweckten nun den Eindruck gespannter Energie und wacher Beobachtungsgabe. Im Umgang mit Menschen, die nicht zum Familien- und Freundeskreis gehörten, war er ernst, dabei rücksichtsvoll und freundlich; gelegentlich konnte er aber auch ein unterhaltsamer Gesellschafter mit einem angenehmen, etwas ironischen Sinn für Humor sein. Seine fürsorgliche Liebe für seine Familienangehörigen war unverkennbar, und man konnte sich ihn leicht als einen Mann vorstellen, der Zuneigung gewann. Er hatte die verschiedensten Interessen, er reiste gern ins Ausland, liebte die Ferien auf dem Lande, Gebirgswanderungen, aber auch seine hingebungsvolle Beschäftigung mit Kunst, Archäologie und Literatur. Freud war sehr belesen, und zwar nicht nur im deutschen Schrifttum. Er las Englisch und Französisch fließend und hatte recht gute Kenntnisse des Spanischen und Italienischen. Man muß sich daran erinnern, daß er zwar in den späteren Phasen seiner Ausbildung fast ausschließlich ein naturwissenschaftliches Studium absolviert hat (an der Universität hat er nur kurze Zeit dem Philosophiestudium gewidmet), daß er aber eine traditionelle Schulbildung erhalten und seine Liebe zu den Klassikern nie aufgegeben hat. Glücklicherweise haben wir einen Brief, den er mit siebzehn Jahren an einen Schulfreund[1] schrieb und in dem er die verschiedenen Themen und Noten seiner Reifeprüfung schildert: in Latein mußte er einen Absatz aus Virgil übersetzen, in Griechisch dreiunddreißig Zeilen ausgerechnet aus – *Ödipus Rex*.

Kurz, Freud besaß eine Bildung, die man in England das Produkt viktorianischer Erziehung im besten Sinne des Wortes nennen würde. Natürlich war sein Geschmack in Literatur und Kunst weitgehend der seiner Zeit; seine Ansichten über Moral waren zwar durchaus liberal, sie entsprechen jedoch nicht mehr denjenigen der Zeit nach Freud. Aber wir sollten ihn als einen Mann sehen, der ein Leben voller seelischer Bewegung, ein Leben voller Leiden ohne Verbitterung führte. Zu seinen her-

[1] [Emil Fluß. Der Brief ist abgedruckt in Sigmund Freud, *Briefe 1873–1939* (1960*a*), S. 5 ff.]

vorragenden Eigenschaften gehörten absolute Ehrlichkeit und Geradheit, aber auch die intellektuelle Bereitschaft, jegliche Tatsache, auf die er stieß, in Augenschein zu nehmen, wie neu oder ungewöhnlich sie auch sein mochte, und darüber nachzudenken. Als vielleicht unvermeidliche Folge oder Beigabe dieser Eigenschaften und seines grundsätzlichen Wohlwollens, welches von der oberflächlich bekundeten Menschenfeindlichkeit nicht verdeckt werden konnte, besaß Freud auch einige unerwartete Charakterzüge. Bei aller geistigen Feinnervigkeit war er seiner Natur nach gutgläubig, so daß sein kritisches Vermögen manchmal in verblüffender Weise versagte. So verließ er sich zum Beispiel auf Gebieten, die nicht seine eigenen waren, wie Ägyptologie oder Philologie, auf zweifelhafte Autoritäten; am merkwürdigsten aber war, daß jemand, dessen Wahrnehmungsfähigkeiten man selbst erlebt haben muß, um sie überhaupt für möglich zu halten, gelegentlich im Hinblick auf die Fehler der Menschen des eigenen Bekanntenkreises blind sein konnte. So sehr es aber unserer Eitelkeit schmeicheln mag zu erfahren, daß Freud auch nur ein Mensch wie wir alle war, dürfen wir uns darauf doch nicht zu viel zugute halten. An diesem Mann, der als erster imstande war, eine Fülle seelischer Tatsachen zu erkennen, die bis dahin aus dem normalen Bewußtsein ausgeschlossen waren, an einem Mann, der als erster den Traum wissenschaftlich deutete, die Fakten der frühkindlichen Sexualität akzeptierte, den Unterschied zwischen dem Denken des Primärvorgangs und des Sekundärvorgangs erkannte, der uns die Realität des unbewußten Seelenlebens nahebrachte – an einem solchen Mann muß etwas ganz Außergewöhnliches gewesen sein[1].

(Übersetzt von Käte Hügel)

[1] [Wer nach weiteren Auskünften sucht, findet sie in der dreibändigen Freud-Biographie von Ernest Jones (1960–62; eine gekürzte einbändige Fassung wurde 1969 vom S. Fischer Verlag veröffentlicht: *Sigmund Freud: Leben und Werk*), ferner in dem großen Freud-Briefband (1960 *a*), den Freuds Sohn Ernst und dessen Frau Lucie herausgegeben haben, und in den bereits publizierten Briefwechseln Freuds mit Wilhelm Fließ, Karl Abraham, Oskar Pfister, Lou Andreas-Salomé, Arnold Zweig sowie schließlich vor allem in den vielen Bänden des Freudschen Werkes selbst.]

ÜBER MÖGLICHE MISSVERSTÄNDNISSE BEI DER LEKTÜRE DER WERKE SIGMUND FREUDS

VON ALEXANDER MITSCHERLICH

Nachdem James Strachey die biographischen Daten und einige der wichtigsten Gedanken Freuds skizziert hat, scheint es mir angebracht, dem Leser, der damit beginnen will, in die Schriften des Begründers der Psychoanalyse einzudringen, noch einiges über die Aufnahme dieser »neuen wissenschaftlichen Disziplin« in Deutschland zu sagen. Denn er trifft ja nicht gänzlich unvorbereitet auf sie, sondern greift zu dieser Studienausgabe, weil er viel gehört hat und obgleich er sicher auch viel Abträgliches gehört haben dürfte. Dabei ist Psychoanalyse in Deutschland bis in die höchsten akademischen Ränge eher eine Fama, ein Etwas geblieben, das man nur vom Hörensagen kennt, über das man aber mehr oder minder definitive Meinungen hegt.

Der Grund dafür ist zunächst ganz unverständlich. Freud hat mehrfach definiert, was Psychoanalyse sei; eine dieser Begriffsbestimmungen, aus dem Jahre 1923, lautet folgendermaßen: »Psychoanalyse ist der Name 1. eines Verfahrens zur Untersuchung seelischer Vorgänge, welche sonst kaum zugänglich sind; 2. einer Behandlungsmethode neurotischer Störungen, die sich auf diese Untersuchung gründet; 3. einer Reihe von psychologischen, auf solchem Wege gewonnenen Einsichten, die alle allmählich zu einer neuen wissenschaftlichen Disziplin zusammenwachsen.«[1]

Daran erscheint zunächst nichts provokatorisch, und es ist überraschend, daß das Auffinden von Wegen zu »seelischen Vorgängen, welche sonst kaum zugänglich sind«, neben Dankbarkeit so heftige Ablehnung erweckt hat. Sie drückt sich auch auf subtile Weise aus. Zum Beispiel darin, daß viele, die sich das Lesen von Freuds Arbeiten angelegen sein ließen, am Ende nicht mehr wußten als zuvor. Sie kamen mit vorgefaßten Meinungen, was bei Freud zu finden sein würde, etwa die Forderung nach repressionsfreier Erziehung, und meinten, die Bestätigung gefunden oder doch aus dem Text herausgelesen zu haben. Der Widerstand, der die einen von der Lektüre abhält, führt die anderen zur Selbsttäuschung. Beide weichen der Erschütterung aus, die sie wenigstens auf Zeit in ihren mitgebrachten Einstellungen unsicher machen könnte.

Als Psychoanalytiker kann man eine derartige Informationslücke aus

[1] S. Freud, ›»Psychoanalyse« und »Libidotheorie«‹ (1923 *a*); Eröffnungssatz.

innerer Abwehr, die vordergründig rasch mit stereotypen Phantasien anzufüllen ist, nicht hinnehmen, ohne ernstlich nach ihrer spezifischen Motivation zu fragen.

Gehen wir von der Grundannahme aus, daß viele Inhalte unseres seelischen Lebens deshalb »schwer zugänglich« bleiben, weil ihr Auftauchen im Bewußtsein dort einen Konflikt mit dem Eigenbild hervorrufen würde, das wir uns von uns selbst entwerfen, oder mit dem Bild, welches wir uns von anderen machen, die wir lieben, hochschätzen, hassen, verachten. Das objektive Wissen, welches die psychoanalytische Methode der Verständigung mit uns selbst hervorbringt, wird meist erst im zweiten Schritt als hilfreich empfunden, zunächst aber als peinlich, als beschämend, Unlust bereitend. So ist generell zu erwarten, daß jemand, der nicht schon mit einem Leidensdruck oder mit ausnahmsweise ungebrochener Wissensneugier, also hilfesuchend und aufklärungsheischend an die Psychoanalyse herantritt, sich rasch und mit negativen Empfindungen zurückziehen wird. Er wird sich beleidigt fühlen, er meint, er habe es nicht nötig, sich so abschätzig, schief, unbillig behandelt zu sehen, wie er glaubt, daß ihm dies in einer psychoanalytischen Auseinandersetzung mit sich selbst zugemutet wird. Diese erste abwehrende Einstellung kann vielleicht korrigiert werden, wenn die nächste Begegnung in eine günstigere Stunde fällt.

Solches ist freilich dann nicht zu erwarten, wenn der Widerstand gegen den Versuch der Selbstentdeckung sich auf Vorurteile stützen kann, die allgemein in der Gesellschaft verbreitet sind. Dieser unser Selbstschutz gegen Eigenwahrnehmung, im Sinne von unkonventioneller Selbsterkenntnis, ist freilich sehr entwickelt; er bezieht sich keineswegs nur auf die Psychoanalyse und deren »Wahrheiten«; es handelt sich vielmehr um ein regelhaft eintretendes psychisches Verhalten unter der Bedrohung erschütternder Einsicht. Wer eine preußische Kadettenerziehung zu durchstehen hatte, mußte auf schmerzhafte Weise lernen, vielen Zärtlichkeitsbedürfnissen zu entsagen, wenn er innerhalb seiner Gruppe einen erträglichen Platz in der Rangordnung finden wollte. Das blieb nicht ohne sichtbare Folgen, wie man aus dem bekannten schneidigen Ton und Jargon folgern kann, mit dem man sich selbst und seine Umwelt ständig von seiner jederzeit kampfbereiten Männlichkeit zu überzeugen bestrebt war. Solcher aus Konformismus stammender Halt in der Gruppe gegen unangenehme Einsichten ist eine der wirksamsten Techniken zur Aufrechterhaltung unseres inneren Gleichgewichts, über die wir verfügen.

Diese Auspizien sind einzukalkulieren, wenn wir die Motivation des Unwillens – zunächst der Ärzte, schließlich der Gebildeten unseres Landes überhaupt – verstehen wollen, jene psychoanalytischen »Einsichten, die allmählich zu einer neuen wissenschaftlichen Disziplin zusammenwachsen«, sich als etwas anzueignen, das zu besitzen der Mühe lohnt. Hier besteht eine gewisse Vergleichbarkeit zwischen dem Auftreten dieser neuen Form der Psychologie und dem Auftauchen neuer Kunstformen, Ausdrucksmittel und -inhalte. Die Schwierigkeiten, die es kostet, jeweils zeitgenössische Kunst ernstzunehmen, ändern sich dem Prinzip nach nicht. Ob das nun zu seiner Zeit die Musik Richard Wagners, Strawinskys war oder ob es avantgardistische Kompositionen der Gegenwart sind – in jedem Fall wird ein neues Stück Wirklichkeit durch die Kraft des Künstlers oder des Forschers mitteilbar, aber die jeweilige Um- und Mitwelt ist nicht bereit, es anzunehmen. Ohne Zweifel war die Entdeckung eines dynamischen Unbewußten, permanent in Bewegung befindlicher seelischer Prozesse, die von innen her auf uns einwirken und auf unser Handeln motivierend Einfluß nehmen wollen – und dazu durchaus imstande sind –, eine solche Aussage, auf welche das Ich nicht gelassen eingehen konnte, sondern zur Aufrechterhaltung des Status quo – des bestehenden Gleichgewichtes *vor* der neuen Erkenntnis – mit einem emotionellen Alarm antworten mußte.

Bei der Abwehr neuer Einsichten, die sich nicht auf die Natur, sondern auf *unsere* Natur beziehen, greifen wir gern zur Diffamierung. Das Neue wird als krankhaft, entartet, zerstörerisch, falsch, banal und mit ähnlichen Argumenten entwertet. Bei der Rückweisung von Freuds Mitteilungen über die Motivation menschlichen Handelns boten sich gleich zwei Merkmale an, die in der vorurteilsgelenkten Stimmung unverzeihlich sind: Freud war Jude, und er war Österreicher. Im historischen Augenblick, in dem Psychoanalyse in Deutschland auftauchte, spielten sowohl ein zunehmend aggressiver Antisemitismus eine bedeutende Rolle – man erinnere sich des Antisemitismusstreites Treitschke/Mommsen[1] – wie auch im preußisch konzipierten Deutschen Reich eine abschätzige Einstellung zur Habsburger Doppelmonarchie.

Die Verachtung jüdischer Kultur und Eigenart war die psychische Voraussetzung für die Möglichkeit, viele Unlust bereitende, verdammenswert erscheinende eigene Charakteristika auf den Charakter der jüdischen Minderheit projizieren zu können. Im Prinzip war es die gleiche

---

[1] Walter Boehlich (Hrsg.), *Der Berliner Antisemitismusstreit*, Frankfurt a. M. 1965.

Mechanik, nach welcher das lebensfrohere Österreich für die Unlust herhalten mußte, welche die heroischen Allüren erweckten, zu denen man sich verpflichtet glaubte. Es ist aufschlußreich, daß nicht die Ansätze zu einer übernationalen, konföderativen Staatsform Österreichs gesehen und geschätzt wurden. Man war selbst – etwa im Verhältnis zu Frankreich oder England – ganz im rivalisierenden Geschwisterhaß befangen, der auch das Verhältnis der nationalen Gruppen Südost-Europas tragisch belastete. Jede Form von Toleranz wird als nationale Schwäche ausgelegt. Diese Linie in die Gegenwart verlängert führt bis zu dem fast ein Vierteljahrhundert währenden Hader der beiden deutschen Staaten, wobei sich zeigt, daß die Wurzeln oder die Kollateralen, die Seitenstränge dieser emotionellen Erregbarkeit, zwei Weltkriege und die erschütterndsten Schuldverstrickungen überdauern können.
Das gilt naturgemäß auch für den Antisemitismus als chronischer Vorurteilskrankheit. Es ist wahrscheinlich realistischer, seinen momentanen Nachfolger in projektiven Entlastungsvorgängen im Anti-Bolschewismus zu erkennen, als sich der Hoffnung auf sein Erlöschen zu überlassen. Die wenigen Juden, die heute in Deutschland leben, sind kein brauchbares, entlastendes Projektionsobjekt. Und zudem ist der Antisemitismus keine isoliert auftretende Reaktion, sondern er gehört als ein mehr oder weniger konstantes Symptom in die Vorurteilskrankheit. Diese psychische Störung ist, gemessen an ihrer Bedeutung, auch mit den Mitteln der Psychoanalyse noch keineswegs ausreichend untersucht. Der militante, von moralischen Einwendungen befreite, ja, von einem pervertierten Über-Ich angestachelte Antisemitismus, der die weit überwiegende Mehrheit der Deutschen in den zwanziger, dreißiger und vierziger Jahren bis zum Zusammenbruch ergriffen hatte, ist nicht durch den Sieg der Kriegsgegner Deutschlands als überwunden anzusehen. Es kommt vielmehr darauf an, die Irrationalität der Projektionsbedürfnisse und die Frustrationen, die sie anregen, zu verstehen.
Dies scheint eminent wichtig, weil dann die Ablehnung der Psychoanalyse durch die deutsche bürgerliche Gesellschaft, vor allem während der nationalsozialistischen Herrschaft, nicht nur negativ als ein historischer Irrtum begriffen wird, der auf sich beruhen mag, sondern als ein Ereignis, das in modifizierter Form sich jederzeit wiederholen kann, wozu zum Beispiel auch, wie erwähnt, gehört, daß man die Psychoanalyse für Argumentationszusammenhänge verwendet, die keineswegs durch die Erkenntnisse, die sie vermittelt hat, gedeckt werden. Im Grunde wird das gleiche Ergebnis produziert, ob man die Psychoanalyse nun durch Un-

kenntnis und stereotype Vorurteile oder durch falsche Auslegungen, durch einseitiges Aufgreifen von Aussagen verstümmelt. In beiden Fällen wird sie als Instrument mißbraucht. Sie dient dann nicht dazu, dem Individuum in einer Konfliktsituation, dessen Motivationen im dunkeln bleiben, Hilfe zu bringen, sondern geradezu umgekehrt, unter Berufung auf sie wird ein Sachverhalt verdunkelt entweder dadurch, daß man ihr nichts als unsinnige und falsche Aussagen zutraut, oder dadurch, daß man ihre Ergebnisse zurechtstutzt, bis sie zu den Zwecken passen, die man verfolgt und durch die man sich die eigentlich peinigenden Einsichten zu ersparen versucht.

Der Leser der Schriften Freuds wird immer wieder auf die unendlich erfindungsreiche Kraft der unbewußt bleibenden Ich-Anteile aufmerksam gemacht, die es uns so sehr erschweren, die Wahrheit über uns zu erfahren. So kann man ihm im Umgang mit diesem Lebenswerk nur zur Geduld raten.
›Erinnern, Wiederholen und Durcharbeiten‹ ist eine kleine Schrift Freuds aus dem Jahre 1914 betitelt. Freud empfiehlt dort dem Arzt, sich »auf einen beständigen Kampf mit dem Patienten« einzurichten, »um alle Impulse auf psychischem Gebiet zurückzuhalten, welche (der Kranke) aufs Motorische lenken möchte, und [der Arzt] feiert es als einen Triumph der Kur, wenn es gelingt, etwas durch die Erinnerungsarbeit zu erledigen, was der Patient durch eine Aktion abführen möchte«[1]. Man kann diese Empfehlung auf das Verhältnis zwischen Autor und Leser übertragen. Nur wenn dieser es sich gefallen läßt, daß der Autor ihn immer wieder zu neuer Lektüre, zu neuem Verständnisansatz auffordern möchte, wird er etwas von dem besonderen zwischenmenschlichen Medium zu spüren bekommen, das die Psychoanalyse charakterisiert und in dem ihre Erkenntnisse ja erst entstanden sind. Dabei hat das Wiederholen und Durcharbeiten der Texte nichts Rituelles, keinen gebetshaften Charakter, wie man vielleicht meinen möchte, sondern im Gegenteil, das genaue Durchdenken, das noch genauere Aufnehmen einer Gedankenkette ermöglicht es dem Leser erst, seinen verfestigten bewußten und vorbewußten Einstellungen, Vorstellungen, Meinungen in einem kritischen Licht neu zu begegnen. In diesem Sinn ist Freud ein anspruchsvoller Autor; die Klarheit seines Stils reduziert nicht die oft unentwirrbare Vielfädigkeit, aus der sich psychische Prozesse zusammensetzen.

[1] S. Freud, ›Erinnern, Wiederholen und Durcharbeiten‹ (1914 g).

Wenn also der Freud der ersten Hälfte dieses Jahrhunderts dadurch charakterisiert zu sein schien, daß er jüdisch-zersetzende Geschäfte besorgte, indem er für eine der Vernunft nähere Sexualmoral eintrat, was nur die zwanghafte Ordnungssucht gerade unserer deutschen Gesellschaft herausfordern konnte, so gerät der Freud der zweiten Jahrhunderthälfte in ein neues Interpretationsnetz. Nun wird er zum Bürger des 19. Jahrhunderts, der in sein analytisches Denken nicht genügend von den gesellschaftlichen Einflüssen auf den Menschen aufgenommen habe und dadurch dessen Ausbeutung Vorschub leiste. Nicht, daß es so wäre, daß die Fähigkeit, genital-sexuelle Freuden erleben zu können, nicht an den prägenitalen Zwängen zu einer Ordnung rütteln würde, die zum Fetisch wurde; nicht, daß man nicht zugestehen könnte, daß die Diskussion über die Bedeutung angeborener Triebeigentümlichkeiten und den Einfluß gesellschaftlicher Prägungen auf das Individuum noch keineswegs zu einem befriedigenden Ende gekommen ist – vielleicht gar nicht kommen kann –, solche Einwände werden immer wieder vorschnell der Psychoanalyse selbst zur Last gelegt, statt daß die Einsicht festgehalten würde, daß sie instrumentalen Charakter hat, daß es also bei uns liegt, ob wir sie für Erkenntnis- oder für Machtzwecke gebrauchen, wie sehr wir uns das letztere auch verschleiern mögen. Nach wie vor, so darf man wohl sagen, fällt uns in Deutschland der Umgang mit der Psychoanalyse schwer, weil wir dazu zu neigen scheinen, einen nicht geringen Anteil unserer Aggression in Meinungen zu binden, die wir dann mit dem entsprechenden Nachdruck und mit der entsprechenden Unnachgiebigkeit und nicht selten Uneinsichtigkeit vor uns selbst verteidigen und anderen aufnötigen wollen. Die Arbeitshypothese des psychischen Determinismus, wie sie Freud entwickelt hat, gibt uns aber im Prinzip die Möglichkeit, auch diese Zwänge zu revidieren und die Route unserer Motive bis in die tieferen, dem Bewußtsein entzogenen Bereiche zu verfolgen.

So ist die Psychoanalyse das Produkt eines Mannes, der einer verachteten, mindestens unbekannten und anrüchigen Kultur entstammt und mit seiner Nationalität signalisiert, daß er nicht wie selbstverständlich Ordnung mit Gehorsam gegen die Obrigkeit in eins setzt. Es ist vielleicht nicht abwegig zu schließen, daß die Psychoanalyse, die zu entwickeln ein ungewöhnliches Maß von Selbstkritik erforderte, in der Tat eine tiefe und spezifische Beziehung zur jüdischen Kultur aufweist. Vielleicht konnte sie nur aus einem sehr langen historischen Erfahrungszusammenhang entstehen, in welchem immer wieder die Identität und das Selbstgefühl der jüdischen Menschen in ihnen fremden und feindlichen Kulturen infrage gestellt wurde. Das unermeßliche Elend und Ausmaß an Erniedrigung, welches die Juden durch Jahrtausende zu ertragen gezwungen waren, muß sich in einem Selbstgefühl niedergeschlagen haben, das aufs äußerste gewitzt sein mußte, Selbsttäuschungen zu vermeiden, denn jede solcher Selbsttäuschungen mußte notwendigerweise die Gefahr, die von außen drohte, noch durch eine, die von innen kam, verstärken. Keine tödlichere Schwäche für eine Minderheit, die sich niemals durch äußere Macht genügend schützen kann, als die, auf einen, sei es individuellen, sei es kollektiven Wahn zu vertrauen. Dies der Unterschied zu den bloßen Sekten ohne historischen Auftrag, während sich im Judentum die durchaus historisch relevante Konsolidierung der Ich-Kräfte vollzieht, die es ihm nicht nur erlaubte zu überleben, sondern »avantgardistisch« einen Evolutionsschritt in der Richtung der Stärkung des kritischen Ich und der Selbständigkeit zu tun, den die übrigen und weniger geprüften Völker nachzugehen oder nachzuhinken sich werden entschließen müssen.

Auch dies mag der Leser bedenken; er hat als Kontrahenten ein Genie aus dieser alten Bewußtseinskultur, und das wird unausweichlich, vielleicht unbewußt stärker noch als bewußt, seinen Neid erwecken. Nicht ohne Bedacht sei dieser Gedanke zum Schluß noch erwähnt, denn viele der sogenannten Abfallbewegungen, welche sich zuerst im Kreis der unmittelbaren Schüler Freuds, dann unter den Psychoanalytikern entwickelten, die sich um eine möglichst konsequente und nicht hinter den Ansatz Freuds zurückfallende Psychologie bemühten, könnten mit dem Neidmotiv nicht schlecht erklärt werden; damit, daß mehr oder weniger begabte Psychoanalytiker es nicht zu ertragen verstanden, in Freud einen »Meister« gefunden zu haben, der als geniales Vorbild unerreichbar blieb.
Also wird man sich zu einer anderen Einstellung entschließen müssen, in welcher die Identifikation weniger brüsk durch ambivalente, unbewußt feindliche Regungen gestört wird. Das wird man nur dadurch erreichen, daß man sich das Vergnügen am Nachvollzug der Entdeckungen, die Freud gelungen sind, nicht durch Rivalitätsaggression vergällen läßt, sondern bei der Sache bleibt, die im ganz unmittelbaren Wortsinn spannend genug ist. Läßt man sich mit der Erwartung, mehr über sich zu erfahren, von Freud führen, so wird man mit dem Fortschreiten der Lektüre reicher bedacht, als man es voraussehen kann.

ERLÄUTERUNGEN ZUR EDITION

VON ANGELA RICHARDS

Das Ziel der Edition

Die nach Themen gegliederte Studienausgabe – die erste kommentierte deutsche Edition – hat das Ziel, dem allgemein interessierten Leserpublikum die psychoanalytischen Hauptwerke Sigmund Freuds in preiswerter Ausstattung mit einem detaillierten neuen Anmerkungsapparat systematischer und in größerem Umfang zugänglich zu machen, als dies in Taschenbuchausgaben einiger Einzelwerke möglich ist. Es besteht die Hoffnung, daß die Studienausgabe vor allem für die Studenten der an die Psychoanalyse angrenzenden Wissensgebiete – Anthropologie, Soziologie, Politische Wissenschaft, Sozialpsychologie, Pädagogik usw. –, aber auch für den Laien von Interesse sein wird.

Die Auswahl der Werke

Da von Anfang an feststand, daß die Studienausgabe nur eine – wenn auch große und möglichst repräsentative – Auswahl aus den Werken Freuds anbieten soll, war es notwendig, bestimmte Schriften wegzulassen. Solche Entscheidungen sind natürlich immer schwierig und undankbar. Obgleich es sich eigentlich von selbst versteht, sei hier, um Mißverständnissen vorzubeugen, ausdrücklich betont, daß es sich keineswegs um eine historisch-kritische Edition, nicht einmal um eine vollständige Ausgabe der psychologischen Werke Freuds, geschweige denn seines Gesamtwerks, handelt, zu dem ja auch viele wichtige neurologische Beiträge aus seinen frühen Berufsjahren gehören. Vielmehr bestand das Ziel darin, die ganze Reichweite der Beobachtungen und Theorien Freuds auf dem Gebiet der Psychoanalyse zu dokumentieren: ihre Anwendung erstens auf die menschliche Seelentätigkeit im allgemeinen (also sowohl auf die normale als auch auf die anomale); zweitens auf die Psychopathologie, auf die psychischen Störungen; drittens auf erweiterte Gebiete – jenseits der psychischen Störungen des Individuums, die Freud ursprünglich untersucht hatte und auf die er Zeit seines Lebens vor allem konzentriert blieb –, nämlich auf die gesellschaftlichen Institutionen und auf Sozialpsychologie, Religion, bildende Kunst und Literatur.

Nicht in die Edition aufgenommene Texte

Nicht aufgenommen wurden: 1. Die neurologischen Arbeiten und die meisten jener sehr frühen Werke aus der Zeit, bevor Freud seine »Psychoanalyse« überhaupt entwickelt hatte – kurz, die voranalytischen Schriften; dazu gehören auch der wichtige ›Entwurf einer wissenschaftlichen Psychologie‹ sowie die anderen kürzeren, an Fließ geschickten Skizzen (sie sind in Freud, 1950*a*, veröffentlicht worden). 2. Schriften über die eigentliche Behandlungstechnik; diese Werke sind von Freud speziell für die praktizierenden Psychoanalytiker geschrieben worden und in ihrem Nutzen weitgehend auf sie sowie auf die psychoanalytischen Ausbildungskandidaten, die sie im Rahmen ihres Studiums lesen, beschränkt[1]. Es sollte vielleicht erwähnt werden, daß Freud selbst kein umfassendes Lehrbuch der psychoanalytischen Behandlung verfaßt hat und daß seine Arbeiten zur Technik immer nur einzelne, wegen ihrer besonderen Schwierigkeit oder ihres Interesses ausgewählte Probleme zum Gegenstand haben. 3. Schriften, welche die gleichen Themen auf gleiche Weise behandeln wie bestimmte in die Studienausgabe aufgenommene Hauptwerke. So enthält die Studienausgabe z. B. die *Vorlesungen zur Einführung in die Psychoanalyse* und die *Neue Folge*. Deshalb erscheint es gerechtfertigt, auf die verschiedenen kürzeren einführenden Darstellungen zu verzichten, in denen Freud jeweils einen mehr oder weniger gedrängten Überblick über das Gesamtgebiet der Psychoanalyse gibt. Aus den gleichen Gründen wurden, da die *Traumdeutung* aufgenommen ist, die kleineren Schriften über Träume und ihre Deutung weggelassen. 4. Briefe privaten Charakters an Einzelpersonen, d. h. Briefe, die nicht im Hinblick auf eine spätere Veröffentlichung geschrieben worden sind. Das soll keineswegs heißen, daß solche Briefe uninteressant wären – im Gegenteil; es sind jedoch inzwischen mehrere Bände privater Korrespondenz veröffentlicht worden, die leicht zugänglich sind. 5. Die zahlreichen kürzeren Schriften wie Buchbesprechungen, Vorworte zu Büchern anderer Autoren, Nachrufe und kleine Gelegenheitsarbeiten, die, abgelöst von den betreffenden Büchern oder Umständen, weitgehend an Interesse verlieren, jedenfalls, um verständlich zu sein, oft ausführlicher editorischer Erläuterungen bedürften. 6. Zu

---

[1] *Zusatz zur 6. Auflage der vorliegenden Ausgabe:* Es hat sich herausgestellt, daß auch Psychoanalytiker und psychoanalytische Ausbildungskandidaten häufig mit der *Studienausgabe* arbeiten. Die behandlungstechnischen Schriften werden deshalb auf vielfachen Wunsch in einem nichtnumerierten Ergänzungsband nachgereicht.

dieser letzten Kategorie gehören Werke, die nur mit äußerstem Widerstreben fortgelassen wurden und die der letzten Endes rein praktischen Notwendigkeit zum Opfer fielen, den Umfang der Studienausgabe zu begrenzen. Es sind Werke von fraglos großer Bedeutung und allgemeinem Interesse: Die (zusammen mit Josef Breuer verfaßten) *Studien über Hysterie* (1895 *d*), *Psychopathologie des Alltagslebens* (1901 *b*), ›Zur Geschichte der psychoanalytischen Bewegung‹ (1914 *d*), *Selbstdarstellung* (1925 *d*), *Die Frage der Laienanalyse* (1926 *e*), *Abriß der Psychoanalyse* (1940 *a*). Der Entschluß, auf diese Werke zu verzichten, wurde freilich dadurch erleichtert, daß sie alle in den Ausgaben des Fischer Taschenbuch Verlages erhältlich sind. Im Falle der *Psychopathologie des Alltagslebens* kann man darüber hinaus vielleicht mit gutem Recht behaupten, daß der Kern des Buches im I. Teil der *Vorlesungen zur Einführung in die Psychoanalyse* enthalten ist, wogegen der II. Teil der *Vorlesungen* keineswegs das ganze Gedankenspektrum der *Traumdeutung* wiedergibt.
Die überwiegende Mehrzahl dieser nicht aufgenommenen Schriften (mit Ausnahme der neurologischen Werke und der Privatbriefe) findet sich in Freuds *Gesammelten Werken.*

Die Textvorlagen

Der für die Studienausgabe benutzte Freud-Text ist in jedem Falle derjenige der letzten, zu Freuds Lebzeiten veröffentlichten Ausgabe (mit Ausnahme der posthum erschienenen Arbeiten). Das bedeutet, daß die Texte fast durchweg den *Gesammelten Werken* entnommen wurden, die, obgleich erst nach Freuds Tod erschienen, ihrerseits weitgehend ein photomechanischer Nachdruck der *Gesammelten Schriften* sind (deren letzter Band 1934 erschien). Wo dies nicht zutrifft, wird die genaue Quelle in der das betreffende Werk einleitenden »Editorischen Vorbemerkung« genannt. An den Quellentexten wurden folgende kleine Änderungen vorgenommen: Auf der Titelseite jeder Arbeit sind das Erscheinungsjahr und dahinter in eckigen Klammern das Entstehungsjahr angegeben, falls dieses sich von jenem unterscheidet. Ein paar Verweise Freuds auf frühere, heute kaum noch erreichbare Ausgaben seiner eigenen Schriften sind weggelassen und statt dessen deskriptive Anmerkungen hinzugefügt worden, welche es dem Leser ermöglichen, die entsprechenden Stellen in heute greifbaren Editionen aufzufinden. (Mit dem sukzessiven Erscheinen weiterer Bände der Studienausgabe wird es natürlich in zunehmendem Maße möglich sein, mit genauen Seitenzahlen Querverweise von Band zu Band zu geben.) Um unnötige Wiederholungen zu vermeiden, sind ausführliche bibliographische Angaben Freuds über eigene Werke sowie Schriften anderer Autoren, die in den älteren Editionen im Text oder in Fußnoten enthalten sind, in der Regel in die Bibliographie am Schluß der Bände der Studienausgabe verwiesen worden. Einige Leerzeilen wurden eingeschoben, um, besonders in längeren Arbeiten oder Kapiteln, den Gedankengang noch etwas deutlicher hervortreten zu lassen. Außer diesen unwesentlichen Änderungen und dem einheitlichen Gebrauch der Abkürzung »S.« für Seitenverweise (auch dort, wo Freud, wie vor allem in den frühen Arbeiten, »p.« schrieb) sowie schließlich einigen wenigen Modernisierungen der Orthographie, Interpunktion und Typographie wird jede Änderung, die am Quellentext vorgenommen wurde, in einer editorischen Anmerkung erläutert.

Das editorische Material (Vorbemerkungen, Anmerkungen, Bibliographie und Register) fußt auf dem der *Standard Edition of the Complete Psychological Works of Sigmund Freud*, der seit 1953 in London veranstalteten englischen Gesamtausgabe der psychologischen Schriften. Dieses Material wurde etwas gekürzt und, wo nötig, auf Umfang und Zweck der vorliegenden Ausgabe abgestimmt. Eine Anzahl weiterer Anmerkungen ist hinzugefügt und eine Reihe von Korrekturen vorgenommen worden.

Der editorische Apparat

Die bibliographischen Daten zu Anfang der »Editorischen Vorbemerkung« zu jeder einzelnen Arbeit führen alle bekannten, zu Freuds Lebzeiten veröffentlichten deutschen Ausgaben an; bei posthum veröffentlichten Arbeiten sind die wichtigen Editionen genannt. Auch wird der Ort der betreffenden Arbeit innerhalb der *Gesammelten Werke*, die bekanntlich posthum erschienen sind, angegeben, sofern sie in jener Ausgabe enthalten ist. Alle weiteren Ausgaben der Werke sind absichtlich unerwähnt geblieben, da sie lediglich Nachdrucke der einen oder anderen der früheren Editionen darstellen. Falls eine Arbeit zuerst in einer anderen als der ursprünglichen deutschen Sprache veröffentlicht wurde, werden entsprechende Informationen gegeben.

Die ›Editorischen Vorbemerkungen‹ zu den Einzelwerken wollen, neben bibliographischen Details, über Entstehungszeit und -umstände unterrichten, kurz die in der betreffenden Schrift behandelten Hauptthemen bezeichnen und diese mit verwandten Erörterungen in anderen Arbeiten Freuds in Verbindung setzen.

Die editorischen Anmerkungen zeigen in erster Linie einige der wichtigeren Änderungen auf, die Freud in verschiedenen Ausgaben seiner Schriften im Text oder in Fußnoten vorgenommen hat. Diese Hinweise sind jedoch keinesfalls erschöpfend – Varianten werden vielmehr nur dort angegeben, wo sie hinreichend bedeutsam zu sein scheinen, um den Sinn der jeweiligen Passage zu berühren, oder eindeutig einen nachträglichen Meinungswandel des Autors erkennen lassen. Auch wird auf eine Anzahl vermutlicher Druckfehler in den Quellentexten hingewiesen.

In den Anmerkungen wurde ferner der Versuch gemacht – und das ist eigentlich ihr Hauptzweck –, die zentralen psychoanalytischen Begriffe und Theorien zu skizzieren und insbesondere auf Änderungen und Entwicklungen im Denken Freuds aufmerksam zu machen sowie anzugeben, wo der Leser das jeweils behandelte Thema in einem anderen Werk Freuds zusätzlich studieren, es in neuem Lichte dargestellt finden kann. Querverweise dieser Art beschränken sich in der Hauptsache auf die in der Studienausgabe enthaltenen Werke. Ferner findet der Leser eine große Anzahl von Querverweisen *innerhalb* der einzelnen Schriften; sie sind als einfache Seitenzahlen in eckigen Klammern direkt im Text vermerkt; sie werden hoffentlich dem Leser helfen, den Gedankengang leichter nachzuvollziehen und Anspielungen rascher auf die Spur zu kommen.

Soweit überhaupt ermittelbar, wurden die Quellen der von Freud nicht oder nur teilweise näher bezeichneten Zitate aus den Werken literarischer oder wissenschaftlicher Autoren angegeben bzw. Freuds eigene Nachweise ergänzt oder, wenn erforderlich, korrigiert. (Dies gilt auch für Hinweise auf seine eigenen Werke, die Freud meist nicht detailliert belegte.) Desgleichen sind Anspielungen auf geschichtliche Ereignisse und Persönlichkeiten, auf Gestalten der Mythologie und Literatur erklärt, falls anzunehmen ist, daß sie heute nicht mehr ohne weiteres erinnert oder verstanden werden. An einigen wenigen Stellen wurden auch geographische und wissenschaftliche Erläuterungen hinzugefügt. Die englischen und französischen Zitate zu übersetzen, schien entbehrlich; dagegen sind für Passagen aus anderen, weniger bekannten Sprachen deutsche Übersetzungen in Anmerkungen beigefügt.

Am Ende eines jeden Bandes findet sich ein editorischer Anhang, der eine Bibliographie, eine Liste der speziellen, im jeweiligen Band benutzten Abkürzungen, ein Namen- und Sachregister und gegebenenfalls einen Bildnachweis enthält. Im Text oder in den Anmerkungen sind gelegentlich Freud-Werke erwähnt, die nicht in die Studienausgabe aufgenommen wurden. Die Bibliographie, in welcher die Daten aller erwähnten wissenschaftlichen Arbeiten Freuds und anderer Autoren enthalten sind, informiert den Leser jeweils darüber, ob die betreffende Arbeit in die Studienausgabe aufgenommen wurde oder nicht. Am Schluß jedes Bandes findet sich außerdem ein Gesamtinhaltsplan der Studienausgabe.

Mit Ausnahme der ›Editorischen Vorbemerkungen‹ und der Anhänge stehen alle editorischen Hinzufügungen in eckigen Klammern.

Danksagungen

Die Veröffentlichung der Studienausgabe erfolgt nach dem Tode von James Strachey, des Seniors des Herausgebergremiums, der jedoch bis zu seinem Tode im April 1967 an den Vorbereitungen, vor allem am Inhaltsplan und an den Richtlinien für die Kommentierung, mitgearbeitet hat. Der hier veröffentlichte editorische Apparat ruht auf seiner sich über viele Jahre erstreckenden Arbeit als verantwortlicher Herausgeber und Hauptübersetzer der *Standard Edition of the Complete Psychological Works of Sigmund Freud;* er wird hier mit Erlaubnis der Copyright-Inhaber, von Alix Strachey (Marlow) und des Institute of Psycho-Analysis (London), sowie der Inhaber der Veröffentlichungsrechte, des Institute of Psycho-Analysis und des Verlages Hogarth Press (London), in der Übersetzung wiedergegeben.

Eine überaus große Dankesschuld besteht gegenüber Frau Ilse Grubrich-Simitis vom S. Fischer Verlag. Ohne ihre Initiative wäre diese Studienausgabe nicht begonnen worden; aber auch in allen Stadien der Vorbereitung hat sie mitgearbeitet, unschätzbare Unterstützung und kenntnisreiche Anregungen gegeben. Großer Dank gebührt auch Fräulein Käte Hügel für die Übertragung des editorischen Materials von Band I ins Deutsche sowie Frau Meyer-Palmedo für ihre sorgfältige Hilfe beim Korrekturlesen und beim Bearbeiten der Register des vorliegenden Bandes.

(Übersetzt von Käte Hugel)

VORLESUNGEN ZUR EINFÜHRUNG IN DIE PSYCHOANALYSE

(1916–17 [1915–17])

EDITORISCHE VORBEMERKUNG

Deutsche Ausgaben:

1916–17	Ausgabe in 3 Teilen. Leipzig und Wien, Heller. 1. Teil, *Die Fehlleistungen*, und 2. Teil, *Der Traum*, 1916; 3. Teil, *Allgemeine Neurosenlehre*, 1917.
1917	Die nämliche Ausgabe, diesmal alle drei Teile in einem Band, im gleichen Verlag. VIII + 545 Seiten.
1918	2. Aufl. (mit Sachregister und einer Liste von vierzig Korrekturen), im gleichen Verlag. VIII + 553 Seiten.
1920	3. Aufl. (korrigierter Nachdruck der 2. Aufl.). Leipzig, Wien und Zürich, Internationaler Psychoanalytischer Verlag. VIII + 553 Seiten.
1922	4. Aufl. (korrigierter Nachdruck der 3. Aufl.), im gleichen Verlag. VIII + 554 Seiten. (Außerdem Separatdrucke des 2. und 3. Teils unter dem Titel *Vorlesungen über den Traum* bzw. *Allgemeine Neurosenlehre*.)
1922	Taschenausgabe (ohne Sachregister), im gleichen Verlag. IV + 495 Seiten.
1922	Taschenausgabe (2. durchgesehene Aufl., mit Sachregister), im gleichen Verlag. IV + 502 Seiten.
1924	*G. S.*, Bd. 7. 483 Seiten.
1926	5. Aufl. (nach den *G. S.*), Internationaler Psychoanalytischer Verlag. 483 Seiten.
1926	Taschenausgabe (3. Aufl.), im gleichen Verlag.
1930	Kleinoktavausgabe, im gleichen Verlag. 501 Seiten.
1933	(Lizenzausgabe) Berlin, Kiepenheuer. 524 Seiten.
1940	*G. W.*, Bd. 11. 495 Seiten.

Freud hat zwei Reihen von *Vorlesungen zur Einführung in die Psychoanalyse* veröffentlicht, die zusammengenommen das gesamte Gebiet seiner Beobachtungen und Theorien im Abriß enthalten. Er betrachtete seine erste Vorlesungsreihe und die *Neue Folge* als zusammengehörig, was er dadurch kenntlich machte, daß er die beiden Reihen fortlaufend durchnumerierte. In deutscher Sprache sind sie hier jedoch zum erstenmal in einem Band vereinigt.

Die erste Vorlesungsreihe hielt Freud in den beiden (jeweils von Oktober bis März dauernden) aufeinanderfolgenden Wintersemestern 1915–16 und 1916–17, und zwar vor Hörern aller Fakultäten der Universität Wien. Seit

Freud 1885 zum Privatdozenten ernannt worden war – er wurde 1902 außerordentlicher Professor –, hatte er viele Vorlesungen an der Universität gehalten, die jedoch nicht aufgezeichnet wurden. Er beschloß, fast sechzigjährig, daß die im Wintersemester 1915–16 beginnende Vorlesungsreihe seine letzte sein sollte; einer Anregung Otto Ranks folgend, stimmte er ihrer Veröffentlichung zu. Die ausführlichste Darstellung der Umstände, die zu diesem Entschluß geführt haben, findet sich im zweiten Band der Freud-Biographie von Ernest Jones (1962*a*, 261 ff.).

In seinem Vorwort zur *Neuen Folge* (S. 449 unten) erklärt Freud, daß die Vorlesungen der ersten Hälfte seiner früheren Serie »improvisiert und unmittelbar nachher niedergeschrieben, die der zweiten während eines dazwischenliegenden Sommeraufenthalts in Salzburg entworfen und im folgenden Winter wortgetreu vorgetragen« worden seien. Er fügt hinzu, er habe »damals noch die Gabe eines phonographischen Gedächtnisses« besessen, denn obwohl er die Vorlesungen stets sorgfältig vorbereitete, trug er sie dann frei und gewöhnlich sogar ohne Manuskript vor. Über die Art seines Vortrages sind sich alle Hörer einig: Freud sprach niemals mit rhetorischem Aufwand; seine Redeweise war ruhig und durch einen freundlichen Gesprächston charakterisiert. Daraus darf jedoch nicht geschlossen werden, daß seinem Vortrag etwas Nachlässiges oder Ungeordnetes angehaftet hätte. Die Vorlesungen hatten fast immer eine ausgeprägte Form – Kopf, Fuß und Leib – und sind den Hörern sicherlich oft als ästhetische Einheit erschienen.

Es ist behauptet worden, Freud habe nicht gerne doziert. Das ist jedoch schwer mit der großen Zahl seiner Vorlesungen, die er im Laufe seines Lebens tatsächlich gehalten hat, und auch nicht mit dem beträchtlichen Anteil der in Vorlesungsform veröffentlichten Arbeiten innerhalb seines Gesamtwerkes zu vereinigen. Es gibt jedoch eine mögliche Erklärung für diese scheinbare Unstimmigkeit. Eine nähere Untersuchung zeigt nämlich, daß es vor allem die einführenden und erklärenden Darstellungen seines Lehrgebäudes sind, die in Gestalt von Vorlesungen erscheinen; die hier vorliegende Vorlesungsreihe ist nur ein Beispiel für diesen Typus. Auch als er viele Jahre später es noch einmal unternahm, die Weiterentwicklung seiner Gedanken zusammenfassend darzulegen, wählte er ohne ersichtlichen aktuellen Anlaß wieder die Vorlesungsform und veröffentlichte die *Neue Folge der Vorlesungen*, obwohl er nie Gelegenheit hatte, sie als Vorlesungen zu halten. So scheint die Methode, seine Ansichten in Gestalt von Vorlesungen vorzutragen, Freud nahegelegen zu haben, jedoch nur unter der Bedingung, daß er sich in lebendigem Kontakt mit einer wirklichen oder vorgestellten Hörerschaft fühlte. Die Leser des hier vorgelegten Bandes werden entdecken, wie konsequent Freud diesen Kontakt aufrechterhält, wie er seinem Publikum immer wieder Einwände in den Mund legt und wie er mit seinen Hörern nicht selten imaginäre Streitgespräche führt. In der Tat übertrug er diese Methode, seinen Standpunkt darzustellen, auf einige seiner Arbeiten, die gar keine Vorlesungen sind, zum Beispiel die Schrift *Die Zukunft einer Illusion* (1927 *c*), die zum großen Teil die Gestalt eines Dialogs zwischen dem Autor und einem kritischen Zuhörer hat. Entgegen gewissen Mißdeutungen, die vielleicht bestehen mögen, war Freud einer autoritären oder dogmatischen Darstellung seiner Ansichten durchaus abhold: »Ich will es Ihnen aber nicht mitteilen«, sagt er an einer Stelle des vorliegenden Buches zu seinen Zuhörern (S. 415), »sondern bestehe darauf, daß Sie es selbst erraten.« Einwände wurden nicht lauthals übertönt, sondern aufgegriffen und genau geprüft. Und dies ist schließlich nichts anderes als die Übertragung eines der wesentlichen Merkmale der psychoanalytischen Behandlungstechnik auf ein anderes Gebiet.

Die vorliegende Reihe der *Vorlesungen* kann mit Recht als eine Bestandsaufnahme der Lehrmeinungen Freuds und der Lage der Psychoanalyse zur Zeit des ersten Weltkrieges betrachtet werden. Im Vorwort spricht Freud etwas abwertend davon, daß die Vorlesungen nichts Neues enthielten. Aber selbst Leser, die mit der psychoanalytischen Literatur wohlvertraut sind, werden in den Vorlesungen auf viele Gedanken treffen, die sonst nirgends zu finden sind. Die Erörterungen über die Angst (25. Vorlesung) und über Urphantasien (26. Vorlesung), die Freud selbst im Vorwort als neu bezeichnet, sind nicht das einzige Neue, das er hätte erwähnen können. Was er zum Beispiel in der 10. Vorlesung über Symbolik sagt, ist vielleicht seine vollständigste Darstellung dieses Problems. Nirgends findet sich eine so klare Zusammenfassung der Traumbildung wie auf den letzten Seiten der 14. Vorlesung. Die 20. und 21. Vorlesung enthalten Kommentare zu den Perversionen, die an Einsicht nicht ihresgleichen haben. Schließlich gibt Freud in der letzten Vorlesung dieser Reihe eine unübertroffene Darstellung des psychoanalytischen Behandlungsprozesses. Aber selbst wo er bekannte Gegenstände bespricht, wie den Mechanismus der Fehlleistungen und Träume, geht er sie von unerwarteten Richtungen her an, so daß sie in ganz neuem Licht erscheinen.

VORWORT
[1917]

Was ich hier als »Einführung in die Psychoanalyse« der Öffentlichkeit übergebe, will auf keine Weise in Wettbewerb mit den bereits vorliegenden Gesamtdarstellungen dieses Wissensgebietes treten. (Hitschmann, *Freuds Neurosenlehre*, 2. Aufl., 1913; Pfister, *Die psychanalytische Methode*, 1913; Leo Kaplan, *Grundzüge der Psychoanalyse*, 1914; Régis et Hesnard, *La psychoanalyse des névroses et des psychoses*, Paris 1914; Adolf F. Meijer, *De Behandeling van Zenuwzieken door Psycho-Analyse*, Amsterdam 1915.) Es ist die getreue Wiedergabe von Vorlesungen, die ich in den zwei Wintersemestern 1915/6 und 1916/7 vor einer aus Ärzten und Laien und aus beiden Geschlechtern gemischten Zuhörerschaft gehalten habe.

Alle Eigentümlichkeiten, durch welche diese Arbeit den Lesern des Buches auffallen wird, erklären sich aus den Bedingungen ihrer Entstehung. Es war nicht möglich, in der Darstellung die kühle Ruhe einer wissenschaftlichen Abhandlung zu wahren; vielmehr mußte sich der Redner zur Aufgabe machen, die Aufmerksamkeit der Zuhörer während eines fast zweistündigen Vortrags nicht erlahmen zu lassen. Die Rücksicht auf die momentane Wirkung machte es unvermeidlich, daß derselbe Gegenstand eine wiederholte Behandlung fand, z. B. das eine Mal im Zusammenhang der Traumdeutung und dann später in dem der Neurosenprobleme. Die Anordnung des Stoffes brachte es auch mit sich, daß manche wichtige Themen, wie z. B. das des Unbewußten, nicht an einer einzigen Stelle erschöpfend gewürdigt werden konnten, sondern zu wiederholten Malen aufgenommen und wieder fallengelassen wurden, bis sich eine neue Gelegenheit ergab, etwas zu ihrer Kenntnis hinzuzufügen.

Wer mit der psychoanalytischen Literatur vertraut ist, wird in dieser »Einführung« wenig finden, was ihm nicht aus anderen, weit ausführlicheren Veröffentlichungen bekannt sein könnte. Doch hat das Bedürfnis nach Abrundung und Zusammenfassung des Stoffes den Verfasser genötigt, in einzelnen Abschnitten (bei der Ätiologie der Angst, den hysterischen Phantasien) auch bisher zurückgehaltenes Material heranzuziehen.

Wien, im Frühjahr 1917 — FREUD

ERSTER TEIL

Die Fehlleistungen

(1916 [1915])

EINLEITUNG

Meine Damen und Herren! Ich weiß nicht, wieviel die einzelnen von Ihnen aus ihrer Lektüre oder vom Hörensagen über die Psychoanalyse wissen. Ich bin aber durch den Wortlaut meiner Ankündigung – Elementare Einführung in die Psychoanalyse – verpflichtet, Sie so zu behandeln, als wüßten Sie nichts und bedürften einer ersten Unterweisung.
Soviel darf ich allerdings voraussetzen, daß Sie wissen, die Psychoanalyse sei ein Verfahren, wie man nervös Kranke ärztlich behandelt, und da kann ich Ihnen gleich ein Beispiel dafür geben, wie auf diesem Gebiet so manches anders, oft geradezu verkehrt, vor sich geht als sonst in der Medizin. Wenn wir sonst einen Kranken einer ihm neuen ärztlichen Technik unterziehen, so werden wir in der Regel die Beschwerden derselben vor ihm herabsetzen und ihm zuversichtliche Versprechungen wegen des Erfolges der Behandlung geben. Ich meine, wir sind berechtigt dazu, denn wir steigern durch solches Benehmen die Wahrscheinlichkeit des Erfolges. Wenn wir aber einen Neurotiker in psychoanalytische Behandlung nehmen, so verfahren wir anders. Wir halten ihm die Schwierigkeiten der Methode vor, ihre Zeitdauer, die Anstrengungen und die Opfer, die sie kostet, und was den Erfolg anbelangt, so sagen wir, wir können ihn nicht sicher versprechen, er hänge von seinem Benehmen ab, von seinem Verständnis, seiner Gefügigkeit, seiner Ausdauer. Wir haben natürlich gute Motive für ein anscheinend so verkehrtes Benehmen, in welche Sie vielleicht später einmal Einsicht gewinnen werden.
Seien Sie nun nicht böse, wenn ich Sie zunächst ähnlich behandle wie diese neurotischen Kranken. Ich rate Ihnen eigentlich ab, mich ein zweites Mal anzuhören. Ich werde Ihnen in dieser Absicht vorführen, welche Unvollkommenheiten notwendigerweise dem Unterricht in der Psychoanalyse anhaften und welche Schwierigkeiten der Erwerbung eines eigenen Urteils entgegenstehen. Ich werde Ihnen zeigen, wie die ganze Richtung Ihrer Vorbildung und alle Ihre Denkgewohnheiten Sie unvermeidlich zu Gegnern der Psychoanalyse machen müßten und wieviel Sie in sich zu überwinden hätten, um dieser instinktiven Gegnerschaft Herr zu werden. Was Sie an Verständnis für die Psychoanalyse aus

meinen Mitteilungen gewinnen werden, kann ich Ihnen natürlich nicht vorhersagen, aber soviel kann ich Ihnen versprechen, daß Sie durch das Anhören derselben nicht erlernt haben werden, eine psychoanalytische Untersuchung vorzunehmen oder eine solche Behandlung durchzuführen. Sollte sich aber gar jemand unter Ihnen finden, der sich nicht durch eine flüchtige Bekanntschaft mit der Psychoanalyse befriedigt fühlte, sondern in eine dauernde Beziehung zu ihr treten möchte, so werde ich ihm nicht nur abraten, sondern ihn direkt davor warnen. Wie die Dinge derzeit stehen, würde er sich durch eine solche Berufswahl jede Möglichkeit eines Erfolges an einer Universität zerstören, und wenn er als ausübender Arzt ins Leben geht, wird er sich in einer Gesellschaft finden, welche seine Bestrebungen nicht versteht, ihn mißtrauisch und feindselig betrachtet und alle bösen, in ihr lauernden Geister gegen ihn losläßt. Vielleicht können Sie gerade aus den Begleiterscheinungen des heute in Europa wütenden Krieges eine ungefähre Schätzung ableiten, wieviele Legionen das sein mögen.
Es gibt immerhin Personen genug, für welche etwas, was ein neues Stück Erkenntnis werden kann, trotz solcher Unbequemlichkeiten seine Anziehung behält. Sollten einige von Ihnen von dieser Art sein und mit Hinwegsetzung über meine Abmahnungen das nächste Mal hier wieder erscheinen, so werden Sie mir willkommen sein. Sie haben aber alle ein Anrecht darauf zu erfahren, welches die angedeuteten Schwierigkeiten der Psychoanalyse sind.

Zunächst die der Unterweisung, des Unterrichts in der Psychoanalyse. Sie sind im medizinischen Unterricht daran gewöhnt worden zu sehen. Sie sehen das anatomische Präparat, den Niederschlag bei der chemischen Reaktion, die Verkürzung des Muskels als Erfolg der Reizung seiner Nerven. Später zeigt man Ihren Sinnen den Kranken, die Symptome seines Leidens, die Produkte des krankhaften Prozesses, ja in zahlreichen Fällen die Erreger der Krankheit in isoliertem Zustande. In den chirurgischen Fächern werden Sie Zeugen der Eingriffe, durch welche man dem Kranken Hilfe leistet, und dürfen die Ausführung derselben selbst versuchen. Selbst in der Psychiatrie führt Ihnen die Demonstration des Kranken an seinem veränderten Mienenspiel, seiner Redeweise und seinem Benehmen eine Fülle von Beobachtungen zu, die Ihnen tiefgehende Eindrücke hinterlassen. So spielt der medizinische Lehrer vorwiegend die Rolle eines Führers und Erklärers, der Sie durch ein Museum begleitet, während Sie eine unmittelbare Beziehung zu den Objekten gewinnen und sich durch eigene Wahrnehmung von der Existenz der neuen Tatsachen überzeugt zu haben glauben.

Das ist leider alles anders in der Psychoanalyse. In der analytischen Behandlung geht nichts anderes vor als ein Austausch von Worten zwischen dem Analysierten und dem Arzt. Der Patient spricht, erzählt von vergangenen Erlebnissen und gegenwärtigen Eindrücken, klagt, bekennt seine Wünsche und Gefühlsregungen. Der Arzt hört zu, sucht die Gedankengänge des Patienten zu dirigieren, mahnt, drängt seine Aufmerksamkeit nach gewissen Richtungen, gibt ihm Aufklärungen und beobachtet die Reaktionen von Verständnis oder von Ablehnung, welche er so beim Kranken hervorruft. Die ungebildeten Angehörigen unserer Kranken – denen nur Sichtbares und Greifbares imponiert, am liebsten Handlungen, wie man sie im Kinotheater sieht – versäumen es auch nie, ihre Zweifel zu äußern, wie man »durch bloße Reden etwas gegen die Krankheit ausrichten kann«. Das ist natürlich ebenso kurzsinnig wie inkonsequent gedacht. Es sind ja dieselben Leute, die so sicher wissen, daß sich die Kranken ihre Symptome »bloß einbilden«. Worte waren ursprünglich Zauber, und das Wort hat noch heute viel von seiner alten Zauberkraft bewahrt. Durch Worte kann ein Mensch den anderen selig machen oder zur Verzweiflung treiben, durch Worte überträgt der Lehrer sein Wissen auf die Schüler, durch Worte reißt der Redner die Versammlung der Zuhörer mit sich fort und bestimmt ihre Urteile und Entscheidungen. Worte rufen Affekte hervor und sind das allgemeine Mittel zur Beeinflussung der Menschen untereinander. Wir werden also die Verwendung der Worte in der Psychotherapie nicht geringschätzen und werden zufrieden sein, wenn wir Zuhörer der Worte sein können, die zwischen dem Analytiker und seinem Patienten gewechselt werden.

Aber auch das können wir nicht. Das Gespräch, in dem die psychoanalytische Behandlung besteht, verträgt keinen Zuhörer; es läßt sich nicht demonstrieren. Man kann natürlich auch einen Neurastheniker oder Hysteriker in einer psychiatrischen Vorlesung den Lernenden vorstellen. Er erzählt dann von seinen Klagen und Symptomen, aber auch von nichts anderem. Die Mitteilungen, deren die Analyse bedarf, macht er nur unter der Bedingung einer besonderen Gefühlsbindung an den Arzt; er würde verstummen, sobald er einen einzigen, ihm indifferenten Zeugen bemerkte. Denn diese Mitteilungen betreffen das Intimste seines Seelenlebens, alles was er als sozial selbständige Person vor anderen verbergen muß, und im weiteren alles, was er als einheitliche Persönlichkeit sich selbst nicht eingestehen will.

Sie können also eine psychoanalytische Behandlung nicht mitanhören. Sie können nur von ihr hören und werden die Psychoanalyse im strengsten Sinne des Wortes nur vom Hörensagen kennenlernen. Durch diese Unterweisung gleichsam aus zweiter Hand kommen Sie in ganz ungewohnte Bedingungen für eine Urteilbildung. Es hängt offenbar das meiste davon ab, welchen Glauben Sie dem Gewährsmann schenken können.

Nehmen Sie einmal an, Sie wären nicht in eine psychiatrische, sondern in eine historische Vorlesung gegangen und der Vortragende erzählte Ihnen vom Leben und von den Kriegstaten Alexanders des Großen. Was für Motive hätten Sie, an die Wahrhaftigkeit seiner Mitteilungen zu glauben? Zunächst scheint die Sachlage noch ungünstiger zu sein als im Falle der Psychoanalyse, denn der Geschichtsprofessor war so wenig Teilnehmer an den Kriegszügen Alexanders wie Sie; der Psychoanalytiker berichtet Ihnen doch wenigstens von Dingen, bei denen er selbst eine Rolle gespielt hat. Aber dann kommt die Reihe an das, was den Historiker beglaubigt. Er kann Sie auf die Berichte von alten Schriftstellern verweisen, die entweder selbst zeitgenössisch waren oder den fraglichen Ereignissen doch näher standen, also auf die Bücher des Diodor, Plutarch, Arrian u. a.; er kann Ihnen Abbildungen der erhaltenen Münzen und Statuen des Königs vorlegen und eine Photographie des pompejanischen Mosaiks der Schlacht bei Issos durch Ihre Reihen gehen lassen. Strenge genommen beweisen alle diese Dokumente doch nur, daß schon frühere Generationen an die Existenz Alexanders und an die Realität seiner Taten geglaubt haben, und Ihre Kritik dürfte hier von neuem einsetzen. Sie wird dann finden, daß nicht alles über Alexander Berichtete glaubwürdig oder in seinen Einzelheiten sicherzustellen ist, aber ich kann doch nicht annehmen, daß Sie den Vorlesungssaal als Zweifler an der Realität Alexanders des Großen verlassen werden. Ihre Entscheidung wird hauptsächlich durch zwei Erwägungen bestimmt werden, erstens, daß der Vortragende kein denkbares Motiv hat, etwas vor Ihnen als real auszugeben, was er nicht selbst dafür hält, und zweitens, daß alle erreichbaren Geschichtsbücher die Ereignisse in ungefähr ähnlicher Art darstellen. Wenn Sie dann auf die Prüfung der älteren Quellen eingehen, werden Sie dieselben Momente berücksichtigen, die möglichen Motive der Gewährsmänner und die Übereinstimmung der Zeugnisse untereinander. Das Ergebnis der Prüfung wird im Falle Alexanders sicherlich beruhigend sein, wahrscheinlich anders ausfallen, wenn es sich um Persönlichkeiten wie Moses oder Nimrod handelt.

Welche Zweifel Sie aber gegen die Glaubwürdigkeit des psychoanalytischen Berichterstatters erheben können, werden Sie bei späteren Anlässen deutlich genug erkennen.
Nun werden Sie ein Recht zu der Frage haben: Wenn es keine objektive Beglaubigung der Psychoanalyse gibt und keine Möglichkeit, sie zu demonstrieren, wie kann man überhaupt Psychoanalyse erlernen und sich von der Wahrheit ihrer Behauptungen überzeugen? Dies Erlernen ist wirklich nicht leicht, und es haben auch nicht viele Menschen die Psychoanalyse ordentlich gelernt, aber es gibt natürlich doch einen gangbaren Weg. Psychoanalyse erlernt man zunächst am eigenen Leib, durch das Studium der eigenen Persönlichkeit. Es ist das nicht ganz, was man Selbstbeobachtung heißt, aber man kann es ihr zur Not subsumieren. Es gibt eine ganze Reihe von sehr häufigen und allgemein bekannten seelischen Phänomenen, die man nach einiger Unterweisung in der Technik an sich selbst zu Gegenständen der Analyse machen kann. Dabei holt man sich die gesuchte Überzeugung von der Realität der Vorgänge, welche die Psychoanalyse beschreibt, und von der Richtigkeit ihrer Auffassungen. Allerdings sind dem Fortschritte auf diesem Wege bestimmte Grenzen gesetzt. Man kommt viel weiter, wenn man sich selbst von einem kundigen Analytiker analysieren läßt, die Wirkungen der Analyse am eigenen Ich erlebt und dabei die Gelegenheit benützt, dem anderen die feinere Technik des Verfahrens abzulauschen. Dieser ausgezeichnete Weg ist natürlich immer nur für eine einzelne Person, niemals für ein ganzes Kolleg auf einmal gangbar.

Für eine zweite Schwierigkeit in Ihrem Verhältnis zur Psychoanalyse kann ich nicht mehr diese, muß ich Sie selbst, meine Hörer, verantwortlich machen, wenigstens insoweit Sie bisher medizinische Studien betrieben haben. Ihre Vorbildung hat Ihrer Denktätigkeit eine bestimmte Richtung gegeben, die weit von der Psychoanalyse abführt. Sie sind darin geschult worden, die Funktionen des Organismus und ihre Störungen anatomisch zu begründen, chemisch und physikalisch zu erklären und biologisch zu erfassen, aber kein Anteil Ihres Interesses ist auf das psychische Leben gelenkt worden, in dem doch die Leistung dieses wunderbar komplizierten Organismus gipfelt. Darum ist Ihnen eine psychologische Denkweise fremd geblieben, und Sie haben sich gewöhnt, eine solche mißtrauisch zu betrachten, ihr den Charakter der Wissenschaftlichkeit abzusprechen und sie den Laien, Dichtern, Naturphilosophen und Mystikern zu überlassen. Diese Einschränkung ist gewiß ein Schaden für Ihre ärztliche Tätigkeit, denn der Kranke wird Ihnen, wie es bei allen menschlichen Beziehungen Regel ist, zunächst seine seelische Fassade entgegenbringen, und ich fürchte, Sie werden zur Strafe genötigt sein, einen Anteil des therapeutischen Einflusses, den Sie[1] anstreben, den von Ihnen so verachteten Laienärzten, Naturheilkünstlern und Mystikern zu überlassen.

Ich verkenne nicht, welche Entschuldigung man für diesen Mangel Ihrer Vorbildung gelten lassen muß. Es fehlt die philosophische Hilfswissenschaft, welche für Ihre ärztlichen Absichten dienstbar gemacht werden könnte. Weder die spekulative Philosophie noch die deskriptive Psychologie oder die an die Sinnesphysiologie anschließende sogenannte experimentelle Psychologie, wie sie in den Schulen gelehrt werden, sind imstande, Ihnen über die Beziehung zwischen dem Körperlichen und Seelischen etwas Brauchbares zu sagen und Ihnen die Schlüssel zum Verständnis einer möglichen Störung der seelischen Funktionen in die Hand zu geben. Innerhalb der Medizin beschäftigt sich zwar die Psychiatrie damit, die beobachteten Seelenstörungen zu beschreiben und zu klinischen Krankheitsbildern zusammenzustellen, aber in guten Stunden zweifeln die Psychiater selbst daran, ob ihre rein deskriptiven Aufstellungen den Namen einer Wissenschaft verdienen. Die Symptome, welche diese Krankheitsbilder zusammensetzen, sind nach ihrer Herkunft, ihrem Mechanismus und in ihrer gegenseitigen Verknüpfung unerkannt; es entsprechen ihnen entweder keine nachweisbaren Veränderungen des anatomischen Organs der Seele oder solche, aus denen sie eine Aufklärung nicht finden können. Einer therapeutischen Beeinflussung sind diese Seelenstörungen nur dann zugänglich, wenn sie sich als Nebenwirkungen einer sonstigen organischen Affektion erkennen lassen.

Hier ist die Lücke, welche die Psychoanalyse auszufüllen bestrebt ist. Sie will der Psychiatrie die vermißte psychologische Grundlage geben, sie hofft, den gemeinsamen Boden aufzudecken, von dem aus das Zusammentreffen körperlicher mit seelischer Störung verständlich wird. Zu diesem Zweck muß sie sich von jeder ihr fremden Voraussetzung anatomischer, chemischer oder physiologischer Natur frei halten, durchaus mit rein psychologischen Hilfsbegriffen arbeiten, und gerade darum, fürchte ich, wird sie Ihnen zunächst fremdartig erscheinen.

[1] [In *G. W.* »sie« mit kleinem Anfangsbuchstaben, wohl ein Druckfehler.]

An der nächsten Schwierigkeit will ich Sie, Ihre Vorbildung oder Einstellung, nicht mitschuldig machen. Mit zweien ihrer Aufstellungen beleidigt die Psychoanalyse die ganze Welt und zieht sich deren Abneigung zu; die eine davon verstößt gegen ein intellektuelles, die andere gegen ein ästhetisch-moralisches Vorurteil. Lassen Sie uns nicht zu gering von diesen Vorurteilen denken; es sind machtvolle Dinge, Niederschläge von nützlichen, ja notwendigen Entwicklungen der Menschheit. Sie werden durch affektive Kräfte festgehalten, und der Kampf gegen sie ist ein schwerer.

Die erste dieser unliebsamen Behauptungen der Psychoanalyse besagt, daß die seelischen Vorgänge an und für sich unbewußt sind und die bewußten bloß einzelne Akte und Anteile des ganzen Seelenlebens. Erinnern Sie sich, daß wir im Gegenteile gewöhnt sind, Psychisches und Bewußtes zu identifizieren. Das Bewußtsein gilt uns geradezu als der definierende Charakter des Psychischen, Psychologie als die Lehre von den Inhalten des Bewußtseins. Ja, so selbstverständlich erscheint uns diese Gleichstellung, daß wir einen Widerspruch gegen sie als offenkundigen Widersinn zu empfinden glauben, und doch kann die Psychoanalyse nicht umhin, diesen Widerspruch zu erheben, sie kann die Identität von Bewußtem und Seelischem nicht annehmen[1]. Ihre Definition des Seelischen lautet, es seien Vorgänge von der Art des Fühlens, Denkens, Wollens, und sie muß vertreten, daß es unbewußtes Denken und ungewußtes Wollen gibt. Damit hat sie aber von vornherein die Sympathie aller Freunde nüchterner Wissenschaftlichkeit verscherzt und sich in den Verdacht einer phantastischen Geheimlehre gebracht, die im Dunkeln bauen, im Trüben fischen möchte. Sie aber, meine Hörer, können natürlich noch nicht verstehen, mit welchem Recht ich einen Satz von so abstrakter Natur wie: »Das Seelische ist das Bewußte« für ein Vorurteil ausgeben kann, können auch nicht erraten, welche Entwicklung zur Verleugnung des Unbewußten geführt haben kann, wenn ein solches existieren sollte, und welcher Vorteil sich bei dieser Verleugnung ergeben haben mag. Es klingt wie ein leerer Wortstreit, ob man das Psychische mit dem Bewußten zusammenfallen lassen oder es darüber hinaus erstrecken soll, und doch kann ich Ihnen versichern, daß mit der Annahme unbewußter Seelenvorgänge eine entscheidende Neuorientierung in Welt und Wissenschaft angebahnt ist.

Ebensowenig können Sie ahnen, ein wie inniger Zusammenhang diese

[1] [Diese Frage ist im I. Abschnitt der Arbeit ›Das Unbewußte‹ (1915*e*) ausführlicher erörtert.]

erste Kühnheit der Psychoanalyse mit der nun zu erwähnenden zweiten verknüpft. Dieser andere Satz, den die Psychoanalyse als eines ihrer Ergebnisse verkündet, enthält nämlich die Behauptung, daß Triebregungen, welche man nur als sexuelle im engeren wie im weiteren Sinn bezeichnen kann, eine ungemein große und bisher nie genug gewürdigte Rolle in der Verursachung der Nerven- und Geisteskrankheiten spielen. Ja noch mehr, daß dieselben sexuellen Regungen auch mit nicht zu unterschätzenden Beiträgen an den höchsten kulturellen, künstlerischen und sozialen Schöpfungen des Menschengeistes beteiligt sind[1].

Nach meiner Erfahrung ist die Abneigung gegen dieses Resultat der psychoanalytischen Forschung die bedeutsamste Quelle des Widerstandes, auf den sie gestoßen ist. Wollen Sie wissen, wie wir uns das erklären? Wir glauben, die Kultur ist unter dem Antrieb der Lebensnot auf Kosten der Triebbefriedigung geschaffen worden, und sie wird zum großen Teil immer wieder von neuem erschaffen, indem der Einzelne, der neu in die menschliche Gemeinschaft eintritt, die Opfer an Triebbefriedigung zu Gunsten des Ganzen wiederholt. Unter den so verwendeten Triebkräften spielen die der Sexualregungen eine bedeutsame Rolle; sie werden dabei sublimiert, d. h. von ihren sexuellen Zielen abgelenkt und auf sozial höherstehende, nicht mehr sexuelle, gerichtet. Dieser Aufbau ist aber labil, die Sexualtriebe sind schlecht gebändigt, es besteht bei jedem Einzelnen, der sich dem Kulturwerk anschließen soll, die Gefahr, daß sich seine Sexualtriebe dieser Verwendung weigern. Die Gesellschaft glaubt an keine stärkere Bedrohung ihrer Kultur, als ihr durch die Befreiung der Sexualtriebe und deren Wiederkehr zu ihren ursprünglichen Zielen erwachsen würde[2]. Die Gesellschaft liebt es also nicht, an dieses heikle Stück ihrer Begründung gemahnt zu werden, sie hat gar kein Interesse daran, daß die Stärke der Sexualtriebe anerkannt und die Bedeutung des Sexuallebens für den einzelnen klargelegt werde, sie hat vielmehr in erziehlicher Absicht den Weg eingeschlagen, die Aufmerksamkeit von diesem ganzen Gebiet abzulenken. Darum verträgt sie das genannte Forschungsresultat der Psychoanalyse nicht, möchte es am liebsten als ästhetisch abstoßend, moralisch verwerflich oder als gefährlich brandmarken. Aber mit solchen Einwürfen kann man einem angeblich objektiven Ergebnis wissenschaftlicher Arbeit nichts anhaben. Der Widerspruch muß aufs intellektuelle Gebiet übersetzt werden,

---

[1] [Die Sexualtriebe bilden das Thema der 20. Vorlesung.]

[2] [Der Antagonismus zwischen der Kultur und den Triebkräften wird am ausführlichsten in Freuds Schrift *Das Unbehagen in der Kultur* (1930 *a*) behandelt.]

wenn er laut werden soll. Nun liegt es in der menschlichen Natur, daß man geneigt ist, etwas für unrichtig zu halten, wenn man es nicht mag, und dann ist es leicht, Argumente dagegen zu finden. Die Gesellschaft macht also das Unliebsame zum Unrichtigen, bestreitet die Wahrheiten der Psychoanalyse mit logischen und sachlichen Argumenten, aber aus affektiven Quellen, und hält diese Einwendungen als Vorurteile gegen alle Versuche der Widerlegung fest.
Wir aber dürfen behaupten, meine Damen und Herren, daß wir bei der Aufstellung jenes beanständeten Satzes überhaupt keine Tendenz verfolgt haben. Wir wollten nur einer Tatsächlichkeit Ausdruck geben, die wir in mühseliger Arbeit erkannt zu haben glaubten. Wir nehmen auch jetzt das Recht in Anspruch, die Einmengung solcher praktischer Rücksichten in die wissenschaftliche Arbeit unbedingt zurückzuweisen, auch ehe wir untersucht haben, ob die Befürchtung, welche uns diese Rücksichten diktieren will, berechtigt ist oder nicht.

Das wären nun einige der Schwierigkeiten, welche Ihrer Beschäftigung mit der Psychoanalyse entgegenstehen. Es ist vielleicht mehr als genug für den Anfang. Wenn Sie deren Eindruck überwinden können, wollen wir fortsetzen.

2. VORLESUNG

DIE FEHLLEISTUNGEN

Meine Damen und Herren! Wir beginnen nicht mit Voraussetzungen, sondern mit einer Untersuchung. Zu deren Objekt wählen wir gewisse Phänomene, die sehr häufig, sehr bekannt und sehr wenig gewürdigt sind, die insofern nichts mit Krankheiten zu tun haben, als sie bei jedem Gesunden beobachtet werden können. Es sind dies die sogenannten *Fehlleistungen*[1] des Menschen, wie wenn jemand etwas sagen will und dafür ein anderes Wort sagt, das *Versprechen*, oder ihm dasselbe beim Schreiben geschieht, was er entweder bemerken kann oder nicht; oder wenn jemand im Druck oder in der Schrift etwas anderes liest, als was da zu lesen ist, das *Verlesen;* ebenso wenn er etwas falsch hört, was zu ihm gesagt wird, das *Verhören*, natürlich ohne daß eine organische Störung seines Hörvermögens dabei in Betracht kommt. Eine andere Reihe solcher Erscheinungen hat ein *Vergessen* zur Grundlage, aber kein dauerndes, sondern ein nur zeitweiliges, z. B. wenn jemand einen *Namen* nicht finden kann, den er doch kennt und regelmäßig wiedererkennt, oder wenn er einen *Vorsatz* auszuführen vergißt, den er doch später erinnert, also nur für einen gewissen Zeitpunkt vergessen hatte. In einer dritten Reihe entfällt diese Bedingung des nur Zeitweiligen, z. B. beim *Verlegen*, wenn jemand einen Gegenstand irgendwo unterbringt und ihn nicht mehr aufzufinden weiß, oder beim ganz analogen *Verlieren*. Es liegt da ein Vergessen vor, welches man anders behandelt als anderes Vergessen, über das man sich wundert oder ärgert, anstatt es begreiflich zu finden. Daran schließen sich gewisse *Irrtümer*, bei denen wieder die Zeitweiligkeit zum Vorschein kommt, indem man eine Zeitlang etwas glaubt, wovon man doch vorher und später weiß, daß es anders ist, und eine Anzahl von ähnlichen Erscheinungen unter verschiedenen Namen.

---

1 [Den Begriff der Fehlleistung im allgemeinen Sinne scheint es in der Psychologie vor Freud nicht gegeben zu haben. Freud widmete diesem Phänomen eine eigene Arbeit, die Schrift *Zur Psychopathologie des Alltagslebens* (1901 *b*); eine große Anzahl (über vierzig) der Beispiele und Anekdoten, die in dieser und in den beiden nächsten Vorlesungen angeführt werden, sind schon in den verschiedenen Ausgaben dieser älteren Arbeit enthalten. In seinen didaktischen Schriften, so auch in der vorliegenden, benutzte Freud die Fehlleistungen gerne als das für eine Einführung in seine Theorien am besten geeignete Material. Tatsächlich gehörten sie auch zu den frühesten Themen seiner eigenen psychologischen Forschungen.]

Es sind das alles Vorfälle, deren innere Verwandtschaft durch die gleiche Bezeichnung mit der Vorsilbe »ver-« zum Ausdruck kommt, fast alle von unwichtiger Natur, meist von sehr flüchtigem Bestand, ohne viel Bedeutung im Leben der Menschen. Nur selten erhebt sich eines davon wie das Verlieren von Gegenständen zu einer gewissen praktischen Wichtigkeit. Sie finden darum auch nicht viel Aufmerksamkeit, erregen nur schwache Affekte usw.

Für diese Phänomene will ich also jetzt Ihre Aufmerksamkeit in Anspruch nehmen. Sie aber werden mir unmutig entgegenhalten: »Es gibt soviel großartige Rätsel in der Welt wie in der engeren des Seelenlebens, so viele Wunder auf dem Gebiet der Seelenstörungen, die Aufklärung fordern und verdienen, daß es wirklich mutwillig scheint, Arbeit und Interesse an solche Kleinigkeiten zu vergeuden. Wenn Sie uns verständlich machen könnten, wieso ein Mensch mit gesunden Augen und Ohren bei lichtem Tag Dinge sehen und hören kann, die es nicht gibt, warum ein anderer sich plötzlich von denen verfolgt glaubt, die ihm bisher die Liebsten waren, oder mit der scharfsinnigsten Begründung Wahngebilde vertritt, die jedem Kinde als unsinnig erscheinen müssen, dann würden wir etwas von der Psychoanalyse halten, aber wenn sie nichts anderes kann, als uns damit zu beschäftigen, warum ein Festredner einmal ein Wort für ein anderes sagt oder warum eine Hausfrau ihre Schlüssel verlegt hat und ähnliche Nichtigkeiten, dann werden auch wir mit unserer Zeit und unserem Interesse etwas Besseres anzufangen wissen.«
Ich würde Ihnen antworten: Geduld, meine Damen und Herren! Ich meine, Ihre Kritik ist nicht auf der richtigen Spur. Es ist wahr, die Psychoanalyse kann nicht von sich rühmen, daß sie sich nie mit Kleinigkeiten abgegeben hat. Im Gegenteil, ihren Beobachtungsstoff bilden gewöhnlich jene unscheinbaren Vorkommnisse, die von den anderen Wissenschaften als allzu geringfügig beiseite geworfen werden, sozusagen der Abhub der Erscheinungswelt. Aber verwechseln Sie in Ihrer Kritik nicht die Großartigkeit der Probleme mit der Auffälligkeit der Anzeichen? Gibt es nicht sehr bedeutungsvolle Dinge, die sich unter gewissen Bedingungen und zu gewissen Zeiten nur durch ganz schwache Anzeichen verraten können? Ich könnte Ihnen mit Leichtigkeit mehrere solche Situationen anführen. Aus welchen geringfügigen Anzeichen schließen Sie, die jungen Männer unter Ihnen, daß Sie die Neigung einer Dame gewonnen haben? Warten Sie dafür eine ausdrückliche Liebeserklärung, eine stürmische Umarmung ab, oder reicht Ihnen nicht

ein von anderen kaum bemerkter Blick, eine flüchtige Bewegung, eine Verlängerung des Händedrucks um eine Sekunde aus? Und wenn Sie als Kriminalbeamter an der Untersuchung einer Mordtat beteiligt sind, erwarten Sie dann wirklich zu finden, daß der Mörder seine Photographie samt beigefügter Adresse an dem Tatorte zurückgelassen hat, oder werden Sie sich nicht notwendigerweise mit schwächeren und undeutlicheren Spuren der gesuchten Persönlichkeit begnügen? Lassen Sie uns also die kleinen Anzeichen nicht unterschätzen; vielleicht gelingt es, von ihnen aus Größerem auf die Spur zu kommen. Und dann, ich denke wie Sie, daß die großen Probleme in Welt und Wissenschaft das erste Anrecht an unser Interesse haben. Aber es nützt meistens nur sehr wenig, wenn man den lauten Vorsatz faßt, sich jetzt der Erforschung dieses oder jenes großen Problems zuzuwenden. Man weiß dann oft nicht, wohin man den nächsten Schritt richten soll. In der wissenschaftlichen Arbeit ist es aussichtsreicher, das anzugreifen, was man gerade vor sich hat und zu dessen Erforschung sich ein Weg ergibt. Macht man das recht gründlich, voraussetzungs- und erwartungslos und hat man Glück, so kann sich infolge des Zusammenhanges, der alles mit allem verknüpft, auch das Kleine mit dem Großen, auch aus so anspruchsloser Arbeit ein Zugang zum Studium der großen Probleme ergeben.

So würde ich also sprechen, um Ihr Interesse bei der Behandlung der anscheinend so nichtigen Fehlleistungen der Gesunden festzuhalten. Wir wollen jetzt irgend jemanden, dem die Psychoanalyse fremd ist, heranziehen und ihn fragen, wie er sich das Vorkommen solcher Dinge erklärt.

Er wird gewiß zuerst antworten: O, das ist keiner Erklärung wert; das sind kleine Zufälligkeiten. Was meint der Mann damit? Will er behaupten, daß es noch so kleine Geschehnisse gibt, die aus der Verkettung des Weltgeschehens herausfallen, die ebensogut nicht sein könnten, wie sie sind? Wenn jemand so den natürlichen Determinismus an einer einzigen Stelle durchbricht, hat er die ganze wissenschaftliche Weltanschauung über den Haufen geworfen. Man darf ihm dann vorhalten, um wie vieles konsequenter sich selbst die religiöse Weltanschauung benimmt, wenn sie nachdrücklich versichert, es falle kein Sperling vom Dach ohne Gottes besonderen Willen. Ich meine, unser Freund wird die Konsequenz aus seiner ersten Antwort nicht ziehen wollen, er wird einlenken und sagen, wenn er diese Dinge studiere, finde er allerdings Erklärungen für sie. Es handle sich um kleine Entgleisungen der Funktion, Ungenauigkeiten der seelischen Leistung, deren Bedingungen sich angeben ließen. Ein

Mensch, der sonst richtig sprechen kann, mag sich in der Rede versprechen, 1. wenn er leicht unwohl und ermüdet ist, 2. wenn er aufgeregt, 3. wenn er von anderen Dingen überstark in Anspruch genommen ist. Es ist leicht, diese Angaben zu bestätigen. Das Versprechen tritt wirklich besonders häufig auf, wenn man ermüdet ist, Kopfschmerzen hat oder vor einer Migräne steht. Unter denselben Umständen ereignet sich leicht das Vergessen von Eigennamen. Manche Personen sind daran gewöhnt, an diesem Entfallen der Eigennamen die herannahende Migräne zu erkennen[1]. Auch in der Aufregung verwechselt man oft die Worte, aber auch die Dinge, man »vergreift sich«, und das Vergessen von Vorsätzen sowie eine Menge von anderen unbeabsichtigten Handlungen wird auffällig, wenn man zerstreut, d. h. eigentlich auf etwas anderes konzentriert ist. Ein bekanntes Beispiel solcher Zerstreutheit ist der Professor der *Fliegenden Blätter*, der seinen Schirm stehenläßt und seinen Hut verwechselt, weil er an die Probleme denkt, die er in seinem nächsten Buch behandeln wird. Beispiele dafür, wie man Vorsätze, die man gefaßt, Versprechungen, die man gemacht hat, vergessen kann, weil man inzwischen etwas erlebt hat, wovon man stark in Anspruch genommen wurde, kennt jeder von uns aus eigener Erfahrung.

Das klingt so ganz verständig und scheint auch gegen Widerspruch gefeit zu sein. Es ist vielleicht nicht sehr interessant, nicht so, wie wir es erwartet haben. Fassen wir diese Erklärungen der Fehlleistungen näher ins Auge. Die Bedingungen, die für das Zustandekommen dieser Phänomene angegeben werden, sind unter sich nicht gleichartig. Unwohlsein und Zirkulationsstörung geben eine physiologische Begründung für die Beeinträchtigung der normalen Funktion; Erregung, Ermüdung, Ablenkung sind Momente anderer Art, die man psycho-physiologische nennen könnte. Diese letzteren lassen sich leicht in Theorie übersetzen. Sowohl durch die Ermüdung wie durch die Ablenkung, vielleicht auch durch die allgemeine Erregung, wird eine Verteilung der Aufmerksamkeit hervorgerufen, die zur Folge haben kann, daß sich der betreffenden Leistung zu wenig Aufmerksamkeit zuwendet. Diese Leistung kann dann besonders leicht gestört, ungenau ausgeführt werden. Leichtes Kranksein, Abänderungen der Blutversorgung im nervösen Zentralorgan können dieselbe Wirkung haben, indem sie das maßgebende Moment, die Verteilung der Aufmerksamkeit in ähnlicher Weise beeinflussen. Es würde sich also in allen Fällen um die Effekte einer Auf-

[1] [Dies war eine persönliche Erfahrung Freuds.]

merksamkeitsstörung handeln, entweder aus organischen oder aus psychischen Ursachen.
Dabei scheint nicht viel für unser psychoanalytisches Interesse herauszuschauen. Wir könnten uns versucht fühlen, das Thema wieder aufzugeben. Allerdings, wenn wir näher auf die Beobachtungen eingehen, stimmt nicht alles zu dieser Aufmerksamkeitstheorie der Fehlleistungen oder leitet sich wenigstens nicht natürlich aus ihr ab. Wir machen die Erfahrung, daß solche Fehlhandlungen und solches Vergessen auch bei Personen vorkommen, die *nicht* ermüdet, zerstreut oder aufgeregt sind, sondern sich nach jeder Richtung in ihrem Normalzustand befinden, es sei denn, man wolle den Betreffenden gerade wegen der Fehlleistung nachträglich eine Aufgeregtheit zuschreiben, zu welcher sie sich aber selbst nicht bekennen. Es kann auch nicht so einfach zugehen, daß eine Leistung durch die Steigerung der auf sie gerichteten Aufmerksamkeit garantiert, durch die Herabsetzung derselben gefährdet wird. Es gibt eine große Menge von Verrichtungen, die man rein automatisch, mit sehr geringer Aufmerksamkeit vollzieht und dabei doch ganz sicher ausführt. Der Spaziergänger, der kaum weiß, wo er geht, hält doch den richtigen Weg ein und macht am Ziele halt, ohne sich *vergangen* zu haben. Wenigstens in der Regel trifft er es so. Der geübte Klavierspieler greift, ohne daran zu denken, die richtigen Tasten. Er kann sich natürlich auch einmal vergreifen, aber wenn das automatische Spielen die Gefahr des Vergreifens steigerte, müßte gerade der Virtuose, dessen Spiel durch große Übung ganz und gar automatisch geworden ist, dieser Gefahr am meisten ausgesetzt sein. Wir sehen im Gegenteil, daß viele Verrichtungen ganz besonders sicher geraten, wenn sie nicht Gegenstand einer besonders hohen Aufmerksamkeit sind[1], und daß das Mißgeschick der Fehlleistung gerade dann auftreten kann, wenn an der richtigen Leistung besonders viel gelegen ist, eine Ablenkung der nötigen Aufmerksamkeit also sicherlich nicht stattfindet. Man kann dann sagen, das sei der Effekt der »Aufregung«, aber wir verstehen nicht, warum die Aufregung die Zuwendung der Aufmerksamkeit zu dem mit soviel Interesse Beabsichtigten nicht vielmehr steigert. Wenn jemand in einer wichtigen Rede oder mündlichen Verhandlung durch ein Versprechen das Gegenteil von dem sagt, was er zu sagen beabsichtigt, so

[1] [Freud hat mehrfach auch an anderen Stellen dargelegt, daß viele Funktionen präziser ablaufen, wenn die bewußte Aufmerksamkeit nicht auf sie gerichtet ist. Beispiele dafür, wie sich die Aufmerksamkeit auf den automatischen Prozeß störend auswirkt, der beim Begreifen von Witzen eine Rolle spielt, finden sich im V. Kapitel des Buches *Der Witz und seine Beziehung zum Unbewußten* (1905 *c*).]

ist das nach der psycho-physiologischen oder Aufmerksamkeitstheorie kaum zu erklären.

Es gibt auch bei den Fehlleistungen so viele kleine Nebenerscheinungen, die man nicht versteht und die uns durch die bisherigen Aufklärungen nicht nähergebracht werden. Wenn man z. B. einen Namen zeitweilig vergessen hat, so ärgert man sich darüber, will ihn durchaus erinnern und kann von der Aufgabe nicht ablassen. Warum gelingt es dem Geärgerten so überaus selten, seine Aufmerksamkeit, wie er doch möchte, auf das Wort zu lenken, das ihm, wie er sagt, »auf der Zunge liegt« und das er sofort erkennt, wenn es vor ihm ausgesprochen wird? Oder: es kommen Fälle vor, in denen die Fehlleistungen sich vervielfältigen, sich miteinander verketten, einander ersetzen. Das erste Mal hatte man ein Rendezvous vergessen; das nächste Mal, für das man den Vorsatz, ja nicht zu vergessen, gefaßt hat, stellt es sich heraus, daß man sich irrtümlich eine andere Stunde gemerkt hat. Man sucht sich auf Umwegen auf ein vergessenes Wort zu besinnen, dabei entfällt einem ein zweiter Name, der beim Aufsuchen des ersten hätte behilflich sein können. Geht man jetzt diesem zweiten Namen nach, so entzieht sich ein dritter usw. Dasselbe kann sich bekanntlich auch bei Druckfehlern ereignen, die ja als Fehlleistungen des Setzers aufzufassen sind. Ein solcher hartnäckiger Druckfehler soll sich einmal in ein sozialdemokratisches Blatt eingeschlichen haben. In dem Berichte über eine gewisse Festlichkeit war zu lesen: Unter den Anwesenden bemerkte man auch seine Hoheit, den *Korn*prinzen. Am nächsten Tag wurde eine Korrektur versucht. Das Blatt entschuldigte sich und schrieb: Es hätte natürlich heißen sollen: den *Knor*prinzen. Man spricht in solchen Fällen gerne vom Druckfehlerteufel, vom Kobold des Setzkastens und dergleichen, Ausdrücke, die jedenfalls über eine psycho-physiologische Theorie des Druckfehlers hinausgehen.

Ich weiß auch nicht, ob Ihnen bekannt ist, daß man das Versprechen provozieren, sozusagen durch Suggestion hervorrufen kann. Eine Anekdote berichtet hiezu: Als einmal ein Neuling auf der Bühne mit der wichtigen Rolle betraut war, in der *Jungfrau von Orleans* dem König zu melden, daß der Connétable sein Schwert zurückschickt, machte sich ein Heldendarsteller den Scherz, während der Probe dem schüchternen Anfänger wiederholt anstatt dieses Textes vorzusagen: Der Komfortabel schickt sein Pferd zurück, und er erreichte seine Absicht[1]. In der

[1] [Hier scheint ein Irrtum vorzuliegen. Der König selbst ist es, der den Abfall des Connétable bekanntgibt (I. Akt, 2. Szene).]

Vorstellung debütierte der Unglückliche wirklich mit dieser abgeänderten Meldung, obwohl er genug gewarnt war oder vielleicht gerade darum.

Alle diese kleinen Züge der Fehlleistungen werden durch die Theorie der Aufmerksamkeitsentziehung nicht gerade aufgeklärt. Aber darum braucht diese Theorie noch nicht falsch zu sein. Es fehlt ihr vielleicht an etwas, an einer Ergänzung, damit sie voll befriedigend werde. Aber auch manche der Fehlleistungen selbst können noch von einer anderen Seite betrachtet werden.

Greifen wir als die für unsere Absichten geeignetste unter den Fehlleistungen das *Versprechen* heraus. Wir könnten ebensogut das Verschreiben oder Verlesen wählen. Da müssen wir uns denn einmal sagen, daß wir bisher nur danach gefragt haben, wann, unter welchen Bedingungen man sich verspricht, und auch nur darauf eine Antwort bekommen haben. Man kann aber auch sein Interesse anders richten und wissen wollen, warum man sich gerade in dieser Weise verspricht und in keiner anderen; man kann das in Betracht ziehen, was beim Versprechen herauskommt. Sie sehen ein, solange man nicht diese Frage beantwortet, den Effekt des Versprechens aufklärt, bleibt das Phänomen nach seiner psychologischen Seite eine Zufälligkeit, mag es auch eine physiologische Erklärung gefunden haben. Wenn sich mir ein Versprechen ereignet, könnte ich mich offenbar in unendlich vielen Weisen versprechen, für das eine richtige Wort eines von tausend anderen sagen, ungezählt viele Entstellungen an dem richtigen Wort vornehmen. Gibt es nun irgend etwas, was mir im besonderen Falle von allen möglichen gerade die eine Weise des Versprechens aufdrängt, oder bleibt das Zufall, Willkür und läßt sich zu dieser Frage vielleicht überhaupt nichts Vernünftiges vorbringen?

Zwei Autoren, Meringer und Mayer (ein Philologe und ein Psychiater), haben denn auch im Jahre 1895 den Versuch gemacht, die Frage des Versprechens von dieser Seite her anzugreifen. Sie haben Beispiele gesammelt und zunächst nach rein deskriptiven Gesichtspunkten beschrieben. Das gibt natürlich noch keine Erklärung, kann aber den Weg zu ihr finden lassen. Sie unterscheiden die Entstellungen, welche die intendierte Rede durch das Versprechen erfährt, als: Vertauschungen, Vorklänge, Nachklänge, Vermengungen (Kontaminationen) und Ersetzungen (Substitutionen). Ich werde Ihnen von diesen Hauptgruppen der beiden Autoren Beispiele vorführen. Ein Fall von Vertauschung ist es, wenn jemand sagt: *Die Milo von Venus* anstatt: Die Venus von Milo (Vertauschung in der Reihenfolge der Worte); ein Vorklang: Es war mir *auf der Schwest...* auf der Brust so schwer; ein Nachklang wäre der bekannte verunglückte Toast: Ich fordere Sie *auf*, *auf* das Wohl unseres Chefs *aufzustoßen*. Diese drei Formen des Versprechens sind nicht gerade häufig. Weit zahlreicher werden Sie die Beobachtung[en] finden, in denen das Versprechen durch eine Zusammenziehung oder Vermengung entsteht, z. B. wenn ein Herr eine Dame auf der Straße mit den Worten anspricht: Wenn Sie gestatten, mein Fräulein, möchte ich Sie gerne *begleit-digen*. In dem Mischwort steckt außer *Begleiten* offenbar auch das *Beleidigen*. (Nebenbei, der junge Mann wird bei der Dame nicht viel Erfolg gehabt haben.) Als eine Ersetzung führen M. und M. den Fall an, daß einer sagt: Ich gebe die Präparate in den *Brief*kasten anstatt *Brüt*kasten u. dgl.

Der Erklärungsversuch, den die beiden Autoren auf ihre Sammlung von Beispielen gründen, ist ganz besonders unzulänglich. Sie meinen, daß die Laute und Silben eines Wortes verschiedene Wertigkeit haben und daß die Innervation des hochwertigen Elements die der minderwertigen störend beeinflussen kann. Dabei fußen sie offenbar auf den an sich gar nicht so häufigen Vor- und Nachklängen; für andere Erfolge des Versprechens kommen diese Lautbevorzugungen, wenn sie überhaupt existieren, gar nicht in Betracht. Am häufigsten verspricht man sich doch, indem man anstatt eines Wortes ein anderes, ihm sehr ähnliches sagt, und diese Ähnlichkeit genügt vielen zur Erklärung des Versprechens. Zum Beispiel ein Professor in seiner Antrittsrede: Ich bin nicht *geneigt* (geeignet), die Verdienste meines sehr geschätzten Vorgängers zu würdigen. Oder ein anderer Professor: Beim weiblichen Genitale hat man trotz vieler *Versuchungen*... Pardon: Versuche...

Die gewöhnlichste und auch die auffälligste Art des Versprechens ist aber die zum genauen Gegenteil dessen, was man zu sagen beabsichtigt. Dabei kommt man natürlich von den Lautbeziehungen und Ähnlichkeitswirkungen weit ab und kann sich zum Ersatz dafür darauf berufen, daß Gegensätze eine starke begriffliche Verwandtschaft miteinander haben und einander in der psychologischen Assoziation besonders nahestehen[1]. Es gibt historische Beispiele dieser Art: Ein Präsident unseres Abgeordnetenhauses eröffnete einmal die Sitzung mit den Worten: Meine Herren, ich konstatiere die Anwesenheit von ... Mitgliedern und erkläre somit die Sitzung für *geschlossen*.

[1] [Vgl. unten, S. 185 ff.]

Ähnlich verführerisch wie die Gegensatzbeziehung wirkt dann irgendeine andere geläufige Assoziation, die unter Umständen recht unpassend auftauchen kann. So wird z. B. erzählt, daß bei einer Festlichkeit zu Ehren der Heirat eines Kindes von H. Helmholtz mit einem Kinde des bekannten Entdeckers und Großindustriellen W. Siemens der berühmte Physiologe Du Bois-Reymond die Festrede zu halten hatte. Er schloß seinen sicherlich glänzenden Toast mit den Worten: Also es lebe die neue Firma: Siemens und – Halske! Das war natürlich der Namen der alten Firma. Die Zusammenstellung der beiden Namen mußte dem Berliner ebenso geläufig sein wie etwa dem Wiener die: Riedel und Beutel.

So müssen wir also zu den Lautbeziehungen und zur Wortähnlichkeit noch den Einfluß der Wortassoziationen hinzunehmen. Aber damit nicht genug. In einer Reihe von Fällen scheint die Aufklärung des beobachteten Versprechens nicht eher zu gelingen, als bis wir mit in Betracht gezogen haben, was einen Satz vorher gesprochen oder auch nur gedacht wurde. Also wiederum ein Fall von Nachklingen, wie der von Meringer betonte, nur von größerer Ferne her. – Ich muß gestehen, ich habe im ganzen den Eindruck, als wären wir jetzt einem Verständnis der Fehlleistung des Versprechens ferner gerückt denn je!

Indes, ich hoffe nicht irrezugehen, wenn ich es ausspreche, daß wir alle während der eben angestellten Untersuchung einen neuen Eindruck von den Beispielen des Versprechens bekommen haben, bei dem zu verweilen sich doch lohnen könnte. Wir hatten die Bedingungen untersucht, unter denen ein Versprechen überhaupt zustande kommt, dann die Einflüsse, welche die Art der Entstellung durch das Versprechen bestimmen, aber den Effekt des Versprechens für sich allein, ohne Rücksicht auf seine Entstehung, haben wir noch gar nicht ins Auge gefaßt. Entschließen wir uns auch dazu, so müssen wir endlich den Mut finden zu sagen: In einigen der Beispiele hat ja auch das einen Sinn, was beim Versprechen zustande gekommen ist. Was heißt das, es hat einen Sinn? Nun, es will sagen, daß der Effekt des Versprechens vielleicht ein Recht darauf hat, selbst als ein vollgültiger psychischer Akt, der auch sein eigenes Ziel verfolgt, als eine Äußerung von Inhalt und Bedeutung aufgefaßt zu werden. Wir haben bisher immer von Fehlhandlungen gesprochen, aber jetzt scheint es, als ob manchmal die Fehlhandlung selbst eine ganz ordentliche Handlung wäre, die sich nur an die Stelle der anderen, erwarteten oder beabsichtigten Handlung gesetzt hat.

Dieser eigene Sinn der Fehlhandlung scheint ja in einzelnen Fällen greifbar und unverkennbar zu sein. Wenn der Präsident die Sitzung des Abgeordnetenhauses mit den ersten Worten schließt, anstatt sie zu eröffnen, so sind wir infolge unserer Kenntnis der Verhältnisse, unter denen sich dies Versprechen vollzog, geneigt, diese Fehlhandlung sinnvoll zu finden. Er erwartet sich nichts Gutes von der Sitzung und wäre froh, sie sofort wieder abbrechen zu können. Das Aufzeigen dieses Sinnes, also die Deutung dieses Versprechens macht uns gar keine Schwierigkeiten. Oder wenn eine Dame anscheinend anerkennend eine andere fragt: Diesen reizenden neuen Hut haben Sie sich wohl selbst *aufgepatzt?* – so wird keine Wissenschaftlichkeit der Welt uns abhalten können, aus diesem Versprechen eine Äußerung herauszuhören: Dieser Hut ist eine *Patzerei*. Oder wenn eine als energisch bekannte Dame erzählt: Mein Mann hat den Doktor gefragt, welche Diät er einhalten soll. Der Doktor hat aber gesagt, er braucht keine Diät, er kann essen und trinken, was *ich* will, so ist dies Versprechen doch anderseits der unverkennbare Ausdruck eines konsequenten Programms.

Meine Damen und Herren, wenn es sich herausstellen sollte, daß nicht nur einige wenige Fälle von Versprechen und von Fehlleistungen überhaupt einen *Sinn* haben, sondern eine größere Anzahl von ihnen, so wird unvermeidlich dieser Sinn der Fehlleistungen, von dem bisher noch nicht die Rede war, für uns das Interessanteste werden und alle anderen Gesichtspunkte mit Recht in den Hintergrund drängen. Wir können dann alle physiologischen oder psycho-physiologischen Momente beiseite lassen und dürfen uns rein psychologischen Untersuchungen über den Sinn, d. i. die Bedeutung, die Absicht der Fehlleistung hingeben. Wir werden es also nicht verabsäumen, demnächst ein größeres Beobachtungsmaterial auf diese Erwartung zu prüfen.

Ehe wir aber diesen Vorsatz ausführen, möchte ich Sie einladen, mit mir eine andere Spur zu verfolgen. Es ist wiederholt vorgekommen, daß ein Dichter sich des Versprechens oder einer anderen Fehlleistung als Mittels der dichterischen Darstellung bedient hat. Diese Tatsache muß uns für sich allein beweisen, daß er die Fehlleistung, das Versprechen z. B., für etwas Sinnvolles hält, denn er produziert es ja absichtlich. Es geht doch nicht so vor, daß der Dichter sich zufällig verschreibt und dann sein Verschreiben bei seiner Figur als ein Versprechen bestehen läßt. Er will uns durch das Versprechen etwas zum Verständnis bringen, und wir können ja nachsehen, was das sein mag, ob er uns etwa andeuten will, daß die betreffende Person zerstreut und ermüdet ist oder eine Migräne zu erwarten hat. Natürlich wollen wir es nicht überschätzen, wenn das Versprechen vom Dichter als sinnvoll gebraucht wird. Es könnte doch in Wirklichkeit sinnlos sein, eine psychische Zufälligkeit oder nur in ganz seltenen Fällen sinnreich, und der Dichter behielte das Recht, es durch die Ausstattung mit Sinn zu vergeistigen, um es für seine Zwecke zu gebrauchen. Zu verwundern wäre es aber auch nicht, wenn wir über das Versprechen vom Dichter mehr zu erfahren hätten als vom Philologen und vom Psychiater.

Ein solches Beispiel von Versprechen findet sich in *Wallenstein (Piccolomini*, erster Aufzug, fünfter Auftritt). Max Piccolomini hat in der vorhergehenden Szene aufs leidenschaftlichste für den Herzog Partei genommen und dabei von den Segnungen des Friedens geschwärmt, die sich ihm auf seiner Reise enthüllt, während er die Tochter Wallensteins ins Lager begleitete. Er läßt seinen Vater und den Abgesandten des Hofes, Questenberg, in voller Bestürzung zurück. Und nun geht der fünfte Auftritt weiter:

QUESTENBERG O weh uns! Steht es so?
Freund, und wir lassen ihn in diesem Wahn
Dahingehn, rufen ihn nicht gleich
Zurück, daß wir die Augen auf der Stelle
Ihm öffnen?
OCTAVIO *(aus einem tiefen Nachdenken zu sich kommend)*
Mir hat er sie jetzt geöffnet,
Und mehr erblick ich, als mich freut.
QUESTENBERG Was ist es, Freund?
OCTAVIO Fluch über diese Reise!
QUESTENBERG Wieso? Was ist es?
OCTAVIO Kommen Sie – Ich muß
Sogleich die unglückselige Spur verfolgen,
Mit meinen Augen sehen – kommen Sie
(will ihn fortführen)
QUESTENBERG Was denn? Wohin?
OCTAVIO *(pressiert)* Zu ihr!
QUESTENBERG Zu –
OCTAVIO *(korrigiert sich)* Zum Herzog! Gehen wir
usw.

Octavio wollte sagen »zu ihm«, zum Herzog, verspricht sich aber und verrät durch seine Worte *»zu ihr«* uns wenigstens, daß er den Einfluß, welcher den jungen Kriegshelden für den Frieden schwärmen macht, sehr wohl erkannt hat.

Ein noch eindrucksvolleres Beispiel hat O. Rank [1910*a*] bei Shakespeare entdeckt. Es findet sich im *Kaufmann von Venedig* in der beberühmten Szene der Wahl des glücklichen Liebhabers zwischen den drei Kästchen, und ich kann vielleicht nichts Besseres tun, als Ihnen die kurze Darstellung von Rank hier vorlesen.

»Ein dichterisch überaus fein motiviertes und technisch glänzend verwertetes *Versprechen,* welches wie das von Freud im *Wallenstein* aufgezeigte verrät, daß die Dichter Mechanismus und Sinn dieser Fehlleistung wohl kennen und deren Verständnis auch beim Zuhörer voraussetzen, findet sich in Shakespeares *Kaufmann von Venedig* (dritter Aufzug, zweite Szene). Die durch den Willen ihres Vaters an die Wahl eines Gatten durch das Los gefesselte Porzia ist bisher allen ihren unliebsamen Freiern durch das Glück des Zufalls entronnen. Da sie endlich in Bassanio den Bewerber gefunden hat, dem sie wirklich zugetan ist, muß sie fürchten, daß auch er das falsche Los ziehen werde. Sie möchte ihm nun am liebsten sagen, daß er auch in diesem Falle ihrer Liebe sicher sein könne, ist aber durch ihr Gelübde daran gehindert. In diesem inneren Zwiespalte läßt sie der Dichter zu dem willkommenen Freier sagen:

Ich bitt Euch, wartet; ein, zwei Tage noch,
Bevor Ihr wagt: denn wählt ihr falsch, so büße
Ich Euern Umgang ein; darum verzieht.
Ein Etwas sagt mir *(doch es ist nicht Liebe),*
Ich möcht Euch nicht verlieren; – – –
– – – Ich könnt Euch leiten
Zur rechten Wahl, dann bräch ich meinen Eid;
Das will ich nicht; so könnt Ihr mich verfehlen.
Doch wenn Ihr's tut, macht Ihr mich sündlich wünschen,
Ich hätt' ihn nur gebrochen. O, der Augen,
Die mich so übersehn und mich geteilt!
Halb bin ich Euer, die andre Hälfte Euer –
Mein wollt ich sagen; doch wenn mein, dann Euer,
Und so ganz Euer.[1]

Gerade das, was sie ihm also bloß leise andeuten möchte, weil sie es eigentlich ihm überhaupt verschweigen sollte, daß sie nämlich schon vor

[1] Nach der Übersetzung von Schlegel und Tieck.

der Wahl *ganz* die Seine sei und ihn liebe, das läßt der Dichter mit bewundernswertem psychologischen Feingefühl in dem Versprechen sich offen durchdrängen und weiß durch diesen Kunstgriff die unerträgliche Ungewißheit des Liebenden sowie die gleichgestimmte Spannung des Zuhörers über den Ausgang der Wahl zu beruhigen.«

Wollen Sie noch bemerken, wie fein Porzia zwischen den beiden Aussagen, die in dem Versprechen enthalten sind, am Ende vermittelt, wie sie den zwischen ihnen bestehenden Widerspruch aufhebt und schließlich doch dem Versprechen Recht gibt:

> Doch, wenn mein, dann Euer,
> Und so ganz Euer.

Gelegentlich hat auch ein der Medizin fernestehender Denker den Sinn einer Fehlleistung mit einer Bemerkung aufgedeckt und uns die Bemühung um deren Aufklärung vorweggenommen. Sie kennen alle den geistreichen Satiriker Lichtenberg (1742–1799), von dem Goethe gesagt hat: Wo er einen Spaß macht, liegt ein Problem verborgen. Nun gelegentlich kommt durch den Spaß auch die Lösung des Problems zutage. Lichtenberg notiert in seinen witzigen und satirischen Einfällen [1853] den Satz: Er las immer *Agamemnon* anstatt »angenommen«, so sehr hatte er den Homer gelesen. Das ist wirklich die Theorie des Verlesens[1].

Das nächstemal wollen wir prüfen, ob wir in der Auffassung der Fehlleistungen mit den Dichtern gehen können.

---

[1] [Lichtenberg war einer von Freuds Lieblingsautoren. In *Der Witz und seine Beziehung zum Unbewußten* (1905 *c*) sind viele seiner Epigramme, so auch das Wortspiel mit dem Namen Agamemnon, erörtert. S. auch unten, S. 90.]

3. VORLESUNG

DIE FEHLLEISTUNGEN

(Fortsetzung)

Meine Damen und Herren! Wir sind das vorigemal auf den Einfall gekommen, die Fehlleistung nicht im Verhältnis zu der von ihr gestörten, beabsichtigten Leistung zu betrachten, sondern an und für sich, haben den Eindruck empfangen, daß sie in einzelnen Fällen ihren eigenen Sinn zu verraten scheint, und haben uns gesagt, wenn es in größerem Umfange zu bestätigen wäre, daß die Fehlleistung einen Sinn hat, so würde uns dieser Sinn bald interessanter werden als die Untersuchung der Umstände, unter denen die Fehlleistung zustande kommt.

Einigen wir uns noch einmal darüber, was wir unter dem »Sinn« eines psychischen Vorganges verstehen wollen. Nichts anderes als die Absicht, der er dient, und seine Stellung in einer psychischen Reihe. Für die meisten unserer Untersuchungen können wir »Sinn« auch durch »Absicht«, »Tendenz« ersetzen. War es also nur ein täuschender Schein oder eine poetische Erhöhung der Fehlleistung, wenn wir in ihr eine Absicht zu erkennen glaubten?

Bleiben wir den Beispielen des Versprechens treu und überblicken eine größere Anzahl solcher Beobachtungen. Da finden wir denn ganze Kategorien von Fällen, in denen die Absicht, der Sinn des Versprechens klar zutage liegt. Vor allem die, in denen das Gegenteil an die Stelle des Beabsichtigten tritt. Der Präsident sagt in der Eröffnungsrede [S. 57]: »Ich erkläre die Sitzung für geschlossen.« Das ist doch unzweideutig. Sinn und Absicht seiner Fehlrede ist, daß er die Sitzung schließen will. »Er sagt es ja selbst« [1], möchte man dazu zitieren; wir brauchen ihn ja nur beim Wort zu nehmen. Stören Sie mich jetzt nicht mit der Einrede, daß dies nicht möglich ist, daß wir ja wissen, er wollte die Sitzung nicht schließen, sondern eröffnen, und daß er selbst, den wir eben als oberste Instanz anerkannt haben, bestätigen kann, daß er eröffnen wollte. Sie vergessen dabei, daß wir übereingekommen sind, die Fehlleistung zunächst an und für sich zu betrachten; ihr Verhältnis zur Intention, die sie stört, soll erst später zur Sprache kommen. Sie machen sich sonst eines logischen Fehlers schuldig, durch den Sie das in Behand-

[1] [Ein im Sextett des 3. Aktes von Mozarts *Figaro* mehrmals wiederholter Satz.]

lung stehende Problem glatt wegeskamotieren, was im Englischen *begging the question* heißt.

In anderen Fällen, wo man sich nicht gerade zum Gegenteil versprochen hat, kann doch durch das Versprechen ein gegensätzlicher Sinn zum Ausdruck kommen. »Ich bin nicht *geneigt*, die Verdienste meines Vorgängers zu würdigen.« [S. 57.] Geneigt ist nicht das Gegenteil von geeignet, aber es ist ein offenes Geständnis, in scharfem Gegensatz zur Situation, in welcher der Redner sprechen soll.

In noch anderen Fällen fügt das Versprechen zu dem beabsichtigten Sinne einfach einen zweiten hinzu. Der Satz hört sich dann an wie eine Zusammenziehung, Verkürzung, Verdichtung aus mehreren Sätzen. So die energische Dame: Er kann essen und trinken, was *ich* will [S. 59]. Das ist gerade so, als ob sie erzählt hätte: Er kann essen und trinken, was er will; aber was hat er denn zu wollen? An seiner statt will ich. Die Versprechen machen oft den Eindruck solcher Verkürzungen, z. B. wenn ein Anatomieprofessor nach seinem Vortrag über die Nasenhöhle fragt, ob die Hörer es auch verstanden haben, und ob der allgemeinen Bejahung fortsetzt: Ich glaube kaum, denn die Leute, welche die Nasenhöhle verstehen, kann man selbst in einer Millionenstadt an *einem Finger*... Pardon, an den Fingern einer Hand abzählen. Die verkürzte Rede hat auch ihren Sinn; sie sagt, es gibt nur einen Menschen, der das versteht.

Diesen Gruppen von Fällen, in denen die Fehlleistung ihren Sinn selbst zum Vorschein bringt, stehen andere gegenüber, in denen das Versprechen nichts an sich Sinnreiches geliefert hat, die also unseren Erwartungen energisch widersprechen. Wenn jemand durch Versprechen einen Eigennamen verdreht oder ungebräuchliche Lautfolgen zusammenstellt, so scheint durch diese sehr häufigen Vorkommnisse die Frage, ob alle Fehlhandlungen etwas Sinnreiches leisten, bereits im ablehnenden Sinne entschieden zu sein. Allein bei näherem Eingehen auf solche Beispiele zeigt es sich, daß ein Verständnis dieser Entstellungen leicht möglich wird, ja daß der Unterschied zwischen diesen dunkleren und früheren klaren Fällen gar nicht so groß ist.

Ein Herr, nach dem Befinden seines Pferdes befragt: antwortet: Ja, das *draut*... Das dauert vielleicht noch einen Monat. Befragt, was er eigentlich sagen wollte, erklärt er, er habe gedacht, das sei eine *traurige* Geschichte, der Zusammenstoß von »dauert« und »traurig« habe jenes »draut« ergeben. (Meringer und Mayer [1895].)

Ein anderer erzählt von irgendwelchen Vorgängen, die er beanständet, und setzt fort: Dann aber sind Tatsachen zum *Vorschwein* gekommen...

Auf Anfragen bestätigt er, daß er diese Vorgänge als *Schweinereien* bezeichnen wollte. »Vorschein« und »Schweinerei« haben mitsammen das sonderbare »Vorschwein« entstehen lassen. (Meringer und Mayer.) Erinnern Sie sich an den Fall des jungen Mannes, der die ihm unbekannte Dame *begleitdigen* wollte [S. 57]. Wir hatten uns die Freiheit genommen, diese Wortbildung in *begleiten* und *beleidigen* zu zerlegen, und fühlten uns dieser Deutung sicher, ohne für sie Bestätigung zu fordern. Sie ersehen aus diesen Beispielen, daß auch diese dunkleren Fälle des Versprechens sich durch das Zusammentreffen, die *Interferenz*, zweier verschiedener Redeabsichten erklären lassen; die Unterschiede entstehen nur dadurch, daß einmal die eine Absicht die andere völlig ersetzt (substituiert), so bei den Versprechen zum Gegenteil, während sie sich ein andermal damit begnügen muß, sie zu entstellen oder zu modifizieren, so daß Mischbildungen zustandekommen, die an sich mehr oder minder sinnreich erscheinen.

Wir glauben jetzt das Geheimnis einer großen Anzahl von Versprechen erfaßt zu haben. Halten wir an dieser Einsicht fest, so werden wir noch andere bisher rätselhafte Gruppen verstehen können. Beim Namenentstellen können wir z. B. nicht annehmen, daß es sich immer um die Konkurrenz zweier ähnlicher und doch verschiedener Namen handelt. Aber die zweite Absicht ist doch unschwer zu erraten. Die Entstellung eines Namens kommt außerhalb des Versprechens häufig genug vor; sie versucht den Namen übelklingend oder an etwas Niedriges anklingend zu machen und ist eine bekannte Art oder Unart der Schmähung, auf die der gebildete Mensch bald verzichten lernt, aber nicht gerne verzichtet. Er gestattet sich dieselbe noch oft als »Witz« von allerdings sehr geringer Würde. Um nur ein grelles und häßliches Beispiel dieser Namensentstellung anzuführen, erwähne ich, daß man den Namen des Präsidenten der französischen Republik, Poincaré, in diesen Zeiten[1] in »Schweinskarré« umgewandelt hat. Es liegt also nahe, auch beim Versprechen eine solche schmähende Absicht anzunehmen, die sich in der Entstellung des Namens durchsetzt. Ähnliche Aufklärungen drängen sich uns in Fortführung unserer Auffassung für gewisse Fälle des Versprechens mit komischem oder absurdem Effekt auf. »Ich fordere Sie auf, auf das Wohl unseres Chefs *auf*zustoßen.« [S. 57.] Hier wird eine feierliche Stimmung unerwarteterweise durch das Eindringen eines Wortes gestört, das eine unappetitliche Vorstellung erweckt, und wir können nach dem Vorbild gewisser Schimpf- und Trutzreden kaum anderes vermuten, als daß sich

[1] [Des Ersten Weltkrieges.]

eine Tendenz zum Ausdruck bringen will, die der vorgeschobenen Verehrung energisch widerspricht und etwa sagen will: Glaubt doch nicht daran, das ist nicht mein Ernst, ich pfeif' auf den Kerl u. dgl. Ganz Ähnliches gilt für Versprechen, die aus harmlosen Worten unanständige und obszöne machen, wie *Apopos* für Apropos, oder *Eischeißweibchen* für Eiweißscheibchen. (Meringer und Mayer.)
Wir kennen bei vielen Menschen eine solche Tendenz, einem gewissen Lustgewinn zuliebe harmlose Worte absichtlich in obszöne zu entstellen; sie gilt für witzig, und in Wirklichkeit müssen wir bei einem Menschen, von dem wir solches hören, erst erkunden, ob er es absichtlich als Witz geäußert hat oder ob es ihm als Versprechen passiert ist.

Nun, da hätten wir ja mit verhältnismäßig geringer Mühe das Rätsel der Fehlleistungen gelöst! Sie sind nicht Zufälligkeiten, sondern ernsthafte seelische Akte, sie haben ihren Sinn, sie entstehen durch das Zusammenwirken – vielleicht besser: Gegeneinanderwirken zweier verschiedener Absichten. Aber nun kann ich auch verstehen, daß Sie mich mit einer Fülle von Fragen und Zweifeln überschütten wollen, die zu beantworten und zu erledigen sind, ehe wir uns dieses ersten Resultats unserer Arbeit freuen dürfen. Ich will Sie gewiß nicht zu voreiligen Entscheidungen antreiben. Lassen Sie uns alles der Reihe nach, eines nach dem anderen, in kühle Erwägung ziehen.
Was wollen Sie mir wohl sagen? Ob ich meine, daß diese Aufklärung für alle Fälle von Versprechen gilt oder nur für eine gewisse Anzahl? Ob man dieselbe Auffassung auch auf die vielen anderen Arten von Fehlleistungen ausdehnen darf, auf das Verlesen, Verschreiben, Vergessen, Vergreifen, Verlegen usw.? Was denn die Momente der Ermüdung, Erregung, Zerstreutheit, die Aufmerksamkeitsstörung angesichts der psychischen Natur der Fehlleistungen noch zu bedeuten haben? Ferner, man sieht ja wohl, daß von den beiden konkurrierenden Tendenzen der Fehlleistungen die eine immer offenkundig ist, die andere aber nicht immer. Was man dann tut, um diese letztere zu erraten, und wenn man glaubt, sie erraten zu haben, wie man den Nachweis führt, daß sie nicht bloß wahrscheinlich, sondern die einzig richtige ist? Haben Sie noch etwas zu fragen? Wenn nicht, so setze ich selbst fort. Ich erinnere Sie daran, daß uns eigentlich an den Fehlleistungen selbst nicht viel gelegen ist, daß wir aus ihrem Studium nur etwas für die Psychoanalyse Verwertbares lernen wollten. Darum stelle ich die Frage auf: was sind das für Absichten oder Tendenzen, die andere in solcher Weise stören können, und welche

Beziehungen bestehen zwischen den störenden Tendenzen und den gestörten? So fängt unsere Arbeit erst nach der Lösung des Problems von neuem an.

Also, ob dies die Aufklärung aller Fälle von Versprechen ist? Ich bin sehr geneigt, dies zu glauben, und zwar darum, weil sich jedesmal, so oft man einen Fall von Versprechen untersucht, eine derartige Auflösung finden läßt. Aber es läßt sich auch nicht beweisen, daß ein Versprechen ohne solchen Mechanismus nicht vorfallen kann. Es mag so sein; für uns ist es theoretisch gleichgültig, denn die Schlüsse, welche wir für die Einführung in die Psychoanalyse ziehen wollen, bleiben bestehen, wenn auch nur, was gewiß nicht der Fall ist, eine Minderzahl von Fällen des Versprechens unserer Auffassung unterliegen sollte. Die nächste Frage, ob wir auf die anderen Arten der Fehlleistungen das ausdehnen dürfen, was sich uns für das Versprechen ergeben hat, will ich vorgreifend mit ja beantworten. Sie werden sich selbst davon überzeugen, wenn wir uns dazu wenden, Beispiele des Verschreibens, Vergreifens usw. in Untersuchung zu ziehen. Ich schlage Ihnen aber aus technischen Gründen vor, diese Arbeit aufzuschieben, bis wir das Versprechen selbst noch gründlicher behandelt haben.

Die Frage, was die von den Autoren in den Vordergrund gerückten Momente der Zirkulationsstörung, Ermüdung, Erregung, Zerstreutheit, die Theorie der Aufmerksamkeitsstörung uns noch bedeuten können, wenn wir den beschriebenen psychischen Mechanismus des Versprechens annehmen, verdient eine eingehendere Beantwortung. Bemerken Sie wohl, wir bestreiten diese Momente nicht. Es kommt überhaupt nicht so häufig vor, daß die Psychoanalyse etwas bestreitet, was von anderer Seite behauptet wird; sie fügt in der Regel nur etwas Neues hinzu, und gelegentlich trifft es sich freilich, daß dies bisher Übersehene und nun neu Dazugekommene gerade das Wesentliche ist. Der Einfluß der physiologischen Dispositionen, die durch leichtes Unwohlsein, Zirkulationsstörungen, Erschöpfungszustände gegeben werden, ist für das Zustandekommen des Versprechens ohne weiteres anzuerkennen; tägliche und persönliche Erfahrung kann Sie davon überzeugen. Aber wie wenig ist damit erklärt! Vor allem sind es nicht notwendige Bedingungen der Fehlleistung. Das Versprechen ist ebensowohl bei voller Gesundheit und normalem Befinden möglich. Diese körperlichen Momente haben also nur den Wert von Erleichterungen und Begünstigungen für den eigentümlichen seelischen Mechanismus des Versprechens. Ich habe für diese Beziehung einmal ein Gleichnis gebraucht, das ich nun wiederholen werde, weil ich es durch kein besseres zu ersetzen weiß. Nehmen Sie an, ich ginge in dunkler Nachtstunde an einem einsamen Orte, würde dort von einem Strolch überfallen, der mir Uhr und Börse wegnimmt, und trüge dann, weil ich das Gesicht des Räubers nicht deutlich gesehen habe, meine Klage auf der nächsten Polizeistation mit den Worten vor: Einsamkeit und Dunkelheit haben mich soeben meiner Kostbarkeiten beraubt. Der Polizeikommissär kann mir darauf sagen: Sie scheinen da mit Unrecht einer extrem mechanistischen Auffassung zu huldigen. Stellen wir den Sachverhalt lieber so dar: Unter dem Schutz der Dunkelheit, von der Einsamkeit begünstigt, hat Ihnen ein unbekannter Räuber Ihre Wertsachen entrissen. Die wesentliche Aufgabe an Ihrem Falle scheint mir zu sein, daß wir den Räuber ausfindig machen. Vielleicht können wir ihm dann den Raub wieder abnehmen.

Die psycho-physiologischen Momente wie Aufregung, Zerstreutheit, Aufmerksamkeitsstörung leisten uns offenbar sehr wenig für die Zwecke der Erklärung. Es sind nur Redensarten, spanische Wände, hinter welche zu gucken wir uns nicht abhalten lassen sollen. Es fragt sich vielmehr, was hier die Erregung, die besondere Ablenkung der Aufmerksamkeit hervorgerufen hat. Die Lauteinflüsse, Wortähnlichkeiten und die von den Worten auslaufenden gebräuchlichen Assoziationen sind wiederum als bedeutsam anzuerkennen. Sie erleichtern das Versprechen, indem sie ihm die Wege weisen, die es wandeln kann. Aber wenn ich einen Weg vor mir habe, ist damit auch wie selbstverständlich entschieden, daß ich ihn gehen werde? Es bedarf noch eines Motivs, damit ich mich zu ihm entschließe, und überdies einer Kraft, die mich auf diesem Wege vorwärts bringt. Diese Laut- und Wortbeziehungen sind also auch nur wie die körperlichen Dispositionen Begünstigungen des Versprechens und können seine eigentliche Aufklärung nicht geben. Denken Sie doch daran, in einer ungeheuern Überzahl von Fällen wird meine Rede nicht durch den Umstand gestört, daß die von mir gebrauchten Worte durch Klangähnlichkeit an andere erinnern, daß sie mit ihren Gegenteilen innig verknüpft sind oder daß gebräuchliche Assoziationen von ihnen ausgehen. Man könnte noch mit dem Philosophen Wundt die Auskunft finden, daß das Versprechen zustande kommt, wenn infolge von körperlicher Erschöpfung die Assoziationsneigungen die Oberhand über die sonstige Redeintention gewinnen. Das ließe sich sehr gut hören, wenn dem nicht die Erfahrung widerspräche, nach deren Zeugnis in einer Reihe von Fällen die körperlichen, in einer anderen die Assoziationsbegünstigungen des Versprechens vermißt werden.

Besonders interessant ist mir aber Ihre nächste Frage, auf welche Weise man die beiden miteinander in Interferenz tretenden Tendenzen feststellt. Sie ahnen wahrscheinlich nicht, wie folgenschwer sie ist. Nicht wahr, die eine der beiden, die gestörte Tendenz, ist immer unzweifelhaft: die Person, welche die Fehlleistung begeht, kennt sie und bekennt sich zu ihr. Anlaß zu Zweifeln und Bedenken kann nur die andere, die störende, geben. Nun, wir haben schon gehört und Sie haben es gewiß nicht vergessen, daß in einer Reihe von Fällen diese andere Tendenz ebenso deutlich ist. Sie wird durch den Effekt des Versprechens angezeigt, wenn wir nur den Mut haben, diesen Effekt für sich gelten zu lassen. Der Präsident, der sich zum Gegenteil verspricht – es ist klar, er will die Sitzung eröffnen, aber ebenso klar, er möchte sie auch schließen. Das ist so deutlich, daß zum Deuten nichts übrig bleibt. Aber die anderen Fälle, in denen die störende Tendenz die ursprüngliche nur entstellt, ohne sich selbst ganz zum Ausdruck zu bringen, wie errät man bei ihnen die störende Tendenz aus der Entstellung?

In einer ersten Reihe von Fällen auf sehr einfache und sichere Weise, auf dieselbe Weise nämlich, wie man die gestörte Tendenz feststellt. Diese läßt man sich ja vom Redner unmittelbar mitteilen; nach dem Versprechen stellt er den ursprünglich beabsichtigten Wortlaut sofort wieder her. »Das *draut*, nein, das dauert vielleicht noch einen Monat.« [S. 64.] Nun, die entstellende Tendenz läßt man gleichfalls von ihm aussprechen. Man fragt ihn: Ja, warum haben Sie denn zuerst »draut« gesagt? Er antwortet: Ich wollte sagen: Das ist eine *traurige* Geschichte, und im anderen Falle, beim Versprechen »Vorschwein« [S. 64 f.], bestätigt er Ihnen ebenso, daß er zuerst sagen wollte: Das ist eine *Schweinerei*, sich aber dann mäßigte und in eine andere Aussage einlenkte. Die Feststellung der entstellenden Tendenz ist hier also ebenso sicher gelungen wie die der entstellten. Ich habe auch nicht ohne Absicht hier Beispiele herangezogen, deren Mitteilung und Auflösung weder von mir noch von einem meiner Anhänger herrühren. Doch war in diesen beiden Fällen ein gewisser Eingriff notwendig, um die Lösung zu fördern. Man mußte den Redner fragen, warum er sich so versprochen habe, was er zu dem Versprechen zu sagen wisse. Sonst wäre er vielleicht an seinem Versprechen vorbeigegangen, ohne es aufklären zu wollen. Befragt, gab er aber die Erklärung mit dem ersten Einfall, der ihm kam. Und nun sehen Sie, dieser kleine Eingriff und sein Erfolg, das ist bereits eine Psychoanalyse und das Vorbild jeder psychoanalytischen Untersuchung, die wir im weiteren anstellen werden.

Bin ich nun zu mißtrauisch, wenn ich vermute, daß in demselben Moment, da die Psychoanalyse vor Ihnen auftaucht, auch der Widerstand gegen sie bei Ihnen sein Haupt erhebt? Haben Sie nicht Lust, mir einzuwenden, daß die Auskunft der befragten Person, die das Versprechen geleistet, nicht völlig beweiskräftig sei? Er habe natürlich das Bestreben, meinen Sie, der Aufforderung zu folgen, das Versprechen zu erklären, und da sage er eben das erste beste, was ihm einfalle, wenn es ihm zu einer solchen Erklärung tauglich erscheine. Ein Beweis, daß das Versprechen wirklich so zugegangen, sei damit nicht gegeben. Ja es könne so sein, aber ebensowohl auch anders. Es hätte ihm auch etwas anderes einfallen können, was ebenso gut und vielleicht besser gepaßt hätte.

Es ist merkwürdig, wie wenig Respekt Sie im Grunde vor einer psychischen Tatsache haben! Denken Sie sich, jemand habe die chemische Analyse einer gewissen Substanz vorgenommen und von einem Bestandteil derselben ein gewisses Gewicht, so und soviel Milligramm, gewonnen. Aus dieser Gewichtsmenge lassen sich bestimmte Schlüsse ziehen. Glauben Sie nun, daß es je einem Chemiker einfallen wird, diese Schlüsse mit der Motivierung zu bemängeln: die isolierte Substanz hätte auch ein anderes Gewicht haben können? Jeder beugt sich vor der Tatsache, daß es eben dies Gewicht und kein anderes war, und baut auf ihr zuversichtlich seine weiteren Schlüsse auf. Nur wenn die psychische Tatsache vorliegt, daß dem Befragten ein bestimmter Einfall gekommen ist, dann lassen Sie das nicht gelten und sagen, es hätte ihm auch etwas anderes einfallen können! Sie haben eben die Illusion einer psychischen Freiheit in sich und mögen auf sie nicht verzichten. Es tut mir leid, daß ich mich hierin in schärfstem Widerspruch zu Ihnen befinde.

Nun werden Sie hier abbrechen, aber nur um den Widerstand an einer anderen Stelle wiederaufzunehmen. Sie fahren fort: Wir verstehen, daß es die besondere Technik der Psychoanalyse ist, sich die Lösung ihrer Probleme von den Analysierten selbst sagen zu lassen[1]. Nun nehmen wir ein anderes Beispiel her, jenes, in dem der Festredner die Versammlung auffordert, auf das Wohl des Chefs *auf*zustoßen [S. 57]. Sie sagen [S. 65 f.], die störende Intention ist in diesem Falle die der Schmähung: sie ist es, die sich dem Ausdruck der Verehrung widersetzt. Aber das ist bloße Deutung von Ihrer Seite, gestützt auf Beobachtungen *außerhalb* des Versprechens. Wenn Sie in diesem Falle den Urheber des Versprechens befragen, wird er Ihnen nicht bestätigen, daß er eine

[1] [Vgl. unten, S. 117.]

Schmähung beabsichtigte; er wird es vielmehr energisch in Abrede stellen. Warum geben Sie Ihre unbeweisbare Deutung nicht gegen diesen klaren Einspruch auf?

Ja, diesmal haben Sie etwas Starkes herausgefunden. Ich stelle mir den unbekannten Festredner vor; er ist wahrscheinlich ein Assistent des gefeierten Chefs, vielleicht schon Privatdozent, ein junger Mann mit den besten Lebenschancen. Ich will in ihn drängen, ob er nicht doch etwas verspürt hat, was sich der Aufforderung zur Verehrung des Chefs widersetzt haben mag. Da komme ich aber schön an. Er wird ungeduldig und fährt plötzlich auf mich los: »Sie, jetzt hören's einmal auf mit Ihrer Ausfragerei, sonst werd' ich ungemütlich. Sie verderben mir noch die ganze Karriere durch Ihre Verdächtigungen. Ich hab' einfach *auf*stoßen anstatt anstoßen gesagt, weil ich im selben Satz schon zweimal vorher *auf* ausgesprochen habe. Das ist das, was der Meringer einen Nachklang heißt, und weiter ist daran nichts zu deuteln. Verstehen Sie mich? Basta.«

Hm, das ist eine überraschende Reaktion, eine wirklich energische Ablehnung. Ich sehe, bei dem jungen Mann ist nichts auszurichten, denke mir aber auch, er verrät ein starkes persönliches Interesse daran, daß seine Fehlleistung keinen Sinn haben soll. Sie werden vielleicht auch finden, es ist nicht recht, daß er gleich so grob wird bei einer rein theoretischen Untersuchung, aber schließlich, werden Sie meinen, muß er doch eigentlich wissen, was er sagen wollte und was nicht.

So, muß er das? Das wäre vielleicht noch die Frage.

Jetzt glauben Sie mich aber in der Hand zu haben. Das ist also Ihre Technik, höre ich Sie sagen. Wenn der Betreffende, der ein Versprechen von sich gegeben hat, etwas dazu sagt, was Ihnen paßt, dann erklären Sie ihn für die letzte entscheidende Autorität darüber. »Er sagt es ja selbst!« [S. 63.] Wenn Ihnen aber das, was er sagt, nicht in Ihren Kram paßt, dann behaupten Sie auf einmal, der gilt nichts, dem braucht man nicht zu glauben.

Das stimmt allerdings. Ich kann Ihnen aber einen ähnlichen Fall vorstellen, in dem es ebenso ungeheuerlich zugeht. Wenn ein Angeklagter vor dem Richter sich zu seiner Tat bekennt, so glaubt der Richter dem Geständnis; wenn er aber leugnet, so glaubt ihm der Richter nicht. Wäre es anders, so gäbe es keine Rechtspflege, und trotz gelegentlicher Irrtümer müssen Sie dieses System doch wohl gelten lassen.

Ja, sind Sie denn der Richter, und der, welcher ein Versprechen begangen hat, ein vor Ihnen Angeklagter? Ist denn ein Versprechen ein Vergehen?

Vielleicht brauchen wir selbst diesen Vergleich nicht abzulehnen. Aber sehen Sie nur, zu welchen tiefgreifenden Differenzen wir bei einiger Vertiefung in die scheinbar so harmlosen Probleme der Fehlleistungen gekommen sind. Differenzen, die wir derzeit noch gar nicht auszugleichen verstehen. Ich biete Ihnen ein vorläufiges Kompromiß an auf Grund des Gleichnisses vom Richter und vom Angeklagten. Sie sollen mir zugeben, daß der Sinn einer Fehlleistung keinen Zweifel zuläßt, wenn der Analysierte ihn selbst zugibt. Ich will Ihnen dafür zugestehen, daß ein direkter Beweis des vermuteten Sinnes nicht zu erreichen ist, wenn der Analysierte die Auskunft verweigert, natürlich ebenso, wenn er nicht zur Hand ist, um uns Auskunft zu geben. Wir sind dann, wie im Falle der Rechtspflege, auf Indizien angewiesen, welche uns eine Entscheidung einmal mehr, ein andermal weniger wahrscheinlich machen können. Bei Gericht muß man aus praktischen Gründen auch auf Indizienbeweise hin schuldig sprechen. Für uns besteht eine solche Nötigung nicht; wir sind aber auch nicht gezwungen, auf die Verwertung solcher Indizien zu verzichten. Es wäre ein Irrtum zu glauben, daß eine Wissenschaft aus lauter streng bewiesenen Lehrsätzen besteht, und ein Unrecht, solches zu fordern. Diese Forderung erhebt nur ein autoritätssüchtiges Gemüt, welches das Bedürfnis hat, seinen religiösen Katechismus durch einen anderen, wenn auch wissenschaftlichen, zu ersetzen. Die Wissenschaft hat in ihrem Katechismus nur wenige apodiktische Sätze, sonst Behauptungen, die sie bis zu gewissen Stufengraden von Wahrscheinlichkeit gefördert hat. Es ist geradezu ein Zeichen von wissenschaftlicher Denkungsart, wenn man an diesen Annäherungen an die Gewißheit sein Genüge finden und die konstruktive Arbeit trotz der mangelnden letzten Bekräftigungen fortsetzen kann.

Woher nehmen wir aber die Anhaltspunkte für unsere Deutungen, die Indizien für unseren Beweis im Falle, daß die Aussage des Analysierten den Sinn der Fehlleistung nicht selbst aufklärt? Von verschiedenen Seiten her. Zunächst aus der Analogie mit Phänomenen außerhalb der Fehlleistungen, z. B. wenn wir behaupten, daß das Namenentstellen als Versprechen denselben schmähenden Sinn hat wie das absichtliche Namenverdrehen. Sodann aber aus der psychischen Situation, in welcher sich die Fehlleistung ereignet, aus unserer Kenntnis des Charakters der Person, welche die Fehlhandlung begeht, und der Eindrücke, welche diese Person vor der Fehlleistung betroffen haben, auf die sie möglicherweise mit dieser Fehlleistung reagiert. In der Regel geht es so vor sich, daß wir nach allgemeinen Grundsätzen die Deutung der Fehlleistung vollziehen, die also zunächst nur eine Vermutung, ein Vorschlag zur Deutung ist, und uns dann die Bestätigung aus der Untersuchung der psychischen Situation holen. Manchmal müssen wir auch kommende Ereignisse abwarten, welche sich durch die Fehlleistung gleichsam angekündigt haben, um unsere Vermutung bekräftigt zu finden.

Ich kann Ihnen die Belege hiezu nicht leichter erbringen, wenn ich mich auf das Gebiet des Versprechens einschränken soll, obwohl sich auch hier einzelne gute Beispiele ergeben. Der junge Mann, der eine Dame *begleitdigen* möchte [S. 57], ist gewiß ein Schüchterner; die Dame, deren Mann essen und trinken darf, was *sie* will [S. 59], kenne ich als eine der energischen Frauen, die das Regiment im Hause zu führen verstehen. Oder nehmen Sie folgenden Fall: In einer Generalversammlung der »Concordia«[1] hält ein junges Mitglied eine heftige Oppositionsrede, in deren Verlauf er die Vereinsleitung als die Herren »*Vorschuß*mitglieder« anredet, was aus *Vor*stand und Aus*schuß* zusammengesetzt erscheint. Wir werden vermuten, daß sich bei ihm eine störende Tendenz gegen seine Opposition regte, die sich auf etwas, was mit einem Vorschuß zu tun hatte, stützen konnte. In der Tat erfahren wir von unserem Gewährsmann, daß der Redner in steten Geldnöten war und gerade damals ein Darlehensgesuch eingebracht hatte. Als störende Intention ist also wirklich der Gedanke einzusetzen: mäßige dich in deiner Opposition; es sind dieselben Leute, die dir den Vorschuß bewilligen sollen.

Ich kann Ihnen aber eine reiche Auswahl solcher Indizienbeweise vorlegen, wenn ich auf das weite Gebiet der anderen Fehlleistungen übergreife.

Wenn jemand einen ihm sonst vertrauten Eigennamen vergißt oder ihn trotz aller Mühe nur schwer behalten kann, so liegt uns die Annahme nahe, daß er etwas gegen den Träger dieses Namens hat, so daß er nicht gerne an ihn denken mag; nehmen Sie die nachstehenden Aufdeckungen der psychischen Situation, in welcher diese Fehlleistung eintrat, hinzu:

»Ein Herr Y verliebte sich erfolglos in eine Dame, welche bald darauf einen Herrn X heiratete. Trotzdem nun Herr Y den Herrn X schon seit geraumer Zeit kennt und sogar in geschäftlichen Verbindungen mit ihm steht, vergißt er immer und immer wieder dessen Namen, so daß er sich mehrere Male bei anderen Leuten danach erkundigen mußte, als er mit Herrn X korrespondieren wollte.«[2]

---

[1] [Wiener Journalistenvereinigung.]

[2] Nach C. G. Jung [1907, 52].

Herr Y will offenbar nichts von seinem glücklichen Rivalen wissen. »Nicht gedacht soll seiner werden.«[1]

Oder: Eine Dame erkundigt sich bei dem Arzt nach einer gemeinsamen Bekannten, nennt sie aber bei ihrem Mädchennamen. Den in der Heirat angenommenen Namen hat sie vergessen. Sie gesteht dann zu, daß sie mit dieser Heirat sehr unzufrieden war und den Mann dieser Freundin nicht leiden mochte[2].

Wir werden vom Namenvergessen noch in anderen Hinsichten manches zu sagen haben [S. 93 f.]; jetzt interessiert uns vorwiegend die psychische Situation, in welche das Vergessen fällt.

Das Vergessen von Vorsätzen läßt sich ganz allgemein auf eine gegensätzliche Strömung zurückführen, welche den Vorsatz nicht ausführen will. So denken aber nicht nur wir in der Psychoanalyse, sondern es ist die allgemeine Auffassung der Menschen, der sie im Leben alle anhängen, die sie erst in der Theorie verleugnen. Der Gönner, der sich vor seinem Schützling entschuldigt, er habe dessen Bitte vergessen, ist vor ihm nicht gerechtfertigt. Der Schützling denkt sofort: Dem liegt nichts daran; er hat es zwar versprochen, aber er will es eigentlich nicht tun[3]. In gewissen Beziehungen ist daher auch im Leben das Vergessen verpönt, die Differenz zwischen der populären und der psychoanalytischen Auffassung dieser Fehlleistungen scheint aufgehoben. Stellen Sie sich eine Hausfrau vor, die den Gast mit den Worten empfängt: Was, heute kommen Sie? Ich habe ja ganz vergessen, daß ich Sie für heute eingeladen hatte. Oder den jungen Mann, welcher der Geliebten gestehen sollte, daß er vergessen hatte, das letztbesprochene Rendezvous einzuhalten. Er wird es gewiß nicht gestehen, lieber aus dem Stegreife die unwahrscheinlichsten Hindernisse erfinden, die ihn damals abgehalten haben zu kommen und es ihm seither unmöglich gemacht haben, davon Nachricht zu geben. Daß in militärischen Dingen die Entschuldigung, etwas vergessen zu haben, nichts nützt und vor keiner Strafe schützt, wissen wir alle und müssen es berechtigt finden. Hier sind mit einem Male alle Menschen darin einig, daß eine bestimmte Fehlhandlung sinnreich ist und welchen Sinn sie hat. Warum sind sie nicht konsequent genug, diese Einsicht auf die anderen Fehlleistungen auszudehnen und sich voll zu ihr zu bekennen? Es gibt natürlich auch hierauf eine Antwort.

---

[1] [Erste Zeile und Refrain eines Gedichts von Heine in *Nachlese*, ›Aus der Matratzengruft‹, Nr. IV.]

[2] Nach A. A. Brill [1912, 191].

[3] [Diese Situation wird unten S. 91 f. weiter erörtert.]

Wenn der Sinn dieses Vergessens von Vorsätzen auch den Laien so wenig zweifelhaft ist, so werden Sie um so weniger überrascht sein zu finden, daß Dichter diese Fehlleistung in demselben Sinne verwerten. Wer von Ihnen *Cäsar und Kleopatra* von B. Shaw gesehen oder gelesen hat, wird sich erinnern, daß der scheidende Cäsar in der letzten Szene von der Idee verfolgt wird, er habe sich noch etwas vorgenommen, was er aber jetzt vergessen habe. Endlich stellt sich heraus, was das ist: von der Kleopatra Abschied zu nehmen. Diese kleine Veranstaltung des Dichters will dem großen Cäsar eine Überlegenheit zuschreiben, die er nicht besaß und nach der er gar nicht strebte. Sie können aus den geschichtlichen Quellen erfahren, daß Cäsar die Kleopatra nach Rom nachkommen ließ und daß sie dort mit ihrem kleinen Cäsarion weilte, als Cäsar ermordet wurde, worauf sie flüchtend die Stadt verließ.
Die Fälle des Vergessens von Vorsätzen sind im allgemeinen so klar, daß sie für unsere Absicht, Indizien für den Sinn der Fehlleistung aus der psychischen Situation abzuleiten, wenig brauchbar sind. Wenden wir uns darum zu einer besonders vieldeutigen und undurchsichtigen Fehlhandlung, zum Verlieren und Verlegen. Daß beim Verlieren, einer oft so schmerzlich empfundenen Zufälligkeit, wir selbst mit einer Absicht beteiligt sein sollten, werden Sie gewiß nicht glaubwürdig finden. Aber es gibt reichlich Beobachtungen wie diese: Ein junger Mann verliert seinen Crayon, der ihm sehr lieb gewesen war. Tags zuvor hatte er einen Brief von seinem Schwager erhalten, der mit den Worten schloß: Ich habe vorläufig weder Lust noch Zeit, Deinen Leichtsinn und Deine Faulheit zu unterstützen[1]. Der Bleistift war aber gerade ein Geschenk dieses Schwagers. Ohne dieses Zusammentreffen könnten wir natürlich nicht behaupten, daß an diesem Verlieren die Absicht beteiligt war, sich der Sache zu entledigen. Ähnliche Fälle sind sehr häufig. Man verliert Gegenstände, wenn man sich mit dem Geber derselben verfeindet hat und nicht mehr an ihn erinnert werden will, oder auch, wenn man sie selbst nicht mehr mag und sich einen Vorwand schaffen will, sie durch andere und bessere zu ersetzen. Derselben Absicht gegen einen Gegenstand dient natürlich auch das Fallenlassen, Zerbrechen, Zerschlagen. Kann man es für zufällig halten, wenn ein Schulkind gerade vor seinem Geburtstag seine Gebrauchsgegenstände verliert, ruiniert, zerbricht, z. B. seine Schultasche und seine Taschenuhr?
Wer genug oft die Pein erlebt hat, etwas nicht auffinden zu können, was

[1] Nach B. Dattner.

er selbst weggelegt hat, wird auch an die Absicht beim Verlegen nicht glauben wollen. Und doch sind die Beispiele gar nicht selten, in denen die Begleitumstände des Verlegens auf eine Tendenz hinweisen, den Gegenstand zeitweilig oder dauernd zu beseitigen. Vielleicht das schönste Beispiel dieser Art ist folgendes:

Ein jüngerer Mann erzählt mir: »Es gab vor einigen Jahren Mißverständnisse in meiner Ehe, ich fand meine Frau zu kühl, und obwohl ich ihre vortrefflichen Eigenschaften gerne anerkannte, lebten wir ohne Zärtlichkeit nebeneinander. Eines Tages brachte sie mir von einem Spaziergange ein Buch mit, das sie gekauft hatte, weil es mich interessieren dürfte. Ich dankte für dieses Zeichen von ›Aufmerksamkeit‹, versprach das Buch zu lesen, legte es mir zurecht und fand es nicht wieder. Monate vergingen so, in denen ich mich gelegentlich an dies verschollene Buch erinnerte und es auch vergeblich aufzufinden versuchte. Etwa ein halbes Jahr später erkrankte meine, getrennt von uns wohnende, geliebte Mutter. Meine Frau verließ das Haus, um ihre Schwiegermutter zu pflegen. Der Zustand der Kranken wurde ernst und gab meiner Frau Gelegenheit, sich von ihren besten Seiten zu zeigen. Eines Abends komme ich begeistert von der Leistung meiner Frau und dankerfüllt gegen sie nach Hause. Ich trete zu meinem Schreibtisch, öffne ohne bestimmte Absicht, aber wie mit somnambuler Sicherheit eine bestimmte Lade desselben, und zu oberst in ihr finde ich das so lange vermißte, das verlegte Buch.«

Mit dem Erlöschen des Motivs fand auch das Verlegtsein des Gegenstandes ein Ende.

Meine Damen und Herren! Ich könnte diese Sammlung von Beispielen ins Ungemessene vermehren. Ich will es aber hier nicht tun. In meiner *Psychopathologie des Alltagslebens* (1901 zuerst erschienen) finden Sie ohnedies eine überreiche Kasuistik zum Studium der Fehlleistungen[1]. Alle diese Beispiele ergeben immer wieder das nämliche; sie machen Ihnen wahrscheinlich, daß Fehlleistungen einen Sinn haben, und zeigen Ihnen, wie man diesen Sinn aus den Begleitumständen errät oder bestätigt. Ich fasse mich heute kürzer, weil wir uns ja auf die Absicht eingeschränkt haben, aus dem Studium dieser Phänomene Gewinn für eine Vorbereitung zur Psychoanalyse zu ziehen. Nur auf zwei Gruppen von Beobachtungen muß ich hier noch eingehen, auf die gehäuften und kom-

[1] Ebenso in den Sammlungen von Maeder [1906–8] (franz.), A. A. Brill [1912] (engl.), E. Jones [1911] (engl.), J. Stärcke [1916] (holländ.) u. a.

binierten Fehlleistungen und auf die Bestätigung unserer Deutungen durch später eintreffende Ereignisse.

Die gehäuften und kombinierten Fehlleistungen sind gewiß die höchste Blüte ihrer Gattung. Käme es uns darauf an, zu beweisen, daß Fehlleistungen einen Sinn haben können, so hätten wir uns von vorneherein auf sie beschränkt, denn bei ihnen ist der Sinn selbst für eine stumpfe Einsicht unverkennbar und weiß sich dem kritischesten Urteil aufzudrängen. Die Häufung der Äußerungen verrät eine Hartnäckigkeit, wie sie dem Zufall fast niemals zukommt, aber dem Vorsatz gut ansteht. Endlich die Vertauschung der einzelnen Arten von Fehlleistung miteinander zeigt uns, was das Wichtige und Wesentliche der Fehlleistung ist: nicht die Form derselben oder die Mittel, deren sie sich bedient, sondern die Absicht, der sie selbst dient und die auf den verschiedensten Wegen erreicht werden soll. So will ich Ihnen einen Fall von wiederholtem Vergessen vorführen: E. Jones erzählt [1911, 483], daß er einmal aus ihm unbekannten Motiven einen Brief mehrere Tage lang auf seinem Schreibtisch hatte liegen lassen. Endlich entschloß er sich dazu, ihn aufzugeben, erhielt ihn aber vom *»Dead letter office«* zurück, denn er hatte vergessen, die Adresse zu schreiben. Nachdem er ihn adressiert hatte, brachte er ihn zur Post, aber diesmal ohne Briefmarke. Und nun mußte er sich die Abneigung, den Brief überhaupt abzusenden, endlich eingestehen.

In einem anderen Falle kombiniert sich ein Vergreifen mit einem Verlegen. Eine Dame reist mit ihrem Schwager, einem berühmten Künstler, nach Rom. Der Besucher wird von den in Rom lebenden Deutschen sehr gefeiert und erhält unter anderem eine goldene Medaille antiker Herkunft zum Geschenk. Die Dame kränkt sich darüber, daß ihr Schwager das schöne Stück nicht genug zu schätzen weiß. Nachdem sie, von ihrer Schwester abgelöst, wieder zu Hause angelangt ist, entdeckt sie beim Auspacken, daß sie die Medaille – sie weiß nicht wie – mitgenommen hat. Sie teilt es sofort dem Schwager brieflich mit und kündigt ihm an, daß sie das Entführte am nächsten Tage nach Rom zurückschicken wird. Am nächsten Tage aber ist die Medaille so geschickt verlegt, daß sie unauffindbar und unabsendbar ist, und dann dämmert der Dame, was ihre »Zerstreutheit« bedeute, nämlich, daß sie das Stück für sich selbst behalten wolle[1].

Ich habe Ihnen schon früher ein Beispiel der Kombination eines Vergessens mit einem Irrtum berichtet, wie jemand ein erstesmal ein Rendez-

[1] Nach R. Reitler.

vous vergißt und das zweitemal mit dem Vorsatz, gewiß nicht zu vergessen, zu einer anderen als der verabredeten Stunde erscheint [S. 55]. Einen ganz analogen Fall hat mir aus seinem eigenen Erleben ein Freund erzählt, der außer wissenschaftlichen auch literarische Interessen verfolgt. Er sagt: »Ich habe vor einigen Jahren die Wahl in den Ausschuß einer bestimmten literarischen Vereinigung angenommen, weil ich vermutete, die Gesellschaft könnte mir einmal behilflich sein, eine Aufführung meines Dramas durchzusetzen, und nahm regelmäßig, wenn auch ohne viel Interesse, an den jeden Freitag stattfindenden Sitzungen teil. Vor einigen Monaten erhielt ich nun die Zusicherung einer Aufführung am Theater in F. und seither passierte es mir regelmäßig, daß ich die Sitzungen jenes Vereins *vergaß*. Als ich Ihre Schrift über diese Dinge las, schämte ich mich meines Vergessens, machte mir Vorwürfe, es sei doch eine Gemeinheit, daß ich jetzt ausbleibe, nachdem ich die Leute nicht mehr brauche, und beschloß, nächsten Freitag gewiß nicht zu vergessen. Ich erinnerte mich an diesen Vorsatz immer wieder, bis ich ihn ausführte und vor der Tür des Sitzungssaales stand. Zu meinem Erstaunen war sie geschlossen, die Sitzung war schon vorüber; ich hatte mich nämlich im Tage geirrt: es war schon Samstag!«

Es wäre reizvoll genug, ähnliche Beobachtungen zu sammeln, aber ich gehe weiter; ich will Sie einen Blick auf jene Fälle werfen lassen, in denen unsere Deutung auf Bestätigung durch die Zukunft warten muß.

Die Hauptbedingung dieser Fälle ist begreiflicherweise, daß die gegenwärtige psychische Situation uns unbekannt oder unserer Erkundigung unzugänglich ist. Dann hat unsere Deutung nur den Wert einer Vermutung, der wir selbst nicht zuviel Gewicht beilegen wollen. Später ereignet sich aber etwas, was uns zeigt, wie berechtigt unsere Deutung schon damals war. Einst war ich als Gast bei einem jungverheirateten Paare und hörte die junge Frau lachend ihr letztes Erlebnis erzählen, wie sie am Tage nach der Rückkehr von der Reise wieder ihre ledige Schwester aufgesucht habe, um mit ihr, wie in früheren Zeiten, Einkäufe zu machen, während der Ehemann seinen Geschäften nachging. Plötzlich sei ihr ein Herr auf der anderen Seite der Straße aufgefallen und sie habe, ihre Schwester anstoßend, gerufen: Schau, dort geht ja der Herr L. Sie hatte vergessen, daß dieser Herr seit einigen Wochen ihr Ehegemahl war. Mich schauerte bei dieser Erzählung, aber ich getraute mich der Folgerung nicht. Die kleine Geschichte fiel mir erst Jahre später wieder ein, nachdem diese Ehe den unglücklichsten Ausgang genommen hatte.

A. Maeder erzählt von einer Dame, die am Tage vor ihrer Hochzeit ihr Hochzeitskleid zu probieren vergessen hatte und sich zur Verzweiflung der Schneiderin erst spät abends daran erinnerte. Er bringt es in Zusammenhang mit diesem Vergessen, daß sie bald nachher von ihrem Manne geschieden war. – Ich kenne eine jetzt von ihrem Manne geschiedene Dame, die bei der Verwaltung ihres Vermögens Dokumente häufig mit ihrem Mädchennamen unterzeichnet hat, viele Jahre vorher, ehe sie diesen wirklich annahm. – Ich weiß von anderen Frauen, die auf der Hochzeitsreise ihren Ehering verloren haben, und weiß auch, daß der Verlauf der Ehe diesem Zufall Sinn verliehen hat. Und nun noch ein grelles Beispiel mit besserem Ausgang. Man erzählt von einem berühmten deutschen Chemiker, daß seine Ehe darum nicht zustande kam, weil er die Stunde der Trauung vergessen hatte und anstatt in die Kirche ins Laboratorium gegangen war. Er war so klug, es bei dem einen Versuch bewenden zu lassen, und starb unverehelicht in hohem Alter.

Vielleicht ist Ihnen auch der Einfall gekommen, daß in diesen Beispielen die Fehlhandlungen an die Stelle der Omina oder Vorzeichen der Alten getreten sind. Und wirklich, ein Teil der Omina waren nichts anderes als Fehlleistungen, z. B. wenn jemand stolperte oder niederfiel. Ein anderer Teil trug allerdings die Charaktere des objektiven Geschehens, nicht die des subjektiven Tuns. Aber Sie würden nicht glauben, wie schwer es manchmal wird, bei einem bestimmten Vorkommnis zu entscheiden, ob es zu der einen oder zu der anderen Gruppe gehört. Das Tun versteht es so häufig, sich als ein passives Erleben zu maskieren.

Jeder von uns, der auf längere Lebenserfahrung zurückblicken kann, wird sich wahrscheinlich sagen, daß er sich viele Enttäuschungen und schmerzliche Überraschungen erspart hätte, wenn er den Mut und Entschluß gefunden, die kleinen Fehlhandlungen im Verkehr der Menschen als Vorzeichen zu deuten und als Anzeichen ihrer noch geheimgehaltenen Absichten zu verwerten. Man wagt es meist nicht; man käme sich so vor, als würde man auf dem Umwege über die Wissenschaft wieder abergläubisch werden. Es treffen ja auch nicht alle Vorzeichen ein, und Sie werden aus unseren Theorien verstehen, daß sie nicht alle einzutreffen brauchen.

4. VORLESUNG

DIE FEHLLEISTUNGEN

(Schluß)

Meine Damen und Herren! Daß die Fehlleistungen einen Sinn haben, dürfen wir doch als das Ergebnis unserer bisherigen Bemühungen hinstellen und zur Grundlage unserer weiteren Untersuchungen nehmen. Nochmals sei betont, daß wir nicht behaupten, – und für unsere Zwecke der Behauptung nicht bedürfen, – daß jede einzelne vorkommende Fehlleistung sinnreich sei, wiewohl ich das für wahrscheinlich halte. Es genügt uns, wenn wir einen solchen Sinn relativ häufig bei den verschiedenen Formen der Fehlleistung nachweisen. Diese verschiedenen Formen verhalten sich übrigens in dieser Hinsicht verschieden. Beim Versprechen, Verschreiben usw. mögen Fälle mit rein physiologischer Begründung vorkommen, bei den auf Vergessen beruhenden Arten (Namen und Vorsatzvergessen, Verlegen usw.) kann ich an solche nicht glauben, ein Verlieren gibt es sehr wahrscheinlich, das als unbeabsichtigt zu erkennen ist; die im Leben vorfallenden Irrtümer sind überhaupt nur zu einem gewissen Anteil unseren Gesichtspunkten unterworfen. Diese Einschränkungen wollen Sie im Auge behalten, wenn wir fortan davon ausgehen, daß Fehlleistungen psychische Akte sind und durch die Interferenz zweier Absichten entstehen.

Es ist dies das erste Resultat der Psychoanalyse. Von dem Vorkommen solcher Interferenzen und der Möglichkeit, daß dieselben derartige Erscheinungen zur Folge haben, hat die Psychologie bisher nichts gewußt. Wir haben das Gebiet der psychischen Erscheinungswelt um ein ganz ansehnliches Stück erweitert und Phänomene für die Psychologie erobert, die ihr früher nicht zugerechnet wurden.

Verweilen wir noch einen Moment bei der Behauptung, die Fehlleistungen seien »psychische Akte«. Enthält sie mehr als unsere sonstige Aussage, sie hätten einen Sinn? Ich glaube nicht; sie ist vielmehr eher unbestimmter und mißverständlicher. Alles, was man am Seelenleben beobachten kann, wird man gelegentlich als seelisches Phänomen bezeichnen. Es wird bald darauf ankommen, ob die einzelne seelische Äußerung direkt aus körperlichen, organischen, materiellen Einwirkungen hervorgegangen ist, in welchem Falle ihre Untersuchung nicht der Psychologie zufällt, oder ob sie sich zunächst aus anderen seelischen

Vorgängen ableitet, hinter denen dann irgendwo die Reihe der organischen Einwirkungen anfängt. Den letzteren Sachverhalt haben wir im Auge, wenn wir eine Erscheinung als einen seelischen Vorgang bezeichnen, und darum ist es zweckmäßiger, unsere Aussage in die Form zu kleiden: die Erscheinung sei sinnreich, habe einen Sinn. Unter Sinn verstehen wir Bedeutung, Absicht, Tendenz und Stellung in einer Reihe psychischer Zusammenhänge. [Vgl. S. 63.]

Es gibt eine Anzahl anderer Erscheinungen, welche den Fehlleistungen sehr nahestehen, auf welche aber dieser Name nicht mehr paßt. Wir nennen sie *Zufalls-* und *Symptomhandlungen*. Sie haben gleichfalls den Charakter des Unmotivierten, Unscheinbaren und Unwichtigen, überdies aber deutlicher den des Überflüssigen. Von den Fehlhandlungen unterscheidet sie der Wegfall einer anderen Intention, mit der sie zusammenstoßen und die durch sie gestört wird. Sie übergehen andererseits ohne Grenze in die Gesten und Bewegungen, welche wir zum Ausdruck der Gemütsbewegungen rechnen. Zu diesen Zufallshandlungen gehören alle wie spielend ausgeführten, anscheinend zwecklosen Verrichtungen an unserer Kleidung, Teilen unseres Körpers, an Gegenständen, die uns erreichbar sind, sowie die Unterlassungen derselben, ferner die Melodien, die wir vor uns hinsummen. Ich vertrete vor Ihnen die Behauptung, daß alle diese Phänomene sinnreich und deutbar sind in derselben Weise wie die Fehlhandlungen, kleine Anzeichen von anderen wichtigeren seelischen Vorgängen, vollgültige psychische Akte. Aber ich gedenke bei dieser neuen Erweiterung des Gebiets seelischer Erscheinungen nicht zu verweilen, sondern zu den Fehlleistungen zurückzukehren, an denen sich die für die Psychoanalyse wichtigen Fragestellungen mit weit größerer Deutlichkeit herausarbeiten lassen[1].

Die interessantesten Fragen, die wir bei den Fehlleistungen gestellt und noch nicht beantwortet haben, sind wohl die folgenden: Wir haben gesagt, daß die Fehlleistungen Ergebnisse der Interferenz von zwei verschiedenen Intentionen sind, von denen die eine die gestörte, die andere die störende heißen kann. Die gestörten Intentionen geben zu weiteren Fragen keinen Anlaß, aber von den anderen wollen wir wissen, erstens, was sind das für Intentionen, die als Störung anderer auftreten, und zweitens, wie verhalten sich die störenden zu den gestörten?

Gestatten Sie, daß ich wiederum das Versprechen zum Repräsentanten

[1] [Zufalls- und Symptomhandlungen sind das Thema des IX. Kapitels des Buches *Zur Psychopathologie des Alltagslebens* (1901 *b*).]

der ganzen Gattung nehme und daß ich die zweite Frage eher beantworte als die erste.

Die störende Intention beim Versprechen kann in inhaltlicher Beziehung zur gestörten stehen, dann enthält sie einen Widerspruch gegen sie, eine Berichtigung oder Ergänzung zu ihr. Oder, der dunklere und interessantere Fall, die störende Intention hat inhaltlich nichts mit der gestörten zu tun.

Belege für die erstere der beiden Beziehungen können wir in den uns bereits bekannten und in ähnlichen Beispielen mühelos finden. Fast in allen Fällen von Versprechen zum Gegenteil drückt die störende Intention den Gegensatz zur gestörten aus, ist die Fehlleistung die Darstellung des Konflikts zwischen zwei unvereinbaren Strebungen. Ich erkläre die Sitzung für eröffnet, möchte sie aber lieber schon geschlossen haben, ist der Sinn des Versprechens des Präsidenten [S. 57]. Eine politische Zeitung, die der Bestechlichkeit beschuldigt worden ist, verteidigt sich in einem Artikel, der in den Worten gipfeln soll: Unsere Leser werden uns das Zeugnis ausstellen, daß wir immer in *uneigennützigster* Weise für das Wohl der Allgemeinheit eingetreten sind. Der mit der Abfassung der Verteidigung betraute Redakteur schreibt aber: in *eigennützigster* Weise. Das heißt, er denkt: So muß ich zwar schreiben, aber ich weiß es anders. Ein Volksvertreter, der dazu auffordert, dem Kaiser *rückhaltlos* die Wahrheit zu sagen, muß eine Stimme in seinem Innern anhören, die ob seiner Kühnheit erschrickt, und durch ein Versprechen das rückhaltlos in *rückgratlos* verwandelt[1].

In den Ihnen bekannten Beispielen, die den Eindruck von Zusammenziehungen und Verkürzungen machen, handelt es sich um Berichtigungen, Zusätze oder Fortsetzungen, mit denen sich eine zweite Tendenz neben der ersten zur Geltung bringt. Es sind da Dinge zum *Vorschein* gekommen, aber sag' es lieber gerad' heraus, es waren *Schweinereien;* also: es sind Dinge zum *Vorschwein* gekommen [S. 64 f.]. – Die Leute, die das verstehen, kann man an den *Fingern einer Hand abzählen;* aber nein, es gibt doch eigentlich nur einen, der das versteht, also: an *einem Finger* abzählen [S. 64]. – Oder, mein Mann kann essen und trinken, was er will. Aber Sie wissen ja, *ich* dulde es überhaupt nicht, daß er etwas will; also: er darf essen und trinken, was *ich* will [S. 59]. In all diesen Fällen geht also das Versprechen aus dem Inhalt der gestörten Intention selbst hervor oder es knüpft an ihn an.

---

[1] Im deutschen Reichstag, Nov. 1908.

Die andere Art der Beziehung zwischen den beiden interferierenden Intentionen wirkt befremdend. Wenn die störende Intention nichts mit dem Inhalt der gestörten zu tun hat, woher kommt sie denn und woher rührt es, daß sie sich gerade an solcher Stelle als Störung bemerkbar macht? Die Beobachtung, die hier allein Antwort geben kann, läßt erkennen, daß die Störung von einem Gedankengang herrührt, der die betreffende Person kurz vorher beschäftigt hatte und der nun in solcher Weise nachwirkt, gleichgültig ob er bereits Ausdruck in der Rede gefunden hat oder nicht. Sie ist also wirklich als Nachklang zu bezeichnen, aber nicht notwendig als Nachklang von gesprochenen Worten. Es fehlt auch hier nicht an einem assoziativen Zusammenhang zwischen dem Störenden und dem Gestörten, aber er ist nicht im Inhalt gegeben, sondern künstlich, oft auf sehr gezwungenen Verbindungswegen hergestellt.

Hören Sie ein einfaches Beispiel hiefür an, das ich selbst beobachtet habe. Ich treffe einmal in unseren schönen Dolomiten mit zwei Wiener Damen zusammen, die als Touristinnen verkleidet sind. Ich begleite sie ein Stück weit, und wir besprechen die Genüsse, aber auch die Beschwerden der touristischen Lebensweise. Die eine der Damen gibt zu, daß diese Art, den Tag zu verbringen, manches Unbequeme hat. Es ist wahr, sagt sie, daß es gar nicht angenehm ist, wenn man so in der Sonne den ganzen Tag marschiert ist und Bluse und Hemd ganz durchgeschwitzt sind. In diesem Satze hat sie einmal eine kleine Stockung zu überwinden. Dann setzt sie fort: Wenn man aber dann nach *Hose* kommt und sich umkleiden kann... Wir haben dies Versprechen nicht analysiert, aber ich meine, Sie können es leicht verstehen. Die Dame hatte die Absicht gehabt, die Aufzählung vollständiger zu halten und zu sagen: Bluse, Hemd und Hose. Aus Motiven der Wohlanständigkeit war die Erwähnung der Hose unterblieben, aber in dem nächsten, inhaltlich ganz unabhängigen Satz kam das nicht ausgesprochene Wort als Verunstaltung des ähnlich lautenden »nach *Hause*« zum Vorschein.

Nun können wir uns aber der lange aufgesparten Hauptfrage zuwenden, was für Intentionen es sind, die sich in ungewöhnlicher Weise als Störungen anderer zum Ausdruck bringen. Nun selbstverständlich sehr verschiedene, in denen wir aber das Gemeinsame finden wollen. Untersuchen wir eine Reihe von Beispielen daraufhin, so werden sie sich uns alsbald in drei Gruppen sondern. Zur ersten Gruppe gehören die Fälle, in denen die störende Tendenz dem Redner bekannt ist, überdies aber vor dem Versprechen von ihm verspürt wurde. So gibt beim Versprechen »Vorschwein« [S. 64 f.] der Sprecher nicht nur zu, daß er das Urteil »Schweinereien« über die betreffenden Vorgänge gefällt hat, sondern auch, daß er die Absicht hatte, von der er später zurücktrat, ihm auch wörtlichen Ausdruck zu geben. Eine zweite Gruppe bilden andere Fälle, in denen die störende Tendenz vom Sprecher gleichfalls als die seinige anerkannt wird, aber er weiß nichts davon, daß sie gerade vor dem Versprechen bei ihm aktiv war. Er akzeptiert also unsere Deutung seines Versprechens, bleibt aber doch in gewissem Maße verwundert über sie. Beispiele für dieses Verhalten lassen sich von anderen Fehlleistungen vielleicht leichter geben als gerade vom Versprechen. In einer dritten Gruppe wird die Deutung der störenden Intention vom Sprecher energisch abgelehnt; er bestreitet nicht nur, daß sie sich vor dem Versprechen in ihm geregt, sondern er will behaupten, daß sie ihm überhaupt völlig fremd ist. Erinnern Sie sich an das Beispiel vom »Aufstoßen« [S. 70 f.] und an die geradezu unhöfliche Abweisung, die ich mir durch die Aufdeckung der störenden Intention von diesem Sprecher geholt habe. Sie wissen, daß wir in der Auffassung dieser Fälle noch keine Einigung erzielt haben. Ich würde mir aus dem Widerspruch des Toastredners nichts machen und unbeirrbar an meiner Deutung festhalten, während Sie, meine ich, doch unter dem Eindrucke seines Sträubens stehen und in Erwägung ziehen, ob man nicht auf die Deutung solcher Fehlleistungen verzichten und sie als rein physiologische Akte im voranalytischen Sinne gelten lassen soll. Ich kann mir denken, was Sie abschreckt. Meine Deutung schließt die Annahme ein, daß sich bei dem Sprecher Intentionen äußern können, von denen er selbst nichts weiß, die ich aber aus Indizien erschließen kann. Vor einer so neuartigen und folgenschweren Annahme machen Sie halt. Ich verstehe das und gebe Ihnen insoweit recht. Aber stellen wir das eine fest: Wenn Sie die an so vielen Beispielen erhärtete Auffassung der Fehlleistungen konsequent durchführen wollen, müssen Sie sich zu der genannten befremdenden Annahme entschließen. Können Sie das nicht, so müssen Sie auf das kaum erworbene Verständnis der Fehlleistungen wiederum verzichten.

Verweilen wir noch bei dem, was die drei Gruppen einigt, was den drei Mechanismen des Versprechens gemeinsam ist. Das ist zum Glück unverkennbar. In den beiden ersten Gruppen wird die störende Tendenz vom Sprecher anerkannt; in der ersten kommt noch hinzu, daß sie sich unmittelbar vor dem Versprechen gemeldet hat. In beiden Fällen *ist sie aber zurückgedrängt worden. Der Sprecher hat sich entschlossen, sie nicht in Rede umzusetzen, und dann passiert ihm das Versprechen, d. h. dann setzt sich die zurückgedrängte Tendenz gegen seinen Willen in eine Äußerung um, indem sie den Ausdruck der von ihm zugelassenen Intention abändert, sich mit ihm vermengt oder sich geradezu an seine Stelle setzt.* Dies ist also der Mechanismus des Versprechens.

Ich kann von meinem Standpunkt auch den Vorgang in unserer dritten Gruppe in den schönsten Einklang mit dem hier beschriebenen Mechanismus bringen. Ich brauche nur anzunehmen, daß diese drei Gruppen durch die verschieden weit reichende Zurückdrängung einer Intention unterschieden werden. In der ersten ist die Intention vorhanden und macht sich vor der Äußerung des Sprechers ihm bemerkbar; erst dann erfährt sie die Zurückweisung, für welche sie sich im Versprechen entschädigt. In der zweiten Gruppe reicht die Zurückweisung weiter; die Intention wird bereits vor der Redeäußerung nicht mehr bemerkbar. Merkwürdig, daß sie dadurch keineswegs abgehalten wird, sich an der Verursachung des Versprechens zu beteiligen! Durch dies Verhalten wird uns aber die Erklärung für den Vorgang bei der dritten Gruppe erleichtert. Ich werde so kühn sein, anzunehmen, daß sich in der Fehlleistung auch noch eine Tendenz äußern kann, welche seit längerer Zeit, vielleicht seit sehr langer Zeit, zurückgedrängt ist, nicht bemerkt wird und darum vom Sprecher direkt verleugnet werden kann. Aber lassen Sie selbst das Problem der dritten Gruppe beiseite; Sie müssen aus den Beobachtungen an den anderen Fällen den Schluß ziehen, daß die *Unterdrückung der vorhandenen Absicht, etwas zu sagen, die unerläßliche Bedingung dafür ist, daß ein Versprechen zustande kommt.*

Wir dürfen nun behaupten, daß wir im Verständnis der Fehlleistungen weitere Fortschritte gemacht haben. Wir wissen nicht nur, daß sie seelische Akte sind, an denen man Sinn und Absicht erkennen kann, nicht nur, daß sie durch die Interferenz von zwei verschiedenen Intentionen entstehen, sondern außerdem noch, daß die eine dieser Intentionen eine gewisse Zurückdrängung von der Ausführung erfahren haben muß, um sich durch die Störung der anderen äußern zu können. Sie muß selbst erst gestört worden sein, ehe sie zur störenden werden kann. Eine vollständige Erklärung der Phänomene, die wir Fehlleistungen nennen, ist damit natürlich noch nicht gewonnen. Wir sehen sofort weitere Fragen auftauchen und ahnen überhaupt, daß sich um so mehr Anlässe zu neuen Fragen ergeben werden, je weiter wir im Verständnis kommen. Wir können z. B. fragen, warum es nicht viel einfacher zugeht. Wenn die Absicht besteht, eine gewisse Tendenz zurückzudrängen anstatt sie auszuführen, so sollte diese Zurückdrängung so gelingen, daß eben nichts von jener zum Ausdruck kommt, oder sie könnte auch mißlingen, so daß die zurückgedrängte Tendenz sich vollen Ausdruck schafft. Die Fehlleistungen sind aber Kompromißergebnisse, sie bedeuten ein halbes Gelingen und ein halbes Mißlingen für jede der beiden Absichten, die gefährdete Intention wird weder ganz unterdrückt, noch setzt sie sich – von Einzelfällen abgesehen – ganz unversehrt durch. Wir können uns denken, daß besondere Bedingungen für das Zustandekommen solcher Interferenz- oder Kompromißergebnisse vorhanden sein müssen, aber wir können auch nicht einmal ahnen, welcher Art sie sein können. Ich glaube auch nicht, daß wir diese uns unbekannten Verhältnisse durch weitere Vertiefung in das Studium der Fehlleistungen aufdecken könnten. Es wird vielmehr notwendig sein, vorher noch andere dunkle Gebiete des Seelenlebens zu durchforschen; erst die Analogien, die uns dort begegnen, können uns den Mut geben, jene Annahmen aufzustellen, die für eine tiefer reichende Aufklärung der Fehlleistungen erforderlich sind. Und noch eines! Auch das Arbeiten mit kleinen Anzeichen, wie wir es auf diesem Gebiete beständig üben, bringt seine Gefahren mit sich. Es gibt eine seelische Erkrankung, die kombinatorische Paranoia, bei welcher die Verwertung solcher kleiner Anzeichen in uneingeschränkter Weise betrieben wird, und ich werde mich natürlich nicht dafür einsetzen, daß die auf dieser Grundlage aufgebauten Schlüsse durchwegs richtig sind. Vor solchen Gefahren kann uns nur die breite Basis unserer Beobachtungen bewahren, die Wiederholung ähnlicher Eindrücke aus den verschiedensten Gebieten des Seelenlebens.

Wir werden also die Analyse der Fehlleistungen hier verlassen. An eines darf ich Sie aber noch mahnen; wollen Sie die Art, wie wir diese Phänomene behandelt haben, als vorbildlich im Gedächtnis behalten. Sie können an diesem Beispiel ersehen, welches die Absichten unserer Psychologie sind. Wir wollen die Erscheinungen nicht bloß beschreiben und klassifizieren, sondern sie als Anzeichen eines Kräftespiels in der Seele begreifen, als Äußerung von zielstrebigen Tendenzen, die zusammen oder gegeneinander arbeiten. Wir bemühen uns um eine *dynamische Auffassung* der seelischen Erscheinungen. Die wahrgenommenen Phänomene müssen in unserer Auffassung gegen die nur angenommenen Strebungen zurücktreten.

Wir wollen also bei den Fehlleistungen nicht weiter in die Tiefe gehen, aber wir können noch einen Streifzug durch die Breite dieses Gebiets unternehmen, auf dem wir Bekanntes wiederfinden und einiges Neue aufspüren werden. Wir halten uns dabei an die Einteilung in die bereits eingangs aufgestellten drei Gruppen[1] des Versprechens mit den beigeordneten Formen des Verschreibens, Verlesens, Verhörens, des Vergessens mit seinen Unterteilungen je nach dem vergessenen Objekte (Eigennamen, Fremdworten, Vorsätzen, Eindrücken) und des Vergreifens, Verlegens, Verlierens. Die Irrtümer, soweit sie für uns in Betracht kommen, schließen sich teils dem Vergessen, teils dem Vergreifen an.

Vom *Versprechen* haben wir bereits so eingehend gehandelt und doch noch einiges hinzuzufügen. Es knüpfen sich an das Versprechen kleinere affektive Phänomene, die nicht ganz ohne Interesse sind. Es will niemand sich gerne versprochen haben; man überhört auch oft das eigene Versprechen, niemals das eines anderen. Das Versprechen ist auch in gewissem Sinne ansteckend; es ist gar nicht leicht, über das Versprechen zu reden, ohne dabei selbst in Versprechen zu verfallen. Die geringfügigsten Formen des Versprechens, die gerade keine besonderen Aufklärungen über versteckte seelische Vorgänge zu geben haben, sind doch in ihrer Motivierung unschwer zu durchschauen. Wenn jemand z. B. einen langen Vokal kurz gesprochen hat infolge einer beliebig motivierten, bei diesem Wort eingetretenen Störung, so dehnt er dafür einen bald darauf folgenden kurzen Vokal und begeht ein neues Versprechen, indem er das frühere kompensiert. Dasselbe, wenn er einen Doppelvokal unrein und nachlässig ausgesprochen hat, z. B. ein *eu* oder *oi* wie *ei;* er sucht es gutzumachen, indem er ein nachfolgendes *ei* zu *eu* oder *oi* verändert. Dabei scheint eine Rücksicht auf den Zuhörer maßgebend zu sein, der nicht glauben soll, es sei dem Redner gleichgültig, wie er die Muttersprache behandle. Die zweite kompensierende Entstellung hat geradezu die Absicht, den Hörer auf die erste aufmerksam zu machen und ihm zu versichern, daß sie auch dem Redner nicht entgangen ist. Die häufigsten, einfachsten und geringfügigsten Fälle des Versprechens bestehen in Zusammenziehungen und Vorklängen [vgl. S. 56 f.], die sich an unscheinbaren Redeteilen äußern. Man verspricht sich in einem längeren Satz z. B. derart, daß das letzte Wort der beabsichtigten Redeintention vorklingt. Das macht den Eindruck einer gewissen Ungeduld,

---

[1] [Vgl. den Anfang der 2. Vorlesung (S. 50). Diese »drei Gruppen« haben nichts mit den »drei Gruppen« zu tun, von denen auf S. 83 ff. die Rede ist; letztere beziehen sich auf die ganz andere Frage der Einstellung des Sichversprechenden zu seinem eigenen Versprechen.]

mit dem Satze fertig zu werden, und bezeugt im allgemeinen ein gewisses Widerstreben gegen die Mitteilung dieses Satzes oder gegen die Rede überhaupt. Wir kommen so zu Grenzfällen, in denen sich die Unterschiede zwischen der psychoanalytischen und der gemeinen physiologischen Auffassung des Versprechens vermischen. Wir nehmen an, daß in diesen Fällen eine die Redeintention störende Tendenz vorhanden ist; sie kann aber nur anzeigen, daß sie vorhanden ist, und nicht, was sie selbst beabsichtigt. Die Störung, die sie hervorruft, folgt dann irgendwelchen Lautbeeinflussungen oder Assoziationsanziehungen und kann als Ablenkung der Aufmerksamkeit von der Redeintention aufgefaßt werden. Aber weder diese Aufmerksamkeitsstörung noch die wirksam gewordenen Assoziationsneigungen treffen das Wesen des Vorgangs. Dies bleibt doch der Hinweis auf die Existenz einer die Redeabsicht störenden Intention, deren Natur nur diesmal nicht aus ihren Wirkungen erraten werden kann, wie es in allen besser ausgeprägten Fällen des Versprechens möglich ist.

Das *Verschreiben*, zu dem ich nun übergehe, stimmt mit dem Versprechen soweit überein, daß wir keine neuen Gesichtspunkte zu erwarten haben. Vielleicht wird uns eine kleine Nachlese beschieden sein. Die so verbreiteten kleinen Verschreibungen, Zusammenziehungen, Vorwegnahmen späterer, besonders der letzten Worte deuten wiederum auf eine allgemeine Schreibunlust und Ungeduld fertig zu werden; ausgeprägtere Effekte des Verschreibens lassen Natur und Absicht der störenden Tendenz erkennen. Im allgemeinen weiß man, wenn man in einem Brief ein Verschreiben findet, daß beim Schreiber nicht alles in Ordnung war; was sich bei ihm geregt hat, kann man nicht immer feststellen. Das Verschreiben wird häufig von dem, der es begeht, ebensowenig bemerkt wie das Versprechen. Auffällig ist dann folgende Beobachtung: Es gibt ja Menschen, welche die Gewohnheit üben, jeden Brief, den sie geschrieben haben, vor der Absendung nochmals durchzulesen. Andere pflegen dies nicht; wenn sie es aber ausnahmsweise einmal tun, haben sie dann immer Gelegenheit, ein auffälliges Verschreiben aufzufinden und zu korrigieren. Wie ist das zu erklären? Das sieht so aus, als wüßten diese Leute doch, daß sie sich bei der Abfassung des Briefes verschrieben haben. Sollen wir das wirklich glauben?

An die praktische Bedeutung des Verschreibens knüpft sich ein interessantes Problem. Sie erinnern sich vielleicht an den Fall eines Mörders H., der sich Kulturen von höchst gefährlichen Krankheitserregern von wissenschaftlichen Instituten zu verschaffen wußte, indem er sich für einen Bakterienforscher ausgab, der aber diese Kulturen dazu gebrauchte, um ihm nahestehende Personen auf diese modernste Weise aus dem Wege zu räumen. Dieser Mann beklagte sich nun einmal bei der Leitung eines solchen Instituts über die Unwirksamkeit der ihm geschickten Kulturen, verschrieb sich aber dabei, und an Stelle der Worte »bei meinen Versuchen an Mäusen oder Meerschweinchen« stand deutlich zu lesen, »bei meinen Versuchen an Menschen«. Dies Verschreiben fiel auch den Ärzten des Instituts auf; sie zogen aber, soviel ich weiß, keine Konsequenzen daraus. Nun, was meinen Sie? Hätten die Ärzte nicht vielmehr das Verschreiben als Geständnis annehmen und eine Untersuchung anregen müssen, durch welche dem Mörder rechtzeitig das Handwerk gelegt worden wäre? Ist in diesem Falle nicht die Unkenntnis unserer Auffasung der Fehlleistungen die Ursache eines praktisch bedeutsamen Versäumnisses geworden? Nun, ich meine, ein solches Verschreiben erschiene mir gewiß als sehr verdächtig, aber seiner Verwendung als Geständnis steht etwas sehr Gewichtiges im Wege. So einfach ist die Sache nicht. Das Verschreiben ist sicherlich ein Indizium, aber für sich allein hätte es zur Einleitung einer Untersuchung nicht hingereicht. Daß der Mann von dem Gedanken beschäftigt ist, Menschen zu infizieren, das sagt das Verschreiben allerdings, aber es läßt nicht entscheiden, ob dieser Gedanke den Wert eines klaren schädlichen Vorsatzes oder den einer praktisch belanglosen Phantasie hat. Es ist sogar möglich, daß der Mensch, der sich so verschrieben hat, mit der besten subjektiven Berechtigung diese Phantasie verleugnen und sie als etwas ihm gänzlich Fremdes von sich weisen wird. Wenn wir später den Unterschied zwischen psychischer und materieller Realität ins Auge fassen, werden Sie diese Möglichkeiten noch besser verstehen können [1]. Es ist dies aber wieder ein Fall, in dem eine Fehlleistung nachträglich zu ungeahnter Bedeutung gekommen ist. [Vgl. S. 78 f.]

Beim *Verlesen* treffen wir auf eine psychische Situation, die sich von der des Versprechens und Verschreibens deutlich unterscheidet. Die eine der beiden miteinander konkurrierenden Tendenzen ist hier durch eine sensorische Anregung ersetzt und vielleicht darum weniger resistent. Was man zu lesen hat, ist ja nicht eine Produktion des eigenen Seelenlebens wie etwas, was man zu schreiben vorhat. In einer großen Mehrzahl besteht daher das Verlesen in einer vollen Substitution. Man ersetzt das zu lesende Wort durch ein anderes, ohne daß eine inhaltliche

---

[1] [S. die Darlegung in der 23. Vorlesung, S. 359.]

Beziehung zwischen dem Text und dem Effekt des Verlesens zu bestehen braucht, in der Regel in Anlehnung an eine Wortähnlichkeit. Lichtenbergs Beispiel: *Agamemnon* anstatt *angenommen* [S. 62] ist das beste dieser Gruppe. Will man die störende, das Verlesen erzeugende Tendenz kennenlernen, so darf man den verlesenen Text ganz beiseite lassen und kann die analytische Untersuchung mit den beiden Fragen einleiten, welcher Einfall sich als der nächste zum Effekt des Verlesens ergibt und in welcher Situation das Verlesen vorgefallen ist. Mitunter reicht die Kenntnis der letzteren für sich allein zur Aufklärung des Verlesens hin, z. B. wenn jemand in gewissen Nöten in einer ihm fremden Stadt herumwandert und auf einer großen Tafel eines ersten Stockes das Wort *Klosetthaus* liest. Er hat gerade noch Zeit, sich darüber zu verwundern, daß die Tafel so hoch angebracht ist, ehe er entdeckt, daß dort streng genommen *Korsetthaus* zu lesen steht. In anderen Fällen bedarf gerade das vom Inhalt des Textes unabhängige Verlesen einer eingehenden Analyse, die ohne Übung in der psychoanalytischen Technik und ohne Zutrauen zu ihr nicht durchzuführen ist. Meist ist es aber leichter, sich die Aufklärung eines Verlesens zu schaffen. Das substituierte Wort verrät nach dem Beispiel *Agamemnon* ohne weiteres den Gedankenkreis, aus welchem die Störung hervorgeht. In diesen Kriegszeiten ist es z. B. sehr gewöhnlich, daß man die Namen der Städte und Heerführer und die militärischen Ausdrücke, die einen beständig umschwirren, überall hineinliest, wo einem ein ähnliches Wortbild entgegenkommt. Was einen interessiert und beschäftigt, das setzt sich so an Stelle des Fremden und noch Uninteressanten. Die Nachbilder der [früheren] Gedanken trüben die neue Wahrnehmung.

Es fehlt auch beim Verlesen nicht an Fällen von anderer Art, in denen der Text des Gelesenen selbst die störende Tendenz erweckt, durch welche er dann meist in sein Gegenteil verwandelt wird. Man sollte etwas Unerwünschtes lesen und überzeugt sich durch die Analyse, daß ein intensiver Wunsch zur Ablehnung des Gelesenen für dessen Abänderung verantwortlich zu machen ist.

Bei den ersterwähnten häufigeren Fällen des Verlesens kommen zwei Momente zu kurz, denen wir im Mechanismus der Fehlleistungen eine wichtige Rolle zugeteilt haben: der Konflikt zweier Tendenzen und die Zurückdrängung der einen, die sich durch den Effekt der Fehlleistung entschädigt. Nicht daß beim Verlesen etwas dem Gegensätzliches aufzufinden wäre, aber die Vordringlichkeit des zum Verlesen führenden Gedankeninhalts ist doch weit auffälliger als die Zurückdrängung, die dieser vorher erfahren haben mag. Gerade diese beiden Momente treten uns bei den verschiedenen Situationen der Fehlleistung durch Vergessen am greifbarsten entgegen.

Das *Vergessen von Vorsätzen* ist geradezu eindeutig, seine Deutung wird, wie wir gehört haben [S. 74 f.], auch vom Laien nicht bestritten. Die den Vorsatz störende Tendenz ist jedesmal eine Gegenabsicht, ein Nichtwollen, von dem uns nur zu wissen erübrigt, warum es sich nicht anders und nicht unverhüllter zum Ausdruck bringt. Aber das Vorhandensein dieses Gegenwillens ist unzweifelhaft. Manchmal gelingt es auch, etwas von den Motiven zu erraten, die diesen Gegenwillen nötigen, sich zu verbergen, und allemal hat er durch die Fehlleistung aus dem Verborgenen seine Absicht erreicht, während ihm die Abweisung sicher wäre, wenn er als offener Widerspruch aufträte. Wenn zwischen dem Vorsatz und seiner Ausführung eine wichtige Veränderung der psychischen Situation eingetreten ist, derzufolge die Ausführung des Vorsatzes nicht in Frage käme, dann tritt das Vergessen des Vorsatzes aus dem Rahmen der Fehlleistung heraus. Man wundert sich nicht mehr darüber und sieht ein, daß es überflüssig gewesen wäre, den Vorsatz zu erinnern; er war dann dauernd oder zeitweilig erloschen. Eine Fehlleistung kann das Vergessen des Vorsatzes nur dann heißen, wenn wir an eine solche Unterbrechung desselben nicht glauben können.
Die Fälle von Vorsatzvergessen sind im allgemeinen so einförmig und durchsichtig, daß sie eben darum für unsere Untersuchung kein Interesse haben. An zwei Stellen können wir aber doch aus dem Studium dieser Fehlleistung etwas Neues lernen. Wir haben gesagt, das Vergessen, also Nichtausführen eines Vorsatzes, weist auf einen ihm feindlichen Gegenwillen hin. Das bleibt wohl bestehen, aber der Gegenwille kann nach der Aussage unserer Untersuchungen von zweierlei Art sein, ein direkter oder ein vermittelter. Was unter dem letzteren gemeint ist, läßt sich am besten an ein oder zwei Beispielen erläutern. Wenn der Gönner vergißt, bei einer dritten Person ein Fürwort für seinen Schützling einzulegen, so kann dies geschehen, weil er sich für den Schützling eigentlich nicht sehr interessiert und darum auch zur Fürsprache keine große Lust hat. In diesem Sinne wird jedenfalls der Schützling das Vergessen des Gönners verstehen [vgl. S. 74]. Es kann aber auch komplizierter zugehen. Der Gegenwille gegen die Ausführung des Vorsatzes kann beim Gönner von anderer Seite kommen und an ganz anderer Stelle angreifen. Er braucht mit dem Schützling nichts zu tun zu haben,

sondern richtet sich etwa gegen die dritte Person, bei welcher die Fürsprache erfolgen soll. Sie sehen also, welche Bedenken auch hier der praktischen Verwendung unserer Deutungen entgegenstehen [vgl. S. 89]. Der Schützling gerät trotz der richtigen Deutung des Vergessens in Gefahr, allzu mißtrauisch zu werden und seinem Gönner schweres Unrecht zu tun. Oder: wenn jemand das Rendezvous vergißt, das einzuhalten er dem anderen versprochen und sich selbst vorgenommen hat, so wird die häufigste Begründung wohl die direkte Abneigung gegen das Zusammentreffen mit dieser Person sein. Aber die Analyse könnte hier den Nachweis erbringen, daß die störende Tendenz nicht der Person gilt, sondern sich gegen den Platz richtet, an welchem das Zusammentreffen stattfinden soll und der infolge einer an ihn geknüpften peinlichen Erinnerung gemieden wird. Oder: wenn jemand einen Brief aufzugeben vergißt, so kann sich die Gegentendenz auf den Inhalt des Briefes selbst stützen; es ist aber keineswegs ausgeschlossen, daß der Brief an sich harmlos ist und der Gegentendenz nur darum verfällt, weil irgend etwas an ihm an einen anderen, früher einmal geschriebenen Brief erinnert, der dem Gegenwillen allerdings einen direkten Angriffspunkt geboten hat. Man kann dann sagen, der Gegenwille hat sich hier von jenem früheren Brief, wo er berechtigt war, auf den gegenwärtigen übertragen, bei dem er eigentlich nichts zu wollen hat. Sie sehen also, daß man bei der Verwertung unserer berechtigten Deutungen doch Zurückhaltung und Vorsicht üben muß; was psychologisch gleichwertig ist, kann praktisch doch recht vieldeutig sein.

Phänomene wie diese werden Ihnen sehr ungewöhnlich erscheinen. Vielleicht sind Sie geneigt anzunehmen, daß der »indirekte« Gegenwille den Vorgang als einen bereits pathologischen charakterisiert. Ich kann Ihnen aber versichern, daß er auch im Rahmen der Norm und der Gesundheit vorkommt. Mißverstehen Sie mich übrigens nicht. Ich will keineswegs selbst die Unzuverlässigkeit unserer analytischen Deutungen zugestehen. Die besprochene Vieldeutigkeit des Vorsatzvergessens besteht ja nur, solange wir keine Analyse des Falles vorgenommen haben und nur auf Grund unserer allgemeinen Voraussetzungen deuten. Wenn wir die Analyse mit der betreffenden Person ausführen, erfahren wir jedesmal mit genügender Sicherheit, ob es ein direkter Gegenwille ist oder woher er sonst rührt.

Ein zweiter Punkt [vgl. S. 91] ist der folgende: Wenn wir in einer Überzahl von Fällen bestätigt finden, daß das Vergessen eines Vorsatzes auf einen Gegenwillen zurückgeht, so bekommen wir Mut, diese Lösung auch auf eine andere Reihe von Fällen auszudehnen, in denen die analysierte Person den von uns erschlossenen Gegenwillen nicht bestätigt, sondern verleugnet. Nehmen Sie als Beispiele hierfür die überaus häufigen Vorkommnisse, daß man vergißt, Bücher, die man entlehnt hat, zurückzustellen, Rechnungen oder Schulden zu bezahlen. Wir werden so kühn sein, dem Betreffenden vorzuhalten, daß bei ihm die Absicht besteht, die Bücher zu behalten und die Schulden nicht zu bezahlen, während er diese Absicht leugnen, aber nicht imstande sein wird, uns für sein Benehmen eine andere Erklärung zu geben. Daraufhin setzen wir fort, er habe die Absicht, nur wisse er nichts von ihr; es genüge uns aber, daß sie sich durch den Effekt des Vergessens bei ihm verrate. Jener kann uns wiederholen, er habe eben vergessen. Sie erkennen jetzt die Situation als eine, in welcher wir uns bereits früher einmal befunden haben [S. 84]. Wenn wir unsere so vielfältig als berechtigt erwiesenen Deutungen der Fehlleistungen konsequent fortführen wollen, werden wir unausweichlich zu der Annahme gedrängt, daß es Tendenzen beim Menschen gibt, welche wirksam werden können, ohne daß er von ihnen weiß. Damit setzen wir uns aber in Widerspruch zu allen das Leben und die Psychologie beherrschenden Anschauungen.

Das *Vergessen von Eigen- und Fremdnamen* sowie Fremdworten läßt sich in gleicher Weise auf eine Gegenabsicht zurückführen, welche sich entweder direkt oder indirekt gegen den betreffenden Namen richtet. Von solcher direkter Abneigung habe ich Ihnen bereits früher einmal mehrere Beispiele vorgeführt [S. 73 f.]. Die indirekte Verursachung ist aber hier besonders häufig und erfordert meist sorgfältige Analysen zu ihrer Feststellung. So z. B. hat in dieser Kriegszeit, die uns gezwungen hat, so viele unserer früheren Neigungen aufzugeben, auch die Verfügung über das Erinnern von Eigennamen infolge der sonderbarsten Verknüpfungen sehr gelitten. Vor kurzem ist es mir geschehen, daß ich den Namen der harmlosen mährischen Stadt *Bisenz* nicht reproduzieren konnte, und die Analyse ergab, daß keine direkte Verfeindung Schuld daran trug, sondern der Anklang an den Namen des Palazzo *Bisenzi* in Orvieto, in dem ich sonst zu wiederholten Malen gerne gewohnt hatte. Als Motiv der gegen dies Namenerinnern gerichteten Tendenz tritt uns hier zum erstenmal ein Prinzip entgegen, welches uns später seine ganze großartige Bedeutung für die Verursachung neurotischer Symptome enthüllen wird: die Abneigung des Gedächtnisses, etwas zu erinnern, was mit Unlustempfindungen verknüpft war und bei der Reproduktion diese Unlust erneuern würde. Diese Absicht zur Vermeidung von Unlust aus der Erinnerung oder anderen psychischen Akten, die psychische Flucht vor der Unlust, dürfen wir als das letzte wirksame Motiv nicht nur fürs Namenvergessen, sondern auch für viele andere Fehlleistungen, wie Unterlassungen, Irrtümer u. a. anerkennen.

Das Namenvergessen scheint aber psycho-physiologisch besonders erleichtert zu sein und stellt sich daher auch in Fällen ein, welche die Einmengung eines Unlustmotivs nicht bestätigen lassen. Wenn einer einmal zum Namenvergessen neigt, so können Sie bei ihm durch analytische Untersuchung feststellen, daß ihm nicht nur darum Namen entfallen, weil er sie selbst nicht mag oder weil sie ihn an Unliebsames mahnen, sondern auch darum, weil derselbe Name bei ihm einem anderen Assoziationskreis angehört, zu dem er innigere Beziehungen hat. Der Name wird dort gleichsam festgehalten und den anderen momentan aktivierten Assoziationen verweigert. Wenn Sie sich an die Kunststücke der Mnemotechnik [1] erinnern, so werden Sie mit einigem Befremden feststellen, daß man Namen infolge derselben Zusammenhänge vergißt, die man sonst absichtlich herstellt, um sie vor dem Vergessen zu schützen. Das auffälligste Beispiel hierfür geben Eigennamen von Personen, die begreiflicherweise für verschiedene Leute ganz verschiedene psychische Wertigkeit besitzen müssen. Nehmen Sie z. B. einen Vornamen wie Theodor. Dem einen von Ihnen wird er nichts Besonderes bedeuten; für den anderen ist es der Name seines Vaters, Bruders, Freundes oder der eigene. Die analytische Erfahrung wird Ihnen dann zeigen, daß der erstere nicht in Gefahr ist zu vergessen, daß eine gewisse fremde Person diesen Namen führt, während die anderen beständig geneigt sein werden, dem Fremden einen Namen vorzuenthalten, der ihnen für intime Beziehungen reserviert erscheint. Nehmen Sie nun an, daß diese assoziative Hemmung mit der Wirkung des Unlustprinzips [2] und überdies mit einem indirekten Mechanismus zusammentreffen kann, so werden Sie erst imstande sein, sich von der Komplikation der Verursachung des zeitweiligen Namenvergessens eine zutreffende Vorstellung zu machen. Eine sachgerechte Analyse deckt Ihnen aber alle diese Verwicklungen restlos auf.

Das *Vergessen von Eindrücken und Erlebnissen* zeigt die Wirkung der Tendenz, Unangenehmes von der Erinnerung fernzuhalten, noch viel

[1] [Methode zur Steigerung der Gedächtnisleistung.]

[2] [Freud erwähnt dieses Prinzip unter dem Terminus »Unlustprinzip« in der *Traumdeutung* (1900 *a*). Später spricht er jedoch fast immer nur vom »Lustprinzip«. Unter dieser Bezeichnung wird es in der 22. Vorlesung diskutiert, s. S. 348 f.]

deutlicher und ausschließlicher als das Namenvergessen. Es gehört natürlich nicht in seinem vollen Umfang zu den Fehlleistungen, sondern nur insoferne es uns, am Maßstabe unserer gewohnten Erfahrung gemessen, auffällig und unberechtigt erscheint, also z. B. wenn das Vergessen zu frische oder zu wichtige Eindrücke betrifft oder solche, deren Ausfall eine Lücke in einen sonst gut erinnerten Zusammenhang reißt. Warum und wieso wir überhaupt vergessen können, darunter Erlebnisse, welche uns gewiß den tiefsten Eindruck hinterlassen haben, wie die Ereignisse unserer ersten Kindheitsjahre, das ist ein ganz anderes Problem, bei welchem die Abwehr gegen Unlustregungen eine gewisse Rolle spielt, aber lange nicht alles erklärt [1]. Daß unangenehme Eindrücke leicht vergessen werden, ist eine nicht zu bezweifelnde Tatsache. Verschiedene Psychologen haben sie bemerkt, und der große Darwin empfing einen so starken Eindruck von ihr, daß er sich die »goldene Regel« aufstellte, Beobachtungen, welche seiner Theorie ungünstig schienen, mit besonderer Sorgfalt zu notieren, da er sich überzeugt hatte, daß gerade sie in seinem Gedächtnisse nicht haften wollten [2].

Wer von diesem Prinzip der Abwehr gegen die Erinnerungsunlust durch das Vergessen zuerst hört, versäumt selten den Einwand zu erheben, daß er vielmehr die Erfahrung gemacht hat, daß gerade Peinliches schwer zu vergessen ist, indem es gegen den Willen der Person immer wiederkehrt, um sie zu quälen, z. B. die Erinnerung an Kränkungen und Demütigungen. Auch diese Tatsache ist richtig, aber der Einwand trifft nicht zu. Es ist wichtig, daß man rechtzeitig beginne mit der Tatsache zu rechnen, das Seelenleben sei ein Kampf- und Tummelplatz entgegengesetzter Tendenzen, oder nicht dynamisch ausgedrückt, es bestehe aus Widersprüchen und Gegensatzpaaren. Der Nachweis einer bestimmten Tendenz leistet nichts für den Ausschluß einer ihr gegensätzlichen; es ist Raum für beide vorhanden. Es kommt nur darauf an, wie sich die Gegensätze zueinander stellen, welche Wirkungen von dem einen und welche von dem anderen ausgehen.

Das *Verlieren und Verlegen* sind uns besonders interessant durch ihre Vieldeutigkeit, also durch die Mannigfaltigkeit der Tendenzen, in deren Dienst diese Fehlleistungen treten können. Allen Fällen gemeinsam ist, daß man etwas verlieren wollte, verschieden aber, aus welchem Grund und zu welchem Zweck. Man verliert eine Sache, wenn sie schadhaft

[1] [Die infantile Amnesie wird in der 13. Vorlesung, S. 204 ff., erörtert.]
[2] [S. Darwin, 1958, 123; deutsche Übersetzung, 1887, 77.]

geworden ist, wenn man die Absicht hat, sie durch eine bessere zu ersetzen, wenn sie aufgehört hat einem lieb zu sein, wenn sie von einer Person herrührt, zu der sich die Beziehungen verschlechtert haben, oder wenn sie unter Umständen erworben wurde, deren man nicht mehr gedenken will [vgl. S. 75]. Demselben Zweck kann auch das Fallenlassen, Beschädigen, Zerbrechen der Sache dienen. Im Leben der Gesellschaft soll die Erfahrung gemacht worden sein, daß aufgezwungene und uneheliche Kinder weit hinfälliger sind als die rechtmäßig empfangenen. Es bedarf für dies Ergebnis nicht der groben Technik der sogenannten Engelmacherinnen; ein gewisser Nachlaß in der Sorgfalt der Kinderpflege soll voll ausreichen. Mit der Bewahrung der Dinge könnte es ebenso zugehen wie mit der der Kinder.

Dann aber können Dinge zum Verlieren bestimmt werden, ohne daß sie etwas an ihrem Wert eingebüßt haben, wenn nämlich die Absicht besteht, etwas dem Schicksal zu opfern, um einen anderen gefürchteten Verlust abzuwehren. Solche Schicksalsbeschwörungen sind nach der Aussage der Analyse unter uns noch sehr häufig, unser Verlieren ist darum oft ein freiwilliges Opfern. Ebenso kann sich das Verlieren in den Dienst des Trotzes und der Selbstbestrafung stellen; kurz, die entfernteren Motivierungen der Tendenz, ein Ding durch Verlieren von sich zu tun, sind unübersehbar.

Das *Vergreifen* wird wie andere Irrtümer häufig dazu benützt, um Wünsche zu erfüllen, die man sich versagen soll. Die Absicht maskiert sich dabei als glücklicher Zufall. So z. B. wenn man, wie es einem unserer Freunde geschah, unter deutlichem Gegenwillen einen Besuch mit der Eisenbahn in der Nähe der Stadt machen soll und dann in der Umsteigestation irrtümlich in den Zug einsteigt, der einen wieder zur Stadt zurückführt, oder wenn man auf der Reise durchaus einen längeren Aufenthalt in einer Zwischenstation nehmen möchte, aber wegen bestimmter Verpflichtungen nicht nehmen soll und man dann einen gewissen Anschluß übersieht oder versäumt, so daß man zu der gewünschten Unterbrechung gezwungen ist. Oder wie es bei einem meiner Patienten zuging, dem ich untersagt hatte, seine Geliebte telephonisch anzurufen, der aber »irrtümlich«, »in Gedanken«, eine falsche Nummer aussprach, als er mit mir telephonieren wollte, so daß er plötzlich mit seiner Geliebten verbunden war. Ein hübsches, auch praktisch bedeutsames Beispiel von direktem Fehlgreifen bringt die Beobachtung eines Ingenieurs zur Vorgeschichte einer Sachbeschädigung:

»Vor einiger Zeit arbeitete ich mit mehreren Kollegen im Laboratorium der Hochschule an einer Reihe komplizierter Elastizitätsversuche, eine Arbeit, die wir freiwillig übernommen hatten, die aber begann, mehr Zeit zu beanspruchen, als wir erwartet hatten. Als ich eines Tages wieder mit meinem Kollegen F. ins Laboratorium ging, äußerte dieser, wie unangenehm es ihm gerade heute sei, so viel Zeit zu verlieren, er hätte zu Hause so viel anderes zu tun; ich konnte ihm nur beistimmen und äußerte noch halb scherzhaft, auf einen Vorfall der vergangenen Woche anspielend: ›Hoffentlich wird wieder die Maschine versagen, so daß wir die Arbeit abbrechen und früher weggehen können!‹
Bei der Arbeitsteilung trifft es sich, daß Kollege F. das Ventil der Presse zu steuern bekommt, d. h., er hat die Druckflüssigkeit aus dem Akkumulator durch vorsichtiges Öffnen des Ventils langsam in den Zylinder der hydraulischen Presse einzulassen; der Leiter des Versuches steht beim Manometer und ruft, wenn der richtige Druck erreicht ist, ein lautes ›Halt‹. Auf dieses Kommando faßt F. das Ventil und dreht es mit aller Kraft – nach links (alle Ventile werden ausnahmslos nach rechts geschlossen!). Dadurch wird plötzlich der volle Druck des Akkumulators in der Presse wirksam, worauf die Rohrleitung nicht eingerichtet ist, so daß sofort eine Rohrverbindung platzt – ein ganz harmloser Maschinendefekt, der uns jedoch zwingt, für heute die Arbeit einzustellen und nach Hause zu gehen.
Charakteristisch ist übrigens, daß einige Zeit nachher, als wir diesen Vorfall besprachen, Freund F. sich an meine von mir mit Sicherheit erinnerte Äußerung absolut nicht erinnern wollte.«
Von hier können Sie auf die Vermutung kommen, daß es nicht immer der harmlose Zufall ist, der die Hände Ihres Dienstpersonals zu so gefährlichen Feinden ihres Hausbesitzes macht. Sie können aber auch die Frage aufwerfen, ob es jedesmal Zufall ist, wenn man sich selbst beschädigt und seine eigene Integrität in Gefahr bringt. Anregungen, die Sie gelegentlich an der Hand der Analyse von Beobachtungen auf ihren Wert prüfen mögen.

Meine geehrten Zuhörer! Das ist lange nicht alles, was über die Fehlleistungen zu sagen wäre. Es gibt da noch viel zu erforschen und zu diskutieren. Aber ich bin zufrieden, wenn Sie aus unseren bisherigen Erörterungen darüber eine gewisse Erschütterung Ihrer bisherigen Anschauungen und einen Grad von Bereitschaft für die Annahme neuer gewonnen haben. Im übrigen bescheide ich mich, Sie vor einer ungeklärten Sachlage zu belassen. Wir können aus dem Studium der Fehlleistungen nicht alle unsere Lehrsätze beweisen und sind auch mit keinem Beweis auf dieses Material allein angewiesen. Der große Wert der Fehlleistungen für unsere Zwecke liegt darin, daß es sehr häufige, auch an der eigenen Person leicht zu beobachtende Erscheinungen sind, deren Zustandekommen das Kranksein durchaus nicht zur Voraussetzung hat. Nur eine Ihrer unbeantworteten Fragen möchte ich am Schlusse noch zu Worte kommen lassen: Wenn die Menschen sich, wie wir's an vielen Beispielen gesehen haben, dem Verständnis der Fehlleistungen so sehr annähern und sich oft so benehmen, als ob sie deren Sinn durchschauen würden, wie ist es möglich, daß sie dieselben Phänomene doch ganz allgemein als zufällig, sinn- und bedeutungslos hinstellen und der psychoanalytischen Aufklärung derselben so energisch widerstreben können?

Sie haben recht, das ist auffällig und fordert eine Erklärung. Aber ich werde sie Ihnen nicht geben, sondern Sie langsam zu den Zusammenhängen hinführen, aus denen sich Ihnen die Erklärung ohne mein Dazutun aufdrängen wird.

ZWEITER TEIL

Der Traum

(1916 [1915–16])

SCHWIERIGKEITEN UND ERSTE ANNÄHERUNGEN

Meine Damen und Herren! Eines Tages machte man die Entdeckung, daß die Leidenssymptome gewisser Nervöser einen Sinn haben[1]. Daraufhin wurde das psychoanalytische Heilverfahren begründet. In dieser Behandlung ereignete es sich, daß die Kranken an Stelle ihrer Symptome auch Träume vorbrachten. Somit entstand die Vermutung, daß auch diese Träume einen Sinn haben[2].

Wir werden aber nicht diesen historischen Weg gehen, sondern den umgekehrten einschlagen. Wir wollen den Sinn der Träume nachweisen, als Vorbereitung zum Studium der Neurosen. Diese Verkehrung ist gerechtfertigt, denn das Studium des Traumes ist nicht nur die beste Vorbereitung für das der Neurosen, der Traum selbst ist auch ein neurotisches Symptom, und zwar eines, das den für uns unschätzbaren Vorteil hat, bei allen Gesunden vorzukommen[3]. Ja, wenn alle Menschen gesund wären und nur träumen würden, so könnten wir aus ihren Träumen fast alle die Einsichten gewinnen, zu denen die Untersuchung der Neurosen geführt hat.

So wird also der Traum zum Objekt der psychoanalytischen Forschung. Wieder ein gewöhnliches, geringgeschätztes Phänomen, scheinbar ohne praktischen Wert wie die Fehlleistungen, mit denen er ja das Vorkommen bei Gesunden gemein hat. Aber sonst sind die Bedingungen für unsere Arbeit eher ungünstiger. Die Fehlleistungen waren nur von der Wissenschaft vernachlässigt worden, man hatte sich wenig um sie bekümmert; aber schließlich war es keine Schande, sich mit ihnen zu beschäftigen. Man sagte, es gibt zwar Wichtigeres, aber vielleicht kann

---

[1] Josef Breuer in den Jahren 1880–1882. Vgl. hiezu meine in Amerika 1909 gehaltenen Vorlesungen *Über Psychoanalyse* [1910 *a*] und ›Zur Geschichte der psychoanalytischen Bewegung‹ [1914 *d*].

[2] [Freuds Hauptwerk zum Thema des Traums ist natürlich *Die Traumdeutung* (1900 *a*), *Studienausgabe*, Bd. 2. Es gibt jedoch kaum ein Werk Freuds, in dem es nicht vorkommt. In einem Anhang zur *Traumdeutung* sind die wichtigsten Darstellungen des Phänomens aufgeführt. – Die meisten der hier behandelten Aspekte des Traums sind in der *Traumdeutung* ausführlicher untersucht; eine erhebliche Zahl (über dreißig) der in der vorliegenden Vorlesung angeführten Traumbeispiele finden sich auch in den verschiedenen Ausgaben der *Traumdeutung*.]

[3] [Freud untersucht dies weiter gegen Schluß der 28. Vorlesung (S. 438 f., unten).]

auch dabei etwas herauskommen. Die Beschäftigung mit dem Traum ist aber nicht bloß unpraktisch und überflüssig, sondern direkt schimpflich; sie bringt das Odium der Unwissenschaftlichkeit mit sich, weckt den Verdacht einer persönlichen Hinneigung zum Mystizismus. Daß ein Mediziner sich mit dem Traume abgeben sollte, wo es selbst in der Neuropathologie und Psychiatrie soviel Ernsthafteres gibt: Tumoren bis zu Apfelgröße, die das Organ des Seelenlebens komprimieren, Blutergüsse, chronische Entzündungen, bei denen man die Veränderungen der Gewebsteile unter dem Mikroskop demonstrieren kann! Nein, der Traum ist ein allzu geringfügiges und der Erforschung unwürdiges Objekt.

Noch dazu eines, dessen Beschaffenheit selbst allen Anforderungen exakter Forschung trotzt. Man ist ja in der Traumforschung nicht einmal des Objekts sicher. Eine Wahnidee z. B. tritt einem klar und bestimmt umrissen entgegen. Ich bin der Kaiser von China, sagt der Kranke laut. Aber der Traum? Er ist meist überhaupt nicht zu erzählen. Wenn jemand einen Traum erzählt, hat er eine Garantie, daß er ihn richtig erzählt hat, und nicht vielmehr während der Erzählung verändert, etwas dazu erfindet, durch die Unbestimmtheit seiner Erinnerung gezwungen? Die meisten Träume können überhaupt nicht erinnert werden, sind bis auf kleine Fragmente vergessen. Und auf die Deutung dieses Materials soll eine wissenschaftliche Psychologie oder eine Methode der Behandlung von Kranken begründet werden?

Ein gewisses Übermaß in einer Beurteilung darf uns mißtrauisch machen. Die Einwendungen gegen den Traum als Objekt der Forschung gehen offenbar zu weit. Mit der Unwichtigkeit haben wir schon bei den Fehlleistungen zu tun gehabt [S. 51 f.]. Wir haben uns gesagt, große Dinge können sich auch in kleinen Anzeichen äußern. Was die Unbestimmtheit des Traumes betrifft, so ist sie eben ein Charakter wie ein anderer; man kann den Dingen ihren Charakter nicht vorschreiben. Es gibt übrigens auch klare und bestimmte Träume. Es gibt auch andere Objekte der psychiatrischen Forschung, die an demselben Charakter der Unbestimmtheit leiden, z. B. in vielen Fällen die Zwangsvorstellungen, mit denen sich doch respektable, angesehene Psychiater beschäftigt hahaben[1]. Ich will mich an den letzten Fall erinnern, der in meiner ärzt-

---

[1] [Die Tendenz der Zwangsneurotiker zu Unbestimmtheit und Vagheit erörtert Freud in Abschnitt B, Teil II seiner ›Bemerkungen über einen Fall von Zwangsneurose‹ (1909 *d*). S. auch die Darstellung dieser Erkrankungsform in der 17. Vorlesung, unten S. 259 ff.]

lichen Tätigkeit vorgekommen ist. Die Kranke stellte sich mir mit den Worten vor: Ich habe ein gewisses Gefühl, als ob ich ein lebendes Wesen – ein Kind? – doch nicht, eher einen Hund – beschädigt hätte oder beschädigen gewollt hätte, vielleicht es von einer Brücke heruntergestoßen – oder etwas anderes. Dem Schaden der unsicheren Erinnerung an den Traum können wir abhelfen, wenn wir festsetzen, eben das, was der Träumer erzählt, habe als ein Traum zu gelten, ohne Rücksicht auf alles, was er vergessen oder in der Erinnerung verändert haben mag. Endlich kann man nicht einmal so allgemein behaupten, daß der Traum etwas Unwichtiges sei. Es ist uns aus eigener Erfahrung bekannt, daß die Stimmung, in der man aus einem Traum erwacht, sich über den ganzen Tag fortsetzen kann; es sind Fälle von den Ärzten beobachtet worden, in denen eine Geisteskrankheit mit einem Traum beginnt und eine aus diesem Traum stammende Wahnidee festhält; es wird von historischen Personen berichtet, daß sie die Anregung zu wichtigen Taten aus Träumen geschöpft haben. Wir werden darum fragen, woher kommt eigentlich die Verachtung der wissenschaftlichen Kreise für den Traum?

Ich meine, sie ist die Reaktion auf die Überschätzung früherer Zeiten. Die Rekonstruktion der Vergangenheit ist bekanntlich nicht leicht, aber dies dürfen wir mit Sicherheit annehmen, – gestatten Sie mir den Scherz – daß bereits unsere Vorfahren vor 3000 Jahren und mehr in ähnlicher Weise wie wir geträumt haben. Soviel wir wissen, haben die alten Völker alle den Träumen große Bedeutung beigelegt und sie für praktisch verwertbar gehalten. Sie haben ihnen Anzeichen für die Zukunft entnommen, Vorbedeutungen in ihnen gesucht. Für die Griechen und andere Orientalen mag zuzeiten ein Feldzug ohne Traumdeuter so unmöglich gewesen sein wie heutzutage ohne Fliegeraufklärer. Als Alexander der Große seinen Eroberungszug unternahm, befanden sich die berühmtesten Traumdeuter in seinem Gefolge. Die Stadt Tyrus, die damals noch auf einer Insel lag, leistete dem König so heftigen Widerstand, daß er sich mit dem Gedanken trug, ihre Belagerung aufzugeben. Da träumte er eines Nachts einen wie im Triumph tanzenden Satyrn, und als er diesen Traum seinen Traumdeutern vortrug, erhielt er den Bescheid, es sei ihm der Sieg über die Stadt verkündet worden. Er befahl den Angriff und nahm Tyrus ein[1]. Bei Etruskern und Römern waren andere Methoden zur Erkundung der Zukunft in Gebrauch, aber die Traumdeutung wurde während der ganzen hellenistisch-römischen Zeit

---

[1] [Dieser Traum wird in der 15. Vorlesung, S. 238, erläutert.]

gepflegt und hochgehalten. Von der damit beschäftigten Literatur ist uns wenigstens das Hauptwerk erhalten, das Buch des Artemidoros aus Daldis, den man in die Lebenszeit des Kaisers Hadrian versetzt[1]. Wie es dann kam, daß die Kunst der Traumdeutung verfiel und der Traum in Mißkredit geriet, weiß ich Ihnen nicht zu sagen. Die Aufklärung kann nicht viel Anteil daran gehabt haben, denn das dunkle Mittelalter hat weit absurdere Dinge als die antike Traumdeutung getreu bewahrt. Tatsache ist es, daß das Interesse am Traum allmählich zum Aberglauben herabsank und sich nur bei den Ungebildeten behaupten konnte. Der letzte Mißbrauch der Traumdeutung noch in unseren Tagen sucht aus den Träumen die Zahlen zu erfahren, die zur Ziehung im kleinen Lotto prädestiniert sind. Dagegen hat die exakte Wissenschaft der Jetztzeit sich wiederholt mit dem Traume beschäftigt, aber immer nur in der Absicht, ihre physiologischen Theorien auf ihn anzuwenden. Den Ärzten galt der Traum natürlich als ein nicht psychischer Akt, als die Äußerung somatischer Reize im Seelenleben. Binz erklärt 1878 [35] den Traum »für einen körperlichen, in allen Fällen unnützen, in vielen Fällen geradezu krankhaften Vorgang, über welchem Weltseele und Unsterblichkeit so hoch erhaben stehen, wie der blaue Äther über einer unkrautbewachsenen Sandfläche in tiefster Niederung«. Maury [1878, 50] vergleicht ihn mit den ungeordneten Zuckungen des Veitstanzes im Gegensatz zu den koordinierten Bewegungen des normalen Menschen; ein alter Vergleich setzt den Inhalt des Traumes in Parallele zu den Tönen, welche »die zehn Finger eines der Musik unkundigen Menschen, die über die Tasten des Instrumentes hinlaufen«, hervorbringen würden [Strümpell, 1877, 84].

Deuten heißt einen verborgenen Sinn finden; davon kann bei dieser Einschätzung der Traumleistung natürlich keine Rede sein. Sehen Sie die Beschreibung des Traumes bei Wundt [1874], Jodl [1896] und anderen neueren Philosophen nach; sie begnügt sich mit der Aufzählung der Abweichungen des Traumlebens vom wachen Denken in einer den Traum herabsetzenden Absicht, hebt den Zerfall der Assoziationen, die Aufhebung der Kritik, die Ausschaltung alles Wissens und andere Zeichen geminderter Leistung hervor. Der einzig wertvolle Beitrag zur Kenntnis des Traumes, den wir der exakten Wissenschaft verdanken, bezieht sich auf den Einfluß körperlicher, während des Schlafes einwirkender Reize auf den Trauminhalt. Wir besitzen von einem kürzlich

---

[1] [Hinweise auf dieses Buch finden sich in der *Traumdeutung* zu Beginn des I. Kapitels; ferner in einer langen Fußnote ziemlich zu Beginn des II. Kapitels.]

verstorbenen norwegischen Autor, J. Mourly Vold, zwei dicke Bände experimentaler Traumforschungen (1910 und 1912 ins Deutsche übersetzt), welche sich fast nur mit den Erfolgen der Stellungsveränderungen der Gliedmaßen beschäftigen. Sie werden uns als Vorbilder der exakten Traumforschung angepriesen. Können Sie sich nun denken, was die exakte Wissenschaft dazu sagen würde, wenn sie erführe, daß wir den Versuch machen wollen, den *Sinn* der Träume zu finden? Vielleicht, daß sie es sogar schon gesagt hat. Aber wir wollen uns nicht abschrecken lassen. Wenn die Fehlleistungen Sinn haben konnten, kann es der Traum auch, und die Fehlleistungen haben in sehr vielen Fällen einen Sinn, der der exakten Forschung entgangen ist. Bekennen wir uns nur zum Vorurteil der Alten und des Volkes und treten wir in die Fußstapfen der antiken Traumdeuter.

Vor allem müssen wir uns über unsere Aufgabe orientieren, im Gebiet der Träume Umschau halten. Was ist denn ein Traum? Es ist schwer, dies in einem Satz zu sagen. Wir wollen aber doch keine Definition versuchen, wo der Hinweis auf den jedermann bekannten Stoff genügt[1]. Aber wir sollten das Wesentliche des Traumes herausheben. Wo ist das zu finden? Es gibt so ungeheure Verschiedenheiten innerhalb des Rahmens, der unser Gebiet umschließt, Verschiedenheiten nach jeder Richtung. Wesentlich wird wohl sein, was wir als allen Träumen gemeinsam aufzeigen können.

Ja, das erste allen Träumen Gemeinsame wäre, daß wir dabei schlafen. Das Träumen ist offenbar das Seelenleben während des Schlafes, das mit dem des Wachens gewisse Ähnlichkeiten hat und sich durch große Unterschiede dagegen absetzt. Das war schon die Definition des Aristoteles. Vielleicht bestehen zwischen Traum und Schlaf noch nähere Beziehungen. Man kann durch einen Traum geweckt werden, man hat sehr oft einen Traum, wenn man spontan erwacht oder wenn man gewaltsam aus dem Schlafe gestört wird. Der Traum scheint also ein Zwischenzustand zwischen Schlafen und Wachen zu sein. So werden wir auf den Schlaf hingewiesen. Was ist nun der Schlaf?

Das ist ein physiologisches oder biologisches Problem, an dem noch vieles strittig ist. Wir können da nichts entscheiden, aber ich meine, wir dürfen eine psychologische Charakteristik des Schlafes versuchen. Der Schlaf ist ein Zustand, in welchem ich nichts von der äußeren Welt wissen will,

---

[1] [S. jedoch einige Bemerkungen hierzu in der 14. Vorlesung, S. 226.]

mein Interesse von ihr abgezogen habe. Ich versetze mich in den Schlaf, indem ich mich von ihr zurückziehe und ihre Reize von mir abhalte. Ich schlafe auch ein, wenn ich von ihr ermüdet bin. Beim Einschlafen sage ich also zur Außenwelt: Laß mich in Ruhe, denn ich will schlafen. Umgekehrt sagt das Kind: Ich geh' noch nicht schlafen, ich bin nicht müde, will noch etwas erleben. Die biologische Tendenz des Schlafes scheint also die Erholung zu sein, sein psychologischer Charakter das Aussetzen des Interesses an der Welt. Unser Verhältnis zur Welt, in die wir so ungern gekommen sind, scheint es mit sich zu bringen, daß wir sie nicht ohne Unterbrechung aushalten. Wir ziehen uns darum zeitweise in den vorweltlichen Zustand zurück, in die Mutterleibsexistenz also. Wir schaffen uns wenigstens ganz ähnliche Verhältnisse, wie sie damals bestanden: warm, dunkel und reizlos. Einige von uns rollen sich noch zu einem engen Paket zusammen und nehmen zum Schlafen eine ähnliche Körperhaltung wie im Mutterleibe ein. Es sieht so aus, als hätte die Welt auch uns Erwachsene nicht ganz, nur zu zwei Dritteilen; zu einem Drittel sind wir überhaupt noch ungeboren. Jedes Erwachen am Morgen ist dann wie eine neue Geburt. Wir sprechen auch vom Zustand nach dem Schlaf mit den Worten: wir sind wie neugeboren, wobei wir über das Allgemeingefühl des Neugeborenen eine wahrscheinlich sehr falsche Voraussetzung machen. Es ist anzunehmen, daß dieser sich vielmehr sehr unbehaglich fühlt. Wir sagen auch vom Geborenwerden: das Licht der Welt erblicken.

Wenn das der Schlaf ist, so steht der Traum überhaupt nicht auf seinem Programm, scheint vielmehr eine unwillkommene Zutat. Wir meinen auch, daß der traumlose Schlaf der beste, der einzig richtige ist. Es soll keine seelische Tätigkeit im Schlaf geben; rührt sich diese doch, so ist uns eben die Herstellung des fötalen Ruhezustandes nicht gelungen; Reste von Seelentätigkeit haben sich nicht ganz vermeiden lassen. Diese Reste, das wäre das Träumen. Dann scheint es aber wirklich, daß der Traum keinen Sinn zu haben braucht. Bei den Fehlleistungen lag es anders; es waren doch Tätigkeiten während des Wachens. Aber wenn ich schlafe, die seelische Tätigkeit ganz eingestellt habe und nur gewisse Reste derselben nicht unterdrücken konnte, so ist es gar nicht notwendig, daß diese Reste einen Sinn haben. Ich kann diesen Sinn sogar nicht brauchen, da ja das übrige meines Seelenlebens schläft. Es kann sich da wirklich nur um zuckungsartige Reaktionen handeln, nur um solche seelische Phänomene, die direkt auf somatischen Anreiz hin erfolgen. Die Träume wären also die den Schlaf störenden Reste der seelischen Tätig-

keit des Wachens, und wir dürfen den Vorsatz fassen, das für die Psychoanalyse ungeeignete Thema alsbald wieder zu verlassen.
Indes, wenn der Traum auch überflüssig ist, er existiert doch, und wir können versuchen, uns von dieser Existenz Rechenschaft zu geben. Warum schläft das Seelenleben nicht ein? Wahrscheinlich, weil etwas der Seele keine Ruhe läßt. Es wirken Reize auf sie ein, und sie muß darauf reagieren. Der Traum ist also die Art, wie die Seele auf die im Schlafzustand einwirkenden Reize reagiert. Wir merken hier einen Zugang zum Verständnis des Traumes. Wir können nun bei verschiedenen Träumen danach suchen, welches die Reize sind, die den Schlaf stören wollen und auf die mit Träumen reagiert wird. Soweit hätten wir das erste Gemeinsame aller Träume aufgearbeitet.

Gibt es noch ein anderes Gemeinsames? Ja, es ist unverkennbar, aber viel schwieriger zu erfassen und zu beschreiben. Die seelischen Vorgänge im Schlaf haben auch einen ganz anderen Charakter als die des Wachens. Man erlebt vielerlei im Traum und glaubt daran, während man doch nichts erlebt als vielleicht den einen störenden Reiz. Man erlebt es vorwiegend in visuellen Bildern; es können auch Gefühle dabei sein, auch Gedanken mittendurch, es können auch die anderen Sinne etwas erleben, aber vorwiegend sind es doch Bilder. Ein Teil der Schwierigkeit des Traumerzählens kommt daher, daß wir diese Bilder in Worte zu übersetzen haben. Ich könnte es zeichnen, sagt uns der Träumer oft, aber ich weiß nicht, wie ich es sagen soll. Das ist nun eigentlich keine reduzierte seelische Tätigkeit wie die des Schwachsinnigen im Vergleich zum Genialen; es ist etwas qualitativ anderes, aber schwer zu sagen, worin der Unterschied liegt. G. Th. Fechner[1] äußert einmal die Vermutung, der Schauplatz, auf dem sich die Träume (in der Seele) abspielen, sei ein anderer als der des wachen Vorstellungslebens. Das verstehen wir zwar nicht, wissen nicht, was wir uns dabei denken sollen, aber den Eindruck der Fremdartigkeit, den uns die meisten Träume machen, gibt es wirklich wieder. Auch der Vergleich der Traumtätigkeit mit den Leistungen einer unmusikalischen Hand [S. 104] versagt hier. Das Klavier wird doch jedenfalls mit denselben Tönen antworten, wenn auch nicht mit Melodien, sobald der Zufall über seine Tasten fährt. Diese zweite Gemeinsamkeit aller Träume wollen wir, wenn sie auch unverstanden sein mag, sorgfältig im Auge behalten.

[1] [Der Psychophysiker Fechner (1801–87) hatte auf Freuds Theorien erheblichen Einfluß. Bezüglich der erwähnten Vermutung s. Fechner (1860).]

Gibt es noch weitere Gemeinsamkeiten? Ich finde keine, sehe überall nur Verschiedenheiten, und zwar in allen Hinsichten. Sowohl was die scheinbare Dauer, als auch was die Deutlichkeit, die Affektbeteiligung, die Haltbarkeit u. a. betrifft. Das alles ist eigentlich nicht so, wie wir es bei der notgedrungenen, dürftigen, zuckungsartigen Abwehr eines Reizes erwarten könnten. Was die Dimension der Träume anbelangt, so gibt es sehr kurze, die nur ein Bild oder wenige, einen Gedanken, ja nur ein Wort enthalten; andere, die ungemein reich an Inhalt sind, ganze Romane aufführen und lange zu dauern scheinen. Es gibt Träume, die so deutlich sind wie das [wache] Erleben, so deutlich, daß wir sie eine Zeitlang nach dem Erwachen noch nicht als Träume erkennen; andere, die unsäglich schwach sind, schattenhaft und verschwommen; ja in einem und demselben Traum können die überstarken und die kaum faßbar undeutlichen Partien miteinander abwechseln. Träume können ganz sinnvoll sein oder wenigstens kohärent, ja sogar geistreich, phantastisch schön; andere wiederum sind verworren, wie schwachsinnig, absurd, oft geradezu toll. Es gibt Träume, die uns ganz kaltlassen, andere, in denen alle Affekte laut werden, ein Schmerz bis zum Weinen, eine Angst bis zum Erwachen, Verwunderung, Entzücken usw. Träume werden meist nach dem Erwachen rasch vergessen, oder sie halten sich einen Tag lang in der Weise, daß sie bis zum Abend immer mehr blaß und lückenhaft erinnert werden; andere erhalten sich so gut, z. B. Kindheitsträume, daß sie 30 Jahre später wie frisches Erleben vor dem Gedächtnis stehen. Träume können wie die Individuen ein einziges Mal auftreten, niemals wieder, oder sie wiederholen sich bei derselben Person unverändert oder mit kleinen Abweichungen. Kurz, dies bißchen nächtliche Seelentätigkeit verfügt über ein riesiges Repertoire, kann eigentlich noch alles, was die Seele bei Tag schafft, aber es ist doch nie dasselbe.

Man könnte versuchen, von diesen Mannigfaltigkeiten des Traumes Rechenschaft zu geben, indem man annimmt, sie entsprechen verschiedenen Zwischenstadien zwischen dem Schlafen und dem Wachen, verschiedenen Stufen des unvollständigen Schlafes. Ja, aber dann müßte mit Wert, Inhalt und Deutlichkeit der Traumleistung auch die Klarheit, daß es ein Traum ist, zunehmen, da sich die Seele bei solchem Träumen dem Erwachen nähert, und es dürfte nicht vorkommen, daß unmittelbar neben ein deutliches und vernünftiges Traumstückchen ein unsinniges oder undeutliches gesetzt wird, worauf dann wieder ein gutes Stück Arbeit folgt. So rasch könnte die Seele ihre Schlaftiefe gewiß nicht wechseln. Diese Erklärung leistet also nichts; es geht überhaupt nicht kurzerhand.

Wir wollen vorläufig auf den »Sinn« des Traumes verzichten und dafür versuchen, uns von dem Gemeinsamen der Träume aus einen Weg zum besseren Verständnis derselben zu bahnen. Aus der Beziehung der Träume zum Schlafzustand haben wir geschlossen, daß der Traum die Reaktion auf einen den Schlaf störenden Reiz ist. Wie wir gehört haben, ist dies auch der einzige Punkt, an dem uns die exakte experimentelle Psychologie zu Hilfe kommen kann; sie erbringt den Nachweis, daß während des Schlafes zugeführte Reize im Traume erscheinen. Es sind viele solche Untersuchungen bis auf die des bereits genannten Mourly Vold angestellt worden; jeder von uns ist auch wohl selbst in die Lage gekommen, dies Ergebnis durch gelegentliche persönliche Beobachtung zu bestätigen. Ich will zur Mitteilung einige ältere Experimente auswählen. Maury [1878] ließ solche Versuche an seiner eigenen Person ausführen. Man ließ ihn im Traum Kölnerwasser riechen. Er träumte, daß er in Kairo im Laden von Johann Maria Farina sei, und daran schlossen sich weitere tolle Abenteuer. Oder: man kneifte ihn leicht in den Nacken; er träumte von einem aufgelegten Blasenpflaster und von einem Arzt, der ihn in seiner Kindheit behandelt hatte. Oder: man goß ihm einen Tropfen Wasser auf die Stirne. Er war dann in Italien, schwitzte heftig und trank den weißen Wein von Orvicto.

Was uns an diesen experimentell erzeugten Träumen auffällt, werden wir vielleicht noch deutlicher an einer anderen Reihe von Reizträumen erfassen können. Es sind drei Träume, von einem geistreichen Beobachter, Hildebrandt, mitgeteilt [1875], sämtlich Reaktionen auf den Lärm eines Weckers:

»Also ich gehe an einem Frühlingsmorgen spazieren und schlendre durch die grünenden Felder weiter bis zu einem benachbarten Dorfe, dort sehe ich die Bewohner in Feierkleidern, das Gesangbuch unter dem Arme, zahlreich der Kirche zuwandern. Richtig! es ist ja Sonntag und der Frühgottesdienst wird bald beginnen. Ich beschließe, an diesem teilzunehmen, zuvor aber, weil ich etwas echauffiert bin, auf dem die Kirche umgebenden Friedhofe mich abzukühlen. Während ich hier verschiedene Grabschriften lese, höre ich den Glöckner den Turm hinansteigen und sehe nun in der Höhe des letzteren die kleine Dorfglocke, die das Zeichen zum Beginn der Andacht geben wird. Noch eine ganze Weile hängt sie bewegungslos da, dann fängt sie an zu schwingen – und plötzlich ertönen ihre Schläge hell und durchdringend – so hell und durchdringend, daß sie meinem Schlafe ein Ende machen. Die Glockentöne aber kommen von dem Wecker.«

»Eine zweite Kombination. Es ist heller Wintertag; die Straßen sind hoch mit Schnee bedeckt. Ich habe meine Teilnahme an einer Schlittenfahrt zugesagt, muß aber lange warten, bis die Meldung erfolgt, der Schlitten stehe vor der Tür. Jetzt erfolgen die Vorbereitungen zum Einsteigen – der Pelz wird angelegt, der Fußsack hervorgeholt – und endlich sitze ich auf meinem Platze. Aber noch verzögert sich die Abfahrt, bis die Zügel den harrenden Rossen das fühlbare Zeichen geben. Nun ziehen diese an; die kräftig geschüttelten Schellen beginnen ihre wohlbekannte Janitscharenmusik mit einer Mächtigkeit, die augenblicklich das Spinngewebe des Traumes zerreißt. Wieder ist's nichts anderes als der schrille Ton der Weckerglocke.«

»Noch das dritte Beispiel! Ich sehe ein Küchenmädchen mit einigen Dutzend aufgetürmter Teller den Korridor entlang zum Speisezimmer schreiten. Die Porzellansäule in ihren Armen scheint mir in Gefahr, das Gleichgewicht zu verlieren. ›Nimm dich in acht‹, warne ich, ›die ganze Ladung wird zur Erde fallen.‹ Natürlich bleibt der obligate Widerspruch nicht aus: man sei dergleichen schon gewohnt usw., währenddessen ich immer noch mit Blicken der Besorgnis die Wandelnde begleite. Richtig, an der Türschwelle erfolgt ein Straucheln – das zerbrechliche Geschirr fällt und rasselt und prasselt in hundert Scherben auf dem Fußboden umher. Aber – das endlos sich fortsetzende Getön ist doch, wie ich bald merke, kein eigentliches Rasseln, sondern ein richtiges Klingeln; – und mit diesem Klingeln hat, wie nunmehr der Erwachende erkennt, nur der Wecker seine Schuldigkeit getan.«

Diese Träume sind recht hübsch, ganz sinnvoll, gar nicht so inkohärent, wie Träume sonst zu sein pflegen. Wir wollen sie deswegen nicht beanständen. Das Gemeinsame an ihnen ist, daß die Situation jedesmal in einen Lärm ausgeht, den man beim Erwachen als den des Weckers agnosziert. Wir sehen also hier, wie ein Traum erzeugt wird, aber erfahren auch noch etwas anderes. Der Traum erkennt den Wecker nicht, – dieser kommt auch im Traum nicht vor –, sondern er ersetzt das Weckergeräusch durch ein anderes, er deutet den Reiz, der den Schlaf aufhebt, deutet ihn aber jedesmal in einer anderen Weise. Warum das? Darauf gibt es keine Antwort, das scheint willkürlich zu sein. Den Traum verstehen, hieße aber angeben können, warum er gerade diesen Lärm und keinen anderen zur Deutung des Weckerreizes gewählt hat. In ganz analoger Weise muß man gegen die Mauryschen Experimente einwenden, man sehe wohl, daß der zugeführte Reiz im Traume auftritt, aber warum gerade in dieser Form, das erfahre man nicht, und das scheint aus der Natur des schlafstörenden Reizes gar nicht zu folgen. Auch schließt in den Mauryschen Versuchen an den direkten Reizerfolg meist eine Unmenge von anderem Traummaterial an, z. B. die tollen Abenteuer im Kölnerwassertraum, für die man keine Rechenschaft zu geben weiß.

Nun wollen Sie bedenken, daß die Weckträume noch die besten Chancen bieten, den Einfluß äußerer schlafstörender Reize festzustellen. In den meisten anderen Fällen wird es schwieriger werden. Man wacht nicht aus allen Träumen auf, und wenn man des Morgens einen Traum der Nacht erinnert, wie soll man dann einen störenden Reiz auffinden, der vielleicht zur Nachtzeit eingewirkt hat? Mir gelang es einmal, einen solchen Schallreiz nachträglich zu konstatieren, natürlich nur infolge besonderer Umstände. Ich erwachte eines Morgens in einem Tiroler Höhenort mit dem Wissen, ich habe geträumt, der Papst sei gestorben. Ich konnte mir den Traum nicht erklären, aber dann fragte mich meine Frau: Hast du heute gegen Morgen das entsetzliche Glockengeläute gehört, das von allen Kirchen und Kapellen losgelassen wurde? Nein, ich hatte nichts gehört, mein Schlaf ist resistenter, aber ich verstand dank dieser Mitteilung meinen Traum. Wie oft mögen solche Reizungen den Schläfer zum Träumen anregen, ohne daß er nachträgliche Kunde von ihnen erhält? Vielleicht sehr oft, vielleicht auch nicht. Wenn der Reiz nicht mehr nachweisbar ist, läßt sich auch keine Überzeugung davon gewinnen. Wir sind ohnedies von der Schätzung der schlafstörenden äußeren Reize zurückgekommen, seitdem wir wissen, daß sie uns nur ein Stückchen des Traumes und nicht die ganze Traumreaktion erklären können.

Wir brauchen darum diese Theorie nicht ganz aufzugeben. Sie ist außerdem einer Fortsetzung fähig. Es ist offenbar gleichgültig, wodurch der Schlaf gestört und die Seele zum Träumen angeregt werden soll. Wenn es nicht jedesmal ein von außen kommender Sinnesreiz sein kann, so mag dafür ein von den inneren Organen ausgehender, sogenannter Leibreiz eintreten. Diese Vermutung liegt sehr nahe, sie entspricht auch der populärsten Ansicht über die Entstehung der Träume. Träume kommen vom Magen, hört man oft sagen. Leider wird auch hier der Fall als häufig zu vermuten sein, daß ein Leibreiz, der zur Nachtzeit eingewirkt hat, nach dem Erwachen nicht mehr nachweisbar und somit unbeweisbar geworden ist. Aber wir wollen nicht übersehen, wieviel gute Erfahrungen die Ableitung der Träume vom Leibreiz unterstützen. Es ist im allgemeinen unzweifelhaft, daß der Zustand der inneren Organe den

Traum beeinflussen kann. Die Beziehung manches Trauminhalts zu einer Überfüllung der Harnblase oder zu einem Erregungszustand der Geschlechtsorgane ist so deutlich, daß sie nicht verkannt werden kann. Von diesen durchsichtigen Fällen her kommt man zu anderen, in denen sich aus dem Inhalt der Träume wenigstens eine berechtigte Vermutung ableiten läßt, daß solche Leibreize eingewirkt haben, indem sich in diesem Inhalt etwas findet, was als Verarbeitung, Darstellung, Deutung dieser Reize aufgefaßt werden kann. Der Traumforscher Scherner (1861) hat die Herleitung des Traumes von Organreizen besonders nachdrücklich vertreten und einige schöne Beispiele für sie erbracht. Wenn er z. B. in einem Traum »zwei Reihen schöner Knaben blonden Haares und zarter Gesichtsfarbe, in Kampflust einander gegenüberstehen, aufeinander losgehen, sich gegenseitig greifen, voneinander wieder loslassen, die alte Stellung wieder einnehmen und den ganzen Vorgang von neuem machen« sieht, so ist die Deutung dieser Knabenreihen als der Zähne an und für sich ansprechend, und sie scheint ihre volle Bekräftigung zu finden, wenn nach dieser Szene der Träumer »sich einen langen Zahn aus dem Kiefer herauszieht«. Auch die Deutung von »langen, schmalen, gewundenen Gängen« auf Darmreiz scheint stichhaltig und bestätigt die Aufstellung von Scherner, daß der Traum vor allem das den Reiz ausschickende Organ durch ihm ähnliche Gegenstände darzustellen sucht.
Wir müssen also bereit sein zuzugeben, daß innere Reize für den Traum dieselbe Rolle spielen können wie äußere. Leider unterliegt ihre Schätzung auch denselben Einwendungen. In einer großen Anzahl von Fällen bleibt die Deutung auf Leibreiz unsicher oder unbeweisbar; nicht alle Träume, sondern nur ein gewisser Anteil derselben erweckt den Verdacht, daß innere Organreize bei ihrer Entstehung beteiligt waren, und endlich wird der innere Leibreiz so wenig wie der äußere Sinnesreiz imstande sein, vom Traum mehr zu erklären, als was der direkten Reaktion auf den Reiz entspricht. Woher dann das übrige des Traumes kommt, bleibt dunkel.
Merken wir uns aber eine Eigentümlichkeit des Traumlebens, die bei dem Studium dieser Reizeinwirkungen zum Vorschein kommt. Der Traum bringt den Reiz nicht einfach wieder, sondern er verarbeitet ihn, er spielt auf ihn an, reiht ihn in einen Zusammenhang ein, ersetzt ihn durch etwas anderes. Das ist eine Seite der Traumarbeit[1], die uns

---

[1] [Der Prozeß, durch welchen die hinter dem Traum stehenden latenten Gedanken in die manifeste Traumform verwandelt werden. Die Traumarbeit ist das Thema der 11. Vorlesung.]

interessieren muß, weil sie vielleicht näher an das Wesen des Traumes heranführt: Wenn jemand auf eine Anregung hin etwas macht, so braucht diese Anregung darum das Werk nicht zu erschöpfen. Der *Macbeth* Shakespeares z. B. ist ein Gelegenheitsstück, zur Thronbesteigung des Königs gedichtet, der zuerst die Kronen der drei Länder auf seinem Haupt vereinigte. Aber deckt diese historische Veranlassung den Inhalt des Dramas, erklärt sie uns dessen Größen und Rätsel? Vielleicht sind die auf den Schlafenden wirkenden Außen- und Innenreize auch nur die Anreger des Traumes, von dessen Wesen uns damit nichts verraten wird.

Das andere Gemeinsame des Traumes, seine psychische Besonderheit [S. 107], ist einerseits schwer faßbar und gibt anderseits keinen Anhaltspunkt zur weiteren Verfolgung. Im Traum erleben wir zumeist etwas in visuellen Formen. Können dafür die Reize einen Aufschluß geben? Ist es in Wirklichkeit der Reiz, den wir erleben? Warum ist dann das Erleben visuell, wenn Augenreizung nur in den seltensten Fällen den Traum angeregt hat? Oder läßt sich, wenn wir Reden träumen, nachweisen, daß während des Schlafes ein Gespräch oder ihm ähnliche Geräusche an unser Ohr gedrungen sind? Diese Möglichkeit getraue ich mich mit Entschiedenheit abzuweisen.

Wenn wir von den Gemeinsamkeiten der Träume nicht weiterkommen, so wollen wir's vielleicht mit ihren Verschiedenheiten versuchen. Die Träume sind ja oft sinnlos, verworren, absurd; aber es gibt sinnvolle, nüchterne, vernünftige. Sehen wir zu, ob uns die letzteren, sinnvollen, etwas Aufschluß über die unsinnigen geben können. Ich teile Ihnen den letzten vernünftigen Traum mit, der mir erzählt worden ist, den Traum eines jungen Mannes: »Ich bin in der Kärtnerstraße spazierengegangen, habe dort den Herrn X. getroffen, dem ich mich für eine Weile angeschlossen habe, dann bin ich ins Restaurant gegangen. Zwei Damen und ein Herr haben sich an meinen Tisch gesetzt. Ich habe mich zuerst darüber geärgert und wollte sie nicht anschauen. Dann habe ich hingeschaut und gefunden, daß sie ganz nett sind.« Der Träumer bemerkt dazu, daß er am Abend vor dem Traum wirklich in der Kärntnerstraße gegangen, was sein gewohnter Weg ist, und dort den Herrn X. getroffen hat. Der andere Teil des Traumes ist keine direkte Reminiszenz, sondern hat nur eine gewisse Ähnlichkeit mit einem Erlebnis vor längerer Zeit. Oder ein anderer nüchterner Traum, der einer Dame: »Ihr Mann fragt: Soll man das Klavier nicht stimmen lassen? Sie: Es lohnt nicht, es muß ohnedies neu beledert werden.« Dieser Traum wiederholt ein Gespräch, welches sich ohne viel Veränderung am Tage vor dem Traum zwischen ihrem Mann und ihr abgespielt hat. Was lernen wir aus diesen beiden nüchternen Träumen? Nichts anderes, als daß sich Wiederholungen aus dem Leben des Tages oder Anknüpfungen an dasselbe in ihnen finden. Das wäre schon etwas, wenn es sich von den Träumen allgemein aussagen ließe. Aber davon ist keine Rede, auch dies gilt nur für eine Minderzahl; in den meisten Träumen ist von einer Anknüpfung an den Vortag nichts zu finden[1], und auf die unsinnigen und absurden Träume fällt von hier aus kein Licht. Wir wissen nur, daß wir auf eine neue Aufgaben gestoßen sind. Wir wollen nicht nur wissen, was ein Traum sagt, sondern wenn er es, wie in unseren Beispielen, deutlich sagt, wollen wir auch wissen, warum und wozu man dies Bekannte, erst kürzlich Erlebte, im Traum wiederholt.

Ich glaube, Sie werden wie ich müde sein, Versuche wie unsere bisherigen fortzusetzen. Wir sehen eben, alles Interesse für ein Problem ist unzureichend, wenn man nicht auch einen Weg kennt, den man einschlagen kann, daß er zur Lösung hinführe. Wir haben diesen Weg bis jetzt nicht. Die experimentelle Psychologie hat uns nichts gebracht als einige sehr schätzbare Angaben über die Bedeutung der Reize als Traumanreger. Von der Philosophie haben wir nichts zu erwarten, als daß sie uns neuerdings hochmütig die intellektuelle Minderwertigkeit unseres Objekts vorhalte; bei den okkulten Wissenschaften wollen wir doch keine Anleihe machen. Geschichte und Volksmeinung sagen uns, der Traum sei sinnreich und bedeutungsvoll, er blicke in die Zukunft; das ist doch schwer anzunehmen und gewiß nicht beweisbar. So läuft unsere erste Bemühung in volle Ratlosigkeit aus.

Unerwarteterweise kommt uns ein Wink von einer Seite zu, nach der wir bisher nicht geblickt haben. Der Sprachgebrauch, der ja nichts Zufälliges, sondern der Niederschlag alter Erkenntnis ist, der freilich nicht ohne Vorsicht verwertet werden darf – unsere Sprache also kennt etwas, was sie merkwürdigerweise »Tagträumen« heißt. Tagträume sind Phantasien (Produktionen der Phantasie); es sind sehr allgemeine Phänomene, wiederum bei Gesunden ebenso zu beobachten wie bei Kranken und bei der eigenen Person dem Studium leicht zugänglich. Das Auffälligste an diesen phantastischen Bildungen ist, daß sie den Namen »Tagträume« erhalten haben, denn von beiden Gemeinsamen der

[1] [Diese Aussage schränkt Freud jedoch schon auf S. 121 ein.]

Träume [S. 105 ff.] haben sie nichts an sich. Der Beziehung zum Schlafzustande widerspricht schon ihr Name, und was das zweite Gemeinsame betrifft, so erlebt, halluziniert man in ihnen nichts, sondern stellt sich etwas vor; man weiß, daß man phantasiert, sieht nicht, sondern denkt. Diese Tagträume treten in der Vorpubertät, oft schon in der späteren Kinderzeit auf, halten bis in die Jahre der Reife an, werden dann entweder aufgegeben oder bis ins späteste Alter festgehalten. Der Inhalt dieser Phantasien wird von einer sehr durchsichtigen Motivierung beherrscht. Es sind Szenen und Begebenheiten, in denen die egoistischen, Ehrgeiz- und Machtbedürfnisse, oder die erotischen Wünsche der Person Befriedigung finden. Bei jungen Männern stehen meist die ehrgeizigen Phantasien voran, bei den Frauen, die ihren Ehrgeiz auf Liebeserfolge geworfen haben, die erotischen. Aber oft genug zeigt sich auch bei den Männern die erotische Bedürftigkeit im Hintergrunde; alle Heldentaten und Erfolge sollen doch nur um die Bewunderung und Gunst der Frauen werben. Sonst sind diese Tagträume sehr mannigfaltig und erfahren wechselvolle Schicksale. Sie werden entweder, ein jeder von ihnen, nach kurzer Zeit fallengelassen und durch einen neuen ersetzt, oder sie werden festgehalten, zu langen Geschichten ausgesponnen und passen sich den Veränderungen der Lebensverhältnisse an. Sie gehen sozusagen mit der Zeit und empfangen von ihr eine »Zeitmarke«, die den Einfluß der neuen Situation bezeugt. Sie sind das Rohmaterial der poetischen Produktion, denn aus seinen Tagträumen macht der Dichter durch gewisse Umformungen, Verkleidungen und Verzichte die Situationen, die er in seine Novellen, Romane, Theaterstücke einsetzt. Der Held der Tagträume ist aber immer die eigene Person, entweder direkt oder in einer durchsichtigen Identifizierung mit einem anderen[1].

Vielleicht tragen die Tagträume diesen Namen wegen der gleichen Beziehung zur Wirklichkeit, um anzudeuten, daß ihr Inhalt ebensowenig real zu nehmen sei wie der der Träume. Vielleicht aber ruht diese Namensgemeinschaft doch auf einem uns noch unbekannten psychischen Charakter des Traumes, einem der von uns gesuchten. Es ist auch möglich, daß wir überhaupt unrecht tun, wenn wir diese Gleichheit der Bezeichnung als bedeutungsvoll verwerten wollen. Das kann ja erst später geklärt werden.

[1] [Freuds ausführlichste Erörterung der Phantasien und ihrer Beziehung zum schöpferischen Prozeß des Künstlers finden sich in zwei älteren Arbeiten: ›Der Dichter und das Phantasieren‹ (1908 *e*) und ›Hysterische Phantasien und ihre Beziehung zur Bisexualität‹ (1908 *a*). Freud greift dieses Thema in der zweiten Hälfte der 23. Vorlesung noch einmal auf.]

6. VORLESUNG

VORAUSSETZUNGEN UND TECHNIK DER DEUTUNG

Meine Damen und Herren! Also wir bedürfen eines neuen Weges, einer Methode, um in der Erforschung des Traumes von der Stelle zu kommen. Ich mache Ihnen nun einen naheliegenden Vorschlag. Nehmen wir als Voraussetzung für alles Weitere an, *daß der Traum kein somatisches, sondern ein psychisches Phänomen ist.* Was das bedeutet, wissen Sie, aber was berechtigt uns zu dieser Annahme? Nichts, aber wir sind auch nicht gehindert, sie zu machen. Die Sache liegt so: Wenn der Traum ein somatisches Phänomen ist, geht er uns nichts an; er kann uns nur unter der Voraussetzung, daß er ein seelisches Phänomen ist, interessieren. Wir arbeiten also unter der Voraussetzung, er sei es wirklich, um zu sehen, was dabei herauskommt. Das Ergebnis unserer Arbeit wird darüber entscheiden, ob wir an der Annahme festhalten und sie nun ihrerseits als ein Resultat vertreten dürfen. Was wollen wir denn eigentlich erreichen, wozu arbeiten wir? Wir wollen, was man in der Wissenschaft überhaupt anstrebt, ein Verständnis der Phänomene, die Herstellung eines Zusammenhanges zwischen ihnen, und in letzter Ferne, wo es möglich ist, eine Erweiterung unserer Macht über sie.

Wir setzen also die Arbeit unter der Annahme fort, daß der Traum ein psychisches Phänomen ist. Dann ist er eine Leistung und Äußerung des Träumers, aber eine solche, die uns nichts sagt, die wir nicht verstehen. Was tun Sie nun in dem Falle, daß ich eine Ihnen unverständliche Äußerung von mir gebe? Mich fragen, nicht wahr? Warum sollen wir nicht dasselbe tun dürfen, *den Träumer befragen, was sein Traum bedeutet?* Erinnern Sie sich, wir befanden uns schon einmal in dieser Situation. Es war bei der Untersuchung gewisser Fehlleistungen, eines Falles von Versprechen. Jemand hatte gesagt [S. 64]: Da sind Dinge zum Vorschwein gekommen, und darauf fragten wir – nein, zum Glück nicht wir, sondern andere, die der Psychoanalyse ganz fernstehen, da fragten ihn diese anderen, was er mit dieser unverständlichen Rede wolle. Er antwortete sofort, daß er die Absicht gehabt hatte zu sagen: das waren Schweinereien, daß er aber diese Absicht zurückgedrängt gegen die andere, gemilderte: da sind Dinge zum Vorschein gekommen. Ich erklärte Ihnen schon damals [S. 69], diese Erkundigung sei das Vorbild jeder psychoanalytischen Untersuchung, und Sie verstehen jetzt, daß die Psychoanalyse die Technik befolgt, sich soweit es nur angeht die Lösung ihrer Rätsel von den Untersuchten selbst sagen zu lassen [S. 70]. So soll uns auch der Träumer selbst sagen, was sein Traum bedeutet.

Aber so einfach geht das bekanntlich beim Traum nicht. Bei den Fehlleistungen ging es in einer Anzahl von Fällen; dann kamen wir zu anderen, in denen der Befragte nichts sagen wollte, ja sogar die Antwort, die wir ihm nahelegten, entrüstet zurückwies. Beim Traum fehlen uns die Fälle der ersten Art völlig; der Träumer sagt immer, er weiß nichts. Zurückweisen kann er unsere Deutung nicht, da wir ihm keine vorzulegen haben. So sollten wir also unseren Versuch wieder aufgeben? Da er nichts weiß und wir nichts wissen und ein Dritter erst recht nichts wissen kann, gibt's wohl keine Aussicht, es zu erfahren. Ja, wenn Sie wollen, geben Sie den Versuch auf. Wenn Sie aber anders wollen, so können Sie den Weg mit mir fortsetzen. Ich sage Ihnen nämlich, es ist doch sehr wohl möglich, ja sehr wahrscheinlich, daß der Träumer es doch weiß, was sein Traum bedeutet, *nur weiß er nicht, daß er es weiß, und glaubt darum, daß er es nicht weiß.*

Sie werden mich aufmerksam machen, daß ich da wiederum eine Annahme einführe, schon die zweite in diesem kurzen Zusammenhange, und den Anspruch meines Verfahrens auf Glaubwürdigkeit enorm herabsetze. Unter der Voraussetzung, daß der Traum ein psychisches Phänomen ist, unter der weiteren Voraussetzung, daß es seelische Dinge im Menschen gibt, die er weiß, ohne zu wissen, daß er sie weiß, usw. Dann braucht man nur die innere Unwahrscheinlichkeit jeder dieser beiden Voraussetzungen ins Auge zu fassen, um beruhigt sein Interesse von den Schlüssen aus ihnen abzuwenden.

Ja, meine Damen und Herren, ich habe Sie nicht hieher kommen lassen, um Ihnen etwas vorzuspiegeln oder zu verhehlen. Ich habe zwar »Elementare Vorlesungen zur Einführung in die Psychoanalyse« angekündigt[1], aber damit habe ich keine Darstellung *in usum delphini*[2] beabsichtigt, die Ihnen einen glatten Zusammenhang zeigen soll mit sorgfältigem Verstecken aller Schwierigkeiten, Ausfüllung der Lücken, Übermalen der Zweifel, damit Sie ruhigen Gemüts glauben sollen, Sie

[1] [Das Wort »elementar« wurde im Titel der gedruckten Fassung der Vorlesungen fortgelassen.]

[2] [»Für den Gebrauch des Dauphins« – dies bezieht sich auf die gereinigte Ausgabe der Klassiker, die Ludwig XIV. für seinen Sohn herstellen ließ.]

haben etwas Neues gelernt. Nein, gerade darum, weil Sie Anfänger sind, wollte ich Ihnen unsere Wissenschaft zeigen, wie sie ist, mit ihren Unebenheiten und Härten, Anforderungen und Bedenken. Ich weiß nämlich, daß es in keiner Wissenschaft anders ist und besonders in ihren Anfängen gar nicht anders sein kann. Ich weiß auch, daß der Unterricht sich sonst bemüht, diese Schwierigkeiten und Unvollkommenheiten dem Lernenden zunächst zu verbergen. Aber das geht bei der Psychoanalyse nicht. Ich habe also wirklich zwei Voraussetzungen gemacht, die eine innerhalb der anderen, und wem das Ganze zu mühselig und zu unsicher ist, oder wer an höhere Sicherheiten und elegantere Ableitungen gewöhnt ist, der braucht nicht weiter mitzugehen. Ich meine nur, der soll psychologische Probleme überhaupt in Ruhe lassen, denn es ist zu besorgen, daß er die exakten und sicheren Wege, die er zu begehen bereit ist, hier nicht gangbar findet. Es ist auch ganz überflüssig, daß eine Wissenschaft, die etwas zu bieten hat, um Gehör und um Anhänger werbe. Ihre Ergebnisse müssen für sie Stimmung machen, und sie kann abwarten, bis diese sich Aufmerksamkeit erzwungen haben.

Diejenigen von Ihnen aber, die bei der Sache verbleiben wollen, kann ich daran mahnen, daß meine beiden Annahmen nicht gleichwertig sind. Die erste, der Traum sei ein seelisches Phänomen, ist die Voraussetzung, die wir durch den Erfolg unserer Arbeit erweisen wollen; die andere ist bereits auf einem anderen Gebiete erwiesen, und ich nehme mir bloß die Freiheit, sie von dorther auf unsere Probleme zu übertragen.

Wo, auf welchem Gebiet sollte der Beweis erbracht worden sein, daß es ein Wissen gibt, von dem der Mensch doch nichts weiß, wie wir es hier für den Träumer annehmen wollen? Das wäre doch eine merkwürdige, überraschende, unsere Auffassung des Seelenlebens verändernde Tatsache, die sich nicht zu verbergen brauchte. Nebenbei eine Tatsache, die sich in ihrer Benennung selbst aufhebt und doch etwas Wirkliches sein will, eine *contradictio in adjecto*. Nun, sie verbirgt sich auch gar nicht. Es liegt nicht an ihr, wenn man nichts von ihr weiß oder sich nicht genügend um sie kümmert. So wenig, wie es unsere Schuld ist, daß alle diese psychologischen Probleme von Personen abgeurteilt werden, die sich von all den hiefür entscheidenden Beobachtungen und Erfahrungen ferngehalten haben.

Der Beweis ist auf dem Gebiet der hypnotischen Erscheinungen erbracht worden. Als ich im Jahre 1889 die ungemein eindrucksvollen Demonstrationen von Liébeault und Bernheim in Nancy mitansah [1], war ich

[1] [Freud kommt auf S. 277 noch einmal hierauf zurück.]

auch Zeuge des folgenden Versuches. Wenn man einen Mann in den somnambulen Zustand versetzt hatte, ihn in diesem alles mögliche halluzinatorisch erleben ließ und ihn dann aufweckte, so schien er zunächst von den Vorgängen während seines hypnotischen Schlafes nichts zu wissen. Bernheim forderte ihn dann direkt auf zu erzählen, was sich mit ihm während der Hypnose zugetragen. Er behauptete, er wisse sich an nichts zu erinnern. Aber Bernheim bestand darauf, er drang in den Mann, versicherte ihm, er wisse es, müsse sich daran erinnern, und siehe da, der Mann wurde schwankend, begann sich zu besinnen, erinnerte zuerst wie schattenhaft eines der ihm suggerierten Erlebnisse, dann ein anderes Stück, die Erinnerung wurde immer deutlicher, immer vollständiger, und endlich war sie lückenlos zutage gefördert. Da er es aber nachher wußte und inzwischen von keiner anderen Seite etwas erfahren hatte, ist der Schluß berechtigt, daß er um diese Erinnerungen auch vorher gewußt hat. Sie waren ihm nur unzugänglich, er wußte nicht, daß er sie wisse, er glaubte, daß er sie nicht wisse. Also ganz der Fall, den wir beim Träumer vermuten.

Ich hoffe, Sie werden von der Feststellung dieser Tatsache überrascht sein und mich fragen: Warum haben Sie sich auf diesen Beweis nicht schon früher, bei den Fehlleistungen berufen, als wir dazu kamen, dem Mann, der sich versprochen hatte, Redeabsichten zuzuschreiben, von denen er nichts wußte und die er verleugnete? Wenn jemand von Erlebnissen nichts zu wissen glaubt, deren Erinnerung er doch in sich trägt, so ist es nicht mehr so unwahrscheinlich, daß er auch von anderen seelischen Vorgängen in seinem Innern nichts weiß. Dies Argument hätte uns gewiß Eindruck gemacht und uns im Verständnis der Fehlleistungen gefördert. Gewiß hätte ich mich schon damals darauf berufen können, aber ich sparte es auf bis zu einer anderen Stelle, an der es notwendiger wäre. Die Fehlleistungen haben sich zum Teil selbst aufgeklärt, zum anderen Teil hinterließen sie uns die Mahnung, dem Zusammenhang der Erscheinungen zuliebe die Existenz solcher seelischer Vorgänge, von denen man nichts weiß, doch anzunehmen. Beim Traum sind wir gezwungen, Erklärungen von anderswoher heranzuziehen, und überdies rechne ich damit, daß Sie hier eine Übertragung von der Hypnose her leichter zulassen werden. Der Zustand, in dem wir eine Fehlleistung vollziehen, muß Ihnen als der normale erscheinen, er hat mit dem hypnotischen keine Ähnlichkeit. Dagegen besteht eine deutliche Verwandtschaft zwischen dem hypnotischen Zustand und dem Schlafzustand, welcher die Bedingung des Träumens ist. Die Hypnose heißt ja ein künstlicher Schlaf; wir sagen der Person, die wir hypnotisieren: schlafen Sie, und die Suggestionen, die wir erteilen, sind den Träumen des natürlichen Schlafes vergleichbar. Die psychischen Situationen sind in beiden Fällen wirklich analoge. Im natürlichen Schlaf ziehen wir unser Interesse von der ganzen Außenwelt zurück, im hypnotischen wiederum von der ganzen Welt, aber mit Ausnahme der einen Person, die uns hypnotisiert hat, mit welcher wir im Rapport bleiben. Übrigens ist der sogenannte Ammenschlaf, bei dem die Amme im Rapport mit dem Kind bleibt und nur von diesem zu erwecken ist, ein normales Seitenstück zum hypnotischen. Die Übertragung eines Verhältnisses von der Hypnose auf den natürlichen Schlaf scheint also kein so kühnes Wagnis. Die Annahme, daß auch beim Träumer ein Wissen um seinen Traum vorhanden ist, das ihm nur unzugänglich ist, so daß er es selbst nicht glaubt, ist nicht völlig aus der Luft gegriffen. Merken wir uns übrigens, daß sich an dieser Stelle ein dritter Zugang zum Studium des Traumes eröffnet; von den schlafstörenden Reizen aus, von den Tagträumen und jetzt noch von den suggerierten Träumen des hypnotischen Zustandes.

Nun kehren wir vielleicht mit gesteigertem Zutrauen zu unserer Aufgabe zurück. Es ist also sehr wahrscheinlich, daß der Träumer um seinen Traum weiß; es handelt sich nur darum, ihm möglich zu machen, daß er sein Wissen auffindet und es uns mitteilt. Wir verlangen nicht, daß er uns sofort den Sinn seines Traumes sage, aber die Herkunft desselben, den Gedanken- und Interessenkreis, aus dem er stammt, wird er auffinden können. Im Falle der Fehlleistung, erinnern Sie sich, wurde er gefragt, wie er zu dem Fehlwort »Vorschwein« gekommen war, und sein nächster Einfall gab uns die Aufklärung. Unsere Technik beim Traume ist nun eine sehr einfache, diesem Beispiel nachgeahmte. Wir werden ihn wiederum fragen, wie er zu dem Traume gekommen ist, und seine nächste Aussage soll wieder als Aufklärung angesehen werden. Wir setzen uns also über den Unterschied, ob er etwas zu wissen glaubt oder nicht glaubt, hinaus und behandeln beide Fälle wie einen einzigen.
Diese Technik ist gewiß sehr einfach, aber ich fürchte, sie wird Ihre schärfste Opposition hervorrufen. Sie werden sagen: Eine neue Annahme, die dritte! Und die unwahrscheinlichste von allen! Wenn ich den Träumer frage, was ihm zum Traum einfällt, soll gerade sein nächster Einfall die gewünschte Aufklärung bringen? Aber es braucht ihm ja gar nichts einzufallen, oder es kann ihm Gott weiß was einfallen. Wir können nicht einsehen, worauf sich eine solche Erwartung

stützt. Das heißt wirklich zuviel Gottvertrauen zeigen an einer Stelle, wo etwas mehr Kritik besser passen würde. Überdies ist ja ein Traum nicht ein einzelnes Fehlwort, sondern besteht aus vielen Elementen. An welchen Einfall soll man sich da halten?

Sie haben in allem Nebensächlichen recht. Ein Traum unterscheidet sich von einem Versprechen auch in der Vielheit seiner Elemente. Dem muß die Technik Rechnung tragen. Ich schlage Ihnen also vor, daß wir den Traum in seine Elemente zerteilen und die Untersuchung für jedes Element gesondert anstellen; dann ist die Analogie mit dem Versprechen wieder hergestellt. Auch darin haben Sie recht, daß der zu den einzelnen Traumelementen Befragte antworten kann, es falle ihm nichts ein. Es gibt Fälle, in denen wir diese Antwort gelten lassen, und Sie werden später hören, welche [vgl. S. 159]. Es sind bemerkenswerterweise solche Fälle, in denen wir selbst bestimmte Einfälle haben können. Aber im allgemeinen werden wir dem Träumer, wenn er keinen Einfall zu haben behauptet, widersprechen, wir werden in ihn drängen, werden ihm versichern, daß er einen Einfall haben müsse und – werden recht bekommen. Er wird einen Einfall dazu bringen, irgendeinen, uns gleichgültig, welchen. Gewisse Auskünfte, die man historische nennen kann, wird er besonders leicht erteilen. Er wird sagen: Das ist etwas, was gestern vorgefallen ist (wie in den beiden uns bekannt gewordenen »nüchternen Träumen« [S. 113 f.]), oder: Das erinnert mich an etwas, was sich vor kurzer Zeit ereignet hat – und auf diese Art werden wir bemerken, daß die Anknüpfungen der Träume an Eindrücke der letzten Tage weit häufiger sind, als wir zuerst geglaubt haben. Endlich wird er sich auch vom Traum aus an fernerliegende, eventuell sogar an weit zurückliegende Begebenheiten erinnern.

In der Hauptsache aber haben Sie unrecht. Wenn Sie meinen, es sei willkürlich anzunehmen, daß der nächste Einfall des Träumers gerade das Gesuchte bringen oder zu ihm führen müsse, der Einfall könne vielmehr ganz beliebig und außer Zusammenhang mit dem Gesuchten sein, es sei nur eine Äußerung meines Gottvertrauens, wenn ich es anders erwarte, so irren Sie groß. Ich habe mir schon einmal [S. 70] die Freiheit genommen, Ihnen vorzuhalten, daß ein tief wurzelnder Glaube an psychische Freiheit und Willkürlichkeit in Ihnen steckt, der aber ganz unwissenschaftlich ist und vor der Anforderung eines auch das Seelenleben beherrschenden Determinismus die Segel streichen muß. Ich bitte Sie, es als eine Tatsache zu respektieren, daß dem Gefragten dies eingefallen ist und nichts anderes. Aber ich setze nicht dem einen Glauben einen anderen entgegen. Es läßt sich beweisen, daß der Einfall, den der Gefragte produziert, nicht willkürlich, nicht unbestimmbar ist, nicht außer Zusammenhang mit dem von uns Gesuchten steht. Ja, ich habe unlängst erfahren – ohne übrigens zuviel Wert darauf zu legen –, daß auch die experimentelle Psychologie solche Beweise vorgebracht hat.

Bei der Bedeutung des Gegenstandes bitte ich um Ihre besondere Aufmerksamkeit. Wenn ich jemand auffordere zu sagen, was ihm zu einem bestimmten Element des Traumes einfällt, so verlange ich von ihm, daß er sich der freien Assoziation *unter Festhaltung einer Ausgangsvorstellung* überlasse. Dies erfordert eine besondere Einstellung der Aufmerksamkeit, die ganz anders ist als beim Nachdenken und das Nachdenken ausschließt. Manche treffen eine solche Einstellung leicht; andere zeigen bei dem Versuch ein unglaublich hohes Maß von Ungeschicklichkeit. Es gibt nun einen höheren Grad von Freiheit der Assoziation, wenn ich nämlich auch diese Ausgangsvorstellung fallenlasse und etwa nur Art und Gattung des Einfalles festlege, z. B. bestimme, daß man sich einen Eigennamen oder eine Zahl frei einfallen lassen solle. Dieser Einfall müßte noch willkürlicher, noch unberechenbarer sein als der bei unserer Technik verwendete. Es läßt sich aber zeigen, daß er jedesmal strenge determiniert wird durch wichtige innere Einstellungen, die im Moment, da sie wirken, uns nicht bekannt sind, ebensowenig bekannt wie die störenden Tendenzen der Fehlleistungen und die provozierenden der Zufallshandlungen [S. 81].
Ich und viele andere nach mir haben wiederholt solche Untersuchungen für Namen und Zahlen, die man sich ohne jeden Anhalt einfallen läßt, angestellt, einige derselben auch veröffentlicht. Man verfährt dabei in der Weise, daß man zu dem aufgetauchten Namen fortlaufende Assoziationen weckt, die also nicht mehr ganz frei, sondern wie die Einfälle zu den Traumelementen einmal gebunden sind, und dies so lange, bis man den Antrieb dazu erschöpft findet. Dann hat man aber auch Motivierung und Bedeutung des freien Nameneinfalls aufgeklärt. Die Versuche ergeben immer wieder das nämliche, ihre Mitteilung erstreckt sich oft über reiches Material und macht weitläufige Ausführungen notwendig. Die Assoziationen der frei aufgetauchten Zahlen sind vielleicht die beweisendsten; sie laufen so schnell ab und gehen mit so unbegreiflicher Sicherheit auf ein verhülltes Ziel los, daß sie wirklich verblüffend wirken. Ich will Ihnen nur ein Beispiel einer solchen Namenanalyse mitteilen, weil es sich günstigerweise mit wenig Material erledigen läßt.

Im Laufe der Behandlung eines jungen Mannes komme ich auf dieses Thema zu sprechen und erwähne den Satz, daß man sich trotz der anscheinenden Willkür doch keinen Namen einfallen lassen kann, der sich nicht als enge bedingt durch die nächstliegenden Verhältnisse, die Eigentümlichkeiten der Versuchsperson und ihre momentane Situation erwiese. Da er zweifelt, schlage ich ihm vor, ohne Aufschub selbst einen solchen Versuch zu machen. Ich weiß, daß er besonders zahlreiche Beziehungen jeder Art zu Frauen und Mädchen unterhält, und meine darum, er werde eine besonders große Auswahl haben, wenn er sich gerade einen Frauennamen einfallen lasse. Er ist damit einverstanden. Zu meinem, oder vielleicht zu seinem Erstaunen, bricht aber jetzt keineswegs eine Lawine von Frauennamen über mich los, sondern er bleibt eine Weile stumm und gesteht dann, daß ihm ein einziger Name in den Sinn gekommen sei, kein anderer daneben: *Albine*. – Wie merkwürdig, aber was knüpft sich für Sie an diesen Namen? Wieviel Albinen kennen Sie? Sonderbar, er kannte keine Albine, und es fiel ihm zu diesem Namen auch weiter nichts ein. So konnte man annehmen, die Analyse sei mißlungen; aber nein, sie war nur bereits vollendet, es war kein weiterer Einfall erforderlich. Der Mann hatte selbst ungewöhnlich helle Farben, in den Gesprächen der Kur hatte ich ihn wiederholt scherzhaft einen *Albino* genannt; wir waren eben damit beschäftigt, den weiblichen Anteil an seiner Konstitution festzustellen. Er war also selbst diese Albine, das derzeit interessanteste Frauenzimmer.

Ebenso erweisen sich Melodien, die einem unvermittelt einfallen, als bedingt durch und zugehörig zu einem Gedankenzug, der ein Recht hat, einen zu beschäftigen, ohne daß man um diese Aktivität weiß. Es ist dann leicht zu zeigen, daß die Beziehung zur Melodie an deren Text oder an ihre Herkunft anknüpft; ich muß aber so vorsichtig sein, diese Behauptung nicht auf wirklich musikalische Menschen auszudehnen, über die ich zufällig keine Erfahrung habe. Bei solchen mag der musikalische Gehalt der Melodie für ihr Auftauchen maßgebend sein. Häufiger ist gewiß der erstere Fall. So weiß ich von einem jungen Manne, der von der allerdings reizenden Melodie des Parisliedes aus der *Schönen Helena* [von Offenbach] eine Zeitlang geradezu verfolgt wurde, bis ihn die Analyse auf die derzeitige Konkurrenz einer »Ida« mit einer »Helene« in seinem Interesse aufmerksam machte [1].

Wenn also die ganz frei auftauchenden Einfälle in solcher Weise be-

[1] [Paris, der Entführer der Helena, war vordem ein Hirte auf dem Berge Ida, wo er von drei sich miteinander messenden Göttinnen die schönste auswählte.]

dingt und in einen bestimmten Zusammenhang eingeordnet sind, so werden wir wohl mit Recht schließen, daß Einfälle mit einer einzigen Gebundenheit, der an eine Ausgangsvorstellung, nicht minder bedingt sein können. Die Untersuchung zeigt wirklich, daß sie außer der Gebundenheit, die wir ihnen durch die Ausgangsvorstellung mitgegeben haben, eine zweite Abhängigkeit von affektmächtigen Gedanken- und Interessenkreisen, *Komplexen*, erkennen lassen, deren Mitwirkung im Moment nicht bekannt, also unbewußt ist.
Einfälle von solcher Gebundenheit sind Gegenstand sehr lehrreicher experimenteller Untersuchungen gewesen, die in der Geschichte der Psychoanalyse eine bemerkenswerte Rolle gespielt haben. Die Wundtsche Schule hatte das sogenannte Assoziationsexperiment angegeben, bei welchem der Versuchsperson der Auftrag erteilt wird, auf ein ihr zugerufenes *Reizwort* möglichst rasch mit einer beliebigen *Reaktion* zu antworten. Man kann dann das Intervall studieren, das zwischen Reiz und Reaktion verläuft, die Natur der als Reaktion gegebenen Antwort, den etwaigen Irrtum bei einer späteren Wiederholung desselben Versuches und ähnliches. Die Züricher Schule unter der Führung von Bleuler und Jung hat die Erklärung der beim Assoziationsexperiment erfolgenden Reaktionen gegeben, indem sie die Versuchsperson aufforderte, die von ihr erhaltenen Reaktionen durch nachträgliche Assoziationen zu erläutern, wenn sie etwas Auffälliges an sich trugen. Es stellte sich dann heraus, daß diese auffälligen Reaktionen in der schärfsten Weise durch die Komplexe der Versuchsperson determiniert waren. Bleuler und Jung hatten damit die erste Brücke von der Experimentalpsychologie zur Psychoanalyse geschlagen.

In solcher Weise belehrt, werden Sie sagen können: Wir anerkennen jetzt, daß freie Einfälle determiniert sind, nicht willkürlich, wie wir geglaubt haben. Wir geben dies auch für die Einfälle zu den Elementen des Traumes zu. Aber das ist es ja nicht, worauf es uns ankommt. Sie behaupten ja, daß der Einfall zum Traumelement durch den uns nicht bekannten psychischen Hintergrund eben dieses Elements determiniert sein wird. Das scheint uns nicht erwiesen. Wir erwarten schon, daß sich der Einfall zum Traumelement durch einen der Komplexe des Träumers bestimmt zeigen wird, aber was nützt uns das? Das führt uns nicht zum Verständnis des Traumes, sondern wie das Assoziationsexperiment zur Kenntnis dieser sogenannten Komplexe. Was haben diese aber mit dem Traum zu tun?

Sie haben recht, aber Sie übersehen ein Moment. Übrigens gerade jenes, wegen dessen ich das Assoziationsexperiment nicht zum Ausgangspunkt für diese Darstellung gewählt habe. Bei diesem Experiment wird die eine Determinante der Reaktion, nämlich das Reizwort, von uns willkürlich gewählt. Die Reaktion ist dann eine Vermittlung zwischen diesem Reizwort und dem eben geweckten Komplex der Versuchsperson. Beim Traum ist das Reizwort ersetzt durch etwas, was selbst aus dem Seelenleben des Träumers, aus ihm unbekannten Quellen, stammt, also sehr leicht selbst ein »Komplexabkömmling« sein könnte. Es ist darum die Erwartung nicht gerade phantastisch, daß auch die an die Traumelemente angeknüpften weiteren Einfälle durch keinen anderen Komplex als den des Elements selbst bestimmt sein und auch zu dessen Aufdeckung führen werden.

Lassen Sie mich an einem anderen Falle zeigen, daß es tatsächlich so ist, wie wir es für unseren Fall erwarten. Das Entfallen von Eigennamen ist eigentlich ein ausgezeichnetes Vorbild für den Fall der Traumanalyse; nur ist hier in einer Person beisammen, was bei der Traumdeutung auf zwei Personen verteilt ist. Wenn ich einen Namen zeitweilig vergessen habe, so habe ich doch die Sicherheit in mir, daß ich den Namen weiß; jene Sicherheit, die wir uns für den Träumer erst auf dem Umwege über das Bernheimsche Experiment [S. 118 f.] aneignen konnten. Der vergessene und doch gewußte Name ist mir aber nicht zugänglich. Nachdenken, wenn auch noch so angestrengtes, hilft dabei nichts, das sagt mir bald die Erfahrung. Ich kann mir aber jedesmal an Stelle des vergessenen Namens einen oder mehrere Ersatznamen einfallen lassen. Wenn mir ein solcher Ersatzname spontan eingefallen ist, dann wird erst die Übereinstimmung dieser Situation mit der der Traumanalyse evident. Das Traumelement ist ja auch nicht das Richtige, nur ein Ersatz für etwas anderes, für das Eigentliche, das ich nicht kenne und durch die Traumanalyse auffinden soll. Der Unterschied liegt wiederum nur darin, daß ich beim Namenvergessen den Ersatz unbedenklich als das Uneigentliche erkenne, während wir diese Auffassung für das Traumelement erst mühselig erwerben mußten. Nun gibt es auch beim Namenvergessen einen Weg, vom Ersatz zum unbewußten Eigentlichen, zum vergessenen Namen zu kommen. Wenn ich meine Aufmerksamkeit auf diese Ersatznamen richte und weitere Einfälle zu ihnen kommen lasse, so gelange ich nach kürzeren oder längeren Umwegen zum vergessenen Namen und finde dabei, daß die spontanen Ersatznamen wie die von mir hervorgerufenen mit dem vergessenen in Beziehung standen, durch ihn determiniert waren.

Ich will Ihnen eine Analyse dieser Art vorführen: Eines Tages bemerke ich, daß ich über den Namen jenes Ländchens an der Riviera, dessen Hauptort Monte Carlo ist, nicht verfüge. Es ist zu ärgerlich, aber es ist so. Ich versenke mich in all mein Wissen um dieses Land, denke an den Fürsten Albert aus dem Hause Lusignan, an seine Ehen, seine Vorliebe für Tiefseeforschungen und was ich sonst zusammentragen kann, aber es hilft mir nichts. Ich gebe also das Nachdenken auf und lasse mir an Stelle des verlorenen Ersatznamen einfallen. Sie kommen rasch. *Monte Carlo* selbst, dann *Piemont, Albanien, Montevideo, Colico.* Albanien fällt mir in dieser Reihe zuerst auf, es ersetzt sich alsbald durch *Montenegro,* wohl nach dem Gegensatze von Weiß und Schwarz. Dann sehe ich, daß vier dieser Ersatznamen die nämliche Silbe *mon* enthalten; ich habe plötzlich das vergessene Wort und rufe laut: *Monaco.* Die Ersatznamen sind also wirklich vom vergessenen ausgegangen, die vier ersten von der ersten Silbe, der letzte bringt die Silbenfolge und die ganze Endsilbe wieder. Nebenbei kann ich auch leicht finden, was mir den Namen für eine Zeit weggenommen hat. Monaco gehört auch zu *München* als dessen italienischer Name; diese Stadt hat den hemmenden Einfluß ausgeübt.

Das Beispiel ist gewiß schön, aber zu einfach. In anderen Fällen müßte man zu den ersten Ersatznamen eine größere Reihe von Einfällen nehmen, dann wäre die Analogie mit der Traumanalyse deutlicher. Ich habe auch solche Erfahrungen gemacht. Als mich einmal ein Fremder einlud, italienischen Wein mit ihm zu trinken, ergab es sich im Wirtshause, daß er den Namen jenes Weines vergessen hatte, den er, weil er ihm im besten Gedenken geblieben war, zu bestellen beabsichtigte. Aus einer Fülle von disparaten Ersatzeinfällen, die dem Anderen an Stelle des vergessenen Namens kamen, konnte ich den Schluß ziehen, daß die Rücksicht auf irgendeine Hedwig ihm den Namen des Weines weggenommen hatte, und wirklich bestätigte er nicht nur, daß er diesen Wein zuerst in Gesellschaft einer Hedwig verkostet, sondern fand auch durch diese Aufdeckung seinen Namen wieder. Er war zu der Zeit glücklich verheiratet, und jene Hedwig gehörte früheren, nicht gerne erinnerten Zeiten an.

Was beim Namenvergessen möglich ist, muß auch in der Traumdeutung gelingen können, vom Ersatz aus durch anknüpfende Assoziationen das verhaltene Eigentliche zugänglich zu machen. Von den Assoziationen zum Traumelement dürfen wir nach dem Beispiel des Namenvergessens annehmen, daß sie sowohl durch das Traumelement als durch das unbewußte Eigentliche desselben determiniert sein werden. Somit hätten wir einiges zur Rechtfertigung unserer Technik vorgebracht.

7. VORLESUNG

MANIFESTER TRAUMINHALT UND LATENTE TRAUMGEDANKEN

Meine Damen und Herren! Sie sehen, wir haben die Fehlleistungen nicht ohne Nutzen studiert. Dank diesen Bemühungen haben wir – unter den Ihnen bekannten Voraussetzungen[1] – zweierlei erworben, eine Auffassung des Traumelements und eine Technik der Traumdeutung. Die Auffassung des Traumelements geht dahin, es sei ein Uneigentliches [S. 125], ein Ersatz für etwas anderes, dem Träumer Unbekanntes, ähnlich wie die Tendenz der Fehlleistung, ein Ersatz für etwas, wovon das Wissen im Träumer vorhanden, aber ihm unzugänglich ist. Wir hoffen, dieselbe Auffassung auf den ganzen Traum, der aus solchen Elementen besteht, übertragen zu können. Unsere Technik besteht darin, durch freie Assoziation zu diesen Elementen andere Ersatzbildungen auftauchen zu lassen, aus denen wir das Verborgene erraten können.

Ich schlage Ihnen jetzt vor, eine Abänderung unserer Nomenklatur eintreten zu lassen, die unsere Beweglichkeit erleichtern soll. Anstatt verborgen, unzugänglich, uneigentlich[2] sagen wir, indem wir die richtige Beschreibung geben, dem Bewußtsein des Träumers unzugänglich oder *unbewußt*[3]. Wir meinen damit nichts anderes, als was Ihnen die Beziehung auf das entfallene Wort oder auf die störende Tendenz der Fehlleistung vorhalten kann, nämlich *derzeit unbewußt*. Natürlich dürfen wir im Gegensatz hierzu die Traumelemente selbst und die durch Assoziation neu gewonnenen Ersatzvorstellungen *bewußte* heißen. Irgendeine theoretische Konstruktion ist mit dieser Namengebung noch nicht verbunden. Der Gebrauch des Wortes »unbewußt« als einer zutreffenden und leicht verständlichen Beschreibung ist tadellos.

Übertragen wir unsere Auffassung vom einzelnen Element auf den ganzen Traum, so ergibt sich also, daß der Traum als Ganzes der entstellte Ersatz für etwas anderes, Unbewußtes, ist, und als die Aufgabe der Traumdeutung, dieses Unbewußte zu finden. Daraus leiten sich

---

1 [S. S. 116 und S. 117.]

2 [»Uneigentlich« in allen bisherigen deutschen Ausgaben; dem Sinne nach müßte es wohl »eigentlich« heißen, vgl. z. B. S. 125 und S. 129.]

3 [Vgl. die 1. Vorlesung, S. 47; die Erörterung wird in der 13. Vorlesung, S. 215 f., weitergeführt.]

aber sofort drei wichtige Regeln ab, die wir während der Arbeit an der Traumdeutung befolgen sollen:
1) Man kümmere sich nicht um das, was der Traum zu besagen scheint, sei er verständig oder absurd, klar oder verworren, da es doch auf keinen Fall das von uns gesuchte Unbewußte ist (eine naheliegende Einschränkung dieser Regel wird sich uns [S. 139] aufdrängen); 2) man beschränke die Arbeit darauf, zu jedem Element die Ersatzvorstellungen zu erwecken, denke nicht über sie nach, prüfe sie nicht, ob sie etwas Passendes enthalten, kümmere sich nicht darum, wie weit sie vom Traumelement abführen; 3) man warte ab, bis sich das verborgene, gesuchte Unbewußte von selbst einstellt, genau so wie das entfallene Wort Monaco bei dem beschriebenen Versuch [S. 126].
Wir verstehen jetzt auch, inwiefern es gleichgültig ist, wie viel, wie wenig, vor allem aber wie getreu oder wie unsicher man den Traum erinnert. Der erinnerte Traum ist ja doch nicht das Eigentliche, sondern ein entstellter Ersatz dafür, der uns dazu verhelfen soll, durch Erweckung von anderen Ersatzbildungen dem Eigentlichen näherzukommen, das Unbewußte des Traumes bewußtzumachen. War also unsere Erinnerung ungetreu, so hat sie einfach an diesem Ersatz eine weitere Entstellung vorgenommen, die übrigens auch nicht unmotiviert sein kann.
Man kann die Deutungsarbeit an eigenen Träumen wie an denen anderer vollziehen. An eigenen lernt man sogar mehr, der Vorgang fällt beweisender aus. Versucht man dies also, so bemerkt man, daß etwas sich der Arbeit widersetzt. Man bekommt zwar Einfälle, läßt sie aber nicht alle gewähren. Es machen sich prüfende und auswählende Einflüsse geltend. Bei dem einen Einfall sagt man sich: Nein, das paßt nicht dazu, gehört nicht hierher, bei einem anderen: das ist zu unsinnig, bei einem dritten: das ist ganz nebensächlich, und man kann ferner beobachten, wie man mit solchen Einwendungen die Einfälle, noch ehe sie ganz klar geworden sind, erstickt und endlich auch vertreibt. Also einerseits hängt man sich zu sehr an die Ausgangsvorstellung, ans Traumelement selbst, anderseits stört man durch eine Auswahl das Ergebnis der freien Assoziation. Ist man bei der Traumdeutung nicht allein, läßt man seinen Traum von einem anderen deuten, so wird man sehr deutlich noch ein anderes Motiv bemerken, welches man für diese unerlaubte Auswahl verwendet. Man sagt sich dann gelegentlich: Nein, dieser Einfall ist zu unangenehm, den will oder kann ich nicht mitteilen.
Diese Einwendungen drohen offenbar den Erfolg unserer Arbeit zu

stören. Man muß sich gegen sie schützen, und man tut dies bei der eigenen Person durch den festen Vorsatz, ihnen nicht nachzugeben; wenn man den Traum eines anderen deutet, indem man ihm als unverbrüchliche Regel angibt, er dürfe keinen Einfall von der Mitteilung ausschließen, auch wenn sich eine der vier Einwendungen gegen ihn erhebe, er sei zu unwichtig, zu unsinnig, gehöre nicht hierher oder er sei zu peinlich für die Mitteilung[1]. Er verspricht, diese Regel zu befolgen, und man darf sich dann darüber ärgern, wie schlecht er vorkommendenfalls dies Versprechen hält. Man wird sich dafür zuerst die Erklärung geben, daß ihm trotz der autoritativen Versicherung die Berechtigung der freien Assoziation nicht eingeleuchtet hat, und wird vielleicht daran denken, ihn zuerst theoretisch zu gewinnen, indem man ihm Schriften zu lesen gibt oder ihn in Vorlesungen schickt, durch welche er zum Anhänger unserer Anschauungen über die freie Assoziation umgewandelt werden kann. Aber von solchen Mißgriffen wird man durch die Beobachtung abgehalten, daß bei der eigenen Person, deren Überzeugung man doch sicher sein darf, die nämlichen kritischen Einwendungen gegen gewisse Einfälle auftauchen, die erst nachträglich, gewissermaßen in zweiter Instanz, beseitigt werden.

Anstatt sich über den Ungehorsam des Träumers zu ärgern, kann man diese Erfahrungen verwerten, um etwas Neues aus ihnen zu lernen, etwas, was umso wichtiger ist, je weniger man darauf vorbereitet war. Man versteht, die Arbeit der Traumdeutung vollzieht sich gegen einen *Widerstand*, der ihr entgegengesetzt wird und dessen Äußerungen jene kritischen Einwendungen sind[2]. Dieser Widerstand ist unabhängig von der theoretischen Überzeugung des Träumers. Ja, man lernt noch mehr. Man macht die Erfahrung, daß eine solche kritische Einwendung niemals recht behält. Im Gegenteile, die Einfälle, die man so unterdrücken möchte, erweisen sich *ausnahmslos* als die wichtigsten, für das Auffinden des Unbewußten entscheidenden. Es ist geradezu eine Auszeichnung, wenn ein Einfall von einer solchen Einwendung begleitet wird.

Dieser Widerstand ist etwas völlig Neues, ein Phänomen, welches wir auf Grund unserer Voraussetzungen gefunden haben [S. 117 f.], ohne daß es in diesen enthalten gewesen wäre. Wir sind von diesem neuen Faktor in unserer Rechnung nicht gerade angenehm überrascht. Wir ahnen schon, er wird unsere Arbeit nicht erleichtern. Er könnte uns

---

[1] [In der 19. Vorlesung, S. 286, kommt Freud noch einmal auf diese technische Grundregel der Analyse zurück.]

[2] [Mit dem »Widerstand« beschäftigt Freud sich ausführlich in der 19. Vorlesung.]

dazu verführen, die ganze Bemühung um den Traum stehenzulassen. Etwas so Unwichtiges wie der Traum und dazu solche Schwierigkeiten anstatt einer glatten Technik! Aber anderseits könnten uns gerade diese Schwierigkeiten reizen und vermuten lassen, daß die Arbeit der Mühe wert sein wird. Wir stoßen regelmäßig auf Widerstände, wenn wir vom Ersatz, den das Traumelement bedeutet, zu seinem versteckten Unbewußten vordringen wollen. Also dürfen wir denken, es muß hinter dem Ersatz etwas Bedeutsames versteckt sein. Wozu sonst die Schwierigkeiten, die das Verbergen aufrechterhalten wollen? Wenn ein Kind die geballte Hand nicht aufmachen will, um zu zeigen, was es in ihr hat, dann ist es gewiß etwas Unrechtes, was es nicht haben soll.

Im Augenblick, da wir die dynamische Vorstellung eines Widerstandes in unseren Sachverhalt einführen, müssen wir auch daran denken, daß dieses Moment etwas quantitativ Variables ist. Es kann größere und kleinere Widerstände geben, und wir sind darauf vorbereitet, daß sich diese Unterschiede auch während unserer Arbeit zeigen werden. Vielleicht bringen wir damit eine andere Erfahrung zusammen, die wir auch bei der Arbeit der Traumdeutung machen. Es bedarf nämlich manchmal nur eines einzigen oder einiger weniger Einfälle, um uns vom Traumelement zu seinem Unbewußten zu bringen, während andere Male lange Ketten von Assoziationen und die Überwindung vieler kritischer Einwendungen dazu erfordert wird.

Wir werden uns sagen, diese Verschiedenheiten hängen mit den wechselnden Größen des Widerstandes zusammen, und werden wahrscheinlich recht behalten. Wenn der Widerstand gering ist, so ist auch der Ersatz vom Unbewußten nicht weit entfernt; ein großer Widerstand bringt aber große Entstellungen des Unbewußten und damit einen langen Rückzug vom Ersatz zum Unbewußten mit sich.

Jetzt wäre es vielleicht an der Zeit, einen Traum herzunehmen und unsere Technik an ihm zu versuchen, ob sich unsere an sie geknüpften Erwartungen bestätigen. Ja, aber welchen Traum sollen wir dazu wählen? Sie glauben nicht, wie schwer mir diese Entscheidung fällt, und ich kann Ihnen auch noch nicht begreiflich machen, worin die Schwierigkeiten liegen. Es muß offenbar Träume geben, die im ganzen wenig Entstellung erfahren haben, und es wäre das beste, mit solchen anzufangen. Aber welche Träume sind die am wenigsten entstellten? Die verständigen und nicht verworrenen, von denen ich Ihnen bereits zwei Beispiele vorgelegt habe [S. 113 f.]? Da würden wir sehr irregehen. Die

Untersuchung zeigt, daß diese Träume einen außerordentlich hohen Grad von Entstellung erfahren haben. Wenn ich aber unter Verzicht auf eine besondere Bedingung einen beliebigen Traum herausgreife, so werden Sie wahrscheinlich sehr enttäuscht werden. Es kann sein, daß wir eine solche Fülle von Einfällen zu den einzelnen Traumelementen zu merken oder zu verzeichnen haben, daß die Arbeit vollkommen unübersichtlich wird. Schreiben wir uns den Traum nieder und halten die Niederschrift aller dazu sich ergebenden Einfälle dagegen, so können diese leicht ein Vielfaches des Traumtextes ausmachen. Am zweckmäßigsten schiene es also, mehrere kurze Träume zur Analyse auszusuchen, von denen jeder uns wenigstens etwas sagen oder bestätigen kann. Dazu werden wir uns auch entschließen, wenn die Erfahrung uns nicht etwa anzeigen sollte, wo wir die wenig entstellten Träume wirklich finden können [1].

Ich weiß aber noch eine andere Erleichterung, die überdies auf unserem Wege liegt. Anstatt die Deutung ganzer Träume in Angriff zu nehmen, wollen wir uns auf einzelne Traumelemente beschränken und an einer Reihe von Beispielen verfolgen, wie diese durch die Anwendung unserer Technik Aufklärung finden.

a) Eine Dame erzählt, sie habe als Kind sehr oft geträumt, *der liebe Gott habe einen spitzen Papierhut auf dem Kopf*. Wie wollen Sie das ohne die Hilfe der Träumerin verstehen? Es klingt ja ganz unsinnig. Es ist nicht mehr unsinnig, wenn uns die Dame berichtet, daß man ihr als Kind bei Tische einen solchen Hut aufzusetzen pflegte, weil sie es nicht unterlassen konnte, auf die Teller der Geschwister zu schielen, ob eines von ihnen mehr bekommen habe als sie. Der Hut sollte also wie ein Scheuleder wirken. Übrigens eine historische Auskunft und ohne jede Schwierigkeit gegeben. Die Deutung dieses Elements und damit des ganzen kurzen Traumes ergibt sich leicht mit Hilfe eines weiteren Einfalls der Träumerin. »Da ich gehört hatte, der liebe Gott sei allwissend und sehe alles«, sagt sie, »so kann der Traum nur bedeuten, daß ich alles weiß und alles sehe wie der liebe Gott, auch wenn man mich daran hindern will.« Dieses Beispiel ist vielleicht zu einfach.

b) Eine skeptische Patientin hat einen längeren Traum, in dem es vorkommt, daß ihr gewisse Personen von meinem Buch über den »Witz«

---

[1] [S. die folgende Vorlesung.]

[1905 *c*] erzählen und es sehr loben. Dann wird etwas erwähnt von einem *»Kanal«, vielleicht ein anderes Buch, in dem Kanal vorkommt, oder sonst etwas mit Kanal ... sie weiß es nicht ... es ist ganz unklar.* Nun werden Sie gewiß zu glauben geneigt sein, daß das Element »Kanal« sich der Deutung entziehen wird, weil es selbst so unbestimmt ist. Sie haben mit der vermuteten Schwierigkeit recht, aber es ist nicht darum schwer, weil es undeutlich ist, sondern es ist undeutlich aus einem anderen Grund, demselben, der auch die Deutung schwer macht. Der Träumerin fällt zu Kanal nichts ein; ich weiß natürlich auch nichts zu sagen. Eine Weile später, in Wahrheit am nächsten Tage, erzählt sie, es sei ihr eingefallen, was *vielleicht* dazugehört. Auch ein Witz nämlich, den sie erzählen gehört hat. Auf einem Schiff zwischen Dover und Calais unterhält sich ein bekannter Schriftsteller mit einem Engländer, welcher in einem gewissen Zusammenhange den Satz zitiert: *Du sublime au ridicule il n'y a qu'un pas.* Der Schriftsteller antwortet: *Oui, le pas de Calais,* – womit er sagen will, daß er Frankreich großartig und England lächerlich findet. Der *Pas de Calais* ist aber doch ein Kanal, der Ärmelkanal nämlich, *Canal la manche.* Ob ich meine, daß dieser Einfall etwas mit dem Traum zu tun hat? Gewiß, meine ich, er gibt wirklich die Lösung des rätselhaften Traumelements. Oder wollen Sie bezweifeln, daß dieser Witz bereits vor dem Traum als das Unbewußte des Elements »Kanal« vorhanden war, können Sie annehmen, daß er nachträglich hinzugefunden wurde? Der Einfall bezeugt nämlich die Skepsis, die sich bei ihr hinter aufdringlicher Bewunderung verbirgt, und der Widerstand ist wohl der gemeinsame Grund für beides, sowohl, daß ihr der Einfall so zögernd gekommen, als auch dafür, daß das entsprechende Traumelement so unbestimmt ausgefallen ist. Blicken Sie hier auf das Verhältnis des Traumelements zu seinem Unbewußten. Es ist wie ein Stückchen dieses Unbewußten, wie eine Anspielung darauf; durch seine Isolierung ist es ganz unverständlich geworden.

c) Ein Patient träumt in längerem Zusammenhange: *Um einen Tisch von besonderer Form sitzen mehrere Mitglieder seiner Familie* usw. Zu diesem Tisch fällt ihm ein, daß er ein solches Möbelstück bei einem Besuch bei einer bestimmten Familie gesehen hat. Dann setzen sich seine Gedanken fort: In dieser Familie hat es ein besonderes Verhältnis zwischen Vater und Sohn gegeben, und bald setzt er hinzu, daß es eigentlich zwischen ihm und seinem Vater ebenso steht. Der Tisch ist also in den Traum aufgenommen, um diese Parallele zu bezeichnen.

Dieser Träumer war mit den Anforderungen der Traumdeutung längst vertraut. Ein anderer hätte vielleicht Anstoß daran genommen, daß ein so geringfügiges Detail wie die Form eines Tisches zum Objekt der Nachforschung genommen wird. Wir erklären wirklich nichts im Traum für zufällig oder gleichgültig und erwarten uns Aufschluß gerade von der Aufklärung so geringfügiger unmotivierter Details. Sie werden sich vielleicht noch darüber verwundern, daß die Traumarbeit den Gedanken »bei uns geht es ebenso zu wie bei denen« gerade durch die Auswahl des Tisches zum Ausdruck bringt. Aber auch das erklärt sich, wenn Sie hören, daß die betreffende Familie den Namen: *Tischler* trägt. Indem der Träumer seine Angehörigen an diesem Tisch Platz nehmen läßt, sagt er, sie seien auch Tischler. Bemerken Sie übrigens, wie man notgedrungen bei der Mitteilung solcher Traumdeutungen indiskret werden muß. Sie haben damit eine der Ihnen angedeuteten Schwierigkeiten in der Auswahl von Beispielen erraten. Ich hätte dieses Beispiel leicht durch ein anderes ersetzen können, aber wahrscheinlich hätte ich diese Indiskretion nur um den Preis vermieden, daß ich an ihrer Statt eine andere begehe.

Es scheint mir an der Zeit, zwei Termini einzuführen, die wir längst hätten verwenden können. Wir wollen das, was der Traum erzählt, den *manifesten Trauminhalt* nennen, das Verborgene, zu dem wir durch die Verfolgung der Einfälle kommen sollen, die *latenten Traumgedanken*. Wir achten dann auf die Beziehungen zwischen manifestem Trauminhalt und latenten Traumgedanken, wie sie sich in diesen Beispielen zeigen. Es können sehr verschiedene solche Beziehungen bestehen. In den Beispielen a) und b) ist das manifeste Element auch ein Bestandteil der latenten Gedanken, aber nur ein kleines Stück davon. Von einem großen zusammengesetzten psychischen Gebilde in den unbewußten Traumgedanken ist ein Stückchen auch in den manifesten Traum gelangt, wie ein Fragment davon oder in anderen Fällen wie eine Anspielung darauf, wie ein Stichwort, eine Verkürzung im Telegraphenstil. Die Deutungsarbeit hat diesen Brocken oder diese Andeutung zum Ganzen zu vervollständigen, wie es besonders schön im Beispiel b) gelungen ist. Die eine Art der Entstellung, in welcher die Traumarbeit besteht, ist also der Ersatz durch ein Bruchstück oder eine Anspielung. In c) ist überdies ein anderes Verhältnis zu erkennen, welches wir in den nachfolgenden Beispielen reiner und deutlicher ausgedrückt sehen.

d) Der Träumer *zieht eine* (bestimmte, ihm bekannte) *Dame hinter dem Bett hervor.* Er findet selbst durch den ersten Einfall den Sinn dieses Traumelements. Es heißt: er gibt dieser Dame den *Vorzug*.

e) Ein anderer träumt, *sein Bruder stecke in einem Kasten.* Der erste Einfall ersetzt Kasten durch *Schrank,* und der zweite gibt darauf die Deutung: der Bruder *schränkt sich ein.*

f) Der Träumer *steigt auf einen Berg, von dem er eine außerordentliche, weite Aussicht hat.* Das klingt ja ganz rationell, es ist vielleicht nichts zu deuten daran, sondern nur zu erkunden, an welche Reminiszenz der Traum rührt und aus welchem Motiv sie hier geweckt wurde. Allein Sie irren; es zeigt sich, daß dieser Traum gerade so deutungsbedürftig war wie irgendein anderer, verworrener. Dem Träumer fällt dazu nämlich nichts von eigenen Bergbesteigungen ein, sondern er gedenkt des Umstandes, daß ein Bekannter von ihm eine *»Rundschau«* herausgibt, die sich mit unseren Beziehungen zu den fernsten Erdteilen beschäftigt. Der latente Traumgedanke ist also hier eine Identifizierung des Träumers mit dem »Rundschauer«.

Sie finden hier einen neuen Typus der Beziehung zwischen manifestem und latentem Traumelement. Das erstere ist nicht so sehr eine Entstellung des letzteren als eine Darstellung desselben, eine plastische, konkrete Verbildlichung, die ihren Ausgang vom Wortlaute nimmt. Allerdings gerade dadurch wieder eine Entstellung, denn wir haben beim Wort längst vergessen, aus welchem konkreten Bild es hervorgegangen ist, und erkennen es darum in seiner Ersetzung durch das Bild nicht wieder. Wenn Sie daran denken, daß der manifeste Traum vorwiegend aus visuellen Bildern, seltener aus Gedanken und Worten besteht, können Sie erraten, daß dieser Art der Beziehung eine besondere Bedeutung für die Traumbildung zukommt. Sie sehen auch, daß es auf diesem Wege möglich wird, für eine große Reihe abstrakter Gedanken Ersatzbilder im manifesten Traum zu schaffen, die doch der Absicht des Verbergens dienen. Es ist dies die Technik unseres Bilderrätsels. Woher der Anschein des Witzigen kommt, den solche Darstellungen an sich tragen, das ist eine besondere Frage, die wir hier nicht zu berühren brauchen[1].

---

[1] [S. S. 237 f.]

Eine vierte Art der Beziehung zwischen manifestem und latentem Element muß ich Ihnen noch verschweigen, bis ihr Stichwort in der Technik gefallen ist[1]. Ich werde Ihnen auch dann keine vollständige Aufzählung gegeben haben, aber es reicht so für unsere Zwecke aus.
Haben Sie nun den Mut, die Deutung eines ganzen Traumes zu wagen? Machen wir den Versuch, ob wir für diese Aufgabe gut genug ausgerüstet sind. Ich werde natürlich keinen der dunkelsten wählen, aber doch einen, der die Eigenschaften eines Traumes in guter Ausprägung zeigt[2].

Also eine junge, aber schon seit vielen Jahren verheiratete Dame träumt: *Sie sitzt mit ihrem Manne im Theater, eine Seite des Parketts ist ganz unbesetzt. Ihr Mann erzählt ihr, Elise L. und ihr Bräutigam hätten auch gehen wollen, hätten aber nur schlechte Sitze bekommen, 3 für 1 fl. 50 kr., und die konnten sie ja nicht nehmen. Sie meint, es wäre auch kein Unglück gewesen.*
Das erste, was uns die Träumerin berichtet, ist, daß der Anlaß zum Traum im manifesten Inhalt desselben berührt wird. Ihr Mann hatte ihr wirklich erzählt, daß Elise L., eine ungefähr gleichaltrige Bekannte, sich jetzt verlobt hat. Der Traum ist die Reaktion auf diese Mitteilung. Wir wissen bereits [S. 121], daß es für viele Träume leicht wird, einen solchen Anlaß vom Vortag für sie nachzuweisen, und daß diese Herleitungen vom Träumer oft ohne Schwierigkeiten angegeben werden. Auskünfte derselben Art stellt uns die Träumerin auch für andere Elemente des manifesten Traumes zur Verfügung. Woher das Detail, daß eine Seite des Parketts unbesetzt ist? Es ist eine Anspielung auf eine reale Begebenheit der vorigen Woche. Sie hatte sich vorgenommen, in eine gewisse Theatervorstellung zu gehen, und darum *frühzeitig* Karten genommen, so früh, daß sie Vorverkaufsgebühr zahlen mußte. Als sie ins Theater kamen, zeigte es sich, wie überflüssig ihre Sorge gewesen war, denn *eine Seite des Parketts war fast leer*. Es wäre Zeit gewesen, wenn sie die Karten am Tage der Vorstellung selbst gekauft hätte. Ihr Mann unterließ es auch nicht, sie wegen dieser *Voreiligkeit* zu necken. – Woher die 1 fl. 50 kr.? Aus einem ganz anderen Zusammenhange, der mit dem vorigen nichts zu tun hat, aber gleichfalls auf eine Nachricht vom letzten Tage anspielt. Ihre Schwägerin hatte von ihrem Mann die Summe von 150 fl. zum Geschenk bekommen und hatte nichts Eiligeres

[1] [S. S. 160.]
[2] [Der hier folgende Traum wird in den Vorlesungen mehrmals erörtert: S. 151, S. 185, S. 223 f. und S. 227 f.]

zu tun, die dumme Gans, als zum Juwelier zu laufen und das Geld gegen ein Schmuckstück einzutauschen. – Woher die 3? Dazu weiß sie nichts, wenn man nicht etwa den Einfall gelten lassen will, daß die Braut, Elise L., nur um 3 Monate jünger ist als sie, die seit fast zehn Jahren verheiratete Frau. Und der Unsinn, daß man drei Karten nimmt, wenn man nur zu zweien ist? Dazu sagt sie nichts, verweigert überhaupt alle weiteren Einfälle und Auskünfte.

Sie hat uns aber doch soviel Material in ihren wenigen Einfällen zugetragen, daß daraus das Erraten der latenten Traumgedanken möglich wird. Es muß auffallen, daß in ihren Mitteilungen zum Traum an mehreren Stellen Zeitbestimmungen hervortreten, die eine Gemeinsamkeit zwischen verschiedenen Partien des Materials begründen. Sie hat die Eintrittskarten ins Theater *zu früh* besorgt, *voreilig* genommen, so daß sie überzahlen mußte; die Schwägerin hat sich in ähnlicher Weise *beeilt*, ihr Geld zum Juwelier zu tragen, um sich einen Schmuck dafür zu kaufen, als ob sie es *versäumen* würde. Nehmen wir zu dem so betonten »zu früh«, »voreilig« die Veranlassung des Traumes hinzu, die Nachricht, daß die nur um 3 Monate *jüngere* Freundin jetzt doch einen tüchtigen Mann bekommen hat, und die in dem Schimpf auf die Schwägerin ausgedrückte Kritik: es sei *unsinnig*, sich so zu übereilen, so tritt uns wie spontan folgende Konstruktion der latenten Traumgedanken entgegen, für welche der manifeste Traum ein arg entstellter Ersatz ist:

»Es war doch ein *Unsinn* von mir, mich mit der Heirat so zu beeilen! An dem Beispiel der Elise sehe ich, daß ich auch noch später einen Mann bekommen hätte.« (Die Übereilung dargestellt durch ihr Benehmen beim Kartenkauf und das der Schwägerin beim Schmuckeinkauf. Für das Heiraten tritt als Ersatz das Instheatergehen ein.) Das wäre der Hauptgedanke; vielleicht können wir fortsetzen, obwohl mit geringerer Sicherheit, weil die Analyse an diesen Stellen auf Äußerungen der Träumerin nicht hätte verzichten sollen: »Und einen 100mal besseren hätte ich für das Geld bekommen!« (150 fl. ist 100mal mehr als 1 fl. 50.) Wenn wir für das Geld die Mitgift einsetzen dürften, so hieße es, daß man sich den Mann durch die Mitgift erkauft; sowohl der Schmuck wie auch die schlechten Karten stünden an Stelle des Mannes. Noch erwünschter wäre es, wenn gerade das Element »3 Karten« etwas mit einem Mann zu tun hätte. [Vgl. S. 223.] Aber soweit reicht unser Verständnis noch nicht. Wir haben nur erraten, der Traum drückt die *Geringschätzung* ihres eigenen Mannes und das Bedauern, *so früh geheiratet* zu haben, aus.

Mein Urteil ist, daß wir von dem Ergebnis dieser ersten Traumdeutung mehr überrascht und verwirrt als befriedigt sein werden. Zuviel auf einmal dringt da auf uns ein, mehr, als wir jetzt schon bewältigen können. Wir merken schon, daß wir die Lehren dieser Traumdeutung nicht erschöpfen werden. Beeilen wir uns herauszugreifen, was wir als gesicherte neue Einsicht erkennen.

Erstens: Es ist merkwürdig, in den latenten Gedanken fällt der Hauptakzent auf das Element der Voreiligkeit; im manifesten Traum ist gerade davon nichts zu finden. Ohne die Analyse hätten wir keine Ahnung haben können, daß dieses Moment irgendeine Rolle spielt. Es scheint also möglich, daß gerade die Hauptsache, das Zentrale der unbewußten Gedanken, im manifesten Traum ausbleibt. Dadurch muß der Eindruck des ganzen Traumes gründlich verwandelt werden. Zweitens: Im Traum findet sich eine unsinnige Zusammenstellung, 3 für 1 fl. 50; in den Traumgedanken erraten wir den Satz: Es war ein Unsinn (so früh zu heiraten). Kann man es abweisen, daß dieser Gedanke »es war ein Unsinn« gerade durch die Aufnahme eines absurden Elements in den manifesten Traum dargestellt wird? Drittens: Ein vergleichender Blick lehrt, daß die Beziehung zwischen manifesten und latenten Elementen keine einfache ist, keinesfalls von der Art, daß immer ein manifestes Element ein latentes ersetzt. Es muß vielmehr eine Massenbeziehung zwischen beiden Lagern sein, innerhalb deren ein manifestes Element mehrere latente vertreten oder ein latentes durch mehrere manifeste ersetzt sein kann. [Vgl. S. 181.]

Was den Sinn des Traumes und das Verhalten der Träumerin zu ihm betrifft, wäre gleichfalls viel Überraschendes zu sagen. Sie anerkennt wohl die Deutung, aber sie wundert sich über sie. Sie hat nicht gewußt, daß sie ihren Mann so geringschätzt; sie weiß auch nicht, warum sie ihn so geringschätzen sollte. Daran ist also noch vieles unverständlich. Ich glaube wirklich, wir sind noch nicht für eine Traumdeutung ausgerüstet und müssen uns erst weitere Unterweisung und Vorbereitung holen.

KINDERTRÄUME

Meine Damen und Herren! Wir stehen unter dem Eindrucke, daß wir zu rasch vorgegangen sind. Greifen wir um ein Stück zurück. Ehe wir den letzten Versuch unternahmen, die Schwierigkeit der Traumentstellung durch unsere Technik zu bewältigen, hatten wir uns gesagt [S. 131], es wäre das Beste, sie zu umgehen, indem wir uns an Träume halten, bei denen die Entstellung weggefallen oder sehr geringfügig ausgefallen ist, wenn es solche gibt. Wir weichen dabei wiederum von der Entwicklungsgeschichte unserer Erkenntnis ab [vgl. S. 101], denn in Wirklichkeit ist man erst nach konsequenter Anwendung der Deutungstechnik und nach vollzogener Analyse der entstellten Träume auf die Existenz solcher von Entstellung freier aufmerksam geworden.
Die Träume, die wir suchen, finden sich bei Kindern[1]. Sie sind kurz, klar, kohärent, leicht zu verstehen, unzweideutig und doch unzweifelhafte Träume. Glauben Sie aber nicht, daß alle Träume von Kindern dieser Art sind. Auch die Traumentstellung setzt sehr früh im Kindesalter ein, und es sind Träume von fünf- bis achtjährigen Kindern verzeichnet worden, die bereits alle Charaktere der späteren an sich tragen. Wenn Sie sich aber auf das Alter vom Beginn der kenntlichen seelischen Tätigkeit bis zum vierten oder fünften Jahr beschränken, werden Sie eine Reihe von Träumen aufbringen, die den infantil zu nennenden Charakter haben, und dann in späteren Kinderjahren einzelne derselben Art finden können. Ja auch bei erwachsenen Personen fallen unter gewissen Bedingungen Träume vor, die ganz den typisch infantilen gleichen.
An diesen Kinderträumen können wir nun mit großer Leichtigkeit und Sicherheit Aufschlüsse über das Wesen des Traumes gewinnen, von denen wir hoffen wollen, daß sie sich als entscheidend und allgemein gültig erweisen werden.
1. Man bedarf zum Verständnis dieser Träume keiner Analyse, keiner Anwendung einer Technik. Man braucht das Kind, welches seinen Traum erzählt, nicht zu befragen. Aber man muß ein Stück Erzählung aus dem

[1] [In der *Traumdeutung* gibt es kein spezielles Kapitel über Kinderträume; Freud behandelt sie im III. Kapitel, in dem sich auch die hier zitierten Traumbeispiele finden.]

Leben des Kindes dazugeben. Es gibt jedesmal ein Erlebnis vom Tage vorher, welches uns den Traum erklärt. Der Traum ist die Reaktion des Seelenlebens im Schlafe auf dieses Erlebnis des Tages.

Wir wollen uns einige Beispiele anhören, um unsere weiteren Schlüsse an sie anzulehnen.

a) Ein Knabe von 22 Monaten soll als Gratulant einen Korb mit Kirschen verschenken. Er tut es offenbar sehr ungern, obwohl man ihm verspricht, daß er einige davon selbst bekommen wird. Am nächsten Morgen erzählt er als seinen Traum: *He(r)mann alle Kirschen aufgessen.*

b) Ein Mädchen von $3^1/_4$ Jahren wird zum erstenmal über den See gefahren. Beim Aussteigen will sie das Boot nicht verlassen und weint bitterlich. Die Zeit der Seefahrt scheint ihr zu rasch vergangen zu sein. Am nächsten Morgen: *Heute nachts bin ich auf dem See gefahren.* Wir dürfen wohl ergänzen, daß diese Fahrt länger angedauert hat.

c) Ein $5^1/_4$jähriger Knabe wird auf einen Ausflug ins Escherntal bei Hallstatt[1] mitgenommen. Er hatte gehört, Hallstatt liege am Fuße des Dachsteins. Für diesen Berg hatte er viel Interesse bezeugt. Von der Wohnung in Aussee war der Dachstein schön zu sehen und mit dem Fernrohr konnte man die Simonyhütte auf demselben ausnehmen. Das Kind hatte sich wiederholt bemüht, sie durchs Fernrohr zu erblicken; es war unbekannt geblieben, mit welchem Erfolge. Der Ausflug begann in erwartungsvoll heiterer Stimmung. So oft ein neuer Berg in Sicht kam, fragte der Knabe: Ist das der Dachstein? Er wurde immer mehr verstimmt, je öfter man ihm diese Frage verneint hatte, verstummte später ganz und wollte einen kleinen Steig zum Wasserfall nicht mitmachen. Man hielt ihn für übermüdet, aber am nächsten Morgen erzählte er ganz selig: Heute nachts habe ich geträumt, *daß wir auf der Simonyhütte gewesen sind.* In dieser Erwartung hatte er sich also an dem Ausflug beteiligt. Von Einzelheiten gab er nur an, was er vorher gehört hatte: Man geht sechs Stunden lang auf Stufen hinauf.

Diese drei Träume werden für alle gewünschten Auskünfte hinreichen.

2. Wir sehen, diese Kinderträume sind nicht sinnlos; es sind *verständliche, vollgültige, seelische Akte.* Erinnern Sie sich an das, was ich Ihnen als das medizinische Urteil über den Traum vorgestellt habe, an das Gleichnis von den musikunkundigen Fingern, die über die Tasten des Klaviers hinfahren [S. 104]. Es wird Ihnen nicht entgehen, wie scharf sich diese Kinderträume dieser Auffassung widersetzen. Es wäre aber

[1] [Im Salzkammergut.]

auch zu sonderbar, wenn gerade das Kind im Schlafe volle seelische Leistungen zustande brächte, wo sich der Erwachsene im gleichen Falle mit zuckungsartigen Reaktionen begnügt. Wir haben auch allen Grund, dem Kinde den besseren und tieferen Schlaf zuzutrauen.

3. Diese Träume entbehren der Traumentstellung; bedürfen darum auch keiner Deutungsarbeit. Manifester und latenter Traum fallen hier zusammen. *Die Traumentstellung gehört also nicht zum Wesen des Traumes.* Ich darf annehmen, daß Ihnen damit ein Stein vom Herzen fällt. Aber ein Stückchen Traumentstellung, eine gewisse Differenz zwischen dem manifesten Trauminhalt und den latenten Traumgedanken werden wir bei näherer Überlegung auch diesen Träumen zugestehen.

4. Der Kindertraum ist die Reaktion auf ein Erlebnis des Tages, welches ein Bedauern, eine Sehnsucht, einen unerledigten Wunsch zurückgelassen hat. *Der Traum bringt die direkte, unverhüllte Erfüllung dieses Wunsches.* Denken Sie nun an unsere Erörterungen über die Rolle körperlicher Reize von außen oder von innen als Schlafstörer und Anreger der Träume [S. 109 ff.]. Wir sind mit ganz sicheren Tatsachen darüber bekannt geworden, konnten uns aber nur eine kleine Anzahl von Träumen auf solche Art erklären. In diesen Kinderträumen deutet nichts auf die Einwirkung solcher somatischer Reize; wir können darin nicht irregehen, denn die Träume sind voll verständlich und leicht zu übersehen. Aber darum brauchen wir die Reizätiologie des Traumes nicht aufzugeben. Wir können nur fragen, warum haben wir von Anfang an vergessen, daß es außer den körperlichen auch seelische schlafstörende Reize gibt? Wir wissen doch, daß es diese Erregungen sind, welche die Schlafstörung der Erwachsenen zumeist verschulden, indem sie ihn daran verhindern, die seelische Verfassung des Einschlafens, die Abziehung des Interesses von der Welt, bei sich herzustellen. Er möchte das Leben nicht unterbrechen, sondern lieber die Arbeit an den Dingen, die ihn beschäftigen, fortsetzen, und darum schläft er nicht. Ein solcher seelischer, den Schlaf störender Reiz ist also für das Kind der unerledigte Wunsch, auf welchen es mit dem Traum reagiert.

5. Von hier erhalten wir auf dem kürzesten Wege Aufschluß über die Funktion des Traumes. Der Traum als Reaktion auf den psychischen Reiz muß den Wert einer Erledigung dieses Reizes haben, so daß er beseitigt ist und der Schlaf fortgesetzt werden kann. Wie diese Erledigung durch den Traum dynamisch ermöglicht wird, wissen wir noch nicht, aber wir merken bereits, daß *der Traum nicht der Schlafstörer ist,* als den man ihn schilt, *sondern der Schlafhüter, der Beseitiger von*

Schlafstörungen. Wir finden zwar, wir hätten besser geschlafen, wenn nicht der Traum gewesen wäre, aber wir haben unrecht; in Wirklichkeit hätten wir ohne die Hilfe des Traumes überhaupt nicht geschlafen. Es ist sein Verdienst, daß wir soweit gut geschlafen haben. Er konnte es nicht vermeiden, uns etwas zu stören, sowie der Nachtwächter oft nicht umhin kann, einigen Lärm zu machen, während er die Ruhestörer verjagt, die uns durch den Lärm wecken wollen.

6. Daß ein Wunsch der Erreger des Traumes ist, die Erfüllung dieses Wunsches der Inhalt des Traumes, das ist der eine Hauptcharakter des Traumes. Der andere ebenso konstante ist, daß der Traum nicht einfach einen Gedanken zum Ausdruck bringt, sondern als halluzinatorisches Erlebnis diesen Wunsch als erfüllt darstellt[1]. *Ich möchte auf dem See fahren,* lautet der Wunsch, der den Traum anregt; der Traum selbst hat zum Inhalt: *ich fahre auf dem See.* Ein Unterschied zwischen latentem und manifestem Traum, eine Entstellung des latenten Traumgedankens bleibt also auch für diese einfachen Kinderträume bestehen, *die Umsetzung des Gedankens in Erlebnis.* Bei der Deutung des Traumes muß vor allem dieses Stück Veränderung rückgängig gemacht werden. Wenn sich dies als ein allgemeinster Charakter des Traumes herausstellen sollte, dann ist das vorhin mitgeteilte Traumfragment [S. 135] *»ich sehe meinen Bruder in einem Kasten«* also nicht zu übersetzen »mein Bruder schränkt sich ein«, sondern »ich möchte, daß mein Bruder sich einschränke, *mein Bruder soll sich einschränken«.* Von den beiden hier aufgeführten allgemeinen Charakteren des Traumes hat offenbar der zweite mehr Aussicht auf Anerkennung ohne Widerspruch als der erstere. Wir werden erst durch weitausgreifende Untersuchungen sicherstellen können, daß der Erreger des Traumes immer ein Wunsch sein muß und nicht auch eine Besorgnis, ein Vorsatz oder Vorwurf sein kann, aber davon wird der andere Charakter unberührt bleiben, daß der Traum diesen Reiz nicht einfach wiedergibt, sondern ihn durch eine Art von Erleben aufhebt, beseitigt, erledigt.

7. In Anknüpfung an diese Charaktere des Traumes können wir auch die Vergleichung des Traumes mit der Fehlleistung wieder aufnehmen. Bei letzterer unterscheiden wir eine störende Tendenz und eine gestörte [S. 81 ff.], und die Fehlleistung war ein Kompromiß zwischen beiden. In dasselbe Schema fügt sich auch der Traum. Die gestörte Ten-

[1] [Die beiden im folgenden betrachteten »Hauptcharaktere« oder »allgemeinen Charaktere des Traumes« sind nicht die gleichen wie die zwei »allen Träumen Gemeinsamen«, von denen Freud in der 5. Vorlesung, S. 105 ff., sprach.]

denz kann bei ihm keine andere sein als die zu schlafen. Die störende ersetzen wir durch den psychischen Reiz, sagen wir also durch den Wunsch, der auf seine Erledigung dringt, weil wir bisher keinen anderen schlafstörenden seelischen Reiz kennengelernt haben. Der Traum ist auch hier ein Kompromißergebnis. Man schläft, aber man erlebt doch die Aufhebung eines Wunsches; man befriedigt einen Wunsch, setzt dabei aber den Schlaf fort. Beides ist zum Teil durchgesetzt und zum Teil aufgegeben.

8. Erinnern Sie sich, wir erhofften uns einmal [S. 114f.] einen Zugang zum Verständnis der Traumprobleme aus der Tatsache, daß gewisse für uns sehr durchsichtige Phantasiebildungen »*Tagträume*« genannt werden. Diese Tagträume sind nun wirklich Wunscherfüllungen, Erfüllungen von ehrgeizigen und erotischen Wünschen, die uns wohlbekannt sind, aber es sind gedachte, wenn auch lebhaft vorgestellte, niemals halluzinatorisch erlebte. Von den beiden Hauptcharakteren des Traumes wird also hier der minder gesicherte festgehalten, während der andere als vom Schlafzustand abhängig und im Wachleben nicht realisierbar ganz entfällt. Im Sprachgebrauch liegt also eine Ahnung davon, daß die Wunscherfüllung ein Hauptcharakter des Traumes ist. Nebenbei, wenn das Erleben im Traum nur ein durch die Bedingungen des Schlafzustandes ermöglichtes, umgewandeltes Vorstellen, also ein »nächtliches Tagträumen« ist, so verstehen wir bereits, daß der Vorgang der Traumbildung den nächtlichen Reiz aufheben und Befriedigung bringen kann, denn auch das Tagträumen ist eine mit Befriedigung verbundene Tätigkeit und wird ja nur dieser wegen gepflegt.

Aber nicht nur dieser, auch anderer Sprachgebrauch äußert sich in demselben Sinne. Bekannte Sprichwörter sagen: das Schwein träumt von Eicheln, die Gans vom Mais; oder fragen: wovon träumt das Huhn? von Hirse. Das Sprichwort steigt also noch weiter hinab als wir, vom Kind zum Tier, und behauptet, der Inhalt des Traumes sei die Befriedigung eines Bedürfnisses. So viele Redewendungen scheinen dasselbe anzudeuten, wie: »traumhaft schön«, »das wäre mir im Traum nicht eingefallen«, »das habe ich mir in meinen kühnsten Träumen nicht vorgestellt«. Es liegt da eine offenbare Parteinahme des Sprachgebrauchs vor. Es gibt ja auch Angstträume und Träume mit peinlichem oder indifferentem Inhalt, aber sie haben den Sprachgebrauch nicht angeregt. Er kennt zwar »böse« Träume, aber der Traum schlechtweg ist ihm doch nur die holde Wunscherfüllung. Es gibt auch kein Sprichwort, das uns versichern würde, das Schwein oder die Gans träumen vom Geschlachtetwerden.

Es ist natürlich undenkbar, daß der wunscherfüllende Charakter des Traumes von den Autoren über den Traum nicht bemerkt worden wäre. Dies ist vielmehr sehr oft der Fall gewesen, aber es ist keinem von ihnen eingefallen, diesen Charakter als allgemeinen anzuerkennen und zum Angelpunkt der Traumerklärung zu nehmen. Wir können uns wohl denken und werden auch darauf eingehen, was sie davon abgehalten haben mag.

Sehen Sie nun aber, welche Fülle von Aufklärungen wir aus der Würdigung der Kinderträume gewonnen haben, und das fast mühelos! Die Funktion des Traumes als Hüter des Schlafes, seine Entstehung aus zwei konkurrierenden Tendenzen, von denen die eine konstant bleibt, das Schlafverlangen, die andere einen psychischen Reiz zu befriedigen strebt, der Beweis, daß der Traum ein sinnreicher, psychischer Akt ist, seine beiden Hauptcharaktere: Wunscherfüllung und halluzinatorisches Erleben. Und dabei konnten wir fast vergessen, daß wir Psychoanalyse treiben. Außer der Anknüpfung an die Fehlleistungen hatte unsere Arbeit kein spezifisches Gepräge. Jeder Psychologe, der von den Voraussetzungen der Psychoanalyse nichts weiß, hätte diese Aufklärung der Kinderträume geben können. Warum hat es keiner getan?

Gäbe es nur solche Träume wie die infantilen, so wäre das Problem gelöst, unsere Aufgabe erledigt, und zwar ohne den Träumer auszufragen, ohne das Unbewußte heranzuziehen und ohne die freie Assoziation in Anspruch zu nehmen. Nun hier liegt offenbar die Fortsetzung unserer Aufgabe. Wir haben schon wiederholt die Erfahrung gemacht, daß Charaktere, die für allgemein gültig ausgegeben waren, sich dann nur für eine gewisse Art und Anzahl von Träumen bestätigt haben. Es handelt sich also für uns darum, ob die aus den Kinderträumen erschlossenen allgemeinen Charaktere haltbarer sind, ob sie auch für jene Träume gelten, die nicht durchsichtig sind, deren manifester Inhalt keine Beziehung zu einem erübrigten Tageswunsch erkennen läßt. Wir haben die Auffassung, daß diese anderen Träume eine weitgehende Entstellung erfahren haben und darum zunächst nicht zu beurteilen sind. Wir ahnen auch, zur Aufklärung dieser Entstellung werden wir der psychoanalytischen Technik bedürfen, die wir für das eben gewonnene Verständnis der Kinderträume entbehren konnten.

Es gibt jedenfalls noch eine Klasse von Träumen, die unentstellt sind und sich wie die Kinderträume leicht als Wunscherfüllungen erkennen lassen. Es sind jene, die das ganze Leben hindurch durch die imperativen Körperbedürfnisse hervorgerufen werden, den Hunger, den Durst, das Sexualbedürfnis, also Wunscherfüllungen als Reaktionen auf innere Körperreize. So habe ich von einem 19 Monate alten Mädchen einen Traum notiert, der aus einem Menü unter Hinzufügung ihres Namens bestand *(Anna F. ..., Er(d)beer, Hochbeer, Eier(s)peis, Papp)* als Reaktion auf einen Hungertag wegen gestörter Verdauung, welche Erkrankung gerade auf die im Traum zweimal auftretende Frucht zurückgeführt worden war. Gleichzeitig mußte auch die Großmutter, deren Alter das der Enkelin eben zu siebzig ergänzte, infolge der Unruhe ihrer Wanderniere einen Tag lang fasten, und sie träumte in derselben Nacht, daß sie ausgebeten (zu Gaste) sei und die besten Leckerbissen vorgesetzt erhalte. Beobachtungen an Gefangenen, die man hungern läßt, und an Personen, die auf Reisen und Expeditionen Entbehrungen zu ertragen haben, lehren, daß unter diesen Bedingungen regelmäßig von der Befriedigung dieser Bedürfnisse geträumt wird. So berichtet Otto Nordenskjöld in seinem Buche *Antarctic* (1904) über die mit ihm überwinterte Mannschaft (Bd. 1, 336 f.): »Sehr bezeichnend für die Richtung unserer innersten Gedanken waren unsere Träume, die nie lebhafter und zahlreicher waren als gerade jetzt. Selbst diejenigen unserer Kameraden, die sonst nur ausnahmsweise träumten, hatten jetzt des Morgens, wenn wir unsere letzten Erfahrungen aus dieser Phantasiewelt miteinander austauschten, lange Geschichten zu erzählen. Alle handelten sie von jener äußeren Welt, die uns jetzt so fern lag, waren aber oft unseren jetzigen Verhältnissen angepaßt... Essen und Trinken waren übrigens die Mittelpunkte, um die sich unsere Träume am häufigsten drehten. Einer von uns, der nächtlicherweise darin exzellierte, auf große Mittagsgesellschaften zu gehen, war seelenfroh, wenn er des Morgens berichten konnte, ›daß er ein Diner von drei Gängen eingenommen habe‹; ein anderer träumte von Tabak, von ganzen Bergen Tabak; wieder andere von dem Schiff, das mit vollen Segeln auf dem offenen Wasser daherkam. Noch ein anderer Traum verdient der Erwähnung: Der Briefträger kommt mit der Post und gibt eine lange Erklärung, warum diese so lange habe auf sich warten lassen, er habe sie verkehrt abgeliefert und erst nach großer Mühe sei es ihm gelungen, sie wiederzuerlangen. Natürlich beschäftigte man sich im Schlaf mit noch unmöglicheren Dingen, aber der Mangel an Phantasie in fast allen Träumen, die ich selbst träumte oder erzählen hörte, war ganz auffallend. Es würde sicher von großem psychologischen Interesse sein, wenn alle diese Träume aufgezeichnet würden. Man wird aber leicht verstehen können, wie ersehnt der Schlaf war, da er uns alles bieten konnte, was ein jeder von uns am glühendsten begehrte.« Nach Du Prel [1885, 231] zitiere ich noch: »Mungo Park, auf einer Reise in Afrika dem Verschmachten nahe, träumte ohne Aufhören von wasserreichen Tälern und Auen seiner Heimat. So sah sich auch der von Hunger gequälte Trenck in der Sternschanze zu Magdeburg von üppigen Mahlzeiten umgeben, und George Back, Teilnehmer der ersten Expedition Franklins, als er infolge furchtbarer Entbehrungen dem Hungertode nahe war, träumte stets und gleichmäßig von reichen Mahlzeiten.«

Wer sich durch den Genuß scharf gewürzter Speisen zur Abendmahlzeit nächtlichen Durst erzeugt, der träumt dann leicht, daß er trinke. Es ist natürlich unmöglich, ein stärkeres Eß- oder Trinkbedürfnis durch den Traum zu erledigen; man wacht aus solchen Träumen durstig auf und muß nun reales Wasser zu sich nehmen. Die Leistung des Traumes ist in diesem Falle praktisch geringfügig, aber es ist nicht minder klar, daß sie zu dem Zweck aufgeboten wurde, den Schlaf gegen den zum Erwachen und zur Handlung drängenden Reiz festzuhalten. Über geringere Intensitäten dieser Bedürfnisse helfen die Befriedigungsträume oftmals hinweg.

Ebenso schafft der Traum unter dem Einfluß der Sexualreize Befriedigungen, die aber erwähnenswerte Besonderheiten zeigen. Infolge der Eigenschaft des Sexualtriebs, von seinem Objekt um einen Grad weniger abhängig zu sein als Hunger und Durst, kann die Befriedigung im Pollutionstraum eine reale sein, und infolge gewisser später zu erwähnender Schwierigkeiten in der Beziehung zum Objekt kommt es besonders häufig vor, daß sich die reale Befriedigung doch mit einem undeutlichen oder entstellten Trauminhalt verbindet. Diese Eigentümlichkeit der Pollutionsträume macht sie, wie O. Rank [1912*a*] bemerkt hat, zu günstigen Objekten für das Studium der Traumentstellung. Alle Bedürfnisträume Erwachsener pflegen übrigens außer der Befriedigung noch anderes zu enthalten, was rein psychischen Reizquellen entstammt und zu seinem Verständnis der Deutung bedarf.

Wir wollen übrigens nicht behaupten, daß die nach infantiler Art gebildeten Wunscherfüllungsträume der Erwachsenen nur als Reaktionen auf die genannten imperativen Bedürfnisse vorkommen. Wir kennen ebensowohl kurze und klare Träume dieser Art unter dem Einfluß gewisser dominierender Situationen, die aus unzweifelhaft psychischen Reizquellen herrühren. So z. B. die Ungeduldsträume, wenn jemand die Vorbereitungen zu einer Reise, zu einer für ihn bedeutsamen Schaustellung, zu einem Vortrag, Besuch getroffen hat und nun die verfrühte Erfüllung seiner Erwartung träumt, sich also in der Nacht vor dem Erlebnis an seinem Ziel angekommen, im Theater, im Gespräch mit dem Besuchten sieht. Oder, die mit Recht so genannten Bequemlichkeitsträume, wenn jemand, der gerne den Schlaf verlängert, träumt, daß er bereits aufgestanden ist, sich wäscht oder sich in der Schule befindet, während er in Wirklichkeit weiterschläft, also lieber im Traum aufsteht als in Wirklichkeit. Der Wunsch zu schlafen, den wir als regelmäßig an der Traumbildung beteiligt erkannt haben, wird in diesen Träumen laut und zeigt sich in ihnen als der wesentliche Traumbildner. Das Bedürfnis zu schlafen stellt sich mit gutem Recht den anderen großen körperlichen Bedürfnissen zur Seite.

Ich zeige Ihnen hier an der Reproduktion eines Schwindschen Bildes aus der Schackgalerie in München, wie richtig der Maler die Entstehung eines Traumes aus einer dominierenden Situation erfaßt hat[1]. Es ist der »Traum eines Gefangenen«, der nichts anderes als seine Befreiung zum Inhalt haben kann. Es ist sehr hübsch, daß die Befreiung durch das Fenster erfolgen soll, denn durch das Fenster ist der Lichtreiz eingedrungen, der dem Schlaf des Gefangenen ein Ende macht. Die übereinanderstehenden Gnomen repräsentieren wohl die eigenen sukzessiven Stellungen, die er beim Emporklettern zur Höhe des Fensters einzunehmen hätte, und irre ich nicht, lege ich dem Künstler dabei nicht zuviel Absichtlichkeit unter, so trägt der oberste der Gnomen, welcher das Gitter durchsägt, also das tut, was der Gefangene selbst möchte, die nämlichen Züge wie er selbst.

Bei allen anderen Träumen außer den Kinderträumen und denen von infantilem Typus tritt uns, wie gesagt, die Traumentstellung hindernd in den Weg. Wir können zunächst nicht sagen, ob auch sie Wunscherfüllungen sind, wie wir vermuten; wir erraten aus ihrem manifesten Inhalt nicht, welchem psychischen Reiz sie ihren Ursprung verdanken, und wir können nicht erweisen, daß sie sich gleichfalls um die Wegschaffung oder Erledigung dieses Reizes bemühen. Sie müssen wohl gedeutet, d. h. übersetzt werden, ihre Entstellung rückgängig gemacht, ihr manifester Inhalt durch den latenten ersetzt, ehe wir ein Urteil darüber fällen können, ob das an den infantilen Träumen Gefundene für alle Träume Gültigkeit beanspruchen darf.

---

[1] S. Beilage. [In dieser Ausgabe gegenüber S. 160.]

9. VORLESUNG

DIE TRAUMZENSUR

Meine Damen und Herren! Entstehung, Wesen und Funktion des Traumes haben wir aus dem Studium der Kinderträume kennengelernt. *Die Träume sind Beseitigungen schlafstörender (psychischer) Reize auf dem Wege der halluzinierten Befriedigung.* Von den Träumen der Erwachsenen haben wir allerdings nur eine Gruppe aufklären können, jene, die wir als Träume von infantilem Typus bezeichnet haben. Was es mit den anderen ist, wissen wir noch nicht, aber wir verstehen sie auch nicht. Wir haben vorläufig ein Resultat gewonnen, dessen Bedeutung wir nicht unterschätzen wollen. Jedesmal, wenn uns ein Traum voll verständlich ist, erweist er sich als eine halluzinierte Wunscherfüllung. Dies Zusammentreffen kann nicht zufällig und nicht gleichgültig sein. Von einem Traum anderer Art nehmen wir [S. 128] auf Grund verschiedener Überlegungen und in Analogie zur Auffassung der Fehlleistungen an, daß er ein entstellter Ersatz für einen unbekannten Inhalt ist und erst auf diesen zurückgeführt werden muß. Die Untersuchung, das Verständnis dieser *Traumentstellung* ist nun unsere nächste Aufgabe.

Die Traumentstellung ist dasjenige, was uns den Traum fremdartig und unverständlich erscheinen läßt. Wir wollen mehrerlei von ihr wissen: erstens, wovon sie herrührt, ihren Dynamismus, zweitens, was sie macht, und endlich, wie sie es macht. Wir können auch sagen, die Traumentstellung ist das Werk der Traumarbeit. Wir wollen die Traumarbeit beschreiben und auf die in ihr wirkenden Kräfte zurückführen [1].

Und nun hören Sie folgenden Traum an. Er ist von einer Dame unseres Kreises [2] verzeichnet worden, stammt nach ihrer Auskunft von einer hochangesehenen, feingebildeten älteren Dame her. Eine Analyse dieses Traumes ist nicht angestellt worden. Unsere Referentin bemerkt, daß es für Psychoanalytiker keiner Deutung bedürfe. Die Träumerin selbst hat ihn auch nicht gedeutet, aber sie hat ihn beurteilt und so verurteilt, als ob sie ihn zu deuten verstünde. Denn sie äußerte über ihn: Und

---

[1] [Die Traumarbeit wird in der 11. Vorlesung behandelt.]

[2] Frau Dr. von Hug-Hellmuth [1915].

solches abscheuliche, dumme Zeug träumt einer Frau von 50 Jahren, die Tag und Nacht keinen anderen Gedanken hat als die Sorge um ihr Kind![1]

Und nun der Traum von den »Liebesdiensten«. »*Sie geht ins Garnisonsspital Nr. 1 und sagt dem Posten beim Tor, sie müsse den Oberarzt...* (sie nennt einen ihr unbekannten Namen) *sprechen, da sie im Spitale Dienst tun wolle. Dabei betont sie das Wort ›Dienst‹ so, daß der Unteroffizier sofort merkt, es handle sich um ›Liebes‹dienste. Da sie eine alte Frau ist, läßt er sie nach einigem Zögern passieren. Statt aber zum Oberarzt zu kommen, gelangt sie in ein großes, düsteres Zimmer, in dem viele Offiziere und Militärärzte an einem langen Tisch stehen und sitzen. Sie wendet sich mit ihrem Antrag an einen Stabsarzt, der sie nach wenigen Worten schon versteht. Der Wortlaut ihrer Rede im Traum ist: ›Ich und zahlreiche andere Frauen und junge Mädchen Wiens sind bereit, den Soldaten, Mannschaft und Offiziere ohne Unterschied, ...‹ Hier folgt im Traum ein Gemurmel. Daß dasselbe aber von allen Anwesenden richtig verstanden wird, zeigen ihr die teils verlegenen, teils hämischen Mienen der Offiziere. Die Dame fährt fort: ›Ich weiß, daß unser Entschluß befremdend klingt, aber es ist uns bitterernst. Der Soldat im Feld wird auch nicht gefragt, ob er sterben will oder nicht.‹ Ein minutenlanges peinliches Schweigen folgt. Der Stabsarzt legt ihr den Arm um die Mitte und sagt: ›Gnädige Frau, nehmen Sie den Fall, es würde tatsächlich dazu kommen, ...‹ (Gemurmel). Sie entzieht sich seinem Arm mit dem Gedanken: Es ist doch einer wie der andere, und erwidert: ›Mein Gott, ich bin eine alte Frau und werde vielleicht gar nicht in die Lage kommen. Übrigens eine Bedingung müßte eingehalten werden: die Berücksichtigung des Alters; daß nicht eine ältere Frau einem ganz jungen Burschen... (Gemurmel); das wäre entsetzlich.‹ – Der Stabsarzt: ›Ich verstehe vollkommen.‹ Einige Offiziere, darunter einer, der sich in jungen Jahren um sie beworben hatte, lachen hell auf, und die Dame wünscht zu dem ihr bekannten Oberarzt geführt zu werden, damit alles ins reine gebracht werde. Dabei fällt ihr zur größten Bestürzung ein, daß sie seinen Namen nicht kennt. Der Stabsarzt weist sie trotzdem sehr höflich und respektvoll an, über eine sehr schmale eiserne Wendeltreppe, die direkt von dem Zimmer aus in die oberen Stockwerke führt, in den zweiten Stock zu gehen. Im Hinaufsteigen*

[1] [Es war in den Jahren 1914–18; einer der Söhne der Träumerin war als Soldat an der Front.]

hört sie einen Offizier sagen: ›Das ist ein kolossaler Entschluß, gleichgültig, ob eine jung oder alt ist; alle Achtung!‹
Mit dem Gefühle, einfach ihre Pflicht zu tun, geht sie eine endlose Treppe hinauf.
Dieser Traum wiederholt sich innerhalb weniger Wochen noch zweimal mit – wie die Dame bemerkt – ganz unbedeutenden und recht sinnlosen Abänderungen.«

Der Traum entspricht in seinem Fortlauf einer Tagesphantasie: er hat nur wenige Bruchstellen, und manche Einzelheit in seinem Inhalt hätte durch Erkundigung geklärt werden können, was, wie Sie wissen, unterblieben ist. Das Auffällige und für uns Interessante ist aber, daß der Traum mehrere Lücken zeigt, Lücken, nicht der Erinnerung, sondern des Inhaltes. An drei Stellen ist der Inhalt wie ausgelöscht; die Reden, in denen diese Lücken angebracht sind, werden durch ein Gemurmel unterbrochen. Da wir keine Analyse angestellt haben, steht uns strenge genommen auch kein Recht zu, etwas über den Sinn des Traumes zu äußern. Allein es sind Andeutungen gegeben, aus denen sich etwas folgern läßt, z. B. im Worte »Liebesdienste«, und vor allem nötigen die Stücke der Reden, welche dem Gemurmel unmittelbar vorhergehen, zu Ergänzungen, welche nicht anders als eindeutig ausfallen können. Setzen wir diese ein, so ergibt sich eine Phantasie des Inhalts, daß die Träumerin bereit ist, in Erfüllung einer patriotischen Pflicht, ihre Person zur Befriedigung der Liebesbedürfnisse des Militärs, Offiziere wie Mannschaft, zur Verfügung zu stellen. Das ist gewiß höchst anstößig, ein Muster einer frech libidinösen Phantasie, aber – es kommt im Traume gar nicht vor. Gerade dort, wo der Zusammenhang dieses Bekenntnis fordern würde, findet sich im manifesten Traume ein undeutliches Gemurmel, ist etwas verlorengegangen oder unterdrückt worden.
Ich hoffe, Sie erkennen es als naheliegend, daß eben die Anstößigkeit dieser Stellen das Motiv zu ihrer Unterdrückung war. Wo finden Sie aber eine Parallele zu diesem Vorkommnis? Sie brauchen in unseren Tagen nicht weit zu suchen. Nehmen Sie irgendeine politische Zeitung zur Hand, Sie werden finden, daß von Stelle zu Stelle der Text weggeblieben ist und an seiner Statt die Weiße des Papiers schimmert. Sie wissen, das ist das Werk der Zeitungszensur. An diesen leer gewordenen Stellen stand etwas, was der hohen Zensurbehörde mißliebig war, und darum wurde es entfernt. Sie meinen, es ist schade darum, es wird wohl das Interessanteste gewesen sein, es war »die beste Stelle«.

Andere Male hat die Zensur nicht auf den fertigen Satz gewirkt. Der Autor hat vorhergesehen, welche Stellen die Beanständung durch die Zensur zu erwarten haben, und hat sie darum vorbeugend gemildert, leicht modifiziert oder sich mit Annäherungen und Anspielungen an das, was ihm eigentlich aus der Feder fließen wollte, begnügt. Dann hat auch das Blatt keine leeren Stellen, aber aus gewissen Umschweifen und Dunkelheiten des Ausdrucks werden Sie die im vorhinein geübte Rücksicht auf die Zensur erraten können.

Nun, wir halten diese Parallele fest. Wir sagen, auch die ausgelassenen, durch ein Gemurmel verhüllten Traumreden sind einer Zensur zum Opfer gebracht worden. Wir sprechen direkt von einer *Traumzensur*, der ein Stück Anteil an der Traumentstellung zuzuschreiben ist. Überall, wo Lücken im manifesten Traum sind, hat die Traumzensur sie verschuldet. Wir sollten auch weitergehen und eine Äußerung der Zensur jedesmal dort erkennen, wo ein Traumelement besonders schwach, unbestimmt und zweifelhaft, unter anderen deutlicher ausgebildeten erinnert wird. Aber nur selten äußert sich diese Zensur so unverhohlen, so naiv, möchte man sagen, wie in dem Beispiel des Traumes von den »Liebesdiensten«. Weit öfter bringt sich die Zensur nach dem zweiten Typus zur Geltung, durch die Produktion von Abschwächungen, Annäherungen, Anspielungen an Stelle des Eigentlichen.

Für eine dritte Wirkungsweise der Traumzensur weiß ich keine Parallele aus dem Walten der Zeitungszensur; ich kann aber gerade diese an dem einzigen bisher analysierten Traumbeispiel demonstrieren. Sie erinnern sich an den Traum von den »drei schlechten Theaterkarten für 1 fl. 50« [S. 136]. In den latenten Gedanken dieses Traumes stand das Element »voreilig, zu früh« im Vordergrunde. Es hieß: Es war ein Unsinn, so *früh* zu heiraten, – es war auch unsinnig, sich so *früh* Theaterkarten zu besorgen, – es war lächerlich von der Schwägerin, ihr Geld so *eilig* auszugeben, um sich dafür einen Schmuck zu kaufen. Von diesem zentralen Element der Traumgedanken ist nichts in den manifesten Traum übergegangen; hier ist das Ins-Theater-Gehen und Karten-Bekommen in den Mittelpunkt gerückt. Durch diese Verschiebung des Akzents, diese Umgruppierung der Inhaltselemente, wird der manifeste Traum den latenten Traumgedanken so unähnlich, daß niemand diese letzteren hinter dem ersteren vermuten würde. Diese Akzentverschiebung ist ein Hauptmittel der Traumentstellung und gibt dem Traum jene Fremdartigkeit, deren wegen ihn der Träumer selbst nicht als seine eigene Produktion anerkennen möchte.

Auslassung, Modifikation, Umgruppierung des Materials sind also die Wirkungen der Traumzensur und die Mittel der Traumentstellung. Die Traumzensur selbst ist der Urheber oder einer der Urheber der Traumentstellung, deren Untersuchung uns jetzt beschäftigt. Modifikation und Umordnung sind wir auch gewohnt, als *»Verschiebung«* zusammenzufassen.

Nach diesen Bemerkungen über die Wirkungen der Traumzensur wenden wir uns nun ihrem Dynamismus zu. Ich hoffe, Sie nehmen den Ausdruck nicht allzu anthropomorph und stellen sich unter dem Traumzensor nicht ein kleines gestrenges Männlein oder einen Geist vor, der in einem Gehirnkämmerlein wohnt und dort seines Amtes waltet, aber auch nicht allzu lokalisatorisch, so daß Sie an ein »Gehirnzentrum« denken, von dem ein solcher zensurierender Einfluß ausgeht, welcher mit der Beschädigung oder Entfernung dieses Zentrums aufgehoben wäre. Es ist vorläufig nichts weiter als ein gut brauchbarer Terminus für eine dynamische Beziehung. Dieses Wort hindert uns nicht zu fragen, von welchen Tendenzen solcher Einfluß geübt wird und auf welche; wir werden auch nicht überrascht sein zu erfahren, daß wir schon früher einmal auf die Traumzensur gestoßen sind, vielleicht ohne sie zu erkennen.

Das ist nämlich wirklich der Fall gewesen. Erinnern Sie sich, daß wir eine überraschende Erfahrung machten, als wir unsere Technik der freien Assoziation anzuwenden begannen. Wir bekamen da zu spüren, daß sich unseren Bemühungen, vom Traumelement zum unbewußten Element zu gelangen, dessen Ersatz es ist, ein *Widerstand* entgegenstellte [S. 130f.]. Dieser Widerstand, sagten wir, kann verschieden groß sein, das eine Mal riesig, das andere Mal recht geringfügig. Im letzteren Falle brauchen wir für unsere Deutungsarbeit nur wenige Zwischenglieder zu passieren; wenn er aber groß ist, dann haben wir lange Assoziationsketten vom Element her zu durchmessen, werden weit von diesem weggeführt und müssen unterwegs alle die Schwierigkeiten überwinden, die sich als kritische Einwendungen gegen den Einfall ausgeben. Was uns bei der Deutungsarbeit als Widerstand entgegentritt, das müssen wir nun als Traumzensur in die Traumarbeit eintragen. Der Deutungswiderstand ist nur die Objektivierung der Traumzensur. Er beweist uns auch, daß die Kraft der Zensur sich nicht damit erschöpft hat, die Traumentstellung herbeizuführen, und seither erloschen ist, sondern daß diese Zensur als dauernde Institution mit der Absicht, die Entstellung aufrechtzuhalten, fortbesteht. Übrigens wie der Widerstand bei der Deutung für jedes Element in seiner Stärke wechselte, so ist auch die durch Zensur herbeigeführte Entstellung in demselben Traume für jedes Element verschieden groß ausgefallen. Vergleicht man manifesten und latenten Traum, so sieht man, einzelne latente Elemente sind völlig eliminiert worden, andere mehr oder weniger modifiziert, und noch andere sind unverändert, ja vielleicht verstärkt in den manifesten Trauminhalt hinübergenommen worden.

Wir wollten aber untersuchen, welche Tendenzen die Zensur ausüben und gegen welche. Nun diese für das Verständnis des Traumes, ja vielleicht des Menschenlebens, fundamentale Frage ist, wenn wir die Reihe der zur Deutung gelangten Träume überblicken, leicht zu beantworten. Die Tendenzen, welche die Zensur ausüben, sind solche, welche vom wachen Urteilen des Träumers anerkannt werden, mit denen er sich einig fühlt. Seien Sie versichert, wenn Sie eine korrekt durchgeführte Deutung eines eigenen Traumes ablehnen, so tun Sie es aus denselben Motiven, mit denen die Traumzensur geübt, die Traumentstellung produziert und die Deutung notwendig gemacht wurde. Denken Sie an den Traum unserer 50jährigen Dame. Sie findet ihren Traum, ohne ihn gedeutet zu haben, abscheulich, würde noch entrüsteter gewesen sein, wenn ihr Frau Dr. v. Hug[-Hellmuth] etwas von der unerläßlichen Deutung mitgeteilt hätte, und eben dieser Verurteilung wegen haben sich in ihrem Traum die anstößigsten Stellen durch ein Gemurmel ersetzt.

Die Tendenzen aber, *gegen* welche sich die Traumzensur richtet, muß man zunächst vom Standpunkt dieser Instanz selbst beschreiben. Dann kann man nur sagen, sie seien durchaus verwerflicher Natur, anstößig in ethischer, ästhetischer, sozialer Hinsicht, Dinge, an die man gar nicht zu denken wagt oder nur mit Abscheu denkt. Vor allem sind diese zensurierten und im Traum zu einem entstellten Ausdruck gelangten Wünsche Äußerungen eines schranken- und rücksichtslosen Egoismus. Und zwar kommt das eigene Ich in jedem Traum vor und spielt in jedem die Hauptrolle, auch wenn es sich für den manifesten Inhalt gut zu verbergen weiß. Dieser »*sacro egoismo*« des Traumes ist gewiß nicht außer Zusammenhang mit der Einstellung zum Schlafen, die ja in der Abziehung des Interesses von der ganzen Außenwelt besteht[1].

[1] [Freud schränkte seine Behauptung, alle Träume seien egoistisch, in einer 1925 der *Traumdeutung* hinzugefügten Fußnote (V. Kapitel, einige Seiten vor Schluß) etwas ein.]

Das aller ethischen Fesseln entledigte Ich weiß sich auch einig mit allen Ansprüchen des Sexualstrebens, solchen, die längst von unserer ästhetischen Erziehung verurteilt worden sind, und solchen, die allen sittlichen Beschränkungsforderungen widersprechen. Das Lustbestreben – die Libido, wie wir sagen – wählt seine Objekte hemmungslos, und zwar die verbotenen am liebsten. Nicht nur das Weib des anderen, sondern vor allem inzestuöse, durch menschliche Übereinkunft geheiligte Objekte, die Mutter und die Schwester beim Manne, den Vater und den Bruder beim Weibe. (Auch der Traum unserer 50jährigen Dame ist ein inzestuöser, seine Libido unverkennbar auf den Sohn gerichtet.) Gelüste, die wir ferne von der menschlichen Natur glauben, zeigen sich stark genug, Träume zu erregen. Auch der Haß tobt sich schrankenlos aus. Rache- und Todeswünsche gegen die nächststehenden, im Leben geliebtesten Personen, die Eltern, Geschwister, den Ehepartner, die eigenen Kinder sind nichts Ungewöhnliches. Diese zensurierten Wünsche scheinen aus einer wahren Hölle aufzusteigen; keine Zensur scheint uns nach der Deutung im Wachen hart genug gegen sie zu sein.

Machen Sie aber aus diesem bösen Inhalt dem Traum selbst keinen Vorwurf. Sie vergessen doch nicht, daß er die harmlose, ja nützliche Funktion hat, den Schlaf vor Störung zu bewahren. Solche Schlechtigkeit liegt nicht im Wesen des Traumes. Sie wissen ja auch, daß es Träume gibt, die sich als Befriedigung berechtigter Wünsche und dringender körperlicher Bedürfnisse erkennen lassen. Diese haben allerdings keine Traumentstellung; sie brauchen sie aber auch nicht, sie können ihrer Funktion genügen, ohne die ethischen und ästhetischen Tendenzen des Ichs zu beleidigen. Auch halten Sie sich vor, daß die Traumentstellung zwei Faktoren proportional ist. Einerseits wird sie um so größer, je ärger der zu zensurierende Wunsch ist, anderseits aber auch, je strenger derzeit die Anforderungen der Zensur auftreten. Ein junges, strenge erzogenes und sprödes Mädchen wird darum mit unerbittlicher Zensur Traumregungen entstellen, welche wir Ärzte z. B. als gestattete, harmlos libidinöse Wünsche anerkennen müßten und die die Träumerin selbst ein Dezennium später so beurteilen wird.

Im übrigen sind wir noch lange nicht so weit, uns über dies Ergebnis unserer Deutungsarbeit entrüsten zu dürfen. Ich glaube, daß wir es noch nicht recht verstehen; vor allem aber obliegt uns die Aufgabe, es gegen gewisse Anfechtungen sicherzustellen. Es ist gar nicht schwer, einen Haken daran zu finden. Unsere Traumdeutungen sind unter den Voraussetzungen gemacht, die wir vorhin einbekannt haben [S. 116 f.],

daß der Traum überhaupt einen Sinn habe, daß man die Existenz derzeit unbewußter seelischer Vorgänge vom hypnotischen auf den normalen Schlaf übertragen dürfe und daß alle Einfälle determiniert seien. Wären wir auf Grund dieser Voraussetzungen zu plausiblen Resultaten der Traumdeutung gekommen, so hätten wir mit Recht geschlossen, diese Voraussetzungen seien richtig gewesen. Wie aber, wenn diese Ergebnisse so aussehen, wie ich es eben geschildert habe? Dann liegt es doch nahe zu sagen: Es sind unmögliche, unsinnige, zum mindesten sehr unwahrscheinliche Resultate, also war etwas an den Voraussetzungen falsch. Entweder ist der Traum doch kein psychisches Phänomen, oder es gibt nichts Unbewußtes im Normalzustand, oder unsere Technik hat irgendwo ein Leck. Ist das nicht einfacher und befriedigender anzunehmen als alle die Scheußlichkeiten, die wir auf Grund unserer Voraussetzungen angeblich aufgedeckt haben?
Beides! Sowohl einfacher als auch befriedigender, aber darum nicht notwendig richtiger. Lassen wir uns Zeit, die Sache ist noch nicht spruchreif. Vor allem können wir die Kritik gegen unsere Traumdeutungen noch verstärken. Daß die Ergebnisse derselben so unerfreulich und unappetitlich sind, fiele vielleicht nicht so schwer ins Gewicht. Ein stärkeres Argument ist es, daß die Träumer, denen wir aus der Deutung ihrer Träume solche Wunschtendenzen zuschieben, diese aufs nachdrücklichste und mit guten Gründen von sich weisen. Was? sagt der eine, Sie wollen mir aus dem Traume nachweisen, daß es mir leid um die Summen tut, die ich für die Ausstattung meiner Schwester und die Erziehung meines Bruders aufgewendet habe? Aber das kann ja nicht sein; ich arbeite ja nur für meine Geschwister, ich habe kein anderes Interesse im Leben, als meine Pflichten gegen sie zu erfüllen, wie ich es als Ältester unserer seligen Mutter versprochen habe. Oder eine Träumerin sagt: Ich soll meinem Manne den Tod wünschen. Das ist ja ein empörender Unsinn! Nicht nur, daß wir in der glücklichsten Ehe leben – das werden Sie mir wahrscheinlich nicht glauben –, sein Tod würde mich auch um alles bringen, was ich sonst in der Welt besitze. Oder ein anderer wird uns erwidern: Ich soll sinnliche Wünsche auf meine Schwester richten? Das ist lächerlich; ich mache mir gar nichts aus ihr; wir stehen schlecht miteinander und ich habe seit Jahren kein Wort mit ihr gewechselt. Wir würden es vielleicht noch leicht nehmen, wenn diese Träumer die ihnen zugedeuteten Tendenzen nicht bestätigten oder verleugneten; wir könnten sagen, das sind eben Dinge, die sie von sich nicht wissen. Aber daß sie das genaue Gegenteil eines solchen gedeuteten Wunsches in sich verspüren

und uns die Vorherrschaft dieses Gegensatzes durch ihre Lebensführung beweisen können, das muß uns doch endlich stutzig machen. Wäre es jetzt nicht an der Zeit, die ganze Arbeit an der Traumdeutung als etwas, was durch seine Resultate *ad absurdum* geführt ist, beiseite zu werfen? Nein, noch immer nicht. Auch dieses stärkere Argument zerbricht, wenn wir es kritisch angreifen. Vorausgesetzt, daß es unbewußte Tendenzen im Seelenleben gibt, so hat es gar keine Beweiskraft, wenn die ihnen entgegengesetzten im bewußten Leben als herrschend nachgewiesen werden. Vielleicht gibt es im Seelenleben auch Raum für gegensätzliche Tendenzen, für Widersprüche, die nebeneinander bestehen; ja möglicherweise ist gerade die Vorherrschaft der einen Regung eine Bedingung für das Unbewußtsein ihres Gegensatzes. Es bleibt also doch bei den zuerst erhobenen Einwendungen, die Resultate der Traumdeutung seien nicht einfach und sehr unerfreulich. Aufs erste ist zu erwidern, daß Sie mit aller Schwärmerei für das Einfache nicht eines der Traumprobleme lösen können; Sie müssen sich da schon zur Annahme komplizierter Verhältnisse bequemen. Und zum zweiten, daß Sie offenbar unrecht daran tun, ein Wohlgefallen oder eine Abstoßung, die Sie verspüren, als Motiv für ein wissenschaftliches Urteil zu verwenden. Was macht es, daß Ihnen die Resultate der Traumdeutung unerfreulich, ja beschämend und widerwärtig erscheinen? *Ça n'empêche pas d'exister*, habe ich als junger Doktor meinen Meister Charcot in ähnlichem Falle sagen gehört[1]. Es heißt demütig sein, seine Sympathien und Antipathien fein zurückstellen, wenn man erfahren will, was in dieser Welt real ist. Wenn Ihnen ein Physiker beweisen kann, daß das organische Leben dieser Erde binnen kurzer Frist einer völligen Erstarrung weichen muß, getrauen Sie sich auch ihm zu entgegnen: Das kann nicht sein; diese Aussicht ist zu unerfreulich? Ich meine, Sie werden schweigen, bis ein anderer Physiker kommt und dem ersten einen Fehler in seinen Voraussetzungen oder Berechnungen nachweist. Wenn Sie von sich weisen, was Ihnen unangenehm ist, so wiederholen Sie vielmehr den Mechanismus der Traumbildung, anstatt ihn zu verstehen und ihn zu überwinden.
Sie versprechen dann vielleicht, von dem abstoßenden Charakter der zensurierten Traumwünsche abzusehen, und ziehen sich auf das Argument zurück, es sei doch unwahrscheinlich, daß man dem Bösen in der Konstitution des Menschen einen so breiten Raum zugestehen solle.

---

[1] [Der volle Wortlaut der Bemerkung Charcots lautete: »La théorie c'est bon, mais ça n'empêche pas d'exister.«]

Aber berechtigen Sie Ihre eigenen Erfahrungen dazu, das zu sagen? Ich will nicht davon sprechen, wie Sie sich selbst erscheinen mögen, aber haben Sie so viel Wohlwollen bei Ihren Vorgesetzten und Konkurrenten gefunden, so viel Ritterlichkeit bei Ihren Feinden und so wenig Neid in Ihrer Gesellschaft, daß sie sich verpflichtet fühlen müssen, gegen den Anteil des egoistisch Bösen an der menschlichen Natur aufzutreten? Ist Ihnen nicht bekannt, wie unbeherrscht und unzuverlässig der Durchschnitt der Menschen in allen Angelegenheiten des Sexuallebens ist? Oder wissen Sie nicht, daß alle Übergriffe und Ausschreitungen, von denen wir nächtlich träumen, alltäglich von wachen Menschen als Verbrechen wirklich begangen werden? Was tut die Psychoanalyse hier anders als das alte Wort von Plato bestätigen, daß die Guten diejenigen sind, welche sich begnügen, von dem zu träumen, was die anderen, die Bösen wirklich tun?

Und nun blicken Sie vom Individuellen weg auf den großen Krieg, der noch immer Europa verheert, denken Sie an das Unmaß von Brutalität, Grausamkeit und Verlogenheit, das sich jetzt in der Kulturwelt breitmachen darf. Glauben Sie wirklich, daß es einer Handvoll gewissenloser Streber und Verführer geglückt wäre, all diese bösen Geister zu entfesseln, wenn die Millionen von Geführten nicht mitschuldig wären? Getrauen Sie sich auch unter diesen Verhältnissen, für den Ausschluß des Bösen aus der seelischen Konstitution des Menschen eine Lanze zu brechen?[1]

Sie werden mir vorhalten, ich beurteile den Krieg einseitig; er habe auch das Schönste und Edelste der Menschen zum Vorschein gebracht, ihren Heldenmut, ihre Selbstaufopferung, ihr soziales Fühlen. Gewiß, aber machen Sie sich hier nicht mitschuldig an der Ungerechtigkeit, die man so oft an der Psychoanalyse begangen hat, indem man ihr vorgeworfen, das eine zu leugnen, weil sie das andere behauptet. Es ist nicht unsere Absicht, die edlen Strebungen der menschlichen Natur abzuleugnen, noch haben wir je etwas dazu getan, sie in ihrem Wert herabzusetzen. Im Gegenteile; ich zeige Ihnen nicht nur die zensurierten bösen Traumwünsche, sondern auch die Zensur, welche sie unterdrückt und unkenntlich macht. Bei dem Bösen im Menschen verweilen wir nur darum mit stärkerem Nachdruck, weil die anderen es verleugnen, wodurch das menschliche Seelenleben zwar nicht besser, aber unverständlich wird.

---

[1] [Die schwersten Anklagen gegen die destruktive Seite der menschlichen Natur erhebt Freud im V. und VI. Kapitel seiner Arbeit *Das Unbehagen in der Kultur* (1930 *a*).]

Wenn wir dann die einseitig ethische Wertung aufgeben, werden wir für das Verhältnis des Bösen zum Guten in der menschlichen Natur gewiß die richtigere Formel finden können.
Es bleibt also dabei. Wir brauchen die Ergebnisse unserer Arbeit an der Traumdeutung nicht aufzugeben, wenn wir sie auch befremdend finden müssen. Vielleicht können wir uns später auf anderem Wege ihrem Verständnis nähern. Vorläufig halten wir fest: Die Traumentstellung ist eine Folge der Zensur, welche von anerkannten Tendenzen des Ichs gegen irgendwie anstößige Wunschregungen ausgeübt wird, die sich nächtlicherweile, während des Schlafes, in uns rühren. Freilich, warum gerade nächtlicherweile und woher diese verwerflichen Wünsche stammen, daran bleibt noch viel zu fragen und zu erforschen.

Es wäre aber Unrecht, wenn wir jetzt versäumten, ein anderes Ergebnis dieser Untersuchungen gebührend hervorzuheben. Die Traumwünsche, die uns im Schlafe stören wollen, sind uns unbekannt, wir erfahren von ihnen ja erst durch die Traumdeutung; sie sind also als derzeit unbewußte im besprochenen Sinne zu bezeichnen. Aber wir müssen uns sagen, sie sind auch mehr als derzeit unbewußt. Der Träumer verleugnet sie ja auch, wie wir in so vielen Fällen erfahren haben, nachdem er sie durch die Deutung des Traumes kennengelernt hat. Es wiederholt sich dann der Fall, dem wir zuerst bei der Deutung des Versprechens »Aufstoßen« begegnet sind [S. 70 f.], als der Toastredner empört versicherte, daß ihm weder damals noch je zuvor eine unehrerbietige Regung gegen seinen Chef bewußt geworden. Wir hatten schon damals an dem Wert einer solchen Versicherung gezweifelt und dieselbe durch die Annahme ersetzt, daß der Redner dauernd nichts von dieser in ihm vorhandenen Regung weiß. Solches wiederholt sich nun bei jeder Deutung eines stark entstellten Traumes und gewinnt somit an Bedeutung für unsere Auffassung. Wir sind nun bereit anzunehmen, daß es im Seelenleben Vorgänge, Tendenzen gibt, von denen man überhaupt nichts weiß, seit langer Zeit nichts weiß, vielleicht sogar niemals etwas gewußt hat. Das Unbewußte erhält damit für uns einen neuen Sinn; das »derzeit« oder »zeitweilig« schwindet aus seinem Wesen, es kann auch *dauernd* unbewußt bedeuten, nicht bloß »derzeit latent«. Natürlich werden wir auch darüber ein anderes Mal mehr hören müssen.

DIE SYMBOLIK IM TRAUM[1]

Meine Damen und Herren! Wir haben gefunden, daß die Traumentstellung, welche uns im Verständnis des Traumes stört, Folge einer zensurierenden Tätigkeit ist, die sich gegen die unannehmbaren, unbewußten Wunschregungen richtet. Aber wir haben natürlich nicht behauptet, daß die Zensur der einzige Faktor ist, der die Traumentstellung verschuldet, und wirklich können wir bei weiterem Studium des Traumes die Entdeckung machen, daß an diesem Effekt noch andere Momente beteiligt sind. Das ist soviel, als sagten wir, auch wenn die Traumzensur ausgeschaltet wäre, wären wir doch nicht imstande, die Träume zu verstehen, wäre der manifeste Traum noch nicht mit den latenten Traumgedanken identisch.

Dieses andere Moment, das den Traum undurchsichtig macht, diesen neuen Beitrag zur Traumentstellung entdecken wir, indem wir auf eine Lücke in unserer Technik aufmerksam werden. Ich habe Ihnen schon zugestanden [S. 121], daß den Analysierten zu einzelnen Elementen des Traumes mitunter wirklich nichts einfällt. Freilich geschieht dies nicht so oft, wie diese es behaupten; in sehr vielen Fällen läßt sich der Einfall doch noch durch Beharrlichkeit erzwingen. Aber es bleiben doch Fälle übrig, in denen die Assoziation versagt, oder, wenn erzwungen, nicht liefert, was wir von ihr erwarten. Geschieht dies während einer psychoanalytischen Behandlung, so kommt ihm eine besondere Bedeutung zu, mit welcher wir es hier nicht zu tun haben. Es ereignet sich aber auch bei der Traumdeutung mit normalen Personen oder bei der Deutung eigener Träume. Überzeugt man sich, daß in solchen Fällen alles Drängen nichts nützt, so macht man endlich die Entdeckung, daß der unerwünschte Zufall regelmäßig bei bestimmten Traumelementen eintrifft, und fängt an, eine neue Gesetzmäßigkeit dort zu erkennen, wo man zuerst nur ein ausnahmsweises Versagen der Technik zu erfahren glaubte.

Man kommt auf solche Weise zur Versuchung, diese »stummen« Traum-

---

[1] [Im VI. Kapitel der *Traumdeutung* ist der (erst 1914 hinzugefügte) Abschnitt E der Traumsymbolik gewidmet; neben der vorliegenden 10. Vorlesung enthält er Freuds umfangreichste allgemeine Behandlung des Themas Symbol. Indessen können die in der 10. Vorlesung vorgetragenen Gedanken als die wichtigste Äußerung Freuds zu diesem Thema angesehen werden.]

elemente selbst zu deuten, aus eigenen Mitteln eine Übersetzung derselben vorzunehmen. Es drängt sich einem auf, daß man jedesmal einen befriedigenden Sinn erhält, wenn man sich dieser Ersetzung getraut, während der Traum sinnlos bleibt und der Zusammenhang unterbrochen ist, solange man sich zu solchem Eingriff nicht entschließt. Die Häufung vieler durchaus ähnlicher Fälle übernimmt es dann, unserem zunächst schüchternen Versuch die geforderte Sicherheit zu geben.

Ich stelle das alles ein bißchen schematisch dar, aber zu Unterrichtszwecken ist es doch gestattet, und es ist auch nicht verfälscht, sondern bloß vereinfacht.

Auf diese Weise erhält man für eine Reihe von Traumelementen konstante Übersetzungen, also ganz ähnlich, wie man es in unseren populären Traumbüchern für alle geträumten Dinge findet. Sie vergessen doch nicht, daß bei unserer Assoziationstechnik niemals konstante Ersetzungen der Traumelemente zutage kommen.

Sie werden nun sofort sagen, dieser Weg zur Deutung erscheine Ihnen noch weit unsicherer und angreifbarer als der frühere mittels der freien Einfälle. Aber es kommt doch noch etwas anderes hinzu. Wenn man nämlich durch die Erfahrung genug solcher konstanter Ersetzungen gesammelt hat, dann sagt man sich einmal, daß man diese Stücke der Traumdeutung tatsächlich aus eigener Kenntnis hätte bestreiten sollen, daß sie wirklich ohne die Einfälle des Träumers verständlich sein konnten. Woher man ihre Bedeutung kennen müßte, das wird sich in der zweiten Hälfte unserer Auseinandersetzung ergeben.

Eine solche konstante Beziehung zwischen einem Traumelement und seiner Übersetzung heißen wir eine *symbolische*, das Traumelement selbst ein *Symbol* des unbewußten Traumgedankens. Sie erinnern sich, daß ich früher, bei der Untersuchung der Beziehungen zwischen Traumelementen und ihren Eigentlichen drei solcher Beziehungen unterschieden habe, die des Teils vom Ganzen, die der Anspielung und die der Verbildlichung. Eine vierte habe ich Ihnen damals angekündigt, aber nicht genannt [S. 136]. Diese vierte ist nun die hier eingeführte symbolische. An sie knüpfen sich sehr interessante Diskussionen, denen wir uns zuwenden wollen, ehe wir unsere speziellen Beobachtungen über Symbolik darlegen. Die Symbolik ist vielleicht das merkwürdigste Kapitel der Traumlehre.

Vor allem: Indem die Symbole feststehende Übersetzungen sind, realisieren sie im gewissen Ausmaße das Ideal der antiken wie der popu-

Schwind: Traum des Gefangenen

lären Traumdeutung, von dem wir uns durch unsere Technik weit entfernt hatten. Sie gestatten uns unter Umständen, einen Traum zu deuten, ohne den Träumer zu befragen, der ja zum Symbol ohnedies nichts zu sagen weiß. Kennt man die gebräuchlichen Traumsymbole und dazu die Person des Träumers, die Verhältnisse, unter denen er lebt, und die Eindrücke, nach welchen der Traum vorgefallen ist, so ist man oft in der Lage, einen Traum ohne weiteres zu deuten, ihn gleichsam vom Blatt weg zu übersetzen. Ein solches Kunststück schmeichelt dem Traumdeuter und imponiert dem Träumer; es sticht wohltuend von der mühseligen Arbeit beim Ausfragen des Träumers ab. Lassen Sie sich aber hierdurch nicht verführen. Es ist nicht unsere Aufgabe, Kunststücke zu machen. Die auf Symbolkenntnis beruhende Deutung ist keine Technik, welche die assoziative ersetzen oder sich mit ihr messen kann. Sie ist eine Ergänzung zu ihr und liefert nur in sie eingefügt brauchbare Resultate. Was aber die Kenntnis der psychischen Situation des Träumers betrifft, so wollen Sie erwägen, daß Sie nicht nur Träume von gut Bekannten zur Deutung bekommen, daß Sie in der Regel die Tagesereignisse, welche die Traumerreger sind, nicht kennen, und daß die Einfälle des Analysierten Ihnen gerade die Kenntnis dessen, was man die psychische Situation heißt, zutragen.

Es ist ferner ganz besonders merkwürdig, auch mit Rücksicht auf später zu erwähnende Zusammenhänge [vgl. S. 177], daß gegen die Existenz der Symbolbeziehung zwischen Traum und Unbewußtem wiederum die heftigsten Widerstände laut geworden sind. Selbst Personen von Urteil und Ansehen, die sonst ein weites Stück Weges mit der Psychoanalyse gegangen sind, haben hier die Gefolgschaft versagt. Um so merkwürdiger aber ist dies Verhalten, als erstens die Symbolik nicht allein dem Traum eigentümlich oder für ihn charakteristisch ist, und zweitens die Symbolik im Traume gar nicht von der Psychoanalyse entdeckt wurde, wiewohl diese sonst nicht arm an überraschenden Entdeckungen ist. Als Entdecker der Traumsymbolik ist, wenn man ihr überhaupt einen Anfang in modernen Zeiten zuschreiben will, der Philosoph K. A. Scherner (1861) zu nennen. Die Psychoanalyse hat die Funde Scherners bestätigt und in allerdings einschneidender Weise modifiziert.

Nun werden Sie etwas vom Wesen der Traumsymbolik und Beispiele für sie hören wollen. Ich will Ihnen gerne mitteilen, was ich weiß, aber ich gestehe Ihnen, daß unser Verständnis nicht so weit reicht, wie wir gerne möchten.

Das Wesen der Symbolbeziehung ist ein Vergleich, aber nicht ein beliebiger. Man ahnt für diesen Vergleich eine besondere Bedingtheit, kann aber nicht sagen, worin diese besteht. Nicht alles, womit wir einen Gegenstand oder einen Vorgang vergleichen können, tritt auch im Traum als Symbol dafür auf. Anderseits symbolisiert der Traum auch nicht alles Beliebige, sondern nur bestimmte Elemente der latenten Traumgedanken. Es gibt also hier Beschränkungen nach beiden Seiten hin. Man muß auch zugeben, daß der Begriff des Symbols derzeit nicht scharf abzugrenzen ist, er verschwimmt gegen die Ersetzung, Darstellung und dgl., nähert sich selbst der Anspielung. Bei einer Reihe von Symbolen ist der zugrundeliegende Vergleich sinnfällig. Daneben gibt es andere Symbole, bei denen wir uns die Frage stellen müssen, wo denn das Gemeinsame, das *Tertium comparationis* dieses vermutlichen Vergleichs zu suchen sei. Dann mögen wir es bei näherer Überlegung auffinden, oder es kann uns wirklich verborgen bleiben. Es ist ferner sonderbar, wenn das Symbol eine Vergleichung ist, daß dieser Vergleich sich nicht durch die Assoziation bloßlegen läßt, auch daß der Träumer den Vergleich nicht kennt, sich seiner bedient, ohne um ihn zu wissen Ja noch mehr, daß der Träumer nicht einmal Lust hat, diesen Vergleich anzuerkennen, nachdem er ihm vorgeführt worden ist. Sie sehen also, eine Symbolbeziehung ist eine Vergleichung von ganz besonderer Art, deren Begründung von uns noch nicht klar erfaßt wird. Vielleicht lassen sich später Hinweise auf dieses Unbekannte finden.

Der Umfang der Dinge, die im Traume symbolische Darstellung finden, ist nicht groß. Der menschliche Leib als Ganzes, die Eltern, Kinder, Geschwister, Geburt, Tod, Nacktheit – und dann noch eines. Die einzig typische, d. h. regelmäßige Darstellung der menschlichen Person als Ganzes ist die als *Haus*, wie Scherner erkannt hat, der diesem Symbol sogar eine überragende Bedeutung, die ihm nicht zukommt, zuteilen wollte. Es kommt im Traume vor, daß man, bald lustvoll, bald ängstlich von Häuserfassaden herabklettert. Die mit ganz glatten Mauern sind Männer; die aber mit Vorsprüngen und Balkonen versehen sind, an welchen man sich anhalten kann, das sind Frauen [vgl. S. 168]. Die Eltern erscheinen im Traum als *Kaiser* und *Kaiserin*, König und Königin [loc. cit.] oder als andere Respektspersonen; der Traum ist also hier sehr pietätsvoll. Minder zärtlich verfährt er gegen Kinder und Geschwister; diese werden als *kleine Tiere, Ungeziefer* symbolisiert. Die Geburt findet fast regelmäßig eine Darstellung durch eine Beziehung zum *Wasser;* entweder man stürzt ins Wasser oder man steigt aus ihm

heraus, man rettet eine Person aus dem Wasser oder wird von ihr gerettet, d. h. man hat eine mütterliche Beziehung zu ihr [vgl. S. 169]. Das Sterben wird im Traum durch *Abreisen, mit der Eisenbahn Fahren* ersetzt [vgl. S. 170], das Totsein durch verschiedene dunkle, wie zaghafte Andeutungen, die Nacktheit durch *Kleider* und *Uniformen*. Sie sehen, wie hier die Grenzen zwischen symbolischer und anspielungsartiger Darstellung verschwimmen.
Im Vergleich zur Armseligkeit dieser Aufzählung muß es auffallen, daß Objekte und Inhalte eines anderen Kreises durch eine außerordentlich reichhaltige Symbolik dargestellt werden. Es ist dies der Kreis des Sexuallebens, der Genitalien, der Geschlechtsvorgänge, des Geschlechtsverkehrs. Die übergroße Mehrzahl der Symbole im Traum sind Sexualsymbole. Es stellt sich dabei ein merkwürdiges Mißverhältnis heraus. Der bezeichneten Inhalte sind nur wenige, der Symbole für sie ungemein viele, so daß jedes dieser Dinge durch zahlreiche, nahezu gleichwertige Symbole ausgedrückt werden kann. Bei der Deutung ergibt sich dann etwas, was allgemein Anstoß erregt. Die Symboldeutungen sind im Gegensatze zur Mannigfaltigkeit der Traumdarstellungen sehr monoton. Das mißfällt jedem, der davon erfährt; aber was ist dagegen zu tun?

Da es das erstemal ist, daß in dieser Vorlesung von Inhalten des Sexuallebens gesprochen wird, bin ich Ihnen Rechenschaft über die Art schuldig, wie ich dieses Thema zu behandeln gedenke. Die Psychoanalyse findet keinen Anlaß zu Verhüllungen und Andeutungen, hält es nicht für nötig, sich der Beschäftigung mit diesem wichtigen Stoff zu schämen, meint, es sei korrekt und anständig, alles bei seinem richtigen Namen zu nennen, und hofft, auf solche Weise störende Nebengedanken am ehesten fernezuhalten. Daran kann der Umstand, daß man vor einem aus beiden Geschlechtern gemischten Zuhörerkreis spricht, nichts ändern. So wie es keine Wissenschaft *in usum delphini* [1] gibt, so auch keine für Backfischchen, und die Damen unter Ihnen haben durch ihr Erscheinen in diesem Hörsaal zu verstehen gegeben, daß sie den Männern gleichgestellt werden wollen.

Für das männliche Genitale also hat der Traum eine Anzahl von symbolisch zu nennenden Darstellungen, bei denen das gemeinsame der

---

[1] [Vgl. die Anm. 2 auf S. 117.]

Vergleichung meist sehr einleuchtend ist. Vor allem ist für das männliche Genitale im ganzen die heilige Zahl 3 symbolisch bedeutsam [vgl. S. 172f.]. Der auffälligere und beiden Geschlechtern interessante Bestandteil des Genitales, das männliche Glied, findet symbolischen Ersatz erstens durch Dinge, die ihm in der Form ähnlich, also lang und hochragend sind, wie: *Stöcke, Schirme, Stangen, Bäume* und dgl. Ferner durch Gegenstände, die die Eigenschaft des In-den-Körper-Eindringens und Verletzens mit dem Bezeichneten gemein haben, also spitzige *Waffen* jeder Art, *Messer, Dolche, Lanzen, Säbel,* aber ebenso durch Schießwaffen: *Gewehre, Pistolen* und den durch seine Form so sehr dazu tauglichen *Revolver.* In den ängstlichen Träumen der Mädchen spielt die Verfolgung durch einen Mann mit einem Messer oder einer Schußwaffe eine große Rolle. Es ist dies der vielleicht häufigste Fall der Traumsymbolik, den Sie sich nun leicht übersetzen können. Ohne weiteres verständlich ist auch der Ersatz des männlichen Gliedes durch Gegenstände, aus denen Wasser fließt: *Wasserhähne, Gießkannen, Springbrunnen,* und durch andere Objekte, die einer Verlängerung fähig sind, wie *Hängelampen, vorschiebbare Bleistifte* usw. Daß *Bleistifte, Federstiele, Nagelfeilen, Hämmer* und andere *Instrumente* unzweifelhafte männliche Sexualsymbole sind, hängt mit einer gleichfalls nicht ferneliegenden Auffassung des Organs zusammen.

Die merkwürdige Eigenschaft des Gliedes, sich gegen die Schwerkraft aufrichten zu können, eine Teilerscheinung der Erektion, führt zur Symboldarstellung durch *Luftballone, Flugmaschinen* und neuesten Datums durch das *Zeppelinsche Luftschiff.* Der Traum kennt aber noch eine andere, weit ausdrucksvollere Art, die Erektion zu symbolisieren. Er macht das Geschlechtsglied zum Wesentlichen der ganzen Person und läßt diese selbst *fliegen.* Lassen Sie sich's nicht nahegehen, daß die oft so schönen Flugträume, die wir alle kennen, als Träume von allgemeiner sexueller Erregung, als Erektionsträume gedeutet werden müssen. Unter den psychoanalytischen Forschern hat P. Federn [1914] diese Deutung gegen jeden Zweifel sichergestellt, aber auch der für seine Nüchternheit vielbelobte Mourly Vold, der jene Traumexperimente [S. 105] mit künstlichen Stellungen der Arme und Beine durchgeführt hat und der der Psychoanalyse wirklich fernestand, vielleicht nichts von ihr wußte, ist durch seine Untersuchungen zu demselben Schluß gekommen [1910–12, Bd. 2, 791]. Machen Sie auch keinen Einwand daraus, daß Frauen dieselben Flugträume haben können. Erinnern Sie sich vielmehr daran, daß unsere Träume Wunscherfüllungen sein wollen und daß der Wunsch, ein Mann zu sein, sich bei der Frau so häufig, bewußt oder unbewußt, findet. Auch daß es der Frau möglich ist, diesen Wunsch durch dieselben Sensationen wie der Mann zu realisieren, wird keinen der Anatomie Kundigen irremachen können. Das Weib besitzt in seinen Genitalien eben auch ein kleines Glied in der Ähnlichkeit des männlichen, und dieses kleine Glied, die Clitoris, spielt sogar im Kindesalter und im Alter vor dem Geschlechtsverkehr die nämliche Rolle wie das große Glied des Mannes[1].

Zu den weniger gut verständlichen männlichen Sexualsymbolen gehören gewisse *Reptilien* und *Fische*, vor allem das berühmte Symbol der *Schlange*. Warum *Hut* und *Mantel* dieselbe Verwendung gefunden haben, ist gewiß nicht leicht zu erraten, aber deren Symbolbedeutung ist ganz unzweifelhaft [vgl. S. 167]. Endlich kann man sich noch fragen, ob man den Ersatz des männlichen Gliedes durch ein anderes Glied, den Fuß oder die Hand, als einen symbolischen bezeichnen darf. Ich glaube, man wird durch den Zusammenhang und durch die weiblichen Gegenstücke dazu genötigt.

Das weibliche Genitale wird symbolisch dargestellt durch alle jene Objekte, die seine Eigenschaft teilen, einen Hohlraum einzuschließen, der etwas in sich aufnehmen kann. Also durch *Schachte, Gruben* und *Höhlen*, durch *Gefäße* und *Flaschen, durch Schachteln, Dosen, Koffer, Büchsen, Kisten, Taschen usw.* Auch das *Schiff* gehört in diese Reihe. Manche Symbole haben mehr Beziehung auf den Mutterleib als auf das Genitale des Weibes, so: *Schränke, Öfen* und vor allem das *Zimmer*. Die Zimmersymbolik stößt hier an die Haussymbolik, *Türe* und *Tor* werden wiederum zu Symbolen der Genitalöffnung. Aber auch Stoffe sind Symbole des Weibes [vgl. S. 168 f.], das *Holz*, das *Papier*, und Gegenstände, die aus diesen Stoffen bestehen, wie der *Tisch* und das *Buch*. Von Tieren sind wenigstens *Schnecke* und *Muschel* als unverkennbare weibliche Symbole anzuführen; von Körperteilen der *Mund* zur Vertretung der Genitalöffnung, von Bauwerken *Kirche* und *Kapelle*. Wie Sie sehen, sind nicht alle Symbole gleich gut verständlich.

Zu den Genitalien müssen die Brüste gerechnet werden, die wie die größeren Hemisphären des weiblichen Körpers ihre Darstellung finden in *Äpfeln, Pfirsichen, Früchten* überhaupt. Die Genitalbehaarung beider Geschlechter beschreibt der Traum als *Wald* und *Gebüsch*. Die komplizierte Topographie der weiblichen Geschlechtsteile macht es begreiflich,

---

[1] [Dies wird auf S. 313 weiter ausgeführt.]

daß diese sehr häufig als *Landschaft* mit Fels, Wald und Wasser dargestellt werden [1], während der imposante Mechanismus des männlichen Geschlechtsapparates dazu führt, daß alle Arten von schwer zu beschreibenden komplizierten *Maschinen* Symbole desselben werden.
Ein erwähnenswertes Symbol des weiblichen Genitales ist noch das *Schmuckkästchen; Schmuck* und *Schatz* sind Bezeichnungen der geliebten Person auch im Traume; *Süßigkeiten* eine häufige Darstellung des Geschlechtsgenusses. Die Befriedigung am eigenen Genitale wird durch jede Art von *Spielen* angedeutet, auch durch das *Klavierspiel.* Exquisit symbolische Darstellungen der Onanie sind das *Gleiten* und *Rutschen* sowie das *Abreißen eines Astes* [vgl. S. 173]. Ein besonders merkwürdiges Traumsymbol ist der *Zahnausfall* oder das *Zahnausziehen.* Es bedeutet sicherlich zunächst die Kastration als Bestrafung für die Onanie. Besondere Darstellungen für den Verkehr der Geschlechter findet man im Traume weniger zahlreich, als man nach den bisherigen Mitteilungen erwarten konnte. Rhythmische Tätigkeiten wie *Tanzen, Reiten* und *Steigen* sind hier zu nennen, auch gewaltsame Erlebnisse wie das *Überfahrenwerden.* Dazu gewisse *Handwerkstätigkeiten* und natürlich die *Bedrohung mit Waffen.*
Sie müssen sich die Verwendung wie die Übersetzung dieser Symbole nicht ganz einfach vorstellen. Es kommt dabei allerlei vor, was unserer Erwartung widerspricht. So scheint es zum Beispiel kaum glaublich, daß in diesen symbolischen Darstellungen die Geschlechtsunterschiede oft nicht scharf auseinandergehalten werden. Manche Symbole bedeuten ein Genitale überhaupt, gleichgültig ob ein männliches oder weibliches, z. B. das *kleine* Kind, der *kleine* Sohn oder die *kleine* Tochter. Ein andermal kann ein vorwiegend männliches Symbol für ein weibliches Genitale gebraucht werden oder umgekehrt. Man versteht das nicht, ehe man Einsicht in die Entwicklung der Sexualvorstellungen der Menschen gewonnen hat. In manchen Fällen mag diese Zweideutigkeit der Symbole eine nur scheinbare sein; die eklatantesten unter den Symbolen wie *Waffen, Tasche, Kiste* sind auch von dieser bisexuellen Verwendung ausgenommen.

Ich will nun nicht von dem Dargestellten, sondern vom Symbol ausgehen, eine Übersicht geben, aus welchen Gebieten die Sexualsymbole zumeist entnommen werden, und einige Nachträge anfügen mit beson-

---

[1] [Ein Traum mit Landschaftssymbolik ist weiter unten, S. 198 f., angeführt.]

derer Rücksicht auf die Symbole mit unverstandenem Gemeinsamen. Solch ein dunkles Symbol ist der *Hut*, vielleicht die Kopfbedeckung überhaupt, in der Regel mit männlicher Bedeutung, doch auch der weiblichen fähig. Ebenso bedeutet der *Mantel* einen Mann, vielleicht nicht immer mit Genitalbeziehung. Es steht Ihnen frei, zu fragen, warum[1]. Die herabhängende und vom Weib nicht getragene *Krawatte* ist ein deutlich männliches Symbol. *Weiße Wäsche, Leinen* überhaupt ist weiblich; *Kleider, Uniformen* sind, wie wir schon gehört haben, Ersatz für Nacktheit, Körperformen; der *Schuh, Pantoffel*, ein weibliches Genitale, *Tisch* und *Holz* wurden als rätselhafte, aber sicherlich weibliche Symbole bereits erwähnt. *Leiter, Stiege, Treppe*, respektive das Gehen auf ihnen, sind sichere Symbole des Geschlechtsverkehres. Bei näherer Überlegung wird uns die Rhythmik dieses Gehens als Gemeinsames auffallen, vielleicht auch das Anwachsen der Erregung, Atemnot, je höher man steigt [vgl. S. 173].

Die *Landschaft* haben wir als Darstellung des weiblichen Genitales schon gewürdigt. *Berg* und *Fels* sind Symbole des männlichen Gliedes; der *Garten* ein häufiges Symbol des weiblichen Genitales. Die *Frucht* steht nicht für das Kind, sondern für die Brüste. *Wilde Tiere* bedeuten sinnlich erregte Menschen, des weiteren böse Triebe, Leidenschaften. *Blüten* und *Blumen* bezeichnen das Genitale des Weibes oder spezieller die Jungfräulichkeit. Sie vergessen nicht, daß die Blüten wirklich die Genitalien der Pflanzen sind.

Das *Zimmer* kennen wir bereits als Symbol. Die Darstellung kann sich hier fortsetzen, indem die Fenster, Ein- und Ausgänge des Zimmers die Bedeutung der Körperöffnungen übernehmen. Auch das *Offen-* oder *Verschlossensein* des Zimmers fügt sich dieser Symbolik, und der *Schlüssel*, der öffnet, ist ein sicheres männliches Symbol.

Das wäre nun Material zur Traumsymbolik. Es ist nicht vollständig und könnte sowohl vertieft als auch verbreitert werden. Aber ich meine, es wird Ihnen mehr als genug scheinen, vielleicht Sie unwillig machen. Sie werden fragen: Lebe ich also wirklich inmitten von Sexualsymbolen? Sind alle Gegenstände, die mich umgeben, alle Kleider, die ich anlege, alle Dinge, die ich in die Hand nehme, immer wieder Sexualsymbole und nichts anderes? Es gibt wirklich Anlaß genug zu verwunderten Fra-

---

[1] [An anderer Stelle meint Freud, der ähnliche Klang von »Mann« und »Mantel« könne diese Symbolbildung erklären. Eine weitere Erörterung dieses Symbols findet sich in der 29. Vorlesung der *Neuen Folge*, S. 466.]

gen, und die erste derselben lautet: Woher wir denn eigentlich die Bedeutung dieser Traumsymbole kennen sollen, zu denen uns der Träumer selbst keine oder nur unzureichende Auskunft gibt?
Ich antworte: aus sehr verschiedenen Quellen, aus den Märchen und Mythen, Schwänken und Witzen, aus dem Folklore, d. i. der Kunde von den Sitten, Gebräuchen, Sprüchen und Liedern der Völker, aus dem poetischen und dem gemeinen Sprachgebrauch. Überall hier findet sich dieselbe Symbolik vor, und an manchen dieser Stellen verstehen wir sie ohne weitere Unterweisung. Wenn wir diesen Quellen im einzelnen nachgehen, werden wir so viele Parallelen zur Traumsymbolik finden, daß wir unserer Deutungen sicher werden müssen.
Der menschliche Leib, sagten wir, findet nach Scherner im Traum häufig eine Darstellung durch das Symbol des Hauses. In der Fortführung dieser Darstellung sind dann Fenster, Türen und Tore, die Eingänge in die Körperhöhlen, die Fassaden glatt oder mit Balkonen und Vorsprüngen zum Anhalten versehen. Dieselbe Symbolik findet sich aber in unserem Sprachgebrauch, wenn wir einen gut Bekannten vertraulich als *»altes Haus«* begrüßen, wenn wir davon sprechen, einem eins *aufs Dachl* zu geben, oder von einem anderen behaupten, es sei bei ihm nicht richtig im *Oberstübchen.* In der Anatomie heißen die Körperöffnungen direkt die *Leibespforten.*
Daß wir die Eltern im Traume als kaiserliche und königliche Paare antreffen, ist ja zunächst überraschend. Aber es findet seine Parallele in den Märchen. Dämmert uns nicht die Einsicht, daß die vielen Märchen, die anheben: Es war einmal *ein König und eine Königin,* nichts anderes sagen wollen als: Es waren einmal ein Vater und eine Mutter? In der Familie heißen wir die Kinder scherzhaft Prinzen, den ältesten aber den Kronprinzen. Der König selbst nennt sich *Landesvater.* Kleine Kinder bezeichnen wir scherzhaft als *Würmer* und sagen mitleidig: *das arme Wurm.*
Kehren wir zur Haussymbolik zurück. Wenn wir die Vorsprünge der Häuser im Traume zum Anhalten benützen, mahnt das nicht an die bekannte Volksrede auf einen stark entwickelten Busen: Die hat etwas zum *Anhalten?* Das Volk äußert sich in solchem Falle noch anders, es sagt: Die hat viel *Holz* vor dem Haus, als wollte es unserer Deutung zu Hilfe kommen, daß Holz ein weibliches, mütterliches Symbol ist.
Zu Holz noch anderes. Wir werden nicht verstehen, wie dieser Stoff zur Vertretung des Mütterlichen, Weiblichen, gelangt ist. Da mag uns die Sprachvergleichung an die Hand gehen. Unser deutsches Wort Holz soll

gleichen Stammes sein wie das griechische *'ὕλη*, was Stoff, Rohstoff bedeutet. Es würde da der nicht gerade seltene Fall vorliegen, daß ein allgemeiner Stoffname schließlich für einen besonderen Stoff reserviert worden ist. Nun gibt es eine Insel im Ozean, die den Namen *Madeira* führt. Diesen Namen haben ihr die Portugiesen bei der Entdeckung gegeben, weil sie damals über und über bewaldet war. *Madeira* heißt nämlich in der Sprache der Portugiesen: Holz. Sie erkennen aber, daß *madeira* nichts anderes ist als das wenig veränderte lateinische Wort *materia*, das wiederum Stoff im allgemeinen bedeutet. Materia ist nun von mater, Mutter, abgeleitet. Der Stoff, aus dem etwas besteht, ist gleichsam sein mütterlicher Anteil. In dem symbolischen Gebrauch von Holz für Weib, Mutter, lebt also diese alte Auffassung fort.

Die Geburt wird im Traume regelmäßig durch eine Beziehung zum Wasser ausgedrückt; man stürzt ins Wasser oder kommt aus dem Wasser, das heißt: man gebärt oder man wird geboren. Nun vergessen wir nicht, daß sich dies Symbol in zweifacher Weise auf entwicklungsgeschichtliche Wahrheit berufen kann. Nicht nur, daß alle Landsäugetiere, auch die Vorahnen des Menschen, aus Wassertieren hervorgegangen sind, – das wäre die fernerliegende Tatsache, – auch jedes einzelne Säugetier, jeder Mensch, hat die erste Phase seiner Existenz im Wasser zugebracht, nämlich als Embryo im Fruchtwasser im Leib seiner Mutter gelebt und ist mit der Geburt aus dem Wasser gekommen. Ich will nicht behaupten, daß der Träumer dies weiß, dagegen vertrete ich, daß er es nicht zu wissen braucht. Etwas anderes weiß der Träumer wahrscheinlich daher, daß man es ihm in seiner Kindheit gesagt hat, und selbst dafür will ich behaupten, daß ihm dies Wissen nichts zur Symbolbildung beigetragen hat. Man hat ihm in der Kinderstube erzählt, daß der Storch die Kinder bringt, aber woher holt er sie? Aus dem Teich, aus dem Brunnen, also wiederum aus dem Wasser. Einer meiner Patienten, dem diese Auskunft gegeben worden war, damals ein kleines Gräflein, war hernach einen ganzen Nachmittag lang verschollen. Man fand ihn endlich am Rande des Schloßteichs liegend, das Gesichtchen über den Wasserspiegel gebeugt und eifrig spähend, ob er die Kindlein auf dem Grunde des Wassers erschauen könnte. [Vgl. S. 314.]

In den Mythen von der Geburt des Helden, die O. Rank [1909] einer vergleichenden Untersuchung unterzogen hat, – der älteste ist der des Königs Sargon von Agade, etwa 2800 v. Chr. – spielt die Aussetzung ins Wasser und die Rettung aus dem Wasser eine überwiegende Rolle. Rank hat erkannt, daß dies Darstellungen der Geburt sind, analog der im Traume üblichen. Wenn man im Traum eine Person aus dem Wasser rettet, macht man sich zu ihrer Mutter oder zur Mutter schlechtweg; im Mythus bekennt sich eine Person, die ein Kind aus dem Wasser rettet, als die richtige Mutter des Kindes. In einem bekannten Scherz wird der intelligente Judenknabe gefragt, wer denn die Mutter des Moses war. Er antwortet unbedenklich: die Prinzessin. Aber nein, wird ihm vorgehalten, die hat ihn ja nur aus dem Wasser gezogen. So sagt *sie*, repliziert er und beweist damit, daß er die richtige Deutung des Mythus gefunden hat[1].

Das Abreisen bedeutet im Traum Sterben. Es ist auch der Brauch der Kinderstube, wenn sich das Kind nach dem Verbleib eines Verstorbenen erkundigt, den es vermißt, ihm zu sagen, er sei *verreist*. Wiederum möchte ich dem Glauben widersprechen, daß das Traumsymbol von dieser gegen das Kind gebrauchten Ausrede stammt. Der Dichter[2] bedient sich derselben Symbolbeziehung, wenn er vom Jenseits als vom unentdeckten Land spricht, von dessen Bezirk kein *Reisender (no traveller)* wiederkehrt. Auch im Alltag ist es uns durchaus gebräuchlich, von der letzten Reise zu sprechen. Jeder Kenner des alten Ritus weiß, wie ernst z. B. im altägyptischen Glauben die Vorstellung von einer Reise ins Land des Todes genommen wurde. In vielen Exemplaren ist uns das Totenbuch erhalten, welches wie ein Bädeker der Mumie auf diese Reise mitgegeben wurde. Seitdem die Begräbnisstätten von den Wohnstätten abgesondert worden sind, ist ja auch die letzte Reise des Verstorbenen eine Realität geworden.

Ebensowenig ist etwa die Genitalsymbolik etwas, was dem Traume allein zukommt. Jeder von Ihnen wird wohl einmal so unhöflich gewesen sein, eine Frau eine *»alte Schachtel«* zu nennen, vielleicht ohne zu wissen, daß er sich dabei eines Genitalsymbols bedient. Im Neuen Testament heißt es: Das Weib ist ein schwaches *Gefäß*. Die heiligen Schriften der Juden sind in ihrem dem poetischen so angenäherten Stil erfüllt von sexualsymbolischen Ausdrücken, die nicht immer richtig verstanden worden sind und deren Auslegung z. B. im Hohen Lied zu manchen Mißverständnissen geführt hat. In der späteren hebräischen Literatur ist die Darstellung des Weibes als Haus, wobei die Tür die Geschlechtsöffnung vertritt, eine sehr verbreitete. Der Mann beklagt sich z. B. im

---

[1] [Diese »richtige Deutung des Mythus« legte Freud der letzten seiner abgeschlossenen Arbeiten, der Studie *Der Mann Moses und die monotheistische Religion* (1939*a*), zugrunde.]

[2] [Shakespeare in *Hamlet*, III. Akt, 1. Szene.]

Falle der fehlenden Jungfräulichkeit, daß er *die Tür geöffnet* gefunden hat. Auch das Symbol Tisch für Weib ist in dieser Literatur bekannt. Die Frau sagt von ihrem Manne: Ich ordnete ihm den Tisch, er *aber wendete ihn um.* Lahme Kinder sollen dadurch entstehen, daß der Mann *den Tisch umwendet.* Ich entnehme diese Belege einer Abhandlung von L. Levy in Brünn: ›Die Sexualsymbolik der Bibel und des Talmuds‹ [1914].

Daß auch die Schiffe des Traumes Weiber bedeuten, machen uns die Etymologen glaubwürdig, die behaupten, Schiff sei ursprünglich der Name eines tönernen Gefäßes gewesen und sei dasselbe Wort wie *Schaff.* Daß der Ofen ein Weib und Mutterleib ist, wird uns durch die griechische Sage von Periander von Korinth und seiner Frau Melissa bestätigt. Als nach Herodots Bericht der Tyrann den Schatten seiner heißgeliebten, aber aus Eifersucht von ihm ermordeten Gemahlin beschwor, um eine Auskunft von ihr zu bekommen, beglaubigte sich die Tote durch die Mahnung, daß er, Periander, *sein Brot in einen kalten Ofen geschoben,* als Verhüllung eines Vorganges, der keiner anderen Person bekannt sein konnte. In der von F. S. Krauß herausgegebenen *Anthropophyteia,* einem unersetzlichen Quellenwerk für alles, was das Geschlechtsleben der Völker betrifft, lesen wir, daß man in einer bestimmten deutschen Landschaft von einer Frau, die entbunden hat, sagt: *Der Ofen ist bei ihr zusammengebrochen.* Die Feuerbereitung und alles, was mit ihr zusammenhängt, ist auf das innigste von Sexualsymbolik durchsetzt. Stets ist die Flamme ein männliches Genitale, und die Feuerstelle, der Herd, ein weiblicher Schoß.

Wenn Sie sich vielleicht darüber verwundert haben, wie häufig Landschaften im Traum zur Darstellung des weiblichen Genitales verwendet werden, so lassen Sie sich von den Mythologen belehren, welche Rolle *Mutter Erde* in den Vorstellungen und Kulten der alten Zeit gespielt hat und wie die Auffassung des Ackerbaues von dieser Symbolik bestimmt wurde. Daß das Zimmer im Traum ein Frauenzimmer vorstellt, werden Sie geneigt sein aus unserem Sprachgebrauch abzuleiten, der Frauenzimmer anstatt Frau setzt, also die menschliche Person durch die für sie bestimmte Räumlichkeit vertreten werden läßt. So ähnlich sprechen wir von der »Hohen Pforte«[1] und meinen damit den Sultan und seine Regierung; auch der Name des altägyptischen Herrschers *Pharao*

[1] [Im älteren diplomatischen Sprachgebrauch Bezeichnung für den osmanischen Hof zu Konstantinopel vor 1923; auf dem Wege über das Französische vom Türkischen hergeleitet.]

bedeutete nichts anderes als »großer Hofraum«. (Im alten Orient sind die Höfe zwischen den Doppeltoren der Stadt Orte der Zusammenkunft wie in der klassischen Welt die Marktplätze.) Allein ich meine, diese Ableitung ist eine allzu oberflächliche. Es ist mir wahrscheinlicher, daß das Zimmer als der den Menschen umschließende Raum zum Symbol des Weibes geworden ist. Das Haus kennen wir ja schon in solcher Bedeutung; aus der Mythologie und aus dem poetischen Stil dürfen wir *Stadt, Burg, Schloß, Festung* als weitere Symbole für das Weib hinzunehmen. Die Frage wäre an Träumen solcher Personen, die nicht Deutsch sprechen und es nicht verstehen, leicht zu entscheiden. Ich habe in den letzten Jahren vorwiegend fremdsprachige Patienten behandelt und glaube mich zu erinnern, daß in deren Träumen das Zimmer gleichfalls ein Frauenzimmer bedeutete, obwohl sie keinen analogen Sprachgebrauch in ihren Sprachen hatten. Es sind noch andere Anzeichen dafür vorhanden, daß die Symbolbeziehung über die Sprachgrenzen hinausgehen kann, was übrigens schon der alte Traumforscher Schubert [1814] behauptet hat. Indes, keiner meiner Träumer war des Deutschen völlig unkundig, so daß ich diese Unterscheidung jenen Psychoanalytikern überlassen muß, die in anderen Ländern an einsprachigen Personen Erfahrungen sammeln können.

Unter den Symboldarstellungen des männlichen Genitales ist kaum eine, die nicht im scherzhaften, vulgären oder im poetischen Sprachgebrauch, zumal bei den altklassischen Dichtern, wiederkehrte. Es kommen hierfür aber nicht nur die im Traume auftretenden Symbole in Betracht, sondern auch neue, z. B. die Werkzeuge verschiedener Verrichtungen, in erster Reihe der Pflug. Im übrigen nahen wir mit der Symboldarstellung des Männlichen einem sehr ausgedehnten und vielumstrittenen Gebiet, von dem wir uns aus ökonomischen Motiven fernehalten wollen. Nur dem einen, gleichsam aus der Reihe fallenden Symbol der 3 möchte ich einige Bemerkungen widmen[1]. Ob diese Zahl nicht etwa ihre Heiligkeit dieser Symbolbeziehung verdankt, bleibe dahingestellt. Gesichert scheint aber, daß manche in der Natur vorkommende dreiteilige Dinge ihre Verwendung zu Wappen und Emblemen von solcher Symbolbedeutung ableiten, z. B. das Kleeblatt. Auch die dreiteilige sogenannte französische Lilie und das sonderbare Wappen zweier so weit voneinander entfernten Inseln wie Sizilien und die Isle of Man, das *Triskeles* (drei halbgebeugte Beine von einem Mittelpunkt

[1] [S. auch S. 223.]

ausgehend) sollen nur Umstilisierungen eines männlichen Genitales sein. Ebenbilder des männlichen Gliedes galten im Altertum als die kräftigsten Abwehrmittel *(Apotropaea)* gegen böse Einflüsse, und es steht im Zusammenhange damit, daß die glückbringenden Amulette unserer Zeit sämtlich leicht als Genital- oder Sexualsymbole zu erkennen sind. Betrachten wir eine solche Sammlung, wie sie etwa in Form kleiner silberner Anhängsel getragen wird: ein vierblättriges Kleeblatt, ein Schwein, ein Pilz, ein Hufeisen, eine Leiter, ein Rauchfangkehrer. Das vierblättrige Kleeblatt ist an die Stelle des eigentlich zum Symbol geeigneten dreiblättrigen getreten; das Schwein ist ein altes Fruchtbarkeitssymbol; der Pilz ist ein unzweifelhaftes Penissymbol, es gibt Pilze, die ihrer unverkennbaren Ähnlichkeit mit dem männlichen Glied ihren systematischen Namen verdanken *(Phallus impudicus)*; das Hufeisen wiederholt den Umriß der weiblichen Geschlechtsöffnung, und der Rauchfangkehrer, der die Leiter trägt, taugt in diese Gemeinschaft, weil er eine jener Hantierungen übt, mit denen der Geschlechtsverkehr vulgärerweise verglichen wird (S. die *Anthropophyteia*). Seine Leiter haben wir im Traume als Sexualsymbol kennengelernt; der deutsche Sprachgebrauch kommt uns hier zu Hilfe, der uns zeigt, wie das Wort »steigen« in exquisit sexuellem Sinn angewendet wird. Man sagt: *»Den Frauen nachsteigen«* und »ein alter *Steiger«*. Im Französischen, wo die Stufe *la marche* heißt, finden wir ganz analog für einen alten Lebemann den Ausdruck *»un vieux marcheur«*. Daß der Geschlechtsverkehr vieler großer Tiere ein Steigen, *Besteigen* des Weibchens, zur Voraussetzung hat, ist diesem Zusammenhang wahrscheinlich nicht fremd.

Das Abreißen eines Astes als symbolische Darstellung der Onanie stimmt nicht nur zu vulgären Bezeichnungen des onanistischen Aktes, sondern hat auch weitgehende mythologische Parallelen. Besonders merkwürdig ist aber die Darstellung der Onanie oder besser der Strafe dafür, der Kastration, durch Zahnausfall und Zahnausreißen, weil sich dazu ein Gegenstück aus der Völkerkunde findet, das den wenigsten Träumern bekannt sein dürfte. Es scheint mir nicht zweifelhaft, daß die bei so vielen Völkern geübte Beschneidung ein Äquivalent und eine Ablösung der Kastration ist. Und nun wird uns berichtet, daß in Australien gewisse primitive Stämme die Beschneidung als Pubertätsritus ausführen (zur Mannbarkeitsfeier der Jugend), während andere, ganz nahe wohnende, an Stelle dieses Aktes das Ausschlagen eines Zahnes gesetzt haben.

Ich beende meine Darstellung mit diesen Proben. Es sind nur Proben; wir wissen mehr darüber, und Sie mögen sich vorstellen, um wie viel reichhaltiger und interessanter eine derartige Sammlung ausfallen würde, die nicht von Dilettanten wie wir, sondern von den richtigen Fachleuten in der Mythologie, Anthropologie, Sprachwissenschaft, im Folklore angestellt wäre. Es drängt uns zu einigen Folgerungen, die nicht erschöpfend sein können, aber uns viel zu denken geben werden.

Fürs erste sind wir vor die Tatsache gestellt, daß dem Träumer die symbolische Ausdrucksweise zu Gebote steht, die er im Wachen nicht kennt und nicht wiedererkennt. Das ist so verwunderlich, wie wenn Sie die Entdeckung machen würden, daß Ihr Stubenmädchen Sanskrit versteht, obwohl Sie wissen, daß sie in einem böhmischen Dorf geboren ist und es nie gelernt hat. Es ist nicht leicht, diese Tatsache mit unseren psychologischen Anschauungen zu bewältigen. Wir können nur sagen, die Kenntnis der Symbolik ist dem Träumer unbewußt, sie gehört seinem unbewußten Geistesleben an. Wir kommen aber auch mit dieser Annahme nicht nach. Bisher hatten wir nur notwendig, unbewußte Strebungen anzunehmen, solche, von denen man zeitweilig oder dauernd nichts weiß. Jetzt aber handelt es sich um mehr, geradezu um unbewußte Kenntnisse, um Denkbeziehungen, Vergleichungen zwischen verschiedenen Objekten, die dazu führen, daß das eine konstant an Stelle des anderen gesetzt werden kann. Diese Vergleichungen werden nicht jedesmal neu angestellt, sondern sie liegen bereit, sie sind ein- für allemal fertig; das geht ja aus ihrer Übereinstimmung bei verschiedenen Personen, ja vielleicht Übereinstimmung trotz der Sprachverschiedenheit, hervor.

Woher soll die Kenntnis dieser Symbolbeziehungen kommen? Der Sprachgebrauch deckt nur einen kleinen Teil derselben. Die vielfältigen Parallelen aus anderen Gebieten sind dem Träumer zumeist unbekannt; auch wir mußten sie erst mühsam zusammensuchen.

Zweitens sind diese Symbolbeziehungen nichts, was dem Träumer oder der Traumarbeit, durch die sie zum Ausdruck kommen, eigentümlich wäre. Wir haben ja erfahren, derselben Symbolik bedienen sich Mythen und Märchen, das Volk in seinen Sprüchen und Liedern, der gemeine Sprachgebrauch und die dichterische Phantasie. Das Gebiet der Symbolik ist ein ungemein großes, die Traumsymbolik ist nur ein kleiner Teil davon; es ist nicht einmal zweckmäßig, das ganze Problem vom Traum aus in Angriff zu nehmen. Viele der anderswo gebräuchlichen Symbole kommen im Traum nicht oder nur sehr selten vor; manche der

Traumsymbole finden sich nicht auf allen anderen Gebieten wieder, sondern, wie Sie gesehen haben, nur hier oder dort. Man bekommt den Eindruck, daß hier eine alte, aber untergegangene Ausdrucksweise vorliegt, von welcher sich auf verschiedenen Gebieten Verschiedenes erhalten hat, das eine nur hier, das andere nur dort, ein drittes vielleicht in leicht veränderten Formen auf mehreren Gebieten. Ich muß hier der Phantasie eines interessanten Geisteskranken gedenken, welcher eine *»Grundsprache«* imaginiert hatte, von welcher all diese Symbolbeziehungen die Überreste wären [1].

Drittens muß Ihnen auffallen, daß die Symbolik auf den genannten anderen Gebieten keineswegs nur Sexualsymbolik ist, während im Traume die Symbole fast ausschließend zum Ausdruck sexueller Objekte und Beziehungen verwendet werden. Auch das ist nicht leicht erklärlich. Sollten ursprünglich sexuell bedeutsame Symbole später eine andere Anwendung erhalten haben, und hinge damit etwa noch die Abschwächung von der symbolischen zur andersartigen Darstellung zusammen? Diese Fragen sind offenbar nicht zu beantworten, wenn man sich nur mit der Traumsymbolik beschäftigt hat. Man darf nur an der Vermutung festhalten, daß eine besonders innige Beziehung zwischen den richtigen Symbolen und dem Sexuellen besteht.

Ein wichtiger Fingerzeig ist uns hier in den letzten Jahren gegeben worden. Ein Sprachforscher, H. Sperber (Upsala), der unabhängig von der Psychoanalyse arbeitet, hat [1912] die Behauptung aufgestellt, daß sexuelle Bedürfnisse an der Entstehung und Weiterbildung der Sprache den größten Anteil gehabt haben. Die anfänglichen Sprachlaute haben der Mitteilung gedient und den sexuellen Partner herbeigerufen: die weitere Entwicklung der Sprachwurzeln habe die Arbeitsverrichtungen der Urmenschen begleitet. Diese Arbeiten seien gemeinsame gewesen und unter rhythmisch wiederholten Sprachäußerungen vor sich gegangen. Dabei sei ein sexuelles Interesse auf die Arbeit verlegt worden. Der Urmensch habe sich gleichsam die Arbeit annehmbar gemacht, indem er sie als Äquivalent und Ersatz der Geschlechtstätigkeit behandelte. Das bei der gemeinsamen Arbeit hervorgestoßene Wort habe so zwei Bedeutungen gehabt, den Geschlechtsakt bezeichnet wie die ihm gleichgesetzte Arbeitstätigkeit. Mit der Zeit habe sich das Wort von der sexuellen Bedeutung losgelöst und an diese Arbeit fixiert. Generationen später sei es mit einem neuen Wort, das nun die Sexualbedeutung hatte

---

[1] [Gemeint ist der Senatspräsident Schreber, dessen Fallgeschichte Freud analysiert hat (1911 *c*).]

und auf eine neue Art von Arbeit angewendet wurde, ebenso ergangen. Auf solche Weise hätte sich eine Anzahl von Sprachwurzeln gebildet, die alle sexueller Herkunft waren und ihre sexuelle Bedeutung abgegeben hatten. Wenn die hier skizzierte Aufstellung das Richtige trifft, eröffnet sich uns allerdings eine Möglichkeit des Verständnisses für die Traumsymbolik. Wir würden begreifen, warum es im Traum, der etwas von diesen ältesten Verhältnissen bewahrt, so außerordentlich viele Symbole für das Geschlechtliche gibt, warum allgemein Waffen und Werkzeuge immer für das Männliche, die Stoffe und das Bearbeitete fürs Weibliche stehen. Die Symbolbeziehung wäre der Überrest der alten Wortidentität; Dinge, die einmal gleich geheißen haben wie das Genitale, könnten jetzt im Traum als Symbole für dasselbe eintreten.

Aus unseren Parallelen zur Traumsymbolik können Sie aber auch Schätzung für den Charakter der Psychoanalyse gewinnen, der sie befähigt, Gegenstand des allgemeinen Interesses zu werden, wie weder die Psychologie noch die Psychiatrie es konnten. Es spinnen sich bei der psychoanalytischen Arbeit Beziehungen zu so vielen anderen Geisteswissenschaften an, deren Untersuchung die wertvollsten Aufschlüsse verspricht, zur Mythologie wie zur Sprachwissenschaft, zum Folklore, zur Völkerpsychologie und zur Religionslehre. Sie werden es verständlich finden, daß auf psychoanalytischem Boden eine Zeitschrift erwachsen ist, welche sich die Pflege dieser Beziehungen zur ausschließlichen Aufgabe gemacht hat, die 1912 gegründete, von Hanns Sachs und Otto Rank geleitete *Imago.* In all diesen Beziehungen ist die Psychoanalyse zunächst der gebende, weniger der empfangende Teil. Sie hat zwar den Vorteil davon, daß uns ihre fremdartigen Ergebnisse durch das Wiederfinden auf anderen Gebieten vertrauter werden, aber im ganzen ist es die Psychoanalyse, welche die technischen Methoden und die Gesichtspunkte beistellt, deren Anwendung sich auf jenen anderen Gebieten fruchtbar erweisen soll. Das seelische Leben des menschlichen Einzelwesens ergibt uns bei psychoanalytischer Untersuchung die Aufklärungen, mit denen wir manches Rätsel im Leben der Menschenmassen lösen oder doch ins rechte Licht rücken können.

Übrigens habe ich Ihnen noch gar nicht gesagt, unter welchen Umständen wir die tiefste Einsicht in jene supponierte »Grundsprache« nehmen können, auf welchem Gebiet am meisten von ihr erhalten ist. Solange Sie dies nicht wissen, können Sie auch die ganze Bedeutung des Gegenstandes nicht würdigen. Dies Gebiet ist nämlich die Neurotik, sein Material die Symptome und andere Äußerungen der Nervösen, zu deren

Aufklärung und Behandlung ja die Psychoanalyse geschaffen worden ist.

Mein vierter Gesichtspunkt kehrt nun wieder zu unserem Ausgang zurück und lenkt in die uns vorgezeichnete Bahn ein. Wir sagten [S. 159], auch wenn es keine Traumzensur gäbe, würde der Traum uns doch noch nicht leicht verständlich sein, denn dann fänden wir uns vor der Aufgabe, die Symbolsprache des Traumes in die unseres wachen Denkens zu übersetzen. Die Symbolik ist also ein zweites und unabhängiges Moment der Traumentstellung neben der Traumzensur. Es liegt aber nahe anzunehmen, daß es der Traumzensur bequem ist, sich der Symbolik zu bedienen, da diese zu demselben Ende, zur Fremdartigkeit und Unverständlichkeit des Traumes, führt.

Ob wir bei weiterem Studium des Traumes nicht auf ein neues Moment, welches zur Traumentstellung beiträgt, stoßen werden, muß sich ja alsbald zeigen. Das Thema der Traumsymbolik möchte ich aber nicht verlassen, ohne nochmals [vgl. S. 161] das Rätsel zu berühren, daß sie auf so heftigen Widerstand bei den Gebildeten stoßen konnte, wo die Verbreitung der Symbolik in Mythus, Religion, Kunst und Sprache so unzweifelhaft ist. Ob nicht wiederum die Beziehung zur Sexualität die Schuld daran trägt?

DIE TRAUMARBEIT[1]

Meine Damen und Herren! Wenn Sie die Traumzensur und die Symboldarstellung bewältigt haben, haben Sie die Traumentstellung zwar noch nicht gänzlich überwunden, aber Sie sind doch imstande, die meisten Träume zu verstehen. Sie bedienen sich dabei der beiden einander ergänzenden Techniken, rufen Einfälle des Träumers auf, bis Sie vom Ersatz zum Eigentlichen vorgedrungen sind, und setzen für die Symbole deren Bedeutung aus eigener Kenntnis ein. Von gewissen Unsicherheiten, die sich dabei ergeben, werden wir später handeln.

Wir können nun eine Arbeit wieder aufnehmen, die wir seinerzeit mit unzureichenden Mitteln versuchten, als wir die Beziehungen zwischen den Traumelementen und ihren Eigentlichen studierten und dabei vier solcher Hauptbeziehungen feststellten [S. 134 ff.], die des Teils vom Ganzen, die der Annäherung oder Anspielung, die symbolische Beziehung und die plastische Wortdarstellung. Dasselbe wollen wir im größeren Maßstabe unternehmen, indem wir den manifesten Trauminhalt im ganzen mit dem durch Deutung gefundenen latenten Traum vergleichen.

Ich hoffe, Sie werden diese beiden nie wieder miteinander verwechseln. Wenn Sie das zustande bringen, haben Sie im Verständnis des Traumes mehr erreicht als wahrscheinlich die meisten Leser meiner *Traumdeutung*. Lassen Sie sich auch noch einmal vorhalten, daß jene Arbeit, welche den latenten Traum in den manifesten umsetzt, die *Traumarbeit* heißt. Die in entgegengesetzter Richtung fortschreitende Arbeit, welche vom manifesten Traum zum latenten gelangen will, ist unsere *Deutungsarbeit*. Die Deutungsarbeit will die Traumarbeit aufheben. Die als evidente Wunscherfüllungen erkannten Träume vom infantilen Typus haben doch ein Stück der Traumarbeit an sich erfahren, nämlich die Umsetzung der Wunschform in die Realität und zumeist auch die der Gedanken in visuelle Bilder. Hier bedarf es keiner Deutung, nur der Rückbildung dieser beiden Umsetzungen. Was bei den anderen Träumen an Traum-

---

[1] [In der *Traumdeutung* ist das ganze VI. Kapitel (mehr als ein Drittel des Buches) der Traumarbeit gewidmet.]

arbeit noch hinzugekommen ist, das heißen wir die *Traumentstellung*, und diese ist durch unsere Deutungsarbeit rückgängig zu machen.
Durch die Vergleichung vieler Traumdeutungen bin ich in die Lage versetzt, Ihnen in zusammenfassender Darstellung anzugeben, was die Traumarbeit mit dem Material der latenten Traumgedanken macht. Ich bitte Sie aber, davon nicht zuviel verstehen zu wollen. Es ist ein Stück Deskription, welches mit ruhiger Aufmerksamkeit angehört werden soll.

Die erste Leistung der Traumarbeit ist die *Verdichtung*[1]. Wir verstehen darunter die Tatsache, daß der manifeste Traum weniger Inhalt hat als der latente, also eine Art von abgekürzter Übersetzung des letzteren ist. Die Verdichtung kann eventuell einmal fehlen, sie ist in der Regel vorhanden, sehr häufig enorm. Sie schlägt niemals ins Gegenteil um, d. h. es kommt nicht vor, daß der manifeste Traum umfang- und inhaltsreicher ist als der latente. Die Verdichtung kommt dadurch zustande, daß 1. gewisse latente Elemente überhaupt ausgelassen werden, 2. daß von manchen Komplexen des latenten Traumes nur ein Brocken in den manifesten übergeht, 3. daß latente Elemente, die etwas Gemeinsames haben, für den manifesten Traum zusammengelegt, zu einer Einheit verschmolzen werden.
Wenn Sie wollen, können Sie den Namen »Verdichtung« für diesen letzten Vorgang allein reservieren. Seine Effekte sind besonders leicht zu demonstrieren. Aus Ihren eigenen Träumen werden Sie sich mühelos an die Verdichtung verschiedener Personen zu einer einzigen erinnern. Eine solche Mischperson sieht etwa aus wie A, ist aber gekleidet wie B, tut eine Verrichtung, wie man sie von C erinnert, und dabei ist noch ein Wissen, daß es die Person D ist. Durch diese Mischbildung wird natürlich etwas den vier Personen Gemeinsames besonders hervorgehoben. Ebenso wie aus Personen kann man aus Gegenständen oder aus Örtlichkeiten eine Mischbildung herstellen, wenn die Bedingung erfüllt ist, daß die einzelnen Gegenstände und Örtlichkeiten etwas, was der latente Traum betont, miteinander gemein haben. Es ist das wie eine neue und flüchtige Begriffsbildung mit diesem Gemeinsamen als Kern. Durch das Übereinanderfallen der miteinander verdichteten Einzelnen entsteht in der Regel ein unscharfes, verschwommenes Bild, so ähnlich, wie wenn Sie mehrere Aufnahmen auf die nämliche Platte bringen.
Der Traumarbeit muß an der Herstellung solcher Mischbildungen viel

[1] [Die Verdichtung wird mit zahlreichen Beispielen in Abschnitt A des VI. Kapitels der *Traumdeutung* behandelt.]

gelegen sein, denn wir können nachweisen, daß die hierzu erforderten Gemeinsamkeiten absichtlich hergestellt werden, wo sie zunächst vermißt wurden, z. B. durch die Wahl des wörtlichen Ausdrucks für einen Gedanken. Wir haben solche Verdichtungen und Mischbildungen schon kennengelernt; sie spielten in der Entstehung mancher Fälle von Versprechen eine Rolle. Erinnern Sie sich an den jungen Mann, der eine Dame *begleitdigen* wollte [S. 57]. Außerdem gibt es Witze, deren Technik sich auf eine solche Verdichtung zurückführt[1]. Davon abgesehen, darf man aber behaupten, daß dieser Vorgang etwas ganz Ungewöhnliches und Befremdliches ist. Die Bildung der Mischpersonen des Traumes findet zwar Gegenstücke in manchen Schöpfungen unserer Phantasie, die leicht Bestandteile, welche in der Erfahrung nicht zusammengehören, zu einer Einheit zusammensetzt, also z. B. in den Centauren und Fabeltieren der alten Mythologie oder der Böcklinschen Bilder. Die »schöpferische« Phantasie kann ja überhaupt nichts erfinden, sondern nur einander fremde Bestandteile zusammensetzen. Aber das Sonderbare an dem Verfahren der Traumarbeit ist folgendes: Das Material, das der Traumarbeit vorliegt, sind ja Gedanken, Gedanken, von denen einige anstößig und unannehmbar sein mögen, die aber korrekt gebildet und ausgedrückt sind. Diese Gedanken werden durch die Traumarbeit in eine andere Form übergeführt, und es ist merkwürdig und unverständlich, daß bei dieser Übersetzung, Übertragung wie in eine andere Schrift oder Sprache, die Mittel der Verschmelzung und Kombination Anwendung finden. Eine Übersetzung ist doch sonst bestrebt, die im Text gegebenen Sonderungen zu achten und gerade Ähnlichkeiten auseinanderzuhalten. Die Traumarbeit bemüht sich ganz im Gegenteile, zwei verschiedene Gedanken dadurch zu verdichten, daß sie ähnlich wie der Witz ein mehrdeutiges Wort heraussucht, in dem sich die beiden Gedanken treffen können. Man muß diesen Zug nicht sofort verstehen wollen, aber er kann für die Auffassung der Traumarbeit bedeutungsvoll werden.

Obwohl die Verdichtung den Traum undurchsichtig macht, bekommt man doch nicht den Eindruck, daß sie eine Wirkung der Traumzensur sei. Eher möchte man sie auf mechanische oder ökonomische Momente zurückführen; aber die Zensur findet jedenfalls ihre Rechnung dabei.

Die Leistungen der Verdichtung können ganz außerordentliche sein. Mit

[1] [Freud erörtert diese Technik im ersten Abschnitt des II. Kapitels seiner Arbeit *Der Witz und seine Beziehung zum Unbewußten* (1905 c) und belegt sie mit vielen Beispielen.]

ihrer Hilfe wird es gelegentlich möglich, zwei ganz verschiedene latente Gedankengänge in einem manifesten Traum zu vereinigen, so daß man eine anscheinend zureichende Deutung eines Traumes erhalten und dabei doch eine mögliche Überdeutung übersehen kann.

Die Verdichtung hat auch für das Verhältnis zwischen dem latenten und dem manifesten Traum die Folge, daß keine einfache Beziehung zwischen den Elementen hier und dort bestehen bleibt. Ein manifestes Element entspricht gleichzeitig mehreren latenten, und umgekehrt kann ein latentes Element an mehreren manifesten beteiligt sein, also nach Art einer Verschränkung [vgl. S. 138]. Bei der Deutung des Traumes zeigt es sich auch, daß die Einfälle zu einem einzelnen manifesten Element nicht der Reihe nach zu kommen brauchen. Man muß oft abwarten, bis der ganze Traum gedeutet ist.

Die Traumarbeit besorgt also eine sehr ungewöhnliche Art von Transkription der Traumgedanken, nicht eine Übersetzung Wort für Wort oder Zeichen für Zeichen, auch nicht eine Auswahl nach bestimmter Regel, wie wenn nur die Konsonanten eines Wortes wiedergegeben, die Vokale aber ausgelassen würden, auch nicht, was man eine Vertretung heißen könnte, daß immer ein Element an Stelle mehrerer herausgegriffen wird, sondern etwas anderes und weit Komplizierteres.

Die zweite Leistung der Traumarbeit ist die *Verschiebung*[1]. Für diese haben wir zum Glück schon vorgearbeitet; wir wissen ja, sie ist ganz das Werk der Traumzensur. Ihre beiden Äußerungen sind erstens, daß ein latentes Element nicht durch einen eigenen Bestandteil, sondern durch etwas Entfernteres, also durch eine Anspielung ersetzt wird, und zweitens, daß der psychische Akzent von einem wichtigen Element auf ein anderes, unwichtiges übergeht, so daß der Traum anders zentriert und fremdartig erscheint.

Die Ersetzung durch eine Anspielung ist auch in unserem wachen Denken bekannt, aber es ist ein Unterschied dabei. Im wachen Denken muß die Anspielung eine leicht verständliche sein, und der Ersatz muß in inhaltlicher Beziehung zu seinem Eigentlichen stehen. Auch der Witz bedient sich häufig der Anspielung, er läßt die Bedingung der inhaltlichen Assoziation fallen und ersetzt diese durch ungewohnte äußerliche Assoziationen wie Gleichklang und Wortvieldeutigkeit u. a. Die Bedingung der Verständlichkeit hält er aber fest; der Witz käme um jede Wirkung,

[1] [Die Verschiebung ist das Thema von Abschnitt B des VI. Kapitels der *Traumdeutung;* sie wird aber auch an vielen anderen Stellen des Buches erwähnt.]

wenn der Rückweg von der Anspielung zum Eigentlichen sich nicht mühelos ergeben würde[1]. Von beiden Einschränkungen hat sich aber die Verschiebungsanspielung des Traumes frei gemacht. Sie hängt durch die äußerlichsten und entlegensten Beziehungen mit dem Element, das sie ersetzt, zusammen, ist darum unverständlich, und wenn sie rückgängig gemacht wird, macht ihre Deutung den Eindruck eines mißratenen Witzes oder einer gewaltsamen, gezwungenen, an den Haaren herbeigezogenen Auslegung. Die Traumzensur hat eben nur dann ihr Ziel erreicht, wenn es ihr gelungen ist, den Rückweg von der Anspielung zum Eigentlichen unauffindbar zu machen.
Die Akzentverschiebung ist als Mittel des Gedankenausdrucks unerhört. Wir lassen sie im wachen Denken manchmal zu, um einen komischen Effekt zu erzielen. Den Eindruck der Verirrung, den sie macht, kann ich etwa bei Ihnen hervorrufen, wenn ich Sie an die Anekdote erinnere, daß es in einem Dorf einen Schmied gab, der sich eines todeswürdigen Verbrechens schuldig gemacht hatte. Der Gerichtshof beschloß, daß die Schuld gesühnt werde, aber da der Schmied allein im Dorfe und unentbehrlich war, dagegen drei Schneider im Dorfe wohnten, wurde einer dieser drei an seiner Statt gehängt.

Die dritte Leistung der Traumarbeit ist die psychologisch interessanteste. Sie besteht in der Umsetzung von Gedanken in visuelle Bilder[2]. Halten wir fest, daß nicht alles in den Traumgedanken diese Umsetzung erfährt; manches behält seine Form und erscheint auch im manifesten Traum als Gedanke oder als Wissen; auch sind visuelle Bilder nicht die einzige Form, in welche die Gedanken umgesetzt werden. Aber sie sind doch das Wesentliche an der Traumbildung; dieses Stück der Traumarbeit ist das zweitkonstanteste, wie wir schon wissen [S. 142], und für einzelne Traumelemente haben wir die »plastische Wortdarstellung« bereits kennengelernt [S. 135].
Es ist klar, daß diese Leistung keine leichte ist. Um sich einen Begriff von ihren Schwierigkeiten zu machen, müssen Sie sich vorstellen, Sie hätten die Aufgabe übernommen, einen politischen Leitartikel einer Zeitung durch eine Reihe von Illustrationen zu ersetzen, Sie wären also von der Buchstabenschrift zur Bilderschrift zurückgeworfen. Was in

[1] [Eine Darstellung der Witztechnik der »Anspielung« mit einer Anzahl von Beispielen findet sich im II. Abschnitt des II. Kapitels der Arbeit *Der Witz und seine Beziehung zum Unbewußten* (1905 *c*).]
[2] [Die wichtigste Darlegung dieses Themas findet sich in Abschnitt C des VI. Kapitels der *Traumdeutung*.]

diesem Artikel von Personen und konkreten Gegenständen genannt wird, das werden Sie leicht und vielleicht selbst mit Vorteil durch Bilder ersetzen, aber die Schwierigkeiten erwarten Sie bei der Darstellung aller abstrakten Worte und aller Redeteile, die Denkbeziehungen anzeigen wie der Partikeln, Konjunktionen u. dgl. Bei den abstrakten Worten werden Sie sich durch allerlei Kunstgriffe helfen können. Sie werden z. B. bemüht sein, den Text des Artikels in anderen Wortlaut umzusetzen, der vielleicht ungewohnter klingt, aber mehr konkrete und der Darstellung fähige Bestandteile enthält. Dann werden Sie sich erinnern, daß die meisten abstrakten Worte abgeblaßte konkrete sind, und werden darum, so oft Sie können, auf die ursprüngliche konkrete Bedeutung dieser Worte zurückgreifen. Sie werden also froh sein, daß Sie ein »Besitzen« eines Objekts als ein wirkliches körperliches Daraufsitzen darstellen können. So macht es auch die Traumarbeit. Große Ansprüche an die Genauigkeit der Darstellung werden Sie unter solchen Umständen kaum machen können. Sie werden es also auch der Traumarbeit hingehen lassen, daß sie z. B. ein so schwer bildlich zu bewältigendes Element wie Ehebruch durch einen anderen Bruch, einen Beinbruch, ersetzt[1]. Auf solche Weise werden Sie es dazu bringen, die Ungeschicklichkeiten der Bilderschrift, wenn sie die Buchstabenschrift ersetzen soll, einigermaßen auszugleichen.

---

[1] Der Zufall führt mir während der Korrektur dieser Bogen eine Zeitungsnotiz zu, die ich als unerwartete Erläuterung zu den obigen Sätzen hier abdrucke:
»DIE STRAFE GOTTES. *(Armbruch für Ehebruch.)* Frau Anna M., die Gattin eines Landstürmers, verklagte Frau Klementine K. wegen *Ehebruches.* In der Klage heißt es, daß die K. mit Karl M. ein strafbares Verhältnis gepflogen habe, während ihr eigener Mann im Felde steht, von wo er ihr sogar siebzig Kronen monatlich schickt. Die K. habe von dem Gatten der Klägerin schon ziemlich *viel Geld* erhalten, während sie mit ihrem Kinde in *Hunger und Elend* leben müsse. Kameraden ihres Mannes hatten ihr hinterbracht, daß die K. mit M. Weinstuben besucht und dort bis in die späte Nacht hinein gezecht habe. Einmal habe die Angeklagte den Mann der Klägerin vor mehreren Infanteristen sogar gefragt, ob er sich denn nicht von seiner ›Alten‹ schon bald scheiden lasse, um zu ihr zu ziehen. Auch die Hausbesorgerin der K. habe den Mann der Klägerin wiederholt im tiefsten Negligee in der Wohnung der K. gesehen.
Die K. *leugnete* gestern vor einem Richter der Leopoldstadt, den M. zu kennen, von intimen Beziehungen könne schon gar keine Rede sein.
Die Zeugin Albertine M. gab jedoch an, daß die K. den Gatten der Klägerin geküßt habe und dabei von ihr überrascht wurde.
Der schon in einer früheren Verhandlung als Zeuge vernommene M. hatte damals die intimen Beziehungen zur Angeklagten in Abrede gestellt. Gestern lag dem Richter ein *Brief* vor, worin der Zeuge seine in der ersten Verhandlung gemachten Aussagen widerrief und *zugibt,* bis vorigen Juni mit der K. ein Liebesverhältnis unterhalten zu haben. Er habe in der früheren Verhandlung seine Beziehungen zur Beschuldigten bloß deswegen in Abrede gestellt, weil diese vor der Verhandlung bei ihm erschienen sei und ihn *kniefällig gebeten* habe, er möge sie doch retten und nichts aussagen. ›Heute‹

Bei der Darstellung der Redeteile, welche Denkrelationen anzeigen, des »weil, darum, aber« usw., haben Sie keine derartigen Hilfsmittel; diese Bestandteile des Textes werden also für ihre Umsetzung in Bilder verlorengehen. Ebenso wird durch die Traumarbeit der Inhalt der Traumgedanken in sein Rohmaterial von Objekten und Tätigkeiten aufgelöst. Sie können zufrieden sein, wenn sich Ihnen die Möglichkeit ergibt, gewisse an sich nicht darstellbare Relationen in der feineren Ausprägung der Bilder irgendwie anzudeuten. Ganz so gelingt es der Traumarbeit, manches vom Inhalt der latenten Traumgedanken in formalen Eigentümlichkeiten des manifesten Traumes auszudrücken, in der Klarheit oder Dunkelheit desselben, in seiner Zerteilung in mehrere Stücke u. ä. Die Anzahl der Partialträume, in welche ein Traum zerlegt ist, korrespondiert in der Regel mit der Anzahl der Hauptthemen, der Gedankenreihen im latenten Traum; ein kurzer Vortraum steht zum nachfolgenden ausführlichen Haupttraum oft in der Beziehung einer Einleitung oder einer Motivierung; ein Nebensatz in den Traumgedanken wird durch einen eingeschalteten Szenenwechsel im manifesten Traum ersetzt usw. Die Form der Träume ist also an sich keineswegs bedeutungslos und fordert selbst zur Deutung heraus. Mehrfache Träume derselben Nacht haben oft die nämliche Bedeutung und zeigen die Bemühung an, einen Reiz von ansteigender Dringlichkeit immer besser zu bewältigen. Im einzelnen Traum selbst kann ein besonders schwieriges Element eine Darstellung durch »Doubletten« [1], mehrfache Symbole, finden.

Bei fortgesetzten Vergleichungen der Traumgedanken mit den sie ersetzenden manifesten Träumen erfahren wir allerlei, worauf wir nicht vorbereitet sein konnten, z.B. daß auch der Unsinn und die Absurdität der Träume ihre Bedeutung haben. Ja, in diesem Punkte spitzt sich der Gegensatz der medizinischen und der psychoanalytischen Auffassung des Traumes zu einer sonst nicht erreichten Schärfe zu. Nach ersterer ist der Traum unsinnig, weil die träumende Seelentätigkeit jede Kritik eingebüßt hat; nach unserer dagegen wird der Traum dann unsinnig, wenn eine in den Traumgedanken enthaltene Kritik, das Urteil »es ist un-

---

– schrieb der Zeuge – ›fühle ich mich dazu gedrängt, dem Gerichte ein volles Geständnis abzulegen, da ich *meinen linken Arm gebrochen* habe und mir dies als eine *Strafe Gottes* für mein Vergehen erscheint.‹

Der Richter stellte fest, daß die strafbare Handlung bereits *verjährt* ist, worauf die Klägerin ihre *Klage zurückzog* und der Freispruch der Angeklagten erfolgte.«

[1] [Philologischer Fachausdruck für zwei verschiedene Wörter mit gleicher Etymologie.]

sinnig«, zur Darstellung gebracht werden soll. Der Ihnen bekannte Traum vom Theaterbesuch (drei Karten für 1 fl. 50 kr.) [S. 136] ist ein gutes Beispiel dafür. Das so ausgedrückte Urteil lautet: Es war ein *Unsinn*, so früh zu heiraten[1].

Ebenso erfahren wir bei der Deutungsarbeit, was den so häufig vom Träumer mitgeteilten Zweifeln und Unsicherheiten entspricht, ob ein gewisses Element im Traume vorgekommen, ob es dies oder nicht vielmehr etwas anderes gewesen sei. Diesen Zweifeln und Unsicherheiten entspricht in der Regel in den latenten Traumgedanken nichts; sie rühren durchwegs von der Wirkung der Traumzensur her und sind einer versuchten, nicht voll gelungenen Ausmerzung gleichzusetzen.

Zu den überraschendsten Funden gehört die Art, wie die Traumarbeit Gegensätzlichkeiten des latenten Traumes behandelt. Wir wissen schon [S. 179], daß Übereinstimmungen im latenten Material durch Verdichtungen im manifesten Traum ersetzt werden. Nun, Gegensätze werden ebenso behandelt wie Übereinstimmungen, mit besonderer Vorliebe durch das nämliche manifeste Element ausgedrückt. Ein Element im manifesten Traum, welches eines Gegensatzes fähig ist, kann also ebensowohl sich selbst bedeuten wie seinen Gegensatz oder beides zugleich; erst der Sinn kann darüber entscheiden, welche Übersetzung zu wählen ist. Damit hängt es dann zusammen, daß eine Darstellung des »Nein« im Traume nicht zu finden ist, wenigstens keine unzweideutige.

Eine willkommene Analogie für dies befremdende Benehmen der Traumarbeit hat uns die Sprachentwicklung geliefert. Manche Sprachforscher haben die Behauptung aufgestellt, daß in den ältesten Sprachen Gegensätze wie stark–schwach, licht–dunkel, groß–klein durch das nämliche Wurzelwort ausgedrückt wurden. (»Der Gegensinn der Urworte«.) So hieß im Altägyptischen *ken* ursprünglich stark und schwach. In der Rede schützte man sich vor Mißverständnissen beim Gebrauch so ambivalenter Worte durch den Ton und die beigefügte Geste, in der Schrift durch die Hinzufügung eines sogenannten Determinativs, d. h. eines Bildes, das selbst nicht zur Aussprache bestimmt war. *Ken* – stark wurde also geschrieben, indem nach den Buchstabenzeichen das Bild eines aufrechten Männchens hingesetzt wurde; wenn *ken* – schwach gemeint war, so folgte das Bild eines nachlässig hockenden Mannes nach. Erst später wurden durch leichte Modifikationen des gleichlautenden

[1] [Die Absurdität von Träumen wird in Abschnitt G des VI. Kapitels der *Traumdeutung* diskutiert.]

Urwortes zwei Bezeichnungen für die darin enthaltenen Gegensätze gewonnen. So entstand aus *ken* stark–schwach ein *ken* stark und ein *kan* schwach. Nicht nur die ältesten Sprachen in ihren letzten Entwicklungen, sondern auch weit jüngere und selbst heute noch lebende Sprachen sollen reichlich Überreste dieses alten Gegensinnes bewahrt haben. Ich will Ihnen einige Belege hierfür nach K. Abel (1884) mitteilen[1].

Im Lateinischen sind solche immer noch ambivalente Worte: *altus* (hoch–tief) und *sacer* (heilig–verrucht).

Als Beispiele für Modifikationen derselben Wurzel erwähne ich: *clamare* – schreien, *clam* – leise, still, geheim; *siccus* – trocken, *succus* – Saft. Dazu aus dem Deutschen: *Stimme – stumm.*

Bezieht man verwandte Sprachen aufeinander, so ergeben sich reichliche Beispiele. Englisch: *lock* – schließen; deutsch: *Loch, Lücke.* Englisch: *cleave* – spalten; deutsch: *kleben.*

Das englische *without* eigentlich mit–ohne wird heute für ohne verwendet; daß *with* außer seiner zuteilenden auch eine entziehende Bedeutung hatte, geht noch aus den Zusammensetzungen *withdraw – withhold* hervor. Ähnlich das deutsche *wieder.*

Noch eine andere Eigentümlichkeit der Traumarbeit findet in der Sprachentwicklung ihr Gegenstück. In der altägyptischen kam es wie in anderen späteren Sprachen vor, daß die Lautfolge der Worte für denselben Sinn umgekehrt wurde. Solche Beispiele zwischen dem Englischen und dem Deutschen sind: *Topf – pot; boat – tub; hurry* (eilen) – *Ruhe; Balken – Kloben, club; wait* (warten) – *täuwen.*

Zwischen dem Lateinischen und dem Deutschen: *capere – packen; ren – Niere.*

Solche Umkehrungen, wie sie hier am einzelnen Wort genommen werden, kommen durch die Traumarbeit in verschiedener Weise zustande. Die Umkehrung des Sinnes, Ersetzung durch das Gegenteil, kennen wir bereits. Außerdem finden sich in Träumen Umkehrungen der Situation, der Beziehung zwischen zwei Personen, also wie in der »verkehrten Welt«. Im Traum schießt häufig genug der Hase auf den Jäger. Ferner Umkehrung in der Reihenfolge der Begebenheiten, so daß die kausal vorangehende der ihr nachfolgenden im Traume nachgesetzt wird. Das ist dann wie in der Aufführung eines Stückes in einer schlechten Schmiere, wo zuerst der Held hinfällt und erst nachher aus der Kulisse der Schuß

---

[1] [Über die Abelsche Monographie *(Über den Gegensinn der Urworte)* schrieb Freud ein langes Referat (1910 *e*), aus dem ein erheblicher Teil des hier Dargelegten abgeleitet ist. Er kommt auf das Thema in der 15. Vorlesung, S. 232 f., noch einmal zurück.]

abgefeuert wird, der ihn tötet. Oder es gibt Träume, in denen die ganze Ordnung der Elemente verkehrt ist, so daß man in der Deutung ihr letztes zuerst und ihr erstes zuletzt nehmen muß, um einen Sinn herauszubekommen. Sie erinnern sich auch aus unseren Studien über die Traumsymbolik, daß ins Wasser gehen oder fallen dasselbe bedeutet wie aus dem Wasser kommen, nämlich gebären oder geboren werden [S. 162 f.], und daß eine Treppe, Leiter, hinaufsteigen dasselbe ist wie sie heruntergehen [S. 167]. Es ist unverkennbar, welchen Vorteil die Traumentstellung aus solcher Darstellungsfreiheit ziehen kann.

Diese Züge der Traumarbeit darf man als *archaische* bezeichnen. Sie haften ebenso den alten Ausdruckssystemen, Sprachen und Schriften an und bringen dieselben Erschwerungen mit sich, von denen in einem kritischen Zusammenhange noch die Rede sein wird[1].

Nun noch einige andere Gesichtspunkte. Bei der Traumarbeit handelt es sich offenbar darum, die in Worte gefaßten latenten Gedanken in sinnliche Bilder, meist visueller Natur, umzusetzen. Nun sind unsere Gedanken aus solchen Sinnesbildern hervorgegangen; ihr erstes Material und ihre Vorstufen waren Sinneseindrücke, richtiger gesagt, die Erinnerungsbilder von solchen. An diese wurden erst später Worte geknüpft und diese dann zu Gedanken verbunden. Die Traumarbeit läßt also die Gedanken eine *regressive* Behandlung erfahren[2], macht deren Entwicklung rückgängig, und bei dieser Regression muß all das wegfallen, was bei der Fortentwicklung der Erinnerungsbilder zu Gedanken als neuer Erwerb dazugekommen ist.

Dies wäre also die Traumarbeit. Gegen die Vorgänge, die wir bei ihr kennengelernt haben, mußte das Interesse am manifesten Traum weit zurücktreten. Ich will aber diesem letzteren, der doch das einzige uns unmittelbar Bekannte ist, noch einige Bemerkungen widmen.

Es ist natürlich, daß der manifeste Traum für uns an Bedeutung verliert. Es muß uns gleichgültig erscheinen, ob er gut komponiert oder in eine Reihe von Einzelbildern ohne Zusammenhang aufgelöst ist. Selbst wenn er eine anscheinend sinnvolle Außenseite hat, wissen wir doch, daß diese durch Traumentstellung entstanden sein und zum inneren Gehalt des Traumes so wenig organische Beziehung haben kann wie die Fassade einer italienischen Kirche zu deren Struktur und Grundriß. Andere Male hat auch diese Fassade des Traumes ihre Bedeutung, indem sie

[1] [S. die 13. Vorlesung.]

[2] [Das Thema der »Regression« erörtert Freud ausführlich in der 22. Vorlesung.]

einen wichtigen Bestandteil der latenten Traumgedanken wenig oder gar nicht entstellt wiederbringt. Aber wir können das nicht wissen, ehe wir den Traum der Deutung unterzogen und dadurch ein Urteil gewonnen haben, welches Maß von Entstellung Platz gegriffen hat. Ein ähnlicher Zweifel gilt für den Fall, daß zwei Elemente im Traum in nahe Beziehung zueinander gebracht scheinen. Es kann darin ein wertvoller Wink enthalten sein, daß man auch das diesen Elementen im latenten Traum Entsprechende zusammenfügen darf, aber andere Male kann man sich überzeugen, daß, was in Gedanken zusammengehört, im Traum auseinandergerissen worden ist.

Im allgemeinen muß man sich dessen enthalten, einen Teil des manifesten Traumes aus einem anderen erklären zu wollen, als ob der Traum kohärent konzipiert und eine pragmatische Darstellung wäre. Er ist vielmehr zumeist einem Brecciagestein vergleichbar, aus verschiedenen Gesteinsbrocken mit Hilfe eines Bindemittels hergestellt, so daß die Zeichnungen, die sich dabei ergeben, nicht den ursprünglichen Gesteinseinschlüssen angehören. Es gibt wirklich ein Stück der Traumarbeit, die sogenannte *sekundäre Bearbeitung*[1], dem daran gelegen ist, aus den nächsten Ergebnissen der Traumarbeit etwas Ganzes, ungefähr Zusammenpassendes herzustellen. Dabei wird das Material nach einem oft ganz mißverständlichen Sinn angeordnet und, wo es nötig scheint, Einschübe vorgenommen.

Anderseits darf man auch die Traumarbeit nicht überschätzen, ihr nicht zuviel zutrauen. Mit den aufgezählten Leistungen ist ihre Tätigkeit erschöpft; mehr als verdichten, verschieben, plastisch darstellen und das Ganze dann einer sekundären Bearbeitung unterziehen, kann sie nicht. Was sich im Traum von Urteilsäußerungen, von Kritik, Verwunderung, Folgerung findet, das sind nicht Leistungen der Traumarbeit, nur sehr selten Äußerungen des Nachdenkens über den Traum, sondern zumeist Stücke der latenten Traumgedanken, die mehr oder weniger modifiziert und dem Zusammenhange angepaßt in den manifesten Traum übergetreten sind. Auch Reden komponieren kann die Traumarbeit nicht. Bis auf wenige angebbare Ausnahmen sind die Traumreden Nachbildungen und Zusammensetzungen von Reden, die man am Traumtag gehört oder selbst gehalten hat und die als Material oder als Traumanreger in die latenten Gedanken eingetragen worden sind. Ebensowenig kann die Traumarbeit Rechnungen anstellen; was sich davon im manifesten

---

[1] [Dies ist das Thema von Abschnitt I des VI. Kapitels der *Traumdeutung*.]

Traum findet, sind zumeist Zusammenstellungen von Zahlen, Scheinrechnungen, als Rechnungen ganz unsinnig und wiederum nur Kopien von Rechnungen in den latenten Traumgedanken. Bei diesen Verhältnissen ist es auch nicht zu verwundern, daß das Interesse, welches sich der Traumarbeit zugewendet hat, bald von ihr weg zu den latenten Traumgedanken strebt, die sich mehr oder weniger entstellt durch den manifesten Traum verraten. Es ist aber nicht zu rechtfertigen, wenn dieser Wandel so weit geht, daß man in der theoretischen Betrachtung die latenten Traumgedanken an Stelle des Traumes überhaupt setzt und von letzterem etwas aussagt, was nur für die ersteren gelten kann. Es ist sonderbar, daß die Ergebnisse der Psychoanalyse für eine solche Verwechslung mißbraucht werden konnten. »Traum« kann man nichts anderes nennen als das Ergebnis der Traumarbeit, d. h. also die *Form*, in welche die latenten Gedanken durch die Traumarbeit überführt worden sind. [Vgl. S. 225 ff.]

Die Traumarbeit ist ein Vorgang ganz singulärer Art, dessengleichen bisher im Seelenleben nicht bekannt geworden ist. Derartige Verdichtungen, Verschiebungen, regressive Umsetzungen von Gedanken in Bilder sind Neuheiten, deren Erkenntnis die psychoanalytischen Bemühungen bereits reichlich entlohnt. Sie entnehmen auch wiederum aus den Parallelen zur Traumarbeit, welche Zusammenhänge der psychoanalytischen Studien mit anderen Gebieten, speziell mit der Sprach- und Denkentwicklung, aufgedeckt werden[1]. Die weitere Bedeutung dieser Einsichten können Sie erst ahnen, wenn Sie erfahren, daß die Mechanismen der Traumbildung vorbildlich für die Entstehungsweise der neurotischen Symptome sind.

Ich weiß auch, daß wir den ganzen Neuerwerb, der aus diesen Arbeiten für die Psychologie resultiert, noch nicht übersehen können. Wir wollen nur darauf hinweisen, welche neuen Beweise sich für die Existenz unbewußter seelischer Akte – das sind ja die latenten Traumgedanken – ergeben haben und wie uns die Traumdeutung einen ungeahnt breiten Zugang zur Kenntnis des unbewußten Seelenlebens verspricht.

Nun wird es aber wohl an der Zeit sein, daß ich Ihnen an verschiedenen kleinen Traumbeispielen einzeln vorführe, worauf ich Sie im Zusammenhange vorbereitet habe.

---

[1] [S. auch einige Bemerkungen über Mechanismen der Witzbildung auf S. 237 f.]

ANALYSEN VON TRAUMBEISPIELEN

Meine Damen und Herren! Seien Sie nun nicht enttäuscht, wenn ich Ihnen wiederum Bruchstücke von Traumdeutungen vorlege, anstatt Sie zur Teilnahme an der Deutung eines schönen großen Traumes einzuladen. Sie werden sagen, nach so vielen Vorbereitungen hätten Sie ein Recht darauf, und werden Ihrer Überzeugung Ausdruck geben, daß es nach gelungener Deutung von soviel tausend Träumen längst hätte möglich werden müssen, eine Sammlung von ausgezeichneten Traumbeispielen zusammenzutragen, an welcher sich alle unsere Behauptungen über Traumarbeit und Traumgedanken demonstrieren ließen. Ja, aber der Schwierigkeiten, welche der Erfüllung Ihres Wunsches im Wege stehen, sind zu viele.

Vor allem muß ich Ihnen gestehen, daß es niemand gibt, der die Traumdeutung als seine Hauptbeschäftigung betreibt. Wann kommt man denn dazu, Träume zu deuten? Gelegentlich kann man sich ohne besondere Absicht mit den Träumen einer befreundeten Person beschäftigen, oder man arbeitet eine Zeitlang seine eigenen Träume durch, um sich für psychoanalytische Arbeit zu schulen; zumeist hat man es aber mit den Träumen nervöser Personen zu tun, die in analytischer Behandlung stehen. Diese letzteren Träume sind ausgezeichnetes Material und stehen in keiner Weise hinter denen Gesunder zurück, aber man ist durch die Technik der Behandlung genötigt, die Traumdeutung den therapeutischen Absichten unterzuordnen und eine ganze Anzahl von Träumen stehenzulassen, nachdem man ihnen etwas für die Behandlung Brauchbares entnommen hat. Manche Träume, die in den Kuren vorfallen, entziehen sich überhaupt einer vollständigen Deutung. Da sie aus der Gesamtmenge des uns noch unbekannten psychischen Materials erwachsen sind, wird ihr Verständnis erst nach Abschluß der Kur möglich. Die Mitteilung solcher Träume würde auch die Aufdeckung aller Geheimnisse einer Neurose notwendig machen; das geht also nicht bei uns, die wir den Traum als Vorbereitung für das Studium der Neurosen in Angriff genommen haben.

Nun würden Sie gerne auf dieses Material verzichten und wollten lieber Träume von gesunden Menschen oder eigene Träume erläutert hören.

Das geht aber wegen des Inhalts dieser Träume nicht an. Man kann weder sich selbst noch einen anderen, dessen Vertrauen man in Anspruch genommen hat, so rücksichtslos bloßstellen, wie es die eingehende Deutung seiner Träume mit sich brächte, die, wie Sie bereits wissen, das Intimste seiner Persönlichkeit betreffen. Außer dieser Schwierigkeit der Materialbeschaffung kommt für die Mitteilung eine andere in Betracht. Sie wissen, der Traum erscheint dem Träumer selbst fremdartig, geschweige denn einem anderen, dem die Person des Träumers unbekannt ist. Unsere Literatur ist nicht arm an guten und ausführlichen Traumanalysen; ich selbst habe einige im Rahmen von Krankengeschichten veröffentlicht[1]; vielleicht das schönste Beispiel einer Traumdeutung ist das von O. Rank [1910*b*] mitgeteilte, zwei aufeinander bezügliche Träume eines jungen Mädchens, die im Druck etwa zwei Seiten einnehmen; die Analyse dazu umfaßt aber 76 Seiten. Ich brauchte etwa ein ganzes Semester, um Sie durch eine solche Arbeit hindurch zu geleiten. Wenn man irgendeinen längeren und stärker entstellten Traum vornimmt, so muß man soviel Aufklärungen dazugeben, soviel Material von Einfällen und Erinnerungen heranziehen, auf so viele Seitenwege eingehen, daß ein Vortrag darüber ganz unübersichtlich und unbefriedigend ausfallen würde. Ich muß Sie also bitten, sich mit dem zu begnügen, was leichter zu haben ist, mit der Mitteilung von kleinen Stücken aus Träumen von neurotischen Personen, an denen man dies oder jenes isoliert erkennen kann. Am leichtesten lassen sich die Traumsymbole demonstrieren, dann noch gewisse Eigentümlichkeiten der regressiven Traumdarstellung. Ich werde Ihnen von jedem der nun folgenden Träume angeben, weshalb ich ihn für mitteilenswert erachtet habe.

1) Ein Traum besteht nur aus zwei kurzen Bildern: *Sein Onkel raucht eine Zigarette, obwohl es Samstag ist. – Eine Frau streichelt und liebkost ihn* [den Träumer] *wie ihr Kind.*

Zum ersten Bild bemerkt der Träumer (Jude), sein Onkel sei ein frommer Mann, der etwas derart Sündhaftes nie getan hat und nie tun würde. Zur Frau im zweiten Bild fällt ihm nichts anderes ein als seine Mutter. Diese beiden Bilder oder Gedanken sind offenbar in Beziehung

---

[1] [Die wichtigsten Beispiele hierzu sind die beiden Träume in der Analyse der Patientin »Dora« (1905 *e*) und der Kindheitstraum des »Wolfsmanns« (1918 *b*). Der letztere Fallbericht wurde zwar erst nach dem Erscheinen dieser Vorlesung veröffentlicht, ist aber schon vorher niedergeschrieben worden.]

zueinander zu setzen. Aber wie? Da er die Realität für das Tun des Onkels ausdrücklich abgestritten hat, so liegt es nahe, ein »Wenn« einzufügen. »*Wenn* mein Onkel, der heilige Mann, am Samstag eine Zigarette rauchen würde, dann dürfte ich mich auch von der Mutter liebkosen lassen.« Das heißt offenbar, das Kosen mit der Mutter sei auch etwas Unerlaubtes wie das Rauchen am Samstag für den frommen Juden. Sie erinnern sich, daß ich Ihnen sagte [S. 184], bei der Traumarbeit fielen alle Relationen zwischen den Traumgedanken weg; diese werden in ihr Rohmaterial aufgelöst, und es ist Aufgabe der Deutung, die weggelassenen Beziehungen wieder einzusetzen.

2) Durch meine Veröffentlichungen über den Traum bin ich in gewisser Hinsicht öffentlicher Konsulent für Traumangelegenheiten geworden und erhalte seit vielen Jahren Zuschriften von den verschiedensten Seiten, in denen mir Träume mitgeteilt oder zur Beurteilung vorgelegt werden. Ich bin natürlich allen jenen dankbar, die zum Traum soviel Material hinzufügen, daß eine Deutung möglich wird, oder die selbst eine solche Deutung geben. In diese Kategorie gehört nun der folgende Traum eines Mediziners aus München vom Jahre 1910. Ich bringe ihn vor, weil er Ihnen beweisen kann, wie unzugänglich im allgemeinen ein Traum dem Verständnis ist, ehe der Träumer uns seine Auskünfte dazu gegeben hat. Ich vermute nämlich, daß Sie im Grunde die Traumdeutung durch Einsetzen der Symbolbedeutung für die ideale halten, die Technik der Assoziation zum Traum aber beiseite schieben möchten, und will Sie von diesem schädlichen Irrtum frei machen.

»13. Juli 1910: Gegen Morgen träume ich: *Ich fahre mit dem Rad in Tübingen die Straße herunter, als ein brauner Dachshund hinter mir dreinrast und mich an einer Ferse faßt. Ein Stück weiter steige ich ab, setze mich auf eine Staffel und fange an, auf das Vieh loszutrommeln, das sich fest verbissen hat.* (Unangenehme Gefühle habe ich von dem Beißen und der ganzen Szene nicht.) *Gegenüber sitzen ein paar ältere Damen, die mir grinsend zusehen. Dann wache ich auf und, wie schon öfter, ist mir in diesem Moment des Übergangs zum Wachen der ganze Traum klar.*«

Mit Symbolen ist hier wenig auszurichten. Der Träumer berichtet uns aber: »Ich habe mich in der letzten Zeit in ein Mädchen verliebt, nur so vom Sehen auf der Straße, habe aber keinerlei Anknüpfungspunkte gehabt. Dieser Anknüpfungspunkt hätte für mich am angenehmsten der Dachshund sein können, zumal ich ein großer Tierfreund bin und diese

Eigenschaft auch bei dem Mädchen sympathisch empfunden habe.« Er fügt auch hinzu, daß er wiederholt mit großem Geschick und oft zum Erstaunen der Zuschauer in die Kämpfe miteinander raufender Hunde eingegriffen habe. Wir erfahren also, daß das Mädchen, welches ihm gefiel, stets in Begleitung dieses besonderen Hundes zu sehen war. Dies Mädchen ist aber für den manifesten Traum beseitigt worden, nur der mit ihr assoziierte Hund ist geblieben. Vielleicht sind die älteren Damen, die ihn angrinsen, an die Stelle des Mädchens getreten. Was er sonst noch mitteilt, reicht zur Aufklärung dieses Punktes nicht aus. Daß er im Traume auf dem Rade fährt, ist direkte Wiederholung der erinnerten Situation. Er war dem Mädchen mit dem Hunde immer nur, wenn er zu Rade war, begegnet.

3) Wenn jemand einen seiner teueren Angehörigen verloren hat, so produziert er durch längere Zeit nachher Träume von besonderer Art, in denen das Wissen um den Tod mit dem Bedürfnis, den Toten wiederzubeleben, die merkwürdigsten Kompromisse abschließt. Bald ist der Verstorbene tot und lebt dabei doch weiter, weil er nicht weiß, daß er tot ist, und wenn er es wüßte, stürbe er erst ganz; bald ist er halb tot und halb lebendig, und jeder dieser Zustände hat seine besonderen Anzeichen. Man darf diese Träume nicht einfach unsinnige nennen, denn das Wiederbelebtwerden ist für den Traum nicht unannehmbarer als z. B. für das Märchen, in dem es als ein sehr gewöhnliches Schicksal vorkommt. Soweit ich solche Träume analysieren konnte, ergab es sich, daß sie einer vernünftigen Lösung fähig sind, aber daß der pietätsvolle Wunsch, den Toten ins Leben zurückzurufen, mit den seltsamsten Mitteln zu arbeiten versteht. Ich lege Ihnen hier einen solchen Traum vor, der sonderbar und unsinnig genug klingt und dessen Analyse Ihnen vieles von dem vorführen wird, worauf Sie durch unsere theoretischen Ausführungen vorbereitet sind. Der Traum eines Mannes, der seinen Vater vor mehreren Jahren verloren hatte:

Der Vater ist gestorben, aber exhumiert worden und sieht schlecht aus. Er lebt seitdem fort, und der Träumer tut alles, damit er es nicht merkt. (Dann übergeht der Traum auf andere, scheinbar sehr fernliegende Dinge.)

Der Vater ist gestorben, das wissen wir. Daß er exhumiert worden, entspricht nicht der Wirklichkeit, die ja auch für alles weitere nicht in Betracht kommt. Aber der Träumer erzählt: Nachdem er vom Begräbnis des Vaters zurückgekommen war, begann ihn ein Zahn zu schmerzen.

Er wollte diesen Zahn nach der Vorschrift der jüdischen Lehre behandeln: Wenn dich dein Zahn ärgert, so reiße ihn aus, und begab sich zum Zahnarzt. Der aber sagte: Einen Zahn reißt man nicht, man muß Geduld mit ihm haben. Ich werde etwas einlegen, um ihn zu töten; nach drei Tagen kommen Sie wieder, dann werde ich's herausnehmen.
Dies »Herausnehmen«, sagt der Träumer plötzlich, das ist das Exhumieren.
Sollte der Träumer recht haben? Es stimmt zwar nicht ganz, nur so ungefähr, denn der Zahn wird ja nicht herausgenommen, sondern etwas, das Abgestorbene, aus ihm. Aber dergleichen Ungenauigkeiten darf man der Traumarbeit nach anderen Erfahrungen wohl zutrauen. Dann hätte der Träumer den verstorbenen Vater mit dem getöteten und doch erhaltenen Zahn verdichtet, zu einer Einheit verschmolzen. Kein Wunder dann, daß im manifesten Traum etwas Sinnloses zustande kommt, denn es kann doch nicht alles auf den Vater passen, was vom Zahn gesagt wird. Wo wäre überhaupt das *Tertium comparationis* [S. 162] zwischen Zahn und Vater, welches diese Verdichtung ermöglicht?
Es muß aber doch wohl so sein, denn der Träumer fährt fort, es sei ihm bekannt, wenn man von einem ausgefallenen Zahn träumt, so bedeutet es, daß man ein Familienmitglied verlieren werde.
Wir wissen, daß diese populäre Deutung unrichtig oder wenigstens nur in einem skurrilen Sinne richtig ist[1]. Umsomehr wird es uns überraschen, das so angeschlagene Thema doch hinter den anderen Stücken des Trauminhalts aufzufinden.
Ohne weitere Aufforderung beginnt nun der Träumer von der Krankheit und dem Tode des Vaters sowie von seinem Verhältnis zu ihm zu erzählen. Der Vater war lange krank, die Pflege und Behandlung des Kranken kostete ihn, den Sohn, viel Geld. Und doch war es ihm nie zuviel, er wurde nie ungeduldig, hatte nie den Wunsch, es möge doch schon zu Ende sein. Er rühmt sich echt jüdischer Pietät gegen den Vater, der strengen Befolgung des jüdischen Gesetzes. Fällt uns da nicht ein Widerspruch in den zum Traum gehörigen Gedanken auf? Er hatte Zahn und Vater identifiziert. Gegen den Zahn wollte er nach dem jüdischen Gesetz verfahren, welches das Urteil mit sich brachte, ihn auszureißen, wenn er Schmerz und Ärgernis bereitete. Auch gegen den Vater wollte er nach der Vorschrift des Gesetzes verfahren sein, welches aber hier lautet, Aufwand und Ärgernis nicht zu achten, alles Schwere

---

[1] [S. S. 166 und S. 173.]

auf sich zu nehmen und keine feindliche Absicht gegen das Schmerz bereitende Objekt aufkommen zu lassen. Wäre die Übereinstimmung nicht weit zwingender, wenn er wirklich gegen den kranken Vater ähnliche Gefühle entwickelt hätte wie gegen den kranken Zahn, d. h. gewünscht hätte, ein baldiger Tod möge seiner überflüssigen, schmerzlichen und kostspieligen Existenz ein Ende setzen?

Ich zweifle nicht, daß dies wirklich seine Einstellung gegen den Vater während dessen langwieriger Krankheit war und daß die prahlerischen Versicherungen seiner frommen Pietät dazu bestimmt sind, von diesen Erinnerungen abzulenken. Unter solchen Bedingungen pflegt der Todeswunsch gegen den Erzeuger rege zu werden und sich mit der Maske einer mitleidigen Erwägung wie: es wäre nur eine Erlösung für ihn, zu dekken. Bemerken Sie aber wohl, daß wir hier in den latenten Traumgedanken selbst eine Schranke überschritten haben. Der erste Anteil derselben war gewiß nur zeitweilig, d. h. während der Traumbildung, unbewußt, die feindseligen Regungen gegen den Vater dürften aber dauernd unbewußt gewesen sein[1], vielleicht aus Kinderzeiten stammen und sich während der Krankheit des Vaters gelegentlich schüchtern und verkleidet ins Bewußtsein geschlichen haben. Mit noch größerer Sicherheit können wir dies von anderen latenten Gedanken behaupten, die unverkennbare Beiträge an den Trauminhalt abgegeben haben. Von den feindseligen Regungen gegen den Vater ist ja nichts im Traum zu entdecken. Indem wir aber der Wurzel solcher Feindseligkeit gegen den Vater im Kinderleben nachforschen, erinnern wir uns, daß sich die Furcht vor dem Vater herstellt, weil dieser sich schon in frühesten Jahren der Sexualbetätigung des Knaben entgegensetzt, wie er es in der Regel im Alter nach der Pubertät aus sozialen Motiven wiederholen muß. Diese Beziehung zum Vater trifft auch für unseren Träumer zu; seiner Liebe zu ihm war genug Respekt und Angst beigemengt gewesen, die aus der Quelle der frühzeitigen Sexualeinschüchterung geflossen waren.

Aus dem Onaniekomplex erklären sich nun die weiteren Sätze des manifesten Traumes. *Er sieht schlecht aus* spielt zwar auf eine weitere Rede des Zahnarztes an, daß es schlecht aussieht, wenn man einen Zahn an dieser Stelle eingebüßt hat; es bezieht sich aber gleichzeitig auf das schlechte Aussehen, durch welches der junge Mann in der Pubertät seine übermäßige Sexualbetätigung verrät oder zu verraten fürchtet. Nicht ohne eigene Erleichterung hat der Träumer im manifesten Inhalt das

[1] [Dies wird am Schluß der 13. Vorlesung, S. 215 f., noch weiter fortgeführt.]

schlechte Aussehen von sich weg auf den Vater geschoben, eine der Ihnen bekannten Umkehrungen der Traumarbeit [S. 186 f.]. *Er lebt seitdem fort* deckt sich mit dem Wiederbelebungswunsch wie mit dem Versprechen des Zahnarztes, daß der Zahn erhalten bleiben wird. Ganz raffiniert ist aber der Satz »der Träumer tut alles, *damit er (der Vater) es nicht merkt*«, darauf hergerichtet, uns zur Ergänzung zu verleiten, daß er gestorben ist. Die einzig sinnreiche Ergänzung ergibt sich aber wieder aus dem Onaniekomplex, wo es selbstverständlich ist, daß der Jüngling alles tut, um sein Sexualleben vor dem Vater zu verbergen. Erinnern Sie sich nun zum Schluß, daß wir die sogenannten Zahnreizträume stets auf Onanie und auf die gefürchtete Bestrafung für sie deuten mußten. [Vgl. S. 166 und S. 173.]
Sie sehen nun, wie dieser unverständliche Traum zustande gekommen ist. Durch die Herstellung einer sonderbaren und irreführenden Verdichtung, durch die Übergehung aller Gedanken aus der Mitte des latenten Gedankenganges und durch die Schaffung von mehrdeutigen Ersatzbildungen für die tiefsten und zeitlich entlegensten dieser Gedanken.

4) Wir haben schon wiederholt versucht, jenen nüchternen und banalen Träumen beizukommen, die nichts Unsinniges oder Befremdendes an sich tragen, bei denen sich aber die Frage erhebt: Wozu träumt man so gleichgültiges Zeug [vgl. S. 113 f. und S. 131 f.]? Ich will also ein neues Beispiel dieser Art vorlegen, drei zusammengehörige, in einer Nacht vorgefallene Träume einer jungen Dame.
a) Sie geht durch die Halle ihres Hauses und stößt sich den Kopf blutig an dem tief herabhängenden Luster.
Keine Reminiszenz, nichts, was wirklich vorgefallen ist. Ihre Auskunft dazu leitet auf ganz andere Wege. »Sie wissen, wie stark mir die Haare ausgehen. Kind, hat die Mutter gestern zu mir gesagt, wenn das so weitergeht, wirst du einen Kopf bekommen wie einen Popo.« Der Kopf steht also hier für das andere Körperende. Den Luster können wir ohne Nachhilfe symbolisch verstehen; alle der Verlängerung fähigen Gegenstände sind Symbole des männlichen Gliedes [S. 164]. Also handelt es sich um eine Blutung am unteren Körperende, die durch den Zusammenstoß mit dem Penis entsteht. Das könnte noch mehrdeutig sein; ihre weiteren Einfälle zeigen, daß es sich um den Glauben handelt, die Menstruationsblutung entstehe durch den Geschlechtsverkehr mit dem Mann, ein Stück der Sexualtheorie, das viele Gläubige unter den unreifen Mädchen hat.

b) Sie sieht im Weingarten eine tiefe Grube, von der sie weiß, daß sie durch Ausreißen eines Baumes entstanden ist. Dazu ihre Bemerkung, der Baum *fehle ihr* dabei. Sie meint, sie habe im Traum den Baum nicht gesehen, aber derselbe Wortlaut dient dem Ausdruck eines anderen Gedankens, der nun die symbolische Deutung vollends sicherstellt. Der Traum bezieht sich auf ein anderes Stück der infantilen Sexualtheorien, auf den Glauben, daß die Mädchen ursprünglich dasselbe Genitale hatten wie die Knaben und daß dessen spätere Gestaltung durch Kastration (Ausreißen eines Baumes) entstanden ist.

c) Sie steht vor ihrer Schreibtischlade, in der sie sich so gut auskennt, daß sie sofort weiß, wenn jemand darüber gekommen ist. Die Schreibtischlade ist wie jede Lade, Kiste, Schachtel, ein weibliches Genitale [S. 165]. Sie weiß, daß man die Anzeichen des Sexualverkehrs (wie sie meint, auch der Berührung) am Genitale erkennen kann, und hat sich lange vor solcher Überführung gefürchtet. Ich meine, der Akzent ist in all diesen drei Träumen auf das *Wissen* zu legen. Sie gedenkt der Zeit ihrer kindlichen Sexualforschung, auf deren Ergebnisse sie damals recht stolz war[1].

5) Wiederum ein Stückchen Symbolik. Aber diesmal muß ich die psychische Situation in einem kurzen Vorbericht voranstellen. Ein Herr, der mit einer Frau eine Liebesnacht verbracht hat, schildert seine Partnerin als eine jener mütterlichen Naturen, bei denen im Liebesverkehre mit dem Manne der Wunsch nach dem Kinde unwiderstehlich durchdringt. Die Verhältnisse jenes Zusammentreffens nötigen aber zu einer Vorsicht, durch welche der befruchtende Samenerguß vom weiblichen Schoß ferngehalten wird. Beim Erwachen aus dieser Nacht erzählt die Frau nachstehenden Traum:

Ein Offizier mit einer roten Kappe läuft ihr auf der Straße nach. Sie flieht vor ihm, läuft die Stiege hinauf, er immer nach. Atemlos erreicht sie ihre Wohnung und wirft die Türe hinter sich ins Schloß. Er bleibt draußen, und wie sie durchs Guckloch schaut, sitzt er draußen auf einer Bank und weint.

Sie erkennen wohl in der Verfolgung durch den Offizier mit der roten Kappe und in dem atemlosen Steigen die Darstellung des Geschlechtsaktes [S. 167]. Daß die Träumerin sich vor dem Verfolger verschließt,

[1] [Kindliche Sexualforschungen und -theorien werden in der 20. Vorlesung, S. 313 f., besprochen.]

mag Ihnen als Beispiel der im Traum so häufig angewendeten Umkehrungen gelten, denn in Wirklichkeit hatte sich ja der Mann der Beendigung des Liebesaktes entzogen. Ebenso ist ihre Trauer auf den Partner verschoben, er ist es ja, der im Traume weint, womit gleichzeitig der Samenerguß angedeutet ist.

Sie werden gewiß einmal gehört haben, in der Psychoanalyse werde behauptet, daß alle Träume sexuelle Bedeutung haben. Nun sind Sie selbst in die Lage gekommen, sich über die Unkorrektheit dieses Vorwurfs ein Urteil zu bilden. Sie haben die Wunschträume kennengelernt, die von der Befriedigung der klarliegendsten Bedürfnisse, des Hungers, des Durstes, der Sehnsucht nach Freiheit handeln, die Bequemlichkeits- und Ungeduldsträume und ebenso rein habsüchtige und egoistische. Aber daß die stark entstellten Träume vorwiegend – wiederum nicht ausschließlich – sexuellen Wünschen Ausdruck geben, dürfen Sie allerdings als Ergebnis der psychoanalytischen Forschung im Gedächtnis behalten.

6) Ich habe ein besonderes Motiv, die Beispiele für die Symbolverwendung im Traume zu häufen. Ich habe mich bei unserem ersten Zusammentreffen [S. 42 ff.] darüber beklagt, wie schwierig die Demonstration und damit das Erwecken von Überzeugungen in der Unterweisung der Psychoanalyse sei, und Sie haben mir seither gewiß beigestimmt. Nun hängen aber die einzelnen Behauptungen der Psychoanalyse doch so innig zusammen, daß die Überzeugung sich leicht von einem Punkt her auf einen größeren Teil des Ganzen fortsetzen kann. Man könnte von der Psychoanalyse sagen, wer ihr den kleinen Finger gibt, den hält sie schon bei der ganzen Hand. Schon wem die Aufklärung der Fehlleistungen eingeleuchtet hat, der kann sich logischerweise dem Glauben an alles andere nicht mehr entziehen. Eine zweite ebenso zugängliche Stelle ist in der Traumsymbolik gegeben. Ich werde Ihnen den bereits publizierten Traum einer Frau aus dem Volke vorlegen, deren Mann Wachmann ist und die gewiß niemals etwas von Traumsymbolik und Psychoanalyse gehört hat. Urteilen Sie dann selbst, ob dessen Auslegung mit Hilfe von Sexualsymbolen willkürlich und gezwungen genannt werden kann.

»*... Dann sei jemand in die Wohnung eingebrochen und sie habe angstvoll nach einem Wachmann gerufen. Dieser aber sei mit zwei ›Pülchern‹ einträchtig in eine Kirche gegangen, zu der mehrere Stufen emporführten. Hinter der Kirche sei ein Berg gewesen und oben ein dichter Wald. Der Wachmann sei mit einem Helm, Ringkragen und Mantel versehen* *gewesen. Er habe einen braunen Vollbart gehabt. Die beiden Vaganten, die friedlich mit dem Wachmann gegangen seien, hätten sackartig aufgebundene Schürzen um die Lenden geschlungen gehabt. Von der Kirche habe zum Berge ein Weg geführt. Dieser sei beiderseits mit Gras und Gestrüpp verwachsen gewesen, das immer dichter wurde und auf der Höhe des Berges ein ordentlicher Wald geworden sei.«*

Die verwendeten Symbole erkennen Sie ohne Mühe. Das männliche Genitale ist durch eine Dreiheit von Personen dargestellt, das weibliche durch eine Landschaft mit Kapelle, Berg und Wald. Wiederum begegnen Sie den Stufen als Symbol des Sexualaktes. Was im Traume ein Berg genannt wird, heißt auch in der Anatomie so, nämlich Mons Veneris, Schamberg.

7) Wiederum ein mittels Symboleinsetzung zu lösender Traum, dadurch bemerkenswert und beweiskräftig, daß der Träumer selbst alle Symbole übersetzt hat, obwohl er keinerlei theoretische Vorkenntnisse für die Traumdeutung mitbrachte. Dies Verhalten ist recht ungewöhnlich, und die Bedingungen dafür sind nicht genau bekannt.

»Er geht mit seinem Vater an einem Ort spazieren, der gewiß der Prater ist, denn man sieht die Rotunde, vor dieser einen kleineren Vorbau, an dem ein Fesselballon angebracht ist, der aber ziemlich schlaff scheint. Sein Vater fragt ihn, wozu das alles ist; er wundert sich darüber, erklärt es ihm aber. Dann kommen sie in einen Hof, in dem eine große Platte von Blech ausgebreitet liegt. Sein Vater will sich ein großes Stück davon abreißen, sieht sich aber vorher um, ob es nicht jemand bemerken kann. Er sagt ihm, er braucht es doch nur dem Aufseher zu sagen, dann kann er sich ohne weiteres davon nehmen. Aus diesem Hof führt eine Treppe in einen Schacht herunter, dessen Wände weich ausgepolstert sind, etwa wie ein Lederfauteuil. Am Ende dieses Schachtes ist eine längere Plattform und dann beginnt ein neuer Schacht ...«

Der Träumer deutet selbst: Die Rotunde ist mein Genitale, der Fesselballon davor mein Penis, über dessen Schlaffheit ich zu klagen habe. Man darf also eingehender übersetzen, die Rotunde sei das – vom Kind regelmäßig zum Genitale gerechnete – Gesäß, der kleinere Vorbau der Hodensack. Im Traum fragt ihn der Vater, was das alles ist, d. h. nach Zweck und Verrichtung der Genitalien. Es liegt nahe, diesen Sachverhalt umzukehren, so daß er der fragende Teil wird. Da eine solche Befragung des Vaters in Wirklichkeit nie stattgefunden hat, muß man den Traumgedanken als Wunsch auffassen oder ihn etwa konditionell nehmen: »Wenn ich den Vater um sexuelle Aufklärung gebeten hätte.« Die Fortsetzung dieses Gedankens werden wir bald an anderer Stelle finden.

Der Hof, in dem das Blech ausgebreitet liegt, ist nicht in erster Linie symbolisch zu fassen, sondern stammt aus dem Geschäftslokal des Vaters. Aus Gründen der Diskretion habe ich das »Blech« für das andere Material, mit dem der Vater handelt, eingesetzt, ohne sonst etwas am Wortlaut des Traumes zu ändern. Der Träumer ist in das Geschäft des Vaters eingetreten und hat an den eher unkorrekten Praktiken, auf denen der Gewinn zum guten Teil beruht, gewaltigen Anstoß genommen. Daher dürfte die Fortsetzung des obigen Traumgedankens lauten: (»Wenn ich ihn gefragt hätte), würde er mich betrogen haben, wie er seine Kunden betrügt.« Für das Abreißen, welches der Darstellung der geschäftlichen Unredlichkeit dient, gibt der Träumer selbst die zweite Erklärung, es bedeute die Onanie. Dies ist uns nicht nur längst bekannt [S. 166, 173], sondern stimmt auch sehr gut dazu, daß das Geheimnis der Onanie durch das Gegenteil ausgedrückt ist (man darf es ja offen tun). Es entspricht dann allen Erwartungen, daß die onanistische Tätigkeit wieder dem Vater zugeschoben wird, wie die Befragung in der ersten Traumszene. Den Schacht deutet er sofort unter Berufung auf die weiche Polsterung der Wände als Vagina. Daß das Herabsteigen wie sonst das Aufsteigen den Koitusverkehr in der Vagina beschreiben will, setze ich eigenmächtig ein [S. 167].

Die Einzelheiten, daß auf den ersten Schacht eine längere Plattform folgt und dann ein neuer Schacht, erklärt er selbst biographisch. Er hat eine Zeitlang koitiert, dann den Verkehr infolge von Hemmungen aufgegeben und hofft ihn jetzt mit Hilfe der Kur wieder aufnehmen zu können.

8) Die beiden nachstehenden Träume eines Fremden mit sehr polygamer Veranlagung teile ich ihnen als Beleg für die Behauptung [S. 153] mit, daß das eigene Ich in jedem Traume vorkommt, auch wo es sich für den manifesten Inhalt verborgen hat. Die Koffer in den Träumen sind Weibsymbole.

a) Er reist ab, sein Gepäck wird auf einem Wagen zur Bahn gebracht, viele Koffer aufgehäuft, darunter zwei große schwarze, wie Musterkoffer. Er sagt tröstend zu jemand: Nun, die fahren ja nur bis zum Bahnhof mit.

Er reist in Wirklichkeit mit sehr viel Gepäck, bringt aber auch sehr viel

Geschichten von Frauen mit in die Behandlung. Die zwei schwarzen Koffer entsprechen zwei schwarzen Frauen, die gegenwärtig in seinem Leben die Hauptrolle spielen. Eine von ihnen wollte ihm nach Wien nachreisen; er hatte ihr auf meinen Rat telegraphisch abgesagt.

b) Eine Szene bei der Douane: *Ein Mitreisender macht seinen Koffer auf und sagt, gleichgültig eine Zigarette rauchend: Da ist nichts drin. Der Zollbeamte scheint ihm zu glauben, greift aber noch einmal hinein und findet etwas ganz besonders Verbotenes. Der Reisende sagt dann resigniert: Da ist nichts zu machen.* Er ist selbst der Reisende, ich der Zollbeamte. Er ist sonst sehr aufrichtig in seinen Bekenntnissen, hatte sich aber vorgenommen, mir eine neu angeknüpfte Beziehung zu einer Dame zu verschweigen, weil er mit Recht annehmen konnte, daß sie mir nicht unbekannt sei. Die peinliche Situation des Überführtwerdens verschiebt er auf eine fremde Person, so daß er selbst in diesem Traum nicht vorzukommen scheint.

9) Hier ein Beispiel für ein Symbol, das ich noch nicht erwähnt habe:

Er begegnet seiner Schwester in Begleitung von zwei Freundinnen, die selbst Schwestern sind. Er gibt beiden die Hand, der Schwester aber nicht.

Keine Anknüpfung an eine wirkliche Begebenheit. Seine Gedanken führen ihn vielmehr in eine Zeit, zu welcher ihm die Beobachtung zu denken gab, daß sich der Busen der Mädchen so spät entwickelt. Die beiden Schwestern sind also die Brüste, er möchte sie gerne mit der Hand begreifen, wenn es nur nicht seine Schwester wäre.

10) Hier ein Beispiel für die Todessymbolik im Traum:

Er geht mit zwei Personen, deren Namen er weiß, aber beim Erwachen vergessen hat, über einen sehr hohen, steilen eisernen Steg. Plötzlich sind die beiden weg und er sieht einen gespenstischen Mann mit Kappe und im Leinenanzug. Er fragt ihn, ob er der Telegraphenbote sei... Nein. Ob er der Fuhrmann sei? Nein. Er geht dann weiter, hat noch im Traume große Angst und setzt den Traum nach dem Erwachen mit der Phantasie fort, daß die eiserne Brücke plötzlich abbricht und er in den Abgrund stürzt.

Personen, bei denen man betont, daß sie unbekannt sind, daß man ihre Namen vergessen hat, sind meist sehr nahestehende. Der Träumer hat zwei Geschwister; wenn er diesen beiden den Tod gewünscht haben sollte, so wäre es nur gerecht, wenn ihn dafür die Todesangst heimsuchte. Zum Telegraphenboten bemerkt er, daß solche Leute immer Unheilsposten bringen. Es könnte auch nach der Uniform ein Laternenanzünder gewesen sein, der aber auch die Laternen auslöscht, also wie der Genius des Todes die Fackel verlöscht. Zum Fuhrmann assoziiert er das Uhlandsche Gedicht von König Karls Meerfahrt und erinnert an eine gefahrvolle Seefahrt mit zwei Genossen, auf welcher er die Rolle des Königs im Gedicht spielte[1]. Zur Eisenbrücke fällt ihm ein Unfall der letzten Zeit ein und die dumme Redensart: Das Leben ist eine Kettenbrück'.

11) Als anderes Beispiel der Todesdarstellung mag der Traum gelten: *Ein unbekannter Herr gibt eine schwarzgeränderte Visitkarte für ihn ab.*

12) In mehrfacher Hinsicht wird Sie der folgende Traum interessieren, zu dessen Voraussetzungen allerdings auch ein neurotischer Zustand gehört.
Er fährt im Eisenbahnzug. Der Zug hält auf offenem Felde. Er meint, es steht ein Unfall bevor, man muß daran denken, sich zu flüchten, geht durch alle Abteile des Zuges und erschlägt alle, die ihm begegnen, Schaffner, Lokomotivführer usw.
Dazu die Erinnerung an die Erzählung eines Freundes. Auf einer Strecke in Italien wurde ein Wahnsinniger in einem Halbcoupé transportiert, aber aus Versehen ein Reisender zu ihm eingelassen. Der Verrückte erschlug den Mitreisenden. Er identifiziert sich also mit diesem Verrückten und begründet sein Anrecht darauf mit der Zwangsvorstellung, die ihn zeitweilig quält, daß er alle »Mitwisser beseitigen« müsse. Dann findet er aber selbst eine bessere Motivierung, die zum Anlaß des Traumes führt. Er hat gestern im Theater das Mädchen wiedergesehen, das er heiraten wollte, von der er sich aber, weil sie ihm Grund zur Eifersucht gegeben, zurückgezogen hat. Bei der Intensität, zu welcher die Eifersucht bei ihm ansteigt, wäre er wirklich verrückt, wenn er die heiraten wollte. Das heißt: Er hält sie für so unverläßlich, daß er alle Leute, die ihm in den Weg kommen, aus Eifersucht erschlagen müßte. Das Gehen durch eine Reihe von Zimmern, hier von Abteilen, haben

[1] [In Uhlands Gedicht wird das Schiff, das König Karl und seine Ritter ins Heilige Land führt, vom Sturm überrascht. Die zwölf Ritter beklagen einer nach dem anderen ihre Lage; der König jedoch hält schweigend das Steuer und lenkt das Schiff in Sicherheit.]

wir als Symbol des Verheiratetseins (Gegensatz zur Einehe) bereits kennengelernt[1].

Zum Halten des Zuges auf offenem Felde und zur Befürchtung eines Unfalles erzählt er: Als sich einmal auf einer Eisenbahnfahrt ein solches plötzliches Stehenbleiben außerhalb einer Station ereignete, erklärte eine mitreisende junge Dame, es stehe vielleicht ein Zusammenstoß bevor und da sei die zweckmäßigste Vorsicht, die Beine hoch zu heben. Dieses »die Beine hoch« hatte aber auch eine Rolle in den vielen Spaziergängen und Ausflügen in die freie Natur gespielt, die er in der glücklichen ersten Liebeszeit mit jenem Mädchen unternommen hatte. Ein neues Argument dafür, daß er verrückt sein müßte, um sie jetzt zu heiraten. Daß ein Wunsch, so verrückt zu sein, bei ihm dennoch bestand, durfte ich nach meiner Kenntnis der Situation als gesichert annehmen.

[1] [Das Symbol wird in den Vorlesungen nicht an einer früheren Stelle erwähnt. Dagegen heißt es in der *Traumdeutung*, bald nach Beginn des Abschnitts E im VI. Kapitel, daß eine Flucht von Zimmern für ein Bordell oder einen Harem oder (als Gegensatz) auch für die Einehe stehen könne.]

ARCHAISCHE ZÜGE UND INFANTILISMUS DES TRAUMES

Meine Damen und Herren! Lassen Sie uns wieder an unser Resultat anknüpfen, daß die Traumarbeit die latenten Traumgedanken unter dem Einfluß der Traumzensur in eine andere Ausdrucksweise überführt. Die latenten Gedanken sind nicht anders als die uns bekannten bewußten Gedanken unseres Wachlebens; die neue Ausdrucksweise ist uns durch vielfältige Züge unverständlich. Wir haben gesagt, daß sie auf Zustände unserer intellektuellen Entwicklung zurückgreift, die wir längst überwunden haben, auf die Bildersprache, die Symbolbeziehung, vielleicht auf Verhältnisse, die vor der Entwicklung unserer Denksprache bestanden haben. Wir nannten die Ausdrucksweise der Traumarbeit darum eine *archaische* oder *regressive* [S. 186 f.].

Sie können daraus den Schluß ableiten, daß es durch das vertieftere Studium der Traumarbeit gelingen müßte, wertvolle Aufschlüsse über die nicht gut gekannten Anfänge unserer intellektuellen Entwicklung zu gewinnen. Ich hoffe, es wird so sein, aber diese Arbeit ist bisher noch nicht in Angriff genommen worden. Die Vorzeit, in welche die Traumarbeit uns zurückführt, ist eine zweifache, erstens die individuelle Vorzeit, die Kindheit, anderseits, insofern jedes Individuum in seiner Kindheit die ganze Entwicklung der Menschenart irgendwie abgekürzt wiederholt, auch diese Vorzeit, die phylogenetische. Ob es gelingen wird zu unterscheiden, welcher Anteil der latenten seelischen Vorgänge aus der individuellen, und welcher aus der phylogenetischen Urzeit stammt, – ich halte es nicht für unmöglich. So scheint mir z. B. die Symbolbeziehung, die der Einzelne niemals erlernt hat, zum Anspruch berechtigt, als phylogenetisches Erbe betrachtet zu werden.

Indes ist dies nicht der einzige archaische Charakter des Traumes. Sie kennen alle wohl aus der Erfahrung an sich die merkwürdige Amnesie der Kindheit. Ich meine die Tatsache, daß die ersten Lebensjahre, bis zum fünften, sechsten oder achten, nicht die Spuren im Gedächtnis hinterlassen haben wie das spätere Erleben. Man trifft zwar auf einzelne Menschen, welche sich einer kontinuierlichen Erinnerung vom frühen Anfang bis auf den heutigen Tag rühmen können, aber das andere Verhalten, das der Gedächtnislücke, ist das ungleich häufigere. Ich meine, über diese Tatsache hat man sich nicht genug gewundert. Das Kind kann mit zwei Jahren gut sprechen, es zeigt bald, daß es sich in komplizierten seelischen Situationen zurechtfindet, und gibt Äußerungen von sich, die ihm viele Jahre später wiedererzählt werden, die es selbst aber vergessen hat. Und dabei ist das Gedächtnis in frühen Jahren leistungsfähiger, weil weniger überladen als in späteren. Auch liegt kein Anlaß vor, die Gedächtnisfunktion für eine besonders hohe oder schwierige Seelenleistung zu halten; man kann im Gegenteile ein gutes Gedächtnis noch bei Personen finden, die intellektuell sehr niedrig stehen[1].

Als zweite Merkwürdigkeit, die dieser ersten aufgesetzt ist, muß ich aber anführen, daß aus der Erinnerungsleere, welche die ersten Kindheitsjahre umfaßt, sich einzelne gut erhaltene, meist plastisch empfundene Erinnerungen herausheben, welche diese Erhaltung nicht rechtfertigen können. Mit dem Material von Eindrücken, welche uns im späteren Leben treffen, verfährt unser Gedächtnis so, daß es eine Auslese vornimmt. Es behält das irgend Wichtige und läßt Unwichtiges fallen. Mit den erhaltenen Kindheitserinnerungen ist es anders. Sie entsprechen nicht notwendig wichtigen Erlebnissen der Kinderjahre, nicht einmal solchen, die vom Standpunkt des Kindes hätten wichtig erscheinen müssen. Sie sind oft so banal und an sich bedeutungslos, daß wir uns nur verwundert fragen, warum gerade diese Einzelheit dem Vergessen entgangen ist. Ich habe seinerzeit versucht, das Rätsel der Kindheitsamnesie und der sie unterbrechenden Erinnerungsreste mit Hilfe der Analyse anzugreifen, und bin zu dem Ergebnis gekommen, daß doch auch beim Kinde nur das Wichtige in der Erinnerung übriggeblieben ist. Nur daß durch die Ihnen bereits bekannten Prozesse der Verdichtung und ganz besonders der Verschiebung dies Wichtige durch anderes, was unwichtig erscheint, in der Erinnerung vertreten ist. Ich habe diese Kindheitserinnerungen darum *Deckerinnerungen* genannt; man kann durch gründliche Analyse alles Vergessene aus ihnen entwickeln.

In den psychoanalytischen Behandlungen ist ganz regelmäßig die Aufgabe gestellt, die infantile Erinnerungslücke auszufüllen, und insoferne die Kur überhaupt einigermaßen gelingt, also überaus häufig, bringen wir es auch zustande, den Inhalt jener vom Vergessen bedeckten Kindheitsjahre wieder ans Licht zu ziehen. Diese Eindrücke sind niemals

[1] [Eine ausführlichere Erörterung der frühkindlichen Amnesie findet sich zu Beginn der zweiten der *Drei Abhandlungen zur Sexualtheorie* (1905 *d*).]

wirklich vergessen gewesen, sie waren nur unzugänglich, latent, haben dem Unbewußten angehört. Es kommt aber auch spontan vor, daß sie aus dem Unbewußten auftauchen, und zwar geschieht es im Anschluß an Träume. Es zeigt sich, daß das Traumleben den Zugang zu diesen latenten, infantilen Erlebnissen zu finden weiß. Es sind schöne Beispiele hierfür in der Literatur verzeichnet, und ich selbst habe einen solchen Beitrag leisten können. Ich träumte einmal in einem gewissen Zusammenhange von einer Person, die mir einen Dienst geleistet haben mußte und die ich deutlich vor mir sah. Es war ein einäugiger Mann von kleiner Gestalt, dick, den Kopf tief in den Schultern steckend. Ich entnahm aus dem Zusammenhang, daß er ein Arzt war. Zum Glück konnte ich meine noch lebende Mutter befragen, wie der Arzt meines Geburtsortes, den ich mit drei Jahren verlassen, ausgesehen, und erfuhr von ihr, daß er einäugig war, kurz, dick, den Kopf tief in den Schultern steckend, lernte auch, bei welchem von mir vergessenen Unfall er mir Hilfe geleistet hatte. Diese Verfügung über das vergessene Material der ersten Kindheitsjahre ist also ein weiterer archaischer Zug des Traumes.

Dieselbe Auskunft setzt sich nun auf ein anderes der Rätsel, auf die wir bisher gestoßen sind, fort. Sie erinnern sich, mit welchem Staunen es aufgenommen wurde, als wir zur Einsicht kamen, die Erreger der Träume seien energisch böse und ausschweifend sexuelle Wünsche, welche Traumzensur und Traumentstellung notwendig gemacht haben [S. 153 ff.]. Wenn wir einen solchen Traum dem Träumer gedeutet haben und er im günstigsten Falle die Deutung selbst nicht angreift, so stellt er doch regelmäßig die Frage, woher ihm ein solcher Wunsch komme, da er ihn doch als fremd empfinde und sich des Gegenteils davon bewußt sei. Wir brauchen nicht zu verzagen, diese Herkunft nachzuweisen. Diese bösen Wunschregungen stammen aus der Vergangenheit, oft aus einer Vergangenheit, die nicht allzuweit zurückliegt. Es läßt sich zeigen, daß sie einmal bekannt und bewußt waren, wenn sie es auch heute nicht mehr sind. Die Frau, deren Traum bedeutet, daß sie ihre einzige, jetzt 17jährige Tochter tot vor sich sehen möchte, findet unter unserer Anleitung, daß sie diesen Todeswunsch doch zu einer Zeit genährt hat[1]. Das

---

[1] [Dieser Traum findet sich auch in der *Traumdeutung*, wo das Alter des Mädchens jedoch dreimal mit »fünfzehn« (ausgeschrieben) angegeben ist. Die »17« in sämtlichen deutschen Ausgaben des vorliegenden Werkes ist vermutlich auf einen Druckfehler zurückzuführen.]

Kind ist die Frucht einer verunglückten, bald getrennten Ehe. Als sie die Tochter noch im Mutterleibe trug, schlug sie einmal nach einer heftigen Szene mit ihrem Manne im Wutanfall mit den Fäusten auf ihren Leib los, um das Kind darin zu töten. Wie viele Mütter, die ihre Kinder heute zärtlich, vielleicht überzärtlich lieben, haben sie doch ungerne empfangen und damals gewünscht, das Leben in ihnen möge sich nicht weiter entwickeln; ja sie haben auch diesen Wunsch in verschiedene, zum Glück unschädliche Handlungen umgesetzt. Der später so rätselhafte Todeswunsch gegen die geliebte Person stammt also aus der Frühzeit der Beziehung zu ihr.
Der Vater, dessen Traum zur Deutung berechtigt, er wünsche den Tod seines bevorzugten ältesten Kindes, muß sich ebenso daran erinnern lassen, daß ihm dieser Wunsch einmal nicht fremd war. Als dieses Kind noch Säugling war, dachte der mit seiner Ehewahl unzufriedene Mann oft, wenn das kleine Wesen, das ihm nichts bedeute, sterben sollte, dann wäre er wieder frei und würde von seiner Freiheit einen besseren Gebrauch machen. Die gleiche Herkunft läßt sich für eine große Anzahl ähnlicher Haßregungen erweisen; sie sind Erinnerungen an etwas, was der Vergangenheit angehörte, einmal bewußt war und seine Rolle im Seelenleben spielte. Sie werden daraus den Schluß ziehen wollen, daß es solche Wünsche und solche Träume nicht geben darf, wenn derartige Wandlungen im Verhältnis zu einer Person nicht vorgekommen sind, wenn dies Verhältnis von Anfang an gleichsinnig war. Ich bin bereit, Ihnen diese Folgerung zuzugeben, will Sie nur daran mahnen, daß Sie nicht den Wortlaut des Traumes, sondern den Sinn desselben nach seiner Deutung in Betracht ziehen. Es kann vorkommen, daß der manifeste Traum vom Tode einer geliebten Person nur eine schreckhafte Maske vorgenommen hat, aber etwas ganz anderes bedeutet oder daß die geliebte Person zum täuschenden Ersatz für eine andere bestimmt ist.
Derselbe Sachverhalt wird aber eine andere, weit ernsthaftere Frage bei Ihnen wecken. Sie werden sagen: Wenn dieser Todeswunsch auch einmal vorhanden war und von der Erinnerung bestätigt wird, so ist das doch keine Erklärung: Er ist doch längst überwunden, er kann heute doch nur als bloße affektlose Erinnerung im Unbewußten vorhanden sein, aber nicht als kräftige Regung. Für letzteres spricht doch nichts. Wozu wird er also überhaupt vom Traume erinnert? Diese Frage ist wirklich berechtigt; der Versuch, sie zu beantworten, würde uns zu weit führen und zur Stellungnahme in einem der bedeutsamsten Punkte der Traum-

lehre nötigen. Aber ich bin genötigt, im Rahmen unserer Erörterungen zu bleiben und Enthaltung zu üben. Bereiten Sie sich auf den einstweiligen Verzicht vor[1]. Begnügen wir uns mit dem tatsächlichen Nachweis, daß dieser überwundene Wunsch als Traumerreger nachweisbar ist und setzen wir die Untersuchung fort, ob auch andere böse Wünsche dieselbe Ableitung aus der Vergangenheit zulassen.

Bleiben wir bei den Beseitigungswünschen, die wir ja zumeist auf den uneingeschränkten Egoismus des Träumers zurückführen dürfen. Ein solcher Wunsch ist als Traumbildner sehr häufig nachzuweisen. So oft uns irgend jemand im Leben in den Weg getreten ist, und wie häufig muß dies bei der Komplikation der Lebensbeziehungen der Fall sein, sofort ist der Traum bereit, ihn totzumachen, sei er auch der Vater, die Mutter, ein Geschwister, ein Ehepartner u. dgl. Wir hatten uns über diese Schlechtigkeit der menschlichen Natur genug verwundert und waren gewiß nicht geneigt, die Richtigkeit dieses Ergebnisses der Traumdeutung ohne weiteres anzunehmen. Wenn wir aber einmal darauf gewiesen werden, den Ursprung solcher Wünsche in der Vergangenheit zu suchen, so entdecken wir alsbald die Periode der individuellen Vergangenheit, in welcher solcher Egoismus und solche Wunschregungen auch gegen die Nächsten nichts Befremdendes mehr haben. Es ist das Kind gerade in jenen ersten Jahren, welche später von der Amnesie verhüllt werden, das diesen Egoismus häufig in extremer Ausprägung zeigt, regelmäßig aber deutliche Ansätze dazu oder richtiger Überreste davon erkennen läßt. Das Kind liebt eben sich selbst zuerst und lernt erst später andere lieben, von seinem Ich etwas an andere opfern. Auch die Personen, die es von Anfang an zu lieben scheint, liebt es zuerst darum, weil es sie braucht, sie nicht entbehren kann, also wiederum aus egoistischen Motiven. Erst später macht sich die Liebesregung vom Egoismus unabhängig. Es hat tatsächlich *am Egoismus lieben gelernt.*
Es wird in dieser Beziehung lehrreich sein, die Einstellung des Kindes gegen seine Geschwister mit der gegen seine Eltern zu vergleichen. Seine Geschwister liebt das kleine Kind nicht notwendigerweise, oft offenkundig nicht. Es ist unzweifelhaft, daß es in ihnen seine Konkurrenten haßt, und es ist bekannt, wie häufig diese Einstellung durch lange Jahre bis zur Zeit der Reife, ja noch späterhin ohne Unterbrechung anhält. Sie wird ja häufig genug durch eine zärtlichere abgelöst oder sagen wir

[1] [Freud kommt auf dieses Problem am Ende dieser Vorlesung noch einmal zurück. S. S. 215 f.]

lieber: überlagert, aber die feindselige scheint sehr regelmäßig die frühere zu sein. Am leichtesten kann man sie an Kindern von 2½ bis 4 und 5 Jahren beobachten, wenn ein neues Geschwisterchen dazukommt. Das hat meist einen sehr unfreundlichen Empfang. Äußerungen wie »ich mag es nicht, der Storch soll es wieder mitnehmen« sind recht gewöhnlich. In der Folge wird jede Gelegenheit benützt, um den Ankömmling herabzusetzen, und selbst Versuche ihn zu schädigen, direkte Attentate, sind nichts Unerhörtes. Ist die Altersdifferenz geringer, so findet das Kind beim Erwachen intensiverer Seelentätigkeit den Konkurrenten bereits vor und richtet sich mit ihm ein. Ist sie größer, so kann das neue Kind von Anfang an als ein interessantes Objekt, als eine Art von lebender Puppe, gewisse Sympathien erwecken, und bei einem Altersunterschied von acht Jahren und mehr können bereits, besonders bei den Mädchen, vorsorgliche, mütterliche Regungen ins Spiel treten. Aber aufrichtig gesagt, wenn man den Wunsch nach dem Tode der Geschwister hinter einem Traume aufdeckt, braucht man ihn selten rätselhaft zu finden und weist sein Vorbild mühelos im frühen Kindesalter, oft genug auch in späteren Jahren des Beisammenseins nach.

Es gibt wahrscheinlich keine Kinderstube ohne heftige Konflikte zwischen deren Einwohnern. Motive sind die Konkurrenz um die Liebe der Eltern, um den gemeinsamen Besitz, um den Wohnraum. Die feindseligen Regungen richten sich gegen ältere wie gegen jüngere Geschwister. Ich glaube es war Bernard Shaw, der das Wort ausgesprochen hat: Wenn es jemand gibt, den eine junge englische Dame mehr haßt als ihre Mutter, so ist es ihre ältere Schwester[1]. An diesem Ausspruch ist aber etwas, was uns befremdet. Geschwisterhaß und Konkurrenz fänden wir zur Not begreiflich, aber wie sollen sich Haßempfindungen in das Verhältnis zwischen Tochter und Mutter, Eltern und Kinder, eindrängen können?

Dies Verhältnis ist ohne Zweifel auch von der Seite der Kinder betrachtet das günstigere. So fordert es auch unsere Erwartung; wir finden es weit anstößiger, wenn die Liebe zwischen Eltern und Kindern, als wenn sie zwischen Geschwistern mangelt. Wir haben sozusagen im ersten Falle etwas geheiligt, was wir am andern Falle profan gelassen haben. Doch kann uns die tägliche Beobachtung zeigen, wie häufig die Gefühlsbeziehungen zwischen Eltern und erwachsenen Kindern hinter dem von

---

[1] [John Tanner in *Man and Superman*, II. Akt.]

der Gesellschaft aufgestellten Ideal zurückbleiben, wieviel Feindseligkeit da bereitliegt und sich äußern würde, wenn nicht Zusätze von Pietät und von zärtlichen Regungen sie zurückhielten. Die Motive hierfür sind allgemein bekannt und zeigen eine Tendenz, die gleichen Geschlechter voneinander zu trennen, die Tochter von der Mutter, den Vater vom Sohn. Die Tochter findet in der Mutter die Autorität, welche ihren Willen beschränkt und mit der Aufgabe betraut ist, den von der Gesellschaft geforderten Verzicht auf Sexualfreiheit bei ihr durchzusetzen, in einzelnen Fällen auch noch die Konkurrentin, die der Verdrängung widerstrebt. Dasselbe wiederholt sich in noch grellerer Weise zwischen Sohn und Vater. Für den Sohn verkörpert sich im Vater jeder widerwillig ertragene soziale Zwang; der Vater versperrt ihm den Zugang zur Willensbetätigung, zum frühzeitigen Sexualgenuß und, wo gemeinsame Familiengüter bestehen, zum Genuß derselben. Das Lauern auf den Tod des Vaters wächst im Falle des Thronfolgers zu einer das Tragische streifenden Höhe. Minder gefährdet erscheint das Verhältnis zwischen Vater und Tochter, Mutter und Sohn. Das letztere gibt die reinsten Beispiele einer durch keinerlei egoistische Rücksicht gestörten, unwandelbaren Zärtlichkeit[1].

Wozu ich von diesen Dingen spreche, die doch banal und allgemein bekannt sind? Weil eine unverkennbare Neigung besteht, ihre Bedeutung im Leben zu verleugnen und das sozial geforderte Ideal weit öfter für erfüllt auszugeben, als es wirklich erfüllt wird. Es ist aber besser, daß der Psychologe die Wahrheit sagt, als daß diese Aufgabe dem Zyniker überlassen bleibt. Allerdings bezieht sich diese Verleugnung nur auf das reale Leben. Der Kunst der erzählenden und der dramatischen Dichtung bleibt es freigestellt, sich der Motive zu bedienen, die aus der Störung dieses Ideals hervorgehen.

Bei einer großen Anzahl von Menschen brauchen wir uns also nicht zu verwundern, wenn der Traum ihren Wunsch nach Beiseitigung der Eltern, speziell des gleichgeschlechtlichen Elternteiles, aufdeckt. Wir dürfen annehmen, er ist auch im Wachleben vorhanden und wird sogar manchmal bewußt, wenn er sich durch ein anderes Motiv maskieren kann, wie im Falle unseres Träumers im Beispiele 3 [S. 195] durch das Mitleid mit dem unnützen Leiden des Vaters. Selten beherrscht die Feindseligkeit das Verhältnis allein, weit häufiger tritt sie hinter zärt-

[1] [Diesen Punkt diskutiert Freud in größerer Ausführlichkeit in der *Neuen Folge*, 33. Vorlesung, S. 563.]

licheren Regungen zurück, von denen sie unterdrückt wird, und muß warten, bis ein Traum sie gleichsam isoliert. Was uns der Traum infolge solcher Isolierung übergroß zeigt, das schrumpft dann wieder zusammen, wenn es nach der Deutung von uns in den Zusammenhang des Lebens eingereiht wird (H. Sachs [1912, 569]). Wir finden diesen Traumwunsch aber auch dort, wo er im Leben keinen Anhalt hat und wo der Erwachsene sich im Wachen nie zu ihm bekennen müßte. Dies hat seinen Grund darin, daß das tiefste und regelmäßigste Motiv zur Entfremdung, besonders zwischen den gleichgeschlechtlichen Personen, sich bereits im frühen Kindesalter geltend gemacht hat.

Ich meine die Liebeskonkurrenz mit deutlicher Betonung des Geschlechtscharakters. Der Sohn beginnt schon als kleines Kind eine besondere Zärtlichkeit für die Mutter zu entwickeln, die er als sein eigen betrachtet, und den Vater als Konkurrenten zu empfinden, der ihm diesen Alleinbesitz streitig macht, und ebenso sieht die kleine Tochter in der Mutter eine Person, die ihre zärtliche Beziehung zum Vater stört und einen Platz einnimmt, den sie sehr gut selbst ausfüllen könnte. Man muß aus den Beobachtungen erfahren, in wie frühe Jahre diese Einstellungen zurückreichen, die wir als *Ödipuskomplex* bezeichnen, weil diese Sage die beiden extremen Wünsche, welche sich aus der Situation des Sohnes ergeben, den Vater zu töten und die Mutter zum Weib zu nehmen, mit einer ganz geringfügigen Abschwächung realisiert. Ich will nicht behaupten, daß der Ödipuskomplex die Beziehung der Kinder zu den Eltern erschöpft; diese kann leicht viel komplizierter sein. Auch ist der Ödipuskomplex mehr oder weniger stark ausgebildet, er kann selbst eine Umkehrung erfahren, aber er ist ein regelmäßiger und sehr bedeutsamer Faktor des kindlichen Seelenlebens, und man läuft eher Gefahr, seinen Einfluß und den der aus ihm hervorgehenden Entwicklungen zu unterschätzen, als ihn zu überschätzen. Übrigens reagieren die Kinder mit der Ödipuseinstellung häufig auf eine Anregung der Eltern, die sich in ihrer Liebeswahl oft genug vom Geschlechtsunterschied leiten lassen, so daß der Vater die Tochter, die Mutter den Sohn bevorzugt oder im Falle von Erkaltung in der Ehe zum Ersatz für das entwertete Liebesobjekt nimmt[1].

Man kann nicht behaupten, daß die Welt der psychoanalytischen Forschung für die Aufdeckung des Ödipuskomplexes sehr dankbar gewesen ist. Diese hat im Gegenteile das heftigste Sträuben der Erwachse-

---

[1] [Viel ausführlicher erörtert Freud den Ödipuskomplex in der 21. Vorlesung, S. 324 ff.]

nen hervorgerufen, und Personen, die es versäumt hatten, an der Ableugnung dieser verpönten oder tabuierten Gefühlsbeziehung teilzunehmen, haben ihr Verschulden später gutgemacht, indem sie dem Komplex durch Umdeutungen seinen Wert entzogen[1]. Nach meiner unveränderten Überzeugung ist dahier nichts zu verleugnen und nichts zu beschönigen. Man befreunde sich mit der Tatsache, die von der griechischen Sage selbst als unabwendbares Verhängnis anerkannt wird. Interessant ist es wiederum, daß der aus dem Leben herausgeworfene Ödipuskomplex der Dichtung überlassen, gleichsam zur freien Verfügung abgetreten wurde. O. Rank hat in einer sorgfältigen Studie [1912*b*] gezeigt, wie gerade der Ödipuskomplex der dramatischen Dichtung reiche Motive in unendlichen Abänderungen, Abschwächungen und Verkleidungen geliefert hat, in solchen Entstellungen also, wie wir sie bereits als Werk einer Zensur erkennen. Diesen Ödipuskomplex dürfen wir also auch jenen Träumern zuschreiben, die so glücklich waren, im späteren Leben den Konflikten mit ihren Eltern zu entgehen, und an ihn innig geknüpft finden wir, was wir den *Kastrationskomplex*[2] heißen, die Reaktion auf die dem Vater zugeschriebene Sexualeinschüchterung oder Eindämmung der frühinfantilen Sexualtätigkeit.

Durch die bisherigen Ermittlungen auf das Studium des kindlichen Seelenlebens verwiesen, dürfen wir nun auch die Erwartung hegen, daß die Herkunft des anderen Anteils der verbotenen Traumwünsche, der exzessiven Sexualregungen, auf ähnliche Weise Aufklärung finden wird. Wir empfangen also den Antrieb, auch die Entwicklung des kindlichen Sexuallebens zu studieren, und erfahren hierbei aus mehreren Quellen folgendes: Es ist vor allem ein unhaltbarer Irrtum, dem Kind ein Sexualleben abzusprechen und anzunehmen, daß die Sexualität erst zur Zeit der Pubertät mit der Reifung der Genitalien einsetze. Das Kind hat im Gegenteile von allem Anfang an ein reichhaltiges Sexualleben, welches sich von dem später als normal geltenden in vielen Punkten unterscheidet. Was wir im Leben der Erwachsenen »pervers« nennen, weicht vom Normalen in folgenden Stücken ab: erstens durch das Hinwegsetzen über die Artschranke (die Kluft zwischen Mensch und Tier), zweitens durch die Überschreitung der Ekelschranke, drittens der Inzestschranke (des Verbots, Sexualbefriedigung an nahen Blutsverwandten zu suchen), viertens der Gleichgeschlechtlichkeit, und fünftens

---

[1] [Das ist natürlich eine Anspielung auf den Abfall Adlers und Jungs.]
[2] [Er wird in der 20. Vorlesung genauer erklärt, S. 313.]

durch die Übertragung der Genitalrolle an andere Organe und Körperstellen. Alle diese Schranken bestehen nicht von Anfang an, sondern werden erst allmählich im Laufe der Entwicklung und der Erziehung aufgebaut. Das kleine Kind ist frei von ihnen. Es kennt noch keine arge Kluft zwischen Mensch und Tier; der Hochmut, mit dem sich der Mensch vom Tier absondert, wächst ihm erst später zu. Es zeigt anfänglich keinen Ekel vor dem Exkrementellen, sondern erlernt diesen langsam unter dem Nachdruck der Erziehung; es legt keinen besonderen Wert auf den Unterschied der Geschlechter, mutet vielmehr beiden die gleiche Genitalbildung zu; es richtet seine ersten sexuellen Gelüste und seine Neugierde auf die ihm nächsten und aus anderen Gründen liebsten Personen, Eltern, Geschwister, Pflegepersonen, und endlich zeigt sich bei ihm, was späterhin auf der Höhe einer Liebesbeziehung wieder durchbricht, daß es nicht nur von den Geschlechtsteilen Lust erwartet, sondern daß viele andere Körperstellen dieselbe Empfindlichkeit für sich in Anspruch nehmen, analoge Lustempfindungen vermitteln und somit die Rolle von Genitalien spielen können. Das Kind kann also »polymorph pervers« genannt werden, und wenn es alle diese Regungen nur spurweise betätigt, so kommt dies einerseits von deren geringer Intensität im Vergleiche zu späteren Lebenszeiten, anderseits daher, daß die Erziehung alle sexuellen Äußerungen des Kindes sofort energisch unterdrückt. Diese Unterdrückung setzt sich sozusagen in die Theorie fort, indem die Erwachsenen sich bemühen, einen Anteil der kindlichen Sexualäußerungen zu übersehen und einen anderen durch Umdeutung seiner sexuellen Natur zu entkleiden, bis sie dann das Ganze ableugnen können. Es sind oft dieselben Leute, die erst in der Kinderstube hart gegen alle sexuellen Unarten der Kinder wüten und dann am Schreibtisch die sexuelle Reinheit derselben Kinder verteidigen. Wo Kinder sich selbst überlassen werden oder unter dem Einfluß der Verführung, bringen sie oft ganz ansehnliche Leistungen perverser Sexualbetätigung zustande. Natürlich haben die Erwachsenen recht, dies als »Kinderei« und »Spielerei« nicht schwerzunehmen, denn das Kind ist weder vor dem Richterstuhl der Sitte noch vor dem Gesetz als vollwertig und verantwortlich zu beurteilen, aber diese Dinge existieren doch, sie haben ihre Bedeutung sowohl als Anzeichen mitgebrachter Konstitution sowie als Ursachen und Förderungen späterer Entwicklungen, sie geben uns Aufschlüsse über das kindliche Sexualleben und somit über das menschliche Sexualleben überhaupt. Wenn wir also hinter unseren entstellten Träumen alle diese perversen Wunschregungen wiederfinden, so be-

deutet es nur, daß der Traum auch auf diesem Gebiet den Rückschritt zum infantilen Zustand vollzogen hat.
Eine besondere Hervorhebung unter diesen verbotenen Wünschen verdienen noch die inzestuösen, d. h. die auf Geschlechtsverkehr mit Eltern und Geschwistern gerichteten. Sie wissen, welcher Abscheu in der menschlichen Gemeinschaft gegen solchen Verkehr verspürt oder wenigstens vorgegeben wird und welcher Nachdruck auf den dagegen gerichteten Verboten ruht. Es sind die ungeheuerlichsten Anstrengungen gemacht worden, diese Inzestscheu zu erklären. Die einen haben angenommen, daß es Züchtungsrücksichten der Natur sind, welche sich psychisch durch dieses Verbot repräsentieren lassen, weil Inzucht die Rassencharaktere verschlechtern würde, die anderen haben behauptet, daß durch das Zusammenleben von früher Kindheit an die sexuelle Begierde von den in Betracht kommenden Personen abgelenkt wird. In beiden Fällen wäre übrigens die Inzestvermeidung automatisch gesichert, und man verstünde nicht, wozu es der strengen Verbote bedürfte, die eher auf das Vorhandensein eines starken Begehrens deuten. Die psychoanalytischen Untersuchungen haben unzweideutig ergeben, daß die inzestuöse Liebeswahl vielmehr die erste und die regelmäßige ist und daß erst später ein Widerstand gegen sie einsetzt, dessen Herleitung aus der individuellen Psychologie wohl abzulehnen ist[1].

Stellen wir zusammen, was uns die Vertiefung in die Kinderpsychologie für das Verständnis des Traumes gebracht hat. Wir fanden nicht nur, daß das Material der vergessenen Kindererlebnisse dem Traum zugänglich ist, sondern wir sahen auch, daß das Seelenleben der Kinder mit all seinen Eigenheiten, seinem Egoismus, seiner inzestuösen Liebeswahl usw. für den Traum, also im Unbewußten, noch fortbesteht und daß uns der Traum allnächtlich auf diese infantile Stufe zurückführt. Es wird uns so bekräftigt, *daß das Unbewußte des Seelenlebens das Infantile ist.* Der befremdende Eindruck, daß soviel Böses im Menschen steckt, beginnt nachzulassen. Dieses entsetzlich Böse ist einfach das Anfängliche, Primitive, Infantile des Seelenlebens, das wir beim Kinde in Wirksamkeit finden können, das wir aber bei ihm zum Teil wegen seiner kleinen Dimensionen übersehen, zum Teil nicht schwernehmen, weil wir vom Kinde keine ethische Höhe fordern. Indem der Traum auf diese Stufe regrediert, erweckt er den Anschein, als habe er das Böse in

[1] [Das gesamte Thema der infantilen Sexualität wird in der 20. und 21. Vorlesung noch einmal und ausführlicher erörtert.]

uns zum Vorschein gebracht. Es ist aber nur ein täuschender Schein, von dem wir uns haben schrecken lassen. Wir sind nicht so böse, wie wir nach der Deutung der Träume annehmen wollten.

Wenn die bösen Regungen der Träume nur Infantilismen sind, eine Rückkehr zu den Anfängen unserer ethischen Entwicklung, indem der Traum uns einfach wieder zu Kindern im Denken und Fühlen macht, so brauchen wir uns vernünftigerweise dieser bösen Träume nicht zu schämen. Allein das Vernünftige ist nur ein Anteil des Seelenlebens, es geht außerdem in der Seele noch mancherlei vor, was nicht vernünftig ist, und so geschieht es, daß wir uns unvernünftigerweise doch solcher Träume schämen. Wir unterwerfen sie der Traumzensur, schämen und ärgern uns, wenn es einem dieser Wünsche ausnahmsweise gelungen ist, in so unentstellter Form zum Bewußtsein zu dringen, daß wir ihn erkennen müssen, ja wir schämen uns gelegentlich der entstellten Träume genau so, als ob wir sie verstehen würden. Denken Sie nur an das entrüstete Urteil jener braven alten Dame über ihren nicht gedeuteten Traum von den »Liebesdiensten« [S. 148 f.]. Das Problem ist also noch nicht erledigt, und es bleibt möglich, daß wir bei weiterer Beschäftigung mit dem Bösen im Traum zu einem anderen Urteil und zu einer anderen Schätzung der menschlichen Natur gelangen. [Vgl. S. 332.]

Als Ergebnis der ganzen Untersuchung erfassen wir zwei Einsichten, die aber nur den Anfang von neuen Rätseln, neuen Zweifeln bedeuten. Erstens: Die Regression der Traumarbeit ist nicht nur eine formale, sondern auch eine materielle. Sie übersetzt nicht nur unsere Gedanken in eine primitive Ausdrucksform, sondern sie weckt auch die Eigentümlichkeiten unseres primitiven Seelenlebens wieder auf, die alte Übermacht des Ichs, die anfänglichen Regungen unseres Sexuallebens, ja selbst unseren alten intellektuellen Besitz, wenn wir die Symbolbeziehung als solchen auffassen dürfen. Und zweitens: All dies alte Infantile, was einmal herrschend und alleinherrschend war, müssen wir heute dem Unbewußten zurechnen, von dem unsere Vorstellungen sich nun verändern und erweitern. Unbewußt ist nicht mehr ein Name für das derzeit Latente, das Unbewußte ist ein besonderes seelisches Reich mit eigenen Wunschregungen, eigener Ausdrucksweise und ihm eigentümlichen seelischen Mechanismen, die sonst nicht in Kraft sind. Aber die latenten Traumgedanken, die wir durch die Traumdeutung erraten haben, sind doch nicht von diesem Reich; sie sind vielmehr so, wie wir sie auch im Wachen hätten denken können. Unbewußt sind sie aber doch; wie löst sich also dieser Widerspruch? Wir beginnen zu ahnen, daß hier eine Sonderung vorzunehmen ist. Etwas, was aus unserem bewußten Leben stammt und dessen Charaktere teilt – wir heißen es: die Tagesreste – tritt mit etwas anderem aus jenem Reich des Unbewußten zur Traumbildung zusammen. Zwischen diesen beiden Anteilen vollzieht sich die Traumarbeit. Die Beeinflussung der Tagesreste durch das hinzutretende Unbewußte enthält wohl die Bedingung für die Regression. Es ist dies die tiefste Einsicht über das Wesen des Traumes, zu welcher wir hier, ehe wir weitere seelische Gebiete durchforscht haben, gelangen können. Es wird aber bald an der Zeit sein, den unbewußten Charakter der latenten Traumgedanken mit einem anderen Namen zu belegen, zur Unterscheidung von dem Unbewußten aus jenem Reich des Infantilen[1].

Wir können natürlich auch die Frage aufwerfen: Was nötigt die psychische Tätigkeit während des Schlafens zu solcher Regression? Warum erledigt sie die schlafstörenden seelischen Reize nicht ohne diese? Und wenn sie aus Motiven der Traumzensur sich der Verkleidung durch die alte, jetzt unverständliche Ausdrucksform bedienen muß, wozu dient ihr die Wiederbelebung der alten, jetzt überwundenen Seelenregungen, Wünsche und Charakterzüge, also die materielle Regression, die zu der formalen hinzukommt? Die einzige Antwort, die uns befriedigen würde, wäre, daß nur auf solche Weise ein Traum gebildet werden kann, daß dynamisch die Aufhebung des Traumreizes nicht anders möglich ist. Aber wir haben vorläufig nicht das Recht, eine solche Antwort zu geben.

---

[1] [Diese Frage wird am Ende der 14. Vorlesung noch einmal aufgegriffen, S. 229 f.]

14. VORLESUNG

DIE WUNSCHERFÜLLUNG

Meine Damen und Herren! Soll ich Ihnen nochmals vorhalten, welchen Weg wir bisher zurückgelegt haben? Wie wir bei der Anwendung unserer Technik auf die Traumentstellung gestoßen sind, uns besonnen haben, ihr zunächst auszuweichen, und uns die entscheidenden Auskünfte über das Wesen des Traumes an den infantilen Träumen geholt haben? Wie wir dann, mit den Ergebnissen dieser Untersuchung ausgerüstet, die Traumentstellung direkt angegriffen und sie, ich hoffe es, auch schrittweise überwunden haben? Nun aber müssen wir uns sagen, was wir auf dem einen und auf dem anderen Weg gefunden, trifft nicht ganz zusammen. Es wird uns zur Aufgabe, beiderlei Ergebnisse zusammenzusetzen und gegeneinander auszugleichen.

Von beiden Seiten her hat sich uns ergeben, die Traumarbeit bestehe wesentlich in der Umsetzung von Gedanken in ein halluzinatorisches Erleben. Wie das geschehen kann, ist rätselhaft genug, aber es ist ein Problem der allgemeinen Psychologie, das uns hier nicht beschäftigen soll. Aus den Kinderträumen haben wir erfahren, die Traumarbeit beabsichtige die Beseitigung eines den Schlaf störenden seelischen Reizes durch eine Wunscherfüllung. Von den entstellten Träumen konnten wir nichts Ähnliches aussagen, ehe wir sie zu deuten verstanden. Unsere Erwartung ging aber von Anfang an dahin, die entstellten Träume unter dieselben Gesichtspunkte bringen zu können wie die infantilen. Die erste Erfüllung dieser Erwartung brachte uns die Einsicht, daß eigentlich alle Träume – die Träume von Kindern sind, mit dem infantilen Material, den kindlichen Seelenregungen und Mechanismen arbeiten. Nachdem wir die Traumentstellung für überwunden halten, müssen wir an die Untersuchung gehen, ob die Auffassung als Wunscherfüllungen auch für die entstellten Träume Geltung hat.

Wir haben erst kürzlich eine Reihe von Träumen der Deutung unterzogen, aber die Wunscherfüllung ganz außer Betracht gelassen. Ich bin überzeugt, daß sich Ihnen dabei wiederholt die Frage aufgedrängt hat: Wo bleibt denn die Wunscherfüllung, die angeblich das Ziel der Traumarbeit ist? Diese Frage ist bedeutsam; sie ist nämlich die Frage unserer Laienkritiker geworden. Wie Sie wissen, hat die Menschheit ein instinktives Abwehrbestreben gegen intellektuelle Neuheiten. Zu den Äußerungen desselben gehört, daß eine solche Neuheit sofort auf den geringsten Umfang reduziert, womöglich in ein Schlagwort komprimiert wird. Für die neue Traumlehre ist die Wunscherfüllung dies Schlagwort geworden. Der Laie stellt die Frage: Wo ist die Wunscherfüllung? Sofort, nachdem er gehört hat, daß der Traum eine Wunscherfüllung sein soll, und indem er sie stellt, beantwortet er sie ablehnend. Es fallen ihm sofort ungezählte eigene Traumerfahrungen ein, in denen sich Unlust bis zu schwerer Angst an das Träumen geknüpft hat, so daß ihm die Behauptung der psychoanalytischen Traumlehre recht unwahrscheinlich wird. Wir haben es leicht, ihm zu antworten, daß bei den entstellten Träumen die Wunscherfüllung nicht offenkundig sein kann, sondern erst gesucht werden muß, so daß sie vor der Deutung des Traumes nicht anzugeben ist. Wir wissen auch, daß die Wünsche dieser entstellten Träume verbotene, von der Zensur abgewiesene Wünsche sind, deren Existenz eben die Ursache der Traumentstellung, das Motiv für das Eingreifen der Traumzensur geworden ist. Aber dem Laienkritiker ist es schwer beizubringen, daß man vor der Deutung des Traumes nicht nach dessen Wunscherfüllung fragen darf. Er wird es doch immer wieder vergessen. Seine ablehnende Haltung gegen die Theorie der Wunscherfüllung ist eigentlich nichts anderes als eine Konsequenz der Traumzensur, ein Ersatz und ein Ausfluß der Ablehnung dieser zensurierten Traumwünsche.

Natürlich werden auch wir das Bedürfnis haben, uns zu erklären, daß es so viele Träume mit peinlichem Inhalt und besonders, daß es Angstträume gibt. Wir stoßen dabei zum erstenmal auf das Problem der Affekte im Traum, welches ein Studium für sich verdiente, uns aber leider nicht beschäftigen darf. Wenn der Traum eine Wunscherfüllung ist, so sollten peinliche Empfindungen im Traume unmöglich sein; darin scheinen die Laienkritiker recht zu haben. Es kommen aber dreierlei Komplikationen in Betracht, an welche diese nicht gedacht haben.

Erstens: es kann sein, daß es der Traumarbeit nicht voll gelungen ist, eine Wunscherfüllung zu schaffen, so daß von dem peinlichen Affekt der Traumgedanken ein Anteil für den manifesten Traum erübrigt wird. Die Analyse müßte dann zeigen, daß diese Traumgedanken noch weit peinlicher waren als der aus ihnen gestaltete Traum. Soviel läßt sich auch jedesmal nachweisen. Wir geben dann zu, die Traumarbeit hat ihren Zweck nicht erreicht, so wenig wie der Trinktraum auf den

Durstreiz seine Absicht erreicht, den Durst zu löschen [S. 146]. Man bleibt durstig und muß erwachen, um zu trinken. Aber es war doch ein richtiger Traum, er hatte nichts von seinem Wesen aufgegeben. Wir müssen sagen: *Ut desint vires, tamen est laudanda voluntas*[1]. Die klar zu erkennende Absicht wenigstens bleibt lobenswert. Solche Fälle des Mißlingens sind kein seltenes Vorkommnis. Es wirkt dazu mit, daß es der Traumarbeit soviel schwerer gelingt, Affekte als Inhalte in ihrem Sinne zu verändern; die Affekte sind manchmal sehr resistent. So geschieht es denn, daß die Traumarbeit den peinlichen Inhalt der Traumgedanken zu einer Wunscherfüllung umgearbeitet hat, während sich der peinliche Affekt noch unverändert durchsetzt. In solchen Träumen paßt der Affekt dann gar nicht zum Inhalt, und unsere Kritiker können sagen, der Traum sei so wenig eine Wunscherfüllung, daß in ihm selbst ein harmloser Inhalt peinlich empfunden werden kann. Wir werden gegen diese unverständige Bemerkung einwenden, daß die Wunscherfüllungstendenz der Traumarbeit gerade an solchen Träumen am deutlichsten, weil isoliert, zum Vorschein kommt. Der Irrtum kommt daher, daß, wer die Neurosen nicht kennt, sich die Verknüpfung von Inhalt und Affekt als eine zu innige vorstellt und darum nicht fassen kann, daß ein Inhalt abgeändert wird, ohne daß die dazugehörige Affektäußerung mitverändert werde.

Ein zweites, weit wichtigeres und tiefer reichendes Moment, welches der Laie gleichfalls vernachlässigt, ist das folgende. Eine Wunscherfüllung müßte gewiß Lust bringen, aber es fragt sich auch, wem? Natürlich dem, der den Wunsch hat. Vom Träumer ist uns aber bekannt, daß er zu seinen Wünschen ein ganz besonderes Verhältnis unterhält. Er verwirft sie, zensuriert sie, kurz er mag sie nicht. Eine Erfüllung derselben kann ihm also keine Lust bringen, sondern nur das Gegenteil davon. Die Erfahrung zeigt dann, daß dieses Gegenteil, was noch zu erklären ist, in der Form der Angst auftritt. Der Träumer kann also in seinem Verhältnis zu seinen Traumwünschen nur einer Summation von zwei Personen gleichgestellt werden, die doch durch eine starke Gemeinsamkeit verbunden sind. Anstatt aller weiteren Ausführungen biete ich Ihnen ein bekanntes Märchen, in welchem Sie die nämlichen Beziehungen wiederfinden werden. Eine gute Fee verspricht einem armen Menschenpaar, Mann und Frau, die Erfüllung ihrer drei ersten Wünsche. Sie sind

[1] [»Wenn es an Kräften gebricht, so ist doch der Wille zu loben.« Ovid, *Briefe aus der Verbannung*, III. 4, 79 (Übersetzung Wilhelm Willige, Artemis).]

selig und nehmen sich vor, diese drei Wünsche sorgfältig auszuwählen. Die Frau läßt sich aber durch den Duft von Bratwürstchen aus der nächsten Hütte verleiten, sich ein solches Paar Würstchen herzuwünschen. Flugs sind sie auch da; das ist die erste Wunscherfüllung. Nun wird der Mann böse und wünscht in seiner Erbitterung, daß die Würste der Frau an der Nase hängen mögen. Das vollzieht sich auch, und die Würste sind von ihrem neuen Standort nicht wegzubringen, das ist nun die zweite Wunscherfüllung, aber der Wunsch ist der des Mannes; der Frau ist diese Wunscherfüllung sehr unangenehm. Sie wissen, wie es im Märchen weitergeht. Da die beiden im Grunde doch eines sind, Mann und Frau, muß der dritte Wunsch lauten, daß die Würstchen von der Nase der Frau weggehen mögen. Wir können dieses Märchen noch mehrmals in anderem Zusammenhange verwerten; hier diene es uns nur als Illustration der Möglichkeit, daß die Wunscherfüllung des einen zur Unlust für den anderen führen kann, wenn die beiden miteinander nicht einig sind [1].

Es wird uns nun nicht schwer werden, zu einem noch besseren Verständnis der Angstträume zu kommen. Wir werden nur noch eine Beobachtung verwerten und uns dann zu einer Annahme entschließen, für die sich mancherlei anführen läßt. Die Beobachtung ist, daß die Angstträume häufig einen Inhalt haben, welcher der Entstellung völlig entbehrt, sozusagen der Zensur entgangen ist. Der Angsttraum ist oft eine unverhüllte Wunscherfüllung, natürlich nicht die eines genehmen, sondern eines verworfenen Wunsches. An Stelle der Zensur ist die Angstentwicklung getreten. Während man vom infantilen Traum aussagen kann, er sei die offene Erfüllung eines zugelassenen Wunsches, vom gemeinen entstellten Traum, er sei die verkappte Erfüllung eines verdrängten Wunsches, taugt für den Angsttraum nur die Formel, daß er die offene Erfüllung eines verdrängten Wunsches sei. Die Angst ist das Anzeichen dafür, daß der verdrängte Wunsch sich stärker gezeigt hat als die Zensur, daß er seine Wunscherfüllung gegen dieselbe durchgesetzt hat oder durchzusetzen im Begriffe war. Wir begreifen, daß, was für ihn Wunscherfüllung ist, für uns, die wir auf der Seite der Traumzensur stehen, nur Anlaß zu peinlichen Empfindungen und zur Abwehr sein kann. Die dabei im Traum auftretende Angst ist, wenn Sie so wollen, Angst vor der Stärke dieser sonst niedergehaltenen Wünsche. Warum diese Abwehr in der Form der Angst auftritt, das kann man aus dem

---

[1] [Dieses Märchen ist, wenngleich in einem anderen Zusammenhang, auch in Freuds Schrift ›Das Unheimliche‹ (1919 *h*) erwähnt.]

Studium des Traumes allein nicht erraten; man muß die Angst offenbar an anderen Stellen studieren[1].

Dasselbe, was für die unentstellten Angstträume gilt, dürfen wir auch für diejenigen annehmen, die ein Teil Entstellung erfahren haben, und für die sonstigen Unlustträume, deren peinliche Empfindungen wahrscheinlich Annährungen an die Angst entsprechen. Der Angsttraum ist gewöhnlich auch ein Wecktraum; wir pflegen den Schlaf zu unterbrechen, ehe der verdrängte Wunsch des Traumes seine volle Erfüllung gegen die Zensur durchgesetzt hat. In diesem Falle ist die Leistung des Traumes mißglückt, aber sein Wesen ist darum nicht verändert. Wir haben den Traum mit dem Nachtwächter oder Schlafwächter verglichen, der unseren Schlaf vor Störung behüten will [S. 141 f.]. Auch der Nachtwächter kommt in die Lage, die Schlafenden zu wecken, wenn er sich nämlich zu schwach fühlt, die Störung oder Gefahr allein zu verscheuchen. Dennoch gelingt es uns manchmal, den Schlaf festzuhalten, selbst wenn der Traum bedenklich zu werden und sich zur Angst zu wenden beginnt. Wir sagen uns im Schlaf: Es ist doch nur ein Traum und schlafen weiter.

Wann sollte es geschehen, daß der Traumwunsch in die Lage kommt, die Zensur zu überwältigen? Die Bedingung hierfür kann ebensowohl von seiten des Traumwunsches wie der Traumzensur erfüllt werden. Der Wunsch mag aus unbekannten Gründen einmal überstark werden; aber man gewinnt den Eindruck, daß häufiger das Verhalten der Traumzensur die Schuld an dieser Verschiebung des Kräfteverhältnisses trägt. Wir haben schon gehört [S. 154], daß die Zensur in jedem einzelnen Falle mit verschiedener Intensität arbeitet, jedes Element mit einem anderen Grade von Strenge behandelt; jetzt möchten wir die Annahme hinzufügen, daß sie überhaupt recht variabel ist und gegen das nämliche anstößige Element nicht jedesmal die gleiche Strenge anwendet. Hat es sich so gefügt, daß sie sich einmal ohnmächtig gegen einen Traumwunsch fühlt, der sie zu überrumpeln droht, so bedient sie sich anstatt der Entstellung des letzten Mittels, das ihr bleibt, den Schlafzustand unter Angstentwicklung aufzugeben.

Dabei fällt uns auf, daß wir ja überhaupt noch nicht wissen, warum diese bösen, verworfenen Wünsche sich gerade zur Nachtzeit regen, um uns im Schlafe zu stören. Die Antwort kann kaum anders als in einer Annahme bestehen, die auf die Natur des Schlafzustandes zurückgreift. Bei Tage lastet der schwere Druck einer Zensur auf diesen Wünschen,

---

[1] [Sie ist das Thema der 25. Vorlesung.]

der es ihnen in der Regel unmöglich macht, sich durch irgendeine Wirkung zu äußern. Zur Nachtzeit wird diese Zensur wahrscheinlich wie alle anderen Interessen des seelischen Lebens zu Gunsten des einzigen Schlafwunsches eingezogen oder wenigstens stark herabgesetzt. Diese Herabsetzung der Zensur zur Nachtzeit ist es dann, der die verbotenen Wünsche es verdanken, daß sie sich wiederum regen dürfen. Es gibt schlaflose Nervöse, die uns gestehen, daß ihre Schlaflosigkeit anfänglich eine gewollte war. Sie getrauten sich nicht einzuschlafen, weil sie sich vor ihren Träumen, also vor den Folgen dieser Verminderung der Zensur fürchteten. Daß diese Einziehung der Zensur darum doch keine grobe Unvorsichtigkeit bedeutet, sehen Sie wohl mit Leichtigkeit ein. Der Schlafzustand lähmt unsere Motilität; unsere bösen Absichten können, wenn sie sich auch zu rühren beginnen, doch nichts anderes machen als eben einen Traum, der praktisch unschädlich ist, und an diesen beruhigenden Sachverhalt mahnt die höchst vernünftige, zwar der Nacht, aber doch nicht dem Traumleben angehörige Bemerkung des Schläfers: Es ist ja nur ein Traum. Also lassen wir ihn gewähren und schlafen wir weiter.

Wenn Sie drittens sich an die Auffassung erinnern, daß der gegen seine Wünsche sich sträubende Träumer gleichzusetzen ist einer Summation von zwei gesonderten, aber irgendwie innig verbundenen Personen, so werden Sie eine andere Möglichkeit begreiflich finden, wie durch Wunscherfüllung etwas zustande kommen kann, was höchst unlustig ist, nämlich eine Bestrafung. Hier kann uns wiederum das Märchen von den drei Wünschen zur Erläuterung dienen: die Bratwürstchen auf dem Teller sind die direkte Wunscherfüllung der ersten Person, der Frau; die Würstchen an ihrer Nase sind die Wunscherfüllung der zweiten Person, des Mannes, aber gleichzeitig auch die Strafe für den törichten Wunsch der Frau. Bei den Neurosen werden wir dann die Motivierung des dritten Wunsches, der im Märchen allein noch übrigbleibt, wiederfinden. Solcher Straftendenzen gibt es nun viele im Seelenleben des Menschen; sie sind sehr stark, und man darf sie für einen Anteil der peinlichen Träume verantwortlich machen. Vielleicht sagen Sie jetzt, auf diese Weise bleibt von der gerühmten Wunscherfüllung nicht viel übrig. Aber bei näherem Zusehen werden Sie zugeben, daß Sie unrecht haben. Entgegen der später anzuführenden Mannigfaltigkeit dessen, was der Traum sein könnte, – und nach manchen Autoren auch ist, – ist die Lösung Wunscherfüllung–Angsterfüllung–Straferfüllung doch eine recht eingeengte. Dazu kommt, daß die Angst der direkte Gegensatz des Wunsches ist, daß Gegensätze einander in der Assoziation besonders nahe stehen und im Unbewußten, wie wir gehört haben, zusammenfallen [S. 185 ff.]. Ferner, daß die Strafe auch eine Wunscherfüllung ist, die der anderen, zensurierenden Person.

Im ganzen habe ich also Ihrem Einspruch gegen die Theorie der Wunscherfüllung keine Konzession gemacht. Wir sind aber verpflichtet, an jedem beliebigen entstellten Traum die Wunscherfüllung nachzuweisen, und wollen uns dieser Aufgabe gewiß nicht entziehen. Greifen wir auf jenen bereits gedeuteten Traum von den drei schlechten Theaterkarten für 1 fl. 50 zurück, an dem wir schon so manches gelernt haben [S. 136 und S. 151]. Ich hoffe, Sie erinnern sich noch an ihn. Eine Dame, der ihr Mann am Tage mitgeteilt, daß ihre nur um drei Monate jüngere Freundin Elise sich verlobt hat, träumt, daß sie mit ihrem Manne im Theater sitzt. Eine Seite des Parketts ist fast leer. Ihr Mann sagt ihr, die Elise und ihr Bräutigam hätten auch ins Theater gehen wollen, konnten aber nicht, da sie nur schlechte Karten bekamen, drei um einen Gulden fünfzig. Sie meint, es wäre auch kein Unglück gewesen. Wir hatten erraten, daß sich die Traumgedanken auf den Ärger, so früh geheiratet zu haben, und auf die Unzufriedenheit mit ihrem Mann beziehen. Wir dürfen neugierig sein, wie diese trüben Gedanken zu einer Wunscherfüllung umgearbeitet worden sind und wo sich deren Spur im manifesten Inhalt findet. Nun wissen wir schon, daß das Element »zu früh, voreilig« durch die Zensur aus dem Traum eliminiert wurde. Das leere Parkett ist eine Anspielung darauf. Das rätselhafte »3 um einen Gulden fünfzig« wird uns jetzt mit Hilfe der Symbolik, die wir seither gelernt haben, besser verständlich[1]. Die 3 bedeutet wirklich einen Mann, und das manifeste Element ist leicht zu übersetzen: sich einen Mann für die Mitgift kaufen. (»Einen zehnmal[2] besseren hätte ich mir für meine Mitgift kaufen können.«) Das Heiraten ist offenbar ersetzt durch das Ins-Theater-Gehen. Das »zu früh Theaterkarten besorgen« steht ja direkt an Stelle des zu früh Heiratens. Diese Ersetzung ist aber das Werk der Wunscherfüllung. Unsere Träumerin war nicht immer so unzufrieden mit ihrer frühen Heirat wie am Tage, da sie die Nachricht von der Verlobung ihrer Freundin erhielt. Sie war seinerzeit stolz darauf und fand

---

[1] Eine andere naheliegende Deutung dieser 3 bei der kinderlosen Frau erwähne ich nicht, weil diese Analyse kein Material hierfür brachte. [Vgl. S. 172 f.]

[2] [Wohl versehentlich statt »hundertmal«, vgl. S. 137.]

sich vor der Freundin bevorzugt. Naive Mädchen sollen häufig nach ihrer Verlobung ihre Freude darüber verraten haben, daß sie nun bald zu allen bisher verbotenen Stücken ins Theater gehen, alles mitansehen dürfen. Das Stück Schaulust oder Neugierde, das hier zum Vorschein kommt, war gewiß anfänglich sexuelle Schaulust, dem Geschlechtsleben, besonders der Eltern, zugewendet, und wurde dann zu einem starken Motiv, das die Mädchen zum frühen Heiraten drängte. Auf solche Art wird der Theaterbesuch zu einem naheliegenden Andeutungsersatz für das Verheiratetsein. In dem gegenwärtigen Ärger über ihre frühe Heirat greift sie also auf jene Zeit zurück, in welcher ihr die frühe Heirat Wunscherfüllung war, weil sie ihre Schaulust befriedigte, und ersetzt, von dieser alten Wunschregung geleitet, das Heiraten durch das Ins-Theater-Gehen.

Wir können sagen, daß wir uns für den Nachweis einer versteckten Wunscherfüllung nicht gerade das bequemste Beispiel herausgesucht haben. In analoger Weise müßten wir bei anderen entstellten Träumen verfahren. Ich kann das vor Ihnen nicht tun und will bloß die Überzeugung aussprechen, daß es überall gelingen wird. Aber ich will bei diesem Punkte der Theorie noch länger verweilen. Die Erfahrung hat mich belehrt, daß er einer der gefährdetsten der ganzen Traumlehre ist und daß viele Widersprüche und Mißverständnisse an ihn anknüpfen. Außerdem werden Sie vielleicht noch unter dem Eindruck stehen, daß ich bereits ein Stück meiner Behauptung zurückgenommen, indem ich äußerte, der Traum sei ein erfüllter Wunsch oder das Gegenteil davon, eine verwirklichte Angst oder Bestrafung, und werden meinen, es sei die Gelegenheit, mir weitere Einschränkungen abzunötigen. Ich habe auch den Vorwurf gehört, daß ich Dinge, die mir selbst evident scheinen, zu knapp und darum nicht überzeugend genug darstelle.

Wenn jemand in der Traumdeutung so weit mit uns gegangen ist und alles angenommen hat, was sie bisher gebracht, so macht er nicht selten bei der Wunscherfüllung halt und fragt: Zugegeben, daß der Traum jedesmal einen Sinn hat und daß dieser Sinn durch die psychoanalytische Technik aufgedeckt werden kann, warum muß dieser Sinn aller Evidenz zum Trotze immer wieder in die Formel der Wunscherfüllung gepreßt werden? Warum soll der Sinn dieses nächtlichen Denkens nicht so mannigfaltig sein können wie der des Denkens bei Tage, also der Traum das eine Mal einem erfüllten Wunsch entsprechen, das andere Mal, wie Sie selbst sagen, dem Gegenteil davon, einer verwirklichten

Befürchtung, dann aber auch einen Vorsatz ausdrücken können, eine Warnung, eine Überlegung mit ihrem Für und Wider, oder einen Vorwurf, eine Gewissensmahnung, einen Versuch, sich für eine bevorstehende Leistung vorzubereiten usw? Warum aber gerade immer nur einen Wunsch oder höchstens noch sein Gegenteil?

Man könnte meinen, eine Differenz in diesem Punkte sei nicht wichtig, wenn man sonst einig ist. Genug, daß wir den Sinn des Traumes und die Wege, ihn zu erkennen, aufgefunden; es tritt dagegen zurück, wenn wir diesen Sinn zu enge bestimmt haben sollten; aber es ist nicht so. Ein Mißverständnis in diesem Punkte trifft das Wesen unserer Erkenntnis vom Traum und gefährdet dessen Wert für das Verständnis der Neurose. Auch ist jene Art von Entgegenkommen, die im kaufmännischen Leben als »Kulanz« geschätzt wird, im wissenschaftlichen Betrieb nicht an ihrem Platze und eher schädlich.

Meine erste Antwort auf die Frage, warum der Traum nicht im angegebenen Sinn vieldeutig sein soll, lautet wie gewöhnlich in solchen Fällen: Ich weiß nicht, warum es nicht so sein soll. Ich hätte nichts dagegen. Meinetwegen sei es so. Nur eine Kleinigkeit widersetzt sich dieser breiteren und bequemeren Auffassung des Traumes, daß es nämlich in Wirklichkeit nicht so ist. Meine zweite Antwort wird betonen, daß die Annahme, der Traum entspreche mannigfaltigen Denkformen und intellektuellen Operationen, mir selbst nicht fremd ist. Ich habe einmal in einer Krankengeschichte einen Traum berichtet, der drei Nächte hintereinander auftrat und dann nicht mehr, und habe dies Verhalten damit erklärt, daß der Traum einem *Vorsatz* entsprach, der nicht wiederzukehren brauchte, nachdem er ausgeführt worden war[1]. Später habe ich einen Traum veröffentlicht, der einem Geständnis entsprach[2]. Wie kann ich also doch widersprechen und behaupten, daß der Traum immer nur ein erfüllter Wunsch sei?

Ich tue das, weil ich ein einfältiges Mißverständnis nicht zulassen will, welches uns die Frucht unserer Bemühung um den Traum kosten kann, ein Mißverständnis, das den Traum mit den latenten Traumgedanken verwechselt und von ihm etwas aussagt, was einzig und allein zu den letzteren gehört. Es ist nämlich ganz richtig, daß der Traum all das vertreten und durch das ersetzt werden kann, was wir vorhin aufgezählt haben: einen Vorsatz, eine Warnung, Überlegung, Vorbereitung, einen Lösungsversuch einer Aufgabe usw. Aber wenn sie richtig zusehen,

---

[1] [Es handelt sich um den ersten Traum in der Analyse der »Dora« (1905 *e*).]

[2] [›Ein Traum als Beweismittel‹ (1913 *a*).]

erkennen Sie, daß dies alles nur von den latenten Traumgedanken gilt, die in den Traum umgewandelt worden sind. Sie erfahren aus den Deutungen der Träume, daß das unbewußte Denken der Menschen sich mit solchen Vorsätzen, Vorbereitungen, Überlegungen usw. beschäftigt, aus denen dann die Traumarbeit die Träume macht. Wenn Sie sich für die Traumarbeit derzeit nicht interessieren, für die unbewußte Denkarbeit des Menschen aber sehr interessieren, dann eliminieren Sie die Traumarbeit und sagen von dem Traum praktisch ganz richtig aus, er entspreche einer Warnung, einem Vorsatz u. dgl. In der psychoanalytischen Tätigkeit trifft dieser Fall oft zu: Man strebt meist nur danach, die Traumform wieder zu zerstören und die latenten Gedanken, aus denen der Traum geworden ist, an seiner statt in den Zusammenhang einzufügen.

So ganz nebenbei erfahren wir also aus der Würdigung der latenten Traumgedanken, daß alle die genannten, hochkomplizierten seelischen Akte unbewußt vor sich gehen können, ein ebenso großartiges wie verwirrendes Resultat!

Aber um zurückzukehren, Sie haben nur recht, wenn Sie sich klarmachen, daß Sie sich einer abgekürzten Redeweise bedient haben, und wenn Sie nicht glauben, daß Sie jene angeführte Mannigfaltigkeit auf das Wesen des Traumes beziehen müssen. Wenn Sie vom »Traum« sprechen, so müssen Sie entweder den manifesten Traum meinen, d. i. das Produkt der Traumarbeit, oder höchstens noch die Traumarbeit selbst, d. i. jenen psychischen Vorgang, der aus den latenten Traumgedanken den manifesten Traum formt. Jede andere Verwendung des Wortes ist Begriffsverwirrung, die nur Unheil stiften kann. Zielen Sie mit ihren Behauptungen auf die latenten Gedanken hinter dem Traum, so sagen Sie es direkt und verhüllen Sie nicht das Problem des Traumes durch die lockere Ausdrucksweise, deren Sie sich bedienen. Die latenten Traumgedanken sind der Stoff, den die Traumarbeit zum manifesten Traum umbildet. Warum wollen Sie durchaus den Stoff mit der Arbeit verwechseln, die ihn formt? Haben Sie dann etwas vor jenen voraus, die nur das Produkt der Arbeit kannten und sich nicht erklären konnten, woher es stammt und wie es gemacht wird?

Das einzig Wesentliche am Traum ist die Traumarbeit, die auf den Gedankenstoff eingewirkt hat. Wir haben kein Recht, uns in der Theorie über sie hinwegzusetzen, wenn wir sie auch in gewissen praktischen Situationen vernachlässigen dürfen. Die analytische Beobachtung zeigt denn auch, daß die Traumarbeit sich nie darauf beschränkt, diese Gedanken in die Ihnen bekannte archaische oder regressive Ausdrucksweise zu übersetzen. Sondern sie nimmt regelmäßig etwas hinzu, was nicht zu den latenten Gedanken des Tages gehört, was aber der eigentliche Motor der Traumbildung ist. Diese unentbehrliche Zutat ist der gleichfalls unbewußte Wunsch, zu dessen Erfüllung der Trauminhalt umgebildet wird. Der Traum mag also alles mögliche sein, insoweit Sie nur die durch ihn vertretenen Gedanken berücksichtigen, Warnung, Vorsatz, Vorbereitung usw.; er ist immer auch die Erfüllung eines unbewußten Wunsches, und er ist nur dies, wenn Sie ihn als Ergebnis der Traumarbeit betrachten. Ein Traum ist also auch nie ein Vorsatz, eine Warnung schlechtweg, sondern stets ein Vorsatz u. dgl., mit Hilfe eines unbewußten Wunsches in die archaische Ausdrucksweise übersetzt und zur Erfüllung dieser Wünsche[1] umgestaltet. Der eine Charakter, die Wunscherfüllung, ist der konstante; der andere mag variieren; er kann seinerseits auch ein Wunsch sein, so daß der Traum einen latenten Wunsch vom Tage mit Hilfe eines unbewußten Wunsches als erfüllt darstellt.

Ich verstehe das alles sehr gut, aber ich weiß nicht, ob es mir gelungen ist, es auch für Sie verständlich zu machen. Auch habe ich Schwierigkeiten, es Ihnen zu beweisen. Das geht einerseits nicht ohne die sorgfältige Analyse vieler Träume, und anderseits ist dieser heikelste und bedeutsamste Punkt unserer Auffassung des Traumes nicht ohne Beziehung auf Späteres überzeugend darzustellen. Können Sie es überhaupt glauben, daß man bei dem innigen Zusammenhang aller Dinge sehr tief in die Natur des einen eindringen kann, ohne sich um andere Dinge von ähnlicher Natur bekümmert zu haben? Da wir von den nächsten Verwandten des Traumes, von den neurotischen Symptomen, noch nichts wissen, müssen wir uns auch hier bei dem Erreichten bescheiden. Ich will nur noch ein Beispiel vor Ihnen erläutern und eine neue Betrachtung anstellen.

Nehmen wir wieder jenen Traum vor, zu dem wir schon mehrmals zurückgekehrt sind, den Traum von den 3 Theaterkarten für 1 fl. 50. Ich kann Ihnen versichern, daß ich ihn zuerst absichtslos als Beispiel aufgegriffen habe. Die latenten Traumgedanken kennen Sie. Ärger,

---

[1] [Der Gebrauch des Plurals – »dieser Wünsche« – in allen deutschen Ausgaben scheint nicht ganz sinnvoll. Möglicherweise handelt es sich um einen Druckfehler, und es sollte richtig heißen »dieses Wunsches«. Leider ist auch das Originalmanuskript nicht sehr klar lesbar, legt aber diese Vermutung nahe.]

daß sie sich mit dem Heiraten so beeilt hatte, bei der Nachricht, daß ihre Freundin sich erst jetzt verlobt hat; Geringschätzung ihres Mannes, die Idee, daß sie einen besseren bekommen, wenn sie nur gewartet hätte. Den Wunsch, der aus diesen Gedanken einen Traum gemacht hat, kennen wir auch bereits, es ist die Schaulust, ins Theater gehen zu können, sehr wahrscheinlich eine Abzweigung der alten Neugierde, endlich einmal zu erfahren, was denn vorgeht, wenn man verheiratet ist. Diese Neugierde richtet sich bei Kindern bekanntlich regelmäßig auf das Sexualleben der Eltern, ist also eine infantile, und soweit sie später noch vorhanden ist, eine mit ihren Wurzeln ins Infantile reichende Triebregung. Aber zur Erweckung dieser Schaulust gab die Nachricht vom Tage keinen Anlaß, bloß zum Ärger und zur Reue. Zu den latenten Traumgedanken gehörte diese Wunschregung zunächst nicht, und wir konnten das Ergebnis der Traumdeutung in die Analyse einreihen, ohne auf sie Rücksicht zu nehmen. Der Ärger war auch an sich nicht traumfähig; ein Traum konnte aus den Gedanken: Es war ein Unsinn, so früh zu heiraten, nicht eher werden, als bis von ihnen aus der alte Wunsch, endlich einmal zu sehen, was beim Heiraten vorgeht, erweckt worden war. Dann formte dieser Wunsch den Trauminhalt, indem er das Heiraten durch Ins-Theater-Gehen ersetzte, und gab ihm die Form einer früheren Wunscherfüllung: So, ich darf ins Theater gehen und alles Verbotene ansehen und du darfst es nicht; ich bin verheiratet und du mußt warten. Auf solche Weise wurde die gegenwärtige Situation in ihr Gegenteil verwandelt, ein alter Triumph an die Stelle der rezenten Niederlage gesetzt. Nebenbei eine Schaulustbefriedigung mit einer egoistischen Konkurrenzbefriedigung verquickt. Diese Befriedigung bestimmt nun den manifesten Trauminhalt, in dem es wirklich heißt, daß sie im Theater sitzt, während die Freundin nicht Einlaß finden konnte. Als unpassende und unverständliche Modifikation sind dieser Befriedigungssituation jene Stücke des Trauminhalts aufgesetzt, hinter welchen sich die latenten Traumgedanken noch verbergen. Die Traumdeutung hat von allem abzusehen, was zur Darstellung der Wunscherfüllung dient, und aus jenen Andeutungen die peinlichen latenten Traumgedanken wiederherzustellen.

Die eine Betrachtung, die ich vorbringen will, soll Ihre Aufmerksamkeit auf die jetzt in den Vordergrund gerückten latenten Traumgedanken einstellen. Ich bitte Sie, nicht zu vergessen, daß sie erstens dem Träumer unbewußt, zweitens vollkommen verständig und zusammenhängend sind, so daß sie sich als begreifliche Reaktionen auf den Traumanlaß verstehen lassen, drittens, daß sie den Wert einer beliebigen seelischen Regung oder intellektuellen Operation haben können. Ich werde diese Gedanken jetzt strenger als vorhin *»Tagesreste«* heißen, der Träumer mag sich zu ihnen bekennen oder nicht. Ich sondere jetzt Tagesreste und latente Traumgedanken, indem ich im Einklang mit unserem früheren Gebrauch als latente Traumgedanken alles bezeichne, was wir bei der Deutung des Traumes erfahren, während die Tagesreste nur ein Teil der latenten Traumgedanken sind. Dann geht unsere Auffassung eben dahin, zu den Tagesresten ist etwas hinzugekommen, etwas, was auch dem Unbewußten angehörte, eine starke, aber verdrängte Wunschregung, und diese allein ist es, die die Traumbildung ermöglicht hat. Die Einwirkung dieser Wunschregung auf die Tagesreste schafft den weiteren Anteil der latenten Traumgedanken, jenen, der nicht mehr rationell und aus dem Wachleben begreiflich erscheinen muß.

Für das Verhältnis der Tagesreste zu dem unbewußten Wunsch habe ich mich eines Vergleiches bedient, den ich hier nur wiederholen kann. Bei jeder Unternehmung bedarf es eines Kapitalisten, der den Aufwand bestreitet, und eines Unternehmers, der die Idee hat und sie auszuführen versteht. Die Rolle des Kapitalisten spielt für die Traumbildung immer nur der unbewußte Wunsch; er gibt die psychische Energie für die Traumbildung ab; der Unternehmer ist der Tagesrest, der über die Verwendung dieses Aufwandes entscheidet. Nun kann der Kapitalist selbst die Idee und die Sachkenntnis haben oder der Unternehmer selbst Kapital besitzen. Das vereinfacht die praktische Situation, erschwert aber ihr theoretisches Verständnis. In der Volkswirtschaft wird man immer wieder die eine Person in ihre beiden Aspekte als Kapitalist und als Unternehmer zerlegen und somit die Grundsituation, von der unser Vergleich ausgegangen ist, wiederherstellen. Bei der Traumbildung kommen dieselben Variationen vor, deren weitere Verfolgung ich Ihnen überlasse.

Weiter können wir hier nicht gehen, denn Sie sind wahrscheinlich schon längst durch ein Bedenken gestört worden, das angehört zu werden verdient. Sind die Tagesreste, fragen Sie, wirklich in demselben Sinne unbewußt wie der unbewußte Wunsch, der hinzukommen muß, um sie traumfähig zu machen? Sie ahnen richtig. Hier liegt der springende Punkt der ganzen Sache. Sie sind nicht unbewußt in demselben Sinne. Der Traumwunsch gehört einem anderen Unbewußten an, jenem, das wir als infantiler Herkunft, mit besonderen Mechanismen ausgestattet, erkannt haben [S. 214]. Es wäre durchaus angebracht, diese beiden Weisen des Unbewußten durch verschiedene Bezeichnungen voneinander zu sondern. Aber wir wollen doch lieber damit warten, bis wir uns mit dem Erscheinungsgebiet der Neurosen vertraut gemacht haben. Hält man uns doch das eine Unbewußte als phantastisch vor; was wird man erst sagen, wenn wir bekennen, daß wir erst bei zweierlei Unbewußtem unser Auslangen finden?[1]

Brechen wir hier ab. Sie haben wiederum nur Unvollständiges gehört; aber ist es nicht hoffnungsvoll zu denken, daß dieses Wissen eine Fortsetzung hat, die entweder wir selbst oder andere nach uns zutage fördern werden? Und haben wir selbst nicht Neues und Überraschendes genug erfahren?

---

[1] [Die Frage der verschiedenen Anwendungen des Wortes »unbewußt« ist für Freuds Theorien von größter Bedeutung. Er berührt sie mehrmals in diesen Vorlesungen (vor allem auf S. 128, S. 195, S. 215 f., S. 229 f., S. 292 ff. und – in einer letzten kurzen Erwähnung – auf S. 420). Offenbar empfand er bereits damals ein gewisses Unbehagen. Tatsächlich hat er seine Ansichten über das ganze Problem einige Jahre später in *Das Ich und das Es* (1923 *b*) revidiert. Die neue Auffassung wird in der 31. Vorlesung der *Neuen Folge*, S. 508 ff., dargetan.]

15. VORLESUNG

UNSICHERHEITEN UND KRITIKEN

Meine Damen und Herren! Wir wollen das Gebiet des Traumes doch nicht verlassen, ohne die gewöhnlichsten Zweifel und Unsicherheiten zu behandeln, die sich an unsere bisherigen Neuheiten und Auffassungen geknüpft haben. Einiges Material hierzu werden aufmerksame Hörer unter Ihnen bei sich selbst zusammengetragen haben.

1. Es mag Ihr Eindruck geworden sein, daß die Resultate unserer Deutungsarbeit am Traume trotz korrekter Einhaltung der Technik so viel Unbestimmtheiten zulassen, daß dadurch eine sichere Übersetzung des manifesten Traumes in die latenten Traumgedanken doch vereitelt wird. Sie werden dafür anführen, daß man erstens nie weiß, ob ein bestimmtes Element des Traumes im eigentlichen Sinne oder symbolisch zu verstehen ist, denn die als Symbole verwendeten Dinge hören darum doch nicht auf, sie selbst zu sein. Hat man aber keinen objektiven Anhalt, um dies zu entscheiden, so bleibt die Deutung in diesem Punkte der Willkür des Traumdeuters überlassen. Ferner ist es infolge des Zusammenfallens von Gegensätzen bei der Traumarbeit jederzeit unbestimmt gelassen, ob ein gewisses Traumelement im positiven oder im negativen Sinne, als es selbst oder als sein Gegenteil verstanden werden soll [S. 185]. Eine neue Gelegenheit zur Betätigung der Willkür des Deutenden. Drittens steht es dem Traumdeuter infolge der im Traume so beliebten Umkehrungen jeder Art frei, an ihm beliebigen Stellen des Traumes eine solche Umkehrung vorzunehmen [S. 186 f.]. Endlich werden Sie sich darauf berufen, gehört zu haben, daß man selten sicher ist, die gefundene Deutung des Traumes sei die einzig mögliche. Man läuft Gefahr, eine durchaus zulässige Überdeutung desselben Traumes zu übersehen [S. 180 f.]. Unter diesen Umständen, werden Sie schließen, bleibt der Willkür des Deuters ein Spielraum eingeräumt, dessen Weite mit der objektiven Sicherheit der Resultate unverträglich scheint. Oder Sie können auch annehmen, der Fehler liege nicht am Traume, sondern die Unzulänglichkeiten unserer Traumdeutung ließen sich auf Unrichtigkeiten unserer Auffassungen und Voraussetzungen zurückführen.

All Ihr Material ist untadelig gut, aber ich glaube, es rechtfertigt nicht Ihre Schlüsse nach den beiden Richtungen, daß die Traumdeutung, wie wir sie betreiben, der Willkür preisgegeben ist und daß die Mängel der Ergebnisse die Berechtigung unseres Verfahrens in Frage stellen. Wenn Sie anstatt der Willkür des Deuters einsetzen wollen: der Geschicklichkeit, der Erfahrung, dem Verständnis desselben, so pflichte ich Ihnen bei. Ein solches persönliches Moment werden wir freilich nicht entbehren können, zumal nicht bei schwierigeren Aufgaben der Traumdeutung. Das ist aber bei anderen wissenschaftlichen Betrieben auch nicht anders. Es gibt kein Mittel, um hintanzuhalten, daß der eine eine gewisse Technik nicht schlechter handhabe oder nicht besser ausnütze als ein anderer. Was sonst, z. B. bei der Deutung der Symbole, als Willkür imponiert, das wird dadurch beseitigt, daß in der Regel der Zusammenhang der Traumgedanken untereinander, der des Traumes mit dem Leben des Träumers und die ganze psychische Situation, in welche der Traum fällt, von den gegebenen Deutungsmöglichkeiten die eine auswählt, die anderen als unbrauchbar zurückweist. Der Schluß aus den Unvollkommenheiten der Traumdeutung auf die Unrichtigkeit unserer Aufstellungen wird aber durch eine Bemerkung entkräftet, welche die Mehrdeutigkeit oder Unbestimmtheit des Traumes vielmehr als eine notwendig zu erwartende Eigenschaft desselben erweist.

Erinnern wir uns daran, daß wir gesagt haben, die Traumarbeit nehme eine Übersetzung der Traumgedanken in eine primitive, der Bilderschrift analoge Ausdrucksweise vor [S. 182 ff.]. Alle diese primitiven Ausdruckssysteme sind aber mit solchen Unbestimmtheiten und Zweideutigkeiten behaftet, ohne daß wir darum ein Recht hätten, deren Gebrauchsfähigkeit anzuzweifeln. Sie wissen, das Zusammenfallen der Gegensätze bei der Traumarbeit ist analog dem sogenannten »Gegensinn der Urworte« in den ältesten Sprachen. Der Sprachforscher K. Abel (1884), dem wir diesen Gesichtspunkt verdanken, ersucht uns, ja nicht zu glauben, daß die Mitteilung, welche eine Person der anderen mit Hilfe so ambivalenter Worte machte, darum eine zweideutige gewesen sei. Ton und Geste müssen es vielmehr im Zusammenhang der Rede ganz unzweifelhaft gemacht haben, welchen der beiden Gegensätze der Sprecher zur Mitteilung im Sinne hatte. In der Schrift, wo die Geste entfällt, wurde sie durch ein hinzugesetztes, zur Aussprache nicht bestimmtes Bildzeichen ersetzt, z. B. durch das Bild eines lässig hockenden oder eines stramm dastehenden Männchens, je nachdem das zweideutige *ken* der Hieroglyphenschrift »schwach« oder »stark« bedeuten sollte. So wurde trotz der Mehrdeutigkeit der Laute und der Zeichen das Mißverständnis vermieden. [Vgl. S. 185.]

Die alten Ausdruckssysteme, z. B. die Schriften jener ältesten Sprachen, lassen uns eine Anzahl von Unbestimmtheiten erkennen, die wir in unserer heutigen Schrift nicht dulden würden. So werden in manchen semitischen Schriften nur die Konsonanten der Worte bezeichnet. Die weggelassenen Vokale hat der Leser nach seiner Kenntnis und nach dem Zusammenhange einzusetzen. Nicht ganz so, aber recht ähnlich verfährt die Hieroglyphenschrift, weshalb uns die Aussprache des Altägyptischen unbekannt geblieben ist. Die heilige Schrift der Ägypter kennt noch andre Unbestimmtheiten. So ist es z. B. der Willkür des Schreibers überlassen, ob er die Bilder von rechts nach links oder von links nach rechts aneinanderreihen will. Um lesen zu können, muß man sich an die Vorschrift halten, daß man auf die Gesichter der Figuren, Vögel u. dgl. hin zu lesen hat. Der Schreiber konnte aber auch die Bilderzeichen in Vertikalreihen anordnen, und bei Inschriften an kleineren Objekten ließ er sich durch Rücksichten der Gefälligkeit und der Raumausfüllung bestimmen, die Folge der Zeichen noch anders abzuändern. Das Störendste an der Hieroglyphenschrift ist wohl, daß sie eine Worttrennung nicht kennt. Die Bilder laufen in gleichen Abständen voneinander über die Seite, und man kann im allgemeinen nicht wissen, ob ein Zeichen noch zum vorstehenden gehört oder den Anfang eines neuen Wortes macht. In der persischen Keilschrift dient dagegen ein schräger Keil als »Worteiler«.

Eine überaus alte, aber heute noch von 400 Millionen gebrauchte Sprache und Schrift ist die chinesische. Nehmen Sie nicht an, daß ich etwas von ihr verstehe; ich habe mich nur über sie instruiert, weil ich Analogien zu den Unbestimmtheiten des Traumes zu finden hoffte. Meine Erwartung ist auch nicht getäuscht worden. Die chinesische Sprache ist voll von solchen Unbestimmtheiten, die uns Schrecken einjagen können. Sie besteht bekanntlich aus einer Anzahl von Silbenlauten, die für sich allein oder zu zweien kombiniert gesprochen werden. Einer der Hauptdialekte hat etwa 400 solcher Laute. Da nun der Wortschatz dieses Dialekts auf etwa 4000 Worte berechnet wird, ergibt sich, daß jeder Laut im Durchschnitt zehn verschiedene Bedeutungen hat, einige davon weniger, aber andere dafür um so mehr. Es gibt dann eine ganze Anzahl von Mitteln, um der Vieldeutigkeit zu entgehen, da man nicht aus dem Zusammenhang allein erraten kann, welche der zehn Bedeutungen des Silbenlautes der Sprecher beim Hörer zu erwecken beabsichtigt. Darunter ist die Verbindung zweier Laute zu einem zusammengesetzten Wort und die Verwendung von vier verschiedenen »Tönen«, mit denen diese Silben gesprochen werden. Für unsere Vergleichung ist der Umstand noch interessanter, daß es in dieser Sprache so gut wie keine Grammatik gibt. Man kann von keinem der einsilbigen Worte sagen, ob es Haupt-, Zeit-, Eigenschaftswort ist, und es fehlen alle Abänderungen der Worte, durch welche man Geschlecht, Zahl, Endung, Zeit oder Modus erkennen könnte. Die Sprache besteht also sozusagen nur aus dem Rohmaterial, ähnlich wie unsere Denksprache durch die Traumarbeit in ihr Rohmaterial unter Hinweglassung des Ausdrucks der Relationen aufgelöst wird. Im Chinesischen wird in allen Fällen von Unbestimmtheit die Entscheidung dem Verständnis des Hörers überlassen, der sich dabei vom Zusammenhange leiten läßt. Ich habe mir ein Beispiel eines chinesischen Sprichwortes notiert, das wörtlich übersetzt lautet:

Wenig was sehen viel was wunderbar.

Das ist nicht schwer zu verstehen. Es mag heißen: Je weniger einer gesehen hat, desto mehr findet er zu bewundern, oder: Vieles gibt's zu bewundern für den, der wenig gesehen hat. Eine Entscheidung zwischen diesen nur grammatikalisch verschiedenen Übersetzungen kommt natürlich nicht in Betracht. Trotz dieser Unbestimmtheiten, wird uns versichert, ist die chinesische Sprache ein ganz ausgezeichnetes Mittel des Gedankenausdrucks. Die Unbestimmtheit muß also nicht notwendig zur Vieldeutigkeit führen.

Nun müssen wir freilich zugestehen, daß die Sachlage für das Ausdruckssystem des Traumes weit ungünstiger liegt als für alle diese alten Sprachen und Schriften. Denn diese sind doch im Grunde zur Mitteilung bestimmt, d. h. darauf berechnet, auf welchen Wegen und mit welchen Hilfsmitteln immer verstanden zu werden. Gerade dieser Charakter geht aber dem Traume ab. Der Traum will niemandem etwas sagen, er ist kein Vehikel der Mitteilung, er ist im Gegenteile darauf angelegt, unverstanden zu bleiben. Darum dürften wir uns nicht verwundern und nicht irrewerden, wenn sich herausstellen sollte, daß eine Anzahl von Vieldeutigkeiten und Unbestimmtheiten des Traumes der Entscheidung entzogen bleibt. Als sicherer Gewinn unserer Vergleichung bleibt uns nur die Einsicht, daß solche Unbestimmtheiten, wie man sie als Einwand gegen die Triftigkeit unserer Traumdeutungen verwerten wollte, vielmehr regelmäßige Charaktere aller primitiven Ausdruckssysteme sind.

Wie weit die Verständlichkeit des Traumes in Wirklichkeit reicht, läßt sich nur durch Übung und Erfahrung feststellen. Ich meine, sehr weit, und die Vergleichung der Resultate, welche sich korrekt geschulten Analytikern ergeben, bestätigt meine Ansicht. Das Laienpublikum, auch das wissenschaftliche Laienpublikum, gefällt sich bekanntlich darin, angesichts der Schwierigkeiten und Unsicherheiten einer wissenschaftlichen Leistung mit überlegener Skepsis zu prunken. Ich meine, mit Unrecht. Es ist Ihnen vielleicht nicht allen bekannt, daß sich eine ähnliche Situation in der Geschichte der Entzifferung der babylonisch-assyrischen Inschriften ergeben hat. Da gab es eine Zeit, zu welcher die öffentliche Meinung weit darin ging, die Keilschriftentzifferer für Phantasten und diese ganze Forschung für einen »Schwindel« zu erklären. Im Jahre 1857 machte aber die Royal Asiatic Society eine entscheidende Probe. Sie forderte vier der angesehensten Keilschriftforscher, Rawlinson, Hincks, Fox Talbot und Oppert, auf, ihr von einer neugefundenen Inschrift unabhängige Übersetzungen im versiegelten Kuvert einzusenden, und konnte nach der Vergleichung der vier Lesungen verkünden, die Übereinstimmung derselben gehe weit genug, um das Zutrauen in das bisher Erreichte und die Zuversicht auf weitere Fortschritte zu rechtfertigen. Der Spott der gelehrten Laienwelt nahm dann allmählich ein Ende, und die Sicherheit in der Lesung der Keilschriftdokumente ist seither außerordentlich gewachsen.

2. Eine zweite Reihe von Bedenken hängt tief an dem Eindruck, von dem wohl auch Sie nicht frei geblieben sind, daß ein Anzahl von Lösungen der Traumdeutung, zu denen wir uns genötigt sehen, gezwungen, erkünstelt, an den Haaren herbeigezogen, also gewaltsam oder selbst komisch und witzelnd erscheinen. Diese Äußerungen sind so häufig, daß ich aufs Geratewohl die letzte, von der mir Kunde geworden ist, herausgreifen will. Hören Sie also: In der freien Schweiz ist kürzlich ein Seminardirektor wegen Beschäftigung mit der Psychoanalyse seiner Stellung enthoben worden. Er hat Einspruch erhoben, und eine Berner Zeitung hat das Gutachten der Schulbehörde über ihn zur öffentlichen Kenntnis gebracht. Aus diesem Schriftstück ziehe ich einige Sätze, die sich auf die Psychoanalyse beziehen, aus: »Ferner überrascht das Gesuchte und Gekünstelte in vielen Beispielen, die sich auch in dem angeführten Buche von Dr. Pfister in Zürich vorfinden ... Es müßte also eigentlich überraschen, daß ein Seminardirektor alle diese Behauptungen und Scheinbeweise kritiklos entgegennimmt.« Diese Sätze werden als

die Entscheidung eines »ruhig Urteilenden« hingestellt. Ich meine vielmehr, diese Ruhe ist »erkünstelt«. Treten wir diesen Äußerungen in der Erwartung näher, daß etwas Nachdenken und etwas Sachkenntnis auch einem ruhigen Urteil keinen Nachteil bringen kann.

Es ist wahrhaft erfrischend zu sehen, wie rasch und unbeirrt jemand in einer heiklen Frage der Tiefenpsychologie nach seinen ersten Eindrükken urteilen kann. Die Deutungen erscheinen ihm gesucht und gezwungen, sie gefallen ihm nicht, also sind sie falsch und die ganze Deuterei taugt nichts; nicht einmal ein flüchtiger Gedanke streift an die andere Möglichkeit, daß diese Deutungen aus guten Gründen so erscheinen müssen, woran sich die weitere Frage knüpfen würde, welches diese guten Gründe sind.

Der beurteilte Sachverhalt bezieht sich wesentlich auf die Ergebnisse der Verschiebung, die Sie als das stärkste Mittel der Traumzensur kennengelernt haben. Mit Hilfe der Verschiebung schafft die Traumzensur Ersatzbildungen, die wir als Anspielungen bezeichnet haben. Es sind aber Anspielungen, die als solche nicht leicht zu erkennen sind, von denen der Rückweg zum Eigentlichen nicht leicht auffindbar ist und die mit diesem Eigentlichen durch die sonderbarsten, ungebräuchlichsten, äußerlichen Assoziationen in Verbindung stehen. In all diesen Fällen handelt es sich aber um Dinge, die versteckt werden sollen, die zur Verheimlichung bestimmt sind; dies will ja die Traumzensur erreichen. Etwas, das versteckt worden ist, darf man aber nicht an seinem Orte, an der ihm zukommenden Stelle, zu finden erwarten. Die heute amtierenden Grenzüberwachungskommissionen sind in dieser Hinsicht schlauer als die Schweizer Schulbehörde. Sie begnügen sich bei der Suche nach Dokumenten und Aufzeichnungen nicht damit, in Mappen und Brieftaschen nachzusehen, sondern sie ziehen die Möglichkeit in Betracht, daß die Spione und Schmuggler solche verpönte Dinge an den verborgensten Stellen ihrer Kleidung tragen könnten, wo sie entschieden nicht hingehören, wie z. B. zwischen den doppelten Sohlen ihrer Stiefel. Finden sich die verheimlichten Dinge dort, so waren sie allerdings sehr gesucht, aber auch sehr – gefunden.

Wenn wir die entlegensten, sonderbarsten, bald komisch, bald witzig erscheinenden Verknüpfungen zwischen einem latenten Traumelement und seinem manifesten Ersatz als möglich anerkennen, so folgen wir dabei reichlichen Erfahrungen an Beispielen, deren Auflösung wir in der Regel nicht selbst gefunden haben. Es ist oft nicht möglich, solche Deutungen aus Eigenem zu geben; kein sinniger Mensch könnte die vorliegende Verknüpfung erraten. Der Träumer gibt uns die Übersetzung entweder mit einem Schlage durch seinen direkten Einfall – er kann es ja, denn bei ihm hat sich diese Ersatzbildung hergestellt, – oder er liefert uns so viel Material, daß die Lösung keinen besonderen Scharfsinn mehr fordert, sondern sich wie notwendig aufdrängt. Hilft uns der Träumer nicht auf eine dieser beiden Weisen, so bleibt uns das betreffende manifeste Element auch ewig unverständlich. Gestatten Sie, daß ich Ihnen noch ein solches kürzlich erlebtes Beispiel nachtrage. Eine meiner Patientinnen hat während der Behandlung ihren Vater verloren. Sie bedient sich seitdem jedes Anlasses, um ihn im Traume wieder zu beleben. In einem ihrer Träume kommt der Vater in einem gewissen, weiter nicht verwertbaren Zusammenhange vor und sagt: *Es ist ein Viertel zwölf, es ist halb zwölf, es ist drei Viertel zwölf.* Zur Deutung dieser Sonderbarkeit stellte sich nur der Einfall ein, daß der Vater es gerne gesehen hatte, wenn die erwachsenen Kinder die gemeinschaftliche Speisestunde pünktlich einhielten. Das hing gewiß mit dem Traumelement zusammen, gestattete aber keinen Schluß auf dessen Herkunft. Es bestand ein durch die damalige Situation der Kur gerechtfertigter Verdacht, daß eine sorgfältig unterdrückte, kritische Auflehnung gegen den geliebten und verehrten Vater ihren Anteil an diesem Traum hätte. In weiterer Verfolgung ihrer Einfälle, anscheinend weit vom Traum entfernt, erzählt die Träumerin, gestern sei in ihrer Gegenwart viel Psychologisches besprochen worden, und ein Verwandter habe die Äußerung getan: *Der Urmensch* lebt in uns allen fort. Jetzt glauben wir zu verstehen. Das gab eine ausgezeichnete Gelegenheit für sie, den verstorbenen Vater wieder einmal fortleben zu lassen. Sie machte ihn also im Traum zum *Uhrmenschen,* indem sie ihn die Viertelstunden der Mittagszeit ansagen ließ.

Sie werden an diesem Beispiel die Ähnlichkeit mit einem Witz nicht von sich weisen können, und es ist wirklich oft genug vorgekommen, daß man den Witz des Träumers für den des Deuters gehalten hat. Es gibt noch andere Beispiele, in denen es gar nicht leicht wird zu entscheiden, ob man es mit einem Witz oder einem Traum zu tun hat. Sie erinnern sich aber, daß uns der nämliche Zweifel bei manchen Fehlleistungen des Versprechens gekommen ist [S. 66]. Ein Mann erzählt als seinen Traum, sein Onkel habe ihm, während sie in dessen Auto (mobil) saßen, einen Kuß gegeben. Er fügt selbst sehr rasch die Deutung hinzu. Es bedeutet: *Autoerotismus* (ein Terminus aus der Libidolehre, der die Befriedigung ohne fremdes Objekt bezeichnet). Hat sich nun der Mann einen Scherz mit uns erlaubt und einen Witz, der ihm ein-

gefallen ist, für einen Traum ausgegeben? Ich glaube es nicht; er hat wirklich so geträumt. Woher kommt aber diese verblüffende Ähnlichkeit? Diese Frage hat mich seinerzeit ein Stück von meinem Wege abgeführt, indem sie mir die Notwendigkeit auferlegte, den Witz selbst einer eingehenden Untersuchung zu unterziehen[1]. Es hat sich dabei für die Entstehung des Witzes ergeben, daß ein vorbewußter[2] Gedankengang für einen Moment der unbewußten Bearbeitung überlassen wird, aus welcher er dann als Witz auftaucht. Unter dem Einfluß des Unbewußten erfährt er die Einwirkung der dort waltenden Mechanismen, der Verdichtung und der Verschiebung, also derselben Vorgänge, die wir bei der Traumarbeit beteiligt fanden, und dieser Gemeinsamkeit ist die Ähnlichkeit von Witz und Traum, wo sie zustande kommt, zuzuschreiben. Vom Lustgewinn des Witzes bringt der unbeabsichtigte »Traumwitz« aber nichts mit. Warum, mag Sie die Vertiefung in das Studium des Witzes lehren. Der »Traumwitz« erscheint uns als schlechter Witz, er macht uns nicht lachen, läßt uns kalt[3].
Wir treten dabei auch in die Fußstapfen der antiken Traumdeutung, die uns neben vielem Unbrauchbaren manches gute Beispiel einer Traumdeutung hinterlassen hat, welches wir selbst nicht zu übertreffen wüßten. Ich erzähle Ihnen nun einen historisch bedeutsamen Traum, den mit gewissen Abweichungen Plutarch und Artemidorus aus Daldis von Alexander dem Großen berichten [vgl. S. 103]. Als der König mit der Belagerung der hartnäckig verteidigten Stadt Tyrus beschäftigt war (322 v. Chr.), träumte er einmal, er sehe einen tanzenden Satyr. Der Traumdeuter Aristandros, der sich beim Heere befand, deutete ihm diesen Traum, indem er das Wort »Satyros« in σὰ Τύρος (dein ist Tyrus) zerlegte und ihm darum den Triumph über die Stadt versprach. Alexander ließ sich durch diese Deutung bestimmen, die Belagerung fortzusetzen, und nahm endlich Tyrus ein. Die Deutung, die gekünstelt genug aussieht, war unzweifelhaft die richtige.

3. Ich kann mir vorstellen, daß es Ihnen einen besonderen Eindruck machen wird zu hören, daß Einwendungen gegen unsere Auffassung des Traumes auch von solchen Personen erhoben worden sind, die sich selbst längere Zeit als Psychoanalytiker mit der Deutung von Träumen

---

[1] [*Der Witz und seine Beziehung zum Unbewußten* (1905 *c*).]
[2] [Diese Bezeichnung wird in der 19. Vorlesung, S. 293 f., erläutert.]
[3] [Vgl. das VI. Kapitel von *Der Witz und seine Beziehung zum Unbewußten*. Im vorliegenden Werk wurde dieser Punkt bereits auf S. 181 f. erwähnt.]

beschäftigt haben. Es wäre zu ungewöhnlich gewesen, daß ein so reichhaltiger Anreiz zu neuen Irrtümern ungenützt geblieben wäre, und so haben sich durch begriffliche Verwechslungen und unberechtigte Verallgemeinerungen Behauptungen ergeben, die hinter der medizinischen Auffassung des Traumes an Unrichtigkeit nicht weit zurückstehen. Die eine davon kennen Sie bereits. Sie sagt aus, daß sich der Traum mit Anpassungsversuchen an die Gegenwart und Lösungsversuchen der Zukunftsaufgaben beschäftige, also eine »prospektive Tendenz« verfolge (A. Maeder [1912]). Wir haben bereits angeführt [S. 225 f.], daß diese Behauptung auf Verwechslung des Traumes mit den latenten Traumgedanken beruht, also das Übersehen der Traumarbeit zur Voraussetzung hat. Als Charakteristik der unbewußten Geistestätigkeit, der die latenten Traumgedanken angehören, ist sie einerseits keine Neuheit, anderseits nicht erschöpfend, denn die unbewußte Geistestätigkeit beschäftigt sich mit vielem anderen neben der Vorbereitung der Zukunft. Eine weit ärgere Verwechslung scheint der Versicherung zugrunde zu liegen, daß man hinter jedem Traum die »Todesklausel« finde [Stekel, 1911, 34]. Ich weiß nicht genau, was diese Formel besagen will, aber ich vermute, hinter ihr steckt die Verwechslung des Traumes mit der ganzen Persönlichkeit des Träumers.

Eine ungerechtfertigte Verallgemeinerung aus wenigen guten Beispielen liegt in dem Satze, daß jeder Traum zwei Deutungen zulasse, eine solche, wie wir sie aufgezeigt haben, die sogenannte psychoanalytische, und eine andere, die sogenannte anagogische, welche von den Triebregungen absieht und auf eine Darstellung der höheren Seelenleistungen hinzielt (H. Silberer [1914]). Es gibt solche Träume, aber Sie werden diese Auffassung vergeblich auch nur auf eine Mehrzahl der Träume auszudehnen versuchen. Ganz unbegreiflich wird Ihnen nach allem, was Sie gehört haben, die Behauptung erscheinen, daß alle Träume bisexuell zu deuten seien, als Zusammentreffen einer männlichen mit einer weiblich zu nennenden Strömung (A. Adler [1910]). Es gibt natürlich auch einzelne solche Träume, und Sie könnten später erfahren, daß diese so gebaut sind wie gewisse hysterische Symptome. Ich erwähne alle diese Entdeckungen neuer allgemeiner Charaktere des Traumes, um Sie vor ihnen zu warnen oder um Sie wenigstens nicht im Zweifel zu lassen, wie ich darüber urteile.

4. Eines Tages schien der objektive Wert der Traumforschung durch die Beobachtung in Frage gestellt, daß die analytisch behandelten Pa-

tienten den Inhalt ihrer Träume nach den Lieblingstheorien ihrer Ärzte einrichten, indem die einen vorwiegend von sexuellen Triebregungen träumen, die anderen vom Machtstreben und noch andere sogar von der Wiedergeburt (W. Stekel). Das Gewicht dieser Beobachtung wird durch die Erwägung verringert, daß die Menschen bereits geträumt haben, ehe es eine psychoanalytische Behandlung gab, die ihre Träume lenken konnte, und daß die jetzt in Behandlung Stehenden auch zur Zeit vor der Behandlung zu träumen pflegten. Das Tatsächliche dieser Neuheit läßt sich bald als selbstverständlich und für die Theorie des Traumes belanglos erkennen. Die den Traum anregenden Tagesreste erübrigen von den starken Interessen des Wachlebens. Wenn die Reden des Arztes und die Anregungen, die er gibt, für den Analysierten bedeutungsvoll geworden sind, so treten sie in den Kreis der Tagesreste ein, können die psychischen Reize für die Traumbildung abgeben wie die anderen affektbetonten unerledigten Interessen des Tages und wirken ähnlich wie die somatischen Reize, die während des Schlafes auf den Schläfer einwirken. Wie diese anderen Anreger des Traumes können auch die vom Arzt angeregten Gedankengänge im manifesten Trauminhalt erscheinen oder im latenten nachgewiesen werden. Wir wissen ja, daß man Träume experimentell erzeugen, richtiger gesagt, einen Teil des Traummaterials in den Traum einführen kann. Der Analytiker spielt also bei diesen Beeinflussungen seiner Patienten keine andere Rolle als der Experimentator, der wie Mourly Vold den Gliedern seiner Versuchspersonen gewisse Stellungen erteilt. [Vgl. S. 105 oben.] Man kann oftmals den Träumer beeinflussen, *worüber* er träumen soll, nie aber darauf einwirken, *was* er träumen wird. Der Mechanismus der Traumarbeit und der unbewußte Traumwunsch sind jedem fremden Einfluß entzogen. Wir haben bereits [S. 112 f.] bei der Würdigung der somatischen Reizträume erkannt, daß die Eigenart und Selbständigkeit des Traumlebens sich in der Reaktion erweist, mit welcher der Traum auf die zugeführten körperlichen oder seelischen Reize antwortet. Der hier besprochenen Behauptung, welche die Objektivität der Traumforschung in Zweifel ziehen will, liegt also wiederum eine Verwechslung, die des Traumes mit dem Traummaterial zugrunde.

Soviel, meine Damen und Herren, wollte ich Ihnen von den Problemen des Traumes erzählen. Sie ahnen, daß ich vieles übergangen habe, und haben selbst erfahren, daß ich fast in allen Punkten unvollständig sein mußte. Das liegt aber am Zusammenhang der Traumphänomene mit denen der Neurose. Wir haben den Traum als Einführung in die Neurosenlehre studiert, und das war gewiß richtiger, als wenn wir das Umgekehrte getan hätten. Aber wie der Traum für das Verständnis der Neurosen vorbereitet, so kann anderseits die richtige Würdigung des Traumes erst nach der Kenntnis der neurotischen Erscheinungen gewonnen werden[1].

Ich weiß nicht, wie Sie darüber denken werden, aber ich muß versichern, daß ich nicht bereue, soviel von Ihrem Interesse und von der für uns verfügbaren Zeit für die Probleme des Traumes in Anspruch genommen zu haben. An keinem anderen Objekt kann man sich so rasch die Überzeugung von der Richtigkeit der Behauptungen holen, mit denen die Psychoanalyse steht und fällt. Es bedarf der angestrengten Arbeit von vielen Monaten und selbst Jahren, um zu zeigen, daß die Symptome eines Falles von neurotischer Erkrankung ihren Sinn haben, einer Absicht dienen und aus den Schicksalen der leidenden Person hervorgehen. Dagegen kann es einer Bemühung von wenigen Stunden gelingen, denselben Sachverhalt für eine zunächst unverständlich verworrene Traumleistung zu erweisen und damit alle die Voraussetzungen der Psychoanalyse zu bestätigen, die Unbewußtheit seelischer Vorgänge, die besonderen Mechanismen, denen sie gehorchen, und die Triebkräfte, die sich in ihnen äußern. Und wenn wir die durchgreifende Analogie im Aufbau von Traum und neurotischem Symptom mit der Raschheit der Verwandlung zusammenhalten, die aus dem Träumer einen wachen und vernünftigen Menschen macht, gewinnen wir die Sicherheit, daß auch die Neurose nur auf verändertem Kräftespiel zwischen den Mächten des Seelenlebens beruht[2].

---

[1] [Gegen Ende der letzten Vorlesung der vorliegenden Reihe, S. 438 f., gibt es noch einmal einen Rückverweis auf die Träume.]

[2] [Freud nimmt das Thema der Träume in der ersten Vorlesung (der 29.) der *Neuen Folge* wieder auf.]

DRITTER TEIL

Allgemeine Neurosenlehre

(1917 [1916–17])

PSYCHOANALYSE UND PSYCHIATRIE

Meine Damen und Herren! Ich freue mich, Sie nach Jahresfrist zur Fortsetzung unserer Besprechungen wiederzusehen. Ich habe Ihnen im Vorjahre die psychoanalytische Behandlung der Fehlleistungen und des Traumes vorgetragen; ich möchte Sie heuer in das Verständnis der neurotischen Erscheinungen einführen, die, wie Sie bald entdecken werden, mit beiden vielerlei Gemeinsames haben. Aber ich sage es Ihnen vorher, ich kann Ihnen diesmal nicht dieselbe Stellung mir gegenüber einräumen wie im Vorjahre. Damals lag mir daran, keinen Schritt zu tun, ohne mit Ihrem Urteil im Einvernehmen zu bleiben; ich diskutierte viel mit Ihnen, unterwarf mich Ihren Einwendungen, anerkannte eigentlich Sie und Ihren »gesunden Menschenverstand« als entscheidende Instanz. Das geht jetzt nicht länger, und zwar wegen eines einfachen Sachverhaltes. Fehlleistungen und Träume waren Ihnen als Phänomene nicht fremd; man konnte sagen, Sie besaßen ebensoviel Erfahrung wie ich oder hatten es leicht, sich ebensoviel Erfahrung zu verschaffen. Das Erscheinungsgebiet der Neurosen ist Ihnen aber fremd; insofern Sie nicht selbst Ärzte sind, haben Sie keinen anderen Zugang dahin als eben meine Mitteilungen, und was hilft das beste Urteil, wenn die Vertrautheit mit dem zu beurteilenden Material nicht mit dabei ist.

Fassen Sie aber meine Ankündigung nicht in der Weise auf, als ob ich dogmatische Vorträge halten und Ihren unbedingten Glauben heischen würde. Das Mißverständnis täte mir grob Unrecht. Ich will keine Überzeugungen erwecken – ich will Anregungen geben und Vorurteile erschüttern. Wenn Sie infolge materieller Unkenntnis nicht in der Lage sind zu urteilen, so sollen Sie weder glauben noch verwerfen. Sie sollen anhören und auf sich wirken lassen, was ich Ihnen erzähle. Überzeugungen erwirbt man sich nicht so leicht, oder wenn man so mühelos zu ihnen gekommen ist, erweisen sie sich bald als wertlos und widerstandsunfähig. Ein Anrecht auf Überzeugung hat erst derjenige, der ähnlich wie ich viele Jahre lang an demselben Material gearbeitet und dabei dieselben neuen und überraschenden Erfahrungen selbst erlebt hat. Wozu denn überhaupt auf intellektuellem Gebiet diese raschen Überzeugungen, blitzähnlichen Bekehrungen, momentanen Abstoßungen? Merken

Sie nicht, daß der »*coup de foudre*«, die Liebe auf den ersten Blick, von einem ganz verschiedenen, affektiven Gebiet hergenommen sind? Wir verlangen nicht einmal von unseren Patienten, daß sie eine Überzeugung oder Anhängerschaft an die Psychoanalyse mitbringen. Das macht sie uns oft verdächtig. Eine wohlwollende Skepsis ist uns die erwünschteste Einstellung bei ihnen. Versuchen Sie also auch, die psychoanalytische Auffassung neben der populären oder der psychiatrischen ruhig in sich aufwachsen zu lassen, bis sich die Gelegenheiten ergeben, bei denen die beiden sich beeinflussen, sich messen und sich zu einer Entscheidung vereinigen können.

Anderseits sollen Sie aber auch keinen Augenblick meinen, daß das, was ich Ihnen als psychoanalytische Auffassung vortrage, ein spekulatives System ist. Es ist vielmehr Erfahrung, entweder direkter Ausdruck der Beobachtung oder Ergebnis einer Verarbeitung derselben. Ob diese Verarbeitung auf zureichende und auf berechtigte Weise erfolgt ist, das wird sich im weiteren Fortschritt der Wissenschaft herausstellen, und zwar darf ich, nach Ablauf von fast zweieinhalb Dezennien und im Leben ziemlich weit vorgerückt[1], ohne Ruhmredigkeit behaupten, daß es besonders schwere, intensive und vertiefte Arbeit war, welche diese Beobachtungen geliefert hat. Ich habe oft den Eindruck empfangen, als ob unsere Gegner diese Herkunft unserer Behauptungen gar nicht in Rücksicht ziehen wollten, als meinten sie, es handle sich um nur subjektiv bestimmte Einfälle, denen ein anderer sein eigenes Belieben entgegensetzen kann. Ganz verständlich ist mir dieses gegnerische Benehmen nicht. Vielleicht kommt es daher, daß man sich als Arzt sonst so wenig mit den Nervösen einläßt, so unaufmerksam zuhört, was sie zu sagen haben, daß man sich der Möglichkeit entfremdet hat, aus ihren Mitteilungen etwas Wertvolles zu entnehmen, also an ihnen eingehende Beobachtungen zu machen. Ich verspreche Ihnen bei dieser Gelegenheit, daß ich im Verlaufe meiner Vorträge wenig polemisieren werde, am wenigsten mit einzelnen Personen. Ich habe mich von der Wahrheit des Satzes, daß der Streit der Vater aller Dinge sei, nicht überzeugen können. Ich glaube, er stammt von der griechischen Sophistik her und fehlt, wie diese, durch Überschätzung der Dialektik. Mir schien es im Gegenteil, als ob die sogenannte wissenschaftliche Polemik im ganzen recht unfruchtbar sei, abgesehen davon, daß sie fast immer höchst persönlich betrieben wird. Bis vor einigen Jahren konnte ich

---

[1] [Freud war damals etwa sechzig.]

auch von mir rühmen, daß ich nur mit einem einzigen Forscher (Löwenfeld in München) einmal einen regelrechten wissenschaftlichen Streit eingegangen bin[1]. Das Ende war, daß wir Freunde geworden und bis auf den heutigen Tag so geblieben sind. Aber ich habe den Versuch lange nicht wiederholt, weil ich des gleichen Ausganges nicht sicher war[2].

Sie werden nun gewiß urteilen, daß eine solche Ablehnung literarischer Diskussion einen besonders hohen Grad von Unzugänglichkeit gegen Einwürfe, von Eigensinn, oder wie man es in der liebenswürdigen wissenschaftlichen Umgangssprache ausdrückt, von »Verranntheit« bezeugt. Ich möchte Ihnen antworten, wenn Sie einmal eine Überzeugung mit so schwerer Arbeit erworben haben werden, wird Ihnen auch ein gewisses Recht zufallen, mit einiger Zähigkeit an dieser Überzeugung festzuhalten. Ich kann ferner geltend machen, daß ich im Laufe meiner Arbeiten meine Ansichten über einige wichtige Punkte modifiziert, geändert, durch neue ersetzt habe, wovon ich natürlich jedesmal öffentlich Mitteilung machte. Und der Erfolg dieser Aufrichtigkeit? Die einen haben von meinen Selbstkorrekturen überhaupt nicht Kenntnis genommen und kritisieren mich noch heute wegen Aufstellungen, die mir längst nicht mehr dasselbe bedeuten. Die anderen halten mir gerade diese Wandlungen vor und erklären mich darum für unzuverlässig. Nicht wahr, wer einige Male seine Ansichten geändert hat, der verdient überhaupt keinen Glauben, denn er legt es zu nahe, daß er sich auch mit seinen letzten Behauptungen geirrt haben kann? Wer aber an dem einmal Geäußerten unbeirrt festhält oder sich nicht rasch genug davon abbringen läßt, der heißt eigensinnig und verrannt. Was kann man angesichts dieser einander entgegengesetzten Einwirkungen der Kritik anderes tun als bleiben, wie man ist, und sich benehmen, wie das eigene Urteil es billigt? Dazu bin ich auch entschlossen, und ich lasse mich nicht abhalten, an all meinen Lehren zu modeln und zurechtzurücken, wie es meine fortschreitende Erfahrung erfordert. An den grundlegenden Einsichten habe ich bisher nichts zu ändern gefunden und hoffe, es wird auch weiterhin so bleiben[3].

---

[1] [Bei diesem Streit ging es um Freuds frühe Angsttheorien, die er in seiner ersten Arbeit über Angstneurose (1895 *b*) formuliert hatte.]

[2] [Die Passage enthält eine Anspielung auf Freuds noch nicht lange zurückliegende Kontroversen mit Adler und Jung.]

[3] [Der vielleicht wichtigste Wandel in Freuds Auffassungen bis zum Zeitpunkt der Niederschrift dieser Vorlesungen betraf seine Theorie von der rein traumatischen Verursachung der Neurosen. Er gab sie auf und betonte nun die Rolle der angeborenen Triebkräfte und den großen Einfluß der Phantasien. Danach sollten noch weitere entscheidende Veränderungen seiner Theorien, etwa seiner Ansichten über das Wesen der

Ich soll Ihnen also die psychoanalytische Auffassung der neurotischen Erscheinungen vorführen. Es liegt mir dabei nahe, an die bereits behandelten Phänomene anzuknüpfen, sowohl der Analogie als auch des Kontrastes wegen. Ich greife eine Symptomhandlung auf [S. 81], die ich viele Personen in meiner Sprechstunde begehen sehe. Mit den Leuten, die uns in der ärztlichen Ordination besuchen, um in einer Viertelstunde den Jammer ihres langen Lebens vor uns auszubreiten, weiß ja der Analytiker nicht viel anzufangen. Sein tieferes Wissen macht es ihm schwer, wie ein anderer Arzt das Gutachten von sich zu geben: Es fehlt ihnen nichts – und den Rat zu erteilen: Gebrauchen Sie eine leichte Wasserkur. Einer unserer Kollegen hat denn auch auf die Frage, was er mit seinen Ordinationspatienten anstelle, achselzuckend geantwortet: Er lege ihnen eine Mutwillensstrafe von soundsoviel Kronen auf. Es wird Sie also nicht verwundern zu hören, daß selbst bei beschäftigten Psychoanalytikern die Sprechstunde nicht sehr belebt zu sein pflegt. Ich habe die einfache Tür zwischen meinem Warte- und meinem Behandlungs- und Ordinationszimmer verdoppeln und durch einen Filzüberzug verstärken lassen. Die Absicht dieser kleinen Vorrichtung leidet ja keinen Zweifel. Nun geschieht es immer wieder, daß Personen, die ich aus dem Wartezimmer einlasse, es versäumen, die Türe hinter sich zu schließen, und zwar lassen sie fast immer beide Türen offen stehen. Sowie ich das bemerke, bestehe ich in ziemlich unfreundlichem Ton darauf, daß der oder die Eintretende zurückgehe, um das Versäumte nachzuholen, mag es auch ein eleganter Herr oder eine sehr geputzte Dame sein. Das macht den Eindruck von unangebrachter Pedanterie. Ich habe mich auch gelegentlich mit solcher Forderung blamiert, da es sich um Personen handelte, die selbst keine Türklinke anfassen können und es gern sehen, wenn ihre Begleitung ihnen diese Berührung erspart. Aber in der Überzahl der Fälle hatte ich recht, denn wer sich so benimmt, wer die Türe vom Wartezimmer zum Sprechzimmer des Arztes offen stehen läßt, der gehört zum Pöbel und verdient, unfreundlich empfangen zu werden. Nehmen Sie jetzt nicht Partei, ehe Sie auch das Weitere angehört haben. Diese Nachlässigkeit des Patienten ereignet sich nämlich nur dann, wenn er sich allein im Wartezimmer befunden hat und also ein leeres Zimmer hinter

---

Angst und über die sexuelle Entwicklung der Frau, folgen. Vor allem aber nahm Freud später eine Revision seiner Trieblehre vor und führte ein neues Strukturmodell der Seele ein. Alle diese neuen Einsichten sind in der *Neuen Folge der Vorlesungen* dargestellt.]

sich zurückläßt, niemals wenn andere, Fremde, mit ihm gewartet haben. In diesem letzteren Falle versteht er sehr wohl, daß es in seinem Interesse liegt, nicht belauscht zu werden, während er mit dem Arzt spricht, und versäumt es nie, beide Türen sorgfältig zu schließen.

So determiniert, ist das Versäumnis des Patienten weder zufällig noch sinnlos, ja nicht einmal unwichtig, denn wir werden sehen, es beleuchtet das Verhältnis des Eintretenden zum Arzt. Der Patient ist von der großen Menge jener, die weltliche Autorität verlangen, die geblendet, eingeschüchtert werden wollen. Er hat vielleicht durchs Telephon anfragen lassen, um welche Zeit er am leichtesten vorkommen kann, er hat sich auf ein Gedränge von Hilfesuchenden gefaßt gemacht, etwa wie vor einer Filiale von Julius Meinl[1]. Nun tritt er in einen leeren, überdies höchst bescheiden ausgestatteten Warteraum und ist erschüttert. Er muß es den Arzt entgelten lassen, daß er ihm einen so überflüssigen Aufwand von Respekt entgegenbringen wollte, und da – unterläßt er es, die Türe zwischen Warte- und Ordinationszimmer zu schließen. Er will dem Arzt damit sagen: Ach, hier ist ja niemand und wahrscheinlich wird auch, so lange ich hier bin, niemand kommen. Er würde sich auch während der Besprechung ganz unmanierlich und respektlos benehmen, wenn man seine Überhebung nicht gleich anfangs durch eine scharfe Zurechtweisung eindämmen würde.

Sie finden an der Analyse dieser kleinen Symptomhandlung nichts, was Ihnen nicht bereits bekannt wäre: Die Behauptung, daß sie nicht zufällig ist, sondern ein Motiv hat, einen Sinn und eine Absicht, daß sie in einen angebbaren seelischen Zusammenhang gehört und daß sie als ein kleines Anzeichen von einem wichtigeren seelischen Vorgang Kunde gibt. Vor allem anderen aber, daß dieser so angezeigte Vorgang dem Bewußtsein dessen, der ihr vollzieht, unbekannt ist, denn keiner der Patienten, welche die beiden Türen offen gelassen haben, würde zugeben können, daß er mir durch dieses Versäumnis seine Geringschätzung bezeugen wollte. Auf eine Regung von Enttäuschung beim Betreten des leeren Wartezimmers würde sich wahrscheinlich mancher besinnen, aber der Zusammenhang zwischen diesem Eindruck und der darauffolgenden Symptomhandlung ist seinem Bewußtsein sicherlich unerkannt geblieben.

Nun wollen wir dieser kleinen Analyse einer Symptomhandlung eine Beobachtung an einer Kranken an die Seite stellen. Ich wähle eine

[1] [Österreichische Kettenläden für Lebensmittel, vor denen in der Kriegszeit Käuferschlangen standen.]

solche, die mir in frischer Erinnerung ist, auch darum, weil sie sich verhältnismäßig kurz darstellen läßt. Ein gewisses Maß von Ausführlichkeit ist bei jeder solchen Mitteilung unerläßlich.

Ein auf kurzen Urlaub heimgekehrter junger Offizier bittet mich, seine Schwiegermutter in Behandlung zu nehmen, die in den glücklichsten Verhältnissen sich und den Ihrigen das Leben durch eine unsinnige Idee vergällt. Ich lerne eine 53jährige, wohlerhaltene Dame von freundlichem, einfachem Wesen kennen, die ohne Widerstreben folgenden Bericht gibt. Sie lebt in glücklichster Ehe auf dem Lande mit ihrem Manne, der eine große Fabrik leitet. Sie weiß die liebenswürdige Sorgfalt ihres Mannes nicht genug zu loben. Liebesheirat vor 30 Jahren, seither nie eine Trübung, Zwist oder Anlaß zur Eifersucht. Ihre beiden Kinder gut verheiratet, der Mann und Vater will sich aus Pflichtgefühl noch nicht zur Ruhe setzen. Vor einem Jahre ereignete sich das Unglaubliche, ihr selbst Unverständliche, daß sie einem anonymen Briefe, welcher ihren ausgezeichneten Mann des Liebesverhältnisses mit einem jungen Mädchen bezichtigte, sofortigen Glauben schenkte, und seither ist ihr Glück zerstört. Der nähere Hergang war etwa der folgende: sie hatte ein Stubenmädchen, mit dem sie vielleicht zu oft Intimes besprach. Dieses Mädchen verfolgte ein anderes mit einer geradezu gehässigen Feindschaft, weil diese es im Leben soviel weiter gebracht hatte, obwohl sie von nicht besserer Herkunft war. Anstatt Dienst anzunehmen, hatte das Mädchen sich eine kommerzielle Ausbildung verschafft, war in die Fabrik eingetreten und infolge des Personalmangels durch die Einberufungen von Beamten zu einer guten Stellung vorgerückt. Sie wohnte jetzt in der Fabrik selbst, verkehrte mit allen Herren und hieß sogar Fräulein. Die im Leben Zurückgebliebene war natürlich bereit, der ehemaligen Schulkameradin alles mögliche Böse nachzusagen. Eines Tages unterhielt sich unsere Dame mit dem Stubenmädchen über einen alten Herrn, der zu Gast gewesen war, von dem man wußte, daß er nicht mit seiner Frau lebte, sondern ein Verhältnis mit einer anderen unterhielt. Sie weiß nicht, wie es kam, daß sie plötzlich äußerte: Für mich wäre es das Schrecklichste, wenn ich erfahren würde, daß mein guter Mann auch ein Verhältnis hat. Am nächsten Tage erhielt sie von der Post einen anonymen Brief, der ihr in verstellter Schrift diese gleichsam heraufbeschworene Mitteilung machte. Sie schloß – wahrscheinlich mit Recht –, daß der Brief das Werk ihres bösen Stubenmädchens sei, denn als Geliebte des Mannes war eben jenes Fräulein bezeichnet, das die Dienerin mit ihrem Haß verfolgte. Aber obwohl sie die Intrige sofort durchschaute und an ihrem Wohnorte Beispiele genug erlebt hatte, wie wenig Glauben solche feige Denunziationen verdienten, geschah es, daß jener Brief sie augenblicklich niederwarf. Sie geriet in eine schreckliche Aufregung und schickte sofort um ihren Mann, um ihm die heftigsten Vorwürfe zu machen. Der Mann wies die Beschuldigung lachend ab und tat das Beste, was zu tun war. Er ließ den Haus- und Fabrikarzt kommen, der sein Bemühen dazutat, um die unglückliche Frau zu beruhigen. Auch das weitere Vorgehen der beiden war durchaus verständig. Das Stubenmädchen wurde entlassen, die angebliche Nebenbuhlerin aber nicht. Seither will sich die Kranke wiederholt soweit beruhigt haben, daß sie an den Inhalt des anonymen Briefes nicht mehr glaubte, aber nie gründlich und nie für lange Zeit. Es reichte hin, den Namen des Fräuleins aussprechen zu hören oder ihr auf der Straße zu begegnen, um einen neuen Anfall von Mißtrauen, Schmerz und Vorwürfen bei ihr auszulösen.

Das ist nun die Krankengeschichte dieser braven Frau. Es gehörte nicht viel psychiatrische Erfahrung dazu, um zu verstehen, daß sie im Gegensatz zu anderen Nervösen ihren Fall eher zu milde darstellte, also wie wir sagen: dissimulierte, und daß sie den Glauben an die Beschuldigung des anonymen Briefes eigentlich niemals überwunden hatte.

Welche Stellung nimmt nun der Psychiater zu einem solchen Krankheitsfalle ein? Wie er sich gegen die Symptomhandlung[1] des Patienten benehmen würde, der die Türen zum Wartezimmer nicht schließt, das wissen wir bereits. Er erklärt sie für eine Zufälligkeit ohne psychologisches Interesse, die ihn weiter nichts angeht. Aber dies Verhalten läßt sich auf den Krankheitsfall der eifersüchtigen Frau nicht fortsetzen. Die Symptomhandlung scheint etwas Gleichgültiges zu sein, das Symptom aber drängt sich als etwas Bedeutsames auf. Es ist mit intensivem subjektiven Leiden verbunden, es bedroht objektiv das Zusammenleben einer Familie; es ist also ein unabweisbarer Gegenstand des psychiatrischen Interesses. Der Psychiater versucht zunächst das Symptom durch eine wesentliche Eigenschaft zu charakterisieren. Die Idee, mit welcher diese Frau sich quält, ist nicht an sich unsinnig zu nennen; es kommt ja vor, daß ältere Ehemänner Liebesbeziehungen zu jungen Mädchen unterhalten. Aber etwas anderes daran ist unsinnig und unbegreiflich. Die Patientin hat gar keinen anderen Grund daran zu glauben, daß ihr

---

[1] [»Symptombehandlung« in *G. W.*, Bd. 11. Offensichtlich ein Druckfehler.]

zärtlicher und treuer Gatte zu dieser sonst nicht so seltenen Kategorie von Ehemännern gehört, als die Behauptung des anonymen Briefes. Sie weiß, daß diesem Schriftstück keine Beweiskraft zukommt, sie kann sich dessen Herkunft befriedigend aufklären; sie sollte sich also sagen können, daß sie gar keinen Grund für ihre Eifersucht hat, sie sagt es sich auch, aber sie leidet trotzdem ebenso, als ob sie diese Eifersucht als vollberechtigt anerkennen würde. Ideen dieser Art, die logischen und aus der Realität geschöpften Argumenten unzugänglich sind, ist man übereingekommen, *Wahnideen* zu heißen. Die gute Dame leidet also an *Eifersuchtswahn.* Das ist wohl die wesentliche Charakteristik dieses Krankheitsfalles.

Nach dieser ersten Feststellung wird unser psychiatrisches Interesse sich noch lebhafter regen wollen. Wenn eine Wahnidee durch den Bezug auf die Realität nicht abzutun ist, so wird sie wohl auch nicht aus der Realität stammen. Woher stammt sie sonst? Es gibt Wahnideen des verschiedenartigsten Inhaltes; warum ist der Inhalt des Wahnes in unserem Falle gerade Eifersucht? Bei welchen Personen bilden sich Wahnideen oder besonders Wahnideen der Eifersucht? Hier möchten wir nun dem Psychiater lauschen, aber hier läßt er uns im Stiche. Er geht überhaupt nur auf eine einzige unserer Fragestellungen ein. Er wird in der Familiengeschichte dieser Frau nachforschen und uns *vielleicht* die Antwort bringen: Wahnideen kommen bei solchen Personen vor, in deren Familien ähnliche und andere psychische Störungen wiederholt vorgekommen sind. Mit anderen Worten, wenn diese Frau eine Wahnidee entwickelt hat, so war sie durch erbliche Übertragung dazu disponiert. Das ist gewiß etwas, aber ist das alles, was wir wissen wollen? Alles, was zur Verursachung dieses Krankheitsfalles mitgewirkt hat? Sollten wir uns damit begnügen anzunehmen, daß es gleichgültig, willkürlich oder unerklärlich ist, wenn sich ein Eifersuchtswahn entwickelt hat an Stelle irgendeines anderen? Und dürfen wir den Satz, der die Vorherrschaft des erblichen Einflusses verkündet, auch im negativen Sinne dahin verstehen, es sei gleichgültig, welche Erlebnisse an diese Seele herangetreten sind, sie war dazu bestimmt, irgendeinmal einen Wahn zu produzieren? Sie werden wissen wollen, warum uns die wissenschaftliche Psychiatrie keine weiteren Aufschlüsse geben will. Aber ich antworte Ihnen: Ein Schelm, wer mehr gibt, als er hat. Der Psychiater kennt eben keinen Weg, der in der Aufklärung eines solchen Falles weiterführt. Er muß sich mit der Diagnose und einer trotz reichlicher Erfahrung unsicheren Prognose des weiteren Verlaufes begnügen.

Kann aber die Psychoanalyse hier mehr leisten? Ja doch; ich hoffe Ihnen zu zeigen, daß sie selbst in einem so schwer zugänglichen Falle etwas aufzudecken vermag, was das nächste Verständnis ermöglicht. Zunächst bitte ich Sie, das unscheinbare Detail zu beachten, daß die Patientin den anonymen Brief, der nun ihre Wahnidee stützt, geradezu provoziert hat, indem sie tags zuvor gegen das intrigante Mädchen die Äußerung tat, es wäre ihr größtes Unglück, wenn ihr Mann ein Liebesverhältnis mit einem jungen Mädchen hätte. Dadurch brachte sie das Dienstmädchen erst auf die Idee, ihr den anonymen Brief zu schicken. Die Wahnidee gewinnt so eine gewisse Unabhängigkeit von dem Briefe; sie ist schon vorher als Befürchtung – oder als Wunsch? – in der Kranken vorhanden gewesen. Nehmen Sie nun weiter hinzu, was nur zwei Stunden Analyse an weiteren kleinen Anzeichen ergeben haben. Die Patientin verhielt sich zwar sehr ablehnend, als sie aufgefordert wurde, nach der Erzählung ihrer Geschichte ihre weiteren Gedanken, Einfälle und Erinnerungen mitzuteilen. Sie behauptete, es fiele ihr nichts ein, sie habe schon alles gesagt, und nach zwei Stunden mußte der Versuch mit ihr wirklich abgebrochen werden, weil sie verkündet hatte, sie fühle sich bereits gesund und sei sicher, daß die krankhafte Idee nicht wiederkommen werde. Das sagte sie natürlich nur aus Widerstand und aus Angst vor der Fortsetzung der Analyse. Aber in diesen zwei Stunden hatte sie doch einige Bemerkungen fallenlassen, die eine bestimmte Deutung gestatteten, ja unabweisbar machten, und diese Deutung wirft ein helles Licht auf die Genese ihres Eifersuchtswahnes. Es bestand bei ihr selbst eine intensive Verliebtheit in einen jungen Mann, in denselben Schwiegersohn, auf dessen Drängen sie mich als Patientin aufgesucht hatte. Von dieser Verliebtheit wußte sie nichts oder vielleicht nur sehr wenig; bei dem bestehenden Verwandtschaftsverhältnis hatte diese verliebte Neigung es leicht, sich als harmlose Zärtlichkeit zu maskieren. Nach all unseren sonstigen Erfahrungen wird es uns nicht schwer, uns in das Seelenleben dieser anständigen Frau und braven Mutter von 53 Jahren einzufühlen. Eine solche Verliebtheit konnte als etwas Ungeheuerliches, Unmögliches nicht bewußt werden; sie blieb aber bestehen und übte als unbewußte einen schweren Druck aus. Irgend etwas mußte mit ihr geschehen, irgendeine Abhilfe gesucht werden, und die nächste Linderung bot wohl der Verschiebungsmechanismus, der an der Entstehung der wahnhaften Eifersucht so regelmäßig Anteil hat. Wenn nicht nur sie alte Frau in einen jungen Mann verliebt war, sondern auch ihr alter Mann ein Liebesverhältnis mit einem jungen Mädchen unterhielt, dann war sie ja vom Gewissensdruck der Untreue entlastet. Die Phantasie von der Untreue des Mannes war also ein kühlendes Pflaster auf ihre brennende Wunde. Ihre eigene Liebe war ihr nicht bewußt geworden, aber die Spiegelung derselben, die ihr solche Vorteile brachte, wurde nun zwangsartig, wahnhaft, bewußt. Alle Argumente dagegen konnten natürlich nichts fruchten, denn sie richteten sich nur gegen das Spiegel-, nicht gegen das Urbild, dem jenes seine Stärke verdankte und das unantastbar im Unbewußten geborgen lag.

Stellen wir nun zusammen, was eine kurze und erschwerte psychoanalytische Bemühung zum Verständnis dieses Krankheitsfalles gebracht hat. Vorausgesetzt natürlich, daß unsere Ermittlungen korrekt zustande gekommen sind, was ich hier Ihrem Urteil nicht unterwerfen kann. Fürs erste: Die Wahnidee ist nichts Unsinniges oder Unverständliches mehr, sie ist sinnreich, gut motiviert, gehört in den Zusammenhang eines affektvollen Erlebnisses der Kranken. Zweitens: Sie ist notwendig als Reaktion auf einen aus anderen Anzeichen erratenen unbewußten seelischen Vorgang und verdankt gerade dieser Beziehung ihren wahnhaften Charakter, ihre Resistenz gegen logische und reale Angriffe. Sie ist selbst etwas Erwünschtes, eine Art von Tröstung. Drittens: Es ist durch das Erlebnis hinter der Erkrankung unzweideutig bestimmt, daß es gerade eine eifersüchtige Wahnidee wurde und keine andere. Sie erinnern sich doch, daß sie tags zuvor gegen das intrigante Mädchen die Äußerung tat, es wäre ihr das Schrecklichste, wenn ihr Mann ihr untreu würde. Sie übersehen auch nicht die beiden wichtigen Analogien mit der von uns analysierten Symptomhandlung in der Aufklärung des Sinnes oder der Absicht und in der Beziehung auf ein in der Situation gegebenes Unbewußtes.

Natürlich sind damit nicht alle Fragen beantwortet, die wir aus Anlaß dieses Falles stellen durften. Der Krankheitsfall starrt vielmehr von weiteren Problemen, solchen, die überhaupt noch nicht lösbar geworden sind, und anderen, die sich wegen der Ungunst der besonderen Verhältnisse nicht lösen ließen. Z. B. warum erliegt diese in glücklicher Ehe lebende Frau einer Verliebtheit in ihren Schwiegersohn, und warum erfolgt die Erleichterung, die auch auf andere Weise möglich wäre, in der Form einer solchen Spiegelung, einer Projektion ihres eigenen Zustandes auf ihren Mann? Glauben Sie nicht, daß es müßig und mutwillig ist, solche Fragen aufzuwerfen. Es steht uns bereits manches Material für eine mögliche Beantwortung derselben zu Gebote. Die Frau befindet sich in dem kritischen Alter, das dem weiblichen Sexualbedürfnis eine unerwünschte plötzliche Steigerung bringt; das mag für sich allein hinreichen. Oder es mag hinzukommen, daß ihr guter und treuer Ehemann seit manchen Jahren nicht mehr im Besitze jener sexuellen Leistungsfähigkeit ist, deren die wohlerhaltene Frau zu ihrer Befriedigung bedürfte. Die Erfahrung hat uns darauf aufmerksam gemacht, daß gerade solche Männer, deren Treue dann selbstverständlich ist, sich durch besondere Zartheit in der Behandlung ihrer Frauen und durch ungewöhnliche Nachsicht mit deren nervösen Beschwerden auszeichnen. Oder es ist weiters nicht gleichgültig, daß es gerade der junge Ehemann einer Tochter ist, welcher zum Objekt dieser pathogenen Verliebtheit wurde. Eine starke erotische Bindung an die Tochter, die im letzten Grunde auf die Sexualkonstitution der Mutter zurückführt, findet oft den Weg dazu, sich in solcher Umwandlung fortzusetzen. Ich darf Sie vielleicht in diesem Zusammenhange daran erinnern, daß das Verhältnis zwischen Schwiegermutter und Schwiegersohn den Menschen von jeher als ein besonders heikles gegolten und bei den Primitiven Anlaß zu sehr mächtigen Tabuvorschriften und »Vermeidungen« gegeben hat[1]. Es geht häufig nach der positiven wie nach der negativen Seite über das kulturell erwünschte Maß hinaus. Welches dieser drei Momente nun in unserem Falle zur Wirkung gekommen ist, ob zwei davon, ob sie alle zusammengetroffen sind, das kann ich Ihnen freilich nicht sagen, aber nur darum nicht, weil es mir nicht gestattet war, die Analyse des Falles über die zweite Stunde hinaus fortzusetzen.

Ich merke jetzt, meine Herren, daß ich von lauter Dingen gesprochen habe, für die Ihr Verständnis noch nicht vorbereitet ist. Ich tat es, um die Vergleichung der Psychiatrie mit der Psychoanalyse durchzuführen. Aber eines darf ich Sie jetzt fragen: Haben Sie irgend etwas von einem Widerspruch zwischen den beiden bemerkt? Die Psychiatrie wendet die technischen Methoden der Psychoanalyse nicht an, sie unterläßt es, etwas an den Inhalt der Wahnidee anzuknüpfen, und sie gibt uns im Hinweis auf die Heredität eine sehr allgemeine und entfernte Ätiologie, anstatt zuerst die speziellere und näherliegende Verursachung aufzuzeigen. Aber liegt darin ein Widerspruch, ein Gegensatz? Ist's nicht vielmehr eine Vervollständigung? Widerspricht denn das hereditäre Moment der Bedeutung des Erlebnisses, setzen sich nicht vielmehr beide in der wirksamsten Weise zusammen? Sie werden mir zugeben, daß im Wesen

[1] Vgl. *Totem und Tabu* [(1912–13), gegen Ende des ersten Aufsatzes].

der psychiatrischen Arbeit nichts liegt, was sich gegen die psychoanalytische Forschung sträuben könnte. Die Psychiater sind's also, die sich der Psychoanalyse widersetzen, nicht die Psychiatrie. Die Psychoanalyse verhält sich zur Psychiatrie etwa wie die Histologie zur Anatomie; die eine studiert die äußeren Formen der Organe, die andere den Aufbau derselben aus den Geweben und Elementarteilchen. Ein Widerspruch zwischen diesen beiden Arten des Studiums, von denen das eine das andere fortsetzt, ist nicht gut denkbar. Sie wissen, die Anatomie gilt uns heute als die Grundlage einer wissenschaftlichen Medizin, aber es gab eine Zeit, in der es ebenso verboten war, menschliche Leichen zu zerlegen, um den inneren Bau des Körpers kennenzulernen, wie es heute verpönt erscheint, Psychoanalyse zu üben, um das innere Getriebe des Seelenlebens zu erkunden. Und voraussichtlich bringt uns eine nicht zu ferne Zeit die Einsicht, daß eine wissenschaftlich vertiefte Psychiatrie nicht möglich ist ohne eine gute Kenntnis der tieferliegenden, der unbewußten Vorgänge im Seelenleben.

Vielleicht hat nun die viel befehdete Psychoanalyse auch Freunde unter Ihnen, welche es gern sehen, wenn sie sich auch von anderer, von der therapeutischen Seite her rechtfertigen ließe. Sie wissen, daß unsere bisherige psychiatrische Therapie Wahnideen nicht zu beeinflussen vermag. Kann es vielleicht die Psychoanalyse dank ihrer Einsicht in den Mechanismus dieser Symptome? Nein, meine Herren, sie kann es nicht; sie ist gegen diese Leiden – vorläufig wenigstens – ebenso ohnmächtig wie jede andere Therapie. Wir können zwar verstehen, was in dem Kranken vor sich gegangen ist, aber wir haben kein Mittel, um es den Kranken selbst verstehen zu machen. Sie haben ja gehört, daß ich die Analyse dieser Wahnidee nicht über die ersten Ansätze hinaus fördern konnte. Werden Sie darum behaupten wollen, daß die Analyse solcher Fälle verwerflich ist, weil sie unfruchtbar bleibt? Ich glaube doch nicht. Wir haben das Recht, ja die Pflicht, die Forschung ohne Rücksicht auf einen unmittelbaren Nutzeffekt zu betreiben. Am Ende – wir wissen nicht, wo und wann – wird sich jedes Stückchen Wissen in Können umsetzen, auch in therapeutisches Können. Zeigte sich die Psychoanalyse bei allen anderen Formen nervöser und psychischer Erkrankung ebenso erfolglos wie bei den Wahnideen, so bliebe sie doch als unersetzliches Mittel der wissenschaftlichen Forschung voll gerechtfertigt. Wir würden dann allerdings nicht in die Lage kommen, sie auszuüben; das Menschenmaterial, an dem wir lernen wollen, das lebt, seinen eigenen Willen hat und seiner Motive bedarf, um bei der Arbeit mitzutun, würde sich uns verweigern. Lassen Sie mich darum für heute mit der Mitteilung schließen, daß es umfassende Gruppen von nervösen Störungen gibt, bei denen sich die Umsetzung unseres besseren Verstehens in therapeutisches Können tatsächlich erwiesen hat, und daß wir bei diesen sonst schwer zugänglichen Erkrankungen unter gewissen Bedingungen Erfolge erzielen, die hinter keinen anderen auf dem Gebiete der internen Therapie zurückstehen[1].

[1] [Die Psychoanalyse als psychotherapeutische Behandlungsmethode wird in der 28. Vorlesung erörtert.]

17. VORLESUNG

DER SINN DER SYMPTOME

Meine Damen und Herren! Ich habe Ihnen im vorigen Vortrag auseinandergesetzt, daß die klinische Psychiatrie sich um die Erscheinungsform und den Inhalt des einzelnen Symptoms wenig bekümmert, daß aber die Psychoanalyse gerade hier angesetzt und zunächst festgestellt hat, das Symptom sei sinnreich und hänge mit dem Erleben des Kranken zusammen. Der Sinn der neurotischen Symptome ist zuerst von J. Breuer aufgedeckt worden durch das Studium und die glückliche Herstellung eines seither berühmt gewordenen Falles von Hysterie (1880–82). Es ist richtig, daß P[ierre] Janet unabhängig denselben Nachweis erbracht hat; dem französischen Forscher gebührt sogar die literarische Priorität, denn Breuer hat seine Beobachtung erst mehr als ein Dezennium später (1893–95) während der Mitarbeiterschaft mit mir veröffentlicht. Es mag uns übrigens ziemlich gleichgültig sein, von wem diese Entdeckung herrührt, denn Sie wissen, jede Entdeckung wird mehr als einmal gemacht, und keine wird auf einmal gemacht, und der Erfolg geht ohnedies nicht mit dem Verdienst. Amerika heißt nicht nach Kolumbus. Vor Breuer und Janet hat der große Psychiater Leuret[1] die Meinung ausgesprochen, selbst die Delirien der Geisteskranken müßten sich als sinnvoll erkennen lassen, wenn wir erst verstünden, sie zu übersetzen. Ich gestehe, daß ich lange Zeit bereit war, das Verdienst P. Janets an der Aufklärung der neurotischen Symptome sehr hoch anzuschlagen, weil er sie als Äußerungen von *idées inconscientes* auffaßte, welche die Kranken beherrschten. Aber Janet hat sich seitdem in übergroßer Zurückhaltung so geäußert, als ob er bekennen wollte, daß das Unbewußte für ihn weiter nichts gewesen sei als eine Redensart, ein Behelf, *une façon de parler;* er habe an nichts Reales dabei gedacht. [Vgl. Janet, 1913.] Seither verstehe ich Janets Ausführungen nicht mehr, ich meine aber, daß er sich überflüssigerweise um viel Verdienst geschädigt hat.

Die neurotischen Symptome haben also ihren Sinn wie die Fehlleistungen, wie die Träume und so wie diese ihren Zusammenhang mit dem

[1] [François Leuret (1797–1851). (Leuret, 1834, 131.)]

Leben der Personen, die sie zeigen. Ich möchte Ihnen nun diese wichtige Einsicht durch einige Beispiele näherbringen. Daß es immer und in allen Fällen so ist, kann ich ja nur behaupten, nicht beweisen. Wer selbst Erfahrungen sucht, wird sich davon die Überzeugung verschaffen. Ich werde aber diese Beispiele aus gewissen Motiven nicht der Hysterie entnehmen, sondern einer anderen, höchst merkwürdigen, ihr im Grunde sehr nahestehenden Neurose, von der ich Ihnen einige einleitende Worte zu sagen habe. Diese, die sogenannte Zwangsneurose, ist nicht so populär wie die allbekannte Hysterie; sie ist, wenn ich mich so ausdrücken darf, nicht so aufdringlich lärmend, benimmt sich mehr wie eine Privatangelegenheit des Kranken, verzichtet fast völlig auf Erscheinungen am Körper und schafft alle ihre Symptome auf seelischem Gebiet. Die Zwangsneurose und die Hysterie sind diejenigen Formen neurotischer Erkrankung, auf deren Studium die Psychoanalyse zunächst aufgebaut wurde, in deren Behandlung unsere Therapie auch ihre Triumphe feiert. Aber die Zwangsneurose, welcher jener rätselhafte Sprung aus dem Seelischen ins Körperliche abgeht, ist uns durch die psychoanalytische Bemühung eigentlich durchsichtiger und heimlicher geworden als die Hysterie, und wir haben erkannt, daß sie gewisse extreme Charaktere der Neurotik weit greller zur Erscheinung bringt.

Die Zwangsneurose äußert sich darin, daß die Kranken von Gedanken beschäftigt werden, für die sie sich eigentlich nicht interessieren, Impulse in sich verspüren, die ihnen sehr fremdartig vorkommen, und zu Handlungen veranlaßt werden, deren Ausführung ihnen zwar kein Vergnügen bereitet, deren Unterlassung ihnen aber ganz unmöglich ist. Die Gedanken (Zwangsvorstellungen) können an sich unsinnig sein oder auch nur für das Individuum gleichgültig, oft sind sie ganz und gar läppisch, in allen Fällen sind sie der Ausgang einer angestrengten Denktätigkeit, die den Kranken erschöpft und der er sich nur sehr ungern hingibt. Er muß gegen seinen Willen grübeln und spekulieren, als ob es sich um seine wichtigsten Lebensaufgaben handelte. Die Impulse, die der Kranke in sich verspürt, können gleichfalls einen kindischen und unsinnigen Eindruck machen, meist haben sie aber den schreckhaftesten Inhalt wie Versuchungen zu schweren Verbrechen, so daß der Kranke sie nicht nur als fremd verleugnet, sondern entsetzt vor ihnen flieht und sich durch Verbote, Verzichte und Einschränkungen seiner Freiheit vor ihrer Ausführung schützt. Dabei dringen sie niemals, aber wirklich kein einziges Mal, zur Ausführung durch; der Erfolg ist immer, daß die Flucht und die Vorsicht siegen. Was der Kranke wirklich ausführt, die sogenannten Zwangshandlungen, das sind sehr harmlose, sicherlich geringfügige Dinge, meist Wiederholungen, zeremoniöse Verzierungen an Tätigkeiten des gewöhnlichen Lebens, wodurch aber diese notwendigen Verrichtungen, das Zubettegehen, das Waschen, Toilettemachen, Spazierengehen zu höchst langwierigen und kaum lösbaren Aufgaben werden. Die krankhaften Vorstellungen, Impulse und Handlungen sind in den einzelnen Formen und Fällen der Zwangsneurose keineswegs zu gleichen Anteilen vermengt; vielmehr ist es Regel, daß das eine oder das andere dieser Momente das Bild beherrscht und der Krankheit den Namen gibt, aber das Gemeinsame all dieser Formen ist unverkennbar genug.

Das ist doch gewiß ein tolles Leiden. Ich glaube, der ausschweifendsten psychiatrischen Phantasie wäre es nicht gelungen, etwas dergleichen zu konstruieren, und wenn man es nicht alle Tage vor sich sehen könnte, würde man sich nicht entschließen, daran zu glauben. Nun denken Sie aber nicht, daß Sie dem Kranken etwas leisten, wenn Sie ihm zureden, sich abzulenken, sich nicht mit diesen dummen Gedanken zu beschäftigen und an Stelle seiner Spielereien etwas Vernünftiges zu tun. Das möchte er selbst, denn er ist vollkommen klar, teilt Ihr Urteil über seine Zwangssymptome, ja er trägt es Ihnen entgegen. Er kann nur nicht anders; was sich bei der Zwangsneurose zur Tat durchsetzt, das wird von einer Energie getragen, für die uns wahrscheinlich der Vergleich aus dem normalen Seelenleben abgeht. Er kann nur eines: verschieben, vertauschen, anstatt der einen dummen Idee eine andere, irgendwie abgeschwächte setzen, von einer Vorsicht oder Verbot zu einem anderen fortschreiten, anstatt des einen Zeremoniells ein anderes ausführen. Er kann den Zwang verschieben, aber nicht aufheben. Die Verschiebbarkeit aller Symptome, weit von ihrer ursprünglichen Gestaltung weg, ist ein Hauptcharakter seiner Krankheit; außerdem fällt es auf, daß die Gegensätze (Polaritäten), von denen das Seelenleben durchzogen ist [vgl. S. 298], in seinem Zustand besonders scharf gesondert hervortreten. Neben dem Zwang mit positivem und negativem Inhalt macht sich auf intellektuellem Gebiet der Zweifel geltend, der allmählich auch das für gewöhnlich Gesichertste annagt. Das Ganze läuft in eine immer mehr zunehmende Unentschlossenheit, Energielosigkeit, Freiheitsbeschränkung aus. Dabei ist der Zwangsneurotiker ursprünglich ein sehr energisch angelegter Charakter gewesen, oft von außerordentlichem Eigensinn, in der Regel über das durchschnittliche Maß intellektuell begabt. Er hat es zumeist zu einer erfreulichen Höhe der ethischen Entwicklung gebracht, zeigt sich übergewissenhaft, mehr als gewöhnlich korrekt. Sie können sich denken, daß ein tüchtiges Stück Arbeit dazugehört, bis man sich in diesem widerspruchsvollen Ensemble von Charaktereigenschaften und Krankheitssymptomen halbwegs zurechtgefunden hat. Wir streben auch vorläufig gar nichts anderes an, als einige Symptome dieser Krankheit zu verstehen, deuten zu können.

Vielleicht wollen Sie im Hinblick auf unsere Besprechungen vorher wissen, wie sich die gegenwärtige Psychiatrie zu den Problemen der Zwangsneurose verhält. Das ist aber ein armseliges Kapitel. Die Psychiatrie gibt den verschiedenen Zwängen Namen, sagt sonst weiter nichts über sie. Dafür betont sie, daß die Träger solcher Symptome »Degenerierte« sind. Das ist wenig Befriedigung, eigentlich ein Werturteil, eine Verurteilung anstatt einer Erklärung. Wir sollen uns etwa denken, bei Leuten, die aus der Art geschlagen sind, kämen eben alle möglichen Sonderbarkeiten vor. Nun glauben wir ja, daß Personen, die solche Symptome entwickeln, von Natur aus etwas anders sein müssen als andere Menschen. Aber wir möchten fragen: Sind sie mehr »degeneriert« als andere Nervöse, z. B. die Hysteriker oder als die an Psychosen Erkrankenden? Die Charakteristik ist offenbar wieder zu allgemein. Ja man kann bezweifeln, ob sie auch nur berechtigt ist, wenn man erfährt, daß solche Symptome auch bei ausgezeichneten Menschen von besonders hoher und für die Allgemeinheit bedeutsamer Leistungsfähigkeit vorkommen. Für gewöhnlich erfahren wir ja, dank ihrer eigenen Diskretion und der Verlogenheit ihrer Biographen von unseren vorbildlich großen Männern wenig Intimes, aber es kommt doch vor, daß einer ein Wahrheitsfanatiker ist wie Émile Zola, und dann hören wir von ihm, an wieviel sonderbaren Zwangsgewohnheiten er sein Leben über gelitten hat[1].

Die Psychiatrie hat sich da die Auskunft geschaffen, von *Dégénérés supérieurs* zu sprechen. Schön – aber durch die Psychoanalyse haben wir die Erfahrung gemacht, daß man diese sonderbaren Zwangssymptome wie andere Leiden und wie bei anderen nicht degenerierten Menschen dauernd beseitigen kann. Mir selbst ist solches wiederholt gelungen.

Ich will Ihnen nur zwei Beispiele von Analyse eines Zwangssymptoms mitteilen, eines aus alter Beobachtung, das ich durch kein schöneres zu ersetzen weiß, und ein kürzlich gewonnenes. Ich beschränke mich auf eine so geringe Anzahl, weil man bei einer solchen Mitteilung sehr weitläufig werden, in alle Einzelheiten eingehen muß.

[1] E. Toulouse, *Emile Zola, enquête médico-psychologique*, Paris 1896.

Eine nahe an 30 Jahre alte Dame, die an den schwersten Zwangserscheinungen litt und der ich vielleicht geholfen hätte, wenn ein tückischer Zufall nicht meine Arbeit zunichte gemacht hätte – vielleicht erzähle ich Ihnen noch davon –, führte unter anderen folgende merkwürdige Zwangshandlung vielmals am Tage aus. Sie lief aus ihrem Zimmer in ein anderes nebenan, stellte sich dort an eine bestimmte Stelle bei dem in der Mitte stehenden Tisch hin, schellte ihrem Stubenmädchen, gab ihr einen gleichgültigen Auftrag oder entließ sie auch ohne solchen und lief dann wieder zurück. Das war nun gewiß kein schweres Leidenssymptom, aber es durfte doch die Wißbegierde reizen. Die Aufklärung ergab sich auch auf die unbedenklichste, einwandfreieste Weise unter Ausschluß jedes Beitrages von seiten des Arztes. Ich weiß gar nicht, wie ich zu einer Vermutung über den Sinn dieser Zwangshandlung, zu einem Vorschlag ihrer Deutung hätte kommen können. Sooft ich die Kranke gefragt hatte: Warum tun Sie das? Was hat das für einen Sinn? – hatte sie geantwortet: Ich weiß es nicht. Aber eines Tages, nachdem es mir gelungen war, ein großes prinzipielles Bedenken bei ihr niederzukämpfen, wurde sie plötzlich wissend und erzählte, was zur Zwangshandlung gehörte. Sie hatte vor mehr als zehn Jahren einen weitaus älteren Mann geheiratet, der sich in der Hochzeitsnacht impotent erwies. Er war ungezählte Male in dieser Nacht aus seinem Zimmer in ihres gelaufen, um den Versuch zu wiederholen, aber jedesmal erfolglos. Am Morgen sagte er ärgerlich: Da muß man sich ja vor dem Stubenmädchen schämen, wenn sie das Bett macht, ergriff eine Flasche roter Tinte, die zufällig im Zimmer war, und goß ihren Inhalt aufs Bettuch, aber nicht gerade auf eine Stelle, die ein Anrecht auf einen solchen Fleck gehabt hätte. Ich verstand anfangs nicht, was diese Erinnerung mit der fraglichen Zwangshandlung zu tun haben sollte, da ich nur in dem wiederholten Aus-einem-Zimmer-in-das-andere-Laufen eine Übereinstimmung fand und etwa noch im Auftreten des Stubenmädchens. Da führte mich die Patientin zu dem Tisch im zweiten Zimmer hin und ließ mich auf dessen Decke einen großen Fleck entdecken. Sie erklärte auch, sie stelle sich so zum Tisch hin, daß das zu ihr gerufene Mädchen den Fleck nicht übersehen könne. Nun war an der intimen Beziehung zwischen jener Szene nach der Brautnacht und ihrer heutigen Zwangshandlung nicht mehr zu zweifeln, aber auch noch allerlei daran zu lernen.

Vor allem wird es klar, daß sich die Patientin mit ihrem Mann identifiziert; sie spielt ihn ja, indem sie sein Laufen aus einem Zimmer ins andere nachahmt. Dann müssen wir, um in der Gleichstellung zu bleiben, wohl zugeben, daß sie das Bett und Bettuch durch den Tisch und die Tischdecke ersetzt. Das schiene willkürlich, aber wir sollen nicht ohne Nutzen Traumsymbolik studiert haben. Im Traum wird gleichfalls sehr häufig ein Tisch gesehen, der aber als Bett zu deuten ist. Tisch und Bett machen mitsammen die Ehe aus, da steht dann leicht eines für das andere.

Der Beweis, daß die Zwangshandlung sinnreich ist, wäre bereits erbracht; sie scheint eine Darstellung, Wiederholung jener bedeutungsvollen Szene zu sein. Aber wir sind nicht genötigt, bei diesem Schein haltzumachen; wenn wir die Beziehung zwischen den beiden eingehender untersuchen, werden wir wahrscheinlich Aufschluß über etwas Weitergehendes, über die Absicht der Zwangshandlung erhalten. Der Kern derselben ist offenbar das Herbeirufen des Stubenmädchens, dem sie den Fleck vor Augen führt, im Gegensatz zur Bemerkung ihres Mannes: Da müßte man sich vor dem Mädchen schämen. Er – dessen Rolle sie agiert – schämt sich also nicht vor dem Mädchen, der Fleck ist demnach an der richtigen Stelle. Wir sehen also, sie hat die Szene nicht einfach wiederholt, sondern sie fortgesetzt und dabei korrigiert, zum Richtigen gewendet. Damit korrigiert sie aber auch das andere, was in jener Nacht so peinlich war und jene Auskunft mit der roten Tinte notwendig machte, die Impotenz. Die Zwangshandlung sagt also: Nein, es ist nicht wahr, er hatte sich nicht vor dem Stubenmädchen zu schämen, er war nicht impotent; sie stellt diesen Wunsch nach Art eines Traumes in einer gegenwärtigen Handlung als erfüllt dar, sie dient der Tendenz, den Mann über sein damaliges Mißgeschick zu erheben.

Dazu kommt alles andere, was ich Ihnen von dieser Frau erzählen könnte; richtiger gesagt: alles, was wir sonst von ihr wissen, weist uns den Weg zu dieser Deutung der an sich unbegreiflichen Zwangshandlung. Die Frau lebt seit Jahren von ihrem Mann getrennt und kämpft mit der Absicht, ihre Ehe gerichtlich scheiden zu lassen. Es ist aber keine Rede, daß sie frei von ihm wäre; sie ist gezwungen, ihm treu zu bleiben, sie zieht sich von aller Welt zurück, um nicht in Versuchung zu geraten, sie entschuldigt und vergrößert sein Wesen in ihrer Phantasie. Ja, das tiefste Geheimnis ihrer Krankheit ist, daß sie durch diese ihren Mann vor übler Nachrede deckt, ihre örtliche Trennung von ihm rechtfertigt und ihm ein behagliches Sonderleben ermöglicht. So führt die Analyse einer harmlosen Zwangshandlung auf geradem Wege zum innersten Kern eines Krankheitsfalles, verrät uns aber gleichzeitig ein nicht unansehnliches Stück des Geheimnisses der Zwangsneurose überhaupt. Ich lasse Sie gern bei diesem Beispiel verweilen, denn es vereinigt Bedingungen, die man billigerweise nicht von allen Fällen fordern wird. Die Deutung des Symptoms wurde hier von der Kranken mit einem Schlage gefunden ohne Anleitung oder Einmengung des Analytikers, und sie erfolgte durch die Beziehung auf ein Erlebnis, welches nicht, wie sonst, einer vergessenen Kindheitsperiode angehört hatte, sondern im reifen Leben der Kranken vorgefallen und unverlöscht in ihrer Erinnerung geblieben war. Alle die Einwendungen, welche die Kritik sonst gegen unsere Symptomdeutungen vorzubringen pflegt, gleiten von diesem Einzelfalle ab. So gut können wir es freilich nicht immer haben[1].

Und noch eines! Ist es Ihnen nicht aufgefallen, wie uns diese unscheinbare Zwangshandlung in die Intimitäten der Patientin eingeführt hat? Eine Frau hat nicht viel Intimeres zu erzählen als die Geschichte ihrer Hochzeitsnacht, und daß wir gerade auf Intimitäten des Geschlechtslebens gekommen sind, sollte das zufällig und ohne weiteren Belang sein? Es könnte freilich die Folge der Auswahl sein, die ich diesmal getroffen habe. Urteilen wir nicht zu rasch und wenden wir uns dem zweiten Beispiel zu, welches von ganz anderer Art ist, ein Muster einer häufig vorkommenden Gattung, nämlich ein Schlafzeremoniell.

Ein 19jähriges, üppiges, begabtes Mädchen, das einzige Kind seiner Eltern, denen es an Bildung und intellektueller Regsamkeit überlegen ist, war als Kind wild und übermütig und hat sich im Laufe der letzten Jahre ohne sichtbare äußere Einwirkung zu einer Nervösen umgewandelt. Sie ist besonders gegen ihre Mutter sehr reizbar, immer unzufrieden, deprimiert, neigt zur Unentschlossenheit und zum Zweifel und macht endlich das Geständnis, daß sie auf Plätzen und in größeren Straßen nicht mehr allein gehen kann. Wir werden uns mit ihrem komplizierten Krankheitszustand, der zum mindesten zwei Diagnosen erheischt, die einer Agoraphobie und einer Zwangsneurose, nicht viel abgeben, sondern nur dabei verweilen, daß dieses Mädchen auch ein Schlafzeremoniell entwickelt hat, unter dem sie ihre Eltern leiden läßt. Man kann sagen, in gewissem Sinne hat jeder Normale sein Schlafzeremoniell oder er hält auf die Herstellung von gewissen Bedingungen, deren Nichterfüllung ihn am Einschlafen stört; er hat den Übergang aus dem Wach-

[1] [Eine kürzere Darstellung dieses Falles, jedoch mit einigen zusätzlichen Einzelheiten, findet sich in Freuds Abhandlung ›Zwangshandlungen und Religionsübungen‹ (1907 *b*).]

leben in den Schlafzustand in gewisse Formen gebracht, die er allabendlich in gleicher Weise wiederholt. Aber alles, was der Gesunde an Schlafbedingung fordert, läßt sich rationell verstehen, und wenn die äußeren Umstände eine Änderung notwendig machen, so fügt er sich leicht und ohne Zeitaufwand. Das pathologische Zeremoniell ist aber unnachgiebig, es weiß sich mit den größten Opfern durchzusetzen, es deckt sich gleichfalls mit einer rationellen Begründung und scheint sich bei oberflächlicher Betrachtung nur durch eine gewisse übertriebene Sorgfalt vom Normalen zu entfernen. Sieht man aber näher zu, so kann man bemerken, daß die Decke zu kurz ist, daß das Zeremoniell Bestimmungen umfaßt, die weit über die rationelle Begründung hinausgehen, und andere, die ihr direkt widersprechen. Unsere Patientin schützt als Motiv ihrer nächtlichen Vorsichten vor, daß sie zum Schlafen Ruhe braucht und alle Quellen des Geräusches ausschließen muß. In dieser Absicht tut sie zweierlei: Die große Uhr in ihrem Zimmer wird zum Stehen gebracht, alle anderen Uhren aus dem Zimmer entfernt, nicht einmal ihre winzige Armbanduhr wird im Nachtkästchen geduldet. Blumentöpfe und Vasen werden auf dem Schreibtische so zusammengestellt, daß sie nicht zur Nachtzeit herunterfallen, zerbrechen und sie im Schlafe stören können. Sie weiß, daß diese Maßregeln durch das Gebot der Ruhe nur eine scheinbare Rechtfertigung finden können; die kleine Uhr würde man nicht ticken hören, auch wenn sie auf dem Nachtkästchen liegen bliebe, und wir haben alle die Erfahrung gemacht, daß das regelmäßige Ticken einer Pendeluhr niemals eine Schlafstörung macht, sondern eher einschläfernd wirkt. Sie gibt auch zu, daß die Befürchtung, Blumentöpfe und Vasen könnten, an ihrem Platze gelassen, zur Nachtzeit von selbst herunterfallen und zerbrechen, jeder Wahrscheinlichkeit entbehrt. Für andere Bestimmungen des Zeremoniells wird die Anlehnung an das Ruhegebot fallengelassen. Ja, die Forderung, daß die Türe zwischen ihrem Zimmer und dem Schlafzimmer der Eltern halb offen bleibe, deren Erfüllung sie dadurch sichert, daß sie verschiedene Gegenstände in die geöffnete Türe rückt, scheint im Gegenteil eine Quelle von störenden Geräuschen zu aktivieren. Die wichtigsten Bestimmungen beziehen sich aber auf das Bett selbst. Das Polster am Kopfende des Bettes darf die Holzwand des Bettes nicht berühren. Das kleine Kopfpolsterchen darf auf diesem großen Polster nicht anders liegen, als indem es eine Raute bildet; ihren Kopf legt sie dann genau in den Längsdurchmesser der Raute. Die Federdecke (»Duchent«, wie wir in Österreich sagen) muß vor dem Zudecken so geschüttelt werden,

daß ihr Fußende ganz dick wird, dann aber versäumt sie es nicht, diese Anhäufung durch Zerdrücken wieder zu verteilen.
Lassen Sie mich die anderen, oft sehr kleinlichen Einzelheiten dieses Zeremoniells übergehen; sie würden uns nichts Neues lehren und zu weit von unseren Absichten abführen. Aber übersehen Sie nicht, daß dies alles sich nicht so glatt vollzieht. Es ist immer die Sorge dabei, daß nicht alles ordentlich gemacht worden ist; es muß nachgeprüft, wiederholt werden, der Zweifel zeichnet bald die eine, bald die andere der Sicherungen aus, und der Erfolg ist, daß ein bis zwei Stunden hingebracht werden, während welcher das Mädchen selbst nicht schlafen kann und die eingeschüchterten Eltern nicht schlafen läßt.
Die Analyse dieser Quälereien ging nicht so einfach vonstatten wie die der Zwangshandlung bei unserer früheren Patientin. Ich mußte dem Mädchen Andeutungen geben und Vorschläge zur Deutung machen, die von ihr jedesmal mit einem entschiedenen Nein abgelehnt oder mit geringschätzigem Zweifel aufgenommen wurden. Aber auf diese erste ablehnende Reaktion folgte eine Zeit, in welcher sie sich selbst mit den ihr vorgelegten Möglichkeiten beschäftigte, Einfälle zu ihnen sammelte, Erinnerungen produzierte, Zusammenhänge herstellte, bis sie alle Deutungen aus eigener Arbeit angenommen hatte. In dem Maße, als dies geschah, ließ sie auch in der Ausführung der Zwangsmaßregeln nach, und noch vor Ende der Behandlung hatte sie auf das gesamte Zeremoniell verzichtet. Sie müssen auch wissen, daß die analytische Arbeit, wie wir sie heute ausführen, die konsequente Bearbeitung des einzelnen Symptoms, bis man mit dessen Aufhellung zu Ende gekommen ist, geradezu ausschließt. Man ist vielmehr genötigt, das eine Thema immer wieder zu verlassen, und ist sicher, von anderen Zusammenhängen her von neuem darauf zurückzukommen. Die Symptomdeutung, die ich Ihnen jetzt mitteilen werde, ist also eine Synthese von Ergebnissen, deren Förderung sich, von anderen Arbeiten unterbrochen, über die Zeit von Wochen und Monaten erstreckt.
Unsere Patientin lernt allmählich verstehen, daß sie die Uhr als Symbol des weiblichen Genitales aus ihren Zurüstungen für die Nacht verbannt hatte. Die Uhr, für die wir sonst auch andere Symboldeutungen kennen, gelangt zu dieser genitalen Rolle durch ihre Beziehung zu periodischen Vorgängen und gleichen Intervallen. Eine Frau kann etwa von sich rühmen, ihre Menstruation benehme sich so regelmäßig wie ein Uhrwerk. Die Angst unserer Patientin richtete sich aber besonders dagegen, durch das Ticken der Uhr im Schlaf gestört zu werden. Das Ticken der Uhr

ist dem Klopfen der Klitoris bei sexueller Erregung gleichzusetzen[1]. Durch diese ihr nun peinliche Empfindung war sie in der Tat wiederholt aus dem Schlafe geweckt worden, und jetzt äußerte sich diese Erektionsangst in dem Gebot, welches gehende Uhren zur Nachtzeit aus ihrer Nähe entfernen hieß. Blumentöpfe und Vasen sind wie alle Gefäße gleichfalls weibliche Symbole [S. 165]. Die Vorsicht, daß sie nicht zur Nachtzeit fallen und zerbrechen, entbehrt also nicht eines guten Sinnes. Wir kennen die vielverbreitete Sitte, daß bei Verlobungen ein Gefäß oder Teller zerschlagen wird. Jeder der Anwesenden eignet sich ein Bruchstück an, welches wir als Ablösung seiner Ansprüche an die Braut auf dem Standpunkt einer Eheordnung vor der Monogamie auffassen dürfen[2]. Zu diesem Stück ihres Zeremoniells brachte das Mädchen auch eine Erinnerung und mehrere Einfälle. Sie war einmal als Kind mit einem Glas- oder Tongefäß hingefallen, hatte sich in die Finger geschnitten und heftig geblutet. Als sie heranwuchs und von den Tatsachen des Sexualverkehrs Kenntnis bekam, stellte sich die ängstliche Idee bei ihr ein, sie werde in der Hochzeitsnacht nicht bluten und sich nicht als Jungfrau erweisen. Ihre Vorsichten gegen das Zerbrechen der Vasen bedeuten also eine Abweisung des ganzen Komplexes, der mit der Virginität und dem Bluten beim ersten Verkehr zusammenhängt, ebensowohl eine Abweisung der Angst zu bluten wie der entgegengesetzten, nicht zu bluten. Mit der Geräuschverhütung, welcher sie diese Maßnahmen unterordnete, hatten sie nur entfernt etwas zu tun.

Den zentralen Sinn ihres Zeremoniells erriet sie eines Tages, als sie plötzlich die Vorschrift, das Polster dürfe die Bettwand nicht berühren, verstand. Das Polster sei ihr immer ein Weib gewesen, sagte sie, die aufrechte Holzwand ein Mann. Sie wollte also – auf magische Weise, dürfen wir einschalten – Mann und Weib auseinanderhalten, das heißt die Eltern voneinander trennen, nicht zum ehelichen Verkehr kommen lassen. Dasselbe Ziel hatte sie in früheren Jahren vor der Einrichtung des Zeremoniells auf direktere Weise zu erreichen gesucht. Sie hatte Angst simuliert oder eine vorhandene Angstneigung dahin ausgebeutet, daß die Verbindungstüre zwischen dem Schlafzimmer der Eltern und dem Kinderzimmer nicht geschlossen werden dürfe. Dies Gebot war ja noch in ihrem heutigen Zeremoniell erhalten geblieben. Auf solche

---

1 [Einen ähnlichen Zusammenhang erwähnt Freud in seiner Arbeit über einen Fall von Paranoia (1915 *f*).]

2 [Vgl. den Hinweis auf die »Gruppenehe« in *Totem und Tabu* (1912–13), gegen Mitte des ersten Aufsatzes.]

Art schaffte sie sich die Gelegenheit, die Eltern zu belauschen, zog sich aber in der Ausnützung derselben einmal eine durch Monate anhaltende Schlaflosigkeit zu. Nicht zufrieden mit solcher Störung der Eltern setzte sie es dann zeitweise durch, daß sie im Ehebett selbst zwischen Vater und Mutter schlafen durfte. »Polster« und »Holzwand« konnten dann wirklich nicht zusammenkommen. Endlich, als sie schon so groß war, daß ihr Körperliches nicht mehr bequem im Bette zwischen den Eltern Platz finden konnte, erreichte sie es durch bewußte Simulation von Angst, daß die Mutter den Schlafplatz mit ihr tauschte und ihr die eigene Stelle neben dem Vater abtrat. Diese Situation war gewiß der Ausgang von Phantasien geworden, deren Nachwirkung man im Zeremoniell verspürt.

Wenn ein Polster ein Weib war, so hatte auch das Schütteln der Federdecke, bis alle Federn unten waren und dort eine Anschwellung hervorriefen, einen Sinn. Es hieß, das Weib schwanger machen; aber sie versäumte es nicht, diese Schwangerschaft wieder wegzustreichen, denn sie hatte Jahre hindurch unter der Furcht gestanden, der Verkehr der Eltern werde ein anderes Kind zur Folge haben und ihr so eine Konkurrenz bescheren. Anderseits, wenn das große Polster ein Weib, die Mutter, war, so konnte das kleine Kopfpölsterchen nur die Tochter vorstellen. Warum mußte dieses Polster als Raute gelegt werden und ihr Kopf genau in die Mittellinie derselben kommen? Sie ließ sich leicht daran erinnern, daß die Raute die an allen Mauern wiederholte Rune des offenen weiblichen Genitales sei. Sie selbst spielte dann den Mann, den Vater, und ersetzte durch ihren Kopf das männliche Glied. (Vgl. die Symbolik des Köpfens für Kastration.)

Wüste Dinge, werden Sie sagen, die da in dem Kopf des jungfräulichen Mädchens spuken sollen. Ich gebe es zu, aber vergessen Sie nicht, ich habe diese Dinge nicht gemacht, sondern bloß gedeutet. Solch ein Schlafzeremoniell ist auch etwas Sonderbares, und Sie werden die Entsprechung zwischen dem Zeremoniell und den Phantasien, die uns die Deutung ergibt, nicht verkennen dürfen. Wichtiger ist mir aber, daß Sie bemerken, es habe sich da nicht eine einzige Phantasie im Zeremoniell niedergeschlagen, sondern eine Anzahl von solchen, die allerdings irgendwo ihren Knotenpunkt haben. Auch daß die Vorschriften des Zeremoniells die sexuellen Wünsche bald positiv, bald negativ wiedergeben, zum Teil der Vertretung und zum Teil der Abwehr derselben dienen.

Man könnte auch aus der Analyse dieses Zeremoniells mehr machen, wenn man es in die richtige Verknüpfung mit den anderen Symptomen der Kranken brächte. Aber unser Weg führt uns nicht dahin. Lassen Sie sich die Andeutung genügen, daß dieses Mädchen einer erotischen Bindung an den Vater verfallen ist, deren Anfänge in frühe Kinderjahre zurückgehen. Vielleicht benimmt sie sich auch darum so unfreundlich gegen ihre Mutter. Wir können auch nicht übersehen, daß uns die Analyse dieses Symptoms wiederum auf das Sexualleben der Kranken hingeführt hat. Vielleicht werden wir uns darüber um so weniger verwundern, je öfter wir in den Sinn und in die Absicht neurotischer Symptome Einsicht gewinnen.

So habe ich Ihnen denn an zwei ausgewählten Beispielen gezeigt, daß die neurotischen Symptome einen Sinn haben wie die Fehlleistungen und wie die Träume und daß sie in intimer Beziehung zum Erleben der Patienten stehen. Kann ich erwarten, daß Sie mir diesen überaus bedeutsamen Satz auf zwei Beispiele hin glauben? Nein. Aber können Sie von mir verlangen, daß ich Ihnen soviel weitere Beispiele erzähle, bis Sie sich für überzeugt erklären? Auch nicht, denn bei der Ausführlichkeit, mit der ich den einzelnen Fall behandle, müßte ich ein fünfstündiges Semestralkolleg der Erledigung dieses einzelnen Punktes der Neurosenlehre widmen. Ich bescheide mich also damit, Ihnen eine Probe für meine Behauptung gegeben zu haben, und verweise Sie im übrigen auf die Mitteilungen in der Literatur, auf die klassischen Symptomdeutungen im ersten Fall von Breuer (Hysterie[1]), auf die frappanten Aufhellungen ganz dunkler Symptome bei der sogenannten Dementia praecox durch C. G. Jung [1907] aus der Zeit, da dieser Forscher bloß Psychoanalytiker war und noch nicht Prophet sein wollte, und auf alle die Arbeiten, die seither unsere Zeitschriften gefüllt haben. Wir haben gerade an solchen Untersuchungen keinen Mangel. Die Analyse, Deutung, Übersetzung der neurotischen Symptome hat die Psychoanalytiker so angezogen, daß sie zunächst die anderen Probleme der Neurotik dagegen vernachlässigten.
Wer von Ihnen sich einer solchen Bemühung unterzieht, der wird gewiß einen starken Eindruck von der Fülle des Beweismaterials empfangen. Aber er wird auch auf eine Schwierigkeit stoßen. Der Sinn eines Symptoms liegt, wie wir erfahren haben, in einer Beziehung zum Erleben des Kranken. Je individueller das Symptom ausgebildet ist, desto eher

[1] [Enthalten in *Studien über Hysterie* (1895 *d*).]

dürfen wir erwarten, diesen Zusammenhang herzustellen. Die Aufgabe stellt sich dann geradezu, für eine sinnlose Idee und eine zwecklose Handlung jene vergangene Situation aufzufinden, in welcher die Idee gerechtfertigt und die Handlung zweckentsprechend war. Die Zwangshandlung unserer Patientin, die zum Tisch lief und dem Stubenmädchen schellte, ist direkt vorbildlich für diese Art von Symptomen. Aber es gibt, und zwar sehr häufig, Symptome von ganz anderem Charakter. Man muß sie »typische« Symptome der Krankheit nennen, sie sind in allen Fällen ungefähr gleich, die individuellen Unterschiede verschwinden bei ihnen oder schrumpfen wenigstens so zusammen, daß es schwerfällt, sie mit dem individuellen Erleben der Kranken zusammenzubringen und auf einzelne erlebte Situationen zu beziehen. Richten wir unseren Blick wiederum auf die Zwangsneurose. Schon das Schlafzimmerzeremoniell unserer zweiten Patientin hat viel Typisches an sich, dabei allerdings genug individuelle Züge, um die sozusagen *historische* Deutung zu ermöglichen. Aber alle diese Zwangskranken haben die Neigung zu wiederholen, Verrichtungen zu rhythmieren und von anderen zu isolieren. Die meisten von ihnen waschen zu viel. Die Kranken, welche an Agoraphobie (Topophobie, Raumangst) leiden, was wir nicht mehr zur Zwangsneurose rechnen, sondern als Angsthysterie bezeichnen, wiederholen in ihren Krankheitsbildern oft in ermüdender Monotonie dieselben Züge, sie fürchten geschlossene Räume, große offene Plätze, lange sich hinziehende Straßen und Alleen. Sie halten sich für geschützt, wenn Bekannte sie begleiten oder wenn ein Wagen ihnen nachfährt usw. Auf diesem gleichartigen Untergrund tragen aber doch die einzelnen Kranken ihre individuellen Bedingungen, Launen, möchte man sagen, auf, die einander in den einzelnen Fällen direkt widersprechen. Der eine scheut nur enge Straßen, der andere nur weite, der eine kann nur gehen, wenn wenig, der andere, wenn viele Menschen auf der Straße sind. Ebenso hat die Hysterie bei allem Reichtum an individuellen Zügen einen Überfluß an gemeinsamen, typischen Symptomen, die einer leichten historischen Zurückführung zu widerstreben scheinen. Vergessen wir nicht, es sind ja diese typischen Symptome, nach denen wir uns für die Stellung der Diagnose orientieren. Haben wir nun wirklich in einem Falle von Hysterie ein typisches Symptom auf ein Erlebnis oder auf eine Kette von ähnlichen Erlebnissen zurückgeführt, z. B. ein hysterisches Erbrechen auf eine Folge von Ekeleindrucken, so werden wir irre, wenn uns die Analyse in einem anderen Fall von Erbrechen eine durchaus andersartige Reihe von angeblich wirksamen Erlebnissen aufdeckt. Es sieht dann bald so aus, als müßten die Hysterischen aus unbekannten Gründen Erbrechen äußern, und die von der Analyse gelieferten historischen Anlässe seien nur Vorwände, die von dieser inneren Notwendigkeit verwendet werden, wenn sie sich zufällig ergeben. So kommen wir bald zur betrübenden Einsicht, daß wir zwar den Sinn der individuellen neurotischen Symptome durch die Beziehung zum Erleben befriedigend aufklären können, daß uns aber unsere Kunst für die weit häufigeren typischen Symptome derselben im Stiche läßt. Dazu kommt, daß ich Sie noch gar nicht mit allen Schwierigkeiten vertraut gemacht habe, die sich bei der konsequenten Verfolgung der historischen Symptomdeutung herausstellen. Ich will es auch nicht tun, denn ich habe zwar die Absicht, Ihnen nichts zu beschönigen oder zu verhehlen, aber ich darf Sie doch nicht zu Beginn unserer gemeinsamen Studien ratlos machen und in Verwirrung bringen. Es ist richtig, daß wir erst den Anfang zu einem Verständnis der Symptombedeutung gemacht haben, aber wir wollen an dem Gewonnenen festhalten und uns schrittweise zur Bewältigung des noch Unverstandenen durchringen. Ich versuche es also, Sie mit der Überlegung zu trösten, daß eine fundamentale Verschiedenheit zwischen der einen und der anderen Art von Symptomen doch kaum anzunehmen ist. Hängen die individuellen Symptome so unverkennbar vom Erleben des Kranken ab, so bleibt für die typischen Symptome die Möglichkeit, daß sie auf ein Erleben zurückgehen, das an sich typisch, allen Menschen gemeinsam ist. Andere in der Neurose regelmäßig wiederkehrende Züge mögen allgemeine Reaktionen sein, welche den Kranken durch die Natur der krankhaften Veränderung aufgezwungen werden, wie das Wiederholen oder das Zweifeln der Zwangsneurose. Kurz, wir haben keinen Grund zum vorzeitigen Verzagen; wir werden ja sehen, was sich weiter ergibt.

Vor einer ganz ähnlichen Schwierigkeit stehen wir auch in der Traumlehre. Ich konnte sie in unseren früheren Besprechungen über den Traum nicht behandeln. Der manifeste Inhalt der Träume ist ja ein höchst mannigfaltiger und individuell verschiedener, und wir haben ausführlich gezeigt, was man aus diesem Inhalt durch die Analyse gewinnt. Aber daneben gibt es Träume, die man gleichfalls »typische« heißt, die bei allen Menschen in gleicher Weise vorkommen, Träume von gleichförmigem Inhalt, welche der Deutung dieselben Schwierigkeiten entgegensetzen. Es sind dies die Träume vom Fallen, Fliegen, Schweben, Schwimmen, Gehemmtsein, vom Nacktsein und andere gewisse Angstträume, die uns bald diese, bald jene Deutung bei einzelnen Personen ergeben, ohne daß die Monotonie und das typische Vorkommen derselben dabei seine Aufklärung fände. Auch bei diesen Träumen beobachten wir aber, daß ein gemeinsamer Untergrund durch individuell wechselnde Zutaten belebt wird, und wahrscheinlich werden auch sie sich in das Verständnis des Traumlebens, das wir an den anderen Träumen gewonnen haben, ohne Zwang, aber unter Erweiterung unserer Einsichten einfügen lassen[1].

[1] [S. den Abschnitt über »typische« Träume in der *Traumdeutung* (1900*a*), V. Kapitel (D).]

18. VORLESUNG

DIE FIXIERUNG AN DAS TRAUMA, DAS UNBEWUSSTE

Meine Damen und Herren! Ich sagte das letztemal, wir wollten die Fortsetzung unserer Arbeit nicht an unsere Zweifel, sondern an unsere Funde anknüpfen. Zwei der interessantesten Folgerungen, die sich aus den zwei vorbildlichen Analysen ableiten, haben wir überhaupt noch nicht ausgesprochen.

Fürs erste: Beide Patienten machen uns den Eindruck, als wären sie an ein bestimmtes Stück ihrer Vergangenheit *fixiert*, verständen nicht davon freizukommen und seien deshalb der Gegenwart und der Zukunft entfremdet. Sie stecken nun in ihrer Krankheit, wie man sich in früheren Zeiten in ein Kloster zurückzuziehen pflegte, um dort ein schweres Lebensschicksal auszutragen. Für unsere erste Patientin ist es die in Wirklichkeit aufgegebene Ehe mit ihrem Manne, die ihr dieses Verhängnis bereitet hat. Durch ihre Symptome setzt sie den Prozeß mit ihrem Manne fort; wir haben jene Stimmen verstehen gelernt, die für ihn plädieren, die ihn entschuldigen, erhöhen, seinen Verlust beklagen. Obwohl sie jung und für andere Männer begehrenswert ist, hat sie alle realen und imaginären (magischen) Vorsichten ergriffen, um ihm die Treue zu bewahren. Sie zeigt sich nicht vor fremden Augen, vernachlässigt ihre Erscheinung, aber sie vermag es auch nicht, so bald von einem Sessel aufzustehen, auf dem sie gesessen ist[1], und sie verweigert es, ihren Namen zu unterschreiben, kann keinem ein Geschenk machen, mit der Motivierung, es dürfe niemand etwas von ihr haben.
Bei unserer zweiten Patientin, dem jungen Mädchen, ist es eine erotische Bindung an den Vater, welche sich in den Jahren vor der Pubertät hergestellt hatte, die für ihr Leben dasselbe leistet. Sie hat auch für sich den Schluß gezogen, daß sie nicht heiraten kann, solange sie so krank ist. Wir dürfen vermuten, sie ist so krank geworden, um nicht heiraten zu müssen und um beim Vater zu bleiben.
Wir dürfen die Frage nicht abweisen, wie, auf welchem Wege und kraft welcher Motive kommt man in eine so merkwürdige und so unvorteil-

[1] [Dieses Symptom wird im anderen Bericht, den Freud von diesem Fall (1907 *b*) gegeben hat, näher beschrieben und erklärt.]

hafte Einstellung zum Leben? Vorausgesetzt, daß dieses Verhalten ein allgemeiner Charakter der Neurose und nicht eine besondere Eigentümlichkeit dieser zwei Kranken ist. Es ist aber in der Tat ein allgemeiner, praktisch sehr bedeutsamer Zug einer jeden Neurose. Die erste hysterische Patientin von Breuer [S. 258] war in ähnlicher Weise an die Zeit fixiert, da sie ihren schwer erkrankten Vater pflegte. Sie hat trotz ihrer Herstellung seither in gewisser Hinsicht mit dem Leben abgeschlossen, sie ist zwar gesund und leistungsfähig geblieben, ist aber dem normalen Frauenschicksal ausgewichen. Bei jedem unserer Kranken können wir durch die Analyse ersehen, daß er sich in seinen Krankheitssymptomen und durch die Folgerungen aus ihnen in eine gewisse Periode seiner Vergangenheit zurückversetzt hat. In der Überzahl der Fälle hat er sogar eine sehr frühe Lebensphase dazu gewählt, eine Zeit seiner Kindheit, ja so lächerlich es klingen mag, selbst seiner Säuglingsexistenz.

Die nächste Analogie zu diesem Verhalten unserer Nervösen bieten Erkrankungen, wie sie gerade jetzt der Krieg in besonderer Häufigkeit entstehen läßt, die sogenannten traumatischen Neurosen. Es hat solche Fälle nach Eisenbahnzusammenstößen und anderen schreckhaften Lebensgefahren natürlich auch vor dem Kriege gegeben. Die traumatischen Neurosen sind im Grunde nicht dasselbe wie die spontanen Neurosen, die wir analytisch zu untersuchen und zu behandeln pflegen; es ist uns auch noch nicht gelungen, sie unseren Gesichtspunkten zu unterwerfen, und ich hoffe, Ihnen einmal klarmachen zu können, woran diese Einschränkung liegt[1]. Aber in dem einen Punkt dürfen wir eine völlige Übereinstimmung hervorheben. Die traumatischen Neurosen geben deutliche Anzeichen dafür, daß ihnen eine Fixierung an den Moment des traumatischen Unfalles zugrunde liegt. In ihren Träumen wiederholen diese Kranken regelmäßig die traumatische Situation; wo hysteriforme Anfälle vorkommen, die eine Analyse zulassen, erfährt man, daß der Anfall einer vollen Versetzung in diese Situation entspricht. Es ist so, als ob diese Kranken mit der traumatischen Situation nicht fertiggeworden wären, als ob diese noch als unbezwungene aktuelle Aufgabe vor ihnen stände, und wir nehmen diese Auffassung in allem Ernst an; sie zeigt uns den Weg zu einer, heißen wir es *ökonomischen* Betrachtung der seelischen Vorgänge[2]. Ja, der Ausdruck traumatisch hat keinen anderen als einen solchen ökonomischen Sinn. Wir nennen so ein Er-

[1] [Traumatische Neurosen werden ferner auf S. 370 erwähnt.]
[2] [Darauf kommt Freud später noch einmal zurück (S. 348).]

lebnis, welches dem Seelenleben innerhalb kurzer Zeit einen so starken Reizzuwachs bringt, daß die Erledigung oder Aufarbeitung desselben in normalgewohnter Weise mißglückt, woraus dauernde Störungen im Energiebetrieb resultieren müssen.

Diese Analogie muß uns dazu verlocken, auch jene Erlebnisse, an welche unsere Nervösen fixiert erscheinen, als traumatische zu bezeichnen. Auf solche Weise würde uns eine einfache Bedingung für die neurotische Erkrankung verheißen werden. Die Neurose wäre einer traumatischen Erkrankung gleichzusetzen und entstünde durch die Unfähigkeit, ein überstark affektbetontes Erlebnis zu erledigen. So lautete auch wirklich die erste Formel, in welcher Breuer und ich 1893/95 theoretische Rechenschaft von unseren neuen Beobachtungen ablegten[1]. Ein Fall wie der unserer ersten Patientin, der jungen, von ihrem Mann getrennten Frau, unterwirft sich dieser Auffassung sehr gut. Sie hat die Undurchführbarkeit ihrer Ehe nicht verwunden und ist an diesem Trauma hängengeblieben. Aber schon unser zweiter Fall, das an ihren Vater fixierte Mädchen, zeigt uns, daß die Formel nicht umfassend genug ist. Einerseits ist eine solche Kleinmädchenverliebtheit in den Vater etwas so Gewöhnliches und so häufig Überwundenes, daß die Bezeichnung »traumatisch« allen Gehalt verlieren würde, anderseits lehrt uns die Geschichte der Kranken, daß diese erste erotische Fixierung zunächst anscheinend schadlos vorüberging und erst mehrere Jahre später in den Symptomen der Zwangsneurose wieder zum Vorschein kam. Wir sehen da also Komplikationen, eine größere Reichhaltigkeit der Erkrankungsbedingungen voraus, aber wir ahnen auch, der traumatische Gesichtspunkt wird nicht etwa als irrig aufzugeben sein; er wird sich anderswo einfügen und unterordnen müssen.

Wir brechen hier wieder den Weg ab, den wir eingeschlagen haben. Er führt zunächst nicht weiter, und wir haben allerlei anderes zu erfahren, ehe wir seine richtige Fortsetzung finden können[2]. Bemerken wir noch zum Thema der Fixierung an eine bestimmte Phase der Vergangenheit, daß ein solches Vorkommen weit über die Neurose hinausgeht. Jede Neurose enthält eine solche Fixierung, aber nicht jede Fixierung führt zur Neurose, fällt mit Neurose zusammen oder stellt sich auf dem Wege der Neurose her. Ein Mustervorbild einer affektiven Fixierung an etwas Vergangenes ist die Trauer, die selbst die vollste

---

[1] [Ein Abriß dieser Beobachtungen und Theorien findet sich in Freuds Vortrag ›Über den psychischen Mechanismus hysterischer Phänomene‹ (1893 *h*).]

[2] [Das Thema wird in der 22. Vorlesung wieder aufgegriffen.]

Abwendung von Gegenwart und Zukunft mit sich bringt. Aber die Trauer scheidet sich selbst für das Laienurteil scharf von der Neurose. Dagegen gibt es Neurosen, die man als eine pathologische Form der Trauer bezeichnen kann[1].

Es kommt auch vor, daß Menschen durch ein traumatisches, die bisherigen Grundlagen ihres Lebens erschütterndes Ereignis so zum Stillstand gebracht werden, daß sie jedes Interesse für Gegenwart und Zukunft aufgeben und dauernd in der seelischen Beschäftigung mit der Vergangenheit verharren, aber diese Unglücklichen brauchen dabei nicht neurotisch zu werden. Wir wollen also diesen einen Zug für die Charakteristik der Neurose nicht überschätzen, so regelmäßig und so bedeutsam er sonst sein mag.

Nun aber zum zweiten Ergebnis unserer Analysen, für welches wir eine nachträgliche Einschränkung nicht zu besorgen haben. Wir haben von unserer ersten Patientin mitgeteilt, welche sinnlose Zwangshandlung sie ausführte und welche intime Lebenserinnerung sie als dazugehörig erzählte, haben auch später das Verhältnis zwischen den beiden untersucht und die Absicht der Zwangshandlung aus dieser Beziehung zur Erinnerung erraten. Aber ein Moment haben wir völlig beiseite gelassen, das unsere ganze Aufmerksamkeit verdient. Solange die Patientin auch die Zwangshandlung wiederholte, wußte sie nichts davon, daß sie mit ihr an jenes Erlebnis anknüpfte. Der Zusammenhang zwischen den beiden war ihr verborgen; sie mußte wahrheitsgemäß antworten, sie wisse nicht, unter welchen Antrieben sie dies tue. Dann traf es sich unter dem Einflusse der Kurarbeit plötzlich einmal, daß sie jenen Zusammenhang auffand und mitteilen konnte. Aber noch immer wußte sie von der Absicht nichts, in deren Dienst sie die Zwangshandlung ausführte, der Absicht, ein peinliches Stück der Vergangenheit zu korrigieren und den von ihr geliebten Mann auf ein höheres Niveau zu stellen. Es dauerte ziemlich lange und kostete viel Mühe, bis sie begriffen und mir zugestanden hatte, daß ein solches Motiv allein die treibende Kraft der Zwangshandlung gewesen sein könnte.

Der Zusammenhang mit der Szene nach der verunglückten Hochzeitsnacht und das zärtliche Motiv der Kranken ergeben mitsammen das, was wir den »Sinn« der Zwangshandlung genannt haben. Aber dieser Sinn war ihr nach beiden Richtungen, dem »woher« wie dem »wozu«,

---

[1] [S. hierzu Freuds Arbeit ›Trauer und Melancholie‹ (1917*e*). In der 26. Vorlesung, S. 411 f., wird noch einmal kurz auf die Melancholie eingegangen.]

unbekannt gewesen, während sie die Zwangshandlung ausführte [vgl. S. 283]. Es hatten also seelische Vorgänge in ihr gewirkt, die Zwangshandlung war eben deren Wirkung; sie hatte die Wirkung in normaler seelischer Verfassung wahrgenommen, aber nichts von den seelischen Vorbedingungen dieser Wirkung war zur Kenntnis ihres Bewußtseins gekommen. Sie hatte sich ganz ebenso benommen wie ein Hypnotisierter, dem Bernheim den Auftrag erteilte, fünf Minuten nach seinem Erwachen im Krankensaal einen Regenschirm aufzuspannen, der diesen Auftrag im Wachen ausführte, aber kein Motiv für sein Tun anzugeben wußte. [Vgl. oben S. 118 f.] Einen solchen Sachverhalt haben wir im Auge, wenn wir von der Existenz *unbewußter seelischer Vorgänge* reden. Wir dürfen alle Welt herausfordern, von diesem Sachverhalt auf eine korrektere wissenschaftliche Art Rechenschaft zu geben, und wollen dann gern auf die Annahme unbewußter seelischer Vorgänge verzichten. Bis dahin werden wir aber an dieser Annahme festhalten, und wir müssen es mit resigniertem Achselzucken als unbegreiflich abweisen, wenn uns jemand einwenden will, das Unbewußte sei hier nichts im Sinne der Wissenschaft Reales, ein Notbehelf, *une façon de parler.* Etwas nicht Reales, von dem so real greifbare Wirkungen ausgehen wie eine Zwangshandlung! [Vgl. S. 258.]

Im Grunde das nämliche treffen wir bei unserer zweiten Patientin an. Sie hat ein Gebot geschaffen, das Polster dürfe die Bettwand nicht berühren, und muß dieses Gebot befolgen, aber sie weiß nicht, woher es stammt, was es bedeutet und welchen Motiven es seine Macht verdankt. Ob sie es selbst als indifferent betrachtet oder sich dagegen sträubt, dagegen wütet, sich vornimmt, es zu übertreten, ist für seine Ausführung gleichgültig. Es muß befolgt werden, und sie fragt sich vergeblich, warum. Man muß doch bekennen, in diesen Symptomen der Zwangsneurose, diesen Vorstellungen und Impulsen, die auftauchen, man weiß nicht woher, sich so resistent gegen alle Einflüsse des sonst normalen Seelenlebens benehmen, den Kranken selbst den Eindruck machen, als wären sie übergewaltige Gäste aus einer fremden Welt, Unsterbliche, die sich in das Gewühl der Sterblichen gemengt haben, ist wohl der deutlichste Hinweis auf einen besonderen, vom übrigen abgeschlossenen Bezirk des Seelenlebens gegeben. Von ihnen aus führt ein nicht zu verfehlender Weg zur Überzeugung von der Existenz des Unbewußten in der Seele, und gerade darum weiß die klinische Psychiatrie, die nur eine Bewußtseinspsychologie kennt, mit ihnen nichts anderes anzufangen, als daß sie sie für die Anzeichen einer besonderen Degenerationsweise ausgibt. Natürlich sind die Zwangsvorstellungen und Zwangsimpulse nicht selbst unbewußt, so wenig wie die Ausführung der Zwangshandlungen der bewußten Wahrnehmung entgeht. Sie wären nicht Symptome geworden, wenn sie nicht zum Bewußtsein durchgedrungen wären. Aber die psychischen Vorbedingungen, die wir durch die Analyse für sie erschließen, die Zusammenhänge, in welche wir sie durch die Deutung einsetzen, sind unbewußte, wenigstens so lange, bis wir sie dem Kranken durch die Arbeit der Analyse zu bewußten gemacht haben.

Nun nehmen Sie hinzu, daß dieser bei unseren beiden Fällen festgestellte Sachverhalt sich bei allen Symptomen aller neurotischen Erkrankungen bestätigt, daß immer und überall der Sinn der Symptome dem Kranken unbekannt ist, daß die Analyse regelmäßig zeigt, diese Symptome seien Abkömmlinge unbewußter Vorgänge, die sich aber unter mannigfaltigen günstigen Bedingungen bewußtmachen lassen, so werden Sie verstehen, daß wir in der Psychoanalyse das unbewußte Seelische nicht entbehren können und gewohnt sind, mit ihm wie mit etwas sinnlich Greifbarem zu operieren. Sie werden aber vielleicht auch begreifen, wie wenig urteilsfähig in dieser Frage alle anderen sind, die das Unbewußte nur als Begriff kennen, die nie analysiert, nie Träume gedeutet oder neurotische Symptome in Sinn und Absicht umgesetzt haben. Um es für unsere Zwecke nochmals auszusprechen: Die Möglichkeit, den neurotischen Symptomen durch analytische Deutung einen Sinn zu geben, ist ein unerschütterlicher Beweis für die Existenz – oder, wenn Sie so lieber wollen, für die Notwendigkeit der Annahme – unbewußter seelischer Vorgänge.

Das ist aber nicht alles. Dank einer zweiten Entdeckung von Breuer, die mir sogar als die inhaltsreichere erscheint [vgl. S. 258] und in welcher er keine Genossen hat, erfahren wir von der Beziehung zwischen dem Unbewußten und den neurotischen Symptomen noch mehr. Nicht nur, daß der Sinn der Symptome regelmäßig unbewußt ist; es besteht auch ein Verhältnis von Vertretung zwischen dieser Unbewußtheit und der Existenzmöglichkeit der Symptome. Sie werden mich bald verstehen. Ich will mit Breuer folgendes behaupten: Jedesmal, wenn wir auf ein Symptom stoßen, dürfen wir schließen, es bestehen bei dem Kranken bestimmte unbewußte Vorgänge, die eben den Sinn des Symptoms enthalten. Aber es ist auch erforderlich, daß dieser Sinn unbewußt sei, damit das Symptom zustande komme. Aus bewußten Vorgängen werden Symptome nicht gebildet; sowie die betreffenden unbewußten bewußt geworden sind, muß das Symptom verschwinden. Sie erkennen hier mit einem Male einen Zugang zur Therapie, einen Weg, Symptome zum Verschwinden zu bringen. Auf diesem Wege hat Breuer in der Tat seine hysterische Patientin hergestellt, das heißt von ihren Symptomen befreit; er fand eine Technik, ihr die unbewußten Vorgänge, die den Sinn des Symptoms enthielten, zum Bewußtsein zu bringen, und die Symptome verschwanden.

Diese Entdeckung von Breuer war nicht das Ergebnis einer Spekulation, sondern einer glücklichen, durch das Entgegenkommen des Kranken ermöglichten Beobachtung. Sie sollen sich jetzt auch nicht damit quälen wollen, sie durch Zurückführung auf etwas anderes, bereits Bekanntes zu verstehen, sondern sollen eine neue fundamentale Tatsache in ihr erkennen, mit deren Hilfe vieles andere erklärlich werden wird. Gestatten Sie mir darum, daß ich Ihnen dasselbe in anderen Ausdrucksweisen wiederhole.

Die Symptombildung ist ein Ersatz für etwas anderes, was unterblieben ist. Gewisse seelische Vorgänge hätten sich normalerweise so weit entwickeln sollen, daß das Bewußtsein Kunde von ihnen erhielte. Das ist nicht geschehen, und dafür ist aus den unterbrochenen, irgendwie gestörten Vorgängen, die unbewußt bleiben mußten, das Symptom hervorgegangen. Es ist also etwas wie eine Vertauschung vorgefallen; wenn es gelingt, diese rückgängig zu machen, hat die Therapie der neurotischen Symptome ihre Aufgabe gelöst.

Der Breuersche Fund ist noch heute die Grundlage der psychoanalytischen Therapie. Der Satz, daß die Symptome verschwinden, wenn man ihre unbewußten Vorbedingungen bewußtgemacht hat, ist durch alle weitere Forschung bestätigt worden, obgleich man den merkwürdigsten und unerwartetsten Komplikationen begegnet, wenn man den Versuch seiner praktischen Durchführung unternimmt. Unsere Therapie wirkt dadurch, daß sie Unbewußtes in Bewußtes verwandelt, und wirkt nur, insoweit sie in die Lage kommt, diese Verwandlung durchzusetzen.

Nun rasch eine kleine Abschweifung, damit Sie nicht in die Gefahr kommen, sich diese therapeutische Arbeit als zu leicht vorzustellen. Nach unseren bisherigen Ausführungen wäre ja die Neurose die Folge einer Art von Unwissenheit, des Nichtwissens um seelische Vorgänge, von denen man wissen sollte. Das würde eine starke Annäherung an bekannte sokratische Lehren sein, denen zufolge selbst die Laster auf einer Unwissenheit beruhen. Nun wird es dem in der Analyse erfahrenen Arzt in der Regel sehr leicht zu erraten, welche seelische Regungen bei dem einzelnen Kranken unbewußt geblieben sind. Es dürfte ihm also auch nicht schwerfallen, den Kranken herzustellen, indem er ihn durch Mitteilung seines Wissens von seiner eigenen Unwissenheit befreit. Wenigstens der eine Anteil des unbewußten Sinnes der Symptome wäre auf diese Weise leicht erledigt, vom anderen, vom Zusammenhang der Symptome mit den Erlebnissen des Kranken kann der Arzt freilich nicht viel erraten, denn er kennt diese Erlebnisse nicht, er muß warten, bis der Kranke sie erinnert und ihm erzählt. Aber auch dafür ließe sich in manchen Fällen ein Ersatz finden. Man kann sich bei den Angehörigen des Kranken nach dessen Erlebnissen erkundigen, und diese werden häufig in der Lage sein, die traumatisch wirksamen unter ihnen zu erkennen, vielleicht sogar solche Erlebnisse mitzuteilen, von denen der Kranke nichts weiß, weil sie in sehr frühe Jahre seines Lebens gefallen sind. Durch eine Vereinigung dieser beiden Verfahren hätte man also Aussicht, der pathogenen Unwissenheit des Kranken in kurzer Zeit und mit geringer Mühe abzuhelfen.

Ja, wenn das so ginge! Wir haben da Erfahrungen gemacht, auf welche wir anfangs nicht vorbereitet waren. Wissen und Wissen ist nicht dasselbe; es gibt verschiedene Arten von Wissen, die psychologisch gar nicht gleichwertig sind. *Il y a fagots et fagots*, heißt es einmal bei Molière[1]. Das Wissen des Arztes ist nicht dasselbe wie das des Kranken und kann nicht dieselben Wirkungen äußern. Wenn der Arzt sein Wissen durch Mitteilung auf den Kranken überträgt, so hat dies keinen Erfolg. Nein, es wäre unrichtig, es so zu sagen. Es hat nicht den Erfolg, die Symptome aufzuheben, sondern den anderen, die Analyse in Gang zu bringen, wovon Äußerungen des Widerspruches häufig die ersten Anzeichen sind. Der Kranke weiß dann etwas, was er bisher nicht gewußt hat, den Sinn seines Symptoms, und er weiß ihn doch ebensowenig wie vorhin. Wir erfahren so, es gibt mehr als eine Art von Unwissenheit. Es wird eine gewisse Vertiefung unserer psychologischen Kenntnisse dazugehören, um uns zu zeigen, worin die Unterschiede bestehen[2]. Aber unser Satz, daß die Symptome mit dem Wissen um ihren Sinn vergehen, bleibt darum doch richtig. Es kommt nur dazu, daß das Wissen auf einer inneren Veränderung im Kranken beruhen muß, wie sie nur durch eine psychische Arbeit mit bestimmtem Ziel hervorgerufen werden kann. Hier stehen wir vor Problemen, die sich uns bald zu einer *Dynamik* der Symptombildung zusammenfassen werden.

[1] [*Le médecin malgré lui*, I. Akt, 5. Szene.]

[2] [Auf diese Frage kommt Freud in der 27. Vorlesung, S. 420, noch einmal zurück.]

Meine Herren! Ich muß jetzt die Frage aufwerfen, ist Ihnen das, was ich Ihnen sage, nicht zu dunkel und zu kompliziert? Verwirre ich Sie nicht dadurch, daß ich so oft zurücknehme und einschränke, Gedankengänge anspinne und dann fallenlasse? Es sollte mir leid tun, wenn es so wäre. Ich habe aber eine starke Abneigung gegen Vereinfachungen auf Kosten der Wahrheitstreue, habe nichts dagegen, wenn Sie den vollen Eindruck von der Vielseitigkeit und Verwobenheit des Gegenstandes empfangen, und denke mir auch, es ist kein Schaden dabei, wenn ich Ihnen zu jedem Punkte mehr sage, als Sie augenblicklich verwerten können. Ich weiß doch, daß jeder Hörer und Leser das ihm Dargebotene in Gedanken zurichtet, verkürzt, vereinfacht und herauszieht, was er behalten möchte. Bis zu einem gewissen Maß ist es wohl richtig, daß um so mehr übrig bleibt, je reichlicher vorhanden war. Lassen Sie mich hoffen, daß Sie das Wesentliche an meinen Mitteilungen, das über den Sinn der Symptome, über das Unbewußte und die Beziehung zwischen beiden, trotz allen Beiwerkes klar erfaßt haben. Sie haben wohl auch verstanden, daß unsere weitere Bemühung nach zwei Richtungen gehen wird, erstens um zu erfahren, wie Menschen erkranken, zur Lebenseinstellung der Neurose gelangen können, was ein klinisches Problem ist, und zweitens, wie sich aus den Bedingungen der Neurose die krankhaften Symptome entwickeln, was ein Problem der seelischen Dynamik bleibt. Für die beiden Probleme muß es auch irgendwo einen Treffpunkt geben.

Ich will auch heute nicht weiter gehen, aber da unsere Zeit noch nicht um ist, gedenke ich, Ihre Aufmerksamkeit auf einen anderen Charakter unserer beiden Analysen zu lenken, dessen volle Würdigung wiederum erst später erfolgen kann, auf die Erinnerungslücken oder Amnesien. Sie haben gehört [S. 279], daß man die Aufgabe der psychoanalytischen Behandlung in die Formel fassen kann, alles pathogene Unbewußte in Bewußtes umzusetzen. Nun werden Sie vielleicht erstaunt sein zu erfahren, daß man diese Formel auch durch die andere ersetzen kann, alle Erinnerungslücken der Kranken auszufüllen, seine Amnesien aufzuheben. Das käme auf dasselbe hinaus. Den Amnesien des Neurotikers wird also eine wichtige Beziehung zur Entstehung seiner Symptome zugeschrieben. Wenn Sie aber den Fall unserer ersten Analyse in Betracht ziehen, werden Sie diese Einschätzung der Amnesie nicht berechtigt finden. Die Kranke hat die Szene, an welche ihre Zwangshandlung anknüpft, nicht vergessen, im Gegenteil in lebhafter Erinnerung bewahrt, und etwas anderes Vergessenes ist bei der Entstehung dieses Symptoms auch nicht im Spiele. Minder deutlich, aber doch im ganzen analog ist die Sachlage bei unserer zweiten Patientin, dem Mädchen mit dem Zwangszeremoniell. Auch sie hat das Benehmen ihrer früheren Jahre, die Tatsachen, daß sie auf der Eröffnung der Türe zwischen dem Schlafzimmer der Eltern und ihrem eigenen bestand und daß sie die Mutter aus ihrer Stelle im Ehebett vertrieb, eigentlich nicht vergessen; sie erinnert sich daran sehr deutlich, wenn auch zögernd und ungern. Als auffällig können wir nur betrachten, daß die erste Patientin, wenn sie ihre Zwangshandlung ungezählte Male ausführte, nicht *ein Mal* an deren Ähnlichkeit mit dem Erlebnis nach der Hochzeitsnacht gemahnt wurde und daß sich diese Erinnerung auch nicht einstellte, als sie durch direkte Fragen zur Nachforschung über die Motivierung der Zwangshandlung aufgefordert wurde. Dasselbe gilt für das Mädchen, bei dem das Zeremoniell und seine Anlässe überdies auf die nämliche, allabendlich wiederholte Situation bezogen wird. In beiden Fällen besteht keine eigentliche Amnesie, kein Erinnerungsausfall, aber es ist ein Zusammenhang unterbrochen, der die Reproduktion, das Wiederauftauchen in der Erinnerung, herbeiführen sollte. Eine derartige Störung des Gedächtnisses reicht für die Zwangsneurose hin, bei der Hysterie ist es anders. Diese letztere Neurose ist meist durch ganz großartige Amnesien ausgezeichnet. In der Regel wird man bei der Analyse jedes einzelnen hysterischen Symptoms auf eine ganze Kette von Lebenseindrücken geleitet, die bei ihrer Wiederkehr ausdrücklich als bisher vergessen bezeichnet werden. Diese Kette reicht einerseits bis in die frühesten Lebensjahre zurück, so daß sich die hysterische Amnesie als unmittelbare Fortsetzung der infantilen Amnesie erkennen läßt, die uns Normalen die Anfänge unseres Seelenlebens verdeckt. [Vgl. S. 204 f.] Anderseits erfahren wir mit Erstaunen, daß auch die jüngsten Erlebnisse der Kranken dem Vergessen verfallen sein können und daß insbesondere die Anlässe, bei denen die Krankheit ausgebrochen oder verstärkt worden ist, von der Amnesie angenagt, wenn nicht ganz verschlungen worden sind. Regelmäßig sind aus dem Gesamtbild einer solchen rezenten Erinnerung wichtige Einzelheiten geschwunden oder durch Erinnerungsfälschungen ersetzt worden. Ja es ereignet sich wiederum fast regelmäßig, daß erst kurz vor dem Abschluß einer Analyse gewisse Erinnerungen an frisch Erlebtes auftauchen, die so lange zurückgehalten werden konnten und fühlbare Lücken im Zusammenhange gelassen hatten.

Solche Beeinträchtigungen des Erinnerungsvermögens sind, wie gesagt, für die Hysterie charakteristisch, bei welcher ja auch als Symptome Zustände auftreten (die hysterischen Anfälle), die in der Erinnerung keine Spur zu hinterlassen brauchen. Wenn es bei der Zwangsneurose anders ist, so mögen Sie daraus schließen, daß es sich bei diesen Amnesien um einen psychologischen Charakter der hysterischen Veränderung und nicht um einen allgemeinen Zug der Neurosen überhaupt handelt. Die Bedeutung dieser Differenz wird durch folgende Betrachtung eingeschränkt werden. Wir haben als den »Sinn« eines Symptoms zweierlei zusammengefaßt, sein Woher und sein Wohin oder Wozu [S. 276f.], das heißt die Eindrücke und Erlebnisse, von denen es ausgeht, und die Absichten, denen es dient. Das Woher eines Symptoms löst sich also in Eindrücke auf, die von außen gekommen sind, die notwendigerweise einmal bewußt waren und seither durch Vergessen unbewußt geworden sein mögen. Das Wozu des Symptoms, seine Tendenz, ist aber jedesmal ein endopsychischer Vorgang, der möglicherweise zuerst bewußt geworden ist, aber ebensowohl niemals bewußt war und von jeher im Unbewußten verblieben ist. Es ist also nicht sehr wichtig, ob die Amnesie auch das Woher, die Erlebnisse, auf die sich das Symptom stützt, ergriffen hat, wie es bei der Hysterie geschieht; das Wohin, die Tendenz des Symptoms, die von Anfang an unbewußt gewesen sein kann, ist es, die die Abhängigkeit desselben vom Unbewußten begründet, und zwar bei der Zwangsneurose nicht weniger fest als bei der Hysterie.

Mit dieser Hervorhebung des Unbewußten im Seelenleben haben wir aber die bösesten Geister der Kritik gegen die Psychoanalyse aufgerufen. Wundern Sie sich darüber nicht und glauben Sie auch nicht, daß der Widerstand gegen uns nur an der begreiflichen Schwierigkeit des Unbewußten oder an der relativen Unzugänglichkeit der Erfahrungen gelegen ist, die es erweisen. Ich meine, er kommt von tiefer her. Zwei große Kränkungen ihrer naiven Eigenliebe hat die Menschheit im Laufe der Zeiten von der Wissenschaft erdulden müssen. Die erste, als sie erfuhr, daß unsere Erde nicht der Mittelpunkt des Weltalls ist, sondern ein winziges Teilchen eines in seiner Größe kaum vorstellbaren Weltsystems. Sie knüpft sich für uns an den Namen Kopernikus, obwohl schon die alexandrinische Wissenschaft ähnliches verkündet hatte. Die zweite dann, als die biologische Forschung das angebliche Schöpfungsvorrecht des Menschen zunichte machte, ihn auf die Abstammung aus dem Tierreich und die Unvertilgbarkeit seiner animalischen Natur verwies. Diese Umwertung hat sich in unseren Tagen unter dem Einfluß von Ch. Darwin, Wallace und ihren Vorgängern nicht ohne das heftigste Sträuben der Zeitgenossen vollzogen. Die dritte und empfindlichste Kränkung aber soll die menschliche Größensucht durch die heutige psychologische Forschung erfahren, welche dem Ich nachweisen will, daß es nicht einmal Herr ist im eigenen Hause, sondern auf kärgliche Nachrichten angewiesen bleibt von dem, was unbewußt in seinem Seelenleben vorgeht. Auch diese Mahnung zur Einkehr haben wir Psychoanalytiker nicht zuerst und nicht als die einzigen vorgetragen, aber es scheint uns beschieden, sie am eindringlichsten zu vertreten und durch Erfahrungsmaterial, das jedem einzelnen nahegeht, zu erhärten. Daher die allgemeine Auflehnung gegen unsere Wissenschaft, die Versäumnis aller Rücksichten akademischer Urbanität und die Entfesselung der Opposition von allen Zügeln unparteiischer Logik, und dazu kommt noch, daß wir den Frieden dieser Welt noch auf andere Weise stören mußten, wie Sie bald hören werden.

WIDERSTAND UND VERDRÄNGUNG[1]

Meine Damen und Herren! Um im Verständnis der Neurosen weiterzukommen, bedürfen wir neuer Erfahrungen, und wir machen deren zwei. Beide sehr merkwürdig und seinerzeit sehr überraschend. Sie sind freilich auf beide durch unsere vorjährigen Besprechungen vorbereitet[2].

Erstens: Wenn wir es unternehmen, einen Kranken herzustellen, von seinen Leidenssymptomen zu befreien, so setzt er uns einen heftigen, zähen, über die ganze Dauer der Behandlung anhaltenden Widerstand entgegen. Das ist eine so sonderbare Tatsache, daß wir nicht viel Glauben für sie erwarten dürfen. Den Angehörigen des Kranken sagen wir am besten nichts davon, denn diese meinen nie etwas anderes, als es sei eine Ausrede von uns, um die lange Dauer oder den Mißerfolg unserer Behandlung zu entschuldigen. Auch der Kranke produziert alle Phänomene dieses Widerstandes, ohne ihn als solchen zu erkennen, und es ist bereits ein großer Erfolg, wenn wir ihn dazu gebracht haben, sich in diese Auffassung zu finden und mit ihr zu rechnen. Denken Sie doch, der Kranke, der unter seinen Symptomen so leidet und seine Nächsten dabei mitleiden läßt, der so viele Opfer an Zeit, Geld, Mühe und Selbstüberwindung auf sich nehmen will, um von ihnen befreit zu werden, der sollte sich im Interesse seines Krankseins gegen seinen Helfer sträuben. Wie unwahrscheinlich muß diese Behauptung klingen! Und doch ist es so, und wenn man uns diese Unwahrscheinlichkeit vorhält, so brauchen wir nur zu antworten, es sei nicht ohne seine Analogien und jeder, der wegen unerträglicher Zahnschmerzen den Zahnarzt aufgesucht hat, sei diesem wohl in den Arm gefallen, wenn er sich dem kranken Zahn mit der Zange nähern wollte.

Der Widerstand der Kranken ist sehr mannigfaltig, höchst raffiniert, oft schwer zu erkennen, wechselt proteusartig die Form seiner Erscheinung.

[1] [Am gründlichsten geht Freud auf das Thema der Verdrängung in seiner Arbeit ›Die Verdrängung‹ (1915 *d*) und im IV. Abschnitt der Schrift ›Das Unbewußte‹ (1915 *e*) ein.]

[2] [Der Begriff des Widerstands ist von Freud bereits in der 7. Vorlesung, S. 130 f., vorgestellt worden. Die zweite Erfahrung wird unten auf S. 295 f. beschrieben.]

Es heißt für den Arzt mißtrauisch sein und auf seiner Hut gegen ihn bleiben. Wir wenden ja in der psychoanalytischen Therapie die Technik an, die Ihnen von der Traumdeutung her bekannt ist. Wir legen es dem Kranken auf, sich in einen Zustand von ruhiger Selbstbeobachtung ohne Nachdenken zu versetzen und alles mitzuteilen, was er dabei an inneren Wahrnehmungen machen kann: Gefühle, Gedanken, Erinnerungen, in der Reihenfolge, in der sie in ihm auftauchen. Wir warnen ihn dabei ausdrücklich, irgendeinem Motiv nachzugeben, welches eine Auswahl oder Ausschließung unter den Einfällen erzielen möchte, möge es lauten, das ist *zu unangenehm* oder *zu indiskret*, um es zu sagen, oder das ist *zu unwichtig*, es gehört *nicht hierher*, oder das ist *unsinnig*, braucht nicht gesagt zu werden. Wir schärfen ihm ein, immer nur der Oberfläche seines Bewußtseins zu folgen, jede wie immer geartete Kritik gegen das, was er findet, zu unterlassen, und vertrauen ihm an, daß der Erfolg der Behandlung, vor allem aber die Dauer derselben von der Gewissenhaftigkeit abhängt, mit der er diese technische Grundregel der Analyse befolgt[1]. Wir wissen ja von der Technik der Traumdeutung, daß gerade solche Einfälle, gegen welche sich die aufgezählten Bedenken und Einwendungen erheben, regelmäßig das Material enthalten, welches zur Aufdeckung des Unbewußten hinführt. [Vgl. S. 130.]

Durch die Aufstellung dieser technischen Grundregel erreichen wir zunächst, daß sie zum Angriffspunkt des Widerstandes wird. Der Kranke sucht sich ihren Bestimmungen auf jede Art zu entwinden. Bald behauptet er, es fiele ihm nichts ein, bald, es dränge sich ihm so vieles auf, daß er nichts zu erfassen vermöge. Dann merken wir mit mißvergnügtem Erstaunen, daß er bald dieser, bald jener kritischen Einwendung nachgegeben hat; er verrät sich uns nämlich durch die langen Pausen, die er in seinen Reden eintreten läßt. Er gesteht dann zu, das könne er wirklich nicht sagen, er schäme sich, und läßt dieses Motiv gegen sein Versprechen gelten. Oder es sei ihm etwas eingefallen, aber es betreffe eine andere Person als ihn selbst und sei darum von der Mitteilung ausgenommen. Oder, was ihm jetzt eingefallen, sei wirklich zu unwichtig, zu dumm und zu unsinnig; ich könne doch nicht gemeint haben, daß er auf solche Gedanken eingehen solle, und so geht es in

[1] [Freud erwähnt diese Grundregel bereits im Zusammenhang mit der Traumdeutung in der 7. Vorlesung, S. 130 oben. Eine interessante Bemerkung über die tieferen Gründe der Hindernisse, die sich der Befolgung dieser Regel entgegenstellen, findet sich in *Hemmung, Symptom und Angst* (1926*d*), gegen Ende des VI. Kapitels, wo Freud auf die besonderen Schwierigkeiten hinweist, die Zwangsneurotiker in diesem Zusammenhang haben. S. auch die nächste Seite.]

unübersehbaren Variationen weiter, wogegen man zu erklären hat, daß alles sagen wirklich alles sagen bedeutet.

Man trifft kaum auf einen Kranken, der nicht den Versuch machte, irgendein Gebiet für sich zu reservieren, um der Kur den Zutritt zu demselben zu verwehren. Einer, den ich zu den Höchstintelligenten zählen mußte, verschwieg so wochenlang eine intime Liebesbeziehung und verteidigte sich, wegen der Verletzung der heiligen Regel zur Rede gestellt, mit dem Argument, er habe geglaubt, diese eine Geschichte sei seine Privatsache. Natürlich verträgt die analytische Kur ein solches Asylrecht nicht. Man versuche es etwa in einer Stadt wie Wien, für einen Platz wie der Hohe Markt oder für die Stephanskirche die Ausnahme zuzulassen, daß dort keine Verhaftungen stattfinden dürfen, und mühe sich dann ab, einen bestimmten Missetäter einzufangen. Er wird an keiner anderen Stelle als an dem Asyl zu finden sein. Ich entschloß mich einmal, einem Mann, an dessen Leistungsfähigkeit objektiv viel gelegen war, ein solches Ausnahmsrecht zuzugestehen, denn er stand unter einem Diensteid, der ihm verbot, von bestimmten Dingen einem anderen Mitteilung zu machen. Er war allerdings mit dem Erfolg zufrieden, aber ich nicht; ich setzte mir vor, einen Versuch unter solchen Bedingungen nicht zu wiederholen.

Zwangsneurotiker verstehen es ausgezeichnet, die technische Regel fast unbrauchbar zu machen, dadurch, daß sie ihre Übergewissenhaftigkeit und ihren Zweifel auf sie einstellen[1]. Angsthysteriker bringen es gelegentlich zustande, sie *ad absurdum* zu führen, indem sie nur Einfälle produzieren, die so weit von dem Gesuchten entfernt sind, daß sie der Analyse keinen Ertrag bringen. Aber ich beabsichtige nicht, Sie in die Behandlung dieser technischen Schwierigkeiten einzuführen. Genug, es gelingt endlich, durch Entschiedenheit und Beharrung dem Widerstand ein gewisses Ausmaß von Gehorsam gegen die technische Grundregel abzuringen, und dann wirft er sich auf ein anderes Gebiet. Er tritt als intellektueller Widerstand auf, kämpft mit Argumenten, bemächtigt sich der Schwierigkeiten und Unwahrscheinlichkeiten, welche das nomale, aber nicht unterrichtete Denken an den analytischen Lehren findet. Wir bekommen dann alle Kritiken und Einwendungen von dieser einzelnen Stimme zu hören, die uns in der wissenschaftlichen Literatur als Chorus umbrausen. Daher uns auch nichts unbekannt klingt, was man uns von draußen zuruft. Es ist ein richtiger Sturm im

[1] [Vgl. die vorige Anm.]

Wasserglas. Doch der Patient läßt mit sich reden; er will uns gern dazu bewegen, daß wir ihn unterrichten, belehren, widerlegen, ihn zur Literatur führen, an welcher er sich weiterbilden kann. Er ist gern bereit, ein Anhänger der Psychoanalyse zu werden, unter der Bedingung, daß die Analyse ihn persönlich verschont. Aber wir erkennen diese Wißbegierde als Widerstand, als Ablenkung von unseren speziellen Aufgaben, und weisen sie ab. Bei dem Zwangsneurotiker haben wir eine besondere Taktik des Widerstandes zu erwarten. Er läßt die Analyse oft ungehemmt ihren Weg machen, so daß sie eine immer zunehmende Helligkeit über die Rätsel des Krankheitsfalles verbreiten kann, aber wir wundern uns endlich, daß dieser Aufklärung kein praktischer Fortschritt, keine Abschwächung der Symptome entspricht. Dann können wir entdecken, daß der Widerstand sich auf den Zweifel der Zwangsneurose zurückgezogen hat und uns in dieser Position erfolgreich die Spitze bietet. Der Kranke hat sich ungefähr gesagt: Das ist ja alles recht schön und interessant. Ich will es auch gern weiterverfolgen. Es würde meine Krankheit sehr ändern, wenn es wahr wäre. Aber ich glaube ja gar nicht, daß es wahr ist, und solange ich es nicht glaube, geht es meine Krankheit nichts an. So kann es lange fortgehen, bis man endlich an diese reservierte Stellung selbst herangekommen ist, und nun der entscheidende Kampf losbricht[1].

Die intellektuellen Widerstände sind nicht die schlimmsten; man bleibt ihnen immer überlegen. Aber der Patient versteht es auch, indem er im Rahmen der Analyse bleibt, Widerstände herzustellen, deren Überwindung zu den schwierigsten technischen Aufgaben gehört. Anstatt sich zu erinnern, wiederholt er aus seinem Leben solche Einstellungen und Gefühlsregungen, die sich mittels der sogenannten »Übertragung«[2] zum Widerstand gegen Arzt und Kur verwenden lassen. Er entnimmt dieses Material, wenn es ein Mann ist, in der Regel seinem Verhältnis zum Vater, an dessen Stelle er den Arzt treten läßt, und macht somit Widerstände aus seinem Bestreben nach Selbständigkeit der Person und und des Urteils, aus seinem Ehrgeiz, der sein erstes Ziel darin fand, es dem Vater gleichzutun oder ihn zu überwinden, aus seinem Unwillen, die Last der Dankbarkeit ein zweites Mal im Leben auf sich zu laden. Streckenweise empfängt man so den Eindruck, als hätte beim Kranken die Absicht, den Arzt ins Unrecht zu setzen, ihn seine Ohnmacht em-

[1] [Die Rolle des Zweifels in der Zwangsneurose wird in der 17. Vorlesung, S. 260, erwähnt.]

[2] [Diesem Phänomen ist die ganze 27. Vorlesung gewidmet.]

pfinden zu lassen, über ihn zu triumphieren, die bessere Absicht, der Krankheit ein Ende zu machen, völlig ersetzt. Die Frauen verstehen es meisterhaft, eine zärtliche, erotisch betonte Übertragung auf den Arzt für die Zwecke des Widerstandes auszubeuten. Bei einer gewissen Höhe dieser Zuneigung erlischt jedes Interesse für die aktuelle Situation der Kur, jede der Verpflichtungen, die sie beim Eingehen in dieselbe auf sich genommen hatten, und die nie ausbleibende Eifersucht sowie die Erbitterung über die unvermeidliche, wenn auch schonend vorgebrachte Abweisung müssen dazu dienen, das persönliche Einvernehmen mit dem Arzt zu verderben und so eine der mächtigsten Triebkräfte der Analyse auszuschalten.

Die Widerstände dieser Art dürfen nicht einseitig verurteilt werden. Sie enthalten so viel von dem wichtigsten Material aus der Vergangenheit des Kranken und bringen es in so überzeugender Art wieder, daß sie zu den besten Stützen der Analyse werden, wenn eine geschickte Technik es versteht, ihnen die richtige Wendung zu geben. Es bleibt nur bemerkenswert, daß dieses Material zunächst immer im Dienste des Widerstandes steht und seine der Behandlung feindselige Fassade voranstellt. Man kann auch sagen, es seien Charaktereigenschaften, Einstellungen des Ichs, welche zur Bekämpfung der angestrebten Veränderungen mobil gemacht werden. Man erfährt dabei, wie diese Charaktereigenschaften im Zusammenhang mit den Bedingungen der Neurose und in der Reaktion gegen deren Ansprüche gebildet worden sind, und erkennt Züge dieses Charakters, die sonst nicht, oder nicht in diesem Ausmaße, hervortreten können, die man als latent bezeichnen kann. Sie sollen auch nicht den Eindruck gewinnen, als erblickten wir in dem Auftreten dieser Widerstände eine unvorhergesehene Gefährdung der analytischen Beeinflussung. Nein, wir wissen, daß diese Widerstände zum Vorschein kommen müssen; wir sind nur unzufrieden, wenn wir sie nicht deutlich genug hervorrufen und dem Kranken nicht klarmachen können. Ja, wir verstehen endlich, daß die Überwindung dieser Widerstände die wesentliche Leistung der Analyse und jenes Stück der Arbeit ist, welches uns allein zusichert, daß wir etwas beim Kranken zustande gebracht haben.

Nehmen Sie noch hinzu, daß der Kranke alle Zufälligkeiten, die sich während der Behandlung ergeben, im Sinne einer Störung ausnützt, jedes ablenkende Ereignis außerhalb, jede Äußerung einer der Analyse feindseligen Autorität in seinem Kreise, eine zufällige oder die Neurose komplizierende organische Erkrankung, ja daß er selbst jede Besserung seines Zustandes als Motiv für ein Nachlassen seiner Bemühung verwendet, so haben Sie ein ungefähres, noch immer nicht vollständiges Bild der Formen und der Mittel des Widerstandes gewonnen, unter dessen Bekämpfung jede Analyse verläuft. Ich habe diesem Punkt eine so ausführliche Behandlung geschenkt, weil ich Ihnen mitzuteilen habe, daß diese unsere Erfahrung mit dem Widerstande der Neurotiker gegen die Beseitigung ihrer Symptome die Grundlage unserer dynamischen Auffassung der Neurosen geworden ist. Breuer und ich selbst haben ursprünglich die Psychotherapie mit dem Mittel der Hypnose betrieben; Breuers erste Patientin [1] ist durchwegs im Zustande hypnotischer Beeinflussung behandelt worden; ich bin ihm zunächst darin gefolgt. Ich gestehe, die Arbeit ging damals leichter und angenehmer, auch in viel kürzerer Zeit, vor sich. Die Erfolge aber waren launenhaft und nicht andauernd; darum ließ ich endlich die Hypnose fallen. Und dann verstand ich, daß eine Einsicht in die Dynamik dieser Affektionen nicht möglich gewesen war, solange man sich der Hypnose bedient hatte. Dieser Zustand wußte gerade die Existenz des Widerstandes der Wahrnehmung des Arztes zu entziehen. Er schob ihn zurück, machte ein gewisses Gebiet für die analytische Arbeit frei und staute ihn an den Grenzen dieses Gebietes so auf, daß er undurchdringlich wurde, ähnlich wie es der Zweifel bei der Zwangsneurose tut. Darum durfte ich auch sagen, die eigentliche Psychoanalyse hat mit dem Verzicht auf die Hilfe der Hypnose eingesetzt.

Wenn aber die Konstatierung des Widerstandes so bedeutsam geworden ist, so dürfen wir wohl einem vorsichtigen Zweifel Raum geben, ob wir nicht allzu leichtfertig in der Annahme von Widerständen sind. Vielleicht gibt es wirklich neurotische Fälle, in denen die Assoziationen sich aus anderen Gründen versagen, vielleicht verdienen die Argumente gegen unsere Voraussetzungen wirklich eine inhaltliche Würdigung und wir tun Unrecht daran, die intellektuelle Kritik der Analysierten so bequem als Widerstand beiseite zu schieben. Ja, meine Herren, wir sind aber nicht leichthin zu diesem Urteil gekommen. Wir haben Gelegenheit gehabt, jeden solchen kritischen Patienten bei dem Auftauchen und nach dem Schwinden eines Widerstandes zu beobachten. Der Widerstand wechselt nämlich im Laufe einer Behandlung beständig seine Intensität; er steigt immer an, wenn man sich einem neuen Thema nähert, ist am stärksten auf der Höhe der Bearbeitung desselben und

[1] [S. die 18. Vorlesung, S. 278 f.]

sinkt mit der Erledigung des Themas wieder zusammen. Wir haben es auch niemals, wenn wir nicht besondere technische Ungeschicklichkeiten begangen haben, mit dem vollen Ausmaß des Widerstandes, den ein Patient leisten kann, zu tun. Wir konnten uns also überzeugen, daß derselbe Mann ungezählte Male im Laufe der Analyse seine kritische Einstellung wegwirft und wieder aufnimmt. Stehen wir davor, ein neues und ihm besonders peinliches Stück des unbewußten Materials zum Bewußtsein zu fördern, so ist er aufs äußerste kritisch; hatte er früher vieles verstanden und angenommen, so sind diese Erwerbungen jetzt wie weggewischt; er kann in seinem Bestreben nach Opposition um jeden Preis völlig das Bild eines affektiv Schwachsinnigen ergeben. Ist es gelungen, ihm zur Überwindung dieses neuen Widerstandes zu verhelfen, so bekommt er seine Einsicht und sein Verständnis wieder. Seine Kritik ist also keine selbständige, als solche zu respektierende Funktion, sie ist der Handlanger seiner affektiven Einstellungen und wird von seinem Widerstand dirigiert. Ist ihm etwas nicht recht, so kann er sich sehr scharfsinnig dagegen wehren und sehr kritisch erscheinen; paßt ihm aber etwas in seinen Kram, so kann er sich dagegen sehr leichtgläubig zeigen. Vielleicht sind wir alle nicht viel anders; der Analysierte zeigt diese Abhängigkeit des Intellekts vom Affektleben nur darum so deutlich, weil wir ihn in der Analyse in so große Bedrängnis bringen.

Auf welche Weise tragen wir nun der Beobachtung Rechnung, daß sich der Kranke so energisch gegen die Abstellung seiner Symptome und die Herstellung eines normalen Ablaufes in seinen seelischen Vorgängen wehrt? Wir sagen uns, wir haben da starke Kräfte zu spüren bekommen, die sich einer Veränderung des Zustandes widersetzen; es müssen dieselben sein, die seinerzeit diesen Zustand erzwungen haben. Es muß bei der Symptombildung etwas vor sich gegangen sein, was wir nun aus unseren Erfahrungen bei der Symptomlösung rekonstruieren können. Wir wissen schon aus der Breuerschen Beobachtung, die Existenz des Symptoms hat zur Voraussetzung, daß irgendein seelischer Vorgang nicht in normaler Weise zu Ende geführt wurde, so daß er bewußt werden konnte. Das Symptom ist ein Ersatz für das, was da unterblieben ist [S. 279]. Nun wissen wir, an welche Stelle wir die vermutete Kraftwirkung zu versetzen haben. Es muß sich ein heftiges Sträuben dagegen erhoben haben, daß der fragliche seelische Vorgang bis zum Bewußtsein vordringe; er blieb darum unbewußt. Als Unbewußtes hatte er die Macht, ein Symptom zu bilden. Dasselbe Sträuben widersetzt sich während der analytischen Kur dem Bemühen, das Unbewußte ins Bewußte überzuführen, von neuem. Dies verspüren wir als Widerstand. Der pathogene Vorgang, der uns durch den Widerstand erwiesen wird, soll den Namen *Verdrängung* erhalten.

Über diesen Prozeß der Verdrängung müssen wir uns nun bestimmtere Vorstellungen machen. Er ist die Vorbedingung der Symptombildung, aber er ist auch etwas, wozu wir nichts Ähnliches kennen. Nehmen wir einen Impuls, einen seelischen Vorgang mit dem Bestreben, sich in eine Handlung umzusetzen, als Vorbild, so wissen wir, daß er einer Abweisung unterliegen kann, die wir Verwerfung oder Verurteilung heißen. Dabei wird ihm die Energie, über die er verfügt, entzogen, er wird machtlos, aber er kann als Erinnerung bestehen bleiben. Der ganze Vorgang der Entscheidung über ihn läuft unter dem Wissen des Ichs ab. Ganz anders, wenn wir uns denken, daß derselbe Impuls der Verdrängung unterworfen würde. Dann behielte er seine Energie und es würde keine Erinnerung an ihn übrigbleiben; auch würde sich der Vorgang der Verdrängung vom Ich unbemerkt vollziehen. Durch diese Vergleichung kommen wir dem Wesen der Verdrängung also nicht näher.

Ich will Ihnen auseinandersetzen, welche theoretischen Vorstellungen sich allein brauchbar erwiesen haben, um den Begriff der Verdrängung an eine bestimmtere Gestalt zu binden. Es ist vor allem dazu notwendig, daß wir von dem rein deskriptiven Sinn des Wortes »unbewußt« zum systematischen Sinn desselben Wortes fortschreiten[1], das heißt wir entschließen uns zu sagen, die Bewußtheit oder Unbewußtheit eines psychischen Vorganges ist nur eine der Eigenschaften desselben und nicht notwendig eine unzweideutige. Wenn ein solcher Vorgang unbewußt geblieben ist, so ist diese Abhaltung vom Bewußtsein vielleicht nur ein Anzeichen des Schicksals, das er erfahren hat, und nicht dieses Schicksal selbst. Um uns dieses Schicksal zu versinnlichen, nehmen wir an, daß jeder seelische Vorgang – es muß da eine später zu erwähnende Ausnahme zugegeben werden[2] – zuerst in einem unbewußten Stadium oder Phase existiert und erst aus diesem in die bewußte Phase übergeht, etwa wie ein photographisches Bild zuerst ein Negativ ist und dann durch den Positivprozeß zum Bild wird. Nun muß aber nicht aus jedem Negativ ein Positiv werden, und ebensowenig ist es notwendig, daß

[1] [S. die Anm. auf S. 230.]

[2] [Die Ausnahme, auf die Freud jedoch nicht zurückkommt, ist zweifellos die äußere Sinneswahrnehmung.]

jeder unbewußte Seelenvorgang sich in einen bewußten umwandle. Wir drücken uns mit Vorteil so aus, der einzelne Vorgang gehöre zuerst dem psychischen System des Unbewußten an und könne dann unter Umständen in das System des Bewußten übertreten.

Die roheste Vorstellung von diesen Systemen ist die für uns bequemste; es ist die räumliche. Wir setzen also das System des Unbewußten einem großen Vorraum gleich, in dem sich die seelischen Regungen wie Einzelwesen tummeln. An diesen Vorraum schließe sich ein zweiter, engerer, eine Art Salon, in welchem auch das Bewußtsein verweilt. Aber an der Schwelle zwischen beiden Räumlichkeiten walte ein Wächter seines Amtes, der die einzelnen Seelenregungen mustert, zensuriert und sie nicht in den Salon einläßt, wenn sie sein Mißfallen erregen. Sie sehen sofort ein, daß es nicht viel Unterschied macht, ob der Wächter eine einzelne Regung bereits von der Schwelle abweist oder ob er sie wieder über sie hinausweist, nachdem sie in den Salon eingetreten ist. Es handelt sich dabei nur um den Grad seiner Wachsamkeit und um sein frühzeitiges Erkennen. Das Festhalten an diesem Bilde gestattet uns nun eine weitere Ausbildung unserer Nomenklatur. Die Regungen im Vorraum des Unbewußten sind dem Blick des Bewußtseins, das sich ja im anderen Raum befindet, entzogen; sie müssen zunächst unbewußt bleiben. Wenn sie sich bereits zur Schwelle vorgedrängt haben und vom Wächter zurückgewiesen worden sind, dann sind sie bewußtseinsunfähig; wir heißen sie *verdrängt*. Aber auch die Regungen, welche der Wächter über die Schwelle gelassen, sind darum nicht notwendig auch bewußt geworden; sie können es bloß werden, wenn es ihnen gelingt, die Blicke des Bewußtseins auf sich zu ziehen. Wir heißen darum diesen zweiten Raum mit gutem Recht das System des *Vorbewußten*. Das Bewußtwerden behält dann seinen rein deskriptiven Sinn. Das Schicksal der Verdrängung besteht aber für eine einzelne Regung darin, daß sie vom Wächter nicht aus dem System des Unbewußten in das des Vorbewußten eingelassen wird. Er ist derselbe Wächter, den wir als Widerstand kennenlernen, wenn wir durch die analytische Behandlung die Verdrängung aufzuheben versuchen.

Nun weiß ich ja, Sie werden sagen, diese Vorstellungen sind ebenso roh wie phantastisch und in einer wissenschaftlichen Darstellung gar nicht zulässig. Ich weiß, daß sie roh sind; ja noch mehr, wir wissen auch, daß sie unrichtig sind, und wenn wir nicht sehr irren, so haben wir bereits einen besseren Ersatz für sie bereit[1]. Ob sie Ihnen dann auch noch

[1] [Was Freud hier im Sinn hatte, ist nicht ersichtlich.]

so phantastisch erscheinen werden, weiß ich nicht. Vorläufig sind es Hilfsvorstellungen wie die vom Ampèreschen Männchen, das im elektrischen Stromkreis schwimmt[1], und nicht zu verachten, insofern sie für das Verständnis der Beobachtungen brauchbar sind. Ich möchte Ihnen versichern, daß diese rohen Annahmen von den zwei Räumlichkeiten, dem Wächter an der Schwelle zwischen beiden und dem Bewußtsein als Zuschauer am Ende des zweiten Saales doch sehr weitgehende Annäherungen an den wirklichen Sachverhalt bedeuten müssen. Ich möchte auch von Ihnen das Zugeständnis hören, daß unsere Beziehungen: *unbewußt, vorbewußt, bewußt* weit weniger präjudizieren und leichter zu rechtfertigen sind als andere, die in Vorschlag oder in Gebrauch gekommen sind, wie: *unter*bewußt, *neben*bewußt, *binnen*bewußt und dergleichen.

Bedeutsamer wird es mir darum sein, wenn Sie mich daran mahnen, daß eine solche Einrichtung des seelischen Apparates, wie ich sie hier zugunsten der Erklärung neurotischer Symptome angenommen habe, nur eine allgemein gültige sein und also auch über die normale Funktion Auskunft geben müßte. Darin haben Sie natürlich recht. Wir können dieser Folgerung jetzt nicht nachgehen, aber unser Interesse für die Psychologie der Symptombildung muß eine außerordentliche Steigerung erfahren, wenn die Aussicht besteht, durch das Studium pathologischer Verhältnisse Aufschluß über das so gut verhüllte normale seelische Geschehen zu bekommen.

Erkennen Sie übrigens nicht, worauf sich unsere Aufstellungen von den beiden Systemen, dem Verhältnis zwischen ihnen und zum Bewußtsein stützen? Der Wächter zwischen dem Unbewußten und dem Vorbewußten ist doch nichts anderes als die *Zensur*, der wir die Gestaltung des manifesten Traumes unterworfen fanden [vgl. S. 151]. Die Tagesreste, in denen wir die Anreger des Traumes erkannten, waren vorbewußtes Material, welches zur Nachtzeit im Schlafzustande den Einfluß unbewußter und verdrängter Wunschregungen erfahren hatte und in Gemeinschaft mit ihnen, dank ihrer Energie, den latenten Traum hatte bilden können. Unter der Herrschaft des unbewußten Systems hatte dieses Material eine Verarbeitung gefunden – die Verdichtung und Verschiebung –, wie sie im normalen Seelenleben, das heißt im

[1] [André Marie Ampère (1775–1836), einer der Begründer der Lehre vom Elektromagnetismus, verwendete bei einem seiner frühesten Experimente, um die Beziehung zwischen Elektrizität und Magnetismus zu zeigen, ein Männchen aus magnetisch leitendem Metall.]

vorbewußten System, unbekannt oder nur ausnahmsweise zulässig ist. Diese Verschiedenheit der Arbeitsweisen wurde uns zur Charakteristik der beiden Systeme; das Verhältnis zum Bewußtsein, welches dem Vorbewußten anhängt, galt uns nur als Zeichen der Zugehörigkeit zu einem der beiden Systeme[1]. Der Traum ist eben kein pathologisches Phänomen mehr; er kann bei allen Gesunden unter den Bedingungen des Schlafzustandes auftreten. Jene Annahme über die Struktur des seelischen Apparates, welche uns in einem die Bildung des Traumes und die der neurotischen Symptome verstehen läßt, hat einen unabweisbaren Anspruch darauf, auch für das normale Seelenleben in Betracht gezogen zu werden.

Soviel wollen wir jetzt von der Verdrängung sagen. Sie ist aber nur die Vorbedingung für die Symptombildung. Wir wissen, das Symptom ist ein Ersatz für etwas, was durch die Verdrängung verhindert wurde. Aber von der Verdrängung bis zum Verständnis dieser Ersatzbildung ist noch ein weiter Weg. Auf der anderen Seite des Problems erheben sich im Anschluß an die Konstatierung der Verdrängung die Fragen: Welche Art von seelischen Regungen unterliegt der Verdrängung, von welchen Kräften wird sie durchgesetzt, aus welchen Motiven? Dazu ist uns bisher nur eines gegeben. Wir haben bei der Untersuchung des Widerstandes gehört, daß er von Kräften des Ichs ausgeht, von bekannten und latenten Charaktereigenschaften. Diese sind es also auch, die die Verdrängung besorgt haben, oder sie sind wenigstens an ihr beteiligt gewesen. Alles weitere ist uns noch unbekannt.

Da hilft uns nun die zweite Erfahrung, die ich angekündigt hatte [S. 285], weiter. Wir können aus der Analyse ganz allgemein angeben, was die Absicht der neurotischen Symptome ist. Auch das wird Ihnen nichts Neues sein. Ich habe es Ihnen an zwei Fällen von Neurose schon gezeigt [S. 261 ff.]. Aber freilich, was bedeuten zwei Fälle? Sie haben das Recht zu verlangen, daß es Ihnen zweihundertmal, ungezählte Male gezeigt werde. Nur das eine, daß ich dies nicht kann. Da muß wieder die eigene Erfahrung dafür eintreten oder der Glaube, der sich in diesem Punkt auf die übereinstimmende Angabe aller Psychoanalytiker berufen kann.

Sie erinnern sich daran, daß in zwei Fällen, deren Symptome wir einer eingehenden Untersuchung unterzogen, die Analyse uns in das Intimste

---

[1] [Vgl. die Erörterungen am Ende der 13. und der 14. Vorlesung, S. 215 f. und S. 229 f.]

des Sexuallebens dieser Kranken einweihte. Im ersten Falle haben wir außerdem die Absicht oder Tendenz des untersuchten Symptoms besonders deutlich erkannt; vielleicht war sie im zweiten Falle durch ein später [S. 297 f.] zu erwähnendes Moment etwas verdeckt. Nun, dasselbe, was wir an diesen beiden Beispielen gesehen haben, würden uns alle anderen Fälle zeigen, welche wir der Analyse unterziehen. Jedesmal würden wir durch die Analyse in die sexuellen Erlebnisse und Wünsche des Kranken eingeführt werden, und jedesmal müßten wir feststellen, daß ihre Symptome der gleichen Absicht dienen. Als diese Absicht gibt sich uns die Befriedigung sexueller Wünsche zu erkennen; die Symptome dienen der Sexualbefriedigung der Kranken, sie sind ein Ersatz für solche Befriedigung, die sie im Leben entbehren.

Denken Sie an die Zwangshandlung unserer ersten Patientin. Die Frau entbehrt ihren intensiv geliebten Mann, mit dem sie wegen seiner Mängel und Schwächen das Leben nicht teilen kann. Sie muß ihm treu bleiben, sie kann keinen anderen an seine Stelle setzen. Ihr Zwangssymptom gibt ihr, wonach sie sich sehnt, erhöht ihren Mann, verleugnet, korrigiert seine Schwächen, vor allem seine Impotenz. Dieses Symptom ist im Grunde eine Wunscherfüllung, ganz wie ein Traum, und zwar, was der Traum nicht jedesmal ist, eine erotische Wunscherfüllung. Bei unserer zweiten Patientin konnten Sie wenigstens entnehmen, daß ihr Zeremoniell den Verkehr der Eltern verhindern oder hintanhalten will, daß aus demselben ein neues Kind hervorgehe. Sie haben wohl auch erraten, daß es im Grunde dahin strebt, sie selbst an die Stelle der Mutter zu setzen. Also wiederum Beseitigung von Störungen in der Sexualbefriedigung und Erfüllung eigener sexueller Wünsche. Von der angedeuteten Komplikation wird bald die Rede sein.

Meine Herren! Ich möchte dem vorbeugen, daß ich an der Allgemeinheit dieser Behauptungen nachträglich Abzüge anzubringen habe, und mache Sie darum aufmerksam, daß alles, was ich hier über Verdrängung, Symptombildung und Symptombedeutung sage, an drei Formen von Neurosen, der Angsthysterie, der Konversionshysterie und der Zwangsneurose, gewonnen worden ist und zunächst auch nur für diese Formen gilt. Diese drei Affektionen, die wir als *»Übertragungsneurosen«* [1] in einer Gruppe zu vereinigen gewohnt sind, umschreiben auch das Gebiet, auf welchem sich die psychoanalytische Therapie betätigen kann. Die anderen Neurosen sind von der Psychoanalyse weit

[1] [Die Erklärung dieser Bezeichnung findet sich in einer späteren Vorlesung, S. 428.]

weniger gut studiert worden; bei einer Gruppe derselben ist wohl die Unmöglichkeit einer therapeutischen Beeinflussung ein Grund für die Zurücksetzung gewesen. Vergessen Sie auch nicht, daß die Psychoanalyse eine noch sehr junge Wissenschaft ist, daß sie viel Mühe und Zeit zur Vorbereitung erfordert und daß sie vor gar nicht langer Zeit noch auf zwei Augen gestanden ist. Doch sind wir an allen Stellen im Begriffe, in das Verständnis dieser anderen Affektionen, die nicht Übertragungsneurosen sind, einzudringen. Ich hoffe, Ihnen noch vorführen zu können, welche Erweiterungen unsere Annahmen und Ergebnisse bei der Anpassung an dieses neue Material erfahren, und Ihnen zu zeigen, daß diese weiteren Studien nicht zu Widersprüchen, sondern zur Herstellung von höheren Einheitlichkeiten geführt haben[1]. Wenn also jetzt alles, was hier gesagt wird, für die drei Übertragungsneurosen gilt, so lassen Sie mich zunächst den Wert der Symptome durch eine neue Mitteilung steigern. Eine vergleichende Untersuchung über die Anlässe der Erkrankung ergibt nämlich ein Resultat, welches sich in die Formel fassen läßt, diese Personen erkranken an der *Versagung* in irgendeiner Weise, wenn ihnen die Realität die Befriedigung ihrer sexuellen Wünsche vorenthält[2]. Sie erkennen, wie vortrefflich diese beiden Ergebnisse miteinander stimmen. Die Symptome sind dann erst recht als Ersatzbefriedigung für die im Leben vermißte zu verstehen.

Gewiß sind noch allerlei Einwendungen gegen den Satz, daß die neurotischen Symptome sexuelle Ersatzbefriedigungen sind, möglich. Zwei davon will ich heute noch erörtern. Sie werden, wenn Sie selbst eine größere Anzahl von Neurotikern analytisch untersucht haben, mir vielleicht kopfschüttelnd berichten: bei einer Reihe von Fällen treffe dies aber gar nicht zu; die Symptome scheinen da eher die gegenteilige Absicht zu enthalten, die Sexualbefriedigung auszuschließen oder aufzuheben. Ich werde die Richtigkeit Ihrer Deutung nicht bestreiten. Der psychoanalytische Sachverhalt pflegt gern etwas komplizierter zu sein, als uns lieb ist. Wenn er so einfach wäre, hätte es vielleicht nicht der Psychoanalyse bedurft, um ihn ans Licht zu bringen. Wirklich lassen bereits einige Züge des Zeremoniells bei unserer zweiten Patientin diesen asketischen, der Sexualbefriedigung feindlichen Charakter erkennen [S. 265 ff.], z. B. wenn sie die Uhren beseitigt, was den magischen Sinn hat, nächtliche Erektionen zu vermeiden, oder das Fallen und Brechen von Gefäßen verhüten will, was einem Schutze ihrer Jung-

[1] [S. die Darstellung des Narzißmus in der 26. Vorlesung.]
[2] [Dieser Zusammenhang wird ausführlicher in der 22. Vorlesung, S. 338 ff., erläutert.]

fräulichkeit gleichkommt. In anderen Fällen von Bettzeremoniell, die ich analysieren konnte, war dieser negative Charakter weit mehr ausgesprochen; das Zeremoniell konnte durchwegs aus Abwehrmaßregeln gegen sexuelle Erinnerungen und Versuchungen bestehen. Indessen haben wir schon so oft in der Psychoanalyse erfahren, daß Gegensätze keinen Widerspruch bedeuten. Wir könnten unsere Behauptung dahin erweitern, die Symptome beabsichtigen entweder eine sexuelle Befriedigung oder eine Abwehr derselben, und zwar wiegt bei der Hysterie der positive, wunscherfüllende, bei der Zwangsneurose der negative, asketische Charakter im ganzen vor. Wenn die Symptome sowohl der Sexualbefriedigung als auch ihrem Gegensatz dienen können, so hat diese Zweiseitigkeit oder Polarität eine ausgezeichnete Begründung in einem Stück ihres Mechanismus, welches wir noch nicht erwähnen konnten. Sie sind nämlich, wie wir hören werden, Kompromißergebnisse, aus der Interferenz zweier gegensätzlichen Strebungen hervorgegangen, und vertreten ebensowohl das Verdrängte wie das Verdrängende, das bei ihrer Entstehung mitgewirkt hat. Die Vertretung kann dann mehr zugunsten der einen oder anderen Seite geraten, nur selten fällt ein Einfluß völlig aus. Bei der Hysterie wird zumeist das Zusammentreffen beider Absichten in dem nämlichen Symptom erreicht. Bei der Zwangsneurose fallen beide Anteile oft auseinander; das Symptom wird dann zweizeitig, es besteht aus zwei Aktionen, einer nach der anderen, die einander aufheben[1].

Nicht so leicht werden wir ein zweites Bedenken erledigen. Wenn Sie eine größere Reihe von Symptomdeutungen überschauen, werden Sie wahrscheinlich zunächst urteilen, daß der Begriff einer sexuellen Ersatzbefriedigung bei ihnen bis zu seinen äußersten Grenzen gedehnt worden sei. Sie werden nicht versäumen zu betonen, daß diese Symptome nichts Reales an Befriedigung bieten, daß sie sich oft genug auf die Belebung einer Sensation oder die Darstellung einer Phantasie aus einem sexuellen Komplex beschränken. Ferner, daß die angebliche Sexualbefriedigung so häufig einen kindischen und unwürdigen Charakter zeigt, sich etwa einem masturbatorischen Akt annähert, oder an die schmutzigen Unarten erinnert, die man schon den Kindern verbietet und abgewöhnt. Und darüber hinaus werden Sie auch Ihre Verwunderung äußern, daß man für eine Sexualbefriedigung ausgeben will, was viel-

---

[1] [Erläuterte Beispiele hierfür finden sich in Abschnitt E des I. Teils der Fallgeschichte des »Rattenmanns« (1909 *d*).]

leicht als Befriedigung von grausamen oder gräßlichen, selbst unnatürlich zu nennenden Gelüsten beschrieben werden müßte. Über diese letzteren Punkte, meine Herren, werden wir kein Einvernehmen erzielen, ehe wir nicht das menschliche Sexualleben einer gründlichen Untersuchung unterzogen und dabei festgestellt haben, was man berechtigt ist, sexuell zu nennen.

20. VORLESUNG

DAS MENSCHLICHE SEXUALLEBEN[1]

Meine Damen und Herren! Man sollte doch meinen, es sei nicht zweifelhaft, was man unter dem »Sexuellen« zu verstehen habe. Vor allem ist doch das Sexuelle das Unanständige, das, von dem man nicht sprechen darf. Man hat mir erzählt, daß die Schüler eines berühmten Psychiaters sich einmal die Mühe nahmen, ihren Meister davon zu überzeugen, daß die Symptome der Hysterischen so häufig sexuelle Dinge darstellen. In dieser Absicht führten sie ihn an das Bett einer Hysterika, deren Anfälle unverkennbar den Vorgang einer Entbindung mimten. Er aber äußerte abweisend: Nun, eine Entbindung ist doch nichts Sexuelles. Gewiß, eine Entbindung muß nicht unter allen Umständen etwas Unanständiges sein.

Ich bemerke, Sie verübeln es mir, daß ich in so ernsthaften Dingen scherze. Aber es ist nicht so ganz Scherz. Im Ernst, es ist nicht leicht anzugeben, was den Inhalt des Begriffes »sexuell« ausmacht. Alles, was mit dem Unterschied der zwei Geschlechter zusammenhängt, wäre vielleicht das einzig Treffende, aber Sie werden es farblos und zu umfassend finden. Wenn Sie die Tatsache des Sexualaktes in den Mittelpunkt stellen, werden Sie vielleicht aussagen, sexuell sei all das, was sich in der Absicht der Lustgewinnung mit dem Körper, speziell den Geschlechtsteilen des anderen Geschlechtes beschäftigt und im letzten Sinne auf die Vereinigung der Genitalien und die Ausführung des Geschlechtsaktes hinzielt. Aber dann sind Sie von der Gleichstellung, das Sexuelle sei das Unanständige, wirklich nicht weit entfernt und die Entbindung gehört wirklich nicht zum Sexuellen. Machen Sie aber die Fortpflanzungsfunktion zum Kern der Sexualität, so laufen Sie Gefahr, eine ganze Anzahl von Dingen, die nicht auf die Fortpflanzung zielen und doch sicher sexuell sind, auszuschließen, wie die Masturbation oder selbst das Küssen. Aber wir sind ja bereits darauf gefaßt, daß Definitionsversuche

---

[1] [Freuds Hauptwerk zu diesem Thema sind seine *Drei Abhandlungen zur Sexualtheorie* (1905 *d*), denen er im Laufe der folgenden zwanzig Jahre in den verschiedenen Auflagen, die das Werk erlebte, eine große Anzahl von Ergänzungen und Berichtigungen hinzufügte. Das Material zu dieser und der folgenden Vorlesung ist hauptsächlich jenem Werk entnommen.]

immer zu Schwierigkeiten führen; verzichten wir darauf, es gerade in diesem Falle besser zu machen. Wir können ahnen, daß in der Entwicklung des Begriffes »sexuell« etwas vor sich gegangen ist, was nach einem guten Ausdruck von H. Silberer einen »Überdeckungsfehler« zur Folge hatte[1]. Im ganzen sind wir ja nicht ohne Orientierung darüber, was die Menschen sexuell heißen.

Etwas, was aus der Berücksichtigung des Gegensatzes der Geschlechter, des Lustgewinnes, der Fortpflanzungsfunktion und des Charakters des geheimzuhaltenden Unanständigen zusammengesetzt ist, wird im Leben für alle praktischen Bedürfnisse genügen. Aber es genügt nicht mehr in der Wissenschaft. Denn wir sind durch sorgfältige, gewiß nur durch opferwillige Selbstüberwindung ermöglichte Untersuchungen mit Gruppen von menschlichen Individuen bekannt worden, deren »Sexualleben« in der auffälligsten Weise von dem gewohnten Durchschnittsbilde abweicht. Die einen von diesen »Perversen« haben sozusagen die Geschlechtsdifferenz aus ihrem Programm gestrichen. Nur das ihnen gleiche Geschlecht kann ihre sexuellen Wünsche erregen; das andere, zumal die Geschlechtsteile desselben, ist ihnen überhaupt kein Geschlechtsobjekt, in extremen Fällen ein Gegenstand des Abscheus. Sie haben damit natürlich auch auf jede Beteiligung an der Fortpflanzung verzichtet. Wir nennen solche Personen Homosexuelle oder Invertierte. Es sind Männer und Frauen, sonst oft – nicht immer – tadellos gebildet, intellektuell wie ethisch hochentwickelt, nur mit dieser einen verhängnisvollen Abweichung behaftet. Sie geben sich durch den Mund ihrer wissenschaftlichen Wortführer für eine besondere Varietät der Menschenart, für ein »drittes Geschlecht« aus, welches gleichberechtigt neben den beiden anderen steht. Wir werden vielleicht Gelegenheit haben, ihre Ansprüche kritisch zu prüfen. [Vgl. S. 304f. unten.] Natürlich sind sie nicht, wie sie auch gern behaupten möchten, eine »Auslese« der Menschheit, sondern enthalten mindestens ebensoviel minderwertige und nichtsnutzige Individuen wie die in sexueller Hinsicht anders Gearteten.

Diese Perversen nehmen mit ihrem Sexualobjekt wenigstens noch ungefähr dasselbe vor wie die Normalen mit dem ihrigen. Aber nun folgt eine lange Reihe von Abnormen, deren sexuelle Betätigung sich immer weiter von dem entfernt, was einem vernünftigen Menschen begehrenswert erscheint. In ihrer Mannigfaltigkeit und Sonderbarkeit sind sie nur

---

[1] [Silberer (1914, 161) hat damit wohl das Phänomen beschreiben wollen, daß man gelegentlich meint, einen einzigen Gegenstand zu erblicken, während man in Wirklichkeit zwei einander überdeckende Gegenstände wahrnimmt.]

vergleichbar den grotesken Mißgestalten, die P. Breughel als Versuchung des heiligen Antonius gemalt hat, oder den verschollenen Göttern und Gläubigen, die G. Flaubert in langer Prozession an seinem frommen Büßer vorbeiziehen läßt[1]. Ihr Gewimmel ruft nach einer Art von Ordnung, wenn es unsere Sinne nicht verwirren soll. Wir scheiden sie in solche, bei denen sich, wie bei den Homosexuellen, das Sexualobjekt gewandelt hat, und in andere, bei denen in erster Linie das Sexualziel verändert worden ist. Zur ersten Gruppe gehören die, welche auf die Vereinigung der beiden Genitalien verzichtet haben und bei dem einen Partner im Sexualakt das Genitale durch einen anderen Körperteil oder Körperregion ersetzen; sie setzen sich dabei über die Mängel der organischen Einrichtung wie über die Abhaltung des Ekels hinweg. (Mund, After an Stelle der Scheide.) Dann folgen andere, die zwar noch am Genitale festhalten, aber nicht wegen seiner sexuellen, sondern wegen anderer Funktionen, an denen es aus anatomischen Gründen und Anlässen der Nachbarschaft beteiligt ist. Wir erkennen an ihnen, daß die Ausscheidungsfunktionen, die in der Erziehung des Kindes als unanständig abseits geschafft worden sind, imstande bleiben, das volle sexuelle Interesse an sich zu reißen. Dann andere, die das Genitale überhaupt als Objekt aufgegeben haben, an seiner Statt einen anderen Körperteil zum begehrten Objekt erheben, die weibliche Brust, den Fuß, den Haarzopf. In weiterer Folge die, denen auch ein Körperteil nichts bedeutet, aber ein Kleidungsstück alle Wünsche erfüllt, ein Schuh, ein Stück weißer Wäsche, die Fetischisten. Weiter im Zuge die Personen, die zwar das ganze Objekt verlangen, aber ganz bestimmte, seltsame oder gräßliche, Anforderungen an dasselbe stellen, auch die, daß es zur wehrlosen Leiche geworden sein muß, und die es in verbrecherischem Zwang dazu machen, um es genießen zu können. Genug der Greuel von dieser Seite!

Die andere Schar wird von den Perversen angeführt, die sich zum Ziele der sexuellen Wünsche gesetzt haben, was normalerweise nur einleitende und vorbereitende Handlung ist. Also die das Beschauen und Betasten der anderen Person oder das Zuschauen bei intimen Verrichtungen derselben anstreben, oder die ihre eigenen zu verbergenden Körperteile entblößen in einer dunklen Erwartung, durch eine gleiche Gegenleistung belohnt zu werden. Dann folgen die rätselhaften Sadisten, deren zärtliches Streben kein anderes Ziel kennt, als ihrem Objekt Schmerzen

[1] [Flauberts *La tentation de Saint Antoine*, V. Teil der letzten Fassung (1874).]

und Qualen zu bereiten, von Andeutungen der Demütigung bis zu schweren körperlichen Schädigungen, und wie zur Ausgleichung ihre Gegenstücke, die Masochisten, deren einzige Lust es ist, von ihrem geliebten Objekt alle Demütigungen und Qualen in symbolischer wie in realer Form zu erleiden. Andere noch, bei denen mehrere solcher abnormer Bedingungen sich vereinigen und sich verschränken, und endlich müssen wir noch erfahren, daß jede dieser Gruppen zweifach vorhanden ist, daß es neben den einen, die ihre Sexualbefriedigung in der Realität suchen, noch andere gibt, die sich damit begnügen, sich solche Befriedigung bloß vorzustellen, die überhaupt kein wirkliches Objekt brauchen, sondern es sich durch die Phantasie ersetzen können.

Dabei kann es nicht den leisesten Zweifel leiden, daß in diesen Tollheiten, Sonderbarkeiten und Gräßlichkeiten wirklich die Sexualbetätigung dieser Menschen gegeben ist. Nicht nur, daß sie es selbst so auffassen und das Ersatzverhältnis verspüren, wir müssen uns auch sagen, es spielt die nämliche Rolle in ihrem Leben wie die normale Sexualbefriedigung in unserem, sie bringen dafür die nämlichen, oft übergroßen Opfer, und es läßt sich im Groben wie im feineren Detail verfolgen, wo sich diese Abnormitäten an das Normale anlehnen und wo sie davon abgehen. Auch daß Sie den Charakter des Unanständigen, welcher der Sexualbetätigung anhaftet, hier wiederfinden, kann Ihnen nicht entgehen; er ist aber zumeist zum Schändlichen gesteigert.

Nun, meine Damen und Herren, wie stellen wir uns zu diesen ungewöhnlichen Arten der Sexualbefriedigung? Mit der Entrüstung, der Äußerung unseres persönlichen Widerwillens und der Versicherung, daß wir diese Gelüste nicht teilen, ist offenbar nichts getan. Danach werden wir ja nicht gefragt. Am Ende ist es ein Erscheinungsgebiet wie ein anderes. Eine ablehnende Ausflucht wie, es seien ja nur Raritäten und Kuriositäten, wäre selbst leicht abzuweisen. Es handelt sich im Gegenteil um recht häufige, weit verbreitete Phänomene. Wollte man uns aber sagen, wir brauchten unsere Ansichten über das Sexualleben durch sie nicht beirren zu lassen, weil sie samt und sonders Verirrungen und Entgleisungen des Sexualtriebes darstellen, so wäre eine ernste Antwort am Platze. Wenn wir diese krankhaften Gestaltungen der Sexualität nicht verstehen und sie nicht mit dem normalen Sexualleben zusammenbringen können, so verstehen wir eben auch die normale Sexualität nicht. Kurz, es bleibt eine unabweisbare Aufgabe, von der Möglichkeit der genannten Perversionen und von ihrem Zusammenhang mit der sogenannt normalen Sexualität volle theoretische Rechenschaft zu geben.

Dazu werden uns eine Einsicht und zwei neue Erfahrungen verhelfen. Die erstere verdanken wir Iwan Bloch [1902–3]; sie berichtigt die Auffassung all dieser Perversionen als »Degenerationszeichen« durch den Nachweis, daß solche Abirrungen vom Sexualziel, solche Lockerungen des Verhältnisses zum Sexualobjekt von jeher, zu allen uns bekannten Zeiten, bei allen, den primitivsten wie den höchstzivilisierten Völkern vorgekommen sind und sich gelegentlich Duldung und allgemeine Geltung errungen haben. Die beiden Erfahrungen sind bei der psychoanalytischen Untersuchung der Neurotiker gemacht worden; sie müssen unsere Auffassung der sexuellen Perversionen in entscheidender Weise beeinflussen.

Wir haben gesagt [S. 296], daß die neurotischen Symptome sexuelle Ersatzbefriedigungen sind, und ich habe Ihnen angedeutet, daß die Bestätigung dieses Satzes durch die Analyse der Symptome auf manche Schwierigkeiten stoßen wird. Er ist nämlich erst dann berechtigt, wenn wir unter »sexueller Befriedigung« die der sogenannten perversen sexuellen Bedürfnisse mit einschließen, denn eine solche Deutung der Symptome drängt sich uns mit überraschender Häufigkeit auf. Der Ausnahmsanspruch der Homosexuellen oder Invertierten sinkt sofort zusammen, wenn wir erfahren, daß der Nachweis homosexueller Regungen bei keinem einzigen Neurotiker mißlingt und daß eine gute Anzahl von Symptomen dieser latenten Inversion Ausdruck gibt. Die sich selbst Homosexuelle nennen, sind eben nur die bewußt und manifest Invertierten, deren Anzahl neben jener der latent Homosexuellen verschwindet. Wir sind aber genötigt, die Objektwahl aus dem eigenen Geschlecht geradezu als eine regelmäßige Abzweigung des Liebeslebens zu betrachten, und lernen immer mehr, ihr eine besonders hohe Bedeutung zuzuerkennen. Gewiß sind die Unterschiede zwischen der manifesten Homosexualität und dem normalen Verhalten dadurch nicht aufgehoben; ihre praktische Bedeutung bleibt bestehen, aber ihr theoretischer Wert wird ungemein verringert. Von einer bestimmten Affektion, die wir nicht mehr zu den Übertragungsneurosen rechnen können, der Paranoia, nehmen wir sogar an, daß sie gesetzmäßig aus dem Versuch der Abwehr überstarker homosexueller Regungen hervorgeht[1]. Vielleicht erinnern Sie sich noch, daß die eine unserer Patien-

[1] [Die Paranoia wird außerdem in der 26. Vorlesung, S. 408 ff., erörtert.]

tinnen (S. 262 f.) in ihrer Zwangshandlung einen Mann, ihren eigenen verlassenen Ehemann, agierte; eine solche Produktion von Symptomen in der Person eines Mannes ist bei neurotischen Frauen sehr gewöhnlich. Wenn es auch nicht selbst der Homosexualität zuzurechnen ist, so hat es doch mit den Voraussetzungen derselben viel zu tun.
Wie Sie wahrscheinlich wissen, kann die hysterische Neurose ihre Symptome an allen Organsystemen machen und dadurch alle Funktionen stören. Die Analyse zeigt, daß dabei alle pervers genannten Regungen zur Äußerung kommen, welche das Genitale durch andere Organe ersetzen wollen. Diese Organe benehmen sich dabei wie Ersatzgenitalien; wir sind gerade durch die Symptomatik der Hysterie zur Auffassung gelangt, daß den Körperorganen außer ihrer funktionellen Rolle eine sexuelle – erogene – Bedeutung zuzuerkennen ist und daß sie in der Erfüllung dieser ersteren Aufgabe gestört werden, wenn die letztere sie allzusehr in Anspruch nimmt[1]. Ungezählte Sensationen und Innervationen, welche uns als Symptome der Hysterie entgegentreten, an Organen, die anscheinend nichts mit der Sexualität zu tun haben, enthüllen uns so ihre Natur als Erfüllungen perverser Sexualregungen, bei denen andere Organe die Bedeutung der Geschlechtsteile an sich gerissen haben. Dann ersehen wir auch, in wie ausgiebiger Weise gerade die Organe der Nahrungsaufnahme und der Exkretion zu Trägern der Sexualerregung werden können. Es ist also dasselbe, was uns die Perversionen gezeigt haben, nur war es bei diesen ohne Mühe und unverkennbar zu sehen, während wir bei der Hysterie erst den Umweg über die Symptomdeutung machen müssen und dann die betreffenden perversen Sexualregungen nicht dem Bewußtsein der Individuen zuschreiben, sondern sie in das Unbewußte derselben versetzen.
Von den vielen Symptombildern, unter denen die Zwangsneurose auftritt, erweisen sich die wichtigsten als hervorgerufen durch den Drang überstarker sadistischer, also in ihrem Ziel perverser, Sexualregungen, und zwar dienen die Symptome, wie es der Struktur einer Zwangsneurose entspricht, vorwiegend der Abwehr dieser Wünsche oder drükken den Kampf zwischen Befriedigung und Abwehr aus. Aber auch die Befriedigung selbst kommt dabei nicht zu kurz; sie weiß sich auf Umwegen im Benehmen der Kranken durchzusetzen und wendet sich mit Vorliebe gegen deren eigene Person, macht sie zu Selbstquälern. Andere Formen der Neurose, die grüblerischen, entsprechen einer über-

[1] [Dies wird in Freuds Arbeit über die psychogene Sehstörung (1910 *i*) ausführlicher dargetan.]

mäßigen Sexualisierung von Akten, die sich sonst als Vorbereitungen in den Weg zur normalen Sexualbefriedigung einfügen, vom Sehen-, Berührenwollen und Forschen. Die große Bedeutung der Berührungsangst und des Waschzwanges findet hier ihre Aufklärung. Von den Zwangshandlungen geht ein ungeahnt großer Anteil als verkappte Wiederholung und Modifikation auf die Masturbation zurück, welche bekanntlich als einzige, gleichförmige Handlung die verschiedenartigsten Formen des sexuellen Phantasierens begleitet[1].

Es würde mich nicht viel Mühe kosten, Ihnen die Beziehungen zwischen Perversion und Neurose noch weit inniger darzustellen, aber ich glaube, das Bisherige wird für unsere Absicht genügen. Wir müssen uns aber dagegen verwahren, daß wir nach diesen Aufklärungen über die Symptombedeutung Häufigkeit und Intensität der perversen Neigungen der Menschen überschätzen. Sie haben gehört [S. 297], daß man an der Versagung der normalen Sexualbefriedigung neurotisch erkranken kann. Bei dieser realen Versagung wirft sich aber das Bedürfnis auf die abnormen Wege der Sexualerregung. Sie werden später einsehen können, wie das zugeht [S. 338 ff.]. Jedenfalls verstehen Sie, daß durch eine solche *»kollaterale«* Rückstauung die perversen Regungen stärker erscheinen müssen, als sie ausgefallen wären, wenn sich der normalen Sexualbefriedigung kein reales Hindernis entgegengestellt hätte. Ein ähnlicher Einfluß ist übrigens auch für die manifesten Perversionen anzuerkennen. Sie werden in manchen Fällen dadurch provoziert oder aktiviert, daß einer normalen Befriedigung des Sexualtriebes allzu große Schwierigkeiten gemacht werden, infolge vorübergehender Umstände oder dauernder sozialer Einrichtungen[2]. In anderen Fällen sind die Perversionsneigungen freilich von solchen Begünstigungen ganz unabhängig; sie sind sozusagen für dieses Individuum die normale Art des Sexuallebens.

Vielleicht haben Sie im Augenblicke den Eindruck, als hätten wir das Verhältnis zwischen normaler und perverser Sexualität eher verwirrt als geklärt. Halten Sie sich aber an folgende Überlegung: Wenn es richtig ist, daß die reale Erschwerung oder die Entbehrung einer normalen Sexualbefriedigung bei Personen perverse Neigungen zum Vorschein bringen, die sonst keine solchen gezeigt hatten, so muß bei diesen

---

[1] [Der Mechanismus der Entwicklung von Zwangshandlungen ist detailliert in der Arbeit über ›Zwangshandlungen und Religionsübungen‹ (1907 *b*) beschrieben.]

[2] [Der letztere Punkt wird ausführlich in Freuds Arbeit ›Die »kulturelle« Sexualmoral und die moderne Nervosität‹ (1908 *d*) diskutiert.]

Personen etwas anzunehmen sein, was den Perversionen entgegenkommt; oder wenn Sie so wollen, sie müssen in latenter Form bei ihnen vorhanden sein. Auf diesem Wege kommen wir aber auf die zweite Neuheit, die ich Ihnen angekündigt habe [S. 304][1]. Die psychoanalytische Forschung ist nämlich genötigt worden, sich auch um das Sexualleben des Kindes zu bekümmern, und zwar dadurch, daß die Erinnerungen und Einfälle bei der Analyse der Symptome [von Erwachsenen] regelmäßig bis in frühe Jahre der Kindheit zurückführten. Was wir dabei erschlossen haben, ist dann Punkt für Punkt durch unmittelbare Beobachtungen an Kindern bestätigt worden[2]. Und da hat sich dann ergeben, daß alle Perversionsneigungen in der Kindheit wurzeln, daß die Kinder zu ihnen alle Anlage haben und sie in dem ihrer Unreife entsprechenden Ausmaß betätigen, kurz, daß die perverse Sexualität nichts anderes ist als die vergrößerte, in ihre Einzelregungen zerlegte infantile Sexualität.

Jetzt werden Sie die Perversionen allerdings in einem anderen Lichte sehen und deren Zusammenhang mit dem menschlichen Sexualleben nicht mehr verkennen, aber auf Kosten welcher Überraschungen und für Ihr Gefühl peinlichen Inkongruenzen! Sie werden gewiß geneigt sein, zuerst alles zu bestreiten, die Tatsache, daß die Kinder etwas haben, was man als Sexualleben bezeichnen darf, die Richtigkeit unserer Beobachtungen und die Berechtigung, an dem Benehmen der Kinder eine Verwandtschaft mit dem, was späterhin als Perversion verurteilt wird, zu finden. Gestatten Sie also, daß ich Ihnen zuerst die Motive Ihres Sträubens aufkläre und dann die Summe unserer Beobachtungen vorlege. Daß die Kinder kein Sexualleben – sexuelle Erregungen, Bedürfnisse und eine Art der Befriedigung – haben, sondern es plötzlich zwischen 12 und 14 Jahren bekommen sollten, wäre – von allen Beobachtungen abgesehen – biologisch ebenso unwahrscheinlich, ja unsinnig, wie daß sie keine Genitalien mit auf die Welt brächten und die ihnen erst um die Zeit der Pubertät wüchsen. Was um diese Zeit bei ihnen erwacht, ist die Fortpflanzungsfunktion, die sich eines bereits vorhandenen körperlichen und seelischen Materials für ihre Zwecke bedient. Sie begehen den Irrtum, Sexualität und Fortpflanzung mitein-

---

[1] [Die erste war die bedeutende Rolle, welche die perverse Sexualität bei den Neurosen spielt. Was nun folgt, ist kurz schon einmal in der 13. Vorlesung gestreift worden, S. 212 ff.]

[2] [Die früheste dieser direkten Beobachtungen gelang im Fall des »kleinen Hans« (1909 *b*).]

ander zu verwechseln, und versperren sich durch ihn den Weg zum Verständnis der Sexualität, der Perversionen und der Neurosen. Dieser Irrtum ist aber tendenziös. Er hat seine Quelle merkwürdigerweise darin, daß Sie selbst Kinder gewesen und als Kinder dem Einfluß der Erziehung unterlegen sind. Die Gesellschaft muß es nämlich unter ihre wichtigsten Erziehungsaufgaben aufnehmen, den Sexualtrieb, wenn er als Fortpflanzungsdrang hervorbricht, zu bändigen, einzuschränken, einem individuellen Willen zu unterwerfen, der mit dem sozialen Geheiß identisch ist. Sie hat auch Interesse daran, seine volle Entwicklung aufzuschieben, bis das Kind eine gewisse Stufe der intellektuellen Reife erreicht hat, denn mit dem vollen Durchbruch des Sexualtriebes findet auch die Erziehbarkeit praktisch ein Ende. Der Trieb würde sonst über alle Dämme brechen und das mühsam errichtete Werk der Kultur hinwegschwemmen. Die Aufgabe, ihn zu bändigen, ist auch nie eine leichte, sie gelingt bald zu wenig, bald allzu gut. Das Motiv der menschlichen Gesellschaft ist im letzten Grunde ein ökonomisches; da sie nicht genug Lebensmittel hat, um ihre Mitglieder ohne deren Arbeit zu erhalten, muß sie die Anzahl ihrer Mitglieder beschränken und ihre Energien von der Sexualbetätigung weg auf die Arbeit lenken. Also die ewige, urzeitliche, bis auf die Gegenwart fortgesetzte Lebensnot[1].

Die Erfahrung muß wohl den Erziehern gezeigt haben, daß die Aufgabe, den Sexualwillen der neuen Generation lenksam zu machen, nur dann lösbar ist, wenn man mit den Beeinflussungen sehr frühzeitig beginnt, nicht erst den Sturm der Pubertät abwartet, sondern bereits in das Sexualleben der Kinder eingreift, welches ihn vorbereitet. In dieser Absicht werden fast alle infantilen Sexualbetätigungen dem Kinde verboten und verleidet; man setzt sich das ideale Ziel, das Leben des Kindes asexuell zu gestalten, und hat es im Laufe der Zeit endlich dahin gebracht, daß man es wirklich für asexuell hält, was dann die Wissenschaft als ihre Lehre verkündet. Um sich mit seinem Glauben und seinen Absichten nicht in Widerspruch zu setzen, übersieht man dann die Sexualbetätigung des Kindes, was keine geringe Leistung ist, oder begnügt sich in der Wissenschaft damit, sie anders aufzufassen. Das Kind gilt als rein, als unschuldig, und wer es anders beschreibt, darf als ruchloser Frevler an zarten und heiligen Gefühlen der Menschheit verklagt werden.

Die Kinder sind die einzigen, die an diesen Konventionen nicht mit-

---

[1] [S. die 1. Vorlesung, S. 48.]

tun, in aller Naivität ihre animalischen Rechte geltend machen und immer wieder beweisen, daß sie den Weg zur Reinheit erst zurückzulegen haben. Merkwürdig genug, daß die Leugner der kindlichen Sexualität darum in der Erziehung nicht nachlassen, sondern gerade die Äußerungen des Verleugneten unter dem Titel der »kindlichen Unarten« aufs strengste verfolgen. Von hohem theoretischen Interesse ist es auch, daß die Lebenszeit, welche dem Vorurteil einer asexuellen Kindheit am grellsten widerspricht, die Kinderjahre bis fünf oder sechs, dann bei den meisten Personen von dem Schleier einer Amnesie verhüllt wird, den erst eine analytische Erforschung gründlich zerreißt, der aber schon vorher für einzelne Traumbildungen durchlässig gewesen ist. [Vgl. S. 205 f.]

Nun will ich Ihnen vorführen, was sich vom Sexualleben des Kindes am deutlichsten erkennen läßt. Lassen Sie mich zweckmäßigkeitshalber auch den Begriff der *Libido* einführen. Libido soll, durchaus dem *Hunger* analog, die Kraft benennen, mit welcher der Trieb, hier der Sexualtrieb wie beim Hunger der Ernährungstrieb, sich äußert. Andere Begriffe, wie Sexualerregung und Befriedigung, bedürfen keiner Erläuterung. Daß bei den Sexualbetätigungen des Säuglings die Deutung am meisten zu tun hat, werden Sie selbst leicht einsehen oder wahrscheinlich als Einwand benützen. Diese Deutungen ergeben sich auf Grund der analytischen Untersuchungen durch Rückverfolgung vom Symptom her. Die ersten Regungen der Sexualität zeigen sich beim Säugling in Anlehnung an andere lebenswichtige Funktionen. Sein Hauptinteresse ist, wie Sie wissen, auf die Nahrungsaufnahme gerichtet; wenn er an der Brust gesättigt einschläft, zeigt er den Ausdruck einer seligen Befriedigung, der sich später nach dem Erleben des sexuellen Orgasmus wiederholen wird. Das wäre zu wenig, um einen Schluß darauf zu gründen. Aber wir beobachten, daß der Säugling die Aktion der Nahrungsaufnahme wiederholen will, ohne neue Nahrung zu beanspruchen; er steht also dabei nicht unter dem Antrieb des Hungers. Wir sagen, er lutscht oder ludelt, und daß er bei diesem Tun wiederum mit seligem Ausdruck einschläft, zeigt uns, daß die Aktion des *Lutschens* ihm an und für sich Befriedigung gebracht hat. Bekanntlich richtet er sich's bald so ein, daß er nicht einschläft, ohne gelutscht zu haben. Die sexuelle Natur dieser Betätigung hat ein alter Kinderarzt in Budapest, Dr. Lindner [1879], zuerst behauptet. Die Pflegepersonen des Kindes, die keine theoretische Stellungnahme beabsichtigen, scheinen das

Lutschen ähnlich zu beurteilen. Sie zweifeln nicht daran, daß es nur einem Lustgewinn dient, stellen es zu den Unarten des Kindes und zwingen das Kind durch peinliche Eindrücke zum Verzicht darauf, wenn es die Unart nicht selbst aufgeben will. Wir erfahren also, daß der Säugling Handlungen ausführt, die keine andere Absicht als die des Lustgewinnes haben. Wir glauben, daß er diese Lust zuerst bei der Nahrungsaufnahme erlebt, aber bald gelernt hat, sie von dieser Bedingung abzutrennen. Wir können den Lustgewinn nur auf die Erregung der Mund- und Lippenzone beziehen, heißen diese Körperteile *erogene Zonen* und bezeichnen die durch Lutschen erzielte Lust als eine *sexuelle*. Über die Berechtigung dieser Benennung werden wir gewiß noch diskutieren müssen.

Wenn der Säugling sich äußern könnte, würde er gewiß den Akt des Saugens an der Mutterbrust als das weitaus Wichtigste im Leben anerkennen. Er hat für sich nicht so unrecht, denn er befriedigt durch diesen Akt in einem beide großen Lebensbedürfnisse. Wir erfahren dann aus der Psychoanalyse nicht ohne Überraschung, wieviel von der psychischen Bedeutung des Aktes fürs ganze Leben erhalten bleibt. Das Saugen an der Mutterbrust wird der Ausgangspunkt des ganzen Sexuallebens, das unerreichte Vorbild jeder späteren Sexualbefriedigung, zu dem die Phantasie in Zeiten der Not oft genug zurückkehrt. Es schließt die Mutterbrust als erstes Objekt des Sexualtriebes ein; ich kann Ihnen keine Vorstellung davon vermitteln, wie bedeutsam dies erste Objekt für jede spätere Objektfindung ist, welch tiefgreifende Wirkungen es in seinen Wandlungen und Ersetzungen noch auf die entlegensten Gebiete unseres Seelenlebens äußert. Aber zunächst wird es vom Säugling in der Tätigkeit des Lutschens aufgegeben und durch einen Teil des eigenen Körpers ersetzt. Das Kind lutscht am Daumen, an der eigenen Zunge. Es macht sich dadurch für den Lustgewinn von der Zustimmung der Außenwelt unabhängig und zieht überdies die Erregung einer zweiten Körperzone zur Verstärkung heran. Die erogenen Zonen sind nicht gleich ausgiebig; es wird darum ein wichtiges Erlebnis, wenn der Säugling, wie Lindner berichtet, bei dem Herumsuchen am eigenen Körper die besonders erregbaren Stellen seiner Genitalien entdeckt und so den Weg vom Lutschen zur Onanie gefunden hat.

Durch die Würdigung des Lutschens sind wir bereits mit zwei entscheidenden Charakteren der infantilen Sexualität bekannt geworden. Sie erscheint in Anlehnung an die Befriedigung der großen organischen Bedürfnisse und sie benimmt sich *autoerotisch*, das heißt, sie sucht und findet ihre Objekte am eigenen Körper. Was sich am deutlichsten bei der Nahrungsaufnahme gezeigt hat, wiederholt sich zum Teil bei den Ausscheidungen. Wir schließen, daß der Säugling Lustempfinden bei der Entleerung von Harn und von Darminhalt hat und daß er sich bald bemüht, diese Aktionen so einzurichten, daß sie ihm durch entsprechende Erregungen der erogenen Schleimhautzonen einen möglichst großen Lustgewinn bringen. An diesem Punkte tritt ihm, wie die feinsinnige Lou Andreas [-Salomé, 1916,] ausgeführt hat, zuerst die Außenwelt als hemmende, seinem Luststreben feindliche Macht entgegen und läßt ihn spätere äußere wie innere Kämpfe ahnen. Er soll seine Exkrete nicht in dem ihm beliebigen Moment von sich geben, sondern wann andere Personen es bestimmen. Um ihn zum Verzicht auf diese Lustquellen zu bewegen, wird ihm alles, was diese Funktionen betrifft, als unanständig, zur Geheimhaltung bestimmt, erklärt. Er soll hier zuerst soziale Würde für Lust eintauschen. Sein Verhältnis zu den Exkreten selbst ist von Anfang an ein ganz anderes. Er empfindet keinen Ekel vor seinem Kot, schätzt ihn als einen Teil seines Körpers, von dem er sich nicht leicht trennt, und verwendet ihn als erstes »Geschenk«, um Personen auszuzeichnen, die er besonders schätzt. Noch nachdem der Erziehung die Absicht gelungen ist, ihn diesen Neigungen zu entfremden, setzt er die Wertschätzung des Kotes auf das »Geschenk« und auf das »Geld« fort. Seine Leistungen im Urinieren scheint er dagegen mit besonderem Stolz zu betrachten[1].

Ich weiß, daß Sie mich schon längst unterbrechen wollten, um mir zuzurufen: Genug der Ungeheuerlichkeiten! Die Stuhlentleerung soll eine Quelle der sexuellen Lustbefriedigung sein, die schon der Säugling ausbeutet! Der Kot eine wertvolle Substanz, der After eine Art von Genitale! Das glauben wir nicht, aber wir verstehen, warum Kinderärzte und Pädagogen die Psychoanalyse und ihre Resultate weit von sich weg gewiesen haben. Nein, meine Herren! Sie haben bloß vergessen, daß ich Ihnen die Tatsachen des infantilen Sexuallebens im Zusammenhang mit den Tatsachen der sexuellen Perversionen vorführen wollte. Warum sollen Sie nicht wissen, daß der After bei einer großen Anzahl von Erwachsenen, Homosexuellen wie Heterosexuellen, wirklich im Geschlechtsverkehr die Rolle der Scheide übernimmt? Und daß es viele Individuen gibt, welche die Wollustempfindung bei der Stuhlentleerung durch ihr ganzes Leben behalten und sie als gar nicht so gering be-

[1] [Die Beziehung zwischen Kot und Geld ist von Freud in seinen zwei Arbeiten über Analerotik, (1908 *b*) und (1917 *c*), erörtert worden.]

schreiben? Was das Interesse am Akt der Defäkation und das Vergnügen beim Zuschauen der Defäkation eines anderen betrifft, so können Sie es von den Kindern selbst bestätigt hören, wenn sie einige Jahre älter geworden sind und Mitteilung davon machen können. Natürlich dürfen Sie diese Kinder nicht vorher systematisch eingeschüchtert haben, sonst verstehen sie wohl, daß sie darüber zu schweigen haben. Und für die anderen Dinge, die Sie nicht glauben wollen, verweise ich Sie auf die Ergebnisse der Analyse und der direkten Kinderbeobachtung und sage Ihnen, es ist geradezu eine Kunst, dies alles nicht oder es anders zu sehen. Ich habe auch gar nichts dagegen, wenn Ihnen die Verwandtschaft der kindlichen Sexualität mit den sexuellen Perversionen recht auffällig wird. Es ist eigentlich selbstverständlich; wenn das Kind überhaupt ein Sexualleben hat, so muß es von perverser Art sein, denn dem Kinde fehlt noch bis auf wenige dunkle Andeutungen, was die Sexualität zur Fortpflanzungsfunktion macht. Anderseits ist es der gemeinsame Charakter aller Perversionen, daß sie das Fortpflanzungsziel aufgegeben haben. In dem Falle heißen wir eine Sexualbetätigung eben pervers, wenn sie auf das Fortpflanzungsziel verzichtet hat und die Lustgewinnung als davon unabhängiges Ziel verfolgt. Sie verstehen also, der Bruch und Wendepunkt in der Entwicklung des Sexuallebens liegt in der Unterordnung desselben unter die Absichten der Fortpflanzung. Alles was vor dieser Wendung vorfällt, ebenso alles, was sich ihr entzogen hat, was allein dem Lustgewinn dient, wird mit dem nicht ehrenvollen Namen des »Perversen« belegt und als solches geächtet.

Lassen Sie mich darum in meiner knappen Schilderung der infantilen Sexualität fortfahren. Was ich von zwei Organsystemen [dem der Nahrungsaufnahme und dem der Ausscheidung] berichtet habe, könnte ich durch die Berücksichtigung der anderen vervollständigen. Das Sexualleben des Kindes erschöpft sich eben in der Betätigung einer Reihe von Partialtrieben, die unabhängig voneinander teils am eigenen Körper teils schon am äußeren Objekt Lust zu gewinnen suchen. Unter diesen Organen treten die Genitalien sehr bald hervor; es gibt Menschen, bei denen sich die Lustgewinnung am eigenen Genitale, ohne Beihilfe eines anderen Genitales oder Objekts, ohne Unterbrechung von der Säuglingsonanie bis zur Notonanie der Pubertätsjahre fortsetzt und dann unbestimmt lange darüber hinaus anhält. Mit dem Thema der Onanie würden wir übrigens nicht so bald fertig werden; es ist ein Stoff für vielseitige Betrachtung.

Trotz meiner Neigung, das Thema noch weiter zu verkürzen, muß ich

Ihnen doch noch einiges über die *Sexualforschung* der Kinder sagen. Sie ist zu charakteristisch für die kindliche Sexualität und zu bedeutsam für die Symptomatik der Neurosen[1]. Die infantile Sexualforschung beginnt sehr früh, manchmal vor dem dritten Lebensjahr. Sie knüpft nicht an den Geschlechtsunterschied an[2], der dem Kinde nichts besagt, da es – wenigstens die Knaben – beiden Geschlechtern das nämliche männliche Genitale zuschreibt. Macht der Knabe dann an einer kleinen Schwester oder Gespielin die Entdeckung der Vagina, so versucht er zuerst das Zeugnis seiner Sinne zu verleugnen, denn er kann sich ein ihm ähnliches menschliches Wesen ohne den ihm so wertvollen Teil nicht vorstellen. Später erschrickt er über die ihm eröffnete Möglichkeit, und etwaige frühere Drohungen wegen zu intensiver Beschäftigung mit seinem kleinen Glied gelangen nachträglich zur Wirkung. Er gelangt unter die Herrschaft des Kastrationskomplexes[3], dessen Gestaltung an seiner Charakterbildung, wenn er gesund bleibt, an seiner Neurose, wenn er erkrankt, und an seinen Widerständen, wenn er in analytische Behandlung gerät, großen Anteil hat. Von dem kleinen Mädchen wissen wir, daß es sich wegen des Mangels eines großen sichtbaren Penis für schwer benachteiligt hält, dem Knaben diesen Besitz neidet und wesentlich aus diesem Motiv den Wunsch entwickelt, ein Mann zu sein, welcher Wunsch späterhin in der Neurose, die wegen Mißgeschicks in ihrer weiblichen Rolle auftritt, wieder aufgenommen wird. Die Clitoris des Mädchens spielt übrigens im Kindesalter durchaus die Rolle des Penis, sie ist der Träger einer besonderen Erregbarkeit, die Stelle, an welcher die autoerotische Befriedigung erzielt wird. Es kommt für die Weibwerdung des kleinen Mädchens viel darauf an, daß die Clitoris diese Empfindlichkeit rechtzeitig und vollständig an den Scheideneingang abgebe. In den Fällen von sogenannter sexueller Anästhesie der Frauen hat die Clitoris die Empfindlichkeit hartnäckig festgehalten.

---

[1] [S. die Arbeit ›Über infantile Sexualtheorien‹ (1908 *c*).]

[2] [Diese und die damit zusammenhängende Annahme zu Beginn des nächsten Absatzes sind von Freud später korrigiert worden, und zwar in einer Fußnote zu seiner Arbeit ›Einige psychische Folgen des anatomischen Geschlechtsunterschieds‹ (1925 *j*). Dort erklärt er, daß, jedenfalls beim Mädchen, zuerst das Problem des anatomischen Geschlechtsunterschiedes auftaucht und dann erst die Frage, woher die Kinder kämen.]

[3] [Dieser wurde bereits erwähnt (S. 212 oben); vgl. auch die Bemerkungen auf S. 359 ff. unten. Die ersten ausführlichen Überlegungen zum Kastrationskomplex sind in Freuds Falldarstellung des »kleinen Hans« (1909 *b*) enthalten. Die Beziehung zum Ödipuskomplex ist am ausführlichsten in den beiden späteren Arbeiten ›Der Untergang des Ödipuskomplexes‹ (1924 *d*) und ›Einige psychische Folgen des anatomischen Geschlechtsunterschieds‹ (1925 *j*) dargestellt.]

Das sexuelle Interesse des Kindes wendet sich vielmehr zuerst dem Problem zu, woher die Kinder kommen, demselben, welches der Fragestellung der thebaischen Sphinx zugrunde liegt, und wird meist durch egoistische Befürchtung bei der Ankunft eines neues Kindes geweckt. Die Antwort, welche die Kinderstube bereithält, daß der Storch die Kinder bringe [S. 169], stößt viel häufiger, als wir wissen, schon bei kleinen Kindern auf Unglauben. Die Empfindung, von den Erwachsenen um die Wahrheit betrogen zu werden, trägt viel zur Vereinsamung des Kindes und zur Entwicklung seiner Selbständigkeit bei. Aber das Kind ist nicht imstande, dies Problem aus eigenen Mitteln zu lösen. Seiner Erkenntnisfähigkeit sind durch seine unentwickelte Sexualkonstitution bestimmte Schranken gesetzt. Es nimmt zuerst an, daß die Kinder davon kommen, daß man etwas Besonderes in der Nahrung zu sich nimmt, und weiß auch nichts davon, daß nur Frauen Kinder bekommen können. Später erfährt man von dieser Einschränkung und gibt die Ableitung des Kindes vom Essen auf, sie bleibt für das Märchen erhalten. Das größer gewordene Kind merkt bald, daß der Vater irgendeine Rolle beim Kinderbekommen spielen müsse, kann aber nicht erraten, welche. Wenn es zufällig Zeuge eines geschlechtlichen Aktes wird, so sieht es in ihm einen Versuch der Überwältigung, eine Rauferei, das sadistische Mißverständnis des Koitus. Er bringt diesen Akt aber zunächst nicht mit dem Werden des Kindes in Zusammenhang. Auch wenn es Blutspuren in Bett und Wäsche der Mutter entdeckt, nimmt es sie als Beweis einer durch den Vater zugefügten Verletzung. In noch späteren Kinderjahren ahnt es wohl, daß das Geschlechtsglied des Mannes einen wesentlichen Anteil an der Entstehung der Kinder hat, kann diesem Körperteil aber keine andere Leistung zutrauen als die der Harnentleerung.

Von Anfang an sind die Kinder darin einig, daß die Geburt des Kindes durch den Darm erfolgen müsse, das Kind also zum Vorschein komme wie ein Kotballen. Erst nach der Entwertung aller analen Interessen wird diese Theorie verlassen und durch die Annahme ersetzt, daß der Nabel sich öffne oder daß die Region der Brust zwischen beiden Mammae die Geburtsstätte sei. In solcher Weise nähert sich das forschende Kind der Kenntnis der sexuellen Tatsachen oder geht durch seine Unwissenheit beirrt an ihnen vorbei, bis es, meist in den Jahren der Vorpubertät, eine gewöhnlich herabsetzende und unvollständige Aufklärung erfährt, die nicht selten traumatische Wirkungen äußert.

Sie werden gewiß gehört haben, meine Herren, daß der Begriff des Sexuellen in der Psychoanalyse eine ungebührliche Erweiterung erleidet, in der Absicht, die Sätze von der sexuellen Verursachung der Neurosen und von der sexuellen Bedeutung der Symptome aufrechtzuerhalten. Sie können nun selbst darüber urteilen, ob diese Erweiterung eine unberechtigte ist. Wir haben den Begriff der Sexualität nur soweit ausgedehnt, daß er auch das Sexualleben der Perversen und das der Kinder umfassen kann. Das heißt, wir haben ihm seinen richtigen Umfang wiedergegeben. Was man außerhalb der Psychoanalyse Sexualität heißt, bezieht sich nur auf ein eingeschränktes, im Dienste der Fortpflanzung stehendes und normal genanntes Sexualleben.

LIBIDOENTWICKLUNG UND SEXUALORGANISATIONEN

Meine Herren! Ich stehe unter dem Eindruck, daß es mir nicht gelungen ist, Ihnen die Bedeutung der Perversionen für unsere Auffassung der Sexualität so recht überzeugend nahezubringen. Ich möchte darum bessern und nachtragen, soviel ich nur kann.

Es verhält sich ja nicht so, daß die Perversionen allein uns zu jener Abänderung des Begriffes Sexualität genötigt hätten, welche uns so heftigen Widerspruch eingetragen hat. Das Studium der infantilen Sexualität hat noch mehr dazu getan, und die Übereinstimmung der beiden wurde für uns entscheidend. Aber die Äußerungen der infantilen Sexualität, so unverkennbar sie in den späteren Kinderjahren sein mögen, scheinen sich doch gegen ihre Anfänge hin ins Unbestimmbare zu verflüchtigen. Wer auf Entwicklungsgeschichte und analytischen Zusammenhang nicht achten will, wird ihnen den Charakter des Sexuellen bestreiten und ihnen dafür irgendeinen undifferenzierten Charakter zuerkennen. Vergessen Sie nicht, wir sind derzeit nicht im Besitze eines allgemein anerkannten Kennzeichens für die sexuelle Natur eines Vorganges, es sei denn wiederum die Zugehörigkeit zur Fortpflanzungsfunktion, die wir als zu engherzig ablehnen müssen. Die biologischen Kriterien, wie die von W. Fließ [1906] aufgestellten Periodizitäten zu 23 und 28 Tagen, sind noch durchaus strittig; die chemischen Eigentümlichkeiten der Sexualvorgänge, die wir vermuten dürfen, harren erst ihrer Entdeckung. Die sexuellen Perversionen der Erwachsenen hingegen sind etwas Greifbares und Unzweideutiges. Wie schon ihre allgemein zugestandene Benennung erweist, sind sie unzweifelhaft Sexualität. Mag man sie Degenerationszeichen oder anders heißen, es hat noch niemand den Mut gefunden, sie anderswohin als zu den Phänomenen des Sexuallebens zu stellen. Um ihretwillen allein sind wir zur Behauptung berechtigt, daß Sexualität und Fortpflanzung nicht zusammenfallen, denn es ist offenkundig, daß sie sämtlich das Ziel der Fortpflanzung verleugnen.

Ich sehe da eine nicht uninteressante Parallele. Während für die meisten »bewußt« und »psychisch« dasselbe ist, waren wir genötigt, eine Erweiterung des Begriffes »psychisch« vorzunehmen und ein Psychisches anzuerkennen, das nicht bewußt ist. Und ganz ähnlich ist es, wenn die anderen »sexuell« und »zur Fortpflanzung gehörig« – oder wenn Sie es kürzer sagen wollen: »genital« – für identisch erklären, während wir nicht umhin können, ein »sexuell« gelten zu lassen, das nicht »genital« ist, nichts mit der Fortpflanzung zu tun hat. Es ist nur eine formale Ähnlichkeit, aber nicht ohne tiefere Begründung.

Wenn aber die Existenz der sexuellen Perversionen ein so zwingendes Argument in dieser Frage ist, warum hat es nicht bereits längst seine Wirkung getan und diese Frage erledigt? Ich weiß es wirklich nicht zu sagen. Es scheint mir daran zu liegen, daß diese sexuellen Perversionen mit einer ganz besonderen Acht belegt sind, die auf die Theorie übergreift und auch ihrer wissenschaftlichen Würdigung in den Weg tritt. Als ob niemand vergessen könnte, daß sie nicht nur etwas Abscheuliches, sondern auch etwas Ungeheuerliches, Gefährliches sind, als ob man sie für verführerisch hielte und im Grunde einen geheimen Neid gegen die sie Genießenden niederzukämpfen hätte, etwa wie ihn der strafende Landgraf in der berühmten Tannhäuserparodie eingesteht:

»Im Venusberg vergaß er Ehr' und Pflicht!
– Merkwürdig, unser einem passiert so etwas nicht.« [1]

In Wahrheit sind die Perversen eher arme Teufel, die außerordentlich hart für ihre schwer zu erringende Befriedigung büßen.

Was die perverse Betätigung trotz aller Fremdheit des Objektes und der Ziele zu einer so unverkennbar sexuellen macht, ist der Umstand, daß der Akt der perversen Befriedigung doch zumeist in vollen Orgasmus und in Entleerung der Genitalprodukte ausgeht. Das ist natürlich nur die Folge der Erwachsenheit der Personen; beim Kinde sind Orgasmus und Genitalexkretion nicht gut möglich, sie werden durch Andeutungen ersetzt, die wiederum nicht als sicher sexuell anerkannt werden.

Ich muß noch etwas hinzufügen, um die Würdigung der sexuellen Perversionen zu vervollständigen. So verrufen sie auch sein mögen, so scharf man sie auch der normalen Sexualbetätigung gegenüberstellt, so zeigt doch die bequeme Beobachtung, daß dem Sexualleben der Normalen nur selten der eine oder andere perverse Zug abgeht. Schon der Kuß hat Anspruch auf den Namen eines perversen Aktes, denn er besteht in der Vereinigung zweier erogener Mundzonen an Stelle der beiderlei Genitalien. Aber niemand verwirft ihn als pervers, er wird im Gegenteil in der Bühnendarstellung als gemilderte Andeutung des Sexualaktes zugelassen. Gerade das Küssen kann aber leicht zur vollen

[1] [Von Johann Nestroy (1801–62).]

Perversion werden, wenn es nämlich so intensiv ausfällt, daß sich Genitalentladung und Orgasmus direkt daranschließen, was gar nicht so selten vorkommt. Im übrigen kann man erfahren, daß Betasten und Beschauen des Objektes für den einen unentbehrliche Bedingungen des Sexualgenusses sind, daß ein anderer auf der Höhe der sexuellen Erregung kneift oder beißt, daß die größte Erregtheit beim Liebenden nicht immer durch das Genitale, sondern durch eine andere Körperregion des Objektes hervorgerufen wird, und ähnliches in beliebiger Auswahl mehr. Es hat gar keinen Sinn, Personen mit einzelnen solchen Zügen aus der Reihe der Normalen auszuscheiden und zu den Perversen zu stellen, vielmehr erkennt man immer deutlicher, daß das Wesentliche der Perversionen nicht in der Überschreitung des Sexualzieles, nicht in der Ersetzung der Genitalien, ja nicht einmal immer in der Variation des Objektes besteht, sondern allein in der Ausschließlichkeit, mit welcher sich diese Abweichungen vollziehen und durch welche der der Fortpflanzung dienende Sexualakt beiseite geschoben wird. Sowie sich die perversen Handlungen als vorbereitende oder als verstärkende Beiträge in die Herbeiführung des normalen Sexualaktes einfügen, sind sie eigentlich keine Perversionen mehr. Natürlich wird die Kluft zwischen der normalen und der perversen Sexualität durch Tatsachen dieser Art sehr verringert. Es ergibt sich ungezwungen, daß die normale Sexualität aus etwas hervorgeht, was vor ihr bestanden hat, indem sie einzelne Züge dieses Materials als unbrauchbar ausscheidet und die anderen zusammenfaßt, um sie einem neuen, dem Fortpflanzungsziel, unterzuordnen.
Ehe wir unsere Vertrautheit mit den Perversionen dazu verwenden, um uns mit geklärten Voraussetzungen neuerlich in das Studium der infantilen Sexualität zu vertiefen, muß ich Sie auf einen wichtigen Unterschied zwischen beiden aufmerksam machen. Die perverse Sexualität ist in der Regel ausgezeichnet zentriert, alles Tun drängt zu einem – meist zu einem einzigen – Ziel, ein Partialtrieb hat bei ihr die Oberhand, er ist entweder der einzig nachweisbare oder hat die anderen seinen Absichten unterworfen. In dieser Hinsicht ist zwischen der perversen und der normalen Sexualität kein anderer Unterschied, als daß die herrschenden Partialtriebe und somit die Sexualziele verschiedene sind. Es ist sozusagen hier wie dort eine gut organisierte Tyrannis, nur daß hier die eine, dort eine andere Familie die Herrschaft an sich gerissen hat. Die infantile Sexualität ist dagegen im großen und ganzen ohne solche Zentrierung und Organisation, ihre einzelnen Partialtriebe sind gleichberechtigt, ein jeder geht auf eigene Faust dem Lusterwerb

nach. Der Mangel wie die Anwesenheit der Zentrierung stimmen natürlich gut zu der Tatsache, daß beide, die perverse wie die normale Sexualität aus der infantilen hervorgegangen sind. Es gibt übrigens auch Fälle von perverser Sexualität, die weit mehr Ähnlichkeit mit der infantilen haben, indem sich zahlreiche Partialtriebe unabhängig voneinander mit ihren Zielen durchgesetzt oder besser: fortgesetzt haben. Man spricht in diesen Fällen richtiger von Infantilismus des Sexuallebens als von Perversion.

So vorbereitet können wir an die Erörterung eines Vorschlages gehen, der uns sicherlich nicht erspart werden wird. Man wird uns sagen: Warum steifen Sie sich darauf, die nach ihrem eigenen Zeugnis unbestimmbaren Äußerungen der Kindheit, aus denen später Sexuelles wird, auch schon Sexualität zu nennen? Warum wollen Sie sich nicht lieber mit der physiologischen Beschreibung begnügen und einfach sagen, beim Säugling beobachte man bereits Tätigkeiten, wie das Lutschen oder das Zurückhalten der Exkremente, die uns zeigen, daß er nach *Organlust* strebt? Dadurch würden Sie doch die jedes Gefühl beleidigende Aufstellung eines Sexuallebens für das kleinste Kind vermieden haben. – Ja, meine Herren, ich habe gar nichts gegen die Organlust einzuwenden; ich weiß, daß die höchste Lust der sexuellen Vereinigung auch nur eine an die Tätigkeit der Genitalien gebundene Organlust ist. Aber können Sie mir sagen, wann diese ursprünglich indifferente Organlust den sexuellen Charakter bekommt, den sie in späteren Phasen der Entwicklung unzweifelhaft besitzt? Wissen wir von der »Organlust« mehr als von der Sexualität? Sie werden antworten, der sexuelle Charakter käme eben hinzu, wenn die Genitalien ihre Rolle zu spielen beginnen; sexuell deckt sich mit genital. Sie werden selbst die Einwendung der Perversionen ablehnen, indem Sie mir vorhalten, daß es bei den meisten Perversionen doch auf die Erzielung des genitalen Orgasmus ankomme, wenn auch auf einem anderen Wege als durch die Vereinigung der Genitalien. Sie schaffen sich wirklich eine weit bessere Position, wenn Sie aus der Charakteristik des Sexuellen die infolge der Perversionen unhaltbare Beziehung zur Fortpflanzung streichen und dafür die Genitaltätigkeit voranstellen. Aber dann sind wir nicht mehr weit auseinander; es stehen einfach die Genitalorgane gegen die anderen Organe. Was machen Sie nun aber gegen die vielfachen Erfahrungen, die Ihnen zeigen, daß die Genitalien für die Lustgewinnung durch andere Organe vertreten werden können, wie beim normalen Kuß, wie in den perversen Praktiken der Lebewelt, wie in der Symptomatik der Hysterie? Bei dieser Neurose ist es ganz gewöhnlich, daß Reizerscheinungen, Sensationen und Innervationen, selbst die Vorgänge der Erektion, die an den Genitalien daheim sind, auf andere entfernte Körperregionen verschoben werden (z. B. bei der Verlegung nach oben auf Kopf und Gesicht). In solcher Weise überführt, daß Sie nichts haben, was Sie zur Charakteristik Ihres Sexuellen festhalten können, werden Sie sich wohl entschließen müssen, meinem Beispiel zu folgen und die Bezeichnung »sexuell« auch auf die nach Organlust strebenden Betätigungen der frühen Kindheit auszudehnen.

Und nun wollen Sie zu meiner Rechtfertigung noch zwei weiteren Erwägungen Raum geben. Wie Sie wissen, heißen wir die zweifelhaften und unbestimmbaren Lustbetätigungen der frühesten Kindheit sexuell, weil wir auf dem Wege der Analyse von den Symptomen aus über unbestreitbar sexuelles Material zu ihnen gelangen. Es müßte nicht darum auch selbst sexuell sein, zugestanden. Aber nehmen Sie einen analogen Fall. Stellen Sie sich vor, wir hätten keinen Weg, die Entwicklung zweier dikotyledonen Pflanzen, des Apfelbaumes und der Bohne, aus ihren Samen zu beobachten, aber es sei uns in beiden Fällen möglich, ihre Entwicklung vom voll ausgebildeten pflanzlichen Individuum bis zum ersten Keimling mit zwei Keimblättern rückschreitend zu verfolgen. Die beiden Keimblättchen sehen indifferent aus, sind in beiden Fällen ganz gleichartig. Werde ich darum annehmen, daß sie wirklich gleichartig sind und daß die spezifische Differenz zwischen Apfelbaum und Bohne erst später in die Vegetation eintritt? Oder ist es biologisch korrekter zu glauben, daß diese Differenz schon im Keimling vorhanden ist, obwohl ich den Keimblättern eine Verschiedenheit nicht ansehen kann. Dasselbe tun wir aber, wenn wir die Lust bei Säuglingsbetätigungen eine sexuelle heißen. Ob alle und jede Organlust eine sexuelle genannt werden darf oder ob es neben der sexuellen eine andere gibt, welche diesen Namen nicht verdient, das kann ich hier nicht diskutieren. Ich weiß zu wenig von der Organlust und von ihren Bedingungen und darf mich bei dem rückschreitenden Charakter der Analyse überhaupt nicht verwundern, wenn ich am letzten Ende bei derzeit unbestimmbaren Momenten anlange.

Und noch eins! Sie haben im ganzen für das, was Sie behaupten wollen, für die sexuelle Reinheit des Kindes, sehr wenig gewonnen, auch wenn Sie mich davon überzeugen können, daß die Säuglingsbetätigungen besser als nicht sexuelle eingeschätzt werden sollen. Denn schon vom dritten Lebensjahre an ist das Sexualleben des Kindes all diesen Zweifeln entzogen; um diese Zeit beginnen bereits die Genitalien sich zu regen, es ergibt sich vielleicht regelmäßig eine Periode von infantiler Masturbation, also Genitalbefriedigung. Die seelischen und sozialen Äußerungen des Sexuallebens brauchen nicht mehr vermißt zu werden; Objektwahl, zärtliche Bevorzugung einzelner Personen, ja Entscheidung für eines der beiden Geschlechter, Eifersucht, sind durch unparteiische Beobachtungen unabhängig und vor der Zeit der Psychoanalyse festgestellt worden und können von jedem Beobachter, der es sehen will, bestätigt werden. Sie werden einwenden, an dem frühen Erwachen der Zärtlichkeit haben Sie nicht gezweifelt, nur daran, daß diese Zärtlichkeit den »sexuellen« Charakter trägt. Diesen zu verbergen haben die Kinder allerdings zwischen drei und acht Jahren bereits gelernt, aber wenn Sie aufmerksam sind, können Sie für die »sinnlichen« Absichten dieser Zärtlichkeit immerhin genug Beweise sammeln, und was Ihnen dann noch abgeht, werden die analytischen Ausforschungen mühelos in reichem Maße ergeben. Die Sexualziele dieser Lebenszeit stehen in innigstem Zusammenhang mit der gleichzeitigen Sexualforschung, von der ich Ihnen einige Proben gegeben habe [S. 313]. Der perverse Charakter einiger dieser Ziele hängt natürlich von der konstitutionellen Unreife des Kindes ab, welches das Ziel des Begattungsaktes noch nicht entdeckt hat.

Etwa vom sechsten bis achten Lebensjahr an macht sich ein Stillstand und Rückgang in der Sexualentwicklung bemerkbar, der in den kulturell günstigsten Fällen den Namen einer Latenzzeit verdient. Die Latenzzeit kann auch entfallen, sie braucht keine Unterbrechung der Sexualbetätigung und der Sexualinteressen auf der ganzen Linie mit sich zu bringen. Die meisten Erlebnisse und seelischen Regungen vor dem Eintritt der Latenzzeit verfallen dann der infantilen Amnesie, dem bereits [S. 204 ff.] erörterten Vergessen, welches unsere erste Jugend verhüllt und uns ihr entfremdet. In jeder Psychoanalyse stellt sich die Aufgabe her, diese vergessene Lebensperiode in die Erinnerung zurückzuführen; man kann sich der Vermutung nicht erwehren, daß die in ihr enthaltenen Anfänge des Sexuallebens das Motiv zu diesem Vergessen ergeben haben, daß dies Vergessen also ein Erfolg der Verdrängung ist.
Das Sexualleben des Kindes zeigt vom dritten Lebensjahr an viel Übereinstimmung mit dem des Erwachsenen; es unterscheidet sich von dem letzteren, wie wir bereits wissen, durch den Mangel einer festen

Organisation unter dem Primat der Genitalien, durch die unvermeidlichen Züge von Perversion und natürlich auch durch weit geringere Intensität der ganzen Strebung. Aber die für die Theorie interessantesten Phasen der Sexual-, oder wie wir sagen wollen, der Libidoentwicklung, liegen hinter diesem Zeitpunkt. Diese Entwicklung wird so rasch durchlaufen, daß es der direkten Beobachtung wahrscheinlich niemals gelungen wäre, ihre flüchtigen Bilder festzuhalten. Erst mit Hilfe der psychoanalytischen Durchforschung der Neurosen ist es möglich geworden, noch weiter zurückliegende Phasen der Libidoentwicklung zu erraten. Es sind dies gewiß nichts anderes als Konstruktionen, aber wenn Sie die Psychoanalyse praktisch betreiben, werden Sie finden, daß es notwendige und nutzbringende Konstruktionen sind. Wie es zugeht, daß die Pathologie uns hier Verhältnisse verraten kann, welche wir am normalen Objekt übersehen müssen, werden Sie bald verstehen.

Wir können also jetzt angeben, wie sich das Sexualleben des Kindes gestaltet, ehe der Primat der Genitalien hergestellt ist, der sich in der ersten infantilen Epoche vor der Latenzzeit vorbereitet und von der Pubertät an dauernd organisiert. Es besteht in dieser Vorzeit eine Art von lockerer Organisation, die wir *prägenital* nennen wollen. Im Vordergrunde dieser Phase stehen aber nicht die genitalen Partialtriebe, sondern die *sadistischen* und *analen*. Der Gegensatz von *männlich* und *weiblich* spielt hier noch keine Rolle; seine Stelle nimmt der Gegensatz zwischen *aktiv* und *passiv* ein, den man als den Vorläufer der sexuellen Polarität bezeichnen kann, mit welcher er sich auch späterhin verlötet. Was uns an den Betätigungen dieser Phase als männlich erscheint, wenn wir sie von der Genitalphase her betrachten, erweist sich als Ausdruck eines Bemächtigungstriebes, der leicht ins Grausame übergreift. Strebungen mit passivem Ziel knüpfen sich an die um diese Zeit sehr bedeutsame erogene Zone des Darmausganges. Schau- und Wißtrieb regen sich kräftig; das Genitale nimmt am Sexualleben eigentlich nur in seiner Rolle als Exkretionsorgan für den Harn Anteil. Es fehlt den Partialtrieben dieser Phase nicht an Objekten, aber diese Objekte fallen nicht notwendig zu einem Objekt zusammen. Die sadistisch-anale Organisation ist die nächste Vorstufe für die Phase des Genitalprimats. Ein eingehenderes Studium weist nach, wieviel von ihr für die spätere endgültige Gestaltung erhalten bleibt und auf welchen Wegen ihre Partialtriebe zur Einreihung in die neue Genitalorganisation genötigt werden[1].

---

[1] [Freud schob später eine »phallische« Phase zwischen die sadistisch-anale und die genitale Organisationsstufe ein: s. ›Die infantile Genitalorganisation‹ (1923*e*).]

Hinter der sadistisch-analen Phase der Libidoentwicklung gewinnen wir noch den Ausblick auf eine frühere, noch mehr primitive Organisationsstufe, auf welcher die erogene Mundzone die Hauptrolle spielt. Sie können erraten, daß die Sexualbetätigung des Lutschens [S. 309 f.] ihr angehört, und dürfen das Verständnis der alten Ägypter bewundern, deren Kunst das Kind, auch den göttlichen Horus, durch den Finger im Munde charakterisiert. Abraham hat erst kürzlich [1916] Mitteilungen darüber gemacht, welche Spuren diese primitive orale Phase für das Sexualleben späterer Jahre hinterläßt.

Meine Herren! Ich kann ja vermuten, daß die letzten Mitteilungen über die Sexualorganisationen Ihnen mehr Belastung als Belehrung gebracht haben. Vielleicht bin ich auch wieder zu weit in Einzelheiten eingegangen. Aber haben Sie Geduld; was Sie da gehört haben, wird Ihnen durch spätere Verwendung wertvoller werden. Halten Sie für jetzt an dem Eindruck fest, daß das Sexualleben – wie wir sagen: die Libidofunktion – nicht als etwas Fertiges auftritt, auch nicht in seiner eigenen Ähnlichkeit weiterwächst, sondern eine Reihe von aufeinanderfolgenden Phasen durchmacht, die einander nicht gleichsehen, daß es also eine mehrmals wiederholte Entwicklung ist wie von der Raupe zum Schmetterling. Wendepunkt der Entwicklung ist die Unterordnung aller sexuellen Partialtriebe unter den Primat der Genitalien und damit die Unterwerfung der Sexualität unter die Fortpflanzungsfunktion. Vorher ein sozusagen zerfahrenes Sexualleben, selbständige Betätigung der einzelnen nach Organlust strebenden Partialtriebe. Diese Anarchie gemildert durch Ansätze zu »prägenitalen« Organisationen, zunächst die sadistisch-anale Phase, hinter ihr die orale, vielleicht die primitivste. Dazu die verschiedenen, noch ungenau bekannten Prozesse, welche die eine Organisationsstufe in die spätere und nächsthöhere überführen. Welche Bedeutung es für die Einsicht in die Neurosen hat, daß die Libido einen so langen und absatzreichen Entwicklungsweg zurücklegt, werden wir ein nächstes Mal erfahren[1].

Heute werden wir noch eine andere Seite dieser Entwicklung verfolgen, nämlich die Beziehung der sexuellen Partialtriebe zum Objekt. Vielmehr wir werden einen flüchtigen Überblick über diese Entwicklung nehmen, um bei einem ziemlich späten Ergebnis derselben länger zu verweilen. Also einige der Komponenten des Sexualtriebes haben von vorneherein ein Objekt und halten es fest, so der Bemächtigungstrieb

[1] [Schon in der folgenden Vorlesung.]

(Sadismus), der Schau- und Wißtrieb. Andere, die deutlicher an bestimmte erogene Körperzonen geknüpft sind, haben es nur im Anfang, solange sie sich noch an die nicht sexuellen Funktionen anlehnen [vgl. S. 309 oben], und geben es auf, wenn sie sich von diesen loslösen. So ist das erste Objekt der oralen Komponente des Sexualtriebes die Mutterbrust, welche das Nahrungsbedürfnis des Säuglings befriedigt. Im Akte des Lutschens macht sich die beim Saugen mitbefriedigte erotische Komponente selbständig, gibt das fremde Objekt auf und ersetzt es durch eine Stelle am eigenen Körper. Der orale Trieb wird *autoerotisch,* wie es die analen und die anderen erogenen Triebe von vornherein sind. Die weitere Entwicklung hat, um es aufs knappste auszudrücken, zwei Ziele: erstens den Autoerotismus zu verlassen, das Objekt am eigenen Körper wiederum gegen ein fremdes Objekt zu vertauschen, und zweitens: die verschiedenen Objekte der einzelnen Triebe zu unifizieren, durch ein einziges Objekt zu ersetzen. Das kann natürlich nur gelingen, wenn dies eine Objekt wiederum ein ganzer, dem eigenen ähnlicher Körper ist. Es kann sich auch nicht vollziehen, ohne daß eine Anzahl der autoerotischen Triebregungen als unbrauchbar zurückgelassen wird.

Die Prozesse der Objektfindung sind ziemlich verwickelt, haben bisher auch noch keine übersichtliche Darstellung gefunden. Heben wir für unsere Absicht hervor, daß, wenn der Prozeß in den Kinderjahren vor der Latenzzeit einen gewissen Abschluß erreicht hat, das gefundene Objekt sich als fast identisch erweist mit dem ersten, durch Anlehnung gewonnenen Objekt des oralen Lusttriebes[1]. Es ist, wenn auch nicht die Mutterbrust, so doch die Mutter. Wir nennen die Mutter das erste *Liebes*objekt. Von Liebe sprechen wir nämlich, wenn wir die seelische Seite der Sexualstrebungen in den Vordergrund rücken und die zugrundeliegenden körperlichen oder »sinnlichen« Triebanforderungen zurückdrängen oder für einen Moment vergessen wollen. Um die Zeit, da die Mutter Liebesobjekt wird, hat auch bereits beim Kinde die psychische Arbeit der Verdrängung begonnen, welche seinem Wissen die Kenntnis eines Teiles seiner Sexualziele entzieht. An diese Wahl der Mutter zum Liebesobjekt knüpft nun all das an, was unter dem Namen des »Ödipuskomplexes« in der psychoanalytischen Aufklärung der Neurosen zu so großer Bedeutung gekommen ist und einen vielleicht nicht geringeren Anteil an dem Widerstand gegen die Psychoanalyse gewonnen hat. [Vgl. S. 211.]

Hören Sie eine kleine Begebenheit an, die sich im Laufe dieses Krieges

[1] [Dies wird in der 26. Vorlesung näher erläutert, S. 411.]

zugetragen hat: Einer der wackeren Jünger der Psychoanalyse befindet sich als Arzt an der deutschen Front irgendwo in Polen und erregt die Aufmerksamkeit der Kollegen dadurch, daß er gelegentlich eine unerwartete Beeinflussung eines Kranken zustande bringt. Auf Befragen bekennt er, daß er mit den Mitteln der Psychoanalyse arbeitet, und muß sich bereit erklären, den Kollegen von seinem Wissen mitzuteilen. Allabendlich versammeln sich nun die Ärzte des Korps, Kollegen und Vorgesetzte, um den Geheimlehren der Analyse zu lauschen. Das geht eine Weile gut, aber nachdem er den Hörern vom Ödipuskomplex gesprochen hat, erhebt sich ein Vorgesetzter und äußert, das glaube er nicht, es sei eine Gemeinheit des Vortragenden, ihnen, braven Männern, die für ihr Vaterland kämpfen, und Familienvätern, solche Dinge zu erzählen, und er verbiete die Fortsetzung der Vorträge. Damit war es zu Ende. Der Analytiker ließ sich an einen anderen Teil der Front versetzen. Ich glaube aber, es steht schlecht, wenn der deutsche Sieg einer solchen »Organisation« der Wissenschaft bedarf, und die deutsche Wissenschaft wird diese Organisation nicht gut vertragen.

Nun werden Sie darauf gespannt sein zu erfahren, was dieser schreckliche Ödipuskomplex enthält. Der Name sagt es Ihnen. Sie kennen alle die griechische Sage vom König Ödipus, der durch das Schicksal dazu bestimmt ist, seinen Vater zu töten und seine Mutter zum Weibe zu nehmen, der alles tut, um dem Orakelspruch zu entgehen, und sich dann durch Blendung bestraft, nachdem er erfahren, daß er diese beiden Verbrechen unwissentlich doch begangen hat. Ich hoffe, viele von Ihnen haben die erschütternde Wirkung der Tragödie, in welcher Sophokles diesen Stoff behandelt, an sich selbst erlebt. Das Werk des attischen Dichters stellt dar, wie die längst vergangene Tat des Ödipus durch eine kunstvoll verzögerte und durch immer neue Anzeichen angefachte Untersuchung allmählich enthüllt wird; es hat insofern eine gewisse Ähnlichkeit mit dem Fortgang einer Psychoanalyse. Im Verlaufe des Dialogs kommt es vor, daß die verblendete Mutter-Gattin Jokaste sich der Fortsetzung der Untersuchung widersetzt. Sie beruft sich darauf, daß vielen Menschen im Traum zuteil geworden, daß sie der Mutter beiwohnen, aber Träume dürfe man gering achten. Wir achten Träume nicht gering, am wenigsten typische Träume, solche, die sich vielen Menschen ereignen, und zweifeln nicht daran, daß der von Jokaste erwähnte Traum innig mit dem befremdenden und erschreckenden Inhalt der Sage zusammenhängt.

Es ist zu verwundern, daß die Tragödie des Sophokles nicht vielmehr empörte Ablehnung beim Zuhörer hervorruft, eine ähnliche und weit mehr berechtigte Reaktion als die unseres schlichten Militärarztes. Denn sie ist im Grunde ein unmoralisches Stück, sie hebt die sittliche Verantwortlichkeit des Menschen auf, zeigt göttliche Mächte als die Anordner des Verbrechens und die Ohnmacht der sittlichen Regungen des Menschen, die sich gegen das Verbrechen wehren. Man könnte leicht glauben, daß der Sagenstoff eine Anklage der Götter und des Schicksals beabsichtige, und in den Händen des kritischen, mit den Göttern zerfallenen, Euripides wäre es wahrscheinlich eine solche Anklage geworden. Aber beim gläubigen Sophokles ist von dieser Verwendung keine Rede; eine fromme Spitzfindigkeit, es sei die höchste Sittlichkeit, sich dem Willen der Götter, auch wenn er Verbrecherisches anordne, zu beugen, hilft über die Schwierigkeit hinweg. Ich kann nicht finden, daß diese Moral zu den Stärken des Stückes gehört, aber sie ist für die Wirkung desselben gleichgültig. Der Zuhörer reagiert nicht auf sie, sondern auf den geheimen Sinn und Inhalt der Sage. Er reagiert so, als hätte er durch Selbstanalyse den Ödipuskomplex in sich erkannt und den Götterwillen sowie das Orakel als erhöhende Verkleidungen seines eigenen Unbewußten entlarvt. Als ob er sich der Wünsche, den Vater zu beseitigen und an seiner Statt die Mutter zum Weibe zu nehmen, erinnern und sich über sie entsetzen müßte. Er versteht auch die Stimme des Dichters so, als ob sie ihm sagen wollte: Du sträubst dich vergebens gegen deine Verantwortlichkeit und beteuerst, was du gegen diese verbrecherischen Absichten getan hast. Du bist doch schuldig, denn du hast sie nicht vernichten können; sie bestehen noch unbewußt in dir. Und darin ist psychologische Wahrheit enthalten. Auch wenn der Mensch seine bösen Regungen ins Unbewußte verdrängt hat und sich dann sagen möchte, daß er für sie nicht verantwortlich ist, wird er doch gezwungen, diese Verantwortlichkeit als ein Schuldgefühl von ihm unbekannter Begründung zu verspüren[1].

Es ist ganz unzweifelhaft, daß man in dem Ödipuskomplex eine der wichtigsten Quellen des Schuldbewußtseins sehen darf, von dem die Neurotiker so oft gepeinigt werden. Aber noch mehr: in einer Studie über die Anfänge der menschlichen Religion und Sittlichkeit, die ich 1913 unter dem Titel *Totem und Tabu* veröffentlicht habe [Freud, 1912-13], ist mir die Vermutung nahe gekommen, daß vielleicht die Menschheit als Ganzes ihr Schuldbewußtsein, die letzte Quelle von

[1] [Vgl. einen Absatz gegen Ende der 13. Vorlesung, S. 215.]

Religion und Sittlichkeit, zu Beginn ihrer Geschichte am Ödipuskomplex erworben hat. Ich möchte Ihnen gerne mehr darüber sagen, aber ich unterlasse es besser. Es ist schwer, von diesem Thema abzubrechen, wenn man mit ihm begonnen hat, und wir müssen zur individuellen Psychologie zurückkehren.

Was läßt also die direkte Beobachtung des Kindes zur Zeit der Objektwahl vor der Latenzzeit vom Ödipuskomplex erkennen? Nun, man sieht leicht, daß der kleine Mann die Mutter für sich allein haben will, die Anwesenheit des Vaters als störend empfindet, unwillig wird, wenn dieser sich Zärtlichkeiten gegen die Mutter erlaubt, seine Zufriedenheit äußert, wenn der Vater verreist oder abwesend ist. Häufig gibt er seinen Gefühlen direkten Ausdruck in Worten, verspricht der Mutter, daß er sie heiraten wird. Man wird meinen, das sei wenig im Vergleich zu den Taten des Ödipus, aber es ist tatsächlich genug, es ist im Keime dasselbe. Die Beobachtung wird häufig durch den Umstand verdunkelt, daß dasselbe Kind gleichzeitig bei anderen Gelegenheiten eine große Zärtlichkeit für den Vater kundgibt; allein solche gegensätzliche – oder besser gesagt: *ambivalente*[1] – Gefühlseinstellungen, die beim Erwachsenen zum Konflikt führen würden, vertragen sich beim Kinde eine lange Zeit ganz gut miteinander, wie sie später im Unbewußten dauernd nebeneinander Platz finden. Man wird auch einwenden wollen, daß das Benehmen des kleinen Knaben egoistischen Motiven entspringt und keine Berechtigung zur Aufstellung eines erotischen Komplexes gibt. Die Mutter sorgt für alle Bedürfnisse des Kindes, und das Kind hat darum ein Interesse daran, daß sie sich um keine andere Person bekümmere. Auch das ist richtig, aber es wird bald klar, daß in dieser wie in ähnlichen Situationen das egoistische Interesse[2] nur die Anlehnung bietet, an welche die erotische Strebung anknüpft. Zeigt der Kleine die unverhüllteste sexuelle Neugierde für seine Mutter, verlangt er, nachts bei ihr zu schlafen, drängt sich zur Anwesenheit bei ihrer Toilette auf oder unternimmt er gar Verführungsversuche, wie es die Mutter so oft feststellen und lachend berichten kann, so ist die erotische Natur der Bindung an die Mutter doch gegen jeden Zweifel gesichert. Man darf auch nicht vergessen, daß die Mutter dieselbe Fürsorge für ihr Töchterchen entfaltet, ohne dieselbe Wirkung zu erzielen[3], und daß der Vater oft genug mit ihr in der Be-

[1] [S. weiter unten, S. 412.]
[2] [Dieser Terminus kehrt in der 26. Vorlesung häufig wieder; dort findet sich auch eine editorische Bemerkung dazu (S. 400).]
[3] [S. jedoch die nächste Anm.]

mühung um den Knaben wetteifert, ohne daß es ihm gelänge, sich dieselbe Bedeutung wie die Mutter zu erwerben. Kurz, daß das Moment der geschlechtlichen Bevorzugung durch keine Kritik aus der Situation zu eliminieren ist. Vom Standpunkt des egoistischen Interesses wäre es nur unklug von dem kleinen Mann, wenn er nicht lieber zwei Personen in seinen Diensten dulden würde, als nur eine von ihnen.

Ich habe, wie Sie merken, nur das Verhältnis des Knaben zu Vater und Mutter geschildert. Für das kleine Mädchen gestaltet es sich mit den notwendigen Abänderungen ganz ähnlich [1]. Die zärtliche Anhänglichkeit an den Vater, das Bedürfnis, die Mutter als überflüssig zu beseitigen und ihre Stelle einzunehmen, eine bereits mit den Mitteln der späteren Weiblichkeit arbeitende Koketterie ergeben gerade beim kleinen Mädchen ein reizvolles Bild, welches uns an den Ernst und die möglichen schweren Folgen hinter dieser infantilen Situation vergessen läßt. Versäumen wir nicht hinzuzufügen, daß häufig die Eltern selbst einen entscheidenden Einfluß auf die Erweckung der Ödipuseinstellung des Kindes üben, indem sie selbst der geschlechtlichen Anziehung folgen, und wo mehrere Kinder sind, in der deutlichsten Weise der Vater das Töchterchen und die Mutter den Sohn in ihrer Zärtlichkeit bevorzugen. Aber die spontane Natur des kindlichen Ödipuskomplexes kann nicht einmal durch dieses Moment ernstlich erschüttert werden. Der Ödipuskomplex erweitert sich zum Familienkomplex, wenn andere Kinder dazukommen. Er motiviert nun mit neuerlicher Anlehnung an die egoistische Schädigung, daß diese Geschwister mit Abneigung empfangen und unbedenklich durch den Wunsch beseitigt werden. Diesen Haßempfindungen geben die Kinder sogar in der Regel weit eher wörtlichen Ausdruck als den aus dem Elternkomplex entspringenden. Geht ein solcher Wunsch in Erfüllung und nimmt der Tod den unerwünschten Zuwachs binnen kurzem wieder weg, so kann man aus späterer Analyse erfahren, ein wie wichtiges Erlebnis dieser Todesfall für das Kind gewesen ist, wiewohl er im Gedächtnis desselben nicht gehaftet zu haben braucht. Das durch die Geburt eines Geschwisterchens in die zweite Linie gedrängte, für die erste Zeit von der Mutter fast isolierte Kind vergißt ihr diese Zurückstellung nur schwer; Gefühle, die man beim Erwachsenen als schwere Erbitterung bezeichnen würde, stellen sich bei ihm ein und werden oft zur Grundlage einer dauernden Entfremdung. Daß die Sexualforschung mit

[1] [Erst viele Jahre später trug Freud der Asymmetrie der ödipalen Verhältnisse bei den beiden Geschlechtern voll Rechnung. Seine späteren Ansichten finden sich in der 33. Vorlesung der *Neuen Folge*.]

all ihren Konsequenzen gewöhnlich an diese Lebenserfahrung des Kindes anknüpft, haben wir schon erwähnt [S. 314]. Mit dem Heranwachsen dieser Geschwister erfährt die Einstellung zu ihnen die bedeutsamsten Wandlungen. Der Knabe kann die Schwester zum Liebesobjekt nehmen als Ersatz für die treulose Mutter; zwischen mehreren Brüdern, die um ein jüngeres Schwesterchen werben, ergeben sich schon in der Kinderstube die für das spätere Leben bedeutsamen Situationen einer feindseligen Rivalität. Ein kleines Mädchen findet im älteren Bruder einen Ersatz für den Vater, der sich nicht mehr wie in den frühesten Jahren zärtlich um sie kümmert, oder sie nimmt eine jüngere Schwester zum Ersatz für das Kind, das sie sich vergeblich vom Vater gewünscht hat.

Solches und sehr viel mehr von ähnlicher Natur zeigt Ihnen die direkte Beobachtung der Kinder und die Würdigung ihrer klar erhaltenen, von der Analyse nicht beeinflußten Erinnerungen aus den Kinderjahren. Sie werden daraus unter anderem den Schluß ziehen, daß die Stellung eines Kindes in der Kinderreihe ein für die Gestaltung seines späteren Lebens überaus wichtiges Moment ist, welches in jeder Lebensbeschreibung Rücksicht finden sollte. Aber, was wichtiger ist, Sie werden sich angesichts dieser mühelos zu gewinnenden Aufklärungen der Äußerungen der Wissenschaft zur Erklärung des Inzestverbotes nicht ohne Lächeln erinnern können. [Vgl. S. 214 oben.] Was ist da nicht alles erfunden worden! Die geschlechtliche Neigung soll durch das Zusammenleben von Kindheit her von den andersgeschlechtlichen Mitgliedern derselben Familie abgelenkt worden sein, oder eine biologische Tendenz zur Vermeidung der Inzucht soll in der angeborenen Inzestscheu ihre psychische Repräsentanz finden! Wobei noch ganz vergessen wird, daß es keines so unerbittlichen Verbotes durch Gesetz und Sitte bedürfte, wenn es irgend verläßliche natürliche Schranken gegen die Inzestversuchung gäbe. Im Gegenteil liegt die Wahrheit. Die erste Objektwahl der Menschen ist regelmäßig eine inzestuöse, beim Manne auf Mutter und Schwester gerichtete, und es bedarf der schärfsten Verbote, um diese fortwirkende infantile Neigung von der Wirklichkeit abzuhalten. Bei den heute noch lebenden Primitiven, den wilden Völkern, sind die Inzestverbote noch viel schärfer als bei uns, und kürzlich hat Th. Reik in einer glänzenden Arbeit [1915–16] gezeigt, daß die Pubertätsriten der Wilden, die eine Wiedergeburt darstellen, den Sinn haben, die inzestuöse Bindung der Knaben an ihre Mutter aufzuheben und ihre Versöhnung mit dem Vater herzustellen.

Die Mythologie belehrt Sie, daß der von den Menschen angeblich so verabscheute Inzest unbedenklich den Göttern zugestanden wird, und aus der alten Geschichte können Sie erfahren, daß die inzestuöse Schwesterehe für die Person des Herrschers geheiligte Vorschrift war (bei den alten Pharaonen, den Inkas von Peru). Es handelt sich also um ein der gemeinen Menge versagtes Vorrecht.

Der Mutterinzest ist das eine Verbrechen des Ödipus, der Vatermord das andere. Nebenbei erwähnt, es sind auch die beiden großen Verbrechen, welche die erste sozial-religiöse Institution der Menschen, der Totemismus, verpönt[1]. Wenden wir uns nun von der direkten Beobachtung des Kindes zur analytischen Erforschung des neurotisch gewordenen Erwachsenen. Was leistet die Analyse zur weiteren Kenntnis des Ödipuskomplexes? Nun, das ist kurz zu sagen. Sie weist ihn so auf, wie ihn die Sage erzählt; sie zeigt, daß jeder dieser Neurotiker selbst ein Ödipus war oder, was auf dasselbe ausgeht, in der Reaktion auf den Komplex ein Hamlet geworden ist[2]. Natürlich ist die analytische Darstellung des Ödipuskomplexes eine Vergrößerung und Vergröberung der infantilen Skizze. Der Haß gegen den Vater, die Todeswünsche gegen ihn, sind nicht mehr schüchtern angedeutet, die Zärtlichkeit für die Mutter bekennt sich zum Ziel, sie als Weib zu besitzen. Dürfen wir diese grellen und extremen Gefühlsregungen wirklich jenen zarten Kinderjahren zutrauen oder täuscht uns die Analyse durch die Einmengung eines neuen Moments? Es ist nicht schwer, ein solches aufzufinden. Jedesmal, wenn ein Mensch über Vergangenes berichtet, und sei er auch ein Geschichtsschreiber, haben wir in Betracht zu ziehen, was er unabsichtlich aus der Gegenwart oder aus dazwischenliegenden Zeiten in die Vergangenheit zurückversetzt, so daß er das Bild derselben fälscht. Im Falle des Neurotikers ist es sogar fraglich, ob diese Rückversetzung eine ganz und gar unabsichtliche ist; wir werden Motive für sie später kennenlernen und der Tatsache des »Rückphantasierens«[3] in frühe Vergangenheit überhaupt gerecht werden müssen. Wir entdecken auch leicht, daß der Haß gegen den Vater durch eine Anzahl von Motiven verstärkt ist, die aus späteren Zeiten und Beziehungen stammen, daß die sexuellen Wünsche auf die Mutter in Formen gegossen sind, die dem Kinde noch fremd sein mußten. Aber es wäre ein vergebliches Bemühen, wenn wir das Ganze des Ödipuskomplexes durch Rückphantasieren erklären und auf

[1] [Vgl. Freuds *Totem und Tabu* (1912–13).]

[2] [Freuds erste publizierte Kommentare zu *Hamlet* und *König Ödipus* sowie zum Ödipuskomplex sind in der *Traumdeutung* (1900 *a*), im Abschnitt D (β) des V. Kapitels, enthalten.]

[3] [S. den letzten Teil der 23. Vorlesung.]

spätere Zeiten beziehen wollten. Der infantile Kern und auch mehr oder weniger vom Beiwerk bleibt bestehen, wie ihn die direkte Beobachtung des Kindes bestätigt.

Die klinische Tatsache, die uns hinter der analytisch festgestellten Form des Ödipuskomplexes entgegentritt, ist nun von der höchsten praktischen Bedeutung. Wir erfahren, daß zur Zeit der Pubertät, wenn der Sexualtrieb zuerst in voller Stärke seine Ansprüche erhebt, die alten familiären und inzestuösen Objekte wieder aufgenommen und von neuem libidinös besetzt[1] werden. Die infantile Objektwahl war nur ein schwächliches, aber Richtung gebendes Vorspiel der Objektwahl in der Pubertät. Hier spielen sich nun sehr intensive Gefühlsvorgänge in der Richtung des Ödipuskomplexes oder in der Reaktion auf ihn ab, die aber, weil ihre Voraussetzungen unerträglich geworden sind, zum großen Teil dem Bewußtsein fernebleiben müssen. Von dieser Zeit an muß sich das menschliche Individuum der großen Aufgabe der Ablösung von den Eltern widmen, nach deren Lösung es erst aufhören kann Kind zu sein, um ein Mitglied der sozialen Gemeinschaft zu werden. Die Aufgabe besteht für den Sohn darin, seine libidinösen Wünsche von der Mutter zu lösen, um sie für die Wahl eines realen fremden Liebesobjektes zu verwenden, und sich mit dem Vater zu versöhnen, wenn er in Gegnerschaft zu ihm verblieben ist, oder sich von seinem Druck zu befreien, wenn er in Reaktion auf die infantile Auflehnung in die Unterwürfigkeit gegen ihn geraten ist. Diese Aufgaben ergeben sich für jedermann; es ist beachtenswert, wie selten ihre Erledigung in idealer Weise, d. h. psychologisch wie sozial korrekt, gelingt. Den Neurotikern aber gelingt diese Lösung überhaupt nicht, der Sohn bleibt sein lebelang unter die Autorität des Vaters gebeugt und ist nicht imstande, seine Libido auf ein fremdes Sexualobjekt zu übertragen. Dasselbe kann mit Veränderung der Beziehung das Los der Tochter werden. In diesem Sinne gilt der Ödipuskomplex mit Recht als der Kern der Neurosen.

Sie ahnen, meine Herren, wie flüchtig ich über eine große Anzahl von praktisch wie theoretisch bedeutsamen Verhältnissen, die mit dem Ödipuskomplex zusammenhängen, hinwegsetze. Ich gehe auch auf seine Variationen und seine mögliche Umkehrung nicht ein[2]. Von den ent-

---

[1] [D. h. mit Energie geladen; das Konzept der »Besetzungen« – Ladungen psychischer Energie – ist eine der Grundannahmen der Lehre Freuds.]

[2] [Mit diesem letzten Punkt beschäftigt Freud sich am ausführlichsten im III. Kapitel von *Das Ich und das Es* (1923 *b*).]

fernteren Beziehungen desselben will ich Ihnen nur noch andeuten, daß er sich als höchst bestimmend für die dichterische Produktion erwiesen hat. Otto Rank hat in einem verdienstvollen Buch [1912*b*] gezeigt, daß die Dramatiker aller Zeiten ihre Stoffe hauptsächlich dem Ödipus- und Inzestkomplex, dessen Variationen und Verschleierungen, entnommen haben. Es soll auch nicht unerwähnt bleiben, daß die beiden verbrecherischen Wünsche des Ödipuskomplexes längst vor der Zeit der Psychoanalyse als die richtigen Repräsentanten des ungehemmten Trieblebens erkannt worden sind. Unter den Schriften des Enzyklopädisten Diderot finden Sie einen berühmten Dialog *Le neveu de Rameau,* den kein Geringerer als Goethe deutsch bearbeitet hat. Dort können Sie den merkwürdigen Satz lesen: *Si le petit sauvage était abandonné à lui-même, qu'il conservât toute son imbécillité et qu'il réunît au peu de raison de l'enfant au berceau la violence des passions de l'homme de trente ans, il tordrait le col à son père et coucherait avec sa mère.*

Aber etwas anderes kann ich nicht übergehen. Die Mutter-Gattin des Ödipus soll uns nicht vergeblich an den Traum gemahnt haben. Erinnern Sie sich noch des Resultates unserer Traumanalysen, daß die traumbildenden Wünsche so häufig perverser, inzestuöser Natur sind oder eine nicht geahnte Feindseligkeit gegen nächste und geliebte Angehörige verraten? Wir haben es damals [S. 153 f.] unaufgeklärt gelassen, woher diese bösen Regungen stammen. Nun können Sie sich's selbst sagen. Es sind frühinfantile, fürs bewußte Leben längst aufgegebene Unterbringungen der Libido und Objektbesetzungen[1], die sich nächtlicherweile noch als vorhanden und als in gewissem Sinne leistungsfähig erweisen. Da aber alle Menschen solche perverse, inzestuöse und todeswütige Träume haben, nicht bloß die Neurotiker, dürfen wir den Schluß ziehen, daß auch die heute Normalen den Entwicklungsweg über die Perversionen und die Objektbesetzungen des Ödipuskomplexes zurückgelegt haben, daß dieser Weg der der normalen Entwicklung ist, daß die Neurotiker uns nur vergrößert und vergröbert zeigen, was uns die Traumanalyse auch beim Gesunden verrät. Und dies ist eines der Motive, weshalb wir das Studium der Träume dem der neurotischen Symptome vorangeschickt haben.

---

[1] [Also Ladungen psychischer Energie, die sich auf Objekte konzentrieren. S. die Anm. 1 auf der vorigen Seite.]

22. VORLESUNG

GESICHTSPUNKTE DER ENTWICKLUNG UND REGRESSION. ÄTIOLOGIE

Meine Damen und Herren! Wir haben gehört, daß die Libidofunktion eine weitläufige Entwicklung durchmacht, bis sie in der normal genannten Weise in den Dienst der Fortpflanzung treten kann. Ich möchte Ihnen nun vorführen, welche Bedeutung diese Tatsache für die Verursachung der Neurosen hat.

Ich glaube, wir befinden uns im Einklang mit den Lehren der allgemeinen Pathologie, wenn wir annehmen, daß eine solche Entwicklung zweierlei Gefahren mit sich bringt, erstens die der *Hemmung* und zweitens die der *Regression*. Das heißt, bei der allgemeinen Neigung biologischer Vorgänge zur Variation wird es sich ereignen müssen, daß nicht alle vorbereitenden Phasen gleich gut durchlaufen und vollständig überwunden werden; Anteile der Funktion werden dauernd auf diesen frühen Stufen zurückgehalten werden, und dem Gesamtbild der Entwicklung wird ein gewisses Maß von Entwicklungshemmung beigemengt sein.

Suchen wir uns Analogien zu diesen Vorgängen auf anderen Gebieten. Wenn ein ganzes Volk seine Wohnsitze verläßt, um neue aufzusuchen, wie es in früheren Perioden der Menschengeschichte oftmals geschah, so ist es gewiß nicht in seiner Vollzahl an dem neuen Orte angekommen. Von anderen Verlusten abgesehen, muß es sich regelmäßig zugetragen haben, daß kleine Haufen oder Verbände der Wanderer unterwegs haltmachten und sich an diesen Stationen niederließen, während die Hauptmenge weiterzog. Oder, um näherliegende Vergleiche zu suchen, Sie wissen, daß bei den höchsten Säugetieren die männlichen Keimdrüsen, die ursprünglich tief im Inneren des Bauchraumes lagern, zu einer gewissen Zeit des Intrauterinlebens eine Wanderung antreten, die sie fast unmittelbar unter die Haut des Beckenendes geraten läßt. Als Folge dieser Wanderung findet man bei einer Anzahl von männlichen Individuen, daß eines der paarigen Organe in der Beckenhöhle zurückgeblieben ist oder daß es eine dauernde Lagerung im sogenannten Leistenkanal gefunden hat, den beide auf ihrer Wanderung passieren müssen, oder daß wenigstens dieser Kanal offen geblieben ist, der normalerweise nach Abschluß des Lagewechsels der Keimdrüsen verwachsen soll.

Als ich als junger Student meine erste wissenschaftliche Arbeit unter der Leitung v. Brückes ausführte, beschäftigte ich mich mit dem Ursprung der hinteren Nervenwurzeln im Rückenmark eines kleinen, noch sehr archaisch gebildeten Fisches. Ich fand, daß die Nervenfasern dieser Wurzeln aus großen Zellen im Hinterhorn der grauen Substanz hervorgehen, was bei anderen Rückenmarktieren nicht mehr der Fall ist. Aber ich entdeckte auch bald darauf, daß solche Nervenzellen sich außerhalb der grauen Substanz an der ganzen Strecke bis zum sogenannten Spinalganglion der hinteren Wurzel vorfinden, woraus ich den Schluß zog, daß die Zellen dieser Ganglienhaufen aus dem Rückenmark in die Wurzelstrecke der Nerven gewandert sind. Dies zeigt auch die Entwicklungsgeschichte; bei diesem kleinen Fisch war aber der ganze Weg der Wanderung durch zurückgebliebene Zellen kenntlich gemacht[1]. Bei tieferem Eingehen wird es Ihnen nicht schwerfallen, die schwachen Punkte dieser Vergleichungen aufzuspüren. Wir wollen es darum direkt aussprechen, daß wir es für jede einzelne Sexualstrebung für möglich halten, daß einzelne Anteile von ihr auf früheren Stufen der Entwicklung zurückgeblieben sind, wenngleich andere Anteile das Endziel erreicht haben mögen. Sie erkennen dabei, daß wir uns jede solche Strebung als eine seit Lebensbeginn kontinuierliche Strömung vorstellen, die wir gewissermaßen künstlich in gesondert aufeinanderfolgende Schübe zerlegen. Ihr Eindruck, daß diese Vorstellungen einer weiteren Klärung bedürftig sind, hat recht, aber der Versuch würde uns zu weit abführen. Lassen Sie uns noch feststellen, daß ein solches Verbleiben einer Partialstrebung auf einer früheren Stufe eine *Fixierung* (des Triebes nämlich) heißen soll.

Die zweite Gefahr einer so stufenweisen Entwicklung liegt darin, daß auch die Anteile, die es weiter gebracht haben, leicht in rückläufiger Bewegung auf eine dieser früheren Stufen zurückkehren können, was wir eine *Regression* nennen. Zu einer solchen Regression wird sich die Strebung veranlaßt finden, wenn die Ausübung ihrer Funktion, also die Erreichung ihres Befriedigungszieles, in der späteren oder höher entwickelten Form auf starke äußere Hindernisse stößt. Es liegt uns nahe anzunehmen, daß Fixierung und Regression nicht unabhängig voneinander sind. Je stärker die Fixierungen auf dem Entwicklungsweg, desto eher

[1] [Dies ist eine kurze Zusammenfassung von zwei ganz frühen Abhandlungen Freuds. Freud veröffentlichte eine Sammlung von kurzen Inhaltsangaben seiner wissenschaftlichen Arbeiten von 1877–1897, in welcher diese sowie alle wichtigen neurologischen Schriften berücksichtigt sind (1897 *b*).]

wird die Funktion den äußeren Schwierigkeiten durch Regression bis zu jenen Fixierungen ausweichen, desto widerstandsunfähiger erweist sich also die ausgebildete Funktion gegen äußere Hindernisse ihres Ablaufes. Denken Sie daran, wenn ein Volk in Bewegung starke Abteilungen an den Stationen seiner Wanderung zurückgelassen hat, so wird es den weiter Vorgerückten naheliegen, sich bis zu diesen Stationen zurückziehen, wenn sie geschlagen werden oder auf einen überstarken Feind stoßen. Sie werden aber auch um so eher in die Gefahr der Niederlage kommen, je mehr sie von ihrer Anzahl auf der Wanderung zurückgelassen haben.

Es ist für Ihr Verständnis der Neurosen wichtig, daß Sie dies Verhältnis zwischen Fixierung und Regression nicht aus den Augen lassen. Sie gewinnen dann einen sicheren Halt in der Frage nach der Verursachung der Neurosen, in der Frage der Neurosenätiologie, an welche wir bald herantreten werden.

Zunächst wollen wir noch bei der Regression verbleiben. Nach dem, was Ihnen von der Entwicklung der Libidofunktion bekannt geworden ist, dürfen Sie Regressionen von zweierlei Art erwarten, Rückkehr zu den ersten von der Libido besetzten Objekten, die bekanntlich inzestuöser Natur sind, und Rückkehr der gesamten Sexualorganisation zu früheren Stufen. Beide kommen bei den Übertragungsneurosen [S. 296] vor und spielen in deren Mechanismus eine große Rolle. Besonders die Rückkehr zu den ersten inzestuösen Objekten der Libido ist ein Zug, der sich bei den Neurotikern mit geradezu ermüdender Regelmäßigkeit findet. Weit mehr läßt sich über die Regressionen der Libido sagen, wenn man eine andere Gruppe der Neurosen, die sogenannten narzißtischen, mit heranzieht, was wir ja gegenwärtig nicht beabsichtigen[1]. Diese Affektionen geben uns Aufschluß über noch andere, bisher nicht erwähnte Entwicklungsvorgänge der Libidofunktion und zeigen uns dementsprechend auch neue Arten der Regression. Ich glaube aber, daß ich Sie jetzt vor allem mahnen muß, *Regression* und *Verdrängung* nicht zu verwechseln, und Ihnen dazu verhelfen muß, sich die Beziehungen zwischen den beiden Prozessen zu klären. Verdrängung ist, wie Sie sich erinnern [S. 292 ff.], jener Vorgang, durch welchen ein bewußtseinsfähiger Akt, also einer, der dem System Vbw. angehört, unbewußt gemacht, also in das System Ubw. zurückgeschoben wird[2]. Und ebenso

---

[1] [Sie werden in der 26. Vorlesung erläutert.]

[2] [»Vbw« und »Ubw« sind Abkürzungen für das vorbewußte beziehungsweise das unbewußte seelische System.]

nennen wir es Verdrängung, wenn der unbewußte seelische Akt überhaupt nicht ins nächste vorbewußte System zugelassen, sondern an der Schwelle von der Zensur zurückgewiesen wird. Dem Begriff der Verdrängung haftet also keine Beziehung zur Sexualität an; bitte, bemerken Sie das wohl. Er bezeichnet einen rein psychologischen Vorgang, den wir noch besser charakterisieren können, wenn wir ihn einen *topischen* heißen. Wir wollen damit sagen, er habe mit den angenommenen psychischen Räumlichkeiten zu tun, oder, wenn wir diese grobe Hilfsvorstellung wieder fallenlassen, mit dem Aufbau des seelischen Apparates aus gesonderten psychischen Systemen.

Durch die angestellte Vergleichung werden wir erst aufmerksam gemacht, daß wir das Wort »Regression« bisher nicht in seiner allgemeinen, sondern in einer ganz speziellen Bedeutung gebraucht haben. Geben Sie ihm seinen allgemeinen Sinn, den einer Rückkehr von einer höheren zu einer niedrigeren Stufe der Entwicklung, so ordnet sich auch die Verdrängung der Regression unter, denn sie kann auch als Rückkehr zu einer früheren und tieferen Stufe in der Entwicklung eines psychischen Aktes beschrieben werden. Nur, daß es uns bei der Verdrängung auf diese rückläufige Richtung nicht ankommt, denn wir heißen es auch Verdrängung im *dynamischen* Sinne, wenn ein psychischer Akt auf der niedrigeren Stufe des Unbewußten festgehalten wird. Verdrängung ist eben ein topisch-dynamischer Begriff, Regression ein rein deskriptiver. Was wir aber bisher Regression genannt und zur Fixierung in Beziehung gebracht haben, damit meinten wir ausschließlich die Rückkehr der Libido zu früheren Stationen ihrer Entwicklung, also etwas, was von der Verdrängung im Wesen ganz verschieden und von ihr ganz unabhängig ist. Wir können die Libidoregression auch nicht einen rein psychischen Vorgang heißen und wissen nicht, welche Lokalisation im seelischen Apparat wir ihr anweisen sollen. Wenn sie auch den stärksten Einfluß auf das seelische Leben ausübt, so ist doch der organische Faktor an ihr der hervorragendste.

Erörterungen wie diese, meine Herren, müssen etwas dürr geraten. Wenden wir uns an die Klinik, um etwas eindrucksvollere Anwendungen von ihnen zu machen. Sie wissen, daß Hysterie und Zwangsneurose die beiden Hauptvertreter der Gruppe der Übertragungsneurosen sind. Bei der Hysterie gibt es nun zwar eine Regression der Libido zu den primären inzestuösen Sexualobjekten, und diese ganz regelmäßig, aber so gut wie keine Regression auf eine frühere Stufe der Sexualorganisation. Dafür fällt der Verdrängung im hysterischen Mechanismus die Hauptrolle zu. Wenn ich mir gestatten darf, unsere bisherige gesicherte Kenntnis dieser Neurose durch eine Konstruktion zu vervollständigen, so könnte ich den Sachverhalt in folgender Weise beschreiben: Die Einigung der Partialtriebe unter dem Primat der Genitalien ist vollzogen, ihre Ergebnisse stoßen aber auf den Widerstand des mit dem Bewußtsein verknüpften vorbewußten Systems. Die Genitalorganisation gilt also fürs Unbewußte, nicht ebenso fürs Vorbewußte, und diese Ablehnung von seiten des Vorbewußten bringt ein Bild zustande, welches mit dem Zustand vor dem Genitalprimat gewisse Ähnlichkeiten hat. Es ist aber doch etwas ganz anderes. – Von den beiden Libidoregressionen ist die auf eine frühere Phase der Sexualorganisation die bei weitem auffälligere. Da sie bei der Hysterie fehlt und unsere ganze Auffassung der Neurosen noch viel zu sehr unter dem Einflusse des Studiums der Hysterie steht, welches zeitlich voranging, so ist die Bedeutung der Libidoregression uns auch viel später klar geworden als die der Verdrängung. Seien wir gefaßt darauf, daß unsere Gesichtspunkte noch andere Erweiterungen und Umwertungen erfahren werden, wenn wir außer Hysterie und Zwangsneurose noch die anderen, narzißtischen Neurosen in unsere Betrachtungen einbeziehen können.

Bei der Zwangsneurose ist im Gegenteil die Regression der Libido auf die Vorstufe der sadistisch-analen Organisation das auffälligste und das für die Äußerung in Symptomen maßgebende Faktum. Der Liebesimpuls muß sich dann als sadistischer Impuls maskieren. Die Zwangsvorstellung: ich möchte dich ermorden, heißt im Grunde, wenn man sie von gewissen, aber nicht zufälligen, sondern unerläßlichen Zutaten befreit hat, nichts anderes als: ich möchte dich in Liebe genießen. Nehmen Sie dazu, daß gleichzeitig eine Objektregression stattgehabt hat, so daß diese Impulse nur den nächsten und den geliebtesten Personen gelten, so können Sie sich von dem Entsetzen eine Vorstellung machen, welches diese Zwangsvorstellungen beim Kranken erwecken, und gleichzeitig von der Fremdartigkeit, in welcher sie seiner bewußten Wahrnehmung entgegentreten. Aber auch die Verdrängung hat an dem Mechanismus dieser Neurosen ihren großen Anteil, der in einer flüchtigen Einführung wie der unserigen allerdings nicht leicht auseinanderzusetzen ist. Regression der Libido ohne Verdrängung würde nie eine Neurose ergeben, sondern in eine Perversion auslaufen. Daraus ersehen Sie, daß die Verdrängung jener Prozeß ist, welcher der Neurose am ehesten eigentümlich zukommt und sie am besten charakterisiert.

Vielleicht habe ich aber auch einmal Gelegenheit, Ihnen vorzuführen, was wir über den Mechanismus der Perversionen wissen, und Sie werden dann sehen, daß auch hier nichts so einfach vor sich geht, wie man es sich gerne konstruieren möchte[1].

Meine Herren! Ich meine, Sie werden sich mit den eben angehörten Ausführungen über Fixierung und Regression der Libido am ehesten versöhnen, wenn Sie sie als Vorbereitung für die Erforschung der Ätiologie der Neurosen gelten lassen wollen. Ich habe Ihnen hierüber erst eine einzige Mitteilung gemacht, nämlich daß die Menschen neurotisch erkranken, wenn ihnen die Möglichkeit benommen ist, ihre Libido zu befriedigen, also an der »Versagung«, wie ich mich ausdrückte, und daß ihre Symptome eben der Ersatz für die versagte Befriedigung sind. [Vgl. S. 297.] Natürlich sollte das nicht heißen, daß jede Versagung der libidinösen Befriedigung jeden, den sie trifft, neurotisch macht, sondern bloß, daß in allen untersuchten Fällen von Neurose das Moment der Versagung nachweisbar war. Der Satz ist also nicht umkehrbar. Sie werden wohl auch verstanden haben, daß jene Behauptung nicht das ganze Geheimnis der Neurosenätiologie aufdecken sollte, sondern eben nur eine wichtige und unerläßliche Bedingung hervorhob.

Man weiß jetzt nicht, soll man sich für die weitere Diskussion dieses Satzes an die Natur der Versagung oder an die Eigenart des von ihr Betroffenen halten. Die Versagung ist doch höchst selten eine allseitige und absolute; um pathogen wirksam zu werden, muß sie wohl jene Weise der Befriedigung betreffen, nach der die Person allein verlangt, deren sie allein fähig ist. Es gibt im allgemeinen sehr viele Wege, die Entbehrung der libidinösen Befriedigung zu vertragen, ohne an ihr zu erkranken. Vor allem kennen wir Menschen, die imstande sind, eine solche Entbehrung ohne Schaden auf sich zu nehmen; sie sind dann nicht glücklich, sie leiden an Sehnsucht, aber sie werden nicht krank. Sodann müssen wir in Betracht ziehen, daß gerade die sexuellen Triebregungen außerordentlich *plastisch* sind, wenn ich so sagen darf. Sie können die eine für die andere eintreten, eine kann die Intensität der anderen auf sich nehmen; wenn die Befriedigung der einen durch die Realität versagt ist, kann die Befriedigung einer anderen volle Entschädigung bieten. Sie verhalten sich zueinander wie ein Netz von kommunizierenden, mit Flüssigkeit gefüllten Kanälen, und dies trotz ihrer

[1] [Dies scheint einer der Punkte zu sein, auf welche Freud, wie er am Schluß dieser Vorlesungen (S. 445) bemerkt, aus Zeitmangel nicht mehr zurückkommen konnte.]

Unterwerfung unter den Genitalprimat, was gar nicht so bequem in einer Vorstellung zu vereinen ist. Ferner zeigen die Partialtriebe der Sexualität, ebenso wie die aus ihnen zusammengefaßte Sexualstrebung, eine große Fähigkeit, ihr Objekt zu wechseln, es gegen ein anderes, also auch gegen ein bequemer erreichbares, zu vertauschen; diese Verschiebbarkeit und Bereitwilligkeit, Surrogate anzunehmen, müssen der pathogenen Wirkung einer Versagung mächtig entgegenarbeiten. Unter diesen gegen die Erkrankung durch Entbehrung schützenden Prozessen hat einer eine besondere kulturelle Bedeutung gewonnen. Er besteht darin, daß die Sexualbestrebung ihr auf Partiallust oder Fortpflanzungslust gerichtetes Ziel aufgibt und ein anderes annimmt, welches genetisch mit dem aufgegebenen zusammenhängt, aber selbst nicht mehr sexuell, sondern sozial genannt werden muß. Wir heißen den Prozeß »Sublimierung«, wobei wir uns der allgemeinen Schätzung fügen, welche soziale Ziele höher stellt als die im Grunde selbstsüchtigen sexuellen. Die Sublimierung ist übrigens nur ein Spezialfall der Anlehnung von Sexualstrebungen an andere nicht sexuelle [vgl. S. 309]. Wir werden in anderem Zusammenhange nochmals von ihr reden müssen[1].

Sie werden nun den Eindruck haben, daß die Entbehrung durch alle diese Mittel, sie zu ertragen, zur Bedeutungslosigkeit herabgedrückt worden sei. Aber nein, sie behält ihre pathogene Macht. Die Gegenmittel sind allgemein nicht ausreichend. Das Maß von unbefriedigter Libido, das die Menschen im Durchschnitt auf sich nehmen können, ist begrenzt. Die Plastizität oder freie Beweglichkeit der Libido ist keineswegs bei allen voll erhalten, und die Sublimierung kann immer nur einen gewissen Bruchteil der Libido erledigen, abgesehen davon, daß die Fähigkeit zu sublimieren vielen Menschen nur in geringem Ausmaße zugeteilt ist. Die wichtigste unter diesen Einschränkungen ist offenbar die in der Beweglichkeit der Libido, da sie die Befriedigung des Individuums von der Erreichung einer sehr geringen Anzahl von Zielen und Objekten abhängig macht. Erinnern Sie sich nur daran, daß eine unvollkommene Libidoentwicklung sehr ausgiebige, eventuell auch mehrfache Libidofixierungen an frühe Phasen der Organisation und Objektfindung hinterläßt, welche einer realen Befriedigung meist nicht fähig sind, so werden Sie in der Libidofixierung den zweiten mächtigen Faktor erkennen, der mit der Versagung zur Krankheitsverursachung zusammentritt. In schematischer Verkürzung können Sie es aussprechen,

---

[1] [S. den Schluß der nächsten Vorlesung, S. 366.]

daß die Libidofixierung den disponierenden, internen, die Versagung den akzidentellen, externen Faktor der Neurosenätiologie repräsentiert.

Ich ergreife hier die Gelegenheit, Sie vor der Parteinahme in einem ganz überflüssigen Streit zu warnen. Im wissenschaftlichen Betrieb ist es sehr beliebt, einen Anteil der Wahrheit herauszugreifen, ihn an die Stelle des Ganzen zu setzen und nun zu seinen Gunsten das übrige, was nicht minder wahr ist, zu bekämpfen. Auf diesem Wege haben sich auch bereits aus der psychoanalytischen Bewegung mehrere Richtungen abgespalten, von denen die eine nur die egoistischen Triebe anerkennt, die sexuellen dagegen verleugnet, die andere nur den Einfluß der realen Lebensaufgaben würdigt, den der individuellen Vergangenheit aber übersieht[1] u. dgl. mehr. Nun bietet sich hier ein Anlaß zu einer ähnlichen Entgegenstellung und Streitfrage: Sind die Neurosen *exogene* oder *endogene* Krankheiten, die unausbleibliche Folge einer gewissen Konstitution oder das Produkt gewisser schädigender (traumatischer) Lebenseindrücke, im besonderen: werden sie durch die Libidofixierung (und die sonstige Sexualkonstitution) oder durch den Druck der Versagung hervorgerufen? Dies Dilemma scheint mir im ganzen nicht weiser als ein anderes, das ich Ihnen vorlegen könnte: Entsteht das Kind durch die Zeugung des Vaters oder durch die Empfängnis von seiten der Mutter? Beide Bedingungen sind gleich unentbehrlich, werden Sie mit Recht antworten. In der Verursachung der Neurosen ist das Verhältnis, wenn nicht ganz das nämliche, doch ein sehr ähnliches. Für die Betrachtung der Verursachung ordnen sich die Fälle der neurotischen Erkrankungen zu einer Reihe, innerhalb welcher beide Momente – Sexualkonstitution und Erleben, oder wenn Sie wollen: Libidofixierung und Versagung – so vertreten sind, daß das eine wächst, wenn das andere abnimmt. An dem einen Ende der Reihe stehen die extremen Fälle, von denen Sie mit Überzeugung sagen können: Diese Menschen wären infolge ihrer absonderlichen Libidoentwicklung auf jeden Fall erkrankt, was immer sie erlebt hätten, wie sorgfältig sie das Leben auch geschont hätte. Am anderen Ende stehen die Fälle, bei denen Sie umgekehrt urteilen müssen, sie wären gewiß der Krankheit entgangen, wenn das Leben sie nicht in diese oder jene Lage gebracht hätte. Bei den Fällen innerhalb der Reihe trifft ein Mehr oder Minder von disponierender Sexualkonstitution mit einem Minder oder Mehr von schädigenden

[1] [Freud bezieht sich hier auf die Adlersche und die Jungsche Schule. S. auch die 34. Vorlesung der *Neuen Folge*, S. 569 ff.]

Lebensanforderungen zusammen. Ihre Sexualkonstitution hätte ihnen nicht die Neurose gebracht, wenn sie nicht solche Erlebnisse gehabt hätten, und diese Erlebnisse hätten nicht traumatisch auf sie gewirkt, wenn die Verhältnisse der Libido andere gewesen wären. Ich kann in dieser Reihe vielleicht ein gewisses Übergewicht an Bedeutung für die disponierenden Momente zugestehen, aber auch dies Zugeständnis hängt davon ab, wie weit Sie die Grenzen der Nervosität abstecken wollen.

Meine Herren! Ich mache Ihnen den Vorschlag, Reihen wie diese als *Ergänzungsreihen*[1] zu bezeichnen, und bereite Sie darauf vor, daß wir Anlaß finden werden, noch andere solche Reihen aufzustellen.

Die Zähigkeit, mit welcher die Libido an bestimmten Richtungen und Objekten haftet, sozusagen die *Klebrigkeit* der Libido, erscheint uns als ein selbständiger, individuell variabler Faktor, dessen Abhängigkeiten uns völlig unbekannt sind, dessen Bedeutung für die Ätiologie der Neurosen wir gewiß nicht mehr unterschätzen werden. Wir sollen aber auch die Innigkeit dieser Beziehung nicht überschätzen. Eine ebensolche »Klebrigkeit« der Libido – aus unbekannten Gründen – kommt nämlich unter zahlreichen Bedingungen beim Normalen vor und wird als bestimmendes Moment bei den Personen gefunden, welche in gewissem Sinne der Gegensatz der Nervösen sind, bei den Perversen. Es war schon vor der Zeit der Psychoanalyse (Binet [1888]), daß in der Anamnese der Perversen recht häufig ein sehr frühzeitiger Eindruck von abnormer Triebrichtung oder Objektwahl aufgedeckt wird, an dem nun die Libido dieser Person fürs Leben haften geblieben ist. Man weiß oft nicht zu sagen, was diesen Eindruck dazu befähigt hat, eine so intensive Anziehung auf die Libido auszuüben. Ich will Ihnen einen selbstbeobachteten Fall dieser Art erzählen. Ein Mann, dem heute das Genitale und alle anderen Reize des Weibes nichts bedeuten, der nur durch einen beschuhten Fuß von gewisser Form in unwiderstehliche sexuelle Erregung versetzt werden kann, weiß sich an ein Erlebnis aus seinem sechsten Jahre zu erinnern, welches maßgebend für die Fixierung seiner Libido geworden ist. Er saß auf einem Schemel neben der Gouvernante, bei der er englische Stunde nehmen sollte. Die Gouvernante, ein altes, dürres, unschönes Mädchen mit wasserblauen Augen und aufgestülpter

[1] [Freud scheint diese Bezeichnung hier zum erstenmal zu verwenden, obwohl der Begriff mit dem der »ätiologischen Gleichung«, den er schon vor über zwanzig Jahren benutzte, nah verwandt ist; er taucht noch mehrmals auf, so auf den Seiten 353f. und 355 sowie auf S. 556 der *Neuen Folge*.]

Nase, hatte an diesem Tage einen kranken Fuß und ließ ihn darum, mit einem Samtpantoffel bekleidet, ausgestreckt auf einem Polster ruhen; ihr Bein selbst war dabei in dezentester Weise verhüllt. Ein so magerer sehniger Fuß, wie er ihn damals an der Gouvernante gesehen, wurde nun, nach einem schüchternen Versuch normaler Sexualbetätigung in der Pubertät, sein einziges Sexualobjekt, und der Mann war widerstandslos hingerissen, wenn sich zu diesem Fuß noch andere Züge gesellten, welche an den Typus der englischen Gouvernante erinnerten. Durch diese Fixierung seiner Libido wurde der Mann aber nicht zum Neurotiker, sondern zum Perversen, zum Fußfetischisten, wie wir sagen[1]. Sie sehen also, obwohl die übermäßige, zudem noch vorzeitige, Fixierung der Libido für die Verursachung der Neurosen unentbehrlich ist, geht ihr Wirkungskreis doch weit über das Gebiet der Neurosen hinaus. Auch diese Bedingung ist für sich allein so wenig entscheidend, wie die früher erwähnte der Versagung.

Das Problem der Verursachung der Neurosen scheint sich also zu komplizieren. In der Tat macht uns die psychoanalytische Untersuchung mit einem neuen Moment bekannt, welches in unserer ätiologischen Reihe nicht berücksichtigt ist und das man am besten bei Fällen erkennt, deren bisheriges Wohlbefinden plötzlich durch die neurotische Erkrankung gestört wird. Man findet bei diesen Personen regelmäßig die Anzeichen eines Widerstreites von Wunschregungen oder, wie wir zu sagen gewohnt sind, eines psychischen *Konfliktes*. Ein Stück der Persönlichkeit vertritt gewisse Wünsche, ein anderes sträubt sich dagegen und wehrt sie ab. Ohne solchen Konflikt gibt es keine Neurose. Das schiene uns nichts Besonderes. Sie wissen, daß unser seelisches Leben unaufhörlich von Konflikten bewegt wird, deren Entscheidung wir zu treffen haben. Es müssen also wohl besondere Bedingungen erfüllt sein, wenn ein solcher Konflikt pathogen werden soll. Wir dürfen fragen, welches diese Bedingungen sind, zwischen welchen seelischen Mächten sich diese pathogenen Konflikte abspielen, welche Beziehung der Konflikt zu den anderen verursachenden Momenten hat.
Ich hoffe, Ihnen auf diese Fragen ausreichende Antwort geben zu können, wenn sie auch schematisch verkürzt sein mögen. Der Konflikt wird durch die Versagung heraufbeschworen, indem die ihrer Befriedigung verlustige Libido nun darauf angewiesen ist, sich andere Objekte und

[1] Vgl. Freuds Arbeit ›Fetischismus‹ (1927 *e*).

Wege zu suchen. Er hat zur Bedingung, daß diese anderen Wege und Objekte bei einem Anteil der Persönlichkeit ein Mißfallen erwecken, so daß ein Veto erfolgt, welches die neue Weise der Befriedigung zunächst unmöglich macht. Von hier aus geht der Weg zur Symptombildung weiter, den wir später verfolgen werden[1]. Die abgewiesenen libidinösen Strebungen bringen es zustande, sich auf gewissen Umwegen doch durchzusetzen, allerdings nicht ohne dem Einspruch durch gewisse Entstellungen und Milderungen Rechnung zu tragen. Die Umwege sind die Wege der Symptombildung, die Symptome sind die neue oder Ersatzbefriedigung, die durch die Tatsache der Versagung notwendig geworden ist.

Man kann der Bedeutung des psychischen Konflikts auch durch eine andere Ausdrucksweise gerecht werden, indem man sagt: zur *äußeren* Versagung muß, damit sie pathogen wirke, noch die *innere* Versagung hinzutreten. Äußere und innere Versagung beziehen sich dann natürlich auf verschiedene Wege und Objekte. Die äußere Versagung nimmt die eine Möglichkeit der Befriedigung weg, die innere Versagung möchte eine andere Möglichkeit ausschließen, um welche dann der Konflikt losbricht. Ich gebe dieser Art der Darstellung den Vorzug, weil sie einen geheimen Gehalt besitzt. Sie deutet nämlich auf die Wahrscheinlichkeit hin, daß die inneren Abhaltungen in den Vorzeiten menschlicher Entwicklung aus realen äußeren Hindernissen hervorgegangen sind[2].

Welches sind aber die Mächte, von denen der Einspruch gegen die libidinöse Strebung ausgeht, die andere Partei im pathogenen Konflikt? Es sind, ganz allgemein gesagt, die nicht sexuellen Triebkräfte. Wir fassen sie als »Ichtriebe« zusammen; die Psychoanalyse der Übertragungsneurosen gibt uns keinen guten Zugang zu ihrer weiteren Zerlegung, wir lernen sie höchstens einigermaßen durch die Widerstände kennen, die sich der Analyse entgegensetzen. Der pathogene Konflikt ist also ein solcher zwischen den Ichtrieben und den Sexualtrieben. Es hat in einer ganzen Reihe von Fällen den Anschein, als ob es auch ein Konflikt zwischen verschiedenen, rein sexuellen Strebungen sein könnte; aber das ist im Grunde dasselbe, denn von den beiden im Konflikt befindlichen Sexualstrebungen ist immer die eine sozusagen ichgerecht, während die andere die Abwehr des Ichs herausfordert. Es bleibt also beim Konflikt zwischen Ich und Sexualität.

---

[1] [In der folgenden Vorlesung.]

[2] [Vgl. S. 362 weiter unten. Die ganze Frage der Versagung als Neurosenursache ist von Freud in der Arbeit ›Über neurotische Erkrankungstypen‹ dargelegt (1912*c*).]

Meine Herren! Oft und oft, wenn die Psychoanalyse ein seelisches Geschehen als Leistung der Sexualtriebe in Anspruch genommen hat, wurde ihr in ärgerlicher Abwehr vorgehalten, der Mensch bestehe nicht nur aus Sexualität, es gebe im Seelenleben noch andere Triebe und Interessen als die sexuellen, man dürfe nicht »alles« von der Sexualität ableiten u. dgl. Nun, es ist hocherfreulich, sich auch einmal eines Sinnes mit seinen Gegnern zu finden. Die Psychoanalyse hat nie vergessen, daß es auch nicht sexuelle Triebkräfte gibt, sie hat sich auf der scharfen Sonderung der sexuellen Triebe von den Ichtrieben aufgebaut und vor jedem Einspruch behauptet, nicht daß die Neurosen aus der Sexualität hervorgehen, sondern daß sie dem Konflikt zwischen Ich und Sexualität ihren Ursprung danken. Sie hat auch gar kein denkbares Motiv, Existenz oder Bedeutung der Ichtriebe zu bestreiten, während sie die Rolle der sexuellen Triebe in der Krankheit und im Leben verfolgt. Nur daß es ihr Schicksal geworden ist, sich in erster Linie mit den Sexualtrieben zu beschäftigen, weil diese durch die Übertragungsneurosen der Einsicht am ehesten zugänglich geworden sind, und weil es ihr obgelegen hat, das zu studieren, was andere vernachlässigt hatten.

Es trifft auch nicht zu, daß sich die Psychoanalyse um den nicht sexuellen Anteil der Persönlichkeit gar nicht gekümmert hat. Gerade die Sonderung von Ich und Sexualität hat uns mit besonderer Klarheit erkennen lassen, daß auch die Ichtriebe eine bedeutsame Entwicklung durchmachen, eine Entwicklung, die weder ganz unabhängig von der Libido, noch ohne Gegenwirkung auf diese ist. Wir kennen allerdings die Ichentwicklung sehr viel schlechter als die der Libido, weil nämlich erst das Studium der narzißtischen Neurosen [1] eine Einsicht in den Aufbau des Ichs verspricht. Doch liegt bereits ein beachtenswerter Versuch von Ferenczi vor [1913], die Entwicklungsstufen des Ichs theoretisch zu konstruieren, und an wenigstens zwei Stellen haben wir feste Anhaltspunkte für die Beurteilung dieser Entwicklung gewonnen. Wir denken ja nicht daran, daß sich die libidinösen Interessen einer Person von vornherein im Gegensatz zu ihren Selbsterhaltungsinteressen befinden; vielmehr wird das Ich auf jeder Stufe bestrebt sein, mit seiner derzeitigen Sexualorganisation im Einklang zu bleiben und sie sich einzuordnen. Die Ablösung der einzelnen Phasen in der Libidoentwicklung folgt wahrscheinlich einem vorgeschriebenen Programm; es ist aber nicht abzuweisen, daß dieser Ablauf von seiten des Ichs beeinflußt werden kann, und ein gewisser Parallelismus, eine bestimmte Entsprechung

[1] [Sie werden in der 26. Vorlesung erläutert.]

der Entwicklungsphasen von Ich und Libido dürfte gleichfalls vorgesehen sein; ja, die Störung dieser Entsprechung könnte ein pathogenes Moment ergeben. Ein für uns wichtiger Gesichtspunkt ist es nun, wie sich das Ich verhält, wenn seine Libido an einer Stelle ihrer Entwicklung eine starke Fixierung hinterläßt. Es kann dieselbe zulassen und wird dann in dem entsprechenden Maß pervers oder, was dasselbe ist, infantil. Es kann sich aber auch ablehnend gegen diese Festsetzung der Libido verhalten, und dann hat das Ich dort eine *Verdrängung*, wo die Libido eine *Fixierung* erfahren hat.

Auf diesem Wege gelangen wir zur Kenntnis, daß der dritte Faktor der Neurosenätiologie, die *Konfliktneigung*, von der Entwicklung des Ichs ebensosehr abhängt wie von der der Libido. Unsere Einsicht in die Verursachung der Neurosen hat sich also vervollständigt. Zuerst als allgemeinste Bedingung die Versagung, dann die Fixierung der Libido, welche sie in bestimmte Richtungen drängt, und zu dritt die Konfliktneigung aus der Ichentwicklung, die solche Libidoregungen abgelehnt hat. Der Sachverhalt ist also nicht so sehr verworren und schwer zu durchschauen, wie es Ihnen wahrscheinlich während des Fortschrittes meiner Ausführungen erschienen ist. Aber freilich, wir werden finden, daß wir noch nicht fertig sind. Wir müssen noch etwas Neues hinzufügen und etwas bereits Bekanntes weiter zerlegen.

Um Ihnen den Einfluß der Ichentwicklung auf die Konfliktbildung und somit auf die Verursachung der Neurosen zu demonstrieren, möchte ich Ihnen ein Beispiel vorführen, das zwar durchaus erfunden ist, aber sich in keinem Punkte von der Wahrscheinlichkeit entfernt. Ich will es in Anlehnung an den Titel einer Nestroyschen Posse mit der Charakteristik »Zu ebener Erde und im ersten Stock« versehen. Zu ebener Erde wohnt der Hausbesorger, im ersten Stock der Hausherr, ein reicher und vornehmer Mann. Beide haben Kinder, und wir wollen annehmen, daß es dem Töchterchen des Hausherrn gestattet ist, unbeaufsichtigt mit dem Proletarierkind zu spielen. Dann kann es sehr leicht geschehen, daß die Spiele der Kinder einen ungezogenen, das heißt sexuellen Charakter annehmen, daß sie »Vater und Mutter« spielen, einander bei den intimen Verrichtungen beschauen und an den Genitalien reizen. Das Hausmeistermädchen, das trotz seiner fünf oder sechs Jahre manches von der Sexualität der Erwachsenen beobachten konnte, mag dabei die Rolle der Verführerin übernehmen. Diese Erlebnisse reichen hin, auch wenn sie sich nicht über lange Zeit fortsetzen, um bei beiden Kindern gewisse sexuelle Regungen zu aktivieren, die sich nach dem Aufhören der gemeinsamen Spiele einige Jahre hindurch als Masturbation äußern. Soweit die Gemeinsamkeit; der endliche Erfolg wird bei beiden Kindern sehr verschieden sein. Die Tochter des Hausbesorgers wird die Masturbation etwa bis zum Auftreten der Periode fortsetzen, sie dann ohne Schwierigkeit aufgeben, wenige Jahre später einen Geliebten nehmen, vielleicht auch ein Kind bekommen, diesen oder jenen Lebensweg einschlagen, der sie vielleicht zur populären Künstlerin führt, die als Aristokratin endigt. Wahrscheinlich wird ihr Schicksal minder glänzend ausfallen, aber jedenfalls wird sie ungeschädigt durch die vorzeitige Betätigung ihrer Sexualität, frei von Neurose, ihr Leben erfüllen. Anders das Töchterchen des Hausherrn. Dies wird frühzeitig und noch als Kind die Ahnung bekommen, daß es etwas Unrechtes getan habe, wird nach kürzerer Zeit, aber vielleicht erst nach hartem Kampf, auf die masturbatorische Befriedigung verzichten und trotzdem etwas Gedrücktes in seinem Wesen behalten. Wenn sie in den Jungmädchenjahren in die Lage kommt, etwas vom menschlichen Sexualverkehr zu erfahren, wird sie sich mit unerklärtem Abscheu davon abwenden und unwissend bleiben wollen. Wahrscheinlich unterliegt sie jetzt auch einem von neuem auftretenden unbezwingbaren Drang zur Masturbation, über den sich zu beklagen sie nicht wagt. In den Jahren, da sie einem Manne als Weib gefallen soll, wird die Neurose bei ihr losbrechen, die sie um Ehe und Lebenshoffnung betrügt. Gelingt es nun durch Analyse Einsicht in diese Neurose zu gewinnen, so zeigt sich, daß dies wohlerzogene, intelligente und hochstrebende Mädchen seine Sexualregungen vollkommen verdrängt hat, daß diese aber, ihr unbewußt, an den armseligen Erlebnissen mit ihrer Kinderfreundin haften.

Die Verschiedenheit der beiden Schicksale trotz gleichen Erlebens rührt daher, daß das Ich der einen eine Entwicklung erfahren hat, welche bei der anderen nicht eingetreten ist. Der Tochter des Hausbesorgers ist die Sexualbetätigung später ebenso natürlich und unbedenklich erschienen wie in der Kindheit. Die Tochter des Hausherrn hat die Einwirkung der Erziehung erfahren und deren Ansprüche angenommen. Ihr Ich hat aus den ihm dargebotenen Anregungen Ideale von weiblicher Reinheit und Unbedürftigkeit gebildet, mit denen sich die sexuelle Betätigung nicht verträgt; ihre intellektuelle Ausbildung hat ihr Interesse für die weibliche Rolle, zu der sie bestimmt ist, erniedrigt. Durch diese höhere moralische und intellektuelle Entwicklung ihres Ichs ist sie in den Konflikt mit den Ansprüchen ihrer Sexualität geraten.

Ich will heute noch bei einem zweiten Punkt in der Ichentwicklung verweilen, sowohl wegen gewisser weitschauender Ausblicke, als auch darum, weil gerade das Folgende geeignet ist, die von uns beliebte, scharfe und nicht selbstverständliche Sonderung der Ichtriebe von den Sexualtrieben zu rechtfertigen. In der Beurteilung der beiden Entwicklungen, des Ichs wie der Libido, müssen wir einen Gesichtspunkt voranstellen, der bisher noch nicht oft gewürdigt worden ist. Beide sind ja im Grunde Erbschaften, abgekürzte Wiederholungen der Entwicklung, welche die ganze Menschheit von ihren Urzeiten an durch sehr lange Zeiträume zurückgelegt hat. Der Libidoentwicklung, möchte ich meinen, sieht man diese *phylogenetische* Herkunft ohne weiteres an. Denken Sie daran, wie bei der einen Tierklasse der Genitalapparat in die innigste Beziehung zum Mund gebracht ist, bei der anderen sich vom Exkretionsapparat nicht sondern läßt, bei noch anderen an die Bewegungsorgane geknüpft ist, Dinge, die Sie in dem wertvollen Buch von W. Bölsche [1911-13] anziehend geschildert finden. Man sieht bei den Tieren sozusagen alle Arten von Perversion zur Sexualorganisation erstarrt. Nur wird der phylogenetische Gesichtspunkt beim Menschen zum Teil durch den Umstand verschleiert, daß das, was im Grunde vererbt ist, doch in der individuellen Entwicklung neu erworben wird[1], wahrscheinlich darum, weil dieselben Verhältnisse noch fortbestehen und auf jeden einzelnen wirken, die seinerzeit zur Erwerbung genötigt haben. Ich möchte sagen, sie haben seinerzeit schaffend gewirkt, sie wirken jetzt hervorrufend. Außerdem ist es unzweifelhaft, daß der Lauf der vorgezeichneten Entwicklung bei jedem einzelnen durch rezente Einflüsse von außen gestört und abgeändert werden kann. Die Macht aber, welche der Menschheit eine solche Entwicklung aufgenötigt hat und ihren Druck nach der gleichen Richtung heute ebenso aufrechthält, kennen wir; es ist wiederum die Versagung der Realität, oder wenn wir ihr ihren richtigen großen Namen geben, die *Not* des Lebens: die Ἀνάγκη. Sie ist eine strenge Erzieherin gewesen und hat viel aus uns gemacht. Die Neurotiker gehören zu den Kindern, bei welchen diese Strenge üble Erfolge gebracht hat, aber das ist bei jeder Erziehung zu riskieren. – Diese Würdigung der Lebensnot als des Motors der Entwicklung braucht uns übrigens nicht gegen die Bedeutung von »inneren Entwicklungstendenzen« einzunehmen, wenn sich solche beweisen lassen.

---

[1] [Diese Verse aus Goethes *Faust* (I. Teil, 1. Szene), auf die er hier anspielt, sind ein Lieblingszitat Freuds.]

Nun ist es sehr beachtenswert, daß Sexualtriebe und Selbsterhaltungstriebe sich nicht in gleicher Weise gegen die reale Not benehmen. Die Selbsterhaltungstriebe und alles, was mit ihnen zusammenhängt, sind leichter zu erziehen; sie lernen es frühzeitig, sich der Not zu fügen und ihre Entwicklungen nach den Weisungen der Realität einzurichten. Das ist begreiflich, denn sie können sich die Objekte, deren sie bedürfen, auf keine andere Art verschaffen; ohne diese Objekte muß das Individuum zugrunde gehen. Die Sexualtriebe sind schwerer erziehbar, denn sie kennen zu Anfang die Objektnot nicht. Da sie sich gleichsam schmarotzend an die anderen Körperfunktionen anlehnen und am eigenen Körper autoerotisch befriedigen, sind sie dem erziehlichen Einfluß der realen Not zunächst entzogen, und sie behaupten diesen Charakter der Eigenwilligkeit, Unbeeinflußbarkeit, das, was wir »Unverständigkeit« nennen, bei den meisten Menschen in irgendeiner Hinsicht durchs ganze Leben. Auch hat die Erziehbarkeit einer jugendlichen Person in der Regel ein Ende, wenn ihre Sexualbedürfnisse in endgültiger Stärke erwachen. Das wissen die Erzieher und handeln danach; aber vielleicht lassen sie sich durch die Ergebnisse der Psychoanalyse noch dazu bewegen, den Hauptnachdruck der Erziehung auf die ersten Kinderjahre, vom Säuglingsalter an, zu verlegen. Der kleine Mensch ist oft mit dem vierten oder fünften Jahr schon fertig und bringt nur allmählich zum Vorschein, was bereits in ihm steckt.

Um die volle Bedeutung des angezeigten Unterschiedes zwischen beiden Triebgruppen zu würdigen, müssen wir weit ausholen und eine jener Betrachtungen einführen, die *ökonomische* genannt zu werden verdienen [vgl. S. 274 f.]. Wir begeben uns damit auf eines der wichtigsten, aber leider auch dunkelsten Gebiete der Psychoanalyse. Wir stellen uns die Frage, ob an der Arbeit unseres seelischen Apparates eine Hauptabsicht zu erkennen sei, und beantworten sie in erster Annäherung, daß diese Absicht auf Lustgewinnung gerichtet ist. Es scheint, daß unsere gesamte Seelentätigkeit darauf gerichtet ist, Lust zu erwerben und Unlust zu vermeiden, daß sie automatisch durch das *Lustprinzip* reguliert wird. Nun wüßten wir um alles in der Welt gerne, welches die Bedingungen der Entstehung von Lust und Unlust sind, aber daran fehlt es uns eben. Nur soviel darf man sich getrauen zu behaupten, daß die Lust *irgendwie* an die Verringerung, Herabsetzung oder das Erlöschen der im Seelenapparat waltenden Reizmenge gebunden ist, die Unlust aber an eine Erhöhung derselben. Die Untersuchung der intensivsten Lust, welche dem Menschen zugänglich ist, der Lust bei der Vollziehung des

Sexualaktes, läßt über diesen einen Punkt wenig Zweifel. Da es sich bei solchen Lustvorgängen um die Schicksale von *Quantitäten* seelischer Erregung oder Energie handelt, bezeichnen wir Betrachtungen dieser Art als ökonomische. Wir merken, daß wir die Aufgabe und Leistung des Seelenapparates auch anders und allgemeiner beschreiben können als durch die Betonung des Lustgewinnes. Wir können sagen, der seelische Apparat diene der Absicht, die von außen und von innen an ihn herantretenden Reizmengen, Erregungsgrößen, zu bewältigen und zu erledigen[1]. Von den Sexualtrieben ist es ohne weiteres evident, daß sie zu Anfang wie zu Ende ihrer Entwicklung auf Lustgewinn arbeiten; sie behalten diese ursprüngliche Funktion ohne Abänderung bei. Das nämliche streben auch die anderen, die Ichtriebe, anfänglich an. Aber unter dem Einfluß der Lehrmeisterin Not lernen die Ichtriebe bald, das Lustprinzip durch eine Modifikation zu ersetzen. Die Aufgabe, Unlust zu verhüten, stellt sich für sie fast gleichwertig neben die des Lustgewinns; das Ich erfährt, daß es unvermeidlich ist, auf unmittelbare Befriedigung zu verzichten, den Lustgewinn aufzuschieben, ein Stück Unlust zu ertragen und bestimmte Lustquellen überhaupt aufzugeben. Das so erzogene Ich ist »verständig« geworden, es läßt sich nicht mehr vom Lustprinzip beherrschen, sondern folgt dem *Realitätsprinzip*, das im Grunde auch Lust erzielen will, aber durch die Rücksicht auf die Realität gesicherte, wenn auch aufgeschobene und verringerte Lust.

Der Übergang vom Lust- zum Realitätsprinzip ist einer der wichtigsten Fortschritte in der Entwicklung des Ichs. Wir wissen schon, daß die Sexualtriebe dieses Stück der Ichentwicklung spät und nur widerstrebend mitmachen, und werden später hören, welche Folgen es für den Menschen hat, daß seine Sexualität sich mit einem so lockeren Verhältnis zur äußeren Realität begnügt. Und nun zum Schlusse noch eine hierher gehörige Bemerkung. Wenn das Ich des Menschen seine Entwicklungsgeschichte hat wie die Libido, so werden Sie nicht überrascht sein zu hören, daß es auch »Ichregressionen« gibt, und werden auch wissen wollen, welche Rolle diese Rückkehr des Ichs zu früheren Entwicklungsphasen bei den neurotischen Erkrankungen spielen kann.

[1] [Gelegentlich spricht Freud von dieser Hypothese auch als vom »Konstanzprinzip«. S. die Anm. auf S. 365 unten über die Beziehung von »Konstanzprinzip« und »Lustprinzip«.]

23. VORLESUNG

DIE WEGE DER SYMPTOMBILDUNG

Meine Damen und Herren! Für den Laien sind es die Symptome, die das Wesen der Krankheit bilden, und Heilung ist ihm die Aufhebung der Symptome. Der Arzt legt Wert darauf, die Symptome von der Krankheit zu unterscheiden, und sagt, daß die Beseitigung der Symptome noch nicht die Heilung der Krankheit ist. Aber was nach Beseitigung der Symptome Greifbares von der Krankheit übrigbleibt, ist nur die Fähigkeit, neue Symptome zu bilden. Darum wollen wir uns für jetzt auf den Standpunkt des Laien stellen und die Ergründung der Symptome für gleichbedeutend mit dem Verständnis der Krankheit halten.
Die Symptome – wir handeln hier natürlich von psychischen (oder psychogenen) Symptomen und psychischem Kranksein – sind für das Gesamtleben schädliche oder wenigstens nutzlose Akte, häufig von der Person als widerwillig beklagt und mit Unlust oder Leiden für sie verbunden. Ihr Hauptschaden liegt in dem seelischen Aufwand, den sie selbst kosten, und in dem weiteren, der durch ihre Bekämpfung notwendig wird. Diese beiden Kosten können bei ausgiebiger Symptombildung eine außerordentliche Verarmung der Person an verfügbarer seelischer Energie und somit eine Lähmung derselben für alle wichtigen Lebensaufgaben zur Folge haben. Da es für diesen Erfolg hauptsächlich auf die *Quantität* der so in Anspruch genommenen Energie ankommt, so erkennen Sie leicht, daß »Kranksein« ein im Wesen praktischer Begriff ist. Stellen Sie sich aber auf einen theoretischen Standpunkt und sehen von diesen Quantitäten ab, so können Sie leicht sagen, daß wir *alle* krank, d. i. neurotisch sind, denn die Bedingungen für die Symptombildung sind auch bei den Normalen nachzuweisen.

Von den neurotischen Symptomen wissen wir bereits, daß sie der Erfolg eines Konflikts sind, der sich um eine neue Art der Libidobefriedigung erhebt [S. 342 f.]. Die beiden Kräfte, die sich entzweit haben, treffen im Symptom wieder zusammen, versöhnen sich gleichsam durch das Kompromiß der Symptombildung. Darum ist das Symptom auch so widerstandsfähig; es wird von beiden Seiten her gehalten. Wir wissen auch, daß der eine der beiden Partner des Konflikts die unbefriedigte, von der

Realität abgewiesene Libido ist, die nun andere Wege zu ihrer Befriedigung suchen muß. Bleibt die Realität unerbittlich, auch wenn die Libido bereit ist, ein anderes Objekt an Stelle des versagten anzunehmen, so wird diese endlich genötigt sein, den Weg der Regression einzuschlagen und die Befriedigung in einer der bereits überwundenen Organisationen oder durch eines der früher aufgegebenen Objekte anzustreben. Auf den Weg der Regression wird die Libido durch die Fixierung gelockt, die sie an diesen Stellen ihrer Entwicklung zurückgelassen hat.

Nun scheidet sich der Weg zur Perversion scharf von dem der Neurose. Erwecken diese Regressionen nicht den Widerspruch des Ichs, so kommt es auch nicht zur Neurose, und die Libido gelangt zu irgendeiner realen, wenn auch nicht mehr normalen Befriedigung. Wenn aber das Ich, das nicht nur über das Bewußtsein, sondern auch über die Zugänge zur motorischen Innervation und somit zur Realisierung der seelischen Strebungen verfügt, mit diesen Regressionen nicht einverstanden ist, dann ist der Konflikt gegeben. Die Libido ist wie abgeschnitten und muß versuchen irgendwohin auszuweichen, wo sie nach der Forderung des Lustprinzips einen Abfluß für ihre Energiebesetzung findet. Sie muß sich dem Ich entziehen. Ein solches Ausweichen gestatten ihr aber die Fixierungen auf ihrem jetzt regressiv beschrittenen Entwicklungsweg, gegen welche sich das Ich seinerzeit durch Verdrängungen geschützt hatte. Indem die Libido rückströmend diese verdrängten Positionen besetzt, hat sie sich dem Ich und seinen Gesetzen entzogen, dabei aber auch auf alle unter dem Einfluß dieses Ichs erworbene Erziehung verzichtet. Sie war lenksam, solange ihr Befriedigung winkte; unter dem doppelten Druck der äußern und der innern Versagung wird sie unbotmäßig und besinnt sich früherer besserer Zeiten. Das ist so ihr im Grund unveränderlicher Charakter. Die Vorstellungen, denen jetzt die Libido ihre Energie als Besetzung überträgt, gehören dem System des Unbewußten an und unterliegen den Vorgängen, die daselbst möglich sind, insbesondere der Verdichtung und Verschiebung. Hiermit sind nun Verhältnisse hergestellt, die vollkommen denen bei der Traumbildung gleichen. Wie dem im Unbewußten fertig gewordenen eigentlichen Traum, der die Erfüllung einer unbewußten Wunschphantasie ist, ein Stück (vor)bewußter Tätigkeit entgegenkommt, welches die Zensurtätigkeit ausübt und nach deren Abfindung die Bildung eines manifesten Traumes als Kompromiß gestattet, so hat auch noch die Libidovertretung[1] im Unbewußten mit der Macht des vorbewußten Ichs zu

[1] [D. h. die psychische Repräsentanz der als etwas Somatisches betrachteten Libido.]

rechnen. Der Widerspruch, der sich gegen sie im Ich erhoben hatte, geht ihr als »Gegenbesetzung«[1] nach und nötigt sie, jenen Ausdruck zu wählen, der gleichzeitig sein eigener Ausdruck werden kann. So entsteht denn das Symptom als vielfach entstellter Abkömmling der unbewußten libidinösen Wunscherfüllung, eine kunstvoll ausgewählte Zweideutigkeit mit zwei einander voll widersprechenden Bedeutungen. Allein in diesem letzteren Punkte ist ein Unterschied zwischen der Traum- und der Symptombildung zu erkennen, denn die vorbewußte Absicht bei der Traumbildung geht nur dahin, den Schlaf zu erhalten, nichts, was ihn stören würde, zum Bewußtsein dringen zu lassen; sie besteht aber nicht darauf, der unbewußten Wunschregung ein scharfes: Nein, im Gegenteile! entgegenzurufen. Sie darf toleranter sein, weil die Situation des Schlafenden eine minder gefährdete ist. Der Ausweg in die Realität ist durch den Schlafzustand allein gesperrt.

Sie sehen, das Ausweichen der Libido unter den Bedingungen des Konflikts ist durch das Vorhandensein von Fixierungen ermöglicht. Die regressive Besetzung dieser Fixierungen führt zur Umgehung der Verdrängung und zu einer Abfuhr – oder Befriedigung – der Libido, bei welcher die Bedingungen des Kompromisses eingehalten werden müssen. Auf dem Umwege über das Unbewußte und die alten Fixierungen ist es der Libido endlich gelungen, zu einer allerdings außerordentlich eingeschränkten und kaum mehr kenntlichen realen Befriedigung durchzudringen. Lassen Sie mich zwei Bemerkungen zu diesem Endausgang hinzufügen. Wollen Sie erstens beachten, wie enge sich hier die Libido und das Unbewußte einerseits, das Ich, das Bewußtsein und die Realität anderseits verbunden erweisen, obwohl sie von Anfang an keineswegs zusammengehören, und hören Sie ferner meine Mitteilung an, daß alles hier Gesagte und im weiteren Folgende sich nur auf die Symptombildung bei der hysterischen Neurose bezieht.

Wo findet nun die Libido die Fixierungen, deren sie zum Durchbruch der Verdrängungen bedarf? In den Betätigungen und Erlebnissen der infantilen Sexualität, in den verlassenen Partialbestrebungen und aufgegebenen Objekten der Kinderzeit. Zu ihnen kehrt die Libido also wieder zurück. Die Bedeutung dieser Kinderzeit ist eine zweifache, einerseits haben sich in ihr die Triebrichtungen zuerst gezeigt, die das Kind in seiner angeborenen Anlage mitbrachte, und zweitens sind durch äußere Einwirkungen, akzidentelle Erlebnisse, andere seiner Triebe

[1] [Das ist eine Kraft, die der primären Triebenergie entgegenwirkt.]

zuerst geweckt, aktiviert worden. Ich glaube, es ist kein Zweifel daran, daß wir ein Recht haben, diese Zweiteilung aufzustellen. Die Äußerung der angeborenen Anlage unterliegt ja keinem kritischen Bedenken, aber die analytische Erfahrung nötigt uns geradezu anzunehmen, daß rein zufällige Erlebnisse der Kindheit imstande sind, Fixierungen der Libido zu hinterlassen. Ich sehe auch keine theoretische Schwierigkeit darin. Die konstitutionellen Anlagen sind sicherlich auch die Nachwirkungen der Erlebnisse früherer Vorfahren, auch sie sind einmal erworben worden; ohne solche Erwerbung gäbe es keine Heredität. Und ist es denkbar, daß solche zur Vererbung führende Erwerbung gerade bei der von uns betrachteten Generation ein Ende nimmt? Die Bedeutung der infantilen Erlebnisse sollte aber nicht, wie es mit Vorliebe geschieht, gegen die der Erlebnisse der Vorfahren und der eigenen Reife völlig vernachlässigt werden, sondern im Gegenteile eine besondere Würdigung finden. Sie sind um so folgenschwerer, weil sie in die Zeiten der unvollendeten Entwicklung fallen, und gerade durch diesen Umstand geeignet, traumatisch zu wirken. Die Arbeiten über Entwicklungsmechanik von Roux[1] und anderen haben uns gezeigt, daß ein Nadelstich in die in Zellteilung begriffene Keimanlage eine schwere Entwicklungsstörung zur Folge hat. Dieselbe Verletzung, der Larve oder dem fertigen Tier zugefügt, würde schadlos vertragen werden.

Die Libidofixierung des Erwachsenen, die wir als Repräsentanten des konstitutionellen Faktors in die ätiologische Gleichung der Neurosen eingeführt haben [S. 339 f.], zerlegt sich also jetzt für uns in zwei weitere Momente, in die ererbte Anlage und in die in der frühen Kindheit erworbene Disposition. Wir wissen, daß ein Schema der Sympathie des Lernenden sicher ist. Fassen wir also diese Verhältnisse in einem Schema zusammen:

Verursachung der Neurose = Disposition durch Libidofixierung + Akzidentelles Erleben [des Erwachsenen] (traumatisches)

Disposition durch Libidofixierung:
- Sexuelle Konstitution (Prähistorisches Erleben)
- Infantiles Erleben

Die hereditäre Sexualkonstitution bietet uns eine große Mannigfaltigkeit von Anlagen, je nachdem dieser oder jener Partialtrieb für sich allein oder im Verein mit anderen in besonderer Stärke angelegt ist. Mit dem Faktor des infantilen Erlebens bildet die Sexualkonstitution

[1] [Wilhelm Roux (1850–1924), einer der Begründer der Experimental-Embryologie.]

wiederum eine »Ergänzungsreihe«, ganz ähnlich der uns zuerst bekannt gewordenen zwischen Disposition und akzidentellem Erleben des Erwachsenen [S. 340 f.]. Hier wie dort finden sich dieselben extremen Fälle und die nämlichen Beziehungen der Vertretung. Es liegt nahe, hier die Frage aufzuwerfen, ob die auffälligste der Libidoregressionen, die auf frühere Stufen der Sexualorganisation, nicht überwiegend durch das hereditär konstitutionelle Moment bedingt wird; aber die Beantwortung der Frage wird am besten aufgeschoben, bis man eine größere Reihe der neurotischen Erkrankungsformen in Betracht ziehen kann.

Verweilen wir nun bei der Tatsache, daß die analytische Untersuchung die Libido der Neurotiker an ihre infantilen Sexualerlebnisse gebunden zeigt. Sie verleiht diesen so den Schein einer enormen Bedeutsamkeit für das Leben und die Erkrankung des Menschen. Solche Bedeutung verbleibt ihnen ungeschmälert, insoweit die therapeutische Arbeit in Betracht kommt. Sehen wir aber von dieser Aufgabe ab, so erkennen wir doch leicht, daß hier die Gefahr eines Mißverständnisses vorliegt, das uns verleiten könnte, das Leben allzu einseitig nach der neurotischen Situation zu orientieren. Man muß doch von der Bedeutung der Infantilerlebnisse in Abzug bringen, daß die Libido *regressiv* zu ihnen zurückgekehrt ist, nachdem sie aus ihren späteren Positionen vertrieben wurde. Dann liegt aber der Schluß nach der Gegenseite sehr nahe, daß die Libidoerlebnisse zu ihrer Zeit gar keine Bedeutung gehabt, sondern sie erst regressiv erworben haben. Erinnern Sie sich, daß wir zu einer solchen Alternative bereits bei der Erörterung des Ödipuskomplexes Stellung genommen haben [S. 330 f.].

Die Entscheidung wird uns auch diesmal nicht schwer werden. Die Bemerkung, daß die Libidobesetzung – und also die pathogene Bedeutung – der Infantilerlebnisse in großem Maße durch die Libidoregression verstärkt worden ist, hat unzweifelhaft recht, aber sie würde zum Irrtum führen, wenn man sie einzig maßgebend werden ließe. Man muß noch andere Erwägungen gelten lassen. Fürs erste zeigt die Beobachtung in einer jeden Zweifel ausschließenden Weise, daß die infantilen Erlebnisse ihre eigene Bedeutung haben und sie auch bereits in den Kinderjahren beweisen. Es gibt ja auch Kinderneurosen, bei denen das Moment der zeitlichen Zurückschiebung notwendigerweise sehr herabgesetzt wird oder ganz entfällt, indem die Erkrankung als unmittelbare Folge an die traumatischen Erlebnisse anschließt. Das Studium dieser infantilen Neurosen schützt gegen manch ein gefährliches Mißverständnis der Neurosen Erwachsener, ähnlich wie uns die Träume der Kinder den Schlüssel zum Verständnis der Träume von Erwachsenen gegeben haben[1]. Die Neurosen der Kinder sind nun sehr häufig, viel häufiger, als man glaubt. Sie werden oft übersehen, als Zeichen von Schlimmheit oder Unartigkeit beurteilt, oft auch durch die Autoritäten der Kinderstube niedergehalten, aber sie lassen sich in der Rückschau von später her immer leicht erkennen. Sie treten zumeist in der Form einer *Angsthysterie* auf. Was das heißt, werden wir noch bei einer anderen Gelegenheit erfahren [vgl. S. 386 f.]. Wenn in späteren Lebenszeiten eine Neurose ausbricht, so enthüllt sie sich durch die Analyse regelmäßig als die direkte Fortsetzung jener vielleicht nur schleierhaften, nur andeutungsweise ausgebildeten infantilen Erkrankung. Es gibt aber, wie gesagt, Fälle, in denen sich diese kindliche Nervosität ohne jede Unterbrechung in lebenslanges Kranksein fortsetzt. Einige wenige Beispiele von Kinderneurosen haben wir noch am Kind selbst – im Zustande der Aktualität – analysieren können[2]; weit häufiger mußte es uns genügen, daß uns der im reifen Leben Erkrankte eine nachträgliche Einsicht in seine Kinderneurose gestattete, wobei wir dann gewisse Korrekturen und Vorsichten nicht vernachlässigen durften.

An zweiter Stelle muß man doch sagen, daß es unbegreiflich wäre, daß die Libido so regelmäßig auf Zeiten der Kindheit regrediert, wenn dort nichts wäre, was eine Anziehung auf sie ausüben könnte. Die Fixierung, die wir an den einzelnen Stellen des Entwicklungsweges annehmen, hat nur dann einen Gehalt, wenn wir sie in der Festlegung eines bestimmten Betrages von libidinöser Energie bestehen lassen. Endlich kann ich Sie daran mahnen, daß hier zwischen der Intensität und pathogenen Bedeutung der infantilen und der späteren Erlebnisse ein ähnliches Ergänzungsverhältnis besteht wie in den früher von uns studierten Reihen. Es gibt Fälle, in denen das ganze Schwergewicht der Verursachung auf die Sexualerlebnisse der Kindheit fällt, in denen diese Eindrücke eine sicher traumatische Wirkung äußern und keiner anderen Unterstützung dabei bedürfen, als ihnen die durchschnittliche Sexualkonstitution und deren Unfertigkeit bieten kann. Daneben andere, bei welchen aller Akzent auf den späteren Konflikten liegt und die analytische Betonung der Kindereindrücke durchaus als das Werk der Regression erscheint;

---

[1] [S. die 8. Vorlesung. Freud hat hier zweifellos an seine Analyse des »Wolfsmanns« (1918 *b*) gedacht, die er damals schon abgeschlossen, aber noch nicht veröffentlicht hatte.]

[2] [Vgl. die Fallgeschichte des »kleinen Hans« (1909 *b*).]

also Extreme der »Entwicklungshemmung« und der »Regression« und zwischen ihnen jedes Ausmaß von Zusammenwirken der beiden Momente.

Diese Verhältnisse haben ein gewisses Interesse für die Pädagogik, die sich eine Verhütung der Neurosen durch frühzeitiges Eingreifen in die Sexualentwicklung des Kindes zum Vorsatz nimmt. Solange man seine Aufmerksamkeit vorwiegend auf die infantilen Sexualerlebnisse gerichtet hält, muß man meinen, man habe alles für die Prophylaxe nervöser Erkrankungen getan, wenn man dafür sorgt, daß diese Entwicklung verzögert werde und daß dem Kinde derartige Erlebnisse erspart bleiben. Allein wir wissen schon, daß die Bedingungen der Verursachung für die Neurosen komplizierte sind und durch die Berücksichtigung eines einzigen Faktors nicht allgemein beeinflußt werden können. Die strenge Behütung der Kindheit verliert an Wert, weil sie gegen den konstitutionellen Faktor ohnmächtig ist; sie ist überdies schwerer durchzuführen, als die Erzieher sich vorstellen, und sie bringt zwei neue Gefahren mit sich, die nicht gering zu schätzen sind: daß sie zu viel erreicht, nämlich ein für die Folge schädliches Übermaß von Sexualverdrängung begünstigt, und daß sie das Kind widerstandslos gegen den in der Pubertät zu erwartenden Ansturm der Sexualforderungen ins Leben schickt[1]. So bleibt es durchaus zweifelhaft, wie weit die Kindheitsprophylaxe mit Vorteil gehen kann, und ob nicht eine veränderte Einstellung zur Aktualität einen besseren Angriffspunkt zur Verhütung der Neurosen verspricht.

Kehren wir nun zu den Symptomen zurück. Sie schaffen also Ersatz für die versagte Befriedigung durch eine Regression der Libido auf frühere Zeiten, womit die Rückkehr zu früheren Entwicklungsstufen der Objektwahl oder der Organisation untrennbar verbunden ist. Wir haben frühzeitig gehört, daß der Neurotiker irgendwo in seiner Vergangenheit festhaftet[2]; wir wissen jetzt, daß es eine Periode seiner Vergangenheit ist, in welcher seine Libido die Befriedigung nicht vermißte, in der er glücklich war. Er sucht so lange in seiner Lebensgeschichte, bis er eine solche Zeit gefunden hat, und müßte er auch bis in seine Säuglingszeit zurückgehen, wie er sie erinnert oder sich nach späteren Anregungen vorstellt. Das Symptom wiederholt irgendwie jene früh-

---

[1] [Freud behandelt dieses Problem ausführlich in der 34. Vorlesung der *Neuen Folge*, S. 577 f.]

[2] [S. beispielsweise den Anfang der 18. Vorlesung.]

infantile Art der Befriedigung, entstellt durch die aus dem Konflikt hervorgehende Zensur, in der Regel zur Empfindung des Leidens gewendet und mit Elementen aus dem Anlaß der Erkrankung vermengt. Die Art der Befriedigung, welche das Symptom bringt, hat viel Befremdendes an sich. Wir sehen davon ab, daß sie für die Person unkenntlich ist, welche die angebliche Befriedigung vielmehr als Leiden empfindet und beklagt. Diese Verwandlung gehört dem psychischen Konflikt an, unter dessen Druck sich das Symptom bilden mußte. Was dereinst dem Individuum eine Befriedigung war, muß eben heute seinen Widerstand oder seinen Abscheu erwecken. Wir kennen für solche Sinnesänderung ein unscheinbares, aber lehrreiches Vorbild. Dasselbe Kind, das mit Gier die Milch aus der Mutterbrust gesogen hat, pflegt einige Jahre später einen starken Widerwillen gegen Milchgenuß zu äußern, dessen Überwindung der Erziehung Schwierigkeiten bereitet. Dieser Widerwille steigert sich bis zum Abscheu, wenn die Milch oder das mit ihr versetzte Getränk von einem Häutchen überzogen ist. Es ist vielleicht nicht abzuweisen, daß diese Haut die Erinnerung an die einst so heiß begehrte Mutterbrust heraufbeschwört. Dazwischen liegt allerdings das traumatisch wirkende Erlebnis der Abgewöhnung.

Es ist noch etwas anderes, was uns die Symptome merkwürdig und als Mittel der libidinösen Befriedigung unverständlich erscheinen läßt. Sie erinnern uns so gar nicht an all das, wovon wir normalerweise eine Befriedigung zu erwarten pflegen. Sie sehen meist vom Objekt ab und geben damit die Beziehung zur äußeren Realität auf. Wir verstehen dies als Folge der Abwendung vom Realitäts- und der Rückkehr zum Lustprinzip. Es ist aber auch eine Rückkehr zu einer Art von erweitertem Autoerotismus, wie er dem Sexualtrieb die ersten Befriedigungen bot. Sie setzen an die Stelle einer Veränderung der Außenwelt eine Körperveränderung, also eine innere Aktion an die Stelle einer äußeren, eine Anpassung anstatt einer Handlung, was wiederum einer in phylogenetischer Hinsicht höchst bedeutsamen Regression entspricht. Wir werden das erst im Zusammenhange mit einer Neuheit verstehen, die wir noch aus den analytischen Untersuchungen über die Symptombildung zu erfahren haben. Ferner erinnern wir uns, daß bei der Symptombildung die nämlichen Prozesse des Unbewußten wie bei der Traumbildung mitgewirkt haben, die Verdichtung und Verschiebung. Das Symptom stellt wie der Traum etwas als erfüllt dar, eine Befriedigung nach Art der infantilen, aber durch äußerste Verdichtung kann diese Befriedigung in eine einzige Sensation oder Innervation gedrängt, durch extreme Verschiebung auf eine kleine Einzelheit des ganzen libidinösen Komplexes eingeschränkt sein. Es ist kein Wunder, wenn auch wir häufig Schwierigkeiten haben, in dem Symptom die vermutete und jedesmal bestätigte libidinöse Befriedigung zu erkennen.

Ich habe Ihnen angekündigt, daß wir noch etwas Neues zu erfahren haben; es ist wirklich etwas Überraschendes und Verwirrendes. Sie wissen, durch die Analyse von den Symptomen aus kommen wir zur Kenntnis der infantilen Erlebnisse, an welche die Libido fixiert ist und aus denen die Symptome gemacht werden. Nun, die Überraschung liegt darin, daß diese Infantilszenen nicht immer wahr sind. Ja, sie sind in der Mehrzahl der Fälle nicht wahr und in einzelnen Fällen im direkten Gegensatz zur historischen Wahrheit. Sie sehen ein, daß dieser Fund wie kein anderer dazu geeignet ist, entweder die Analyse zu diskreditieren, die zu solchem Ergebnis geführt hat, oder die Kranken, auf deren Aussagen die Analyse wie das ganze Verständnis der Neurosen aufgebaut ist. Außerdem ist aber noch etwas ungemein Verwirrendes dabei. Wenn die durch die Analyse zutage geförderten infantilen Erlebnisse jedesmal real wären, hätten wir das Gefühl, uns auf sicherem Boden zu bewegen, wenn sie regelmäßig gefälscht wären, sich als Erfindungen, als Phantasien der Kranken enthüllten, müßten wir diesen schwankenden Boden verlassen und uns auf einen anderen retten. Aber es ist weder so noch so, sondern der Sachverhalt ist nachweisbar der, daß die in der Analyse konstruierten oder erinnerten Kindererlebnisse einmal unstreitig falsch sind, das andere Mal aber ebenso sicher richtig und in den meisten Fällen aus Wahrem und Falschem gemengt. Die Symptome sind also dann bald die Darstellung von Erlebnissen, die wirklich stattgefunden haben und denen man einen Einfluß auf die Fixierung der Libido zuschreiben darf, und bald die Darstellung von Phantasien des Kranken, die sich zu einer ätiologischen Rolle natürlich gar nicht eignen. Es ist schwer, sich darin zurechtzufinden. Einen ersten Anhalt finden wir vielleicht an einer ähnlichen Entdeckung, daß nämlich die vereinzelten Kindheitserinnerungen, welche die Menschen von jeher und vor jeder Analyse bewußt in sich getragen haben [S. 205], gleichfalls gefälscht sein können oder wenigstens reichlich Wahres mit Falschem vermengen. Der Nachweis der Unrichtigkeit macht hier selten Schwierigkeiten, und so haben wir wenigstens die eine Beruhigung, daß an dieser unerwarteten Enttäuschung nicht die Analyse, sondern irgendwie die Kranken die Schuld tragen.

Nach einiger Überlegung verstehen wir leicht, was uns an dieser Sachlage so verwirrt. Es ist die Geringschätzung der Realität, die Vernachlässigung des Unterschiedes zwischen ihr und der Phantasie. Wir sind in Versuchung beleidigt zu sein, daß uns der Kranke mit erfundenen Geschichten beschäftigt hat. Die Wirklichkeit erscheint uns als etwas von der Erfindung himmelweit Verschiedenes, und sie genießt bei uns eine ganz andere Einschätzung. Denselben Standpunkt nimmt übrigens auch der Kranke in seinem normalen Denken ein. Wenn er jenes Material vorbringt, welches hinter den Symptomen zu den Wunschsituationen führt, die den Kindererlebnissen nachgebildet sind, so sind wir allerdings anfangs im Zweifel, ob es sich um Wirklichkeit oder um Phantasien handelt. Später wird uns die Entscheidung durch gewisse Kennzeichen ermöglicht, und wir stehen vor der Aufgabe, sie auch dem Kranken bekanntzugeben. Dabei geht es nun auf keinen Fall ohne Schwierigkeiten ab. Eröffnen wir ihm gleich zu Beginn, daß er jetzt im Begriffe ist, die Phantasien zum Vorschein zu bringen, mit denen er sich seine Kindheitsgeschichte verhüllt hat, wie jedes Volk durch Sagenbildung seine vergessene Vorzeit, so bemerken wir, daß sein Interesse für die weitere Verfolgung des Themas plötzlich in unerwünschter Weise absinkt. Er will auch Wirklichkeiten erfahren und verachtet alle »Einbildungen«. Lassen wir ihn aber bis zur Erledigung dieses Stückes der Arbeit im Glauben, daß wir mit der Erforschung der realen Begebenheiten seiner Kinderjahre beschäftigt sind, so riskieren wir, daß er uns später Irrtum vorwirft und uns wegen unserer scheinbaren Leichtgläubigkeit verlacht. Für den Vorschlag, Phantasie und Wirklichkeit gleichzustellen und sich zunächst nicht darum zu kümmern, ob die zu klärenden Kindererlebnisse das eine oder das andere seien, hat er lange Zeit kein Verständnis. Und doch ist dies offenbar die einzig richtige Einstellung zu diesen seelischen Produktionen. Auch sie besitzen eine Art von Realität; es bleibt eine Tatsache, daß der Kranke sich solche Phantasien geschaffen hat, und diese Tatsache hat kaum geringere Bedeutung für seine Neurose, als wenn er den Inhalt dieser Phantasien wirklich erlebt hätte. Diese Phantasien besitzen *psychische* Realität im Gegensatz zur *materiellen*, und wir lernen allmählich verstehen, daß *in der Welt der Neurosen die psychische Realität die maßgebende ist.*

Unter den Begebenheiten, die in der Jugendgeschichte der Neurotiker immer wiederkehren, kaum je zu fehlen scheinen, sind einige von besonderer Wichtigkeit, die ich darum auch einer Hervorhebung vor den anderen für würdig halte. Ich zähle Ihnen als Muster dieser Gattung auf: die Beobachtung des elterlichen Verkehres, die Verführung durch eine erwachsene Person und die Kastrationsandrohung. Es wäre ein großer Irrtum anzunehmen, daß ihnen niemals materielle Realität zukommt; diese ist im Gegenteil oft einwandfrei durch Nachforschung bei älteren Angehörigen zu erweisen. So ist es z. B. gar keine Seltenheit, daß dem kleinen Knaben, welcher unartig mit seinem Glied zu spielen beginnt und noch nicht weiß, daß man solche Beschäftigung verbergen muß, von Eltern oder von Pflegepersonen gedroht wird, man werde ihm das Glied oder die sündigende Hand abschneiden. Die Eltern gestehen es auf Nachfrage oft ein, da sie mit solcher Einschüchterung etwas Zweckmäßiges getan zu haben glauben; manche Menschen haben eine korrekte, bewußte Erinnerung an diese Drohung, besonders dann, wenn sie in etwas späteren Jahren erfolgt ist. Wenn die Mutter oder eine andere weibliche Person die Drohung ausspricht, so schiebt sie ihre Ausführung gewöhnlich dem Vater oder dem – Arzt zu. In dem berühmten *Struwwelpeter* des Frankfurter Kinderarztes Hoffmann, der seine Beliebtheit gerade dem Verständnis für die sexuellen und andere Komplexe des Kindesalters verdankt, finden Sie die Kastration gemildert, durch das Abschneiden der Daumen als Strafe für hartnäckiges Lutschen ersetzt. Es ist aber in hohem Grade unwahrscheinlich, daß die Kastrationsdrohung so oft an die Kinder ergeht, als sie in den Analysen der Neurotiker vorkommt. Wir sind damit zufrieden zu verstehen, daß sich das Kind eine solche Drohung auf Grund von Andeutungen, mit Hilfe des Wissens, daß die autoerotische Befriedigung verboten ist, und unter dem Eindruck seiner Entdeckung des weiblichen Genitales in der Phantasie zusammensetzt. [Vgl. S. 313 oben.] Ebenso ist es keineswegs ausgeschlossen, daß das kleine Kind, solange man ihm kein Verständnis und kein Gedächtnis zutraut, auch in anderen als Proletarierfamilien zum Zeugen eines Geschlechtsaktes zwischen den Eltern oder anderen Erwachsenen wird, und es ist nicht abzuweisen, daß das Kind *nachträglich* diesen Eindruck verstehen und auf ihn reagieren kann. Wenn aber dieser Verkehr mit den ausführlichsten Details beschrieben wird, die der Beobachtung Schwierigkeiten bereiten, oder wenn er sich, wie überwiegend häufig, als ein Verkehr von rückwärts, *more ferarum*[1], herausstellt, so bleibt wohl kein Zweifel über die Anlehnung dieser Phantasie an die Beobachtung des Verkehres von Tieren (Hunden) und die Moti-

[1] [Dem Tierverhalten entsprechend.]

vierung derselben durch die unbefriedigte Schaulust des Kindes in den Pubertätsjahren. Die äußerste Leistung dieser Art ist dann die Phantasie von der Beobachtung des elterlichen Koitus, während man sich noch ungeboren im Mutterleib befunden hat. Besonderes Interesse hat die Phantasie der Verführung, weil sie nur zu oft keine Phantasie, sondern reale Erinnerung ist. Aber zum Glück ist sie doch nicht so häufig real, wie es nach den Ergebnissen der Analyse zuerst den Anschein hatte. Die Verführung durch ältere oder gleichaltrige Kinder ist immer noch häufiger als die durch Erwachsene, und wenn bei den Mädchen, welche diese Begebenheit in ihrer Kindergeschichte vorbringen, ziemlich regelmäßig der Vater als Verführer auftritt, so leidet weder die phantastische Natur dieser Beschuldigung noch das zu ihr drängende Motiv einen Zweifel[1]. Mit der Verführungsphantasie, wo keine Verführung stattgehabt hat, deckt das Kind in der Regel die autoerotische Periode seiner Sexualbetätigung. Es erspart sich die Beschämung über die Masturbation, indem es ein begehrtes Objekt in diese frühesten Zeiten zurückphantasiert. Glauben Sie übrigens nicht, daß sexueller Mißbrauch des Kindes durch die nächsten männlichen Verwandten durchaus dem Reiche der Phantasie angehört. Die meisten Analytiker werden Fälle behandelt haben, in denen solche Beziehungen real waren und einwandfrei festgestellt werden konnten; nur gehörten sie auch dann späteren Kindheitsjahren an und waren in frühere eingetragen worden.

Man empfängt keinen anderen Eindruck, als daß solche Kinderbegebenheiten irgendwie notwendig verlangt werden, zum eisernen Bestand der Neurose gehören. Sind sie in der Realität enthalten, dann ist es gut; hat sie die Realität verweigert, so werden sie aus Andeutungen hergestellt und durch die Phantasie ergänzt. Das Ergebnis ist das gleiche, und es ist uns bis heute nicht gelungen, einen Unterschied in den Folgen nachzuweisen, wenn die Phantasie oder die Realität den größeren Anteil an diesen Kinderbegebenheiten hat. Hier besteht eben wieder nur eines der so oft erwähnten Ergänzungsverhältnisse; es ist allerdings das Befremdendste von allen, die wir kennengelernt haben. Woher rührt das Bedürfnis nach diesen Phantasien und das Material für sie? Über die Triebquellen kann wohl kein Zweifel sein, aber es ist zu erklären, daß jedesmal die nämlichen Phantasien mit demselben Inhalt geschaffen werden. Ich habe hier eine Antwort bereit, von der ich weiß, daß sie Ihnen ge-

[1] [Freud geht auf dieses Thema in der 33. Vorlesung der *Neuen Folge*, S. 551 f., näher ein.]

wagt erscheinen wird. Ich meine, diese *Urphantasien* – so möchte ich sie und gewiß noch einige andere nennen – sind phylogenetischer Besitz. Das Individuum greift in ihnen über sein eigenes Erleben hinaus in das Erleben der Vorzeit, wo sein eigenes Erleben allzu rudimentär geworden ist. Es scheint mir sehr wohl möglich, daß alles, was uns heute in der Analyse als Phantasie erzählt wird, die Kinderverführung, die Entzündung der Sexualerregung an der Beobachtung des elterlichen Verkehrs, die Kastrationsdrohung – oder vielmehr die Kastration, – in den Urzeiten der menschlichen Familie einmal Realität war und daß das phantasierende Kind einfach die Lücken der individuellen Wahrheit mit prähistorischer Wahrheit ausgefüllt hat. Wir sind wiederholt auf den Verdacht gekommen, daß uns die Neurosenpsychologie mehr von den Altertümern der menschlichen Entwicklung aufbewahrt hat als alle anderen Quellen[1].

Meine Herren! Die letzterörterten Dinge nötigen uns, auf die Entstehung und Bedeutung jener Geistestätigkeit näher einzugehen, die »Phantasie« genannt wird[2]. Sie genießt, wie Ihnen bekannt ist, allgemein eine hohe Schätzung, ohne daß man über ihre Stellung im Seelenleben klar geworden wäre. Ich kann Ihnen folgendes darüber sagen. Wie Sie wissen, wird das Ich des Menschen durch die Einwirkung der äußeren Not langsam zur Schätzung der Realität und zur Befolgung des Realitätsprinzips erzogen und muß dabei auf verschiedene Objekte und Ziele seines Luststrebens – nicht allein des sexuellen – vorübergehend oder dauernd verzichten. Aber Lustverzicht ist dem Menschen immer schwergefallen; er bringt ihn nicht ohne eine Art von Entschädigung zustande. Er hat sich daher eine seelische Tätigkeit vorbehalten, in welcher all diesen aufgegebenen Lustquellen und verlassenen Wegen der Lustgewinnung eine weitere Existenz zugestanden ist, eine Form der Existenz, in welcher sie von dem Realitätsanspruch und dem, was wir »Realitätsprüfung« nennen, frei gelassen sind. Jedes Streben erreicht bald die Form einer Erfüllungsvorstellung; es ist kein Zweifel, daß das Verweilen bei den Wunscherfüllungen der Phantasie eine Befriedigung mit sich bringt, obwohl das Wissen, es handle sich nicht um Realität, dabei nicht getrübt ist. In der Phantasietätigkeit ge-

[1] [Diese Erörterung der »Urphantasien« und der Möglichkeit ihrer Vererbung beruht weitgehend auf Freuds Befunden aus der Fallstudie des »Wolfsmanns« (1918 *b*).]

[2] [Freuds wichtigste frühere Ausführungen über die Phantasie finden sich in ›Der Dichter und das Phantasieren‹ (1908 *e*) und in ›Hysterische Phantasien und ihre Beziehung zur Bisexualität‹ (1908 *a*).]

nießt also der Mensch die Freiheit vom äußeren Zwang weiter, auf die er in Wirklichkeit längst verzichtet hat. Er hat es zustande gebracht, abwechselnd noch Lusttier zu sein und dann wieder ein verständiges Wesen. Er findet mit der kargen Befriedigung, die er der Wirklichkeit abringen kann, eben nicht sein Auskommen. »Es geht überhaupt nicht ohne Hilfskonstruktionen,« hat Th. Fontane einmal gesagt. Die Schöpfung des seelischen Reiches der Phantasie findet ein volles Gegenstück in der Einrichtung von »Schonungen«, »Naturschutzparks« dort, wo die Anforderungen des Ackerbaues, des Verkehres und der Industrie das ursprüngliche Gesicht der Erde rasch bis zur Unkenntlichkeit zu verändern drohen. Der Naturschutzpark erhält diesen alten Zustand, welchen man sonst überall mit Bedauern der Notwendigkeit geopfert hat. Alles darf darin wuchern und wachsen, wie es will, auch das Nutzlose, selbst das Schädliche. Eine solche dem Realitätsprinzip entzogene Schonung ist auch das seelische Reich der Phantasie.

Die bekanntesten Produktionen der Phantasie sind die sogenannten »Tagträume«, die wir schon kennen [S. 114], vorgestellte Befriedigungen ehrgeiziger, großsüchtiger, erotischer Wünsche, die um so üppiger gedeihen, je mehr die Wirklichkeit zur Bescheidung oder zur Geduldung mahnt. Das Wesen des Phantasieglücks, die Wiederherstellung der Unabhängigkeit der Lustgewinnung von der Zustimmung der Realität, zeigt sich in ihnen unverkennbar. Wir wissen, solche Tagträume sind Kern und Vorbilder der nächtlichen Träume. Der Nachttraum ist im Grunde nichts anderes als ein durch die nächtliche Freiheit der Triebregungen verwendbar gewordener, durch die nächtliche Form der seelischen Tätigkeit entstellter Tagtraum. Wir haben uns bereits mit der Idee vertraut gemacht, daß auch ein Tagtraum nicht nowendig bewußt ist, daß es auch unbewußte Tagträume gibt. Solche unbewußte Tagträume sind also ebensowohl die Quelle der nächtlichen Träume wie – der neurotischen Symptome.

Die Bedeutung der Phantasie für die Symptombildung wird Ihnen durch die folgende Mitteilung klar werden. Wir haben gesagt [S. 351], im Falle der Versagung besetze die Libido regressiv die von ihr aufgelassenen Positionen, an denen sie doch mit gewissen Beträgen haften geblieben ist. Das werden wir nicht zurücknehmen oder korrigieren, aber wir haben ein Zwischenglied einzusetzen. Wie findet die Libido ihren Weg zu diesen Fixierungsstellen? Nun, alle aufgegebenen Objekte und Richtungen der Libido sind noch nicht in jedem Sinne aufgegeben. Sie oder ihre Abkömmlinge werden noch mit einer gewissen Intensität in den Phantasievorstellungen festgehalten. Die Libido braucht sich also nur auf die Phantasien zurückzuziehen, um von ihnen aus den Weg zu allen verdrängten Fixierungen offen zu finden. Diese Phantasien erfreuten sich einer gewissen Duldung, es kam nicht zum Konflikt zwischen ihnen und dem Ich, so scharf auch die Gegensätze sein mochten, solange eine gewisse Bedingung eingehalten wurde. Eine Bedingung *quantitativer* Natur, die nun durch das Rückfluten der Libido auf die Phantasien gestört wird. Durch diesen Zuschuß wird die Energiebesetzung der Phantasien so erhöht, daß sie anspruchsvoll werden, einen Drang nach der Richtung der Realisierung entwickeln. Das macht aber den Konflikt zwischen ihnen und dem Ich unvermeidlich. Ob sie früher vorbewußt oder bewußt waren, sie unterliegen jetzt der Verdrängung von seiten des Ichs und sind der Anziehung von seiten des Unbewußten preisgegeben. Von den jetzt unbewußten Phantasien wandert die Libido bis zu deren Ursprüngen im Unbewußten, bis zu ihren eigenen Fixierungsstellen zurück.

Der Rückgang der Libido auf die Phantasie ist eine Zwischenstufe des Weges zur Symptombildung, welche wohl eine besondere Bezeichnung verdient. C. G. Jung hat den sehr geeigneten Namen der *Introversion*[1] für sie geprägt, ihn aber in unzweckmäßiger Weise auch anderes bedeuten lassen. Wir wollen daran festhalten, daß die Introversion die Abwendung der Libido von den Möglichkeiten der realen Befriedigung und die Überbesetzung[2] der bisher als harmlos geduldeten Phantasien bezeichnet. Ein Introvertierter ist noch kein Neurotiker, aber er befindet sich in einer labilen Situation; er muß bei der nächsten Kräfteverschiebung Symptome entwickeln, wenn er nicht noch für seine gestaute Libido andere Auswege findet. Der irreale Charakter der neurotischen Befriedigung und die Vernachlässigung des Unterschiedes zwischen Phantasie und Wirklichkeit sind hingegen bereits durch das Verweilen auf der Stufe der Introversion bestimmt.

Sie haben gewiß bemerkt, daß ich in den letzten Erörterungen einen neuen Faktor in das Gefüge der ätiologischen Verkettung eingeführt habe, nämlich die Quantität, die Größe der in Betracht kommenden Energien; diesen Faktor müssen wir überall noch in Rechnung bringen. Mit rein qualitativer Analyse der ätiologischen Bedingungen reichen wir nicht aus. Oder um es anders zu sagen, eine bloß *dynamische* Auffassung

---

[1] [Jung hat diese Bezeichnung eine Zeitlang ausschließlich auf die Dementia praecox angewandt (vgl. Jung, 1911).]

[2] [D. h. Aufladung mit einem zusätzlichen Betrag psychischer Energie.]

dieser seelischen Vorgänge ist ungenügend, es bedarf noch des *ökonomischen* Gesichtspunktes. Wir müssen uns sagen, daß der Konflikt zwischen zwei Strebungen nicht losbricht, ehe nicht gewisse Besetzungsintensitäten erreicht sind, mögen auch die inhaltlichen Bedingungen längst vorhanden sein. Ebenso richtet sich die pathogene Bedeutung der konstitutionellen Faktoren danach, wie viel *mehr* von dem einen Partialtrieb als von einem anderen in der Anlage gegeben ist; man kann sich sogar vorstellen, die Anlagen aller Menschen seien qualitativ gleichartig und unterscheiden sich nur durch diese quantitativen Verhältnisse. Nicht minder entscheidend ist das quantitative Moment für die Widerstandsfähigkeit gegen neurotische Erkrankung. Es kommt darauf an, *welchen Betrag* der unverwendeten Libido eine Person in Schwebe erhalten kann, und einen *wie großen Bruchteil* ihrer Libido sie vom Sexuellen weg auf die Ziele der Sublimierung zu lenken vermag. Das Endziel der seelischen Tätigkeit, das sich qualitativ als Streben nach Lustgewinn und Unlustvermeidung beschreiben läßt, stellt sich für die ökonomische Betrachtung als die Aufgabe dar, die im seelischen Apparat wirkenden Erregungsgrößen (Reizmengen) zu bewältigen und deren Unlust schaffende Stauung hintanzuhalten[1].

Soviel wollte ich Ihnen also über die Symptombildung bei den Neurosen sagen. Ja aber, daß ich nicht versäume, es nochmals ausdrücklich zu betonen: Alles hier Gesagte bezieht sich nur auf die Symptombildung bei der Hysterie. Schon bei der Zwangsneurose ist – bei Erhaltung des Grundsätzlichen – vieles anders zu finden. Die Gegenbesetzungen gegen die Triebanforderungen, von denen wir auch bei der Hysterie gesprochen haben [S. 352], drängen sich bei der Zwangsneurose vor und beherrschen durch sogenannte »Reaktionsbildungen« das klinische Bild. Ebensolche und noch weiter reichende Abweichungen entdecken wir bei den anderen Neurosen, wo die Untersuchungen über die Mechanismen der Symptombildung noch an keinem Punkte abgeschlossen sind.

Ehe ich Sie heute entlasse, möchte ich aber Ihre Aufmerksamkeit noch eine Weile für eine Seite des Phantasielebens in Anspruch nehmen, die

---

[1] [Hier scheint Freud das »Lustprinzip« mit dem »Konstanzprinzip« gleichzusetzen, obwohl er an der Stelle, an der er weiter oben über dieses Thema spricht (S. 348 f.), Zweifel an dieser Möglichkeit andeutet. Später machte er eine klare Unterscheidung zwischen den beiden Prinzipien; s. ›Das ökonomische Problem des Masochismus‹ (1924 *c*).]

des allgemeinsten Interesses würdig ist. Es gibt nämlich einen Rückweg von der Phantasie zur Realität, und das ist – die Kunst. Der Künstler ist im Ansatze auch ein Introvertierter, der es nicht weit zur Neurose hat. Er wird von überstarken Triebbedürfnissen gedrängt, möchte Ehre, Macht, Reichtum, Ruhm und die Liebe der Frauen erwerben; es fehlen ihm aber die Mittel, um diese Befriedigungen zu erreichen. Darum wendet er sich wie ein anderer Unbefriedigter von der Wirklichkeit ab und überträgt all sein Interesse, auch seine Libido, auf die Wunschbildungen seines Phantasielebens, von denen aus der Weg zur Neurose führen könnte. Es muß wohl vielerlei zusammentreffen, damit dies nicht der volle Ausgang seiner Entwicklung werde; es ist ja bekannt, wie häufig gerade Künstler an einer partiellen Hemmung ihrer Leistungsfähigkeit durch Neurosen leiden. Wahrscheinlich enthält ihre Konstitution eine starke Fähigkeit zur Sublimierung und eine gewisse Lockerheit der den Konflikt entscheidenden Verdrängungen. Den Rückweg zur Realität findet der Künstler aber auf folgende Art. Er ist ja nicht der einzige, der ein Phantasieleben führt. Das Zwischenreich der Phantasie ist durch allgemein menschliche Übereinkunft gebilligt, und jeder Entbehrende erwartet von daher Linderung und Trost. Aber den Nichtkünstlern ist der Bezug von Lustgewinn aus den Quellen der Phantasie sehr eingeschränkt. Die Unerbittlichkeit ihrer Verdrängungen nötigt sie, sich mit den spärlichen Tagträumen, die noch bewußt werden dürfen, zu begnügen. Wenn einer ein rechter Künstler ist, dann verfügt er über mehr. Er versteht es erstens, seine Tagträume so zu bearbeiten, daß sie das allzu Persönliche, welches Fremde abstößt, verlieren und für die anderen mitgenießbar werden. Er weiß sie auch soweit zu mildern, daß sie ihre Herkunft aus den verpönten Quellen nicht leicht verraten. Er besitzt ferner das rätselhafte Vermögen, ein bestimmtes Material zu formen, bis es zum getreuen Ebenbilde seiner Phantasievorstellung geworden ist, und dann weiß er an diese Darstellung seiner unbewußten Phantasie so viel Lustgewinn zu knüpfen, daß durch sie die Verdrängungen wenigstens zeitweilig überwogen und aufgehoben werden. Kann er das alles leisten, so ermöglicht er es den Anderen, aus den eigenen unzugänglich gewordenen Lustquellen ihres Unbewußten wiederum Trost und Linderung zu schöpfen, gewinnt ihre Dankbarkeit und Bewunderung und hat nun *durch* seine Phantasie erreicht, was er vorerst nur *in* seiner Phantasie erreicht hatte: Ehre, Macht und Liebe der Frauen.

DIE GEMEINE NERVOSITÄT

Meine Damen und Herren! Nachdem wir in den letzten Besprechungen ein so schweres Stück Arbeit hinter uns gebracht haben, verlasse ich für eine Weile den Gegenstand und wende mich zu Ihnen.

Ich weiß nämlich, daß Sie unzufrieden sind. Sie haben sich eine »Einführung in die Psychoanalyse« anders vorgestellt. Sie haben lebensvolle Beispiele zu hören erwartet, nicht Theorie. Sie sagen mir, das eine Mal, da ich Ihnen die Parallele vortrug »Zu ebener Erde und im ersten Stock« [S. 345], da haben Sie etwas von der Verursachung der Neurosen begriffen, nur hätten es wirkliche Beobachtungen sein sollen und nicht konstruierte Geschichten. Oder als ich Ihnen zu Beginn zwei – hoffentlich nicht auch erfundene – Symptome erzählte, deren Auflösung und Beziehung zum Leben der Kranken entwickelte [S. 261 ff.], da leuchtete Ihnen der »Sinn« der Symptome ein; Sie hofften, ich würde in dieser Art fortsetzen. Anstatt dessen gab ich Ihnen weitläufige, schwer übersehbare Theorien, die nie vollständig waren, zu denen immer noch etwas Neues hinzukam, arbeitete mit Begriffen, die ich Ihnen noch nicht vorgestellt hatte, fiel aus der deskriptiven Darstellung in die dynamische Auffassung, aus dieser in eine sogenannte »ökonomische«, machte es Ihnen schwer zu verstehen, wie viele von den angewendeten Kunstworten dasselbe bedeuten und nur aus Gründen des Wohllautes miteinander abwechseln, ließ so weitausgreifende Gesichtspunkte wie das Lust- und Realitätsprinzip und den phylogenetisch ererbten Besitz vor Ihnen auftauchen, und anstatt Sie in etwas einzuführen, ließ ich etwas, was sich immer mehr von Ihnen entfernte, vor Ihren Augen vorüberziehen.

Warum habe ich die Einführung in die Neurosenlehre nicht mit dem begonnen, was Sie selbst von der Nervosität kennen und was längst Ihr Interesse erweckt hat? Mit dem eigentümlichen Wesen der Nervösen, ihren unverständlichen Reaktionen auf menschlichen Verkehr und äußere Einflüsse, ihrer Reizbarkeit, Unberechenbarkeit und Untauglichkeit? Warum Sie nicht schrittweise vom Verständnis der einfacheren alltäglichen Formen bis zu den Problemen der rätselhaften extremen Erscheinungen der Nervosität geführt?

Ja, meine Herren, ich kann Ihnen nicht einmal unrecht geben. Ich bin nicht so vernarrt in meine Darstellungskunst, daß ich jeden ihrer Schönheitsfehler für einen besonderen Reiz ausgeben sollte. Ich glaube selbst, es hätte sich mit mehr Vorteil für Sie anders machen lassen; es lag auch in meiner Absicht. Aber man kann seine verständigen Absichten nicht immer durchführen. Im Stoff selbst ist oft etwas, wodurch man kommandiert und von seinen ersten Absichten abgelenkt wird. Selbst eine so unscheinbare Leistung wie die Anordnung eines wohlbekannten Materials unterwirft sich nicht ganz der Willkür des Autors; sie gerät, wie sie will, und man kann sich nur nachträglich befragen, warum sie so und nicht anders ausgefallen ist.
Einer der Gründe ist wahrscheinlich, daß der Titel »Einführung in die Psychoanalyse« für diesen Abschnitt, der die Neurosen behandeln soll, nicht mehr zutrifft. Die Einführung in die Psychoanalyse gibt das Studium der Fehlleistungen und des Traumes; die Neurosenlehre ist die Psychoanalyse selbst. Ich glaube nicht, daß ich vom Inhalt der Neurosenlehre in so kurzer Zeit Ihnen anders als in so konzentrierter Form hätte Kenntnis geben können. Es handelte sich darum, Ihnen Sinn und Bedeutung der Symptome, äußere und innere Bedingungen und Mechanismus der Symptombildung im Zusammenhange vorzuführen. Das habe ich zu tun versucht; es ist so ziemlich der Kern dessen, was die Psychoanalyse heute zu lehren hat. Dabei war von der Libido und ihrer Entwicklung vieles zu sagen, einiges auch von der des Ichs. Auf die Voraussetzungen unserer Technik, auf die großen Gesichtspunkte des Unbewußten und der Verdrängung (des Widerstandes) waren Sie schon durch die Einführung vorbereitet. Sie werden in einer der nächsten Vorlesungen [der 26.] erfahren, an welchen Stellen die psychoanalytische Arbeit ihren organischen Fortgang nimmt. Vorläufig habe ich Ihnen nicht verheimlicht, daß alle unsere Ermittlungen nur aus dem Studium einer einzigen Gruppe von nervösen Affektionen, den sogenannten Übertragungsneurosen, stammen. Den Mechanismus der Symptombildung habe ich sogar nur für die hysterische Neurose verfolgt. Wenn Sie auch kein solides Wissen erworben und nicht jede Einzelheit behalten haben sollten, so hoffe ich doch, daß Sie ein Bild davon gewonnen haben, mit welchen Mitteln die Psychoanalyse arbeitet, welche Fragen sie angreift und welche Ergebnisse sie geliefert hat.

Ich habe Ihnen den Wunsch unterlegt, daß ich die Darstellung der Neurosen mit dem Gehaben der Nervösen hätte beginnen sollen, mit der Schilderung der Art, wie sie unter ihrer Neurose leiden, wie sie sich ihrer erwehren und sich mit ihr einrichten. Das ist gewiß ein interessanter und wissenswerter Stoff, auch nicht sehr schwierig zu behandeln, aber es ist nicht unbedenklich, mit ihm zu beginnen. Man läuft Gefahr, das Unbewußte nicht zu entdecken, dabei die große Bedeutung der Libido zu übersehen und alle Verhältnisse so zu beurteilen, wie sie dem Ich des Nervösen erscheinen. Daß dieses Ich keine verläßliche und unparteiische Instanz ist, liegt auf der Hand. Das Ich ist ja die Macht, welche das Unbewußte verleugnet und es zum Verdrängten herabgesetzt hat, wie sollte man ihm zutrauen, diesem Unbewußten gerecht zu werden? Unter diesem Verdrängten stehen die abgewiesenen Ansprüche der Sexualität in erster Linie; es ist ganz selbstverständlich, daß wir deren Umfang und Bedeutung nie aus den Auffassungen des Ichs erraten können. Von dem Moment an, da uns der Gesichtspunkt der Verdrängung aufdämmert, sind wir auch gewarnt davor, daß wir nicht die eine der beiden streitenden Parteien, überdies noch die siegreiche, zum Richter über den Streit einsetzen. Wir sind vorbereitet darauf, daß uns die Aussagen des Ichs irreführen werden. Wenn man dem Ich glauben will, so war es in allen Stücken aktiv, so hat es selbst seine Symptome gewollt und gemacht. Wir wissen, daß es ein gutes Stück Passivität über sich ergehen ließ, die es sich dann verheimlichen und beschönigen will. Allerdings getraut es sich dieses Versuches nicht immer; bei den Symptomen der Zwangsneurose muß es sich eingestehen, daß etwas Fremdes sich ihm entgegenstellt, dessen es sich nur mühsam erwehrt.

Wer sich durch diese Mahnungen nicht abhalten läßt, die Verfälschungen des Ichs für bare Münze zu nehmen, der hat freilich dann ein leichtes Spiel und ist all den Widerständen entgangen, die sich der psychoanalytischen Betonung des Unbewußten, der Sexualität und der Passivität des Ichs entgegensetzen. Der kann wie Alfred Adler [1912] behaupten, daß der »nervöse Charakter« die Ursache der Neurose sei, anstatt die Folge derselben, aber er wird auch nicht imstande sein, ein einziges Detail der Symptombildung oder einen einzelnen Traum zu erklären.

Sie werden fragen: Sollte es denn nicht möglich sein, dem Anteil des Ichs an der Nervosität und an der Symptombildung gerecht zu werden, ohne dabei die von der Psychoanalyse aufgedeckten Momente in gröblicher Weise zu vernachlässigen? Ich antworte: Gewiß muß es möglich sein und es wird auch irgend einmal geschehen; es liegt aber nicht in der Arbeitsrichtung der Psychoanalyse, gerade damit zu beginnen. Es läßt sich wohl vorhersagen, wann diese Aufgabe an die Psychoanalyse herantreten wird. Es gibt Neurosen, bei welchen das Ich weit intensiver beteiligt ist als bei den bisher von uns studierten; wir nennen sie »narzißtische« Neurosen. Die analytische Bearbeitung dieser Affektionen wird uns befähigen, die Beteiligung des Ichs an der neurotischen Erkrankung in unparteiischer und zuverlässiger Weise zu beurteilen[1].

Eine der Beziehungen des Ichs zu seiner Neurose ist aber so augenfällig, daß sie von Anfang an Berücksichtigung finden konnte. Sie scheint in keinem Falle zu fehlen; man erkennt sie aber am deutlichsten bei einer Affektion, die unserem Verständnis heute noch fernsteht, bei der *traumatischen Neurose.* Sie müssen nämlich wissen, daß in der Verursachung und im Mechanismus aller möglichen Formen von Neurosen immer wieder dieselben Momente in Tätigkeit treten, nur fällt hier dem einen, dort dem anderen dieser Momente die Hauptbedeutung für die Symptombildung zu. Es ist wie mit dem Personal einer Schauspielertruppe, unter dem jeder sein festes Rollenfach hat: Held, Vertrauter, Intrigant usw.; es wird aber jeder ein anderes Stück für seine Benefizvorstellung wählen. So sind die Phantasien, die sich in die Symptome umsetzen, nirgends greifbarer als in der Hysterie; die Gegenbesetzungen oder Reaktionsbildungen des Ichs beherrschen das Bild bei der Zwangsneurose; was wir für den Traum *sekundäre Bearbeitung* genannt haben [S. 188], steht als Wahn obenan in der Paranoia usw.

So drängt sich uns bei den traumatischen Neurosen, besonders bei solchen, wie sie durch die Schrecken des Krieges entstehen, unverkennbar ein selbstsüchtiges, nach Schutz und Nutzen strebendes Ichmotiv auf, welches die Krankheit nicht etwa allein schaffen kann, aber seine Zustimmung zu ihr gibt und sie erhält, wenn sie einmal zustande gekommen ist. Dies Motiv will das Ich vor den Gefahren bewahren, deren Drohung der Anlaß der Erkrankung ward, und wird die Genesung nicht eher zulassen, als bis die Wiederholung dieser Gefahren ausgeschlossen scheint, oder erst nachdem eine Entschädigung für die ausgestandene Gefahr erreicht ist.

Aber ein ähnliches Interesse nimmt das Ich in allen anderen Fällen an

---

[1] [Freud erläutert dies in der 26. Vorlesung näher.]

der Entstehung und dem Fortbestand der Neurose. Wir haben schon [S. 351] gesagt, daß das Symptom auch vom Ich gehalten wird, weil es eine Seite hat, mit welcher es der verdrängenden Ichtendenz Befriedigung bietet. Überdies ist die Erledigung des Konflikts durch die Symptombildung die bequemste und die dem Lustprinzip genehmste Auskunft; sie erspart dem Ich unzweifelhaft eine große und peinlich empfundene innere Arbeit. Ja, es gibt Fälle, in denen selbst der Arzt zugestehen muß, daß der Ausgang eines Konflikts in Neurose die harmloseste und sozial erträglichste Lösung darstellt. Erstaunen Sie nicht, wenn Sie hören, daß also selbst der Arzt mitunter die Partei der von ihm bekämpften Krankheit nimmt. Es steht ihm ja nicht an, sich gegen alle Situationen des Lebens auf die Rolle des Gesundheitsfanatikers einzuengen, er weiß, daß es nicht nur neurotisches Elend in der Welt gibt, sondern auch reales, unabstellbares Leiden, daß die Notwendigkeit von einem Menschen auch fordern kann, daß er seine Gesundheit zum Opfer bringe, und er erfährt, daß durch ein solches Opfer eines einzelnen oft unübersehbares Unglück für viele andere hintangehalten wird. Wenn man also sagen konnte, daß der Neurotiker jedesmal vor einem Konflikt die *Flucht in die Krankheit* nimmt, so muß man zugeben, in manchen Fällen sei diese Flucht vollberechtigt, und der Arzt, der diesen Sachverhalt erkannt hat, wird sich schweigend und schonungsvoll zurückziehen.

Aber sehen wir von diesen Ausnahmefällen für die weitere Erörterung ab. Unter durchschnittlichen Verhältnissen erkennen wir, daß dem Ich durch das Ausweichen in die Neurose ein gewisser innerer *Krankheitsgewinn* zuteil wird. Zu diesem gesellt sich in manchen Lebenslagen ein greifbarer äußerer, in der Realität mehr oder weniger hoch einzuschätzender Vorteil. Betrachten Sie den häufigsten Fall dieser Art. Eine Frau, die von ihrem Manne roh behandelt und schonungslos ausgenützt wird, findet ziemlich regelmäßig den Ausweg in die Neurose, wenn ihre Anlagen es ihr ermöglichen, wenn sie zu feige oder zu sittlich ist, um sich im geheimen bei einem anderen Manne zu trösten, wenn sie nicht stark genug ist, sich gegen alle äußeren Abhaltungen von ihrem Manne zu trennen, wenn sie nicht die Aussicht hat, sich selbst zu erhalten oder einen besseren Mann zu gewinnen, und wenn sie überdies durch ihr sexuelles Empfinden noch an diesen brutalen Mann gebunden ist. Ihre Krankheit wird nun ihre Waffe im Kampfe gegen den überstarken Mann, eine Waffe, die sie zu ihrer Verteidigung gebrauchen und für ihre Rache mißbrauchen kann. Sie darf über ihre Krankheit klagen, während sie sich wahrscheinlich über ihre Ehe nicht beklagen dürfte. Sie findet einen Helfer im Arzt, sie nötigt den sonst rücksichtslosen Mann, sie zu schonen, Aufwendungen für sie zu machen, ihr Zeiten der Abwesenheit vom Hause und somit der Befreiung von der ehelichen Unterdrückung zu gestatten. Wo ein solcher äußerer oder akzidenteller Krankheitsgewinn recht erheblich ist und keinen realen Ersatz finden kann, da werden Sie die Möglichkeit einer Beeinflussung der Neurose durch Ihre Therapie nicht groß veranschlagen dürfen.

Sie werden mir vorhalten, was ich Ihnen da vom Krankheitsgewinn erzählt habe, spricht ja durchaus zu Gunsten der von mir zurückgewiesenen Auffassung, daß das Ich selbst die Neurose will und sie schafft [S. 369]. Gemach, meine Herren, es bedeutet vielleicht weiter nichts, als daß das Ich sich die Neurose gefallen läßt, die es doch nicht verhindern kann, und daß es das Beste aus ihr macht, wenn sich überhaupt etwas aus ihr machen läßt. Es ist nur die eine Seite der Sache, die angenehme allerdings. Soweit die Neurose Vorteile hat, ist das Ich wohl mit ihr einverstanden, aber sie hat nicht nur Vorteile. In der Regel stellt sich bald heraus, daß das Ich ein schlechtes Geschäft gemacht hat, indem es sich auf die Neurose einließ. Es hat eine Erleichterung des Konflikts zu teuer erkauft, und die Leidensempfindungen, welche an den Symptomen haften, sind vielleicht ein äquivalenter Ersatz für die Qualen des Konflikts, wahrscheinlich aber ein Mehrbetrag von Unlust. Das Ich möchte diese Unlust der Symptome loswerden, den Krankheitsgewinn aber nicht herausgeben, und das bringt es eben nicht zustande. Dabei erweist sich dann, daß es nicht so durchaus aktiv war, wie es sich geglaubt hat, und das wollen wir uns gut merken.

Meine Herren, wenn Sie als Arzt mit Neurotikern umgehen, werden Sie bald die Erwartung aufgeben, daß diejenigen, die über ihre Krankheit am stärksten jammern und klagen, der Hilfeleistung am bereitwilligsten entgegenkommen und ihr die geringsten Widerstände bereiten werden. Eher das Gegenteil. Wohl aber werden Sie es leicht verstehen, daß alles, was zum Krankheitsgewinn beiträgt, den Verdrängungswiderstand verstärken und die therapeutische Schwierigkeit vergrößern wird. Zu dem Stück des Krankheitsgewinnes, welches sozusagen mit dem Symptom geboren wird, haben wir aber auch noch ein anderes hinzuzufügen, das sich später ergibt. Wenn solch eine psychische Organisation wie die Krankheit durch längere Zeit bestanden hat, so benimmt sie sich endlich wie ein selbständiges Wesen; sie äußert etwas wie einen Selbsterhaltungstrieb, es bildet sich eine Art von *modus vivendi* zwischen ihr und anderen Anteilen des Seelenlebens, selbst solchen, die ihr im Grunde feindselig sind, und es kann kaum fehlen, daß sich Gelegenheiten ergeben, bei denen sie sich wieder nützlich und verwertbar erweist, gleichsam eine *Sekundärfunktion* erwirbt, die ihren Bestand von neuem kräftigt. Nehmen Sie anstatt eines Beispiels aus der Pathologie eine grelle Erläuterung aus dem täglichen Leben. Ein tüchtiger Arbeiter, der seinen Unterhalt erwirbt, wird durch einen Unfall in seiner Beschäftigung zum Krüppel; mit der Arbeit ist es jetzt aus, aber der Verunglückte empfängt mit der Zeit eine kleine Unfallrente und lernt es, seine Verstümmlung als Bettler zu verwerten. Seine neue, wiewohl verschlechterte Existenz gründet sich jetzt gerade auf dasselbe, was ihn um seine erste Existenz gebracht hat. Wenn Sie seine Verunstaltung beheben können, so machen Sie ihn zunächst subsistenzlos; es eröffnet sich die Frage, ob er noch fähig ist, seine frühere Arbeit wieder aufzunehmen. Was bei der Neurose einer solchen sekundären Nutzung der Krankheit entspricht, können wir als *sekundären* Krankheitsgewinn zum primären hinzuschlagen[1]. Im allgemeinen aber möchte ich Ihnen sagen, unterschätzen Sie die praktische Bedeutung des Krankheitsgewinnes nicht und lassen Sie sich in theoretischer Hinsicht nicht von ihm imponieren. Von jenen früher [S. 370 f.] anerkannten Ausnahmen abgesehen, mahnt er doch immer an die Beispiele »von der Klugheit der Tiere«, die Oberländer in den *Fliegenden Blättern* illustriert hat. Ein Araber reitet auf seinem Kamel einen schmalen Pfad, der in die steile Bergwand eingeschnitten ist. Bei einer Wendung des Weges sieht er sich plötzlich einem Löwen gegenüber, der sich sprungbereit macht. Er sieht keinen Ausweg; auf der einen Seite die senkrechte Wand, auf der anderen der Abgrund; Umkehr und Flucht sind unmöglich; er gibt sich verloren. Anders das Tier. Es macht mit seinem Reiter einen Satz in den Abgrund – und der Löwe hat das Nachsehen. Besseren Erfolg für den Kranken haben in der Regel auch die Hilfeleistungen der Neurose nicht. Es mag daher kommen, daß die Erledigung eines Konflikts durch Symptombildung doch ein automatischer Vorgang ist, der sich den Anforderungen des Lebens nicht gewachsen zeigen kann und bei dem der Mensch auf

[1] [Die Frage des Krankheitsgewinns wird ausführlich in der Krankengeschichte der »Dora« (1905 *e*), etwa in der Mitte des ersten Kapitels, diskutiert. Dort berichtigt Freud in einer 1923 hinzugefügten langen Anmerkung seine eigene frühere Analyse und gibt die wohl klarste Darstellung dieses Problems.]

die Verwertung seiner besten und höchsten Kräfte verzichtet hat. Wenn es eine Wahl gäbe, sollte man es vorziehen, im ehrlichen Kampf mit dem Schicksal unterzugehen.

Meine Herren! Ich bin Ihnen aber noch die weitere Motivierung schuldig, weshalb ich in einer Darstellung der Neurosenlehre nicht von der gemeinen Nervosität ausgegangen bin. Vielleicht nehmen Sie an, ich tat es darum, weil mir dann der Nachweis der sexuellen Verursachung der Neurosen größere Schwierigkeiten bereitet hätte. Aber da würden Sie irregehen. Bei den Übertragungsneurosen muß man sich erst durch die Symptomdeutung durcharbeiten, um zu dieser Einsicht zu kommen. Bei den gemeinen Formen der sogenannten *Aktualneurosen*[1] ist die ätiologische Bedeutung des Sexuallebens eine grobe, der Beobachtung entgegenkommende Tatsache. Ich bin vor mehr als zwanzig Jahren auf sie gestoßen, als ich mir eines Tages die Frage vorlegte, warum man denn beim Examen der Nervösen so regelmäßig ihre sexuellen Betätigungen von der Berücksichtigung ausschließt. Ich habe damals diesen Untersuchungen meine Beliebtheit bei den Kranken zum Opfer gebracht, aber ich konnte schon nach kurzer Bemühung den Satz aussprechen, daß es bei normaler *vita sexualis* keine Neurose – ich meinte: Aktualneurose – gibt[2]. Gewiß, der Satz setzt sich zu leicht über die individuellen Verschiedenheiten der Menschen hinweg, er leidet auch an der Unbestimmtheit, die von dem Urteil »normal« nicht zu trennen ist, aber er hat für die grobe Orientierung noch heute seinen Wert behalten. Ich bin damals so weit gekommen, spezifische Beziehungen zwischen bestimmten Formen der Nervosität und besonderen sexuellen Schädlichkeiten aufzustellen, und ich zweifle nicht daran, daß ich heute dieselben Beobachtungen wiederholen könnte, wenn mir noch ein ähnliches Material von Kranken zu Gebote stünde. Ich erfuhr oft genug, daß ein Mann, der sich mit einer gewissen Art von unvollständiger sexueller Befriedigung begnügte, z. B. mit der manuellen Onanie, an einer bestimmten Form von Aktualneurose erkrankt war und daß diese Neurose prompt einer anderen den Platz räumte, wenn er ein anderes, ebensowenig untadeliges sexuelles Regime an die Stelle treten ließ. Ich

[1] [Das Attribut »aktual« wird dieser Gruppe von Neurosen zugeschrieben, weil ihre Ursachen rein aus der Gegenwart und nicht, wie bei den Psychoneurosen, aus der Vergangenheit des Patienten stammt.]

[2] [Zitat aus einer Arbeit über die Sexualität in der Ätiologie der Neurosen (1906 *a*). Freud hat die gleiche Ansicht bereits sehr viel früher ausgesprochen; vgl. eine Arbeit über Angstneurose (1895 *b*), in der sich schon vieles findet, was hier erneut gesagt wird.]

war dann imstande, aus der Änderung im Zustand des Kranken den Wechsel in seiner sexuellen Lebensweise zu erraten. Ich erlernte es damals auch, hartnäckig bei meinen Vermutungen zu verharren, bis ich die Unaufrichtigkeit der Patienten überwunden und sie zur Bestätigung gezwungen hatte. Es ist wahr, sie zogen es dann vor, zu anderen Ärzten zu gehen, die sich nicht so eifrig nach ihrem Sexualleben erkundigten.

Es konnte mir auch damals nicht entgehen, daß die Verursachung der Erkrankung nicht immer auf das Sexualleben hinwies. Der eine war zwar direkt an einer sexuellen Schädlichkeit erkrankt, der andere aber, weil er sein Vermögen verloren oder eine erschöpfende organische Krankheit durchgemacht hatte. Die Erklärung für diese Mannigfaltigkeit ergab sich später, als wir in die vermuteten Wechselbeziehungen zwischen dem Ich und der Libido Einsicht bekamen, und sie wurde um so befriedigender, je tiefer diese Einsicht reichte. Eine Person erkrankt nur dann neurotisch, wenn ihr Ich die Fähigkeit eingebüßt hat, die Libido irgendwie unterzubringen. Je stärker das Ich ist, desto leichter wird ihm die Erledigung dieser Aufgabe; jede Schwächung des Ichs aus irgendeiner Ursache muß dieselbe Wirkung tun wie eine übergroße Steigerung des Anspruches der Libido, also die neurotische Erkrankung ermöglichen. Es gibt noch andere und intimere Beziehungen zwischen Ich und Libido, die aber noch nicht in unseren Gesichtskreis getreten sind und die ich darum zur Erklärung hier nicht heranziehe[1]. Wesentlich und aufklärend für uns bleibt, daß in jedem Falle und gleichgültig, auf welchem Wege die Erkrankung hergestellt wurde, die Symptome der Neurose von der Libido bestritten werden und so eine abnorme Verwendung derselben bezeugen.

Nun muß ich Sie aber auf den entscheidenden Unterschied zwischen den Symptomen der Aktualneurosen und denen der Psychoneurosen aufmerksam machen, von denen uns die erste Gruppe, die der Übertragungsneurosen, bisher so viel beschäftigt hat. In beiden Fällen gehen die Symptome aus der Libido hervor, sind also abnorme Verwendungen derselben, Befriedigungsersatz. Aber die Symptome der Aktualneurosen, ein Kopfdruck, eine Schmerzempfindung, ein Reizzustand in einem Organ, die Schwächung oder Hemmung einer Funktion haben keinen »Sinn«, keine psychische Bedeutung. Sie äußern sich nicht nur vorwiegend am Körper, wie auch z. B. die hysterischen Symptome, sondern sie sind auch selbst durchaus körperliche Vorgänge, bei deren

[1] [Zweifellos eine Anspielung auf das in der 26. Vorlesung besprochene Thema des Narzißmus.]

Entstehung alle die komplizierten seelischen Mechanismen, die wir kennengelernt haben, entfallen. Sie sind also wirklich das, wofür man die psychoneurotischen Symptome so lange gehalten hat. Aber wie können sie dann Verwendungen der Libido entsprechen, die wir als eine im Psychischen wirkende Kraft kennengelernt haben? Nun, meine Herren, das ist sehr einfach. Lassen Sie mich einen der allerersten Einwürfe auffrischen, die man gegen die Psychoanalyse vorgebracht hat. Man sagte damals, sie bemühe sich um eine rein psychologische Theorie der neurotischen Erscheinungen, und das sei ganz aussichtslos, denn psychologische Theorien könnten nie eine Krankheit erklären. Man hatte zu vergessen beliebt, daß die Sexualfunktion nichts rein Seelisches ist, ebensowenig wie etwas bloß Somatisches. Sie beeinflußt das körperliche wie das seelische Leben. Haben wir in den Symptomen der Psychoneurosen die Äußerungen der Störung in ihren psychischen Wirkungen kennengelernt, so werden wir nicht erstaunt sein, in den Aktualneurosen die direkten somatischen Folgen der Sexualstörungen zu finden.

Für die Auffassung der letzteren gibt uns die medizinische Klinik einen wertvollen, auch von verschiedenen Forschern berücksichtigten Fingerzeig. Die Aktualneurosen bekunden in den Einzelheiten ihrer Symptomatik, aber auch in der Eigentümlichkeit, alle Organsysteme und alle Funktionen zu beeinflussen, eine unverkennbare Ähnlichkeit mit den Krankheitszuständen, die durch den chronischen Einfluß von fremden Giftstoffen und durch die akute Entziehung derselben entstehen, mit den Intoxikationen und Abstinenzzuständen. Noch enger werden die beiden Gruppen von Affektionen aneinandergerückt durch die Vermittlung von solchen Zuständen, die wir wie den M. Basedowii gleichfalls auf die Wirkung von Giftstoffen zu beziehen gelernt haben, aber von Giften, die nicht als fremd in den Körper eingeführt werden, sondern in seinem eigenen Stoffwechsel entstehen. Ich meine, wir können nach diesen Analogien nicht umhin, die Neurosen als Folgen von Störungen in einem Sexualstoffwechsel anzusehen, sei es, daß von diesen Sexualtoxinen mehr produziert wird, als die Person bewältigen kann, sei es, daß innere und selbst psychische Verhältnisse die richtige Verwendung dieser Stoffe beeinträchtigen. Die Volksseele hat von jeher solchen Annahmen für die Natur des sexuellen Verlangens gehuldigt, sie nennt die Liebe einen »Rausch« und läßt die Verliebtheit durch Liebestränke entstehen, wobei sie das wirkende Agens gewissermaßen nach außen verlegt. Für uns wäre hier der Anlaß, der erogenen Zonen und der Behauptung zu gedenken, daß die Sexualerregung in den verschiedensten Organen entstehen kann [S. 319 f.]. Im übrigen aber ist uns das Wort »Sexualstoffwechsel« oder »Chemismus der Sexualität« ein Fach ohne Inhalt; wir wissen nichts darüber und können uns nicht einmal entscheiden, ob wir zwei Sexualstoffe annehmen sollen, die dann »männlich« und »weiblich« heißen würden[1], oder ob wir uns mit *einem* Sexualtoxin bescheiden könnten, in dem wir den Träger aller Reizwirkungen der Libido zu erblicken haben. Das Lehrgebäude der Psychoanalyse, das wir geschaffen haben, ist in Wirklichkeit ein Überbau, der irgend einmal auf sein organisches Fundament aufgesetzt werden soll; aber wir kennen dieses noch nicht.

Die Psychoanalyse wird als Wissenschaft nicht durch den Stoff, den sie behandelt, sondern durch die Technik, mit der sie arbeitet, charakterisiert. Man kann sie auf Kulturgeschichte, Religionswissenschaft und Mythologie ebensowohl anwenden wie auf die Neurosenlehre, ohne ihrem Wesen Gewalt anzutun. Sie beabsichtigt und leistet nichts anderes als die Aufdeckung des Unbewußten im Seelenleben. Die Probleme der Aktualneurosen, deren Symptome wahrscheinlich durch direkte toxische Schädigung entstehen, bieten der Psychoanalyse keine Angriffspunkte, sie kann nur wenig für deren Aufklärung leisten und muß diese Aufgabe der biologisch-medizinischen Forschung überlassen. Sie verstehen jetzt vielleicht besser, warum ich keine andere Anordnung meines Stoffes gewählt habe. Hätte ich Ihnen eine »Einführung in die Neurosenlehre« zugesagt, so wäre der Weg von den einfachen Formen der Aktualneurosen zu den komplizierteren psychischen Erkrankungen durch Libidostörung der unzweifelhaft richtige gewesen. Ich hätte bei den ersteren zusammentragen müssen, was wir von verschiedenen Seiten her erfahren haben oder zu wissen glauben, und bei den Psychoneurosen wäre dann die Psychoanalyse als das wichtigste technische Hilfsmittel zur Durchleuchtung dieser Zustände zur Sprache gekommen. Ich hatte aber eine »Einführung in die Psychoanalyse« beabsichtigt und angekündigt; es war mir wichtiger, daß Sie eine Vorstellung von der Psychoanalyse, als daß Sie gewisse Kenntnisse von den Neurosen gewinnen, und da durfte ich die für die Psychoanalyse unfruchtbaren Aktualneurosen nicht mehr in den Vordergrund rücken. Ich glaube auch, ich habe die für Sie günstigere Wahl getroffen, denn die Psychoanalyse verdient wegen ihrer tiefgreifenden Voraussetzungen und weitumfassenden Beziehungen einen Platz im Interesse eines jeden

[1] [In der *Neuen Folge*, S. 561, verwirft Freud diese Annahme mit Entschiedenheit.]

Gebildeten; die Neurosenlehre aber ist ein Kapitel der Medizin wie andere auch.

Sie werden indes mit Recht erwarten, daß wir auch für die Aktualneurosen einiges Interesse aufbringen müssen. Schon ihr intimer klinischer Zusammenhang mit den Psychoneurosen nötigt uns dazu. Ich will Ihnen also berichten, daß wir drei reine Formen der Aktualneurosen unterscheiden: die *Neurasthenie,* die *Angstneurose* und die *Hypochondrie.* Auch diese Aufstellung ist nicht ohne Widerspruch geblieben. Die Namen sind zwar alle im Gebrauch, aber ihr Inhalt ist unbestimmt und schwankend. Es gibt auch Ärzte, die jeder Sonderung in der wirren Welt von neurotischen Erscheinungen, jeder Heraushebung von klinischen Einheiten, Krankheitsindividuen, widerstreben und selbst die Scheidung von Aktual- und Psychoneurosen nicht anerkennen. Ich meine, sie gehen zu weit und haben nicht den Weg eingeschlagen, der zum Fortschritt führt. Die genannten Formen von Neurose kommen gelegentlich rein vor; häufiger vermengen sie sich allerdings miteinander und mit einer psychoneurotischen Affektion. Dieses Vorkommen braucht uns nicht zu bewegen, ihre Sonderung aufzugeben. Denken Sie an den Unterschied von Mineralkunde und Gesteinkunde in der Mineralogie. Die Mineralien werden als Individuen beschrieben, gewiß mit Anlehnung an den Umstand, daß sie häufig als Kristalle, von ihrer Umgebung scharf abgegrenzt, auftreten. Die Gesteine bestehen aus Gemengen von Mineralien, die sicherlich nicht zufällig, sondern infolge ihrer Entstehungsbedingungen zusammengetroffen sind. In der Neurosenlehre verstehen wir noch zu wenig von dem Hergang der Entwicklung, um etwas der Gesteinlehre Ähnliches zu schaffen. Wir tun aber gewiß das Richtige, wenn wir zunächst aus der Masse die für uns kenntlichen klinischen Individuen isolieren, die den Mineralien vergleichbar sind.

Eine beachtenswerte Beziehung zwischen den Symptomen der Aktual- und der Psychoneurosen bringt uns noch einen wichtigen Beitrag zur Kenntnis der Symptombildung bei den letzteren; das Symptom der Aktualneurose ist nämlich häufig der Kern und die Vorstufe des psychoneurotischen Symptoms. Man beobachtet ein solches Verhältnis am deutlichsten zwischen der Neurasthenie und der »Konversionshysterie« genannten Übertragungsneurose, zwischen der Angstneurose und der Angsthysterie, aber auch zwischen der Hypochondrie und den später als Paraphrenie (Dementia praecox und Paranoia) zu erwähnenden

Formen [S. 408 ff.]. Nehmen wir als Beispiel den Fall eines hysterischen Kopf- oder Kreuzschmerzes. Die Analyse zeigt uns, daß er durch Verdichtung und Verschiebung zum Befriedigungsersatz für eine ganze Reihe von libidinösen Phantasien oder Erinnerungen geworden ist. Aber dieser Schmerz war auch einmal real, und damals war er ein direkt sexualtoxisches Symptom, der körperliche Ausdruck einer libidinösen Erregung. Wir wollen keineswegs behaupten, daß alle hysterischen Symptome einen solchen Kern enthalten, aber es bleibt bestehen, daß es besonders häufig der Fall ist und daß alle – normalen oder pathologischen – Beeinflussungen des Körpers durch die libidinöse Erregung geradezu für die Symptombildung der Hysterie bevorzugt sind. Sie spielen dann die Rolle jenes Sandkorns, welches das Muscheltier mit den Schichten von Perlmuttersubstanz umhüllt hat. In derselben Weise werden die vorübergehenden Zeichen der sexuellen Erregung, welche den Geschlechtsakt begleiten, von der Psychoneurose als das bequemste und geeignetste Material zur Symptombildung verwendet.

Ein ähnlicher Vorgang bietet ein besonderes diagnostisches und therapeutisches Interesse. Es kommt bei Personen, die zur Neurose disponiert sind, ohne gerade an einer floriden Neurose zu leiden, gar nicht selten vor, daß eine krankhafte Körperveränderung – etwa durch Entzündung oder Verletzung – die Arbeit der Symptombildung weckt, so daß diese das ihr von der Realität gegebene Symptom eiligst zum Vertreter aller jener unbewußten Phantasien macht, die nur darauf gelauert hatten, sich eines Ausdrucksmittels zu bemächtigen. Der Arzt wird in solchem Falle bald den einen, bald den anderen Weg der Therapie einschlagen, entweder die organische Grundlage wegschaffen wollen, ohne sich um deren lärmende neurotische Verarbeitung zu bekümmern, oder die zur Gelegenheit entstandene Neurose bekämpfen und deren organischen Anlaß gering achten. Der Erfolg wird bald dieser bald jener Art der Bemühung recht oder unrecht geben; allgemeine Vorschriften lassen sich für solche Mischfälle kaum aufstellen.

25. VORLESUNG

DIE ANGST[1]

Meine Damen und Herren! Was ich Ihnen in der letzten Vorlesung über die allgemeine Nervosität gesagt habe, werden Sie sicherlich als die unvollständigste und unzulänglichste meiner Mitteilungen erkannt haben. Ich weiß das und ich denke mir, nichts anderes wird Sie mehr verwundert haben, als daß darin von der Angst nicht die Rede war, über die doch die meisten Nervösen klagen, die sie selbst als ihr schrecklichstes Leiden bezeichnen und die wirklich die großartigste Intensität bei ihnen erreichen und die tollsten Maßnahmen zur Folge haben kann. Aber darin wenigstens wollte ich Sie nicht verkürzen; ich habe mir im Gegenteil vorgenommen, das Problem der Angst bei den Nervösen besonders scharf einzustellen und es ausführlich vor Ihnen zu erörtern.

Die Angst selbst brauche ich Ihnen ja nicht vorzustellen; jeder von uns hat diese Empfindung, oder richtiger gesagt, diesen Affektzustand irgend einmal aus eigenem kennengelernt. Aber ich meine, man hat sich nie ernsthaft genug gefragt, warum gerade die Nervösen so viel stärkere Angst haben als die anderen. Vielleicht hielt man es für selbstverständlich; man verwendet ja gewöhnlich die Worte »nervös« und »ängstlich« so für einander, als ob sie dasselbe bedeuten würden. Dazu hat man aber kein Recht; es gibt ängstliche Menschen, die sonst gar nicht nervös sind, und außerdem Nervöse, die an vielen Symptomen leiden, unter denen aber die Neigung zur Angst nicht aufgefunden wird.

Wie immer das sein mag, es steht fest, daß das Angstproblem ein Knotenpunkt ist, an welchem die verschiedensten und wichtigsten Fragen zusammentreffen, ein Rätsel, dessen Lösung eine Fülle von Licht über unser ganzes Seelenleben ergießen müßte. Ich werde nicht behaupten, daß ich Ihnen diese volle Lösung geben kann, aber Sie werden gewiß erwarten, daß die Psychoanalyse auch dieses Thema ganz anders angreifen wird als die Medizin der Schulen. Dort scheint man sich vor

---

[1] [Freuds erste ausführliche Darstellung dieses Themas findet sich in einer Arbeit über Angstneurose (1895 *b*), seine letzte in *Hemmung, Symptom und Angst* (1926 *d*). Obwohl diese Vorlesung, wie Freud in seinem Vorwort (S. 37 oben) andeutet, zu jener Zeit, als sie gehalten wurde, die erschöpfendste Darstellung des Angstproblems war, revidierte Freud seine Ansichten später in mehreren wichtigen Punkten. Seine abschließende Position ist in der 32. Vorlesung der *Neuen Folge* zu finden.]

allem dafür zu interessieren, auf welchen anatomischen Wegen der Angstzustand zustande gebracht wird. Es heißt, die Medulla oblongata sei gereizt, und der Kranke erfährt, daß er an einer Neurose des Nervus vagus leide. Die Medulla oblongata ist ein sehr ernsthaftes und schönes Objekt. Ich erinnere mich ganz genau, wieviel Zeit und Mühe ich vor Jahren ihrem Studium gewidmet habe. Aber heute muß ich sagen, ich weiß nichts, was mir für das psychologische Verständnis der Angst gleichgültiger sein könnte als die Kenntnis des Nervenweges, auf dem ihre Erregungen ablaufen.

Von der Angst kann man zunächst eine ganze Weile handeln, ohne der Nervosität überhaupt zu gedenken. Sie verstehen mich ohne weiteres, wenn ich diese Angst als *Real*angst bezeichne, im Gegensatz zu einer *neurotischen*. Die Realangst erscheint uns nun als etwas sehr Rationelles und Begreifliches. Wir werden von ihr aussagen, sie ist eine Reaktion auf die Wahrnehmung einer äußeren Gefahr, d. h. einer erwarteten, vorhergesehenen Schädigung, sie ist mit dem Fluchtreflex verbunden, und man darf sie als Äußerung des Selbsterhaltungstriebes ansehen. Bei welchen Gelegenheiten, d. h. vor welchen Objekten und in welchen Situationen die Angst auftritt, wird natürlich zum großen Teil von dem Stande unseres Wissens und von unserem Machtgefühl gegen die Außenwelt abhängen. Wir finden es ganz begreiflich, daß der Wilde sich vor einer Kanone fürchtet und bei einer Sonnenfinsternis ängstigt, während der Weiße, der das Instrument handhaben und das Ereignis vorhersagen kann, unter diesen Bedingungen angstfrei bleibt. Ein andermal ist es gerade das Mehrwissen, was die Angst befördert, weil es die Gefahr frühzeitig erkennen läßt. So wird der Wilde vor einer Fährte im Walde erschrecken, die dem Unkundigen nichts sagt, ihm aber die Nähe eines reißenden Tieres verrät, und der erfahrene Schiffer mit Entsetzen ein Wölkchen am Himmel betrachten, das dem Passagier unscheinbar dünkt, während es ihm das Herannahen des Orkans verkündet.

Bei weiterer Überlegung muß man sich sagen, daß das Urteil über die Realangst, sie sei rationell und zweckmäßig, einer gründlichen Revision bedarf. Das einzig zweckmäßige Verhalten bei drohender Gefahr wäre nämlich die kühle Abschätzung der eigenen Kräfte im Vergleich zur Größe der Drohung und darauf die Entscheidung, ob die Flucht oder die Verteidigung, möglicherweise selbst der Angriff, größere Aussicht auf einen guten Ausgang verspricht. In diesem Zusammenhang ist aber für die Angst überhaupt keine Stelle; alles, was geschieht, würde ebensowohl und wahrscheinlich besser vollzogen werden, wenn es nicht zur Angstentwicklung käme. Sie sehen ja auch, wenn die Angst übermäßig stark ausfällt, dann erweist sie sich als äußerst unzweckmäßig, sie lähmt dann jede Aktion, auch die der Flucht. Für gewöhnlich besteht die Reaktion auf die Gefahr aus einer Vermengung von Angstaffekt und Abwehraktion. Das geschreckte Tier ängstigt sich und flieht, aber das Zweckmäßige daran ist die »Flucht«, nicht das »sich ängstigen«.

Man fühlt sich also versucht zu behaupten, daß die Angstentwicklung niemals etwas Zweckmäßiges ist. Vielleicht verhilft es zu besserer Einsicht, wenn man sich die Angstsituation sorgfältiger zerlegt. Das erste an ihr ist die *Bereitschaft* auf die Gefahr, die sich in gesteigerter sensorischer Aufmerksamkeit und motorischer Spannung äußert. Diese Erwartungsbereitschaft ist unbedenklich als vorteilhaft anzuerkennen, ja ihr Wegfall mag für ernste Folgen verantwortlich gemacht werden. Aus ihr geht nun einerseits die motorische Aktion hervor, zunächst Flucht, auf einer höheren Stufe tätige Abwehr, anderseits das, was wir als den Angstzustand empfinden. Je mehr sich die Angstentwicklung auf einen bloßen Ansatz, auf ein Signal einschränkt[1], desto ungestörter vollzieht sich die Umsetzung der Angstbereitschaft in Aktion, desto zweckmäßiger gestaltet sich der ganze Ablauf. Die *Angstbereitschaft* scheint mir also das Zweckmäßige, die *Angstentwicklung* das Zweckwidrige an dem, was wir Angst heißen, zu sein.

Ich vermeide es, auf die Frage näher einzugehen, ob unser Sprachgebrauch mit Angst, Furcht, Schreck das Nämliche oder deutlich Verschiedenes bezeichnen will. Ich meine nur, Angst bezieht sich auf den Zustand und sieht vom Objekt ab, während Furcht die Aufmerksamkeit gerade auf das Objekt richtet. Schreck scheint hingegen einen besonderen Sinn zu haben, nämlich die Wirkung einer Gefahr hervorzuheben, welche nicht von einer Angstbereitschaft empfangen wird. So daß man sagen könnte, der Mensch schütze sich durch die Angst vor dem Schreck.

Die gewisse Vieldeutigkeit und Unbestimmtheit im Gebrauche des Wortes »Angst« wird Ihnen nicht entgangen sein. Zumeist versteht man unter Angst den subjektiven Zustand, in den man durch die Wahrnehmung der »Angstentwicklung« gerät, und heißt diesen einen Affekt. Was ist nun im dynamischen Sinne ein Affekt? Jedenfalls etwas sehr Zusammengesetztes. Ein Affekt umschließt erstens bestimmte moto-

[1] [Die Vorstellung der Angst als »Signal« erscheint auch weiter unten auf S. 391 und in der *Neuen Folge*, S. 521.]

rische Innervationen oder Abfuhren, zweitens gewisse Empfindungen, und zwar von zweierlei Art, die Wahrnehmungen der stattgehabten motorischen Aktionen und die direkten Lust- und Unlustempfindungen, die dem Affekt, wie man sagt, den Grundton geben. Ich glaube aber nicht, daß mit dieser Aufzählung das Wesen des Affektes getroffen ist. Bei einigen Affekten glaubt man tiefer zu blicken und zu erkennen, daß der Kern, welcher das genannte Ensemble zusammenhält, die Wiederholung eines bestimmten bedeutungsvollen Erlebnisses ist. Dies Erlebnis könnte nur ein sehr frühzeitiger Eindruck von sehr allgemeiner Natur sein, der in die Vorgeschichte nicht des Individuums, sondern der Art zu verlegen ist. Um mich verständlicher zu machen, der Affektzustand wäre ebenso gebaut wie ein hysterischer Anfall, wie dieser der Niederschlag einer Reminiszenz. Der hysterische Anfall ist also vergleichbar einem neugebildeten individuellen Affekt, der normale Affekt dem Ausdruck einer generellen, zur Erbschaft gewordenen Hysterie[1].

Nehmen Sie nicht an, daß dasjenige, was ich Ihnen hier über die Affekte gesagt habe, ein anerkanntes Gut der Normalpsychologie ist. Es sind im Gegenteil Auffassungen, die auf dem Boden der Psychoanalyse erwachsen und nur dort heimisch sind. Was Sie in der Psychologie über die Affekte erfahren können, z. B. die James-Langesche Theorie, ist für uns Psychoanalytiker geradezu unverständlich und undiskutierbar. Für sehr gesichert halten wir aber unser Wissen um die Affekte auch nicht; es ist ein erster Versuch, sich auf diesem dunkeln Gebiet zu orientieren. Ich setze nun fort: Beim Angstaffekt glauben wir zu wissen, welchen frühzeitigen Eindruck er als Wiederholung wiederbringt. Wir sagen uns, es ist der *Geburtsakt*, bei welchem jene Gruppierung von Unlustempfindungen, Abfuhrregungen und Körpersensationen zustande kommt, die das Vorbild für die Wirkung einer Lebensgefahr geworden ist und seither als Angstzustand von uns wiederholt wird. Die enorme Reizsteigerung durch die Unterbrechung der Bluterneuerung (der inneren Atmung) war damals die Ursache des Angsterlebnisses, die erste Angst also eine toxische. Der Name Angst – *angustiae*, Enge – betont den Charakter der Beengung im Atmen, die damals als Folge der realen Situation vorhanden war und heute im Affekt fast regelmäßig wiederhergestellt wird. Wir werden es auch als beziehungsreich erkennen, daß jener erste Angstzustand aus der Trennung von der Mutter hervorging [vgl. S. 393]. Natürlich sind wir der Überzeugung, die Disposition zur Wie-

[1] [Diese Beurteilung des hysterischen Anfalls hatte Freud in einer früheren Arbeit über dieses Thema (1909 *a*) vorgeschlagen.]

derholung des ersten Angstzustandes sei durch die Reihe unzählbarer Generationen dem Organismus so gründlich einverleibt, daß ein einzelnes Individuum dem Angstaffekt nicht entgehen kann, auch wenn es wie der sagenhafte Macduff »aus seiner Mutter Leib geschnitten wurde« [1], den Geburtsakt selbst also nicht erfahren hat. Was bei anderen als Säugetieren das Vorbild des Angstzustandes geworden ist, können wir nicht sagen. Dafür wissen wir auch nicht, welcher Empfindungskomplex bei diesen Geschöpfen unserer Angst äquivalent ist.

Es wird Sie vielleicht interessieren zu hören, wie man auf eine solche Idee kommen kann, wie daß der Geburtsakt die Quelle und das Vorbild des Angstaffektes ist. Die Spekulation hat den geringsten Anteil daran; ich habe vielmehr bei dem naiven Denken des Volkes eine Anleihe gemacht. Als wir vor langen Jahren junge Spitalärzte um den Mittagstisch im Wirtshause saßen, erzählte ein Assistent der geburtshilflichen Klinik, was für lustige Geschichte sich bei der letzten Hebammenprüfung zugetragen. Eine Kandidatin wurde gefragt, was es bedeute, wenn sich bei der Geburt Mekonium (Kindspech, Exkremente) im abgehenden Wasser zeigen, und sie antwortete prompt: Daß das Kind Angst habe. Sie wurde ausgelacht und war durchgefallen. Aber ich nahm im stillen ihre Partei und begann zu ahnen, daß das arme Weib aus dem Volke unbeirrten Sinnes einen wichtigen Zusammenhang bloßgelegt hatte.

Übergehen wir nun zur neurotischen Angst, welche neue Erscheinungsformen und Verhältnisse zeigt uns die Angst bei den Nervösen? Da ist viel zu beschreiben. Wir finden erstens eine allgemeine Ängstlichkeit, eine sozusagen frei flottierende Angst, die bereit ist, sich an jeden irgendwie passenden Vorstellungsinhalt anzuhängen, die das Urteil beeinflußt, die Erwartungen auswählt, auf jede Gelegenheit lauert, um sich rechtfertigen zu lassen. Wir heißen diesen Zustand »Erwartungsangst« oder »ängstliche Erwartung«. Personen, die von dieser Art Angst geplagt werden, sehen von allen Möglichkeiten immer die schrecklichste voraus, deuten jeden Zufall als Anzeige eines Unheils, nützen jede Unsicherheit im schlimmen Sinne aus. Die Neigung zu solcher Unheilserwartung findet sich als Charakterzug bei vielen Menschen, die man sonst nicht als krank bezeichnen kann, man schilt sie überängstlich oder pessimistisch; ein auffälliges Maß von Erwartungsangst gehört aber

[1] [Shakespeare, *Macbeth*, V. Akt, 7. Szene.]

regelmäßig einer nervösen Affektion an, die ich als *»Angstneurose«* benannt habe und zu den Aktualneurosen rechne[1].

Eine zweite Form der Angst ist im Gegensatze zu der eben beschriebenen vielmehr psychisch gebunden[2] und an gewisse Objekte oder Situationen geknüpft. Es ist die Angst der überaus mannigfaltigen und oft sehr sonderbaren *»Phobien«*. Stanley Hall, der angesehene amerikanische Psychologe, hat sich erst kürzlich die Mühe genommen, uns die ganze Reihe dieser Phobien in prunkender griechischer Namengebung vorzuführen. Das klingt wie die Aufzählung der zehn ägyptischen Plagen, nur daß ihre Anzahl weit über die Zehn hinausgeht[3]. Hören Sie, was alles Objekt oder Inhalt einer Phobie werden kann: Finsternis, freie Luft, offene Plätze, Katzen, Spinnen, Raupen, Schlangen, Mäuse, Gewitter, scharfe Spitzen, Blut, geschlossene Räume, Menschengedränge, Einsamkeit, Überschreiten von Brücken, See- und Eisenbahnfahrt usw. Bei einem ersten Versuch der Orientierung in diesem Gewimmel liegt es nahe, drei Gruppen zu unterscheiden. Manche der gefürchteten Objekte und Situationen haben auch für uns Normale etwas Unheimliches, eine Beziehung zur Gefahr, und diese Phobien erscheinen uns darum nicht unbegreiflich, wiewohl in ihrer Stärke sehr übertrieben. So empfinden die meisten von uns ein widerwärtiges Gefühl beim Zusammentreffen mit einer Schlange. Die Schlangenphobie, kann man sagen, ist eine allgemein menschliche, und Ch. Darwin hat sehr eindrucksvoll beschrieben, wie er sich der Angst vor einer auf ihn losfahrenden Schlange nicht erwehren konnte, wiewohl er sich durch eine dicke Glasscheibe vor ihr geschützt wußte[4]. Zu einer zweiten Gruppe stellen wir die Fälle, in denen noch eine Beziehung zu einer Gefahr besteht, wobei wir aber gewöhnt sind, diese Gefahr geringzuschätzen und sie nicht voranzustellen. Hierher gehören die meisten Situationsphobien. Wir wissen, daß es auf der Eisenbahnfahrt eine Chance des Verunglückens mehr gibt, als wenn wir zu Hause bleiben, nämlich die des Eisenbahnzusammenstoßes, wissen auch, daß ein Schiff untergehen kann, wobei man dann in der Regel ertrinkt, aber wir denken nicht an diese Gefahren und reisen angstfrei mit Eisenbahn und Schiff. Es ist auch nicht zu leugnen, daß man in den Fluß stürzen würde, wenn die Brücke in dem Moment einstürzte, in dem man sie passiert, aber das geschieht so überaus selten,

[1] [Vgl. Freuds ursprüngliche Darstellung der Angstneurose (1895 *b*).]
[2] [Anstatt freischwebend.]
[3] [Stanley Hall (1914) zählt 132 Phobien auf.]
[4] [Charles Darwin (1889, 40; deutsche Übersetzung, 1964, 33).]

daß es als Gefahr gar nicht in Betracht kommt. Auch die Einsamkeit hat ihre Gefahren, und wir vermeiden sie auch unter gewissen Umständen; es ist aber nicht die Rede davon, daß wir sie unter irgendwelcher Bedingung auch nur einen Moment lang nicht vertragen. Ähnliches gilt für das Menschengedränge, für den geschlossenen Raum, das Gewitter u. dgl. Was uns an diesen Phobien der Neurotiker befremdet, ist überhaupt nicht so sehr der Inhalt als die Intensität derselben. Die Angst der Phobien ist geradezu inappellabel! Und manchmal bekommen wir den Eindruck, als ängstigten sich die Neurotiker gar nicht vor denselben Dingen und Situationen, die unter gewissen Umständen auch bei uns Angst hervorrufen können und die sie mit denselben Namen belegen.

Es erübrigt uns eine dritte Gruppe von Phobien, denen unser Verständnis überhaupt nicht mehr nachkommt. Wenn ein starker, erwachsener Mann vor Angst nicht durch eine Straße oder über einen Platz der ihm so wohlvertrauten Heimatstadt gehen kann, wenn eine gesunde, gut entwickelte Frau in eine besinnungslose Angst verfällt, weil eine Katze an ihren Kleidersaum gestreift hat oder ein Mäuschen durchs Zimmer gehuscht ist, wie sollen wir da die Verbindung mit der Gefahr herstellen, die offenbar doch für die Phobischen besteht? Bei den hierher gehörigen Tierphobien kann es sich nicht um die Steigerung allgemein menschlicher Antipathien handeln, denn es gibt wie zur Demonstration des Gegensatzes zahlreiche Menschen, die an keiner Katze vorbeigehen können, ohne sie zu locken und zu streicheln. Die von den Frauen so gefürchtete Maus ist gleichzeitig ein Zärtlichkeitsname erster Ordnung; manches Mädchen, das sich mit Befriedigung von seinem Geliebten so nennen hört, schreit doch entsetzt auf, wenn es das niedliche Tierchen dieses Namens erblickt. Für den Mann mit Straßen- oder Platzangst drängt sich uns die einzige Erklärung auf, daß er sich benehme wie ein kleines Kind. Ein Kind wird durch die Erziehung direkt angehalten, solche Situationen als gefährlich zu vermeiden, und unser Agoraphobiker ist wirklich vor seiner Angst geschützt, wenn man ihn über den Platz begleitet.

Die beiden hier beschriebenen Formen der Angst, die frei flottierende Erwartungsangst und die an Phobien gebundene, sind unabhängig voneinander. Die eine ist nicht etwa eine höhere Stufe der anderen, sie kommen auch nur ausnahmsweise und dann wie zufällig miteinander vor. Die stärkste allgemeine Ängstlichkeit braucht sich nicht in Phobien zu äußern; Personen, deren ganzes Leben durch eine Agoraphobie eingeschränkt wird, können von der pessimistischen Erwartungsangst völlig frei sein. Manche der Phobien, z. B. Platzangst, Eisenbahnangst, werden nachweisbar erst in reiferen Jahren erworben, andere, wie Angst vor Dunkelheit, Gewitter, Tieren, scheinen von Anfang an bestanden zu haben. Die der ersteren Art haben die Bedeutung von schweren Krankheiten; die letzteren erscheinen eher wie Sonderbarkeiten, Launen. Wer eine von diesen letzteren zeigt, bei dem darf man in der Regel noch andere, ähnliche vermuten. Ich muß hinzufügen, daß wir diese Phobien sämtlich zur *Angsthysterie* rechnen, d. h. also sie als eine der bekannten Konversionshysterie sehr verwandte Affektion betrachten[1] [S. 378].

Die dritte der Formen neurotischer Angst stellt uns vor das Rätsel, daß wir den Zusammenhang zwischen Angst und drohender Gefahr völlig aus den Augen verlieren. Diese Angst tritt z. B. bei der Hysterie auf als Begleitung der hysterischen Symptome, oder unter beliebigen Bedingungen der Aufregung, wo wir zwar eine Affektäußerung erwarten würden, aber gerade den Angstaffekt am wenigsten, oder losgelöst von allen Bedingungen, für uns und den Kranken gleich unverständlich, als freier Angstanfall. Von einer Gefahr oder einem Anlaß, der durch Übertreibung dazu erhoben werden könnte, ist dann weit und breit keine Rede. Bei diesen spontanen Anfällen erfahren wir dann, daß der Komplex, den wir als Angstzustand bezeichnen, einer Aufsplitterung fähig ist. Das Ganze des Anfalles kann durch ein einzelnes, intensiv ausgebildetes Symptom vertreten werden, durch ein Zittern, einen Schwindel, eine Herzpalpitation, eine Atemnot, und das Gemeingefühl, an dem wir die Angst erkennen, kann dabei fehlen oder undeutlich geworden sein. Und doch sind diese Zustände, die wir als »Angstäquivalente« beschreiben, in allen klinischen und ätiologischen Beziehungen der Angst gleichzustellen.

Nun erheben sich zwei Fragen. Kann man die neurotische Angst, bei welcher die Gefahr keine oder eine so geringe Rolle spielt, in Zusammenhang mit der Realangst bringen, welche durchwegs eine Reaktion auf die Gefahr ist? Und wie läßt sich die neurotische Angst verstehen? Wir werden doch zunächst die Erwartung festhalten wollen: wo Angst ist, muß auch etwas vorhanden sein, vor dem man sich ängstigt.

Für das Verständnis der neurotischen Angst ergeben sich nun aus der

[1] [Freuds erste längere Erörterung der Angsthysterie steht in der Falldarstellung des »kleinen Hans« (1909 *b*).]

klinischen Beobachtung mehrere Hinweise, deren Bedeutung ich vor Ihnen erörtern will.

a) Es ist nicht schwer festzustellen, daß die Erwartungsangst oder allgemeine Ängstlichkeit in enger Abhängigkeit von bestimmten Vorgängen im Sexualleben, sagen wir: von gewissen Verwendungen der Libido, steht. Der einfachste und lehrreichste Fall dieser Art ergibt sich bei Personen, die sich der sogenannten frustranen Erregung aussetzen, d. h. bei denen heftige sexuelle Erregungen keine genügende Abfuhr erfahren, nicht zu einem befriedigenden Abschluß geführt werden. Also z. B. bei Männern während des Brautstandes und bei Frauen, deren Männer ungenügend potent sind oder die den Geschlechtsakt aus Vorsicht verkürzt oder verkümmert ausführen. Unter diesen Umständen schwindet die libidinöse Erregung und an ihrer Stelle tritt Angst auf, sowohl in der Form der Erwartungsangst als auch in Anfällen und Anfallsäquivalenten. Die vorsichtige Unterbrechung des Geschlechtsaktes wird, wenn sie als sexuelles Regime geübt wird, so regelmäßig Ursache der Angstneurose bei Männern, besonders aber bei Frauen, daß es sich in der ärztlichen Praxis empfiehlt, bei derartigen Fällen in erster Linie nach dieser Ätiologie zu forschen. Man kann dann auch ungezählte Male die Erfahrung machen, daß die Angstneurose erlischt, wenn der sexuelle Mißbrauch abgestellt wird.

Die Tatsache eines Zusammenhanges zwischen sexueller Zurückhaltung und Angstzuständen wird, soviel ich weiß, auch von Ärzten, die der Psychoanalyse fernestehen, nicht mehr bestritten. Allein ich kann mir wohl denken, daß der Versuch nicht unterlassen wird, die Beziehung umzukehren, indem man die Auffassung vertritt, es handle sich dabei um Personen, die von vornherein zur Ängstlichkeit neigen und darum auch in sexuellen Dingen Zurückhaltung üben. Dagegen spricht aber mit Entschiedenheit das Verhalten der Frauen, deren Sexualbetätigung ja wesentlich passiver Natur ist, d. h. durch die Behandlung von seiten des Mannes bestimmt wird. Je temperamentvoller, also je geneigter zum Sexualverkehr und befähigter zur Befriedigung eine Frau ist, desto sicherer wird sie auf die Impotenz des Mannes oder auf den Coitus interruptus mit Angsterscheinungen reagieren, während solche Mißhandlung bei anästhetischen oder wenig libidinösen Frauen eine weit geringere Rolle spielt.

Dieselbe Bedeutung für die Entstehung von Angstzuständen hat die jetzt von den Ärzten so warm empfohlene sexuelle Abstinenz natürlich nur dann, wenn die Libido, der die befriedigende Abfuhr versagt wird, entsprechend stark und nicht zum größten Teil durch Sublimierung erledigt ist. Die Entscheidung über den Krankheitserfolg liegt ja immer bei den quantitativen Faktoren. Auch wo nicht Krankheit sondern Charaktergestaltung in Betracht kommt, erkennt man leicht, daß sexuelle Einschränkung mit einer gewissen Ängstlichkeit und Bedenklichkeit Hand in Hand geht, während Unerschrockenheit und kecker Wagemut ein freies Gewährenlassen der sexuellen Bedürftigkeit mit sich bringen. So sehr sich diese Beziehungen durch mannigfache Kultureinflüsse abändern und komplizieren lassen, so bleibt es doch für den Durchschnitt der Menschen bestehen, daß die Angst mit der sexuellen Beschränkung zusammengehörig ist.

Ich habe Ihnen noch lange nicht alle Beobachtungen mitgeteilt, die für die behauptete genetische Beziehung zwischen Libido und Angst sprechen. Dazu gehört z. B. noch der Einfluß gewisser Lebensphasen auf die Angsterkrankungen, denen man, wie der Pubertät und der Zeit der Menopause, eine erhebliche Steigerung in der Produktion der Libido zuschreiben darf. In manchen Zuständen von Aufregung kann man auch die Vermengung von Libido und Angst und die endliche Ersetzung der Libido durch die Angst direkt beobachten. Der Eindruck, den man von all diesen Tatsachen empfängt, ist ein zweifacher, erstens daß es sich um eine Anhäufung von Libido handelt, die von ihrer normalen Verwendung abgehalten wird, zweitens, daß man sich dabei durchaus auf dem Gebiete somatischer Vorgänge befindet. Wie aus der Libido die Angst entsteht, ist zunächst nicht ersichtlich; man stellt nur fest, daß Libido vermißt und an ihrer Statt Angst beobachtet wird.

b) Einen zweiten Fingerzeig entnehmen wir aus der Analyse der Psychoneurosen, speziell der Hysterie. Wir haben gehört, daß bei dieser Affektion häufig Angst in Begleitung der Symptome auftritt, aber auch ungebundene Angst, die sich als Anfall oder als Dauerzustand äußert. Die Kranken wissen nicht zu sagen, wovor sie sich ängstigen, und verknüpfen sie durch eine unverkennbare sekundäre Bearbeitung [S. 188] mit den nächstliegenden Phobien, wie: Sterben, Verrücktwerden, Schlaganfall. Wenn wir die Situation, aus welcher die Angst oder von Angst begleitete Symptome hervorgegangen sind, der Analyse unterziehen, so können wir in der Regel angeben, welcher normale psychische Ablauf unterblieben ist und sich durch das Angstphänomen ersetzt hat. Drücken wir uns anders aus: Wir konstruieren den unbewußten Vorgang so, als ob er keine Verdrängung erfahren und sich ungehindert zum Bewußtsein fortgesetzt hätte. [Vgl. S. 291 f.] Dieser Vorgang wäre auch von einem bestimmten Affekt begleitet gewesen, und nun erfahren wir zu unserer Überraschung, daß dieser den normalen Ablauf begleitende Affekt nach der Verdrängung in jedem Falle durch Angst ersetzt wird, gleichgültig, was seine eigene Qualität ist. Wenn wir also einen hysterischen Angstzustand vor uns haben, so kann sein unbewußtes Korrelat eine Regung von ähnlichem Charakter sein, also von Angst, Scham, Verlegenheit, ebensowohl eine positiv libidinöse Erregung oder eine feindselig aggressive, wie Wut und Ärger. Die Angst ist also die allgemein gangbare Münze, gegen welche alle Affektregungen eingetauscht werden oder werden können, wenn der dazugehörige Vorstellungsinhalt der Verdrängung unterlegen ist[1].

c) Eine dritte Erfahrung machen wir bei den Kranken mit Zwangshandlungen, die in bemerkenswerter Weise von der Angst verschont zu sein scheinen. Wenn wir sie an der Ausführung ihrer Zwangshandlung, ihres Waschens, ihres Zeremoniells zu hindern versuchen, oder wenn sie selbst den Versuch wagen, einen ihrer Zwänge aufzugeben, so werden sie durch eine entsetzliche Angst zur Gefügigkeit gegen den Zwang genötigt. Wir verstehen, daß die Angst durch die Zwangshandlung gedeckt war und daß diese nur ausgeführt wurde, um die Angst zu ersparen. Es wird also bei der Zwangsneurose die Angst, die sich sonst einstellen müßte, durch Symptombildung ersetzt, und wenn wir uns zur Hysterie wenden, finden wir bei dieser Neurose eine ähnliche Beziehung: als Erfolg des Verdrängungsvorganges entweder reine Angstentwicklung oder Angst mit Symptombildung oder vollkommenere Symptombildung ohne Angst. Es schiene also in einem abstrakten Sinne nicht unrichtig zu sagen, daß Symptome überhaupt nur gebildet werden, um der sonst unvermeidlichen Angstentwicklung zu entgehen. Durch diese Auffassung wird die Angst gleichsam in den Mittelpunkt unseres Interesses für die Neurosenprobleme gerückt.

Aus den Beobachtungen an der Angstneurose hatten wir geschlossen, daß die Ablenkung der Libido von ihrer normalen Verwendung, welche die Angst entstehen läßt, auf dem Boden der somatischen Vorgänge erfolgt. Aus den Analysen der Hysterie und der Zwangsneurose ergibt sich der Zusatz, daß die nämliche Ablenkung mit demselben Ergebnis auch die Wirkung einer Verweigerung der psychischen Instanzen sein kann. Soviel wissen wir also über die Entstehung der neurotischen

1 [Vgl. die etwa in der Mitte der Arbeit ›Die Verdrängung‹ (1915 *d)* beginnende Diskussion.]

Angst; es klingt noch ziemlich unbestimmt. Ich sehe aber vorläufig keinen Weg, der weiterführen würde. Die zweite Aufgabe, die wir uns gestellt haben, die Herstellung einer Verbindung zwischen der neurotischen Angst, die abnorm verwendete Libido ist, und der Realangst, welche einer Reaktion auf die Gefahr entspricht, scheint noch schwieriger lösbar. Man möchte glauben, es handle sich da um ganz disparate Dinge, und doch haben wir kein Mittel, Realangst und neurotische Angst in der Empfindung voneinander zu unterscheiden.

Die gesuchte Verbindung stellt sich endlich her, wenn wir den oft behaupteten Gegensatz zwischen Ich und Libido zur Voraussetzung nehmen. Wie wir wissen, ist die Angstentwicklung die Reaktion des Ichs auf die Gefahr und das Signal für die Einleitung der Flucht [vgl. S. 382]; da liegt uns denn die Auffassung nahe, daß bei der neurotischen Angst das Ich einen ebensolchen Fluchtversuch vor dem Anspruch seiner Libido unternimmt, diese innere Gefahr so behandelt, als ob sie eine äußere wäre. Damit wäre die Erwartung [S. 387] erfüllt, daß dort, wo sich Angst zeigt, auch etwas vorhanden ist, wovor man sich ängstigt. Die Analogie ließe sich aber weiter fortführen. So wie der Fluchtversuch vor der äußeren Gefahr abgelöst wird durch Standhalten und zweckmäßige Maßnahmen zur Verteidigung, so weicht auch die neurotische Angstentwicklung der Symptombildung, welche eine Bindung der Angst herbeiführt.

Die Schwierigkeit des Verständnisses liegt jetzt an anderer Stelle. Die Angst, welche eine Flucht des Ichs vor seiner Libido bedeutet, soll doch aus dieser Libido selbst hervorgegangen sein. Das ist undurchsichtig und enthält die Mahnung, nicht zu vergessen, daß die Libido einer Person doch im Grunde zu ihr gehört und sich ihr nicht wie etwas Äußerliches entgegenstellen kann. Es ist die topische Dynamik der Angstentwicklung, die uns noch dunkel ist, was für seelische Energien dabei ausgegeben werden und von welchen psychischen Systemen her. Ich kann Ihnen nicht versprechen, auch diese Frage zu beantworten, aber wir wollen es nicht unterlassen, zwei andere Spuren zu verfolgen und uns dabei wieder der direkten Beobachtung und der analytischen Forschung zu bedienen, um unserer Spekulation zu Hilfe zu kommen. Wir wenden uns zur Entstehung der Angst beim Kinde und zur Herkunft der neurotischen Angst, welche an Phobien gebunden ist.

Die Ängstlichkeit der Kinder ist etwas sehr Gewöhnliches, und die Unterscheidung, ob sie neurotische oder Realangst ist, scheint recht schwierig. Ja, der Wert dieser Unterscheidung wird durch das Verhalten der Kinder in Frage gestellt. Denn einerseits verwundern wir uns nicht, wenn sich das Kind vor allen fremden Personen, neuen Situationen und Gegenständen ängstigt, und erklären uns diese Reaktion sehr leicht durch seine Schwäche und Unwissenheit. Wir schreiben also dem Kinde eine starke Neigung zur Realangst zu und würden es für ganz zweckmäßig ansehen, wenn es diese Ängstlichkeit als Erbschaft mitgebracht hätte. Das Kind würde hierin nur das Verhalten des Urmenschen und des heutigen Primitiven wiederholen, der infolge seiner Unwissenheit und Hilflosigkeit vor allem Neuen Angst hat und vor so viel Vertrautem, was uns heute keine Angst mehr einflößt. Auch entspräche es durchaus unserer Erwartung, wenn die Phobien des Kindes wenigstens zum Teil noch dieselben wären, die wir jenen Urzeiten der menschlichen Entwicklung zutrauen dürfen.

Anderseits können wir nicht übersehen, daß nicht alle Kinder in gleichem Maße ängstlich sind und daß gerade die Kinder, welche eine besondere Scheu vor allen möglichen Objekten und Situationen äußern, sich späterhin als Nervöse erweisen. Die neurotische Disposition verrät sich also auch durch eine ausgesprochene Neigung zur Realangst, die Ängstlichkeit erscheint als das Primäre, und man gelangt zum Schlusse, das Kind und später der Heranwachsende ängstigen sich vor der Höhe ihrer Libido, weil sie sich eben vor allem ängstigen. Die Entstehung der Angst aus der Libido wäre hiemit abgelehnt, und wenn man den Bedingungen der Realangst nachforschte, gelangte man konsequent zu der Auffassung, daß das Bewußtsein der eigenen Schwäche und Hilflosigkeit – Minderwertigkeit in der Terminologie von A. Adler – auch der letzte Grund der Neurose ist, wenn es sich aus der Kinderzeit ins reifere Leben fortsetzen kann.

Das klingt so einfach und bestechend, daß es ein Anrecht auf unsere Aufmerksamkeit hat. Es würde allerdings eine Verschiebung des Rätsels der Nervosität mit sich bringen. Der Fortbestand des Minderwertigkeitsgefühls – und damit der Angstbedingung und der Symptombildung – scheint so gut gesichert, daß es vielmehr einer Erklärung bedarf, wenn ausnahmsweise das, was wir als Gesundheit kennen, zustande kommen sollte. Was läßt aber eine sorgfältige Beobachtung der Ängstlichkeit der Kinder erkennen? Das kleine Kind ängstigt sich zu allererst vor fremden Personen; Situationen werden erst dadurch bedeutsam, daß sie Personen enthalten, und Gegenstände kommen überhaupt erst später in Betracht. Vor diesen Fremden ängstigt sich das Kind aber nicht etwa darum, weil es ihnen böse Absichten zutraut und seine Schwäche mit deren Stärke vergleicht, sie also als Gefahren für seine Existenz, Sicherheit und Schmerzfreiheit agnosziert. Ein derart mißtrauisches, von dem weltbeherrschenden Aggressionstrieb geschrecktes Kind ist eine recht verunglückte theoretische Konstruktion. Sondern das Kind erschrickt vor der fremden Gestalt, weil es auf den Anblick der vertrauten und geliebten Person, im Grunde der Mutter, eingestellt ist. Es ist seine Enttäuschung und Sehnsucht, welche sich in Angst umsetzt, also unverwendbar gewordene Libido, die derzeit nicht in Schwebe gehalten werden kann, sondern als Angst abgeführt wird. Es kann auch kaum zufällig sein, daß in dieser für die kindliche Angst vorbildlichen Situation die Bedingung des ersten Angstzustandes während des Geburtsaktes, nämlich die Trennung von der Mutter, wiederholt wird[1]. Die ersten Situationsphobien der Kinder sind die vor der Dunkelheit und der Einsamkeit; die erstere bleibt oft durchs Leben bestehen, beiden gemeinsam ist das Vermissen der geliebten Pflegeperson, der Mutter also. Ein Kind, das sich in der Dunkelheit ängstigte, hörte ich ins Nebenzimmer rufen: »Tante, sprich doch zu mir, ich fürchte mich.« »Aber was hast Du davon? Du siehst mich ja nicht«; darauf das Kind: »Wenn jemand spricht, wird es heller.« Die Sehnsucht in der Dunkelheit wird also zur Angst vor der Dunkelheit umgebildet. Weit entfernt, daß die neurotische Angst nur sekundär und ein Spezialfall der Realangst wäre, sehen wir vielmehr beim kleinen Kinde, daß sich etwas als Realangst gebärdet, was mit der neurotischen Angst den wesentlichen Zug der Entstehung aus unverwendeter Libido gemein hat. Von richtiger Realangst scheint das Kind wenig mitzubringen. In all den Situationen, die später die Bedingungen von Phobien werden können, auf Höhen, schmalen Stegen über dem Wasser, auf der Eisenbahnfahrt und im Schiff, zeigt das Kind keine Angst, und zwar um so weniger, je unwissender es ist. Es wäre sehr wünschenswert, wenn es mehr von solchen lebenschützenden Instinkten zur Erbschaft bekommen hätte; die Aufgabe der Überwachung, die es daran verhindern muß, sich einer Gefahr nach der anderen auszusetzen, wäre dadurch sehr erleichtert. In Wirklichkeit aber überschätzt das Kind anfänglich seine Kräfte und benimmt sich angstfrei, weil es die Gefahren nicht kennt. Es wird an den Rand des Wassers laufen, auf die Fensterbrüstung steigen, mit scharfen Gegen-

[1] [Die Bedeutung der Trennung von der Mutter als eines Faktors bei der Entstehung von Angst wird ausführlicher im VIII. Kapitel der Arbeit *Hemmung, Symptom und Angst* (1926 *d*) dargestellt.]

ständen und mit dem Feuer spielen, kurz alles tun, was ihm Schaden bringen und seinen Pflegern Sorge bereiten muß. Es ist durchaus das Werk der Erziehung, wenn endlich die Realangst bei ihm erwacht, da man ihm nicht erlauben kann, die belehrende Erfahrung selbst zu machen.

Wenn es nun Kinder gibt, die dieser Erziehung zur Angst ein Stück weit entgegenkommen und die dann auch selbst Gefahren finden, vor denen man sie nicht gewarnt hat, so reicht für sie die Erklärung aus, daß sie ein größeres Maß von libidinöser Bedürftigkeit in ihrer Konstitution mitgebracht haben oder frühzeitig mit libidinöser Befriedigung verwöhnt worden sind. Kein Wunder, wenn sich unter diesen Kindern auch die späteren Nervösen befinden; wir wissen ja, die größte Erleichterung für die Entstehung einer Neurose liegt in der Unfähigkeit, eine ansehnlichere Libidostauung durch längere Zeit zu ertragen. Sie merken, daß hier auch das konstitutionelle Moment zu seinem Recht kommt, dem wir seine Rechte ja nie bestreiten wollen. Wir verwahren uns nur dagegen, wenn jemand über diesem Anspruch alle anderen vernachlässigt und das konstitutionelle Moment auch dort einführt, wo es nach den vereinten Ergebnissen von Beobachtung und Analyse nicht hingehört oder an die letzte Stelle zu rücken hat.

Lassen Sie uns aus den Beobachtungen über die Ängstlichkeit der Kinder die Summe ziehen: Die infantile Angst hat sehr wenig mit der Realangst zu schaffen, ist dagegen der neurotischen Angst der Erwachsenen nahe verwandt. Sie entsteht wie diese aus unverwendeter Libido und ersetzt das vermißte Liebesobjekt durch einen äußeren Gegenstand oder eine Situation.

Nun werden Sie es gerne hören, daß uns die Analyse der *Phobien* nicht mehr viel Neues zu lehren hat. Bei diesen geht nämlich dasselbe vor wie bei der Kinderangst; es wird unausgesetzt unverwendbare Libido in eine scheinbare Realangst umgewandelt und so eine winzige äußere Gefahr zur Vertretung der Libidoansprüche eingesetzt. Die Übereinstimmung hat nichts Befremdliches, denn die infantilen Phobien sind nicht nur das Vorbild für die späteren, die wir zur »Angsthysterie« rechnen, sondern die direkte Vorbedingung und das Vorspiel derselben. Jede hysterische Phobie geht auf eine Kinderangst zurück und setzt sie fort, auch wenn sie einen anderen Inhalt hat und also anders benannt werden muß. Der Unterschied der beiden Affektionen liegt im Mechanismus. Beim Erwachsenen reicht es für die Verwandlung der Libido in Angst nicht mehr hin, daß die Libido als Sehnsucht augenblicklich unverwendbar geworden ist. Er hat es längst erlernt, solche Libido schwebend zu erhalten oder anders zu verwenden. Aber wenn die Libido einer psychischen Regung angehört, welche die Verdrängung erfahren hat, dann sind ähnliche Verhältnisse wiederhergestellt wie beim Kind, das noch keine Scheidung zwischen Bewußtem und Unbewußtem besitzt, und durch die Regression auf die infantile Phobie ist gleichsam der Paß eröffnet, über den sich die Verwandlung der Libido in Angst bequem vollziehen kann. Wir haben ja, wie Sie sich erinnern, viel von der Verdrängung gehandelt[1], aber dabei immer nur das Schicksal der zu verdrängenden Vorstellung verfolgt, natürlich weil dieses leichter zu erkennen und darzustellen war. Was mit dem Affekt geschieht, der an der verdrängten Vorstellung hing, das haben wir immer beiseite gelassen, und wir erfahren erst jetzt [S. 389 f.], daß es das nächste Schicksal dieses Affektes ist, in Angst verwandelt zu werden, in welcher Qualität immer er sich sonst bei normalem Ablauf gezeigt hätte. Diese Affektverwandlung ist aber das bei weitem wichtigere Stück des Verdrängungsvorganges. Es ist nicht so leicht davon zu reden, weil wir die Existenz unbewußter Affekte nicht in demselben Sinne behaupten können wie die unbewußter Vorstellungen[2]. Eine Vorstellung bleibt bis auf einen Unterschied dasselbe, ob sie bewußt oder unbewußt ist; wir können angeben, was einer unbewußten Vorstellung entspricht. Ein Affekt aber ist ein Abfuhrvorgang, ganz anders zu beurteilen als eine Vorstellung; was ihm im Unbewußten entspricht, ist ohne tiefergehende Überlegungen und Klärung unserer Voraussetzungen über die psychischen Vorgänge nicht zu sagen. Das können wir hier nicht unternehmen. Wir wollen aber den Eindruck hochhalten, den wir nun gewonnen haben, daß die Angstentwicklung innig an das System des Unbewußten geknüpft ist.

Ich sagte, die Verwandlung in Angst, besser: die Abfuhr in der Form der Angst, sei das nächste Schicksal der von der Verdrängung betroffenen Libido. Ich muß hinzufügen: nicht das einzige oder endgültige. Es sind bei den Neurosen Prozesse im Gange, welche sich bemühen, diese Angstentwicklung zu binden, und denen dies auch auf verschiedenen Wegen gelingt. Bei den Phobien z. B. kann man deutlich zwei Phasen des neurotischen Vorganges unterscheiden. Die erste besorgt die Ver-

---

[1] [In der 19. Vorlesung.]

[2] [Weitere Einzelheiten hierzu finden sich zu Beginn des dritten Abschnitts der Arbeit ›Das Unbewußte‹ (1915 *e*) und im II. Kapitel von *Das Ich und das Es* (1923 *b*).]

drängung und die Überführung der Libido in Angst, welche an eine äußere Gefahr gebunden wird. Die zweite besteht in dem Aufbau all jener Vorsichten und Sicherungen, durch welche eine Berührung mit dieser wie eine Äußerlichkeit behandelten Gefahr vermieden werden soll. Die Vedrängung entspricht einem Fluchtversuch des Ichs vor der als Gefahr empfundenen Libido. Die Phobie kann man einer Verschanzung gegen die äußere Gefahr vergleichen, die nun die gefürchtete Libido vertritt. Die Schwäche des Verteidigungssystems bei den Phobien liegt natürlich darin, daß die Festung, die sich nach außen hin so verstärkt hat, von innen her angreifbar geblieben ist. Die Projektion der Libidogefahr nach außen kann nie gut gelingen[1]. Bei den anderen Neurosen sind darum andere Systeme der Verteidigung gegen die Möglichkeit der Angstentwicklung im Gebrauch. Das ist ein sehr interessantes Stück der Neurosenpsychologie, leider führt es uns zu weit und setzt gründlichere Spezialkenntnisse voraus. Ich will nur noch eines beifügen. Ich habe Ihnen doch bereits [S. 352] von der »Gegenbesetzung« gesprochen, die das Ich bei einer Verdrängung aufwendet und dauernd unterhalten muß, damit die Verdrängung Bestand habe. Dieser Gegenbesetzung fällt die Aufgabe zu, die verschiedenen Formen der Verteidigung gegen die Angstentwicklung nach der Verdrängung durchzuführen.

Kehren wir zu den Phobien zurück. Ich darf nun sagen, Sie sehen ein, wie unzureichend es ist, wenn man an ihnen nur den Inhalt erklären will, sich für nichts anderes interessiert, als woher es kommt, daß dies oder jenes Objekt oder eine beliebige Situation zum Gegenstand der Phobie gemacht wird. Der Inhalt einer Phobie hat für diese ungefähr dieselbe Bedeutung wie die manifeste Traumfassade für den Traum. Es ist mit den notwendigen Einschränkungen zuzugeben, daß unter diesen Inhalten der Phobien sich manche befinden, die, wie Stanley Hall [1914, s. oben S. 385] hervorhebt, durch phylogenetische Erbschaft zu Angstobjekten geeignet sind. Ja es stimmt dazu, daß viele dieser Angstdinge ihre Verbindung mit der Gefahr nur durch eine symbolische Beziehung herstellen können.

Wir haben uns so überzeugt, welche geradezu zentral zu nennende Stelle das Angstproblem in den Fragen der Neurosenpsychologie einnimmt. Wir haben einen starken Eindruck davon empfangen, wie die

---

1 [Speziellere Angaben über die Struktur der Phobien finden sich gegen Ende der Arbeit ›Die Verdrängung‹ (1915 *d*) und in Abschnitt IV der Schrift ›Das Unbewußte‹ (1915 *e*).]

Angstentwicklung mit den Schicksalen der Libido und dem System des Unbewußten verknüpft ist. Nur einen Punkt empfanden wir als unverbunden, als eine Lücke in unserer Auffassung, die eine doch schwer bestreitbare Tatsache, daß die Realangst als eine Äußerung der Selbsterhaltungstriebe des Ichs gewertet werden muß[1].

[1] [Dieser Punkt wird am Schluß der nächsten Vorlesung, S. 414, behandelt.]

26. VORLESUNG

DIE LIBIDOTHEORIE UND DER NARZISSMUS

Meine Damen und Herren! Wir haben wiederholt und erst vor kurzem wieder [S. 343] mit der Sonderung der Ichtriebe und der Sexualtriebe zu tun gehabt. Zuerst hat uns die Verdrängung gezeigt, daß die beiden in Gegensatz zueinander treten können, daß dann die Sexualtriebe formell unterliegen und genötigt sind, sich auf regressiven Umwegen Befriedigung zu holen, wobei sie dann in ihrer Unbezwingbarkeit eine Entschädigung für ihre Niederlage finden. Sodann haben wir gelernt, daß die beiden von Anfang an ein verschiedenes Verhältnis zur Erzieherin Not haben [S. 348], so daß sie nicht dieselbe Entwicklung durchmachen und nicht in die nämliche Beziehung zum Realitätsprinzip geraten. Endlich glauben wir zu erkennen, daß die Sexualtriebe durch weit engere Bande mit dem Affektzustand der Angst verknüpft sind als die Ichtriebe, ein Resultat, welches nur noch in einem wichtigen Punkte unvollständig erscheint. Wir wollen darum zu seiner Verstärkung noch die bemerkenswerte Tatsache heranziehen, daß die Unbefriedigung von Hunger und Durst, der zwei elementarsten Selbsterhaltungstriebe, niemals deren Umschlag in Angst zur Folge hat, während die Umsetzung von unbefriedigter Libido in Angst, wie wir gehört haben, zu den bestbekannten und am häufigsten beobachteten Phänomenen gehört.

An unserem guten Recht, Ich- und Sexualtriebe zu sondern, kann doch wohl nicht gerüttelt werden. Es ist ja mit der Existenz des Sexuallebens als einer besonderen Betätigung des Individuums gegeben. Es kann sich nur fragen, welche Bedeutung wir dieser Sonderung beilegen, für wie tief einschneidend wir sie halten wollen. Die Beantwortung dieser Frage wird sich aber nach dem Ergebnis der Feststellung richten, inwiefern sich die Sexualtriebe in ihren somatischen und seelischen Äußerungen anders verhalten als die anderen, die wir ihnen gegenüberstellen, und wie bedeutsam die Folgen sind, die sich aus diesen Differenzen ergeben. Eine übrigens nicht recht faßbare Wesensverschiedenheit der beiden Triebgruppen zu behaupten, dazu fehlt uns natürlich jedes Motiv. Beide treten uns nur als Benennungen für Energiequellen des Individuums entgegen, und die Diskussion, ob sie im Grunde eins oder wesensverschieden sind, und wenn eines, wann sie sich voneinander getrennt haben, kann nicht an den Begriffen geführt werden, sondern muß sich an die biologischen Tatsachen hinter ihnen halten. Darüber wissen wir vorläufig zu wenig, und wüßten wir selbst mehr, es käme für unsere analytische Aufgabe nicht in Betracht.

Wir profitieren offenbar auch sehr wenig, wenn wir nach dem Vorgang von Jung die uranfängliche Einheit aller Triebe betonen und die in allem sich äußernde Energie »Libido« nennen [1]. Da sich die Sexualfunktion durch keinerlei Kunststück aus dem Seelenleben eliminieren läßt, sehen wir uns dann genötigt, von sexueller und von asexueller Libido zu sprechen. Der Name Libido bleibt aber mit Recht für die Triebkräfte des Sexuallebens vorbehalten, wie wir es bisher geübt haben.

Ich meine also, die Frage, wie weit die unzweifelhaft berechtigte Sonderung von Sexual- und Selbsterhaltungstrieben fortzusetzen ist, hat für die Psychoanalyse nicht viel Belang; sie ist auch nicht kompetent dafür. Von seiten der Biologie ergeben sich allerdings verschiedene Anhaltspunkte dafür, daß sie etwas Wichtiges bedeutet. Die Sexualität ist ja die einzige Funktion des lebenden Organismus, welche über das Individuum hinausgeht und seine Anknüpfung an die Gattung besorgt. Es ist unverkennbar, daß ihre Ausübung dem Einzelwesen nicht immer Nutzen bringt wie seine anderen Leistungen, sondern ihn um den Preis einer ungewöhnlich hohen Lust in Gefahren bringt, die sein Leben bedrohen und es oft genug verwirken. Es werden auch wahrscheinlich ganz besondere, von allen anderen abweichende Stoffwechselvorgänge erforderlich sein, um einen Anteil des individuellen Lebens als Disposition für die Nachkommenschaft zu erhalten. Und endlich ist das Einzelwesen, das sich selbst als Hauptsache und seine Sexualität als ein Mittel zu seiner Befriedigung wie andere betrachtet, in biologischer Anschauung nur eine Episode in einer Generationsreihe, ein kurzlebiges Anhängsel an ein mit virtueller Unsterblichkeit begabtes Keimplasma, gleichsam der zeitweilige Inhaber eines ihn überdauernden Fideikommisses [2].

Indes braucht es für die psychoanalytische Aufklärung der Neurosen nicht so weitreichender Gesichtspunkte. Mit Hilfe der gesonderten Verfolgung von Sexual- und Ichtrieben haben wir den Schlüssel zum Verständnis der Gruppe der Übertragungsneurosen gewonnen. Wir konn-

---

[1] [Vgl. Jung (1911).]

[2] [Freud hat dieses biologische Argument in *Jenseits des Lustprinzips* (1920 g), besonders im VI. Kapitel, weiter ausgeführt.]

ten sie auf die grundlegende Situation zurückführen, daß die Sexualtriebe in Zwist mit den Erhaltungstrieben geraten oder biologisch – wenn auch ungenauer ausgedrückt –, daß die eine Position des Ichs als selbständiges Einzelwesen mit der anderen als Glied einer Generationsreihe in Widerstreit tritt. Zu solcher Entzweiung kommt es vielleicht nur beim Menschen, und darum mag im ganzen und großen die Neurose sein Vorrecht vor den Tieren sein. Die überstarke Entwicklung seiner Libido und die vielleicht gerade dadurch ermöglichte Ausbildung eines reich gegliederten Seelenlebens scheinen die Bedingungen für die Entstehung eines solchen Konflikts geschaffen zu haben. Es ist ohne weiteres ersichtlich, daß dies auch die Bedingungen der großen Fortschritte sind, die der Mensch über seine Gemeinschaft mit den Tieren hinaus gemacht hat, so daß seine Fähigkeit zur Neurose nur die Kehrseite seiner sonstigen Begabung wäre. Aber auch das sind nur Spekulationen, die uns von unserer nächsten Aufgabe ablenken.

Es war bisher die Voraussetzung unserer Arbeit, daß wir Ich- und Sexualtriebe nach ihren Äußerungen voneinander unterscheiden können. Bei Übertragungsneurosen gelang dies ohne Schwierigkeit. Wir nannten die Energiebesetzungen, die das Ich den Objekten seiner Sexualstrebungen zuwendet, »*Libido*«, alle anderen, die von den Selbsterhaltungstrieben ausgeschickt werden, »*Interesse*«[1] und konnten uns durch die Verfolgung der Libidobesetzungen, ihrer Umwandlungen und ihrer endlichen Schicksale eine erste Einsicht in das Getriebe der seelischen Kräfte verschaffen. Die Übertragungsneurosen boten uns hierfür den günstigsten Stoff. Das Ich aber, seine Zusammensetzung aus verschiedenen Organisationen, deren Aufbau und Funktionsweise, blieb uns verhüllt, und wir durften vermuten, daß erst die Analyse anderer neurotischer Störungen uns diese Einsicht bringen könnte.

Wir haben frühzeitig damit begonnen, die psychoanalytischen Anschauungen auf diese anderen Affektionen auszudehnen. Schon 1908 sprach K. Abraham nach einem Gedankenaustausch mit mir den Satz aus, es sei der Hauptcharakter der (zu den Psychosen gerechneten)

[1] [Unverkennbar bemüht sich Freud in dieser ganzen Vorlesung darum, zwischen dem »Ichinteresse« (oder dem Selbsterhaltungstrieb) und der »Ichlibido« (oder der narzißtischen Libido) zu unterscheiden. Nicht lange nach Erscheinen der Vorlesungen änderte er jedoch seine Auffassung und erklärte (in *Jenseits des Lustprinzips*, VI. Kapitel), daß man die narzißtische Libido notwendigerweise mit dem »Selbsterhaltungstrieb« gleichsetzen müsse. In späteren Arbeiten kommt der Terminus »Interesse« nicht mehr vor.]

Dementia praecox, *daß ihr die Libidobesetzung der Objekte abgehe.* (›Die psychosexuellen Differenzen der Hysterie und der Dementia praecox.‹) Dann erhob sich aber die Frage, was geschieht mit der von den Objekten abgewandten Libido der Dementen? Abraham zögerte nicht, die Antwort zu geben: sie wird auf das Ich zurückgewandt, und *diese reflexive Rückwendung ist die Quelle des Größenwahns* der Dementia praecox. Der Größenwahn ist durchaus der im [normalen] Liebesleben bekannten Sexualüberschätzung des Objektes zu vergleichen. Wir haben so zum erstenmal einen Zug einer psychotischen Affektion durch die Beziehung auf das normale Liebesleben verstehen gelernt.

Ich sage es Ihnen gleich, diese ersten Auffassungen von Abraham haben sich in der Psychoanalyse erhalten und sind die Grundlage für unsere Stellungnahme zu den Psychosen geworden. Man machte sich also langsam mit der Vorstellung vertraut, daß die Libido, die wir an den Objekten haftend finden, die der Ausdruck eines Bestrebens ist, an diesen Objekten eine Befriedigung zu gewinnen, auch von diesen Objekten ablassen und an ihrer Statt das eigene Ich setzen kann, und man baute diese Vorstellung allmählich immer konsequenter aus. Den Namen für diese Unterbringung der Libido – *Narzißmus* – entlehnten wir einer von P. Näcke [1899] beschriebenen Perversion, bei welcher das erwachsene Individuum den eigenen Leib mit all den Zärtlichkeiten bedenkt, die man sonst für ein fremdes Sexualobjekt aufwendet[1].

Man sagt sich dann alsbald, wenn es eine solche Fixierung der Libido an den eigenen Leib und die eigene Person anstatt an ein Objekt gibt, so kann dies kein ausnahmsweises und kein geringfügiges Vorkommnis sein. Es ist vielmehr wahrscheinlich, daß dieser Narzißmus der allgemeine und ursprüngliche Zustand ist, aus welchem sich erst später die Objektliebe herausbildete, ohne daß darum der Narzißmus zu verschwinden brauchte. Man mußte sich ja aus der Entwicklungsgeschichte der Objektlibido daran erinnern, daß viele Sexualtriebe sich anfänglich am eigenen Körper, wie wir sagen [S. 310 f.]: *autoerotisch* befriedigen und daß diese Fähigkeit zum Autoerotismus das Zurückbleiben der Sexualität in der Erziehung zum Realitätsprinzip [S. 348] begründet. So war also der Autoerotismus die Sexualbetätigung des narzißtischen Stadiums der Libidounterbringung.

Um es kurz zu fassen, wir machten uns von dem Verhältnis der Ichlibido zur Objektlibido eine Vorstellung, die ich Ihnen durch ein Gleich-

[1] [Freuds bedeutendste Darlegung des Narzißmus findet sich in seiner diesem Thema gewidmeten Arbeit (1914 c).]

nis aus der Zoologie veranschaulichen kann. Denken Sie an jene einfachsten Lebewesen, die aus einem wenig differenzierten Klümpchen protoplasmatischer Substanz bestehen. Sie strecken Fortsätze aus, Pseudopodien genannt, in welche sie ihre Leibessubstanz hinüberfließen lassen. Sie können diese Fortsätze aber auch wieder einziehen und sich zum Klumpen ballen. Das Ausstrecken der Fortsätze vergleichen wir nun der Aussendung von Libido auf die Objekte, während die Hauptmenge der Libido im Ich verbleiben kann, und wir nehmen an, daß unter normalen Verhältnissen Ichlibido ungehindert in Objektlibido umgesetzt und diese wieder ins Ich aufgenommen werden kann.
Mit Hilfe dieser Vorstellungen können wir nun eine ganze Anzahl von seelischen Zuständen erklären oder, bescheidener ausgedrückt, in der Sprache der Libidotheorie beschreiben, Zustände, die wir dem normalen Leben zurechnen müssen, wie das psychische Verhalten in der Verliebtheit, bei organischem Kranksein, im Schlaf. Wir haben für den Schlafzustand die Annahme gemacht, daß er auf Abwendung von der Außenwelt und Einstellung auf den Schlafwunsch beruhe [S. 105 f.]. Was sich als nächtliche Seelentätigkeit im Traume äußerte, fanden wir im Dienste eines Schlafwunsches und überdies von durchaus egoistischen Motiven beherrscht [S. 153]. Wir führen jetzt im Sinne der Libidotheorie aus, daß der Schlaf ein Zustand ist, in welchem alle Objektbesetzungen, die libidinösen ebensowohl wie die egoistischen, aufgegeben und ins Ich zurückgezogen werden. Ob damit nicht ein neues Licht auf die Erholung durch den Schlaf und auf die Natur der Ermüdung überhaupt geworfen wird? Das Bild der seligen Isolierung im Intrauterinleben, welches uns der Schlafende allnächtlich wieder heraufbeschwört, wird so auch nach der psychischen Seite vervollständigt. Beim Schlafenden hat sich der Urzustand der Libidoverteilung wiederhergestellt, der volle Narzißmus, bei dem Libido und Ichinteresse noch vereint und ununterscheidbar in dem sich selbst genügenden Ich wohnen.

Hier ist Raum für zwei Bemerkungen. Erstens, wie unterscheiden sich Narzißmus und Egoismus begrifflich? Nun, ich meine, Narzißmus ist die libidinöse Ergänzung zum Egoismus. Wenn man von Egoismus spricht, hat man nur den Nutzen für das Individuum ins Auge gefaßt; sagt man Narzißmus, so zieht man auch seine libidinöse Befriedigung in Betracht. Als praktische Motive lassen sich die beiden ein ganzes Stück weit gesondert verfolgen. Man kann absolut egoistisch sein und doch starke libidinöse Objektbesetzungen unterhalten, insofern die libidinöse Befriedigung am Objekt zu den Bedürfnissen des Ichs gehört. Der Egoismus wird dann darauf achten, daß die Strebung nach dem Objekt dem Ich keinen Schaden bringe. Man kann egoistisch sein und dabei auch überstark narzißtisch, d. h. ein sehr geringes Objektbedürfnis haben und dies wiederum entweder in der direkten Sexualbefriedigung oder auch in jenen höheren, vom Sexualbedürfnis abgeleiteten Strebungen, die wir gelegentlich als »Liebe« in einen Gegensatz zur »Sinnlichkeit« zu bringen pflegen. Der Egoismus ist in all diesen Beziehungen das Selbstverständliche, Konstante, der Narzißmus das variable Element. Der Gegensatz von Egoismus, *Altruismus*, deckt sich begrifflich nicht mit libidinöser Objektbesetzung, er sondert sich von ihr durch den Wegfall der Strebungen nach sexueller Befriedigung. In der vollen Verliebtheit trifft aber der Altruismus mit der libidinösen Objektbesetzung zusammen. Das Sexualobjekt zieht in der Regel einen Anteil des Narzißmus des Ichs auf sich, was als die sogenannte »Sexualüberschätzung« des Objektes bemerkbar wird. Kommt noch die altruistische Überleitung vom Egoismus auf das Sexualobjekt hinzu, so wird das Sexualobjekt übermächtig; es hat das Ich gleichsam aufgesogen.

Ich denke, Sie werden es als Erholung empfinden, wenn ich Ihnen nach der im Grunde trockenen Phantastik der Wissenschaft eine poetische Darstellung des ökonomischen[1] Gegensatzes von Narzißmus und Verliebtheit vorlege. Ich entnehme sie dem *Westöstlichen Diwan* Goethes:

SULEIKA Volk und Knecht und Überwinder
Sie gestehn zu jeder Zeit:
Höchstes Glück der Erdenkinder
Sei nur die Persönlichkeit.

Jedes Leben sei zu führen,
Wenn man sich nicht selbst vermißt;
Alles könne man verlieren,
Wenn man bliebe, was man ist.

HATEM Kann wohl sein! So wird gemeinet;
Doch ich bin auf andrer Spur:
Alles Erdenglück vereinet
Find' ich in Suleika nur.

Wie sie sich an mich verschwendet,
Bin ich mir ein wertes Ich;

[1] [D. h. bezüglich des quantitativen Faktors der betreffenden Energien, S. 364 f.]

Hätte sie sich weggewendet,
Augenblicks verlör' ich mich.

Nun mit Hatem wär's zu Ende;
Doch schon hab' ich umgelost:
Ich verkörpere mich behende
In den Holden, den sie kost.

Die zweite Bemerkung ist eine Ergänzung zur Traumtheorie. Wir können uns die Entstehung des Traumes nicht erklären, wenn wir nicht die Annahme einfügen, daß das verdrängte Unbewußte eine gewisse Unabhängigkeit vom Ich gewonnen hat, so daß es sich dem Schlafwunsch nicht fügt und seine Besetzungen behält, auch wenn alle vom Ich abhängigen Objektbesetzungen zugunsten des Schlafes eingezogen werden. Erst dann ist zu verstehen, daß dies Unbewußte sich die nächtliche Aufhebung oder Herabsetzung der Zensur zunutze machen kann und daß es sich der Tagesreste zu bemächtigen weiß, um mit ihrem Stoff einen verbotenen Traumwunsch zu bilden. Anderseits mögen schon die Tagesreste ein Stück ihrer Resistenz gegen die vom Schlafwunsch verfügte Libidoeinziehung einer bereits bestehenden Verbindung mit diesem verdrängten Unbewußten verdanken. Diesen dynamisch wichtigen Zug wollen wir also in unsere Auffassung von der Traumbildung nachträglich einfügen[1].

Organische Erkrankung, schmerzhafte Reizung, Entzündung von Organen schafft einen Zustand, der deutlich eine Ablösung der Libido von ihren Objekten zur Folge hat. Die eingezogene Libido findet sich im Ich wieder als verstärkte Besetzung des erkrankten Körperteiles. Ja man kann die Behauptung wagen, daß unter diesen Bedingungen die Abziehung der Libido von ihren Objekten auffälliger ist als die Abwendung des egoistischen Interesses von der Außenwelt. Von hier aus scheint sich ein Weg zum Verständnis der Hypochondrie zu eröffnen, bei welcher ein Organ in gleicher Weise das Ich beschäftigt, ohne für unsere Wahrnehmung krank zu sein.

Aber ich widerstehe der Versuchung, hier weiterzugehen oder andere Situationen zu erörtern, die uns durch die Annahme einer Wanderung der Objektlibido in das Ich verständlich oder darstellbar werden, weil

[1] [Dies wird ausführlicher in Freuds Arbeit ›Metapsychologische Ergänzung zur Traumlehre‹ (1917*d* [1915]) behandelt.]

es mich drängt, zwei Einwendungen zu begegnen, die, wie ich weiß, jetzt Ihr Gehör haben. Sie wollen mich erstens zur Rede stellen, warum ich beim Schlaf, in der Krankheit und in den ähnlichen Situationen durchaus Libido und Interesse, Sexualtriebe und Ichtriebe unterscheiden will, wo sich die Beobachtungen durchwegs mit der Annahme einer einzigen und einheitlichen Energie erledigen lassen, die, frei beweglich, bald das Objekt, bald das Ich besetzt, sowohl in den Dienst des einen wie des anderen Triebes tritt. Und zweitens, wie ich mich getrauen kann, die Ablösung der Libido vom Objekt als Quelle eines pathologischen Zustandes zu behandeln, wenn solche Umsetzung der Objektlibido in Ichlibido – oder allgemeiner in Ichenergie – zu den normalen und täglich, allnächtlich, wiederholten Vorgängen in der seelischen Dynamik gehört.

Darauf ist zu erwidern: Ihr erster Einwand klingt gut. Die Erörterung der Zustände des Schlafes, des Krankseins, der Verliebtheit hätte uns an sich wahrscheinlich niemals zur Unterscheidung einer Ichlibido von einer Objektlibido oder der Libido vom Interesse geführt. Aber Sie vernachlässigen dabei die Untersuchungen, von denen wir ausgegangen sind und in deren Licht wir jetzt die in Rede stehenden seelischen Situationen betrachten. Die Unterscheidung von Libido und Interesse, also von Sexual- und Selbsterhaltungstrieben, ist uns durch die Einsicht in den Konflikt aufgedrängt worden, aus welchem die Übertragungsneurosen hervorgehen. Wir können sie seitdem nicht wieder aufgeben. Die Annahme, daß sich Objektlibido in Ichlibido umsetzen kann, daß man also mit einer Ichlibido zu rechnen hat, ist uns als die einzige erschienen, welche das Rätsel der sogenannten narzißtischen Neurosen, z. B. der Dementia praecox, zu lösen vermag, von deren Ähnlichkeiten und Verschiedenheiten im Vergleich mit Hysterie und Zwang Rechenschaft geben kann. Auf Krankheit, Schlaf und Verliebtheit wenden wir nun an, was wir anderwärts als unabweisbar bewährt gefunden haben. Wir dürfen mit solchen Anwendungen fortfahren und sehen, wie weit wir damit reichen. Die einzige Behauptung, die nicht direkter Niederschlag unserer analytischen Erfahrung ist, geht dahin, daß Libido Libido bleibt, ob sie nun auf Objekte oder auf das eigene Ich gewendet wird, und sich niemals in egoistisches Interesse umsetzt und ebenso das Umgekehrte. Diese Behauptung ist aber gleichwertig mit der bereits kritisch gewürdigten Sonderung von Sexual- und Ichtrieben, an der wir bis zum möglichen Scheitern aus heuristischen Motiven festhalten wollen.

Auch Ihre zweite Einwendung greift eine berechtigte Frage auf, aber sie zielt in falsche Richtung. Gewiß ist die Einziehung der Objektlibido ins Ich nicht direkt pathogen; wir sehen ja, daß sie jedesmal vor dem Schlafengehen vorgenommen wird, um mit dem Wachen wieder rückgängig zu werden. Das Protoplasmatierchen zieht seine Fortsätze ein, um sie beim nächsten Anlaß wieder auszuschicken. Aber etwas ganz anderes ist es, wenn ein bestimmter, sehr energischer Prozeß die Abziehung der Libido von den Objekten erzwingt. Die narzißtisch gewordene Libido kann dann den Rückweg zu den Objekten nicht finden, und diese Behinderung in der Beweglichkeit der Libido wird allerdings pathogen. Es scheint, daß die Anhäufung der narzißtischen Libido über ein gewisses Maß hinaus nicht vertragen wird. Wir können uns auch vorstellen, daß es eben darum zur Objektbesetzung gekommen ist, daß das Ich seine Libido ausschicken mußte, um nicht an ihrer Stauung zu erkranken. Wenn es in unserem Plane läge, uns mit der Dementia praecox eingehender zu beschäftigen, würde ich Ihnen zeigen, daß jener Prozeß, der die Libido von den Objekten ablöst und ihr den Rückweg zu ihnen absperrt, dem Verdrängungsprozeß nahesteht, als ein Seitenstück zu ihm aufzufassen ist. Vor allem aber würden Sie bekannten Boden unter Ihren Füßen spüren, indem Sie erfahren, daß die Bedingungen dieses Prozesses fast identisch sind – soviel wir bis jetzt erkennen – mit denen der Verdrängung. Der Konflikt scheint der nämliche zu sein und sich zwischen denselben Mächten abzuspielen. Wenn der Ausgang ein so anderer ist als z. B. bei der Hysterie, so kann der Grund davon nur in einer Verschiedenheit der Disposition liegen. Die Libidoentwicklung hat bei diesen Kranken ihre schwache Stelle an einer anderen Phase; die maßgebende Fixierung, welche, wie Sie sich erinnern [s. S. 339], den Durchbruch zur Symptombildung gestattet, liegt anderswo, wahrscheinlich im Stadium des primitiven Narzißmus, zu welchem die Dementia praecox in ihrem Endausgang zurückkehrt. Es ist ganz bemerkenswert, daß wir für alle narzißtischen Neurosen Fixierungsstellen der Libido annehmen müssen, welche in weit frühere Phasen der Entwicklung zurückreichen als bei der Hysterie oder der Zwangsneurose. Sie haben aber gehört, daß die Begriffe, die wir im Studium der Übertragungsneurosen erworben haben, auch zur Orientierung in den praktisch so viel schwereren narzißtischen Neurosen ausreichen. Die Gemeinsamkeiten gehen sehr weit; es ist im Grunde dasselbe Erscheinungsgebiet. Sie können sich aber auch vorstellen, wie aussichtslos die Aufklärung dieser schon der Psychiatrie zufallenden Affektionen sich für

den gestaltet, der nicht die analytische Kenntnis der Übertragungsneurosen für diese Aufgabe mitbringt.
Das Symptombild der Dementia praecox, das übrigens sehr wechselvoll ist, wird nicht ausschließlich durch die Symptome bestimmt, welche aus der Abdrängung der Libido von den Objekten und deren Anhäufung als narzißtische Libido im Ich hervorgehen. Einen breiten Raum nehmen vielmehr andere Phänomene ein, die sich auf das Bestreben der Libido zurückführen, wieder zu den Objekten zu gelangen, die also einem Restitutions- oder Heilungsversuch entsprechen. Diese Symptome sind sogar die auffälligeren, die lärmenden; sie zeigen eine unzweifelhafte Ähnlichkeit mit denen der Hysterie oder seltener der Zwangsneurose, sind aber doch in jedem Punkte anders. Es scheint, daß die Libido bei der Dementia praecox in ihrem Bemühen, wieder zu den Objekten, d. h. zu den Vorstellungen der Objekte zu kommen, wirklich etwas von ihnen erhascht, aber gleichsam nur ihre Schatten, ich meine, die ihnen zugehörigen Wortvorstellungen. Ich kann hier nicht mehr darüber sagen, aber ich meine, dies Benehmen der rückstrebenden Libido hat uns gestattet, eine Einsicht in das zu gewinnen, was wirklich den Unterschied zwischen einer bewußten und einer unbewußten Vorstellung ausmacht[1].

Ich habe Sie nun in das Gebiet geführt, auf welchem die nächsten Fortschritte der analytischen Arbeit zu erwarten sind [vgl. S. 368]. Seitdem wir uns getrauen, den Begriff der Ichlibido zu handhaben, sind uns die narzißtischen Neurosen zugänglich geworden; es hat sich die Aufgabe ergeben, eine dynamische Aufklärung dieser Affektionen zu gewinnen und gleichzeitig unsere Kenntnis des Seelenlebens durch das Verständnis des Ichs zu vervollständigen. Die Ichpsychologie, die wir anstreben, soll nicht auf die Daten unserer Selbstwahrnehmungen, sondern wie bei der Libido auf die Analyse der Störungen und Zerstörungen des Ichs begründet sein. Wahrscheinlich werden wir von unserer bisherigen Kenntnis der Libidoschicksale, die wir aus dem Studium der Übertragungsneurosen geschöpft haben, gering denken, wenn jene größere Arbeit geleistet ist. Aber dafür sind wir in ihr auch noch nicht weit gekommen. Die narzißtischen Neurosen sind für die Technik, welche

[1] [Die hier nur angedeutete Frage des grundlegenden Unterschieds zwischen bewußten und unbewußten Vorstellungen behandelt Freud ausführlich in Abschnitt VII seiner Arbeit ›Das Unbewußte‹ (1915 *e*).]

uns bei den Übertragungsneurosen gedient hat, kaum angreifbar. Sie werden bald hören, warum. [Vgl. S. 430.] Es geht uns mit ihnen immer so, daß wir nach kurzem Vordringen vor eine Mauer zu stehen kommen, die uns Halt gebietet. Sie wissen, auch bei den Übertragungsneurosen sind wir auf solche Widerstandsschranken gestoßen, aber wir konnten sie Stück für Stück abtragen. Bei den narzißtischen Neurosen ist der Widerstand unüberwindbar; wir dürfen höchstens einen neugierigen Blick über die Höhe der Mauer werfen, um zu erspähen, was jenseits derselben vor sich geht. Unsere technischen Methoden müssen also durch andere ersetzt werden; wir wissen noch nicht, ob uns ein solcher Ersatz gelingen wird. Es fehlt uns allerdings auch bei diesen Kranken nicht an Material. Sie geben vielerlei Äußerungen von sich, wenn auch nicht als Antworten auf unsere Fragen, und wir sind vorläufig darauf angewiesen, diese Äußerungen mit Hilfe des Verständnisses, das wir an den Symptomen der Übertragungsneurosen gewonnen haben, zu deuten. Die Übereinstimmung ist groß genug, um uns einen Anfangsgewinn zuzusichern. Wie weit diese Technik reichen wird, bleibt dahingestellt.

Andere Schwierigkeiten kommen hinzu, um unseren Fortschritt aufzuhalten. Die narzißtischen Affektionen und die an sie anschließenden Psychosen können nur von Beobachtern enträtselt werden, die sich durch das analytische Studium der Übertragungsneurosen geschult haben. Aber unsere Psychiater studieren keine Psychoanalyse und wir Psychoanalytiker sehen zu wenig psychiatrische Fälle. Es muß erst ein Geschlecht von Psychiatern herangewachsen sein, welches durch die Schule der Psychoanalyse als vorbereitender Wissenschaft gegangen ist. Der Anfang dazu wird gegenwärtig in Amerika gemacht, wo sehr viele leitende Psychiater den Studenten die psychoanalytischen Lehren vortragen und wo Anstaltsbesitzer und Irrenhausdirektoren sich bemühen, ihre Kranken im Sinne dieser Lehren zu beobachten. Immerhin ist es auch uns hier einige Male geglückt, einen Blick über die narzißtische Mauer zu werfen, und ich will Ihnen im Folgenden einiges berichten, was wir erhascht zu haben glauben.

Die Krankheitsform der Paranoia, der chronischen systematischen Verrücktheit, nimmt in den Klassifikationsversuchen der heutigen Psychiatrie eine schwankende Stellung ein. An ihrer nahen Verwandtschaft mit der Dementia praecox ist indes kein Zweifel. Ich habe mir einmal den Vorschlag erlaubt, Paranoia und Dementia praecox unter der gemeinsamen Bezeichnung der *Paraphrenie* zusammenzufassen[1]. Die Formen der Paranoia werden nach ihrem Inhalt als: Größenwahn, Verfolgungswahn, Liebeswahn (Erotomanie), Eifersuchtswahn usw. beschrieben. Erklärungsversuche werden wir von der Psychiatrie nicht erwarten. Als Beispiel eines solchen, allerdings ein veraltetes und nicht ganz vollwertiges Beispiel, erwähne ich Ihnen den Versuch, ein Symptom mittels einer intellektuellen Rationalisierung aus einem anderen abzuleiten: Der Kranke, der sich aus primärer Neigung verfolgt glaubt, soll aus dieser Verfolgung den Schluß ziehen, er müsse doch eine ganz besonders wichtige Persönlichkeit sein, und darum den Größenwahn entwickeln. Für unsere analytische Auffassung ist der Größenwahn die unmittelbare Folge der Ichvergrößerung durch die Einziehung der libidinösen Objektbesetzungen, ein sekundärer Narzißmus als Wiederkehr des ursprünglichen frühinfantilen. An den Fällen von Verfolgungswahn haben wir aber einiges beobachtet, was uns veranlaßte, eine gewisse Spur zu verfolgen. Es fiel uns zunächst auf, daß in der überwiegenden Mehrzahl der Fälle der Verfolger von demselben Geschlecht war wie der Verfolgte. Das war immer noch einer harmlosen Erklärung fähig, aber in einigen gut studierten Fällen zeigte es sich klar, daß die in normalen Zeiten am besten geliebte Person des gleichen Geschlechtes sich seit der Erkrankung zum Verfolger umgewandelt hatte. Eine weitere Entwicklung wird dadurch möglich, daß die geliebte Person nach bekannten Affinitäten durch eine andere ersetzt wird, z. B. der Vater durch den Lehrer, den Vorgesetzten. Wir zogen aus solchen, sich immer vermehrenden Erfahrungen den Schluß, daß die *Paranoia persecutoria* die Form ist, in der sich das Individuum gegen eine überstark gewordene homosexuelle Regung zur Wehre setzt. Die Verwandlung der Zärtlichkeit in Haß, die bekanntlich zur ernsthaften Lebensbedrohung für das geliebte und gehaßte Objekt werden kann, entspricht dann der Umsetzung libidinöser Regungen in Angst, die ein regelmäßiges Ergebnis des Verdrängungsvorganges ist. Hören Sie z. B. den wiederum letzten Fall meiner diesbezüglichen Beobachtungen. Ein junger Arzt mußte aus seinem Heimatsort verschickt werden, weil er den Sohn eines dortigen Universitätsprofessors, der bis dahin sein bester Freund gewesen war, am Leben bedroht hatte. Er schrieb diesem einstigen Freund wahrhaft teuflische Absichten und eine dämonische Macht zu. Er war schuld an allem Unglück, das in den letzten Jahren die Familie des Kranken ge-

[1] [Freud führte diesen Terminus erstmals im letzten Abschnitt seiner Schreber-Analyse (1911 *c*) ein, seiner längsten Erörterung eines Falles von Paranoia.]

troffen hatte, an jedem familiären und sozialen Mißgeschick. Aber nicht genug damit, der böse Freund und sein Vater, der Professor, hatten auch den Krieg verursacht, die Russen ins Land gerufen. Er hatte sein Leben tausendmal verwirkt, und unser Kranker war überzeugt, daß mit dem Tode des Missetäters alles Unheil zu Ende gebracht wäre. Und doch war seine alte Zärtlichkeit für ihn noch so stark, daß sie seine Hand gelähmt hatte, als sich ihm einmal die Gelegenheit bot, den Feind aus nächster Nähe niederzuschießen. In den kurzen Besprechungen, die ich mit dem Kranken hatte, kam zum Vorschein, daß das freundschaftliche Verhältnis zwischen den beiden weit in die Gymnasialjahre zurückreichte. Wenigstens einmal hatte es die Grenzen der Freundschaft überschritten; ein nächtliches Beisammensein war ihnen der Anlaß zu vollem sexuellen Verkehr geworden. Unser Patient hatte nie die Gefühlsbeziehung zu den Frauen gewonnen, die seiner Altersphase und seiner einnehmenden Persönlichkeit entsprochen hätte. Er war einmal mit einem schönen und vornehmen Mädchen verlobt, aber dieses brach das Verlöbnis ab, weil es bei seinem Bräutigam keine Zärtlichkeit fand. Jahre später brach seine Krankheit gerade in dem Momente aus, als es ihm zum erstenmal geglückt war, ein Weib voll zu befriedigen. Als diese Frau ihn dankbar und hingebungsvoll umarmte, bekam er plötzlich einen rätselhaften Schmerz, der wie ein scharfer Schnitt um die Schädeldecke lief. Er deutete sich diese Sensation später, als ob an ihm der Schnitt ausgeführt wurde, mit dem man bei einer Sektion das Gehirn bloßlegt, und da sein Freund pathologischer Anatom geworden war, entdeckte er langsam, daß nur dieser ihm diese letzte Frau zur Versuchung geschickt haben könne. Von da an gingen ihm auch die Augen über die anderen Verfolgungen auf, deren Opfer er durch das Betreiben des einstigen Freundes werden sollte.

Wie ist es nun aber mit den Fällen, bei denen der Verfolger nicht desselben Geschlechtes ist wie der Verfolgte, deren Anschein also unserer Erklärung einer Abwehr homosexueller Libido widerspricht? Ich habe vor einiger Zeit Gelegenheit gehabt, einen solchen Fall zu untersuchen, und habe aus dem scheinbaren Widerspruch eine Bestätigung entnehmen können. Das junge Mädchen, welches sich von dem Manne verfolgt glaubte, dem sie zwei zärtliche Zusammenkünfte zugestanden, hatte in der Tat zuerst eine Wahnidee gegen eine Frau gerichtet, die man als Mutterersatz auffassen kann. Erst nach der zweiten Zusammenkunft machte sie den Fortschritt, dieselbe Wahnidee von der Frau abzulösen und auf den Mann zu übertragen. Die Bedingung des gleichen Geschlechtes für den Verfolger war also ursprünglich auch in diesem Falle eingehalten worden. In ihrer Klage vor dem Rechtsfreund und dem Arzt hatte die Patientin dieses Vorstadium ihres Wahnes nicht erwähnt und so den Anschein eines Widerspruches gegen unser Verständnis der Paranoia erweckt[1].

Die homosexuelle Objektwahl liegt dem Narzißmus ursprünglich näher als die heterosexuelle. Wenn es dann gilt, eine unerwünscht starke homosexuelle Regung abzuweisen, so ist der Rückweg zum Narzißmus besonders erleichtert. Ich habe bisher sehr wenig Gelegenheit gehabt, Ihnen von den Grundlagen des Liebeslebens, soweit wir sie erkannt haben, zu sprechen, kann es auch jetzt nicht nachholen. Ich will nur so viel herausheben, daß die Objektwahl, der Fortschritt in der Libidoentwicklung, der nach dem narzißtischen Stadium gemacht wird, nach zwei verschiedenen Typen erfolgen kann. Entweder nach dem *narzißtischen Typus*, indem an die Stelle des eigenen Ichs ein ihm möglichst ähnliches tritt, oder nach dem *Anlehnungstypus*, indem die Personen, die durch Befriedigung der anderen Lebensbedürfnisse wertvoll geworden sind, auch von der Libido zu Objekten gewählt werden. Eine starke Libidofixierung an den narzißtischen Typus der Objektwahl rechnen wir auch in die Disposition zur manifesten Homosexualität ein.

Sie erinnern sich, daß ich Ihnen in der ersten Zusammenkunft dieses Semesters von einem Fall von Eifersuchtswahn bei einer Frau erzählt habe [S. 250]. Nun da wir so nahe dem Ende sind, möchten Sie gewiß gerne hören, wie wir psychoanalytisch eine Wahnidee erklären. Aber ich habe Ihnen dazu weniger zu sagen, als Sie erwarten. Die Unangreifbarkeit der Wahnidee durch logische Argumente und reale Erfahrungen erklärt sich ebenso wie die eines Zwanges durch die Beziehung zum Unbewußten, welches durch die Wahnidee oder Zwangsidee repräsentiert und niedergehalten wird. Der Unterschied zwischen beiden ist in der verschiedenen Topik und Dynamik der beiden Affektionen begründet.

Wie bei der Paranoia, so haben wir auch bei der Melancholie, von der übrigens sehr verschiedene klinische Formen beschrieben werden, eine Stelle gefunden, an welcher ein Einblick in die innere Struktur der Affektion möglich wird. Wir haben erkannt, daß die Selbstvorwürfe, mit denen sich diese Melancholiker in der erbarmungslosesten Weise quälen, eigentlich einer anderen Person gelten, dem Sexualobjekt,

[1] [Ein ausführlicher Bericht dieses Falles war kurz vorher von Freud veröffentlicht worden (1915 *f*).]

welches sie verloren haben oder das ihnen durch seine Schuld entwertet worden ist. Daraus konnten wir schließen, der Melancholiker habe zwar seine Libido von dem Objekt zurückgezogen, aber durch einen Vorgang, den man »narzißtische Identifizierung« heißen muß, sei das Objekt im Ich selbst errichtet, gleichsam auf das Ich projiziert worden. Ich kann Ihnen hier nur eine bildliche Schilderung, nicht eine topisch-dynamisch geordnete Beschreibung geben[1]. Nun wird das eigene Ich wie das aufgegebene Objekt behandelt und erleidet alle die Aggressionen und Äußerungen der Rachsucht, die dem Objekt zugedacht waren. Auch die Selbstmordneigung der Melancholiker wird durch die Erwägung begreiflicher, daß die Erbitterung des Kranken mit demselben Schlage das eigene Ich wie das geliebtgehaßte Objekt trifft. Bei der Melancholie wie bei anderen narzißtischen Affektionen kommt in sehr ausgeprägter Weise ein Zug des Gefühlslebens zum Vorschein, den wir seit Bleuler als *Ambivalenz* zu bezeichnen gewohnt sind. Wir meinen damit die Richtung entgegengesetzter, zärtlicher und feindseliger, Gefühle gegen dieselbe Person. Ich bin im Verlaufe dieser Besprechungen leider nicht in die Lage gekommen, Ihnen mehr von der Gefühlsambivalenz zu erzählen. [Vgl. S. 426.]

Außer der narzißtischen Identifizierung gibt es eine hysterische, die uns seit sehr viel längerer Zeit bekannt ist[2]. Ich wollte, es wäre schon möglich, Ihnen die Verschiedenheiten der beiden durch einige klargestellte Bestimmungen zu erläutern. Von den periodischen und zyklischen Formen der Melancholie kann ich Ihnen etwas mitteilen, was Sie gewiß gerne hören werden. Es ist nämlich unter günstigen Umständen möglich – ich habe die Erfahrung zweimal gemacht –, durch analytische Behandlung in den freien Zwischenzeiten der Wiederkehr des Zustandes in der gleichen oder entgegengesetzten Stimmungslage vorzubeugen. Man erfährt dabei, daß es sich auch bei der Melancholie und Manie um eine besondere Art der Erledigung eines Konfliktes handelt, dessen Voraussetzungen durchaus mit denen der anderen Neurosen übereinstimmen. Sie können sich denken, wieviel es auf diesem Gebiete noch für die Psychoanalyse zu erfahren gibt.

Ich sagte Ihnen auch [S. 400], daß wir durch die Analyse der narzißtischen Affektionen eine Kenntnis von der Zusammensetzung unseres

---

[1] [Eine ausführliche Darstellung findet sich in ›Trauer und Melancholie‹ (1917*e* [1915]).]

[2] [Der Unterschied zwischen diesen beiden Arten von Identifizierung wird in ›Trauer und Melancholie‹, etwa in der Mitte der Arbeit, erklärt.]

Ichs und seinem Aufbau aus Instanzen zu gewinnen hoffen. An einer Stelle haben wir den Anfang dazu gemacht[1]. Aus der Analyse des Beobachtungswahnes haben wir den Schluß gezogen, daß es im Ich wirklich eine Instanz gibt, die unausgesetzt beobachtet, kritisiert und vergleicht und sich solcherart dem anderen Anteil des Ichs entgegenstellt. Wir meinen also, daß der Kranke uns eine noch nicht genug gewürdigte Wahrheit verrät, wenn er sich beklagt, daß jeder seiner Schritte ausgespäht und beobachtet, jeder seiner Gedanken gemeldet und kritisiert wird. Er irrt nur darin, daß er diese unbequeme Macht als etwas ihm Fremdes nach außen verlegt. Er verspürt das Walten einer Instanz in seinem Ich, welche sein aktuelles Ich und jede seiner Betätigungen an einem *Ideal-Ich* mißt, das er sich im Laufe seiner Entwicklung geschaffen hat. Wir meinen auch, diese Schöpfung geschah in der Absicht, jene Selbstzufriedenheit wiederherzustellen, die mit dem primären infantilen Narzißmus verbunden war, die aber seither so viel Störungen und Kränkungen erfahren hat. Die selbstbeobachtende Instanz kennen wir als den Ichzensor, das Gewissen; sie ist dieselbe, die nächtlicherweile die Traumzensur ausübt, von der die Verdrängungen gegen unzulässige Wunschregungen ausgehen. Wenn sie beim Beobachtungswahn zerfällt, so deckt sie uns dabei ihre Herkunft auf aus den Einflüssen von Eltern, Erziehern und sozialer Umgebung, aus der Identifizierung mit einzelnen dieser vorbildlichen Personen.

Dies wären einige der Ergebnisse, welche uns die Anwendung der Psychoanalyse auf die narzißtischen Affektionen bisher geliefert hat. Es sind gewiß noch zu wenige, und sie entbehren oft noch jener Schärfe, die erst durch sichere Vertrautheit auf einem neuen Gebiete erreicht werden kann. Wir verdanken sie alle der Ausnützung des Begriffes der Ichlibido oder narzißtischen Libido, mit dessen Hilfe wir die Auffassungen, die sich bei den Übertragungsneurosen bewährt haben, auf die narzißtischen Neurosen erstrecken. Nun werden Sie aber die Frage stellen: ist es möglich, daß es uns gelingt, alle Störungen der narzißtischen Affektionen und der Psychosen der Libidotheorie unterzuordnen, daß wir überall den libidinösen Faktor des Seelenlebens als den an der Erkrankung schuldigen erkennen und niemals eine Abänderung in der Funktion der Selbsterhaltungstriebe verantwortlich zu machen brauchen? Nun, meine Damen und Herren, diese Entscheidung scheint mir nicht dringlich und vor allem nicht spruchreif zu sein. Wir können

[1] [Zum folgenden vgl. den dritten Abschnitt von ›Zur Einführung des Narzißmus‹ (1914 *c*).]

sie ruhig dem Fortschritt der wissenschaftlichen Arbeit überlassen. Ich würde mich nicht verwundern, wenn sich das Vermögen der pathogenen Wirkung wirklich als ein Vorrecht der libidinösen Triebe herausstellte, so daß die Libidotheorie auf der ganzen Linie von den einfachsten Aktualneurosen bis zur schwersten psychotischen Entfremdung des Individuums ihren Triumph feiern könnte. Kennen wir es doch als charakteristischen Zug der Libido, daß sie der Unterordnung unter die Realität der Welt, die Ananke, widerstrebt. Aber ich halte es für überaus wahrscheinlich, daß die Ichtriebe durch die pathogenen Anregungen der Libido sekundär mitgerissen und zur Funktionsstörung genötigt werden. Und ich kann kein Scheitern unserer Forschungsrichtung darin erblicken, wenn uns die Erkenntnis bevorsteht, daß bei den schweren Psychosen die Ichtriebe selbst in primärer Weise irregeführt werden; die Zukunft wird es, Sie wenigstens, lehren.

Lassen Sie mich aber noch für einen Moment zur Angst zurückkehren, um eine letzte Dunkelheit, die wir dort gelassen haben, zu erleuchten. Wir sagten [S. 397], es stimme uns nicht zu der sonst so gut erkannten Beziehung zwischen Angst und Libido, daß die Realangst angesichts einer Gefahr die Äußerung der Selbsterhaltungstriebe sein sollte, was sich aber doch kaum bestreiten läßt. Wie wäre es aber, wenn der Angstaffekt nicht von den egoistischen Ichtrieben, sondern von der Ichlibido bestritten würde? Der Angstzustand ist doch auf alle Fälle unzweckmäßig, und seine Unzweckmäßigkeit wird offenkundig, wenn er einen höheren Grad erreicht. Er stört dann die Aktion, sei es der Flucht oder der Abwehr, die allein zweckmäßig ist und der Selbsterhaltung dient. Wenn wir also den affektiven Anteil der Realangst der Ichlibido, die Aktion dabei dem Icherhaltungstrieb zuschreiben, haben wir jede theoretische Schwierigkeit beseitigt. Sie werden übrigens doch nicht im Ernst glauben, daß man sich flüchtet, *weil* man Angst verspürt? Nein, man verspürt die Angst *und* man ergreift die Flucht aus dem gemeinsamen Motiv, das durch die Wahrnehmung der Gefahr geweckt wird. Menschen, die große Lebensgefahren bestanden haben, erzählen, sie haben sich gar nicht geängstigt, bloß gehandelt, z. B. das Gewehr auf das Raubtier angelegt, und das war gewiß das Zweckmäßigste.

27. VORLESUNG

DIE ÜBERTRAGUNG

Meine Damen und Herren! Da wir uns jetzt dem Abschluß unserer Besprechungen nähern, wird eine bestimmte Erwartung bei Ihnen rege werden, die Sie nicht irreführen soll. Sie denken es sich wohl, daß ich Sie nicht durch Dick und Dünn des psychoanalytischen Stoffes geführt habe, um Sie am Ende zu entlassen, ohne Ihnen ein Wort von der Therapie zu sagen, auf welcher doch die Möglichkeit beruht, überhaupt Psychoanalyse zu treiben. Ich kann Ihnen dieses Thema auch unmöglich vorenthalten, denn dabei sollen Sie aus der Beobachtung eine neue Tatsache kennenlernen, ohne welche das Verständnis der von uns untersuchten Erkrankungen in fühlbarster Weise unvollständig bliebe.

Ich weiß, Sie erwarten keine Anleitung in der Technik, wie man die Analyse zu therapeutischen Zwecken ausüben soll. Sie wollen nur im allgemeinsten wissen, auf welchem Wege die psychoanalytische Therapie wirkt und was sie ungefähr leistet. Und das zu erfahren, haben Sie ein unbestreitbares Recht. Ich will es Ihnen aber nicht mitteilen, sondern bestehe darauf, daß Sie es selbst erraten.

Denken Sie nach! Sie haben alles Wesentliche von den Bedingungen der Erkrankung sowie alle die Faktoren, die bei der erkrankten Person zur Geltung kommen, kennengelernt. Wo bleibt da ein Raum für eine therapeutische Einwirkung? Da ist zunächst die hereditäre Disposition; – wir kommen nicht oft auf sie zu sprechen, weil sie von anderer Seite energisch betont wird und wir nichts Neues zu ihr zu sagen haben. Aber glauben Sie nicht, daß wir sie unterschätzen; gerade als Therapeuten bekommen wir ihre Macht deutlich genug zu spüren. Jedenfalls können wir nichts an ihr ändern; sie bleibt auch für uns etwas Gegebenes, was unserer Bemühung Schranken setzt. Dann der Einfluß der frühen Kindererlebnisse, den wir in der Analyse voranzustellen gewohnt sind; sie gehören der Vergangenheit an, wir können sie nicht ungeschehen machen. Dann all das, was wir als die »reale Versagung« zusammengefaßt haben, als das Unglück des Lebens, aus dem die Entbehrung an Liebe hervorgeht, die Armut, der Familienzwist, das Ungeschick in der Ehewahl, die Ungunst der sozialen Verhältnisse und die Strenge der sittlichen Anforderungen, unter deren Druck eine Person steht. Da wären freilich Handhaben genug für eine sehr wirksame Therapie, aber es müßte eine Therapie sein, wie sie nach der Wiener Volkssage Kaiser Josef geübt hat, das wohltätige Eingreifen eines Mächtigen, vor dessen Willen Menschen sich beugen und Schwierigkeiten verschwinden. Aber wer sind wir, daß wir solches Wohltun als Mittel in unsere Therapie aufnehmen könnten? Selbst arm und gesellschaftlich ohnmächtig, genötigt von unserer ärztlichen Tätigkeit unseren Unterhalt zu bestreiten, sind wir nicht einmal in der Lage, unsere Bemühung auch dem Mittellosen zuzuwenden, wie es doch andere Ärzte bei anderen Behandlungsmethoden können. Unsere Therapie ist dafür zu zeitraubend und zu langwierig. Aber vielleicht klammern Sie sich an eines der angeführten Momente und glauben dort den Angriffspunkt für unsere Beeinflussung gefunden zu haben. Wenn die sittliche Beschränkung, die von der Gesellschaft gefordert wird, ihren Anteil an der dem Kranken auferlegten Entbehrung hat, so kann ihm ja die Behandlung den Mut oder direkt die Anweisung geben, sich über diese Schranken hinauszusetzen, sich Befriedigung und Genesung zu holen unter Verzicht auf die Erfüllung eines von der Gesellschaft hochgehaltenen, doch so oft nicht eingehaltenen Ideals. Man wird also dadurch gesund, daß man sich sexuell »auslebt«. Allerdings fällt dabei auf die analytische Behandlung der Schatten, daß sie nicht der allgemeinen Sittlichkeit dient. Was sie dem Einzelnen zuwendet, hat sie der Allgemeinheit entzogen.

Aber, meine Damen und Herren, wer hat Sie denn so falsch berichtet? Es ist nicht die Rede davon, daß der Rat, sich sexuell auszuleben, in der analytischen Therapie eine Rolle spielen könnte. Schon darum nicht, weil wir selbst verkündet haben, bei den Kranken bestehe ein hartnäckiger Konflikt zwischen der libidinösen Regung und der Sexualverdrängung, zwischen der sinnlichen und der asketischen Richtung. Dieser Konflikt wird dadurch nicht aufgehoben, daß man einer dieser Richtungen zum Sieg über die gegnerische verhilft. Wir sehen es ja, daß beim Nervösen die Askese die Oberhand behalten hat. Die Folge davon ist gerade, daß sich die unterdrückte Sexualstrebung in Symptomen Luft schafft. Wenn wir jetzt im Gegenteil der Sinnlichkeit den Sieg verschaffen würden, so müßte sich die beiseite geschobene Sexualverdrängung durch Symptome ersetzen. Keine der beiden Entscheidungen kann den inneren Konflikt beenden, jedesmal bliebe ein Anteil unbefriedigt. Es gibt nur wenige Fälle, in denen der Konflikt so labil ist, daß ein Moment wie die Parteinahme des Arztes den Ausschlag geben kann, und diese Fälle bedürfen eigentlich keiner analytischen Behandlung. Personen, bei welchen dem Arzt ein solcher Einfluß zufallen kann, hätten denselben Weg auch ohne den Arzt gefunden. Sie wissen doch, wenn ein abstinenter junger Mann sich zum illegitimen Sexualverkehr entschließt oder eine unbefriedigte Frau bei einem anderen Manne Entschädigung sucht, so haben sie in der Regel nicht auf die Erlaubnis eines Arztes oder gar des Analytikers gewartet.

Man übersieht an dieser Sachlage gewöhnlich den einen wesentlichen Punkt, daß der pathogene Konflikt der Neurotiker nicht mit einem normalen Kampf seelischer Regungen, die auf demselben psychologischen Boden stehen, zu verwechseln ist. Es ist ein Widerstreit zwischen Mächten, von denen die eine es zur Stufe des Vorbewußten und Bewußten gebracht hat, die andere auf der Stufe des Unbewußten zurückgehalten worden ist. Darum kann der Konflikt zu keinem Austrag gebracht werden; die Streitenden kommen so wenig zueinander wie in dem bekannten Beispiel der Eisbär und der Walfisch. Eine wirkliche Entscheidung kann erst fallen, wenn sich die beiden auf demselben Boden treffen. Ich denke, dies zu ermöglichen, ist die einzige Aufgabe der Therapie.

Und überdies kann ich Ihnen versichern, daß Sie falsch berichtet sind, wenn Sie annehmen, Rat und Leitung in den Angelegenheiten des Lebens sei ein integrierendes Stück der analytischen Beeinflussung. Im Gegenteil, wir lehnen eine solche Mentorrolle nach Möglichkeit ab, wollen nichts lieber erreichen, als daß der Kranke selbständig seine Entscheidungen treffe. In dieser Absicht fordern wir auch, daß er alle lebenswichtigen Entschlüsse über Berufswahl, wirtschaftliche Unternehmungen, Eheschließung oder Trennung über die Dauer der Behandlung zurückstelle und erst nach Beendigung derselben zur Ausführung bringe. Gestehen Sie nur, das ist alles anders, als Sie es sich vorgestellt haben. Nur bei gewissen sehr jugendlichen oder ganz hilf- und haltlosen Personen können wir die gewollte Beschränkung nicht durchsetzen. Bei ihnen müssen wir die Leistung des Arztes mit der des Erziehers kombinieren; wir sind uns dann unserer Verantwortung wohl bewußt und benehmen uns mit der notwendigen Vorsicht[1].

Aus dem Eifer, mit dem ich mich gegen den Vorwurf verteidige, daß der Nervöse in der analytischen Kur zum Sichausleben angeleitet wird, dürfen Sie aber nicht den Schluß ziehen, daß wir zu Gunsten der gesell-

[1] [Dies wird in der 34. Vorlesung der *Neuen Folge*, S. 576 f., weiter ausgeführt.]

schaftlichen Sittsamkeit auf ihn wirken. Das liegt uns zum mindesten ebenso ferne. Wir sind zwar keine Reformer, sondern bloß Beobachter, aber wir können nicht umhin, mit kritischen Augen zu beobachten, und haben es unmöglich gefunden, für die konventionelle Sexualmoral Partei zu nehmen, die Art, wie die Gesellschaft die Probleme des Sexuallebens praktisch zu ordnen versucht, hoch einzuschätzen. Wir können es der Gesellschaft glatt vorrechnen, daß das, was sie ihre Sittlichkeit heißt, mehr Opfer kostet, als es wert ist, und daß ihr Verfahren weder auf Wahrhaftigkeit beruht noch von Klugheit zeugt. Wir ersparen es unseren Patienten nicht, diese Kritik mitanzuhören, wir gewöhnen sie an vorurteilsfreie Erwägung der sexuellen Angelegenheiten wie aller anderen, und wenn sie, nach Vollendung ihrer Kur selbständig geworden, sich aus eigenem Ermessen zu irgendeiner mittleren Position zwischen dem vollen Ausleben und der unbedingten Askese entschließen, fühlen wir unser Gewissen durch keinen dieser Ausgänge belastet. Wir sagen uns, wer die Erziehung zur Wahrheit gegen sich selbst mit Erfolg durchgemacht hat, der ist gegen die Gefahr der Unsittlichkeit dauernd geschützt, mag sein Maßstab der Sittlichkeit auch von dem in der Gesellschaft gebräuchlichen irgendwie abweichen. Übrigens, hüten wir uns davor, die Bedeutung der Abstinenzfrage für die Beeinflussung der Neurosen zu überschätzen. Nur in einer Minderzahl kann der pathogenen Situation der Versagung mit darauffolgender Libidostauung durch die Art von Sexualverkehr ein Ende gemacht werden, die mit geringer Mühe zu erreichen ist.

Durch die Gestattung des sexuellen Auslebens können Sie also die therapeutische Wirkung der Psychoanalyse nicht erklären. Sehen Sie sich nach anderem um. Ich denke, während ich diese Ihre Mutmaßung abwies, hat eine Bemerkung von mir Sie auf die richtige Spur geführt. Es muß wohl die Ersetzung des Unbewußten durch Bewußtes, die Übersetzung des Unbewußten in Bewußtes sein, wodurch wir nützen. Richtig, das ist es auch. Indem wir das Unbewußte zum Bewußten fortsetzen, heben wir die Verdrängungen auf, beseitigen wir die Bedingungen für die Symptombildung, verwandeln wir den pathogenen Konflikt in einen normalen, der irgendwie eine Entscheidung finden muß. Nichts anderes als diese eine psychische Veränderung rufen wir beim Kranken hervor: so weit diese reicht, so weit trägt unsere Hilfeleistung. Wo keine Verdrängung oder ein ihr analoger psychischer Vorgang rückgängig zu machen ist, da hat auch unsere Therapie nichts zu suchen.

Wir können das Ziel unserer Bemühung in verschiedenen Formeln ausdrücken: Bewußtmachen des Unbewußten, Aufhebung der Verdrängungen, Ausfüllung der amnestischen Lücken, das kommt alles auf das gleiche hinaus. Aber vielleicht werden Sie von diesem Bekenntnis unbefriedigt sein. Sie haben sich unter dem Gesundwerden eines Nervösen etwas anderes vorgestellt, daß er ein anderer Mensch werde, nachdem er sich der mühseligen Arbeit einer Psychoanalyse unterzogen hat, und dann soll das ganze Ergebnis sein, daß er etwas weniger Unbewußtes und etwas mehr Bewußtes in sich hat als vorher. Nun, Sie unterschätzen wahrscheinlich die Bedeutung einer solchen inneren Veränderung. Der geheilte Nervöse ist wirklich ein anderer Mensch geworden, im Grunde ist er aber natürlich derselbe geblieben, d. h. er ist so geworden, wie er bestenfalls unter den günstigsten Bedingungen hätte werden können. Aber das ist sehr viel. Wenn Sie dann hören, was man alles tun muß und welcher Anstrengung es bedarf, um jene anscheinend geringfügige Veränderung in seinem Seelenleben durchzusetzen, wird Ihnen die Bedeutung eines solchen Unterschiedes im psychischen Niveau wohl glaubhaft erscheinen.

Ich schweife für einen Augenblick ab, um zu fragen, ob Sie wissen, was man eine kausale Therapie nennt? So heißt man nämlich ein Verfahren, welches nicht die Krankheitserscheinungen zum Angriffspunkt nimmt, sondern sich die Beseitigung der Krankheitsursachen vorsetzt. Ist nun unsere psychoanalytische eine kausale Therapie oder nicht? Die Antwort ist nicht einfach, gibt aber vielleicht Gelegenheit, uns von dem Unwert einer solchen Fragestellung zu überzeugen. Insoferne die analytische Therapie sich nicht die Beseitigung der Symptome zur nächsten Aufgabe setzt, benimmt sie sich wie eine kausale. In anderer Hinsicht können Sie sagen, sie sei es nicht. Wir haben nämlich die Kausalverkettung längst über die Verdrängungen hinaus verfolgt bis zu den Triebanlagen, deren relativen Intensitäten in der Konstitution und den Abweichungen ihres Entwicklungsganges. Nehmen Sie nun an, es wäre uns etwa auf chemischem Wege möglich, in dies Getriebe einzugreifen, die Quantität der jeweils vorhandenen Libido zu erhöhen oder herabzusetzen oder den einen Trieb auf Kosten eines anderen zu verstärken, so wäre dies eine im eigentlichen Sinne kausale Therapie, für welche unsere Analyse die unentbehrliche Vorarbeit der Rekognoszierung geleistet hätte. Von solcher Beeinflussung der Libidovorgänge ist derzeit, wie Sie wissen, keine Rede; mit unserer psychischen Therapie greifen wir an einer anderen Stelle des Zusammenhanges an, nicht gerade an den uns ersichtlichen Wurzeln der Phänomene, aber doch weit genug weg von den Symptomen, an einer Stelle, die uns durch sehr merkwürdige Verhältnisse zugänglich geworden ist.

Was müssen wir also tun, um das Unbewußte bei unserem Patienten durch Bewußtes zu ersetzen? Wir haben einmal gemeint, das ginge ganz einfach, wir brauchten nur dies Unbewußte zu erraten und es ihm vorzusagen. Aber wir wissen schon, das war ein kurzsichtiger Irrtum [S. 280]. Unser Wissen um das Unbewußte ist nicht gleichwertig mit seinem Wissen; wenn wir ihm unser Wissen mitteilen, so hat er es nicht *an Stelle* seines Unbewußten, sondern *neben* demselben, und es ist sehr wenig geändert. Wir müssen uns vielmehr dieses Unbewußte *topisch* vorstellen, müssen es in seiner Erinnerung dort aufsuchen, wo es durch eine Verdrängung zustande gekommen ist. Diese Verdrängung ist zu beseitigen, dann kann sich der Ersatz des Unbewußten durch Bewußtes glatt vollziehen. Wie hebt man nun eine solche Verdrängung auf? Unsere Aufgabe tritt hier in eine zweite Phase. Zuerst das Aufsuchen der Verdrängung, dann die Beseitigung des Widerstandes, welcher diese Verdrängung aufrechthält.

Wie schafft man den Widerstand weg? In der nämlichen Weise: indem man ihn errät und dem Patienten vorhält. Der Widerstand stammt ja auch aus einer Verdrängung, aus der nämlichen, die wir zu lösen suchen, oder aus einer früher vorgefallenen. Er wird ja von der Gegenbesetzung hergestellt, die sich zur Verdrängung der anstößigen Regung erhob. Wir tun also jetzt dasselbe, was wir schon anfangs tun wollten, deuten, erraten und es mitteilen; aber wir tun es jetzt an der richtigen Stelle. Die Gegenbesetzung oder der Widerstand gehört nicht dem Unbewußten, sondern dem Ich an, welches unser Mitarbeiter ist, und dies, selbst wenn sie nicht bewußt sein sollte. Wir wissen, es handelt sich hier um den Doppelsinn des Wortes »unbewußt«, einerseits als Phänomen, anderseits als System. Das scheint sehr schwierig und dunkel; aber nicht wahr, es ist doch nur Wiederholung?[1] Wir sind längst darauf vorbereitet. – Wir erwarten, daß dieser Widerstand aufgegeben, die Gegenbesetzung eingezogen werden wird, wenn wir dem Ich die Erkenntnis desselben durch unsere Deutung ermöglicht haben. Mit welchen Triebkräften arbeiten wir denn in einem solchen Falle? Erstens mit dem

[1] [S. die editorische Anm. auf S. 230 oben, in der die früheren Erwähnungen aufgeführt werden; es findet sich dort auch ein Hinweis auf die späteren, revidierten Ansichten Freuds zu dieser Frage.]

Streben des Patienten gesund zu werden, das ihn bewogen hat, sich in die gemeinschaftliche Arbeit mit uns zu fügen, und zweitens mit der Hilfe seiner Intelligenz, welche wir durch unsere Deutung unterstützen. Es ist kein Zweifel, daß die Intelligenz des Kranken es leichter hat, den Widerstand zu erkennen und die dem Verdrängten entsprechende Übersetzung zu finden, wenn wir ihr die dazu passenden Erwartungsvorstellungen gegeben haben. Wenn ich Ihnen sage: schauen Sie auf den Himmel, da ist ein Luftballon zu sehen, so werden Sie ihn auch viel leichter finden, als wenn ich Sie bloß auffordere hinaufzuschauen, ob Sie irgend etwas entdecken. Auch der Student, der die ersten Male ins Mikroskop guckt, wird vom Lehrer unterrichtet, was er sehen soll, sonst sieht er es überhaupt nicht, obwohl es da und sichtbar ist.

Und nun die Tatsache[1]. Bei einer ganzen Anzahl von Formen nervöser Erkrankung, bei den Hysterien, Angstzuständen, Zwangsneurosen trifft unsere Voraussetzung zu. Durch solches Aufsuchen der Verdrängung, Aufdecken der Widerstände, Andeuten des Verdrängten gelingt es wirklich, die Aufgabe zu lösen, also die Widerstände zu überwinden, die Verdrängung aufzuheben und das Unbewußte in Bewußtes zu verwandeln. Dabei gewinnen wir den klarsten Eindruck davon, wie sich um die Überwindung eines jeden Widerstandes ein heftiger Kampf in der Seele des Patienten abspielt, ein normaler Seelenkampf auf gleichem psychologischen Boden zwischen den Motiven, welche die Gegenbesetzung aufrechthalten wollen, und denen, die bereit sind, sie aufzugeben. Die ersteren sind die alten Motive, die seinerzeit die Verdrängung durchgesetzt haben; unter den letzteren befinden sich die neu hinzugekommenen, die hoffentlich den Konflikt in unserem Sinne entscheiden werden. Es ist uns gelungen, den alten Verdrängungskonflikt wieder aufzufrischen, den damals erledigten Prozeß zur Revision zu bringen. Als neues Material bringen wir erstens hinzu die Mahnung, daß die frühere Entscheidung zur Krankheit geführt hat, und das Versprechen, daß eine andere den Weg zur Genesung bahnen wird, zweitens die großartige Veränderung aller Verhältnisse seit dem Zeitpunkt jener ersten Abweisung. Damals war das Ich schwächlich, infantil, und hatte vielleicht Grund, die Libidoforderung als Gefahr zu ächten. Heute ist es erstarkt und erfahren und hat überdies in dem Arzt einen Helfer zur Seite. So dürfen wir erwarten, den aufgefrischten Konflikt zu einem

[1] [S. den einleitenden Absatz zu dieser Vorlesung.]

besseren Ausgang als dem in Verdrängung zu leiten, und wie gesagt, bei den Hysterien, Angst- und Zwangsneurosen gibt der Erfolg uns prinzipiell recht.

Nun gibt es aber andere Krankheitsformen, bei denen trotz der Gleichheit der Verhältnisse unser therapeutisches Vorgehen niemals Erfolg bringt. Es hat sich auch bei ihnen um einen ursprünglichen Konflikt zwischen dem Ich und der Libido gehandelt, der zur Verdrängung geführt hat – mag diese auch topisch anders zu charakterisieren sein –, es ist auch hier möglich, die Stellen aufzuspüren, an denen im Leben des Kranken die Verdrängungen vorgefallen sind, wir wenden das nämliche Verfahren an, sind zu denselben Versprechungen bereit, leisten dieselbe Hilfe durch Mitteilung von Erwartungsvorstellungen, und wiederum läuft die Zeitdifferenz zwischen der Gegenwart und jenen Verdrängungen zu Gunsten eines anderen Ausganges des Konflikts. Und doch gelingt es uns nicht, einen Widerstand aufzuheben oder eine Verdrängung zu beseitigen. Diese Patienten, Paranoiker, Melancholiker, mit Dementia praecox Behaftete, bleiben im ganzen ungerührt und gegen die psychoanalytische Therapie gefeit. Woher kann das kommen? Nicht von dem Mangel an Intelligenz; ein gewisses Maß von intellektueller Leistungsfähigkeit wird bei unseren Patienten natürlich erforderlich sein, aber daran fehlt es z. B. den so scharfsinnig kombinierenden Paranoikern sicherlich nicht [vgl. S. 86]. Auch von den anderen Triebkräften können wir keine vermissen. Die Melancholiker z. B. haben das Bewußtsein, krank zu sein und darum so schwer zu leiden, das den Paranoikern abgeht, in sehr hohem Maße, aber sie sind darum nicht zugänglicher. Wir stehen hier vor einer Tatsache, die wir nicht verstehen und die uns darum auch zweifeln heißt, ob wir den möglichen Erfolg bei den anderen Neurosen wirklich in all seinen Bedingungen verstanden haben.

Bleiben wir bei der Beschäftigung mit unseren Hysterikern und Zwangsneurotikern, so tritt uns alsbald eine zweite Tatsache entgegen, auf die wir in keiner Weise vorbereitet waren. Nach einer Weile müssen wir nämlich bemerken, daß diese Kranken sich gegen uns in ganz besonderer Art benehmen. Wir glaubten ja, uns von allen bei der Kur in Betracht kommenden Triebkräften Rechenschaft gegeben zu haben, die Situation zwischen uns und dem Patienten voll rationalisiert zu haben, so daß sie sich übersehen läßt wie ein Rechenexempel, und dann scheint sich doch etwas einzuschleichen, was in dieser Rechnung nicht in Anschlag gebracht worden ist. Dieses unerwartete Neue ist selbst vielgestaltig, ich werde zunächst die häufigere und leichter verständliche seiner Erscheinungsformen beschreiben.

Wir bemerken also, daß der Patient, der nichts anderes suchen soll als einen Ausweg aus seinen Leidenskonflikten, ein besonderes Interesse für die Person des Arztes entwickelt. Alles, was mit dieser Person zusammenhängt, scheint ihm bedeutungsvoller zu sein als seine eigenen Angelegenheiten und ihn von seinem Kranksein abzulenken. Der Verkehr mit ihm gestaltet sich demnach für eine Weile sehr angenehm; er ist besonders verbindlich, sucht sich, wo er kann, dankbar zu erweisen, zeigt Feinheiten und Vorzüge seines Wesens, die wir vielleicht nicht bei ihm gesucht hätten. Der Arzt faßt dann auch eine günstige Meinung vom Patienten und preist den Zufall, der ihm gestattet hat, gerade einer besonders wertvollen Persönlichkeit Hilfe zu leisten. Hat der Arzt Gelegenheit, mit Angehörigen des Patienten zu sprechen, so hört er mit Vergnügen, daß dies Gefallen gegenseitig ist. Der Patient wird zu Hause nicht müde, den Arzt zu loben, immer neue Vorzüge an ihm zu rühmen. »Er schwärmt für Sie, er vertraut Ihnen blind; alles, was Sie sagen, ist für ihn wie eine Offenbarung«, erzählen die Angehörigen. Hie und da sieht einer aus diesem Chorus schärfer und äußert: Es wird schon langweilig, wie er von nichts anderem spricht als von Ihnen und immer nur Sie im Munde führt.

Wir wollen hoffen, daß der Arzt bescheiden genug ist, diese Schätzung seiner Persönlichkeit durch den Patienten auf die Hoffnungen zurückzuführen, die er ihm machen kann, und auf die Erweiterung seines intellektuellen Horizonts durch die überraschenden und befreienden Eröffnungen, die die Kur mit sich bringt. Die Analyse macht unter diesen Bedingungen auch prächtige Fortschritte, der Patient versteht, was man ihm andeutet, vertieft sich in die Aufgaben, die ihm von der Kur gestellt werden, das Material von Erinnerungen und Einfällen strömt ihm reichlich zu, er überrascht den Arzt durch die Sicherheit und Triftigkeit seiner Deutungen, und dieser kann nur mit Genugtuung feststellen, wie bereitwillig ein Kranker alle die psychologischen Neuheiten aufnimmt, die bei den Gesunden in der Welt draußen den erbittertsten Widerspruch zu erregen pflegen. Dem guten Einvernehmen während der analytischen Arbeit entspricht auch eine objektive, von allen Seiten anerkannte Besserung des Krankheitszustandes.

So schönes Wetter kann es aber nicht immer geben. Eines Tages trübt es sich. Es stellen sich Schwierigkeiten in der Behandlung ein; der Patient behauptet, es falle ihm nichts mehr ein. Man hat den deutlichsten Eindruck, daß sein Interesse nicht mehr bei der Arbeit ist und daß er sich leichten Sinnes über die ihm gegebene Vorschrift hinaussetzt, alles zu sagen, was ihm durch den Sinn fährt, und keiner kritischen Abhaltung dagegen nachzugeben. Er benimmt sich wie außerhalb der Kur, so als ob er jenen Vertrag mit dem Arzt nicht abgeschlossen hätte; er ist offenbar von etwas eingenommen, was er aber für sich behalten will. Das ist eine für die Behandlung gefährliche Situation. Man steht unverkennbar vor einem gewaltigen Widerstand. Aber was ist da vorgefallen?

Wenn man imstande ist, die Situation wieder zu klären, so erkennt man als die Ursache der Störung, daß der Patient intensive zärtliche Gefühle auf den Arzt übertragen hat, zu denen ihn weder das Benehmen des Arztes noch die in der Kur entstandene Beziehung berechtigt. In welcher Form sich diese Zärtlichkeit äußert und welche Ziele sie anstrebt, das hängt natürlich von den persönlichen Verhältnissen der beiden Beteiligten ab. Handelt es sich um ein junges Mädchen und um einen jüngeren Mann, so werden wir den Eindruck einer normalen Verliebtheit bekommen, werden es begreiflich finden, daß sich ein Mädchen in einen Mann verliebt, mit dem es viel allein sein und Intimes besprechen kann, der ihm in der vorteilhaften Position des überlegenen Helfers entgegentritt, und werden darüber wahrscheinlich übersehen, daß bei dem neurotischen Mädchen eher eine Störung der Liebesfähigkeit zu erwarten wäre. Je weiter sich dann die persönlichen Verhältnisse von Arzt und Patient von diesem angenommenen Fall entfernen, desto mehr wird es uns befremden, wenn wir trotzdem immer wieder dieselbe Gefühlsbeziehung hergestellt finden. Es mag noch angehen, wenn die junge, in der Ehe unglückliche Frau von einer ernsten Leidenschaft für ihren selbst noch freien Arzt erfaßt scheint, wenn sie bereit ist, die Scheidung ihrer Ehe anzustreben, um ihm anzugehören, oder im Falle sozialer Hemmnisse selbst kein Bedenken äußert, ein heimliches Liebesverhältnis mit ihm einzugehen. Dergleichen kommt ja auch sonst außerhalb der Psychoanalyse vor. Man hört nun aber unter diesen Umständen mit Erstaunen Äußerungen von seiten der Frauen und Mädchen, welche eine ganz bestimmte Stellungnahme zum therapeutischen Problem bekunden: sie hätten immer gewußt, daß sie nur durch die Liebe gesund werden können, und von Beginn der Behandlung an erwartet, daß ihnen durch diesen Verkehr endlich geschenkt werde, was ihnen das Leben bisher vorenthalten. Nur dieser Hoffnung wegen hätten sie sich so viel Mühe in der Kur gegeben und alle Schwierigkeiten der Mitteilung überwunden. Wir werden für uns hinzusetzen: und alles, was sonst zu glauben schwerfällt, so leicht verstanden. Aber ein solches Geständnis überrascht uns; es wirft unsere Berechnungen über den Haufen. Könnte es sein, daß wir den wichtigsten Posten aus unserem Ansatz weggelassen haben?

Und wirklich, je weiter wir in der Erfahrung kommen, desto weniger können wir dieser für unsere Wissenschaftlichkeit beschämenden Korrektur widerstreben. Die ersten Male konnte man etwa glauben, die analytische Kur sei auf eine Störung durch ein zufälliges, d. h. nicht in ihrer Absicht liegendes und von ihr nicht hervorgerufenes Ereignis gestoßen. Aber wenn sich eine solche zärtliche Bindung des Patienten an den Arzt regelmäßig bei jedem neuen Falle wiederholt, wenn sie unter den ungünstigsten Bedingungen, bei geradezu grotesken Mißverhältnissen immer wieder zum Vorschein kommt, auch bei der gealterten Frau, auch gegen den graubärtigen Mann, auch dort, wo nach unserem Urteil keinerlei Verlockungen bestehen, dann müssen wir doch die Idee eines störenden Zufalles aufgeben und erkennen, daß es sich um ein Phänomen handelt, welches mit dem Wesen des Krankseins selbst im Innersten zusammenhängt.

Die neue Tatsache, welche wir also widerstrebend anerkennen, heißen wir die *Übertragung*. Wir meinen eine Übertragung von Gefühlen auf die Person des Arztes, weil wir nicht glauben, daß die Situation der Kur eine Entstehung solcher Gefühle rechtfertigen könne. Vielmehr vermuten wir, daß die ganze Gefühlsbereitschaft anderswoher stammt, in der Kranken vorbereitet war und bei der Gelegenheit der analytischen Behandlung auf die Person des Arztes übertragen wird. Die Übertragung kann als stürmische Liebesforderung auftreten oder in gemäßigteren Formen; an Stelle des Wunsches, Geliebte zu sein, kann zwischen dem jungen Mädchen und dem alten Mann der Wunsch auftauchen, als bevorzugte Tochter angenommen zu werden, das libidinöse Streben kann sich zum Vorschlag einer unzertrennlichen, aber ideal unsinnlichen Freundschaft mildern. Manche Frauen verstehen es, die Übertragung zu sublimieren und an ihr zu modeln, bis sie eine Art von Existenzfähigkeit gewinnt; andere müssen sie in ihrer rohen, ursprünglichen, zumeist unmöglichen Gestalt äußern. Aber es ist im Grunde immer das gleiche und läßt die Herkunft aus derselben Quelle nie verkennen.

Ehe wir uns fragen, wo wir die neue Tatsache der Übertragung unterbringen wollen, wollen wir ihre Beschreibung vervollständigen. Wie ist es denn bei männlichen Patienten? Da dürfte man doch hoffen, der lästigen Einmengung der Geschlechtsverschiedenheit und Geschlechtsanziehung zu entgehen. Nun, nicht viel anders als bei weiblichen, muß die Antwort lauten. Dieselbe Bindung an den Arzt, dieselbe Überschätzung seiner Eigenschaften, das nämliche Aufgehen in dessen Interessen, die gleiche Eifersucht gegen alle, die ihm im Leben nahestehen. Die sublimierten Formen der Übertragung sind zwischen Mann und Mann in dem Maße häufiger und die direkte Sexualforderung seltener, in welchem die manifeste Homosexualität gegen die anderen Verwendungen dieser Triebkomponente zurücktritt. Bei seinen männlichen Patienten beobachtet der Arzt auch häufiger als bei Frauen eine Erscheinungsform der Übertragung, welche auf den ersten Blick allem bisher Beschriebenen zu widersprechen scheint, die feindselige oder *negative* Übertragung.

Machen wir uns zunächst klar, daß die Übertragung sich vom Anfang der Behandlung an beim Patienten ergibt und eine Weile die stärkste Triebfeder der Arbeit darstellt. Man verspürt nichts von ihr und braucht sich auch nicht um sie zu bekümmern, solange sie zu Gunsten der gemeinsam betriebenen Analyse wirkt. Wandelt sie sich dann zum Widerstand, so muß man ihr Aufmerksamkeit zuwenden und erkennt, daß sie unter zwei verschiedenen und entgegengesetzten Bedingungen ihr Verhältnis zur Kur geändert hat, erstens wenn sie als zärtliche Neigung so stark geworden ist, so deutlich die Zeichen ihrer Herkunft aus dem Sexualbedürfnis verraten hat, daß sie ein inneres Widerstreben gegen sich wachrufen muß, und zweitens, wenn sie aus feindseligen anstatt aus zärtlichen Regungen besteht. Die feindseligen Gefühle kommen in der Regel später als die zärtlichen und hinter ihnen zum Vorschein; in ihrem gleichzeitigen Bestand ergeben sie eine gute Spiegelung der Gefühlsambivalenz [S. 412], welche in den meisten unserer intimen Beziehungen zu anderen Menschen herrscht. Die feindlichen Gefühle bedeuten ebenso eine Gefühlsbindung wie die zärtlichen, ebenso wie der Trotz dieselbe Abhängigkeit bedeutet wie der Gehorsam, wenn auch mit entgegengesetztem Vorzeichen. Daß die feindlichen Gefühle gegen den Arzt den Namen einer »Übertragung« verdienen, kann uns nicht zweifelhaft sein, denn zu ihrer Entstehung gibt die Situation der Kur gewiß keinen zureichenden Anlaß; die notwendige Auffassung der negativen Übertragung versichert uns so, daß wir in der Beurteilung der positiven oder zärtlichen nicht irregegangen sind.

Woher die Übertragung stammt, welche Schwierigkeiten sie uns bereitet, wie wir sie überwinden und welchen Nutzen wir schließlich aus ihr ziehen, das ist ausführlich in einer technischen Unterweisung zur Analyse zu behandeln und soll heute von mir nur gestreift werden. Es ist ausgeschlossen, daß wir den aus der Übertragung folgenden Forderungen des Patienten nachgeben, es wäre widersinnig, sie unfreundlich oder gar entrüstet abzuweisen; wir überwinden die Übertragung, indem wir dem Kranken nachweisen, daß seine Gefühle nicht aus der gegenwärtigen Situation stammen und nicht der Person des Arztes gelten, sondern daß sie wiederholen, was bei ihm bereits früher einmal vorgefallen ist. Auf solche Weise nötigen wir ihn, seine Wiederholung in Erinnerung zu verwandeln. Dann wird die Übertragung, die, ob zärtlich oder feindselig, in jedem Falle die stärkste Bedrohung der Kur zu bedeuten schien, zum besten Werkzeug derselben, mit dessen Hilfe sich die verschlossensten Fächer des Seelenlebens eröffnen lassen. Ich möchte Ihnen aber einige Worte sagen, um Sie von dem Befremden über das Auftreten dieses unerwarteten Phänomens zu befreien. Wir wollen doch nicht vergessen, daß die Krankheit des Patienten, den wir zur Analyse übernehmen, nichts Abgeschlossenes, Erstarrtes ist, sondern weiterwächst und ihre Entwicklung fortsetzt wie ein lebendes Wesen. Der Beginn der Behandlung macht dieser Entwicklung kein Ende, aber wenn die Kur sich erst des Kranken bemächtigt hat, dann ergibt es sich, daß die gesamte Neuproduktion der Krankheit sich auf eine einzige Stelle wirft, nämlich auf das Verhältnis zum Arzt. Die Übertragung wird so der Cambiumschicht zwischen Holz und Rinde eines Baumes vergleichbar, von welcher Gewebsneubildung und Dickenwachstum des Stammes ausgehen. Hat sich die Übertragung erst zu dieser Bedeutung aufgeschwungen, so tritt die Arbeit an den Erinnerungen des Kranken weit zurück. Es ist dann nicht unrichtig zu sagen, daß man es nicht mehr mit der früheren Krankheit des Patienten zu tun hat, sondern mit einer neugeschaffenen und umgeschaffenen Neurose, welche die erstere ersetzt. Diese Neuauflage der alten Affektion hat man von Anfang an verfolgt, man hat sie entstehen und wachsen gesehen und findet sich in ihr besonders gut zurecht, weil man selbst als Objekt in ihrem Mittelpunkt steht. Alle Symptome des Kranken haben ihre ursprüngliche Bedeutung aufgegeben und sich auf einen neuen Sinn eingerichtet, der in einer Beziehung zur Übertragung besteht. Oder es sind nur solche Symptome bestehen geblieben, denen eine solche Umarbeitung gelingen konnte. Die Bewältigung dieser neuen künstlichen Neurose fällt aber zusammen mit der Erledigung der in die Kur mitgebrachten Krankheit, mit der Lösung unserer therapeutischen Aufgabe. Der Mensch, der im Verhältnis zum Arzt normal und frei von der Wirkung verdrängter Triebregungen geworden ist, bleibt auch so in seinem Eigenleben, wenn der Arzt sich wieder ausgeschaltet hat.

Diese außerordentliche, für die Kur geradezu zentrale Bedeutung hat die Übertragung bei den Hysterien, Angsthysterien und Zwangsneurosen, die darum mit Recht als *»Übertragungsneurosen«* zusammengefaßt werden. Wer sich aus der analytischen Arbeit den vollen Eindruck von der Tatsache der Übertragung geholt hat, der kann nicht mehr bezweifeln, von welcher Art die unterdrückten Regungen sind, die sich in den Symptomen dieser Neurosen Ausdruck verschaffen, und verlangt nach keinem kräftigeren Beweis für deren libidinöse Natur. Wir dürfen sagen, unsere Überzeugung von der Bedeutung der Symptome als libidinöse Ersatzbefriedigungen ist erst durch die Einreihung der Übertragung endgültig gefestigt worden.

Nun haben wir allen Grund, unsere frühere dynamische Auffassung des Heilungsvorganges zu verbessern und sie mit der neuen Einsicht in Einklang zu bringen. Wenn der Kranke den Normalkonflikt mit den Widerständen durchzukämpfen hat, die wir ihm in der Analyse [S. 421] aufgedeckt haben, so bedarf er eines mächtigen Antriebes, der die Entscheidung in dem von uns gewünschten, zur Genesung führenden Sinne beeinflußt. Sonst könnte es geschehen, daß er sich für die Wiederholung des früheren Ausganges entscheidet und das ins Bewußtsein Gehobene wieder in die Verdrängung gleiten läßt. Den Ausschlag in diesem Kampfe gibt dann nicht seine intellektuelle Einsicht – die ist weder stark noch frei genug für solche Leistung –, sondern einzig sein Verhältnis zum Arzt. Soweit seine Übertragung von positivem Vorzeichen ist, bekleidet sie den Arzt mit Autorität, setzt sie sich in Glauben an seine Mitteilungen und Auffassungen um. Ohne solche Übertragung, oder wenn sie negativ ist, würde er den Arzt und dessen Argumente nicht einmal zu Gehör kommen lassen. Der Glaube wiederholt dabei seine eigene Entstehungsgeschichte; er ist ein Abkömmling der Liebe und hat zuerst der Argumente nicht bedurft. Erst später hat er ihnen so viel eingeräumt, daß er sie in prüfende Betrachtung zieht, wenn sie von einer ihm lieben Person vorgebracht werden. Argumente ohne solche Stütze haben nicht gegolten, gelten bei den meisten Menschen niemals im Leben etwas. Der Mensch ist also im allgemeinen auch von der intellektuellen Seite her nur insoweit zugänglich, als er der libidinösen Objektbesetzung fähig ist, und wir haben guten Grund, in dem Ausmaß seines Narzißmus eine Schranke für seine Beeinflußbarkeit auch für die beste analytische Technik zu erkennen und zu fürchten.

Die Fähigkeit, libidinöse Objektbesetzungen auch auf Personen zu richten, muß ja allen normalen Menschen zugesprochen werden. Die Übertragungsneigung der genannten Neurotiker ist nur eine außerordentliche Steigerung dieser allgemeinen Eigenschaft. Nun wäre es doch sehr sonderbar, wenn ein menschlicher Charakterzug von solcher Verbreitung und Bedeutung nie bemerkt und nie verwertet worden wäre. Das ist auch wirklich geschehen. Bernheim hat die Lehre von den hypnotischen Erscheinungen mit unbeirrtem Scharfblick auf den Satz begründet, daß alle Menschen irgendwie suggerierbar, »suggestibel« sind. Seine Suggestibilität ist nichts anderes als die Neigung zur Übertragung, etwas zu enge gefaßt, so daß die negative Übertragung keinen Raum darin fand. Aber Bernheim konnte nie sagen, was die Suggestion eigentlich ist und wie sie zustande kommt. Sie war für ihn eine Grundtatsache, für deren Herkunft er keinen Nachweis geben konnte. Er hat die Abhängigkeit der *»suggestibilité«* von der Sexualität, von der Betätigung der Libido nicht erkannt. Und wir müssen gewahr werden, daß wir in unserer Technik die Hypnose nur aufgegeben haben, um die Suggestion in der Gestalt der Übertragung wiederzuentdecken.

Jetzt halte ich aber ein und lasse Ihnen das Wort. Ich merke, eine Einwendung schwillt bei Ihnen so mächtig an, daß sie Ihnen die Fähigkeit rauben würde zuzuhören, würde man sie nicht zu Worte kommen lassen: »Also Sie haben endlich zugestanden, daß Sie mit der Hilfskraft der Suggestion arbeiten wie die Hypnotiker. Das haben wir uns ja schon lange gedacht. Aber dann, wozu der Umweg über die Erinnerungen der Vergangenheit, die Aufdeckung des Unbewußten, die Deutung und Rückübersetzung der Entstellungen, der ungeheure Aufwand an Mühe, Zeit und Geld, wenn das einzig Wirksame doch nur die Suggestion ist? Warum suggerieren Sie nicht direkt gegen die Symptome, wie es die anderen tun, die ehrlichen Hypnotiseure? Und ferner, wenn Sie sich entschuldigen wollen, auf dem Umweg, den Sie gehen, haben Sie zahlreiche bedeutsame psychologische Funde gemacht, die sich bei der direkten Suggestion verbergen: wer steht denn jetzt für die Sicherheit dieser Funde ein? Sind die nicht auch ein Ergebnis der Suggestion, der unbeabsichtigten nämlich; können Sie denn nicht dem

Kranken auch auf diesem Gebiete aufdrängen, was Sie wollen und was Ihnen richtig scheint?«

Was Sie mir da einwerfen, ist ungemein interessant und muß beantwortet werden. Aber heute kann ich's nicht mehr, es fehlt uns die Zeit. Auf nächstes Mal also. Sie werden sehen, ich stehe Ihnen Rede. Für heute muß ich noch das Begonnene zu Ende bringen. Ich habe versprochen, Ihnen mit Hilfe der Tatsache der Übertragung verständlich zu machen, warum unsere therapeutische Bemühung bei den narzißtischen Neurosen keinen Erfolg hat.

Ich kann es mit wenigen Worten tun, und Sie werden sehen, wie einfach sich das Rätsel löst und wie gut alles zusammenstimmt. Die Beobachtung läßt erkennen, daß die an narzißtischen Neurosen Erkrankten keine Übertragungsfähigkeit haben oder nur ungenügende Reste davon. Sie lehnen den Arzt ab, nicht in Feindseligkeit, sondern in Gleichgültigkeit. Darum sind sie auch nicht durch ihn zu beeinflussen; was er sagt, läßt sie kalt, macht ihnen keinen Eindruck, darum kann sich der Heilungsmechanismus, den wir bei den anderen durchsetzen, die Erneuerung des pathogenen Konfliktes und die Überwindung des Verdrängungswiderstandes bei ihnen nicht herstellen. Sie bleiben, wie sie sind. Sie haben häufig bereits Herstellungsversuche auf eigene Faust unternommen, die zu pathologischen Ergebnissen geführt haben [S. 407]; wir können nichts daran ändern.

Auf Grund unserer klinischen Eindrücke von diesen Kranken hatten wir behauptet, bei ihnen müsse die Objektbesetzung aufgegeben und die Objektlibido in Ichlibido umgesetzt worden sein [S. 405]. Durch diesen Charakter hatten wir sie von der ersten Gruppe von Neurotikern (Hysterie, Angst- und Zwangsneurose) geschieden. Ihr Verhalten beim therapeutischen Versuch bestätigt nun diese Vermutung. Sie zeigen keine Übertragung und darum sind sie auch für unsere Bemühung unzugänglich, durch uns nicht heilbar.

DIE ANALYTISCHE THERAPIE[1]

Meine Damen und Herren! Sie wissen, worüber wir heute sprechen werden. Sie haben mich gefragt, warum wir uns in der psychoanalytischen Therapie nicht der direkten Suggestion bedienen, wenn wir zugeben, daß unser Einfluß wesentlich auf Übertragung, d. i. auf Suggestion, beruht, und haben daran den Zweifel geknüpft, ob wir bei einer solchen Vorherrschaft der Suggestion noch für die Objektivität unserer psychologischen Funde einstehen können. Ich habe versprochen, Ihnen ausführliche Antwort zu geben.

Direkte Suggestion, das ist Suggestion gegen die Äußerung der Symptome gerichtet, Kampf zwischen Ihrer Autorität und den Motiven des Krankseins. Sie kümmern sich dabei um diese Motive nicht, fordern vom Kranken nur, daß er deren Äußerung in Symptomen unterdrücke. Es macht dann keinen prinzipiellen Unterschied, ob Sie den Kranken in Hypnose versetzen oder nicht. Bernheim hat wiederum mit der ihn auszeichnenden Schärfe behauptet, daß die Suggestion das Wesentliche an den Erscheinungen des Hypnotismus sei, die Hypnose aber selbst schon ein Erfolg der Suggestion, ein suggerierter Zustand[2], und er hat mit Vorliebe die Suggestion im Wachen geübt, die dasselbe leisten kann wie die Suggestion in der Hypnose.

Was wollen Sie nun in dieser Frage zuerst anhören, die Aussagung der Erfahrung oder theoretische Überlegungen?

Beginnen wir mit der ersteren. Ich war Schüler von Bernheim, den ich 1889 in Nancy aufgesucht und dessen Buch über die Suggestion ich ins Deutsche übersetzt habe[3]. Ich habe Jahre hindurch die hypnotische Behandlung geübt, zunächst mit Verbotsuggestion und später mit

---

[1] [Diese Vorlesung enthält Freuds ausführlichste Darstellung der Theorie über die therapeutische Wirkung der Psychoanalyse.]

[2] [Später rückte Freud von dieser Ansicht Bernheims ab. Vgl. seine Anm. am Schluß des X. Kapitels von *Massenpsychologie und Ich-Analyse* (1921 *c*).]

[3] [Freud hat insgesamt zwei Bücher von Bernheim übersetzt: *De la suggestion et de ses applications à la thérapeutique* (1886, übersetzt 1888/9) und *Hypnotisme, suggestion et psychothérapie* (1891, übersetzt 1892).]

der Breuerschen Ausforschung des Patienten kombiniert [vgl. S. 290]. Ich darf also über die Erfolge der hypnotischen oder suggestiven Therapie aus guter Erfahrung sprechen. Wenn nach einem alten Ärztewort eine ideale Therapie rasch, verläßlich und für den Kranken nicht unangenehm sein soll, so erfüllte die Bernheimsche Methode allerdings zwei dieser Anforderungen. Sie ließ sich viel rascher, das heißt unsagbar rascher, durchführen als die analytische, und sie brachte dem Kranken weder Mühe noch Beschwerden. Für den Arzt wurde es auf die Dauer – monoton; bei jedem Fall in gleicher Weise, mit dem nämlichen Zeremoniell den verschiedenartigsten Symptomen die Existenz zu verbieten, ohne von deren Sinn und Bedeutung etwas erfasssen zu können. Es war eine Handlangerarbeit, keine wissenschaftliche Tätigkeit und erinnerte an Magie, Beschwörung und Hokuspokus; aber das kam ja gegen das Interesse des Kranken nicht in Betracht. Am dritten fehlte es; verläßlich war das Verfahren nach keiner Richtung. Bei dem einen ließ es sich anwenden, bei dem anderen nicht; bei einem gelang vieles, beim anderen sehr wenig, man wußte nie warum. Ärger als diese Launenhaftigkeit des Verfahrens war der Mangel an Dauer der Erfolge. Nach einiger Zeit war, wenn man von den Kranken wieder hörte, das alte Leiden wieder da, oder es hatte sich durch ein neues ersetzt. Man konnte von neuem hypnotisieren. Im Hintergrunde stand die von erfahrener Seite ausgesprochene Mahnung, den Kranken nicht durch häufige Wiederholung der Hypnose um seine Selbständigkeit zu bringen und ihn an diese Therapie zu gewöhnen wie an ein Narkotikum. Zugegeben, manchmal gelang es auch ganz nach Wunsch; nach wenigen Bemühungen hatte man vollen und dauernden Erfolg. Aber die Bedingungen eines so günstigen Ausganges blieben unbekannt. Einmal geschah es mir, daß ein schwerer Zustand, den ich durch kurze hypnotische Behandlung gänzlich beseitigt hatte, unverändert wiederkehrte, nachdem mir die Kranke ohne mein Dazutun gram geworden war, daß ich ihn nach der Versöhnung von neuem und weit gründlicher zum Verschwinden brachte und daß er doch wiederkam, nachdem sie sich mir ein zweites Mal entfremdet hatte. Ein andermal erlebte ich, daß eine Kranke, der ich wiederholt von nervösen Zuständen durch Hypnose geholfen hatte, mir während der Behandlung eines besonders hartnäckigen Zufalles plötzlich die Arme um den Hals schlang. Das nötigte einen doch, sich mit der Frage nach Natur und Herkunft seiner suggestiven Autorität, ob man wollte oder nicht, zu beschäftigen.

Soweit die Erfahrungen. Sie zeigen uns, daß wir mit dem Verzicht auf die direkte Suggestion nichts Unersetzliches aufgegeben haben. Nun lassen Sie uns einige Erwägungen daran knüpfen. Die Ausübung der hypnotischen Therapie legt dem Patienten wie dem Arzt nur eine sehr geringfügige Arbeitsleistung auf. Diese Therapie ist in schönster Übereinstimmung mit einer Einschätzung der Neurosen, zu der sich noch die Mehrzahl der Ärzte bekennt. Der Arzt sagt dem Nervösen: Es fehlt Ihnen ja nichts, es ist nur nervös, und darum kann ich auch Ihre Beschwerden mit einigen Worten in wenigen Minunten wegblasen. Es widerstrebt aber unserem energetischen Denken, daß man durch eine winzige Kraftanstrengung eine große Last sollte bewegen können, wenn man sie direkt und ohne fremde Hilfe geeigneter Vorrichtungen angreift. Soweit die Verhältnisse vergleichbar sind, lehrt auch die Erfahrung, daß dieses Kunststück bei den Neurosen nicht gelingt. Ich weiß aber, dieses Argument ist nicht unangreifbar; es gibt auch »Auslösungen«.

Im Lichte der Erkenntnis, welche wir aus der Psychoanalyse gewonnen haben, können wir den Unterschied zwischen der hypnotischen und der psychoanalytischen Suggestion in folgender Art beschreiben: Die hypnotische Therapie sucht etwas im Seelenleben zu verdecken und zu übertünchen, die analytische etwas freizulegen und zu entfernen. Die erstere arbeitet wie eine Kosmetik, die letztere wie eine Chirurgie. Die erstere benützt die Suggestion, um die Symptome zu verbieten, sie verstärkt die Verdrängungen, läßt aber sonst alle Vorgänge, die zur Symptombildung geführt haben, ungeändert. Die analytische Therapie greift weiter wurzelwärts an, bei den Konflikten, aus denen die Symptome hervorgegangen sind, und bedient sich der Suggestion, um den Ausgang dieser Konflikte abzuändern. Die hypnotische Therapie läßt den Patienten untätig und ungeändert, darum auch in gleicher Weise widerstandslos gegen jeden neuen Anlaß zur Erkrankung. Die analytische Kur legt dem Arzt wie dem Kranken schwere Arbeitsleistung auf, die zur Aufhebung innerer Widerstände verbraucht wird. Durch die Überwindung dieser Widerstände wird das Seelenleben des Kranken dauernd verändert, auf eine höhere Stufe der Entwicklung gehoben und bleibt gegen neue Erkrankungsmöglichkeiten geschützt. Diese Überwindungsarbeit ist die wesentliche Leistung der analytischen Kur, der Kranke hat sie zu vollziehen, und der Arzt ermöglicht sie ihm durch die Beihilfe der im Sinne einer *Erziehung* wirkenden Suggestion. Man hat darum auch mit Recht gesagt, die psychoanalytische Behandlung sei eine Art von *Nacherziehung*.

Ich hoffe, Ihnen nun klargemacht zu haben, worin sich unsere Art, die Suggestion therapeutisch zu verwenden, von der bei der hypnotischen Therapie allein möglichen unterscheidet. Sie verstehen auch durch die Zurückführung der Suggestion auf die Übertragung die Launenhaftigkeit, die uns an der hypnotischen Therapie auffiel, während die analytische bis zu ihren Schranken berechenbar bleibt. Bei der Anwendung der Hypnose sind wir von dem Zustande der Übertragungsfähigkeit des Kranken abhängig, ohne daß wir auf diese selbst einen Einfluß üben könnten. Die Übertragung des zu Hypnotisierenden mag negativ oder, wie zu allermeist, ambivalent sein, er kann sich durch besondere Einstellungen gegen seine Übertragung geschützt haben; wir erfahren nichts davon. In der Psychoanalyse arbeiten wir an der Übertragung selbst, lösen auf, was ihr entgegensteht, richten uns das Instrument zu, mit dem wir einwirken wollen. So wird es uns möglich, aus der Macht der Suggestion einen ganz anderen Nutzen zu ziehen; wir bekommen sie in die Hand; nicht der Kranke suggeriert sich allein, wie es in seinem Belieben steht, sondern wir lenken seine Suggestion, soweit er ihrem Einfluß überhaupt zugänglich ist.

Nun werden Sie sagen, gleichgültig, ob wir die treibende Kraft unserer Analyse Übertragung oder Suggestion heißen, es besteht doch die Gefahr, daß die Beeinflussung des Patienten die objektive Sicherheit unserer Befunde zweifelhaft macht. Was der Therapie zugute kommt, bringt die Forschung zu Schaden. Es ist die Einwendung, welche am häufigsten gegen die Psychoanalyse erhoben worden ist, und man muß zugestehen, wenn sie auch unzutreffend ist, so kann man sie doch nicht als unverständig abweisen. Wäre sie aber berechtigt, so würde die Psychoanalyse doch nichts anderes als eine besonders gut verkappte, besonders wirksame Art der Suggestionsbehandlung sein, und wir dürften alle ihre Behauptungen über Lebenseinflüsse, psychische Dynamik, Unbewußtes leichtnehmen. So meinen es auch die Gegner; besonders alles, was sich auf die Bedeutung der sexuellen Erlebnisse bezieht, wenn nicht gar diese selbst, sollen wir den Kranken »eingeredet« haben, nachdem uns in der eigenen verderbten Phantasie solche Kombinationen gewachsen sind. Die Widerlegung dieser Anwürfe gelingt leichter durch die Berufung auf die Erfahrung als mit Hilfe der Theorie. Wer selbst Psychoanalysen ausgeführt hat, der konnte sich ungezählte Male davon überzeugen, daß es unmöglich ist, den Kranken in solcher Weise zu suggerieren. Es hat natürlich keine Schwierigkeit, ihn zum Anhänger einer gewissen Theorie zu machen und ihn so auch an einem möglichen Irrtum des Arztes teilnehmen zu lassen. Er verhält sich dabei wie ein anderer, wie ein Schüler, aber man hat dadurch auch nur seine Intelligenz, nicht seine Krankheit beeinflußt. Die Lösung seiner Konflikte und die Überwindung seiner Widerstände glückt doch nur, wenn man ihm solche Erwartungsvorstellungen gegeben hat, die mit der Wirklichkeit in ihm übereinstimmen. Was an den Vermutungen des Arztes unzutreffend war, das fällt im Laufe der Analyse wieder heraus, muß zurückgezogen und durch Richtigeres ersetzt werden. Durch eine sorgfältige Technik sucht man das Zustandekommen von vorläufigen Suggestionserfolgen zu verhüten; aber es ist auch unbedenklich, wenn sich solche einstellen, denn man begnügt sich nicht mit dem ersten Erfolg. Man hält die Analyse nicht für beendigt, wenn nicht die Dunkelheiten des Falles aufgeklärt, die Erinnerungslücken ausgefüllt, die Gelegenheiten der Verdrängungen aufgefunden sind. Man erblickt in Erfolgen, die sich zu früh einstellen, eher Hindernisse als Förderungen der analytischen Arbeit und zerstört diese Erfolge wieder, indem man die Übertragung, auf der sie beruhen, immer wieder auflöst. Im Grunde ist es dieser letzte Zug, welcher die analytische Behandlung von der rein suggestiven scheidet und die analytischen Ergebnisse von dem Verdacht befreit, suggestive Erfolge zu sein. Bei jeder anderen suggestiven Behandlung wird die Übertragung sorgfältig geschont, unberührt gelassen; bei der analytischen ist sie selbst Gegenstand der Behandlung und wird in jeder ihrer Erscheinungsformen zersetzt. Zum Schlusse einer analytischen Kur muß die Übertragung selbst abgetragen sein, und wenn der Erfolg jetzt sich einstellt oder erhält, so beruht er nicht auf der Suggestion, sondern auf der mit ihrer Hilfe vollbrachten Leistung der Überwindung innerer Widerstände, auf der in dem Kranken erzielten inneren Veränderung.

Der Entstehung von Einzelsuggestionen wirkt wohl entgegen, daß wir während der Kur unausgesetzt gegen Widerstände anzukämpfen haben, die sich in negative (feindselige) Übertragungen zu verwandeln wissen. Wir werden es auch nicht versäumen, uns darauf zu berufen, daß eine große Anzahl von Einzelergebnissen der Analyse, die man sonst als Produkte der Suggestion verdächtigen würde, uns von anderer einwandfreier Seite bestätigt werden. Unsere Gewährsmänner sind in diesem Falle die Dementen und Paranoiker, die über den Verdacht suggestiver Beeinflussung natürlich hoch erhaben sind. Was uns diese Kranken an Symbolübersetzungen und Phantasien erzählen, die bei ihnen zum Bewußtsein durchgedrungen sind, deckt sich getreulich mit den Ergebnissen unserer Untersuchungen an dem Unbewußten der Übertragungsneurotiker und bekräftigt so die objektive Richtigkeit unserer oft bezweifelten Deutungen. Ich glaube, Sie werden nicht irregehen, wenn Sie in diesen Punkten der Analyse Ihr Zutrauen schenken.

Wir wollen jetzt unsere Darstellung vom Mechanismus der Heilung vervollständigen, indem wir sie in die Formeln der Libidotheorie kleiden. Der Neurotiker ist genuß- und leistungsunfähig, das erstere, weil seine Libido auf kein reales Objekt gerichtet ist, das letztere, weil er sehr viel von seiner sonstigen Energie aufwenden muß, um die Libido in der Verdrängung zu erhalten und sich ihres Ansturmes zu erwehren. Er würde gesund, wenn der Konflikt zwischen seinem Ich und seiner Libido ein Ende hätte und sein Ich wieder die Verfügung über seine Libido besäße. Die therapeutische Aufgabe besteht also darin, die Libido aus ihren derzeitigen, dem Ich entzogenen Bindungen zu lösen und sie wieder dem Ich dienstbar zu machen. Wo steckt nun die Libido des Neurotikers? Leicht zu finden; sie ist an die Symptome gebunden, die ihr die derzeit einzig mögliche Ersatzbefriedigung gewähren. Man muß also der Symptome Herr werden, sie auflösen, gerade dasselbe, was der Kranke von uns fordert. Zur Lösung der Symptome wird es nötig, bis auf deren Entstehung zurückzugehen, den Konflikt, aus dem sie hervorgegangen sind, zu erneuern und ihn mit Hilfe solcher Triebkräfte, die seinerzeit nicht verfügbar waren, zu einem anderen Ausgang zu lenken. Diese Revision des Verdrängungsprozesses läßt sich nur zum Teil an den Erinnerungsspuren der Vorgänge vollziehen, welche zur Verdrängung geführt haben. Das entscheidende Stück der Arbeit wird geleistet, indem man im Verhältnis zum Arzt, in der »Übertragung«, Neuauflagen jener alten Konflikte schafft, in denen sich der Kranke benehmen möchte, wie er sich seinerzeit benommen hat, während man ihn durch das Aufgebot aller verfügbaren seelischen Kräfte [des Patienten] zu einer anderen Entscheidung nötigt. Die Übertragung wird also das Schlachtfeld, auf welchem sich alle miteinander ringenden Kräfte treffen sollen.
Alle Libido wie alles Widerstreben gegen sie wird auf das eine Verhältnis zum Arzt gesammelt; dabei ist es unvermeidich, daß die Symptome von der Libido entblößt werden. An Stelle der eigenen Krankheit des Patienten tritt die künstlich hergestellte der Übertragung, die

Übertragungskrankheit, an Stelle der verschiedenartigen irrealen Libidoobjekte das eine wiederum phantastische Objekt der ärztlichen Person. Der neue Kampf um dieses Objekt wird aber mit Hilfe der ärztlichen Suggestion auf die höchste psychische Stufe gehoben, er verläuft als normaler seelischer Konflikt. Durch die Vermeidung einer neuerlichen Verdrängung wird der Entfremdung zwischen Ich und Libido ein Ende gemacht, die seelische Einheit der Person wiederhergestellt. Wenn die Libido von dem zeitweiligen Objekt der ärztlichen Person wieder abgelöst wird, kann sie nicht zu ihren früheren Objekten zurückkehren, sondern steht zur Verfügung des Ichs. Die Mächte, die man während dieser therapeutischen Arbeit bekämpft hat, sind einerseits die Abneigung des Ichs gegen gewisse Richtungen der Libido, die sich als Verdrängungsneigung geäußert hat, und anderseits die Zähigkeit oder Klebrigkeit der Libido [S. 341], die einmal von ihr besetzte Objekte nicht gerne verläßt.

Die therapeutische Arbeit zerlegt sich also in zwei Phasen; in der ersten wird alle Libido von den Symptomen her in die Übertragung gedrängt und dort konzentriert, in der zweiten der Kampf um dies neue Objekt durchgeführt und die Libido von ihm frei gemacht. Die für den guten Ausgang entscheidende Veränderung ist die Ausschaltung der Verdrängung bei diesem erneuerten Konflikt, so daß sich die Libido nicht durch die Flucht ins Unbewußte wiederum dem Ich entziehen kann. Ermöglicht wird sie durch die Ichveränderung, welche sich unter dem Einfluß der ärztlichen Suggestion vollzieht. Das Ich wird durch die Deutungsarbeit, welche Unbewußtes in Bewußtes umsetzt, auf Kosten dieses Unbewußten vergrößert, es wird durch Belehrung gegen die Libido versöhnlich und geneigt gemacht, ihr irgendeine Befriedigung einzuräumen, und seine Scheu vor den Ansprüchen der Libido wird durch die Möglichkeit, einen Teilbetrag von ihr durch Sublimierung zu erledigen, verringert. Je besser sich die Vorgänge bei der Behandlung mit dieser idealen Beschreibung decken, desto größer wird der Erfolg der psychoanalytischen Therapie. Seine Schranke findet er an dem Mangel an Beweglichkeit der Libido, die sich sträuben kann, von ihren Objekten abzulassen, und an der Starrheit des Narzißmus, der die Objektübertragung nicht über eine gewisse Grenze anwachsen läßt. Vielleicht werfen wir ein weiteres Licht auf die Dynamik des Heilungsvorganges durch die Bemerkung, daß wir die ganze der Herrschaft des Ichs entzogene Libido auffangen, indem wir durch die Übertragung ein Stück von ihr auf uns ziehen.

Es ist auch die Mahnung nicht unangebracht, daß wir aus den Verteilungen der Libido, die sich während und durch die Behandlung herstellen, keinen direkten Schluß auf die Unterbringung der Libido während des Krankseins ziehen dürfen. Angenommen, es sei uns gelungen, den Fall durch die Herstellung und Lösung einer starken Vaterübertragung auf den Arzt glücklich zu erledigen, so ginge der Schluß fehl, daß der Kranke vorher an einer solchen unbewußten Bindung seiner Libido an den Vater gelitten hat. Die Vaterübertragung ist nur das Schlachtfeld, auf welchem wir uns der Libido bemächtigen; die Libido des Kranken ist von anderen Positionen her dorthin gelenkt worden. Dies Schlachtfeld muß nicht notwendig mit einer der wichtigen Festungen des Feindes zusammenfallen. Die Verteidigung der feindlichen Hauptstadt braucht nicht gerade vor deren Toren zu geschehen. Erst nachdem man die Übertragung wieder gelöst hat, kann man die Libidoverteilung, welche während des Krankseins bestanden hatte, in Gedanken rekonstruieren.

Vom Standpunkt der Libidotheorie können wir auch noch ein letztes Wort über den Traum sagen. Die Träume der Neurotiker dienen uns wie ihre Fehlleistungen und ihre freien Einfälle dazu, den Sinn der Symptome zu erraten und die Unterbringung der Libido aufzudecken. Sie zeigen uns in der Form der Wunscherfüllung, welche Wunschregungen der Verdrängung verfallen sind und an welche Objekte sich die dem Ich entzogene Libido gehängt hat. Die Deutung der Träume spielt darum in der psychoanalytischen Behandlung eine große Rolle und ist in manchen Fällen durch lange Zeiten das wichtigste Mittel der Arbeit. Wir wissen bereits, daß der Schlafzustand an sich einen gewissen Nachlaß der Verdrängungen herbeiführt. Durch diese Ermäßigung des auf ihr lastenden Druckes wird es möglich, daß sich die verdrängte Regung im Traume einen viel deutlicheren Ausdruck schafft, als ihn während des Tages das Symptom gewähren kann. Das Studium des Traumes wird so zum bequemsten Zugang für die Kenntnis des verdrängten Unbewußten, dem die dem Ich entzogene Libido angehört. [Vgl. S. 221 f.]

Die Träume der Neurotiker sind aber in keinem wesentlichen Punkte von denen der Normalen verschieden; ja sie sind von ihnen vielleicht überhaupt nicht unterscheidbar. Es wäre widersinnig, von den Träumen Nervöser auf eine Weise Rechenschaft zu geben, welche nicht auch für die Träume Normaler Geltung hätte. Wir müssen also sagen, der Unterschied zwischen Neurose und Gesundheit gilt nur für den Tag, er setzt sich nicht ins Traumleben fort. Wir sind genötigt, eine Anzahl von Annahmen, die sich beim Neurotiker infolge des Zusammenhanges zwischen seinen Träumen und seinen Symptomen ergeben, auch auf den gesunden Menschen zu übertragen. Wir können es nicht in Abrede stellen, daß auch der Gesunde in seinem Seelenleben das besitzt, was allein die Traumbildung wie die Symptombildung ermöglicht, und müssen den Schluß ziehen, daß auch er Verdrängungen vorgenommen hat, einen gewissen Aufwand treibt, um sie zu unterhalten, daß sein System des Unbewußten verdrängte und noch energiebesetzte Regungen verbirgt und daß *ein Anteil seiner Libido der Verfügung seines Ichs entzogen ist.* Auch der Gesunde ist also virtuell ein Neurotiker, aber der Traum scheint das einzige Symptom zu sein, das zu bilden er fähig ist. Unterwirft man sein Wachleben einer schärferen Prüfung, so entdeckt man freilich – was diesen Anschein widerlegt –, daß dies angeblich gesunde Leben von einer Unzahl geringfügiger, praktisch nicht bedeutsamer Symptombildungen durchsetzt ist.

Der Unterschied zwischen nervöser Gesundheit und Neurose schränkt sich also aufs Praktische ein und bestimmt sich nach dem Erfolg, ob der Person ein genügendes Maß von Genuß- und Leistungsfähigkeit verblieben ist. Er führt sich wahrscheinlich auf das relative Verhältnis zwischen den freigebliebenen und den durch Verdrängung gebundenen Energiebeträgen zurück und ist von quantitativer, nicht von qualitativer Art. Ich brauche Sie nicht daran zu mahnen, daß diese Einsicht die Überzeugung von der prinzipiellen Heilbarkeit der Neurosen, trotz ihrer Begründung in der konstitutionellen Anlage, theoretisch begründet.

Soviel dürfen wir aus der Tatsache der Identität der Träume bei Gesunden und bei Neurotikern für die Charakteristik der Gesundheit erschließen. Für den Traum selbst ergibt sich aber die weitere Folgerung, daß wir ihn nicht aus seinen Beziehungen zu den neurotischen Symptomen lösen dürfen, daß wir nicht glauben sollen, sein Wesen sei durch die Formel einer Übersetzung von Gedanken in eine archaische Ausdrucksform erschöpft [S. 204], daß wir annehmen müssen, er zeige uns wirklich vorhandene Libidounterbringungen und Objektbesetzungen.

Wir sind nun bald zu Ende gekommen. Vielleicht sind Sie enttäuscht, daß ich Ihnen zum Kapitel der psychoanalytischen Therapie nur Theoretisches erzählt habe, nichts von den Bedingungen, unter denen man die Kur einschlägt, und von den Erfolgen, die sie erzielt. Ich unterlasse aber beides. Das erstere, weil ich Ihnen ja keine praktische Anleitung zur Ausübung der Psychoanalyse zu geben gedenke, und das letztere, weil mehrfache Motive mich davon abhalten. Ich habe es zu Eingang unserer Besprechungen [in diesem Semester, S. 257] betont, daß wir unter günstigen Umständen Heilerfolge erzielen, die hinter den schönsten auf dem Gebiete der internen Therapie nicht zurückstehen, und ich kann etwa noch hinzusetzen, daß dieselben durch kein anderes Verfahren erreicht worden wären. Würde ich mehr sagen, so käme ich in den Verdacht, daß ich die laut gewordenen Stimmen der Herabsetzung durch Reklame übertönen wollte. Es ist gegen die Psychoanalytiker wiederholt, auch auf öffentlichen Kongressen, von ärztlichen »Kollegen« die Drohung ausgesprochen worden, man werde durch eine Sammlung der analytischen Mißerfolge und Schädigungen dem leidenden Publikum die Augen über den Unwert dieser Behandlungsmethode öffnen. Aber eine solche Sammlung wäre, abgesehen von dem gehässigen, denunziatorischen Charakter der Maßregel, nicht einmal geeignet, ein richtiges Urteil über die therapeutische Wirksamkeit der Analyse zu ermöglichen. Die analytische Therapie ist, wie Sie wissen, jung; es hat lange Zeit gebraucht, bis man ihre Technik feststellen konnte, und dies konnte auch nur während der Arbeit und unter dem Einfluß der zunehmenden Erfahrung geschehen. Infolge der Schwierigkeiten der Unterweisung ist der ärztliche Anfänger in der Psychoanalyse in größerem Ausmaße als ein anderer Spezialist auf seine eigene Fähigkeit zur Fortbildung angewiesen, und die Erfolge seiner ersten Jahre werden nie die Leistungsfähigkeit der analytischen Therapie beurteilen lassen.

Viele Behandlungsversuche mißlangen in der Frühzeit der Analyse, weil sie an Fällen unternommen waren, die sich überhaupt nicht für das Verfahren eignen und die wir heute durch unsere Indikationsstellung ausschließen. Aber diese Indikationen konnten auch nur durch den Versuch gewonnen werden. Von vornherein wußte man seinerzeit nicht, daß Paranoia und Dementia praecox in ausgeprägten Formen unzugänglich sind, und hatte noch das Recht, die Methode an allerlei Affektionen zu erproben. Die meisten Mißerfolge jener ersten Jahre sind aber nicht durch die Schuld des Arztes oder wegen der ungeeigneten Objektwahl, sondern durch die Ungunst der äußeren Bedingungen zustande gekommen. Wir haben nur von den inneren Widerständen gehandelt, denen des Patienten, die notwendig und überwindbar sind.

Die äußeren Widerstände, die der Analyse von den Verhältnissen des Kranken, von seiner Umgebung bereitet werden, haben ein geringes theoretisches Interesse, aber die größte praktische Wichtigkeit. Die psychoanalytische Behandlung ist einem chirurgischen Eingriff gleichzusetzen und hat wie dieser den Anspruch, unter den für das Gelingen günstigsten Veranstaltungen vorgenommen zu werden. Sie wissen, welche Vorkehrungen der Chirurg dabei zu treffen pflegt: geeigneter Raum, gutes Licht, Assistenz, Ausschließung der Angehörigen usw. Nun fragen Sie sich selbst, wie viele dieser Operationen gut ausgehen würden, wenn sie im Beisein aller Familienmitglieder stattfinden müßten, die ihre Nasen in das Operationsfeld stecken und bei jedem Messerschnitt laut aufschreien würden. Bei den psychoanalytischen Behandlungen ist die Dazwischenkunft der Angehörigen geradezu eine Gefahr, und zwar eine solche, der man nicht zu begegnen weiß. Man ist gegen die inneren Widerstände des Patienten, die man als notwendig erkennt, gerüstet, aber wie soll man sich gegen jene äußeren Widerstände wehren? Den Angehörigen des Patienten kann man durch keinerlei Aufklärung beikommen, man kann sie nicht dazu bewegen, sich von der ganzen Angelegenheit fernzuhalten, und man darf nie gemeinsame Sache mit ihnen machen, weil man dann Gefahr läuft, das Vertrauen des Kranken zu verlieren, der – übrigens mit Recht – fordert, daß sein Vertrauensmann auch seine Partei nehme. Wer überhaupt weiß, von welchen Spaltungen oft eine Familie zerklüftet wird, der kann auch als Analytiker nicht von der Wahrnehmung überrascht werden, daß die dem Kranken Nächsten mitunter weniger Interesse daran verraten, daß er gesund werde, als daß er so bleibe, wie er ist. Wo, wie so häufig, die Neurose mit Konflikten zwischen Familienmitgliedern zusammenhängt, da bedenkt sich der Gesunde nicht lange bei der Wahl zwischen seinem Interesse und dem der Wiederherstellung des Kranken. Es ist ja nicht zu verwundern, wenn der Ehemann eine Behandlung nicht gerne sieht, in welcher, wie er mit Recht vermuten darf, sein Sündenregister aufgerollt werden wird; wir verwundern uns auch nicht darüber, aber wir können uns dann keinen Vorwurf machen, wenn unsere Bemühung erfolglos bleibt und vorzeitig abgebrochen wird, weil sich der Widerstand des Mannes zu dem der kranken Frau hinzuaddiert hat. Wir hatten eben etwas unternommen, was unter den bestehenden Verhältnissen undurchführbar war.

Ich will Ihnen anstatt vieler Fälle nur einen einzigen erzählen, in dem ich durch ärztliche Rücksichten zu einer leidenden Rolle verurteilt wurde. Ich nahm – vor vielen Jahren – ein junges Mädchen in analytische Behandlung, welches schon seit längerer Zeit aus Angst nicht auf die Straße gehen und zu Hause nicht allein bleiben konnte. Die Kranke rückte langsam mit dem Geständnis heraus, daß ihre Phantasie durch zufällige Beobachtungen des zärtlichen Verkehres zwischen ihrer Mutter und einem wohlhabenden Hausfreund ergriffen worden sei. Sie war aber so ungeschickt – oder so raffiniert –, der Mutter einen Wink von dem zu geben, was in den Analysenstunden besprochen wurde, indem sie ihr Benehmen gegen die Mutter änderte, darauf bestand, von keiner anderen als der Mutter gegen die Angst des Alleinseins beschützt zu werden, und ihr angstvoll die Türe vertrat, wenn sie das Haus verlassen wollte. Die Mutter war früher selbst sehr nervös gewesen, hatte aber in einer Wasserheilanstalt vor Jahren die Heilung gefunden. Setzen wir dafür ein, sie hatte in jener Anstalt die Bekanntschaft des Mannes gemacht, mit dem sie ein sie nach jeder Richtung befriedigendes Verhältnis eingehen konnte. Durch die stürmischen Anforderungen des Mädchens stutzig gemacht, verstand die Mutter *plötzlich*, was die Angst ihrer Tochter bedeutete. Sie ließ sich krank werden, um die Mutter zur Gefangenen zu machen und ihr die für den Verkehr mit dem Geliebten notwendige Bewegungsfreiheit zu rauben. Rasch entschlossen machte die Mutter der schädlichen Behandlung ein Ende. Das Mädchen wurde in eine Nervenheilanstalt gebracht und durch lange Jahre als »armes Opfer der Psychoanalyse« demonstriert. Ebensolange ging mir die üble Nachrede wegen des schlechten Ausganges dieser Behandlung nach. Ich bewahrte das Schweigen, weil ich mich durch die Pflicht der ärztlichen Diskretion gebunden glaubte. Lange Zeit nachher erfuhr ich von einem Kollegen, der jene Anstalt besucht und das agoraphobische Mädchen dort gesehen hatte, daß das Verhältnis zwischen ihrer Mutter und dem vermögenden Hausfreund stadtbekannt sei und wahrscheinlich die Billigung des Gatten und Vaters habe. Diesem »Geheimnis« war also die Behandlung geopfert worden.

In den Jahren vor dem Kriege, als der Zulauf aus vieler Herren Ländern mich von der Gunst oder Mißgunst der Vaterstadt unabhängig machte, befolgte ich die Regel, keinen Kranken in Behandlung zu nehmen, der nicht *sui juris*, in seinen wesentlichen Lebensbeziehungen von anderen unabhängig wäre. Das kann sich nun nicht jeder Psychoanalytiker gestatten. Vielleicht ziehen Sie aus meiner Warnung vor den Angehörigen den Schluß, man solle die Kranken zum Zwecke der Psychoanalyse aus ihren Familien nehmen, diese Therapie also auf die

Insassen von Nervenheilanstalten beschränken. Allein ich könnte Ihnen hierin nicht beistimmen; es ist weit vorteilhafter, wenn die Kranken – insoferne sie nicht in einer Phase schwerer Erschöpfung sind – während der Behandlung in jenen Verhältnissen bleiben, in denen sie mit den ihnen gestellten Aufgaben zu kämpfen haben. Nur sollten die Angehörigen diesen Vorteil nicht durch ihr Benehmen wettmachen und sich überhaupt nicht der ärztlichen Bemühung feindselig widersetzen. Aber wie wollen Sie diese für uns unzugänglichen Faktoren dazu bewegen! Sie werden natürlich auch erraten, wieviel von den Aussichten einer Behandlung durch das soziale Milieu und den kulturellen Zustand einer Familie bestimmt wird.

Nicht wahr, das gibt für die Wirksamkeit der Psychoanalyse als Therapie einen trüben Prospekt, selbst wenn wir die überwiegende Mehrzahl unserer Mißerfolge durch solche Rechenschaft von den störenden äußeren Momenten aufklären können! Freunde der Analyse haben uns dann geraten, einer Sammlung von Mißerfolgen durch eine von uns entworfene Statistik der Erfolge zu begegnen. Ich bin auch darauf nicht eingegangen. Ich machte geltend, daß eine Statistik wertlos sei, wenn die aneinandergereihten Einheiten derselben zu wenig gleichartig seien, und die Fälle von neurotischer Erkrankung, die man in Behandlung genommen hatte, waren wirklich nach den verschiedensten Richtungen nicht gleichwertig. Außerdem war der Zeitraum, den man überschauen konnte, zu kurz, um die Haltbarkeit der Heilungen zu beurteilen[1], und von vielen Fällen konnte man überhaupt nicht Mitteilung machen. Sie betrafen Personen, die ihre Krankheit wie ihre Behandlung geheimgehalten hatten und deren Herstellung gleichfalls verheimlicht werden mußte. Die stärkste Abhaltung lag aber in der Einsicht, daß die Menschen sich in Dingen der Therapie höchst irrationell benehmen, so daß man keine Aussicht hat, durch verständige Mittel etwas bei ihnen auszurichten. Eine therapeutische Neuerung wird entweder mit rauschartiger Begeisterung aufgenommen, wie z. B. damals, als Koch sein erstes Tuberkulin gegen die Tuberkulose in die Öffentlichkeit brachte[2], oder mit abgrundtiefem Mißtrauen behandelt, wie die wirklich segensreiche Jennersche Impfung, die heute noch ihre unversöhnlichen Gegner hat. Gegen die Psychoanalyse lag offenbar ein Vorurteil vor. Wenn man einen schwierigen Fall hergestellt hatte, so konnte

[1] [Auf diese Frage kommt Freud in der *Neuen Folge*, S. 580, zurück, wo er abermals vom therapeutischen Wert der Psychoanalyse spricht.]

[2] [1890; die in das Tuberkulin gesetzten Erwartungen haben sich nicht erfüllt.]

man hören: Das ist kein Beweis, der wäre auch von selbst in dieser Zeit gesund geworden. Und wenn eine Kranke, die bereits vier Zyklen von Verstimmung und Manie absolviert hatte, in einer Pause nach der Melancholie in meine Behandlung gekommen war und drei Wochen später sich wieder zu Beginn einer Manie befand, so waren alle Familienmitglieder, aber auch die zu Rate gezogene hohe ärztliche Autorität, überzeugt, daß der neuerliche Anfall nur die Folge der an ihr versuchten Analyse sein könne. Gegen Vorurteile kann man nichts tun; Sie sehen es ja jetzt wieder an den Vorurteilen, die die eine Gruppe von kriegführenden Völkern gegen die andere entwickelt hat. Das Vernünftigste ist, man wartet und überläßt sie der Zeit, welche sie abnützt. Eines Tages denken dieselben Menschen über dieselben Dinge ganz anders als bisher; warum sie nicht schon früher so gedacht haben, bleibt ein dunkles Geheimnis.

Möglicherweise ist das Vorurteil gegen die analytische Therapie schon jetzt in Abnahme begriffen. Die stete Ausbreitung der analytischen Lehren, die Zunahme analytisch behandelnder Ärzte in manchen Ländern scheint es zu verbürgen. Als ich ein junger Arzt war, geriet ich in einen ebensolchen Entrüstungssturm der Ärzte gegen die hypnotische Suggestivbehandlung, die heute von den »Nüchternen« der Psychoanalyse entgegengehalten wird. Der Hypnotismus hat aber als therapeutisches Agens nicht gehalten, was er anfangs versprach; wir Psychoanalytiker dürfen uns für seine rechtmäßigen Erben ausgeben und vergessen nicht, wie viel Aufmunterung und theoretische Aufklärung wir ihm verdanken. Die der Psychoanalyse nachgesagten Schädigungen schränken sich im wesentlichen auf vorübergehende Erscheinungen von Konfliktsteigerung ein, wenn die Analyse ungeschickt gemacht oder wenn sie mittendrin abgebrochen wird. Sie haben ja Rechenschaft darüber gehört, was wir mit den Kranken anstellen, und können sich ein eigenes Urteil darüber bilden, ob unsere Bemühungen geeignet sind, zu einer dauernden Schädigung zu führen. Mißbrauch der Analyse ist nach verschiedenen Richtungen möglich; zumal die Übertragung ist ein gefährliches Mittel in den Händen eines nicht gewissenhaften Arztes. Aber vor Mißbrauch ist kein ärztliches Mittel oder Verfahren geschützt; wenn ein Messer nicht schneidet, kann es auch nicht zur Heilung dienen.

Ich bin nun zu Ende, meine Damen und Herren. Es ist mehr als die gebräuchliche Redensart, wenn ich bekenne, daß die vielen Mängel der Vorträge, die ich Ihnen gehalten habe, mich selbst empfindlich bedrücken. Vor allem tut es mir leid, daß ich so oft versprochen habe, auf ein kurz berührtes Thema an anderer Stelle wieder zurückzukommen, und dann hat der Zusammenhang es nicht ergeben, daß ich mein Versprechen halten konnte. Ich habe es unternommen, Ihnen von einer noch unfertigen, in Entwicklung begriffenen Sache Bericht zu geben, und meine kürzende Zusammenfassung ist dann selbst eine unvollkommene geworden. An manchen Stellen habe ich das Material für eine Schlußfolgerung bereitgelegt und diese dann nicht selbst gezogen. Aber ich konnte es nicht beanspruchen, Sie zu Sachkundigen zu machen; ich wollte Ihnen nur Aufklärung und Anregung bringen.

NEUE FOLGE
DER VORLESUNGEN ZUR EINFÜHRUNG IN DIE PSYCHOANALYSE

(1933 [1932])

EDITORISCHE VORBEMERKUNG

Deutsche Ausgaben:

1933 Wien, Internationaler Psychoanalytischer Verlag. 255 Seiten.
1934 *G. S.*, Bd. 12, 149–345.
1940 *G. W.*, Bd. 15, IV + 207 Seiten.

Im Frühjahr 1932 war der Psychoanalytische Verlag in Wien in eine äußerst bedrängte finanzielle Lage geraten, und Freud kam auf die Idee, ihm durch eine neue Reihe von *Vorlesungen zur Einführung in die Psychoanalyse* aufzuhelfen. Ende Mai waren die erste und die letzte Vorlesung fertig, das ganze Werk lag Ende August abgeschlossen vor. Das gedruckte Buch wurde am 6. Dezember, einen Monat vor dem offiziellen Erscheinungsdatum, ausgeliefert.

Diese Vorlesungen unterscheiden sich von der ersten Vorlesungsreihe in mehrfacher Hinsicht, nicht nur darin, daß sie niemals wirklich gehalten wurden noch dafür bestimmt waren. Wie Freud in seinem Vorwort schreibt (und dadurch bekräftigt, daß er die neuen Vorlesungen, an die erste Reihe anknüpfend, fortlaufend numeriert), sind sie nichts Eigenständiges, sondern im wesentlichen als Ergänzung gedacht. Es ist auffällig, wie sehr sie in ihrem Charakter untereinander differieren. Die erste Vorlesung über den Traum ist kaum mehr als eine Rekapitulation der Traumabschnitte in der früheren Vorlesungsreihe. Dagegen bringen die dritte, die vierte und die fünfte Vorlesung (über die Struktur der Seele, über Angst und Triebtheorie sowie über die Psychologie der Frau) ganz neues Material und neue Theorien; in der dritten und vierten Vorlesung stellt Freud theoretische Überlegungen von einem Schwierigkeitsgrad an, den er fünfzehn Jahre früher sorgfältig vermieden hatte. Die restlichen Vorlesungen (die zweite und die beiden letzten) haben wiederum einen ganz anderen Charakter. Sie behandeln eine Reihe von Themen, die nur indirekt mit der Psychoanalyse zu tun haben, und zwar in einer, man könnte fast sagen, volkstümlichen Weise. Dies soll nicht heißen, daß sie trivial oder uninteressant wären – keineswegs. Sie verlangen nur eine andere Art und einen anderen Grad von Aufmerksamkeit als die übrigen Vorlesungen. Wofür der Leser immer sich interessiert – für Freuds Ansichten über Telepathie, Erziehung, Religion oder Kommunismus oder aber für Freuds letzte Auffassungen vom Über-Ich, von der Angst, vom Todestrieb oder von der präödipalen Phase beim Mädchen – alle diese Themen wird er in diesen Vorlesungen behandelt finden.

VORWORT

Die *Vorlesungen zur Einführung in die Psychoanalyse* wurden in den beiden Wintersemestern 1915/16 und 1916/17 in einem Hörsaal der Wiener psychiatrischen Klinik vor einem aus Hörern aller Fakultäten gemischten Auditorium gehalten. Die Vorlesungen der ersten Hälfte wurden improvisiert und unmittelbar nachher niedergeschrieben, die der zweiten während eines dazwischenliegenden Sommeraufenthalts in Salzburg entworfen und im folgenden Winter wortgetreu vorgetragen. Ich besaß damals noch die Gabe eines phonographischen Gedächtnisses.

Zum Unterschied hievon sind diese neuen Vorlesungen niemals gehalten worden. Mein Alter hatte mich inzwischen der Verpflichtung enthoben, die – wenn auch nur peripherische – Zugehörigkeit zur Universität durch Abhaltung von Vorlesungen zum Ausdruck zu bringen, und eine chirurgische Operation hatte mich als Redner unmöglich gemacht. Es ist also nur eine Vorspiegelung der Phantasie, wenn ich mich während der nachfolgenden Ausführungen wieder in den Hörsaal versetze; sie mag mithelfen, bei der Vertiefung in den Gegenstand die Rücksicht auf den Leser nicht zu vergessen.

Diese neuen Vorlesungen wollen keineswegs an die Stelle der früheren treten. Sie sind überhaupt nichts Selbständiges, das erwarten kann, sich einen eigenen Leserkreis zu finden, sondern sie sind Fortsetzungen und Ergänzungen, die in ihrer Beziehung zu den früheren in drei Gruppen zerfallen. In eine erste Gruppe gehören Neubearbeitungen von Themen, die schon vor fünfzehn Jahren behandelt worden sind, aber infolge der Vertiefung unserer Einsichten und der Veränderung unserer Anschauungen heute eine andere Darstellung verlangen, also kritische Revisionen. Die beiden anderen Gruppen umfassen die eigentlichen Erweiterungen, indem sie Dinge behandeln, die es entweder in der Zeit der ersten Vorlesungen in der Psychoanalyse noch nicht gab oder von denen damals zu wenig vorhanden war, um eine besondere Kapitelüberschrift zu rechtfertigen. Es ist nicht zu vermeiden, aber auch nicht zu bedauern, daß einzelne der neuen Vorlesungen die Charaktere dieser und jener Gruppe in sich vereinigen.

Die Abhängigkeit dieser neuen Vorlesungen von den *Vorlesungen zur Einführung* kommt auch darin zum Ausdruck, daß sie deren Zählung fortsetzen. Die erste dieses Bandes wird als die XXIX. bezeichnet. Wiederum bieten sie dem Analytiker von Fach wenig Neues und wenden sich an jene große Menge Gebildeter, denen man ein wohlwollendes, wenn auch zurückgehaltenes Interesse für die Eigenart und die Erwerbungen der jungen Wissenschaft zuschreiben möchte. Auch diesmal ist es meine leitende Absicht gewesen, dem Schein der Einfachheit, Vollständigkeit und Abgeschlossenheit keine Opfer zu bringen, Probleme nicht zu verhüllen, Lücken und Unsicherheiten nicht zu verleugnen. Auf keinem andern Gebiet wissenschaftlicher Arbeit dürfte man sich solcher Vorsätze zu nüchterner Selbstbescheidung rühmen. Sie gelten überall als selbstverständlich, das Publikum erwartet es nicht anders. Kein Leser einer Darstellung der Astronomie wird sich enttäuscht und der Wissenschaft überlegen fühlen, wenn man ihm die Grenzen zeigt, an denen unsere Kenntnis des Weltalls ins Nebelhafte zerflattert. Nur in der Psychologie ist es anders, hier kommt die konstitutionelle Untauglichkeit des Menschen zu wissenschaftlicher Forschung in vollem Ausmaß zum Vorschein. Man scheint von der Psychologie nicht Fortschritte im Wissen zu verlangen, sondern irgendwelche andere Befriedigungen; man macht ihr aus jedem ungelösten Problem, aus jeder eingestandenen Unsicherheit einen Vorwurf.

Wer die Wissenschaft vom Seelenleben liebt, wird auch diese Unbilde hinnehmen müssen.

Wien, im Sommer 1932 FREUD

29. VORLESUNG

REVISION DER TRAUMLEHRE

Meine Damen und Herren! Wenn ich Sie nach länger als fünfzehnjähriger Pause wieder zusammengerufen habe, um mit Ihnen zu besprechen, was die Zwischenzeit an Neuem, vielleicht auch Besserem, in der Psychoanalyse gebracht hat, so ist es von mehr als einem Gesichtspunkt aus recht und billig, daß wir unsere Aufmerksamkeit zuerst dem Stande der Traumlehre zuwenden. Diese nimmt in der Geschichte der Psychoanalyse eine besondere Stelle ein, bezeichnet einen Wendepunkt; mit ihr hat die Analyse den Schritt von einem psychotherapeutischen Verfahren zu einer Tiefenpsychologie vollzogen. Die Traumlehre ist seither auch das Kennzeichnendste und Eigentümlichste der jungen Wissenschaft geblieben, etwas wozu es kein Gegenstück in unserem sonstigen Wissen gibt, ein Stück Neuland, dem Volksglauben und der Mystik abgewonnen. Die Fremdartigkeit der Behauptungen, die sie aufstellen mußte, hat ihr die Rolle eines Schibboleth verliehen, dessen Anwendung entschied, wer ein Anhänger der Psychoanalyse werden konnte und wem sie endgültig unfaßbar blieb. Mir selbst war sie ein sicherer Anhalt in jenen schweren Zeiten, da die unerkannten Tatbestände der Neurosen mein ungeübtes Urteil zu verwirren pflegten. So oft ich auch an der Richtigkeit meiner schwankenden Erkenntnisse zu zweifeln begann, wenn es mir gelungen war, einen sinnlos verworrenen Traum in einen korrekten und begreiflichen seelischen Vorgang beim Träumer umzusetzen, erneuerte sich meine Zuversicht, auf der richtigen Spur zu sein.

Es hat also für uns ein besonderes Interesse, gerade am Fall der Traumlehre zu verfolgen, einerseits welche Wandlungen die Psychoanalyse in diesem Intervall erfahren, anderseits welche Fortschritte sie unterdes im Verständnis und in der Schätzung der Mitwelt gemacht hat. Ich sage es Ihnen gleich heraus, Sie werden nach beiden Richtungen enttäuscht werden.

Durchblättern Sie mit mir die Jahrgänge der *Internationalen Zeitschrift für (ärztliche) Psychoanalyse*, in denen seit 1913 die maßgebenden Arbeiten auf unserem Gebiet vereinigt sind. Sie finden in den früheren Bänden eine ständige Rubrik »Zur Traumdeutung« mit reichen Beiträgen zu den verschiedenen Punkten der Traumlehre. Aber je weiter Sie gehen, desto seltener werden solche Beiträge, die ständige Rubrik verschwindet endlich ganz. Die Analytiker benehmen sich, als hätten sie über den Traum nichts mehr zu sagen, als wäre die Traumlehre abgeschlossen. Wenn Sie aber fragen, was die Fernerstehenden von der Traumdeutung angenommen haben, die vielen Psychiater und Psychotherapeuten, die an unserem Feuer ihre Süppchen kochen – ohne übrigens so recht dankbar für die Gastfreundschaft zu sein –, die sogenannten Gebildeten, die sich auffällige Ergebnisse der Wissenschaft anzueignen pflegen, die Literaten und das große Publikum, so ist die Antwort wenig befriedigend. Einige Formeln sind allgemein bekannt worden, darunter solche, die wir nie vertreten haben, wie der Satz, alle Träume seien sexueller Natur, aber gerade so wichtige Dinge wie die grundlegende Unterscheidung von manifestem Trauminhalt und latenten Traumgedanken, die Einsicht, daß die Angstträume der wunscherfüllenden Funktion des Traums nicht widersprechen, die Unmöglichkeit, den Traum zu deuten, wenn man nicht über die dazugehörigen Assoziationen des Träumers verfügt, vor allem aber die Erkenntnis, daß das Wesentliche am Traum der Prozeß der Traumarbeit ist, all das scheint dem allgemeinen Bewußtsein noch ungefähr so fremd zu sein wie vor dreißig Jahren. Ich darf so sagen, denn ich habe im Laufe dieser Zeit eine Unzahl von Briefen erhalten, deren Schreiber ihre Träume zur Deutung vorlegen oder Auskünfte über die Natur des Traumes verlangen, die behaupten, daß sie die *Traumdeutung* [1900 *a*] gelesen haben und dabei doch in jedem Satz ihre Verständnislosigkeit für unsere Traumlehre verraten. Das soll uns nicht abhalten, uns nochmals im Zusammenhang vorzuführen, was wir vom Traum wissen. Sie erinnern sich, das vorige Mal haben wir eine ganze Anzahl von Vorlesungen darauf verwendet, zu zeigen, wie man zum Verständnis dieses bisher unerklärten seelischen Phänomens gelangt ist.

Wenn uns also jemand, z. B. ein Patient in der Analyse, einen seiner Träume berichtet, so nehmen wir an, er habe uns hiemit eine der Mitteilungen gemacht, zu denen er sich durch den Eintritt in die analytische Behandlung verpflichtet hatte. Eine Mitteilung freilich mit ungeeigneten Mitteln, denn der Traum ist an sich keine soziale Äußerung, kein Mittel der Verständigung. Wir verstehen ja auch nicht, was uns der Träumer sagen wollte, und er selbst weiß es auch nicht besser. Nun haben wir rasch eine Entscheidung zu treffen: Entweder der Traum ist, wie uns die nichtanalytischen Ärzte versichern, ein Anzeichen dafür, daß der Träumer schlecht geschlafen hat, daß nicht alle seine Hirnpartien gleichmäßig zur Ruhe gekommen sind, daß einzelne Stellen unter dem Einfluß unbekannter Reize weiterarbeiten wollten und es nur in sehr unvollkommener Weise konnten. Wenn dem so ist, dann tuen wir recht daran, uns mit dem psychisch wertlosen Produkt der nächtlichen Störung nicht weiter zu beschäftigen. Denn was sollten wir von dessen Untersuchung für unsere Absichten Brauchbares erwarten? Oder aber – doch wir merken, wir haben uns von vornherein anders entschieden. Wir haben – zugegeben, recht willkürlich – die Voraussetzung gemacht, das Postulat aufgestellt, daß auch dieser unverständliche Traum ein vollgültiger, sinn- und wertvoller psychischer Akt sein müsse, den wir in der Analyse wie eine andere Mitteilung verwenden können. Ob wir recht haben, kann nur der Erfolg des Versuchs zeigen. Gelingt es uns, den Traum in eine solche wertvolle Äußerung umzuwandeln, so haben wir offenbar Aussicht, Neues zu erfahren, Mitteilungen von einer Art zu erhalten, wie sie uns sonst unzugänglich geblieben wären.

Nun aber erheben sich vor uns die Schwierigkeiten unserer Aufgabe und die Rätsel unseres Themas. Wie stellen wir es an, den Traum in eine solche normale Mitteilung umzuwandeln, und wie erklären wir es, daß ein Teil der Äußerungen des Patienten diese für ihn wie für uns gleich unverständliche Form angenommen hat?

Sie sehen, meine Damen und Herren, daß ich dieses Mal nicht den Weg einer genetischen, sondern den einer dogmatischen Darstellung gehe. Unser erster Schritt ist, unsere neue Einstellung zum Problem des Traums durch die Einführung zweier neuer Begriffe, Namen, festzulegen. Wir heißen, was man den Traum genannt hat, den Traumtext oder den *manifesten* Traum, und das, was wir suchen, sozusagen hinter dem Traum vermuten, die *latenten* Traumgedanken. Dann können wir unsere beiden Aufgaben in folgender Art aussprechen: Wir haben den manifesten in den latenten Traum umzuwandeln und anzugeben, wie im Seelenleben des Träumers der letztere zum ersteren geworden ist. Das erste Stück ist eine praktische Aufgabe, es fällt der *Traumdeutung* zu, braucht eine Technik; das zweite eine theoretische, es soll den angenommenen Prozeß der *Traumarbeit* erklären und kann nur eine Theorie sein. Beide, Technik der Traumdeutung und Theorie der Traumarbeit, sind neu zu schaffen.

Mit welchem Stück sollen wir nun anfangen? Ich meine, mit der Technik der Traumdeutung; es wird plastischer ausfallen und Ihnen einen lebendigeren Eindruck machen.

Also der Patient habe einen Traum erzählt, den wir deuten sollen. Wir haben gelassen zugehört, ohne dabei unser Nachdenken in Bewegung zu setzen. Was tun wir zunächst? Wir beschließen, uns um das, was wir gehört haben, um den *manifesten* Traum, möglichst wenig zu kümmern. Natürlich zeigt dieser manifeste Traum allerlei Charaktere, die uns nicht ganz gleichgültig sind. Er kann zusammenhängend sein, glatt komponiert wie eine Dichtung, oder unverständlich verworren, fast wie ein Delirium, kann absurde Elemente enthalten oder Witze und anscheinend geistreiche Schlüsse, er kann dem Träumer klar und scharf erscheinen oder trüb und verschwommen, seine Bilder mögen die volle sinnliche Stärke von Wahrnehmungen zeigen oder schattenhaft sein wie ein undeutlicher Hauch, die verschiedensten Charaktere mögen sich in demselben Traum zusammenfinden, auf verschiedene Stellen verteilt; der Traum mag endlich einen indifferenten Gefühlston zeigen oder von den stärksten freudigen oder peinlichen Erregungen begleitet werden – glauben Sie nicht, daß wir diese unendliche Mannigfaltigkeit im manifesten Traum für nichts achten, wir werden später auf sie zurückkommen und sehr vieles an ihr für die Deutung verwertbar finden, aber zunächst sehen wir von ihr ab und schlagen den Hauptweg ein, der zur Traumdeutung führt. Das heißt, wir fordern den Träumer auf, sich gleichfalls vom Eindruck des manifesten Traums frei zu machen, seine Aufmerksamkeit vom Ganzen weg auf die einzelnen Teile des Trauminhalts zu richten und uns der Reihe nach mitzuteilen, was ihm zu jedem dieser Teilstücke einfällt, welche Assoziationen sich ihm ergeben, wenn er sie einzeln ins Auge faßt.

Nicht wahr, das ist eine besondere Technik, nicht die gewöhnliche Art, eine Mitteilung oder Aussage zu behandeln? Sie erraten auch gewiß, daß hinter diesem Verfahren Voraussetzungen stecken, die noch nicht ausgesprochen worden sind. Aber gehen wir weiter. In welcher Reihenfolge lassen wir den Patienten die Teilstücke seines Traums vornehmen? Da stehen uns mehrere Wege offen. Wir können einfach der chronologischen Ordnung folgen, wie sie sich bei der Erzählung des Traums herausgestellt hat. Das ist die sozusagen strengste, klassische Methode. Oder wir können den Träumer weisen, sich zuerst die *Tagesreste* im Traum herauszusuchen, denn die Erfahrung hat uns gelehrt, daß fast in jeden Traum ein Erinnerungsrest oder eine Anspielung an eine Begebenheit des Traumtags, oft an mehrere, eingegangen ist, und wenn wir diesen Anknüpfungen folgen, haben wir oft mit einem Schlag den Übergang von der scheinbar weit entrückten Traumwelt zum realen Leben des Patienten gefunden. Oder wir heißen ihn, mit jenen Elementen des Trauminhalts den Anfang machen, die ihm durch ihre besondere Deutlichkeit und sinnliche Stärke auffallen. Wir wissen nämlich, daß es ihm bei diesen besonders leicht werden wird, Assoziationen zu bekommen. Es macht keinen Unterschied, auf welche dieser Arten wir uns den gesuchten Assoziationen nähern.

Und dann erhalten wir diese Assoziationen. Sie bringen das Verschiedenartigste, Erinnerungen an den gestrigen Tag, den Traumtag, und an längst vergangene Zeiten, Überlegungen, Diskussionen mit einem Für und Wider, Bekenntnisse und Anfragen. Manche von ihnen sprudelt der Patient heraus, vor anderen stockt er eine Weile. Die meisten zeigen eine deutliche Beziehung zu einem Element des Traums; kein Wunder, denn sie gehen ja von diesen Elementen aus, aber es kommt auch vor, daß der Patient sie mit den Worten einleitet: Das scheint gar nichts mit dem Traum zu tun zu haben; ich sage es, weil es mir einfällt.

Hört man sich diese Fülle von Einfällen an, so merkt man bald, daß sie mit dem Trauminhalt mehr gemeinsam haben als nur die Ausgangspunkte. Sie werfen ein überraschendes Licht auf alle Teile des Traums, füllen die Lücken zwischen ihnen aus, machen ihre sonderbaren Zusammenstellungen verständlich. Endlich muß man sich über das Verhältnis zwischen ihnen und dem Trauminhalt klar werden. Der Traum erscheint als ein verkürzter Auszug aus den Assoziationen, nach allerdings noch nicht durchschauten Regeln hergestellt, seine Elemente wie die aus einer Wahl hervorgegangenen Repräsentanten einer Menge. Es ist kein Zweifel, daß wir durch unsere Technik erhalten haben, was durch den Traum ersetzt wird und worin der psychische Wert des Traums zu finden ist, was aber nicht mehr die befremdenden Eigentümlichkeiten des Traums, seine Fremdartigkeit, Verworrenheit zeigt.

Aber kein Mißverständnis! Die Assoziationen zum Traum sind noch nicht die latenten Traumgedanken. Diese sind in den Assoziationen wie in einer Mutterlauge enthalten – aber doch nicht ganz vollständig enthalten. Die Assoziationen bringen einerseits viel mehr, als wir für die Formulierung der latenten Traumgedanken brauchen, nämlich alle die Ausführungen, Übergänge, Verbindungen, die der Intellekt des

Patienten auf dem Wege der Annäherung an die Traumgedanken produzieren mußte. Anderseits hat die Assoziation oft gerade vor den eigentlichen Traumgedanken haltgemacht, ist ihnen nur nahegekommen, hat sie nur in den Anspielungen berührt. Wir greifen da selbsttätig ein, vervollständigen die Andeutungen, ziehen unabweisbare Schlüsse, sprechen das aus, woran der Patient in seinen Assoziationen nur gestreift hat. Das klingt dann so, als ließen wir unseren Witz und unsere Willkür mit dem Material spielen, das uns der Träumer zur Verfügung stellt, und mißbrauchten es dazu, in seine Äußerungen hineinzudeuten, was sich aus ihnen nicht herausdeuten läßt; auch ist es nicht leicht, die Regelmäßigkeit unseres Vorgehens in einer abstrakten Darstellung zu erweisen. Aber machen Sie nur selbst eine Traumanalyse oder vertiefen Sie sich in ein gut beschriebenes Beispiel in unserer Literatur und Sie werden sich überzeugen, wie zwingend eine solche Deutungsarbeit abläuft.

Wenn wir bei der Traumdeutung im allgemeinen und in erster Linie von den Assoziationen des Träumers abhängig sind, so benehmen wir uns doch gegen gewisse Elemente des Trauminhalts ganz selbständig, vor allem darum, weil wir müssen, weil bei ihnen in der Regel die Assoziationen versagen. Wir haben frühzeitig gemerkt, daß es immer die nämlichen Inhalte sind, bei denen dies zutrifft; sie sind nicht sehr zahlreich, und gehäufte Erfahrung hat uns gelehrt, daß sie als *Symbole* für etwas anderes aufzufassen und zu deuten sind. Im Vergleich mit den anderen Traumelementen darf man ihnen eine feststehende Bedeutung zuschreiben, die aber nicht eindeutig zu sein braucht, deren Umfang durch besondere uns gewohnte Regeln bestimmt wird. Da wir diese Symbole zu übersetzen verstehen, der Träumer aber nicht, obwohl er sie selbst gebraucht hat, kann es sich treffen, daß uns der Sinn eines Traums unmittelbar klar wird, noch vor allen Bemühungen um die Traumdeutung, sobald wir nur den Traumtext gehört haben, während der Träumer selbst noch vor einem Rätsel steht. Aber über die Symbolik, unser Wissen von ihr, die Probleme, die sie uns bietet, habe ich schon in den früheren Vorlesungen so viel erzählt, daß ich mich heute nicht zu wiederholen brauche[1].

Das ist also unsere Methode der Traumdeutung. Die nächste, wohl berechtigte Frage lautet: Kann man mit ihrer Hilfe alle Träume deuten? Und die Antwort ist: Nein, nicht alle, aber doch so viele, daß

[1] [S. die 10. Vorlesung.]

man der Brauchbarkeit und Berechtigung des Verfahrens sicher ist. Aber warum nicht alle? Die neuerliche Antwort hat uns etwas Wichtiges zu lehren, was bereits in die psychischen Bedingungen der Traumbildung einführt: Weil sich die Arbeit der Traumdeutung gegen einen Widerstand vollzieht, der von unscheinbaren Größen bis zur Unüberwindlichkeit – wenigstens für unsere jeweiligen Machtmittel – variiert. Die Äußerungen dieses Widerstandes kann man während der Arbeit nicht übersehen. An manchen Stellen werden die Assoziationen ohne Zögern gegeben, und schon der erste oder zweite Einfall bringt die Aufklärung. An anderen stockt und zaudert der Patient, ehe er eine Assoziation ausspricht, und dann hat man oft eine lange Kette von Einfällen anzuhören, bevor man etwas für das Verständnis des Traumes Brauchbares erhält. Je länger und umwegiger die Assoziationskette, desto stärker ist der Widerstand, meinen wir gewiß mit Recht. Auch im Vergessen der Träume verspüren wir denselben Einfluß. Es kommt oft genug vor, daß der Patient sich trotz aller Bemühung an einen seiner Träume nicht mehr besinnen kann. Nachdem wir aber in einem Stück analytischer Arbeit eine Schwierigkeit beseitigt haben, die den Patienten in seinem Verhältnis zur Analyse gestört hatte, stellt sich der vergessene Traum plötzlich wieder ein. Auch zwei andere Beobachtungen gehören hierher. Es ereignet sich sehr oft, daß von einem Traum zunächst ein Stück wegbleibt, das dann als Nachtrag angefügt wird. Das ist als ein Versuch aufzufassen, dieses Stück zu vergessen. Die Erfahrung zeigt, daß gerade dieses Stück das bedeutungsvollste ist; wir nehmen an, seiner Mitteilung stand ein stärkerer Widerstand im Wege als bei den anderen. Ferner, wir sehen oft, daß der Träumer dem Vergessen seiner Träume entgegenarbeitet, indem er den Traum unmittelbar nach dem Erwachen schriftlich fixiert. Wir können ihm sagen, das ist nutzlos, denn der Widerstand, dem er die Erhaltung des Traumtextes abgewonnen hat, verschiebt sich dann auf die Assoziation und macht den manifesten Traum für die Deutung unzugänglich. Unter diesen Verhältnissen brauchen wir uns nicht zu verwundern, wenn ein weiteres Ansteigen des Widerstands überhaupt die Assoziationen unterdrückt und dadurch die Traumdeutung vereitelt.

Wir ziehen aus alledem den Schluß, daß der Widerstand, den wir bei der Arbeit an der Traumdeutung merken, auch an der Entstehung des Traums einen Anteil haben muß. Man kann geradezu Träume, die unter geringem, und solche, die unter hohem Widerstandsdruck entstanden sind, unterscheiden. Aber dieser Druck wechselt auch innerhalb desselben Traums von Stelle zu Stelle; er ist Schuld an den Lücken, Unklarheiten, Verworrenheiten, die den Zusammenhang des schönsten Traumes unterbrechen können.

Aber was leistet da Widerstand und gegen was? Nun, der Widerstand ist uns das sichere Anzeichen eines Konflikts. Es muß eine Kraft da sein, die etwas ausdrücken will, und eine andere, die sich sträubt, diese Äußerung zuzulassen. Was dann als manifester Traum zustande kommt, mag alle die Entscheidungen zusammenfassen, zu denen sich dieser Kampf der zwei Strebungen verdichtet hat. An der einen Stelle mag es der einen Kraft gelungen sein, durchzusetzen, was sie sagen wollte, an anderen ist es der widerstrebenden Instanz geglückt, die beabsichtigte Mitteilung vollkommen auszulöschen oder durch etwas, was keine Spur von ihr verrät, zu ersetzen. Am häufigsten und für die Traumbildung am meisten charakteristisch sind die Fälle, in denen der Konflikt in ein Kompromiß ausgegangen ist, so daß die mitteilsame Instanz zwar sagen konnte, was sie wollte, aber nicht so, wie sie es wollte, sondern nur gemildert, entstellt und unkenntlich gemacht. Wenn also der Traum die Traumgedanken nicht getreu wiedergibt, wenn es einer Deutungsarbeit bedarf, um die Kluft zwischen beiden zu überbrücken, so ist das ein Erfolg der widerstrebenden, hemmenden und einschränkenden Instanz, die wir aus der Wahrnehmung des Widerstands bei der Traumdeutung erschlossen haben. Solange wir den Traum als isoliertes Phänomen unabhängig von ihm verwandten psychischen Bildungen studierten, haben wir diese Instanz den *Traumzensor* geheißen.

Sie wissen längst, daß diese Zensur keine dem Traumleben besondere Einrichtung ist. Daß der Konflikt zweier psychischer Instanzen, die wir – ungenau – als das unbewußte Verdrängte und das Bewußte bezeichnen, überhaupt unser Seelenleben beherrscht und daß der Widerstand gegen die Traumdeutung, das Anzeichen der Traumzensur, nichts anderes ist als der Verdrängungswiderstand, durch den jene beiden Instanzen sich voneinander absetzen. Sie wissen auch, daß aus dem Konflikt derselben unter bestimmten Bedingungen andere psychische Gebilde hervorgehen, die ebenso wie der Traum das Ergebnis von Kompromissen sind, und werden nicht verlangen, daß ich hier alles, was in der Einführung zur Neurosenlehre enthalten ist, vor Ihnen wiederhole, um Ihnen vorzuführen, was wir von den Bedingungen solcher Kompromißbildung wissen. Sie haben verstanden, daß der Traum ein pathologisches Produkt ist, das erste Glied der Reihe, die das hysterische Symptom, die Zwangsvorstellung, die Wahnidee umfaßt, aber vor den anderen ausgezeichnet durch seine Flüchtigkeit und seine Entstehung unter Verhältnissen, die dem normalen Leben angehören. Denn, halten wir daran fest, das Traumleben ist, wie schon Aristoteles gesagt hat, die Art, wie unsere Seele während des Schlafzustandes arbeitet. Der Schlafzustand stellt eine Abwendung von der realen Außenwelt her, und damit ist die Bedingung für die Entfaltung einer Psychose gegeben. Das sorgfältigste Studium der ernsthaften Psychosen wird uns keinen Zug entdecken lassen, der für diesen Krankheitszustand mehr charakteristisch wäre. Aber in der Psychose wird die Abwendung von der Realität auf zweierlei Weise hervorgerufen, entweder indem das Unbewußt-Verdrängte überstark wird, so daß es das an der Realität hängende Bewußte überwältigt, oder weil die Realität so unerträglich leidvoll geworden ist, daß sich das bedrohte Ich in verzweifelter Auflehnung dem unbewußten Triebhaften in die Arme wirft. Die harmlose Traumpsychose ist die Folge einer bewußt gewollten, nur zeitweiligen Zurückziehung von der Außenwelt, sie schwindet auch mit der Wiederaufnahme der Beziehungen zu dieser. Während der Isolierung des Schlafenden stellt sich auch eine Veränderung in der Verteilung seiner psychischen Energie her; ein Teil des Verdrängungsaufwands, der sonst zur Niederhaltung des Unbewußten gebraucht wurde, kann erspart werden, denn wenn dies seine relative Befreiung auch zur Aktivität ausnützt, findet es doch den Weg zur Motilität verschlossen und nur den unschädlichen zur halluzinatorischen Befriedigung frei. Es kann sich jetzt also ein Traum bilden; die Tatsache der Traumzensur zeigt aber, daß noch genug vom Verdrängungswiderstand auch während des Schlafes erhalten geblieben ist.

Hier eröffnet sich uns ein Weg zur Beantwortung der Frage, ob der Traum auch eine Funktion hat, ob er mit einer nützlichen Leistung betraut ist. Die reizlose Ruhe, welche der Schlafzustand herstellen möchte, wird von drei Seiten bedroht, in mehr zufälliger Weise von äußeren Reizen während des Schlafs und von Tagesinteressen, die sich nicht abbrechen lassen, in unvermeidlicher Weise von den ungesättigten verdrängten Triebregungen, die auf die Gelegenheit zur Äußerung lauern. Infolge der nächtlichen Herabsetzung der Verdrängungen bestünde die Gefahr, daß die Ruhe des Schlafs jedesmal gestört wird, so oft die äußere oder innere Anregung eine Verknüpfung mit einer der unbewußten Triebquellen erreichen kann. Der Traumvorgang läßt das Produkt eines solchen Zusammenwirkens in ein unschädliches halluzinatorisches Erlebnis einmünden und versichert so die Fortdauer des Schlafs.

Es ist kein Widerspruch gegen diese Funktion, wenn der Traum zeitweilig den Schläfer unter Angstentwicklung weckt, wohl aber ein Signal, daß der Wächter die Situation für zu gefährlich hält und nicht mehr glaubt, sie bewältigen zu können. Nicht selten vernehmen wir dann noch im Schlaf die Beschwichtigung, die das Aufwachen verhüten will: Aber es ist ja nur ein Traum!

Soviel, meine Damen und Herren, wollte ich Ihnen über die Traumdeutung sagen, deren Aufgabe es ist, vom manifesten Traum zu den latenten Traumgedanken zu führen. Ist dies erreicht, so ist in der praktischen Analyse zumeist das Interesse für den Traum erloschen. Man fügt die Mitteilung, die man in der Form eines Traums erhalten hat, in die anderen ein und geht in der Analyse weiter. Wir haben ein Interesse, noch länger beim Traum zu verweilen; es lockt uns, den Prozeß zu studieren, durch den die latenten Traumgedanken in den manifesten Traum verwandelt wurden. Wir heißen ihn die Traumarbeit. Sie erinnern sich, ich habe ihn in den früheren Vorlesungen so eingehend beschrieben [in der 11. Vorlesung], daß ich mich in der heutigen Überschau auf die knappsten Zusammenfassungen beschränken darf.

Der Prozeß der Traumarbeit ist also etwas ganz Neues und Fremdartiges, dessengleichen vorher nicht bekannt worden war. Er hat uns den ersten Einblick in die Vorgänge gegeben, die sich im unbewußten System abspielen, und uns gezeigt, daß sie ganz andere sind, als was wir von unserem bewußten Denken kennen, daß sie diesem letzteren als unerhört und fehlerhaft erscheinen müßten. Die Bedeutung dieser Funde ist dann durch die Entdeckung erhöht worden, daß bei der Bildung der neurotischen Symptome dieselben Mechanismen – wir getrauen uns nicht zu sagen: Denkvorgänge – wirksam sind, die die latenten Traumgedanken in den manifesten Traum verwandelt haben.

Im folgenden werde ich eine schematisierende Darstellungsweise nicht vermeiden können. Nehmen wir an, wir überblicken in einem bestimmten Falle alle die latenten, mehr oder minder affektiv geladenen Gedanken, durch die sich nach vollzogener Traumdeutung der manifeste Traum ersetzt hat. Dann fällt uns unter ihnen ein Unterschied auf, und dieser Unterschied wird uns weit führen. Fast alle dieser Traumgedanken werden vom Träumer erkannt oder anerkannt; er gibt zu, er hat so gedacht, diesmal oder ein ander Mal, oder er hätte so denken können. Nur gegen die Annahme eines einzigen sträubt er sich; der ist ihm fremd, vielleicht sogar widerlich; möglicherweise wird er ihn in leidenschaftlicher Erregung von sich weisen. Nun wird uns klar, die anderen Gedanken sind Stücke eines bewußten, korrekter gesagt: vorbewußten Denkens; sie hätten auch im Wachleben gedacht werden können, haben sich auch wahrscheinlich tagsüber gebildet. Dieser eine verleugnete Gedanke aber, oder richtiger diese eine Regung, ist ein Kind der Nacht; sie gehört dem Unbewußten des Träumers an, wird darum von ihm verleugnet und verworfen. Sie mußte den nächtlichen Nachlaß der Verdrängung abwarten, um es zu irgendeiner Art von Ausdruck zu bringen. Immerhin ist dieser Ausdruck ein abgeschwächter, entstellter, verkleideter; ohne die Arbeit der Traumdeutung hätten wir ihn nicht gefunden. Der Verknüpfung mit den anderen einwandfreien Traumgedanken dankt diese unbewußte Regung die Gelegenheit, sich in einer unscheinbaren Verkleidung durch die Schranke der Zensur einzuschleichen; anderseits danken die vorbewußten Traumgedanken dieser selben Verknüpfung die Macht, das Seelenleben auch während des Schlafs zu beschäftigen. Denn uns bleibt kein Zweifel daran: Diese unbewußte Regung ist der eigentliche Schöpfer des Traums, sie bringt die psychische Energie für seine Bildung auf. Wie jede andere Triebregung kann sie nichts anderes anstreben als ihre eigene Befriedigung, und unsere Erfahrung im Traumdeuten zeigt uns auch, daß dies der Sinn alles Träumens ist. In jedem Traum soll ein Triebwunsch als erfüllt dargestellt werden. Die nächtliche Absperrung des Seelenlebens von der Realität, die dadurch ermöglichte Regression zu primitiven Mechanismen machen es möglich, daß diese gewünschte Triebbefriedigung halluzinatorisch als Gegenwart erlebt wird. Infolge derselben Regression werden im Traum Vorstellungen in visuelle Bilder umgesetzt, die latenten Traumgedanken also dramatisiert und illustriert.

Aus diesem Stück der Traumarbeit erhalten wir Auskunft über einige der auffälligsten und besondersten Charaktere des Traums. Ich wiederhole den Hergang der Traumbildung. Die Einleitung: der Wunsch zu schlafen, die absichtliche Abwendung von der Außenwelt. Zwei Folgen derselben für den seelischen Apparat, erstens die Möglichkeit, daß ältere und primitivere Arbeitsweisen in ihm hervortreten können, die Regression, zweitens die Herabsetzung des Verdrängungswiderstandes, der auf dem Unbewußten lastet. Als Folge dieses letzteren Moments ergibt sich die Möglichkeit zur Traumbildung, die von den Anlässen, den rege gewordenen inneren und äußeren Reizen, ausgenutzt wird. Der Traum, der so entsteht, ist bereits eine Kompromißbildung; er hat eine doppelte Funktion, er ist einerseits ichgerecht, indem er durch die Erledigung der schlafstörenden Reize dem Schlafwunsch dient, anderseits gestattet er einer verdrängten Triebregung die unter diesen Verhältnissen mögliche Befriedigung in der Form einer halluzinierten Wunscherfüllung. Der ganze vom schlafenden Ich zugelassene Prozeß der Traumbildung steht aber unter der Bedingung der Zensur, die von dem Rest der aufrechterhaltenen Verdrängung ausgeübt wird. Einfacher kann ich den Vorgang nicht darstellen, er ist nicht einfacher. Aber ich kann nun in der Beschreibung der Traumarbeit fortfahren.

Nochmals zurück zu den latenten Traumgedanken! Ihr stärkstes Element ist die verdrängte Triebregung, die sich in ihnen in Anlehnung an zufällig vorhandene Reize und in Übertragung an die Tagesreste einen wenngleich gemilderten und verkleideten Ausdruck geschaffen hat. Wie jede Triebregung drängt auch diese zur Befriedigung durch die Handlung, aber der Weg zur Motilität ist ihr durch die physiologischen Einrichtungen des Schlafzustandes versperrt; sie ist genötigt, die rückläufige Richtung zur Wahrnehmung einzuschlagen und sich mit einer halluzinierten Befriedigung zu begnügen. Die latenten Traumgedanken werden also in eine Summe von Sinnesbildern und visuellen Szenen umgesetzt. Auf diesem Wege geschieht das mit ihnen, was uns so neuartig und befremdend erscheint. Alle die sprachlichen Mittel, durch welche die feineren Denkrelationen ausgedrückt werden, die Konjunktionen und Präpositionen, die Abänderungen der Deklination und Konjugation entfallen, weil die Darstellungsmittel für sie fehlen; wie in einer primitiven Sprache ohne Grammatik wird nur das Rohmaterial des Denkens ausgedrückt, Abstraktes auf das ihm zugrunde liegende Konkrete zurückgeführt. Was so erübrigt, kann leicht zusammenhanglos erscheinen. Es entspricht sowohl der archaischen Regression im seelischen Apparat wie den Anforderungen der Zensur, wenn die Darstellung von gewissen Objekten und Vorgängen durch Symbole, die dem bewußten Denken fremd geworden sind, in reichem Ausmaß verwendet wird. Aber weit darüber hinaus greifen andere Veränderungen, die mit den Elementen der Traumgedanken vorgenommen werden. Solche von ihnen, die irgendeinen Berührungspunkt auffinden lassen, werden zu neuen Einheiten *verdichtet.* Bei der Umsetzung der Gedanken in Bilder werden diejenigen unzweideutig bevorzugt, die eine derartige Zusammenlegung, Verdichtung, gestatten; als ob eine Kraft wirksam wäre, die das Material einer Pressung, Zusammendrängung, aussetzt.

Infolge der Verdichtung kann dann ein Element im manifesten Traum zahlreichen Elementen in den latenten Traumgedanken entsprechen; umgekehrt kann aber auch ein Element der Traumgedanken durch mehrere Bilder im Traum vertreten werden.
Noch merkwürdiger ist der andere Vorgang der *Verschiebung* oder Akzentübertragung, der im bewußten Denken nur als Denkfehler oder als Mittel des Witzes bekannt ist. Die einzelnen Vorstellungen der Traumgedanken sind ja nicht gleichwertig, sie sind mit verschieden großen Affektbeträgen besetzt und dementsprechend vom Urteil als mehr oder minder wichtig, des Interesses würdig eingeschätzt. In der Traumarbeit werden diese Vorstellungen von den an ihnen haftenden Affekten getrennt; die Affekte werden für sich erledigt, sie können auf anderes verschoben werden, erhalten bleiben, Verwandlungen erfahren, überhaupt nicht im Traum erscheinen. Die Wichtigkeit der vom Affekt entblößten Vorstellungen kehrt im Traum als sinnliche Stärke der Traumbilder wieder, aber wir bemerken, daß dieser Akzent von bedeutsamen Elementen auf indifferente übergegangen ist, so daß im Traum als Hauptsache in den Vordergrund gerückt scheint, was in den Traumgedanken nur eine Nebenrolle spielte, und umgekehrt das Wesentliche der Traumgedanken im Traum nur eine beiläufige, wenig deutliche Darstellung findet. Kein anderes Stück der Traumarbeit trägt soviel dazu bei, den Traum für den Träumer fremdartig und unbegreiflich zu machen. Die Verschiebung ist das Hauptmittel der *Traumentstellung*, welche sich die Traumgedanken unter dem Einfluß der Zensur gefallen lassen müssen.
Nach diesen Einwirkungen auf die Traumgedanken ist der Traum fast fertig gemacht. Es tritt noch ein ziemlich inkonstantes Moment hinzu, die sogenannte sekundäre Bearbeitung, nachdem der Traum als Wahrnehmungsobjekt vor dem Bewußtsein aufgetaucht ist. Wir behandeln ihn dann so, wie wir überhaupt gewohnt sind, unsere Wahrnehmungsinhalte zu behandeln, suchen Lücken auszufüllen, Zusammenhänge einzufügen, setzen uns dabei oft genug groben Mißverständnissen aus. Aber diese gleichsam rationalisierende Tätigkeit, die im besten Falle den Traum mit einer glatten Fassade versieht, wie sie zu seinem wirklichen Inhalt nicht passen kann, kann auch unterlassen werden oder sich nur in sehr bescheidenem Maß äußern, wo dann der Traum alle seine Risse und Sprünge offen zur Schau trägt. Anderseits ist nicht zu vergessen, daß auch die Traumarbeit nicht immer gleich energisch verfährt; oft genug schränkt sie sich nur auf gewisse Stücke der Traum-

gedanken ein und andere von ihnen dürfen unverändert im Traum erscheinen. Dann macht es den Eindruck, als hätte man im Traum die feinsten und kompliziertesten intellektuellen Operationen ausgeführt, spekuliert, Witze gemacht, Entschlüsse gefaßt, Probleme gelöst, während all dies das Ergebnis unserer normalen geistigen Tätigkeit ist, ebensowohl am Tag vor dem Traum wie während der Nacht vorgefallen sein mag, mit der Traumarbeit nichts zu tun hat und nichts für den Traum Charakteristisches zum Vorschein bringt. Es ist auch nicht überflüssig, nochmals den Gegensatz zu betonen, der innerhalb der Traumgedanken selbst zwischen der unbewußten Triebregung und den Tagesresten besteht. Während die letzteren die ganze Mannigfaltigkeit unserer seelischen Akte aufweisen, läuft die erstere, die der eigentliche Motor der Traumbildung wird, regelmäßig in eine Wunscherfüllung aus.

Das alles hätte ich Ihnen schon vor fünfzehn Jahren sagen können, ja ich glaube, ich habe es Ihnen damals auch wirklich gesagt. Nun wollen wir zusammentragen, was etwa in dieser Zwischenzeit an Abänderungen und neuen Einsichten hinzugekommen ist.

Ich sagte Ihnen schon, ich fürchte, Sie werden finden, es ist recht wenig, und werden nicht verstehen, warum ich Ihnen auferlegt habe, das Nämliche zweimal anzuhören, und mir, es zu sagen. Aber es sind 15 Jahre dazwischen, und ich hoffe, auf diese Art am leichtesten den Kontakt mit Ihnen wiederherzustellen. Auch sind es so elementare Dinge, von so entscheidender Wichtigkeit für das Verständnis der Psychoanalyse, daß man sie gern ein zweites Mal anhören mag, und daß sie nach 15 Jahren so sehr dieselben geblieben sind, ist an und für sich wissenswert.

Sie finden in der Literatur dieser Zeit natürlich eine große Anzahl von Bestätigungen und Detailausführungen, von denen ich Ihnen nur Proben zu geben vorhabe. Auch kann ich dabei einiges, was schon früher bekannt wurde, nachholen. Es bezieht sich zumeist auf die Symbolik im Traum und die sonstigen Darstellungsweisen des Traumes. Nun hören Sie, erst ganz kürzlich haben die Mediziner an einer amerikanischen Universität sich geweigert, der Psychoanalyse den Charakter einer Wissenschaft zuzugestehen, mit der Begründung, daß sie keine experimentellen Beweise zulasse. Sie hätten denselben Einwand auch gegen die Astronomie erheben können; das Experimentieren mit den Himmelskörpern ist ja besonders schwierig. Man bleibt da auf die Beobachtung angewiesen. Immerhin haben gerade Wiener Forscher den Anfang gemacht, unsere Traumsymbolik experimentell zu bestätigen. Ein Dr. Schrötter hat schon 1912 gefunden, wenn man tief hypnotisierten Personen den Auftrag gibt, von sexuellen Vorgängen zu träumen, erscheint in dem so provozierten Traum das sexuelle Material durch die uns bekannten Symbole ersetzt. Zum Beispiel: einer Frau wird aufgegeben, vom Geschlechtsverkehr mit einer Freundin zu träumen. In ihrem Traum erscheint diese Freundin mit einer *Reisetasche*, die mit einem Zettel beklebt ist: Nur für Damen. Noch eindrucksvoller sind Versuche von Betlheim und Hartmann 1924, die an Kranken mit sogenannter Korsakoffscher Verworrenheit arbeiteten. Sie erzählten ihnen Geschichten mit grob sexuellem Inhalt und achteten auf die Entstellungen, die bei der geforderten Reproduktion des Erzählten auftraten. Dabei kamen wiederum die uns vertrauten Symbole für Geschlechtsorgane und Geschlechtsverkehr zum Vorschein, unter anderem das Symbol der Stiege, von dem die Autoren mit Recht sagen, daß es einem bewußten Entstellungswunsch unerreichbar gewesen wäre.

H. Silberer hat in einer sehr interessanten Versuchsreihe [1909 und 1912] gezeigt, daß man die Traumarbeit gleichsam in flagranti dabei überraschen kann, wie sie abstrakte Gedanken in visuelle Bilder umsetzt. Wenn er sich in Zuständen von Müdigkeit und Schlaftrunkenheit zu geistiger Arbeit nötigen wollte, dann entschwand ihm oft der Gedanke und an seiner Stelle trat eine Vision auf, die offenbar sein Ersatz war.

Ein einfaches Beispiel dafür: Ich denke daran, sagt Silberer, daß ich vorhabe, in einem Aufsatz eine holprige Stelle auszubessern. Vision: Ich sehe mich ein Stück Holz glatthobeln. Bei diesen Versuchen ereignete es sich häufig, daß nicht der einer Bearbeitung harrende Gedanke, sondern sein eigener subjektiver Zustand während der Bemühung zum Inhalt der Vision wurde, das Zuständliche anstatt des Gegenständlichen, was Silberer als »funktionales Phänomen« bezeichnet hat. Ein Beispiel wird Ihnen gleich zeigen, was gemeint ist. Der Autor bemüht sich, die Ansichten zweier Philosophen über ein gewisses Problem miteinander zu vergleichen. Aber in seiner Schläfrigkeit entschlüpft ihm die eine davon immer wieder und endlich hat er die Vision, daß er eine Auskunft von einem mürrischen Sekretär verlangt, der über einen Schreibtisch gebeugt, ihn zuerst nicht beachtet und dann ihn unwillig und abweisend ansieht. Wahrscheinlich erklärt es sich aus den Versuchsbedingungen selbst, daß die so erzwungene Vision so häufig ein Ergebnis der Selbstbeobachtung darstellt.

Bleiben wir noch bei den Symbolen. Es gab solche, die wir erkannt zu haben glaubten und bei denen es uns doch störte, daß wir nicht angeben konnten, wie *das* Symbol zu *der* Bedeutung gekommen war. In solchen Fällen mußten uns Bestätigungen von anderswoher, aus Sprachwissenschaft, Folklore, Mythologie, Ritual besonders willkommen sein. Ein Beispiel dieser Art war das Symbol des Mantels. Wir sagten, im Traume einer Frau bedeutet der Mantel einen Mann[1]. Ich hoffe nun, es macht Ihnen einen Eindruck, wenn Sie hören, daß Th. Reik 1920 uns berichtet: »In dem höchst altertümlichen Brautzeremoniell der Beduinen bedeckt der Bräutigam die Braut mit einem besonderen, ›Aba‹ genannten Mantel und spricht dazu die rituellen Worte: ›Es soll Dich fortan niemand bedecken als nur ich‹.« (Nach Robert Eisler: *Weltenmantel und Himmelszelt* [1910, Bd. 2, 599 f.].) Wir haben auch mehrere neue Symbole aufgefunden, von denen ich Ihnen wenigstens zwei Beispiele berichten will. Nach Abraham 1922 ist die Spinne im Traum ein Symbol der Mutter, aber der phallischen Mutter, vor der man sich fürchtet, so daß die Angst vor der Spinne den Schrecken vor dem Mutterinzest und das Grauen vor dem weiblichen Genitale ausdrückt. Sie wissen vielleicht, daß das mythologische Gebilde des Medusenhaupts auf dasselbe Motiv des Kastrationsschrecks zurückzuführen ist. Das andere Symbol, von dem ich Ihnen sprechen will, ist das der Brücke. Ferenczi hat es 1921–1922 aufgeklärt. Es bedeutet ursprünglich das männliche Glied, das das Elternpaar beim Geschlechtsverkehr miteinander verbindet, aber es entwickelt sich dann zu weiteren Bedeutungen, die sich von jener ersten ableiten. Insoferne es dem männlichen Glied zu verdanken ist, daß man überhaupt aus dem Geburtswasser zur Welt kann, wird die Brücke der Übergang vom Jenseits (dem Noch-nicht-geboren-sein, dem Mutterleib) zum Diesseits (dem Leben), und da sich der Mensch auch den Tod als Rückkehr in den Mutterleib (ins Wasser) vorstellt, bekommt die Brücke auch die Bedeutung einer Beförderung in den Tod, und endlich in weiterer Entfernung von ihrem Anfangssinn bezeichnet sie Übergang, Zustandsveränderung überhaupt. Dazu stimmt es dann, wenn eine Frau, die den Wunsch nicht überwunden hat, ein Mann zu sein, so häufig von Brücken träumt, die zu kurz sind, um das andere Ufer zu erreichen.

Im manifesten Inhalt der Träume kommen recht häufig Bilder und Situationen vor, die an bekannte Motive aus Märchen, Sagen und

[1] [Auf dieses Symbol ist weiter oben, S. 165 und S. 167, bereits hingewiesen worden; es ist dort jedoch nicht erwähnt, daß seine Deutung sich auf *Frauen*träume bezieht.]

Mythen erinnern. Die Deutung solcher Träume wirft dann ein Licht auf die ursprünglichen Interessen, die diese Motive geschaffen haben, wobei wir aber natürlich nicht an den Bedeutungswandel vergessen dürfen, der im Laufe der Zeiten dieses Material betroffen hat. Unsere Deutungsarbeit deckt sozusagen den Rohstoff auf, der häufig genug im weitesten Sinne sexuell zu nennen ist, aber in späterer Bearbeitung die verschiedenartigste Verwendung fand. Solche Zurückführungen pflegen uns den Zorn aller nicht analytisch gerichteten Forscher einzutragen, als ob wir alles, was sich an späteren Entwicklungen darüber aufgebaut, leugnen oder geringschätzen wollten. Nichtsdestoweniger sind solche Einsichten lehrreich und interessant. Das gleiche gilt für die Ableitung gewisser Motive der bildenden Kunst, wenn z. B. J. Eisler (1919) nach der Anleitung von Träumen seiner Patienten den mit einem Knäblein spielenden Jüngling, der im Hermes des Praxiteles dargestellt ist, analytisch deutet. Nur noch ein Wort, aber ich kann es mir nicht versagen zu erwähnen, wie häufig gerade mythologische Themen durch die Traumdeutung Aufklärung finden. So läßt sich z. B. die Labyrinthsage als Darstellung einer analen Geburt erkennen; die verschlungenen Gänge sind der Darm, der Ariadnefaden die Nabelschnur.

Die Darstellungsweisen der Traumarbeit, ein reizvoller und kaum zu erschöpfender Stoff, sind uns durch eingehendes Studium immer vertrauter worden; ich will Ihnen auch davon einige Proben geben. So z. B. stellt der Traum die Relation der Häufigkeit durch die Vervielfältigung von Gleichartigem dar. Hören Sie den sonderbaren Traum eines jungen Mädchens an: Sie tritt in einen großen Saal ein und findet in ihm eine Person auf einem Stuhl sitzend, sechs-, achtmal, noch öfter wiederholt, die aber jedesmal ihr Vater ist. Das versteht sich leicht, wenn man aus den Nebenumständen der Deutung erfährt, daß dieser Raum den Mutterleib vorstellt. Dann wird der Traum gleichwertig mit der uns wohlbekannten Phantasie des Mädchens, das schon im Intrauterinleben mit dem Vater zusammengetroffen sein will, wenn er während der Schwangerschaft dem Mutterleib einen Besuch abstattete. Daß etwas im Traum umgekehrt, das Eintreten vom Vater auf die eigene Person verschoben ist, darf Sie nicht beirren; es hat übrigens noch seine besondere Bedeutung. Die Vervielfältigung der Vaterperson kann nur ausdrücken, daß der betreffende Vorgang sich wiederholt ereignet hat. Eigentlich müssen wir auch zugestehen, daß der Traum sich nicht viel herausnimmt, wenn er *Häufigkeit* durch *Häufung* ausdrückt. Er hat nur auf die Urbedeutung des Wortes zurückgegriffen, das uns heute eine Wiederholung in der Zeit bezeichnet, aber von einer Ansammlung im Raum hergenommen ist. Aber die Traumarbeit setzt überhaupt, wo es angeht, zeitliche Beziehungen in räumliche um und stellt sie als solche dar. Man sieht etwa im Traum eine Szene zwischen Personen, die sehr klein und weit entfernt erscheinen, als ob man sie durch das umgekehrte Ende eines Opernglases betrachten würde. Die Kleinheit wie die räumliche Entfernung bedeuten hier das gleiche, es ist die Entfernung in der Zeit gemeint, es soll verstanden werden, daß es eine Szene aus weit zurückliegender Vergangenheit ist. Ferner, Sie erinnern vielleicht, daß ich Ihnen schon in den früheren Vorlesungen gesagt und an Beispielen gezeigt habe, wir hätten gelernt, auch rein formale Züge des manifesten Traums für die Deutung zu verwerten, also in Inhalt aus den latenten Traumgedanken umzusetzen [vgl. S. 184]. Nun wissen Sie ja, daß alle Träume einer Nacht in denselben Zusammenhang gehören. Aber es ist nicht einmal gleichgültig, ob diese Träume dem Träumenden als ein Kontinuum erscheinen oder ob er sie in mehrere Stücke gliedert und in wie viele. Die Anzahl dieser Stücke entspricht oft ebensoviel gesonderten Mittelpunkten der Gedankenbildung in den latenten Traumgedanken oder miteinander ringenden Strömungen im Seelenleben des Träumers, von denen jede in einem besonderen Traumstück vorherrschenden, wenn auch nie ausschließlichen Ausdruck findet. Ein kurzer Vortraum und ein langer Haupttraum stehen oft zueinander in der Beziehung von Bedingung und Ausführung, wovon Sie ein sehr deutliches Beispiel in jenen alten Vorlesungen finden können [S. 191 f. oben]. Ein Traum, den der Träumer als irgendwie eingeschoben bezeichnet, entspricht wirklich einem Nebensatz in den Traumgedanken. Franz Alexander hat (1925) in einer Studie über Traumpaare gezeigt, daß zwei Träume einer Nacht sich nicht selten derart in die Erfüllung der Traumaufgabe teilen, daß sie zusammengenommen eine Wunscherfüllung in zwei Etappen ergeben, was jeder Traum für sich nicht leistet. Wenn der Traumwunsch etwa eine unerlaubte Handlung an einer bestimmten Person zum Inhalt hat, so erscheint diese Person unverhüllt im ersten Traum, die Handlung aber wird nur schüchtern angedeutet. Der zweite Traum macht es dann anders. Die Handlung wird dann unverhüllt genannt, aber die Person unkenntlich gemacht oder durch eine indifferente ersetzt. Das macht doch wirklich den Eindruck von Schlauheit. Eine zweite und ähnliche Relation zwischen den beiden Teilen eines Traumpaares ist die, daß der eine die Bestrafung darstellt, der andere die sündige Wunscherfüllung. Also gleichsam: Wenn man die Strafe dafür auf sich nimmt, dann darf man sich das Verbotene erlauben.

Ich kann Sie nicht länger bei ähnlichen Kleinfunden aufhalten, auch nicht bei den Diskussionen, die sich auf die Verwertung der Traumdeutung in der analytischen Arbeit beziehen. Ich kann annehmen, daß Sie ungeduldig sind zu hören, welche Änderungen sich in den Grundanschauungen über Wesen und Bedeutung des Traumes vollzogen haben. Sie sind bereits darauf vorbereitet, daß gerade darüber wenig zu berichten ist. Der bestrittenste Punkt der ganzen Lehre war wohl die Behauptung, daß alle Träume Wunscherfüllungen sind. Den unvermeidlichen, immer wiederkehrenden Einwand der Laien, daß es doch so viele Angstträume gibt, haben wir bereits in den früheren Vorlesungen, ich darf es sagen, voll erledigt[1]. Mit der Einteilung in Wunsch-, Angst- und Strafträume haben wir unsere Lehre aufrechterhalten.
Auch die Strafträume sind Wunscherfüllungen, aber nicht solche der Triebregungen, sondern der kritisierenden, zensurierenden und strafenden Instanz im Seelenleben. Wenn wir einen reinen Straftraum vor uns haben, so gestattet uns eine leichte Gedankenoperation, den Wunschtraum wiederherzustellen, auf den der Straftraum die richtige Entgegnung ist, der für den manifesten Traum durch diese Zurückweisung ersetzt wurde. Sie wissen, meine Damen und Herren, daß das Studium des Traums uns zuerst zum Verständnis der Neurosen verholfen hat. Sie werden es auch begreiflich finden, daß unsere Kenntnis der Neurosen späterhin unsere Auffassung des Traums beeinflussen konnte. Wie Sie hören werden[2], haben wir uns genötigt gesehen, im Seelenleben eine besondere kritisierende und verbietende Instanz anzunehmen, die wir das Über-Ich heißen. Indem wir nun auch die Traumzensur als eine Leistung dieser Instanz erkannten, wurden wir angeleitet, den Anteil des Über-Ichs an der Traumbildung sorgfältiger zu beachten.
Gegen die Wunscherfüllungstheorie des Traumes haben sich nur zwei ernsthafte Schwierigkeiten erhoben, deren Erörterung weitab führt, allerdings noch keine voll befriedigende Erledigung gefunden hat. Die erste ist durch die Tatsache gegeben, daß Personen, die ein Schockerlebnis, ein schweres psychisches Trauma durchgemacht haben, wie es so oft im Krieg der Fall war und sich auch als Begründung einer traumatischen Hysterie findet, vom Traum so regelmäßig in die trauma-

[1] [S. die 14. Vorlesung.] [2] [In der 31. Vorlesung.]

tische Situation zurückversetzt werden. Das sollte nach unseren Annahmen über die Funktion des Traumes nicht der Fall sein. Welche Wunschregung könnte durch dieses Rückgreifen auf das höchst peinliche traumatische Erlebnis befriedigt werden? Das ist schwer zu erraten. Mit der zweiten Tatsache treffen wir in der analytischen Arbeit fast täglich zusammen; sie bedeutet auch keinen so gewichtigen Einwand wie die andere. Sie wissen, es ist eine der Aufgaben der Psychoanalyse, den Schleier der Amnesie zu lüften, der die ersten Kinderjahre verhüllt und die in ihnen enthaltenen Äußerungen des frühkindlichen Sexuallebens zur bewußten Erinnerung zu bringen. Nun sind diese ersten Sexualerlebnisse des Kindes mit schmerzlichen Eindrücken von Angst, Verbot, Enttäuschung und Bestrafung verknüpft; man versteht, daß sie verdrängt worden sind, aber dann versteht man nicht, daß sie einen so breiten Zugang zum Traumleben haben, daß sie die Muster für so viele Traumphantasien hergeben, daß die Träume von Reproduktionen dieser Infantilszenen und von Anspielungen an sie erfüllt sind. Ihr Unlustcharakter und die Wunscherfüllungstendenz der Traumarbeit scheinen sich doch schlecht miteinander zu vertragen. Aber vielleicht sehen wir in diesem Fall die Schwierigkeit zu groß. An denselben Kindheitserlebnissen haften ja alle die unvergänglichen, unerfüllten Triebwünsche, die durchs ganze Leben die Energie für die Traumbildung abgeben, denen man es wohl zutrauen kann, daß sie in ihrem gewaltigen Auftrieb auch das Material peinlich empfundener Begebenheiten an die Oberfläche drängen können. Und anderseits ist in der Art und Weise, wie dieses Material reproduziert wird, die Bemühung der Traumarbeit unverkennbar, die die Unlust durch Entstellung verleugnen, Enttäuschung in Gewährung verwandeln will. Bei den traumatischen Neurosen ist es anders, hier laufen die Träume regelmäßig in Angstentwicklung aus. Ich meine, wir sollen uns nicht scheuen zuzugestehen, daß in diesem Falle die Funktion des Traumes versagt. Ich will mich nicht auf den Satz berufen, daß die Ausnahme die Regel bestätigt; seine Weisheit erscheint mir recht zweifelhaft. Aber wohl hebt die Ausnahme die Regel nicht auf. Wenn man eine einzelne psychische Leistung wie das Träumen zum Zweck des Studiums aus dem ganzen Getriebe isoliert, hat man es sich möglich gemacht, die ihr eigenen Gesetzmäßigkeiten aufzudecken; wenn man sie wiederum ins Gefüge einsetzt, muß man gefaßt sein zu finden, daß diese Ergebnisse durch den Zusammenstoß mit anderen Mächten verdunkelt oder beeinträchtigt werden. Wir sagen, der Traum ist eine Wunscherfüllung; wenn Sie den letzten Einwänden

Rechnung tragen wollen, so sagen Sie immerhin, der Traum ist der *Versuch* einer Wunscherfüllung. Für keinen, der sich in die psychische Dynamik hineinversetzen kann, haben Sie dann etwas anderes gesagt. Unter bestimmten Verhältnissen kann der Traum seine Absicht nur sehr unvollkommen durchsetzen oder muß sie überhaupt aufgeben; die unbewußte Fixierung an ein Trauma scheint unter diesen Verhinderungen der Traumfunktion obenan zu stehen. Während der Schläfer träumen muß, weil der nächtliche Nachlaß der Verdrängung den Auftrieb der traumatischen Fixierung aktiv werden läßt, versagt die Leistung seiner Traumarbeit, die die Erinnerungsspuren der traumatischen Begebenheit in eine Wunscherfüllung umwandeln möchte. Unter diesen Verhältnissen ereignet es sich, daß man schlaflos wird, aus Angst vor dem Mißglücken der Traumfunktion auf den Schlaf verzichtet. Die traumatische Neurose zeigt uns da einen extremen Fall, aber man muß auch den Kindheitserlebnissen den traumatischen Charakter zugestehen und braucht sich nicht zu verwundern, wenn sich geringfügigere Störungen der Traumleistung auch unter anderen Bedingungen ergeben [1].

[1] [Das Thema dieses letzten Absatzes wurde von Freud erstmals in den Kapiteln II und III von *Jenseits des Lustprinzips* (1920 g) angeschnitten. Weitere Erwähnungen finden sich in der 32. Vorlesung, S. 539 unten.]

30. VORLESUNG

TRAUM UND OKKULTISMUS[1]

Meine Damen und Herren! Wir werden heute einen schmalen Weg gehen, aber der kann uns zu einer weiten Aussicht führen.

Die Ankündigung, daß ich über die Beziehung des Traums zum Okkultismus sprechen werde, kann Sie kaum überraschen. Der Traum ist ja oft als die Pforte zur Welt der Mystik betrachtet worden, gilt heute noch vielen selbst als ein okkultes Phänomen. Auch wir, die ihn zum Objekt wissenschaftlicher Untersuchung gemacht haben, bestreiten nicht, daß ihn ein oder mehrere Fäden mit jenen dunklen Dingen verknüpfen. Mystik, Okkultismus, was ist mit diesen Namen gemeint? Erwarten Sie keinen Versuch von mir, diese schlecht umgrenzten Gebiete durch Definitionen zu umfassen. In einer allgemeinen und unbestimmten Weise wissen wir alle, woran wir dabei zu denken haben. Es ist eine Art von Jenseits der hellen, von unerbittlichen Gesetzen beherrschten Welt, welche die Wissenschaft für uns aufgebaut hat.

Der Okkultismus behauptet die reale Existenz jener »Dinge zwischen Himmel und Erde, von denen unsere Schulweisheit sich nichts träumen läßt«[2]. Nun, wir wollen nicht an der Engherzigkeit der Schule festhalten; wir sind bereit zu glauben, was man uns glaubwürdig macht.

Wir gedenken mit diesen Dingen zu verfahren wie mit allem anderen Material der Wissenschaft, zunächst festzustellen, ob solche Vorgänge wirklich nachweisbar sind, und dann, aber erst dann, wenn sich ihre Tatsächlichkeit nicht bezweifeln läßt, uns um ihre Erklärung zu bemühen. Aber es ist nicht zu leugnen, daß schon dieser Entschluß uns schwergemacht wird durch intellektuelle, psychologische und historische Momente. Es ist nicht derselbe Fall, wie wenn wir an andere Untersuchungen herangehen.

Die intellektuelle Schwierigkeit zuerst! Gestatten Sie mir grobe, handgreifliche Verdeutlichungen. Nehmen wir an, es handle sich um die Frage nach der Beschaffenheit des Erdinnern. Bekanntlich wissen wir nichts Sicheres darüber. Wir vermuten, daß es aus schweren Metallen im glü-

---

[1] [Im XIV. Kapitel des dritten Bandes seiner Freud-Biographie (1962 *b*) gibt Ernest Jones einen umfassenden Überblick über Freuds Einstellung zum Okkultismus.]

[2] [Shakespeare, *Hamlet*, I. Akt, 5. Szene.]

henden Zustand besteht. Nun stelle einer die Behauptung auf, das Erdinnere sei mit Kohlensäure gesättigtes Wasser, also eine Art Sodawasser. Wir werden gewiß sagen, das ist sehr unwahrscheinlich, widerspricht allen unseren Erwartungen, nimmt keine Rücksicht auf jene Anhaltspunkte unseres Wissens, die uns zur Aufstellung der Metallhypothese geführt haben. Aber undenkbar ist es immerhin nicht; wenn uns jemand einen Weg zur Prüfung der Sodawasserhypothese zeigt, werden wir ihn ohne Widerstand gehen. Aber nun kommt ein anderer mit der ernsthaften Behauptung, der Erdkern bestehe aus Marmelade! Dagegen werden wir uns ganz anders verhalten. Wir werden uns sagen, Marmelade kommt in der Natur nicht vor, es ist ein Produkt der menschlichen Küche, die Existenz dieses Stoffes setzt außerdem das Vorhandensein von Obstbäumen und von deren Früchten voraus, und wir wüßten nicht, wie wir Vegetation und menschliche Kochkunst ins Erdinnere verlegen könnten; das Ergebnis dieser intellektuellen Einwendungen wird eine Schwenkung unseres Interesses sein, anstatt auf die Untersuchung einzugehen, ob wirklich der Erdkern aus Marmelade besteht, werden wir uns fragen, was es für ein Mensch sein muß, der auf eine solche Idee kommen kann, und höchstens noch ihn fragen, woher er das weiß. Der unglückliche Urheber der Marmeladetheorie wird schwer gekränkt sein und uns anklagen, daß wir ihm aus angeblich wissenschaftlichem Vorurteil die objektive Würdigung seiner Behauptung versagen. Aber es wird ihm nichts nützen. Wir verspüren, daß Vorurteile nicht immer verwerflich sind, daß sie manchmal berechtigt sind, zweckmäßig, um uns unnützen Aufwand zu ersparen. Sie sind ja nichts anderes als Analogieschlüsse nach anderen, gut begründeten Urteilen.

Eine ganze Anzahl der okkultistischen Behauptungen wirkt auf uns ähnlich wie die Marmeladehypothese, so daß wir uns berechtigt glauben, sie ohne Nachprüfung von vornherein abzuweisen. Aber es ist doch nicht so einfach. Ein Vergleich wie der von mir gewählte beweist nichts, beweist so wenig wie überhaupt Vergleiche. Es bleibt ja fraglich, ob er paßt, und man versteht, daß die Einstellung der verächtlichen Verwerfung bereits seine Auswahl bestimmt hat. Vorurteile sind manchmal zweckmäßig und berechtigt, andere Male aber irrtümlich und schädlich, und man weiß nie, wann sie das eine, wann sie das andere sind. Die Geschichte der Wissenschaften selbst ist überreich an Vorfällen, die vor einer voreiligen Verdammung warnen können. Lange Zeit galt es auch als eine unsinnige Annahme, daß die Steine, die wir heute Meteoriten heißen, aus dem Himmelsraum auf die Erde gelangt sein sollten oder daß das Gestein der Berge, das Muschelreste einschließt, einst den Meeresgrund gebildet hätte. Übrigens ist es auch unserer Psychoanalyse nicht viel anders ergangen, als sie mit der Erschließung der Unbewußten hervortrat. Also haben wir Analytiker besonderen Grund, mit der Verwendung des intellektuellen Motivs zur Ablehnung neuer Aufstellungen vorsichtig zu sein, und müssen zugestehen, daß es uns nicht über Abneigung, Zweifel und Unsicherheit hinaus fördert.

Das zweite Moment habe ich das psychologische genannt. Ich meine damit die allgemeine Neigung der Menschen zur Leichtgläubigkeit und Wundergläubigkeit. Von allem Anfang an, wenn das Leben uns in seine strenge Zucht nimmt, regt sich in uns ein Widerstand gegen die Unerbittlichkeit und Monotonie der Denkgesetze und gegen die Anforderungen der Realitätsprüfung[1]. Die Vernunft wird zur Feindin, die uns soviel Lustmöglichkeit vorenthält. Man entdeckt, welche Lust es bereitet, sich ihr wenigstens zeitweilig zu entziehen und sich den Verlockungen des Unsinns hinzugeben. Der Schulknabe ergötzt sich an Wortverdrehungen, der Fachgelehrte verulkt seine Tätigkeit nach einem wissenschaftlichen Kongreß, selbst der ernsthafte Mann genießt die Spiele des Witzes[2]. Ernsthaftere Feindseligkeit gegen »Vernunft und Wissenschaft, des Menschen allerbeste Kraft«[3] wartet ihre Gelegenheit ab, sie beeilt sich, dem Wunderdoktor oder Naturheilkünstler den Vorzug zu geben vor dem »studierten« Arzt, sie kommt den Behauptungen des Okkultismus entgegen, solange dessen angebliche Tatsachen als Durchbrechungen von Gesetz und Regel genommen werden, sie schläfert die Kritik ein, verfälscht die Wahrnehmungen, erzwingt Bestätigungen und Zustimmungen, die nicht zu rechtfertigen sind. Wer diese Neigung der Menschen in Betracht zieht, hat allen Grund, viele Mitteilungen der okkultistischen Literatur zu entwerten.

Das dritte Bedenken nannte ich das historische und will damit aufmerksam machen, daß in der Welt des Okkultismus eigentlich nichts Neues vorgeht, daß aber in ihr alle die Zeichen, Wunder, Prophezeiungen und Geistererscheinungen neuerdings auftreten, die uns aus alten Zeiten und in alten Büchern berichtet werden und die wir längst als Ausgeburten ungezügelter Phantasie oder tendenziösen Trugs erledigt zu haben glaubten, als Produkte einer Zeit, in der die Unwissenheit der

[1] [Dieses Thema wird in Freuds ›Metapsychologische Ergänzung zur Traumlehre‹ (1917 *d*), gegen Ende der Arbeit, erörtert. S. auch die 23. Vorlesung, S. 362 oben.]

[2] [Die Lust am Unsinn wird von Freud ausführlich im IV. Kapitel seines Buches über den Witz (1905 *c*, etwa in der Mitte des erwähnten Kapitels) behandelt.]

[3] [Goethe, *Faust*, I. Teil, 4. Szene.]

Menschheit sehr groß war und der wissenschaftliche Geist noch in seinen Kinderschuhen stak. Wenn wir als wahr annehmen, was sich nach den Mitteilungen der Okkultisten noch heute ereignet, so müssen wir auch jene Nachrichten aus dem Altertum als glaubwürdig anerkennen. Und nun besinnen wir uns, daß die Traditionen und heiligen Bücher der Völker von solchen Wundergeschichten übervoll sind und daß die Religionen ihren Anspruch auf Glaubwürdigkeit gerade auf solche außerordentliche und wunderbare Begebenheiten stützen und in ihnen die Beweise für das Wirken übermenschlicher Mächte finden. Dann wird es uns schwer, den Verdacht zu vermeiden, daß das okkultistische Interesse eigentlich ein religiöses ist, daß es zu den geheimen Motiven der okkultistischen Bewegung gehört, der durch den Fortschritt des wissenschaftlichen Denkens bedrohten Religion zu Hilfe zu kommen. Und mit der Erkenntnis eines solchen Motivs muß unser Mißtrauen wachsen und unsere Abneigung, uns in die Untersuchung der angeblichen okkulten Phänomene einzulassen.

Aber endlich muß diese Abneigung doch überwunden werden. Es handelt sich um eine Frage der Tatsächlichkeit, ob das, was die Okkultisten erzählen, wahr ist oder nicht. Das muß doch durch Beobachtung entschieden werden können. Im Grunde müssen wir den Okkultisten dankbar sein. Die Wunderberichte aus alten Zeiten sind unserer Nachprüfung entzogen. Wenn wir meinen, sie sind nicht zu beweisen, so müssen wir doch zugeben, sie sind nicht mit aller Strenge zu widerlegen. Aber was in der Gegenwart vor sich geht, wobei wir zugegen sein können, darüber müssen wir doch ein sicheres Urteil gewinnen können. Kommen wir zur Überzeugung, daß solche Wunder heute nicht vorkommen, so fürchten wir den Einwand nicht, sie könnten sich doch in alten Zeiten ereignet haben. Andere Erklärungen liegen dann viel näher. Wir haben also unsere Bedenken abgelegt und sind bereit, an der Beobachtung der okkulten Phänomene teilzunehmen.

Zum Unglück treffen wir dann auf Verhältnisse, die unserer redlichen Absicht äußerst ungünstig sind. Die Beobachtungen, von denen unser Urteil abhängen soll, werden unter Bedingungen angestellt, die unsere Sinneswahrnehmungen unsicher machen, unsere Aufmerksamkeit abstumpfen, in der Dunkelheit oder in spärlichem rotem Licht, nach langen Zeiten leerer Erwartung. Es wird uns gesagt, daß schon unsere ungläubige, also kritische Einstellung das Zustandekommen der erwarteten Phänomene zu hindern vermag. Die so hergestellte Situation ist ein wahres Zerrbild der Umstände, unter denen wir sonst wissenschaftliche

Untersuchungen durchzuführen pflegen. Die Beobachtungen werden an sogenannten Medien gemacht, Personen, denen man besondere »sensitive« Fähigkeiten zuschreibt, die sich aber keineswegs durch hervorragende Eigenschaften des Geistes oder des Charakters auszeichnen, nicht von einer großen Idee oder einer ernsthaften Absicht getragen werden wie die alten Wundertäter. Im Gegenteil, sie gelten selbst bei denen, die an ihre geheimen Kräfte glauben, als besonders unzuverlässig; die meisten von ihnen sind bereits als Betrüger entlarvt worden, es liegt uns nahe zu erwarten, daß den übrigen dasselbe bevorsteht. Was sie leisten, macht den Eindruck von mutwilligen Kinderstreichen oder Taschenspielerkunststücken. Noch niemals ist in den Sitzungen mit diesen Medien etwas Brauchbares herausgekommen, etwa eine neue Kraftquelle zugänglich gemacht worden. Freilich erwartet man auch keine Förderung der Taubenzucht von dem Kunststück des Taschenspielers, der Tauben aus seinem leeren Zylinderhut zaubert. Ich kann mich leicht in die Lage eines Menschen versetzen, der die Anforderung der Objektivität erfüllen will und darum an den okkultistischen Sitzungen teilnimmt, aber nach einer Weile ermüdet und von den an ihn gestellten Zumutungen abgestoßen sich abwendet und unbelehrt zu seinen früheren Vorurteilen zurückkehrt. Man kann einem solchen vorhalten, das sei auch nicht das richtige Benehmen, Phänomenen, die man studieren wolle, dürfe man nicht vorschreiben, wie sie sein und unter welchen Bedingungen sie auftreten sollen. Es sei vielmehr geboten, auszuharren und die Vorsichts- und Kontrollmaßregeln zu würdigen, durch die man sich neuerdings gegen die Unzuverlässigkeit der Medien zu schützen bemüht ist. Leider macht diese moderne Sicherungstechnik der leichten Zugänglichkeit okkultistischer Beobachtungen ein Ende. Das Studium des Okkultismus wird ein besonderer, schwieriger Beruf, eine Tätigkeit, die man nicht neben seinen sonstigen Interessen betreiben kann. Und bis die damit beschäftigten Forscher zu Entscheidungen gekommen sind, bleibt man dem Zweifel und seinen eigenen Vermutungen überlassen. Unter diesen Vermutungen die wahrscheinlichste ist wohl die, daß es sich beim Okkultismus um einen realen Kern von noch nicht erkannten Tatsachen handelt, den Trug und Phantasiewirkung mit einer schwer durchdringbaren Hülle umsponnen haben. Aber wie können wir uns diesem Kern auch nur annähern, an welcher Stelle das Problem angreifen? Hier meine ich, kommt uns der Traum zu Hilfe, indem er uns den Wink gibt, aus all dem Wust das Thema der Telepathie herauszugreifen.

Sie wissen, Telepathie nennen wir die angebliche Tatsache, daß ein Ereignis, welches zu einer bestimmten Zeit vorfällt, etwa gleichzeitig einer räumlich entfernten Person zum Bewußtsein kommt, ohne daß die uns bekannten Wege der Mitteilung dabei in Betracht kämen. Stillschweigende Voraussetzung ist, daß dies Ereignis eine Person betrifft, an welcher die andere, der Empfänger der Nachricht, ein starkes emotionelles Interesse hat. Also z. B. die Person A erleidet einen Unfall, oder sie stirbt, und die Person B, eine ihr nahe verbundene, die Mutter, Tochter oder Geliebte, erfährt es ungefähr zur gleichen Zeit durch eine Gesichts- oder Gehörswahrnehmung; im letzteren Falle also so, als ob sie telephonisch verständigt worden wäre, was aber nicht der Fall gewesen ist, gewissermaßen ein psychisches Gegenstück zur drahtlosen Telegraphie. Ich brauche vor Ihnen nicht zu betonen, wie unwahrscheinlich solche Vorgänge sind. Auch darf man die meisten dieser Berichte mit guten Gründen ablehnen; einige bleiben übrig, bei denen dies nicht so leicht ist. Gestatten Sie mir nun, daß ich, für den Zweck meiner beabsichtigten Mitteilung, das vorsichtige Wörtchen »angeblich« weglasse und so fortsetze, als glaubte ich an die objektive Realität des telepathischen Phänomens. Aber halten Sie daran fest, daß dies nicht der Fall ist, daß ich mich auf keine Überzeugung festgelegt habe.

Ich habe Ihnen eigentlich wenig mitzuteilen, nur eine unscheinbare Tatsache. Ich will Ihre Erwartung auch gleich weiter einschränken, indem ich Ihnen sage, daß der Traum im Grunde wenig mit der Telepathie zu tun hat. Weder wirft die Telepathie ein neues Licht auf das Wesen des Traums, noch legt der Traum ein direktes Zeugnis für die Realität der Telepathie ab. Das telepathische Phänomen ist auch gar nicht an den Traum gebunden, es kann sich auch während des Wachzustands ereignen. Der einzige Grund, die Beziehung zwischen Traum und Telepathie zu erörtern, liegt darin, daß der Schlafzustand zur Aufnahme der telepathischen Botschaft besonders geeignet erscheint. Man erhält dann einen sogenannt telepathischen Traum und überzeugt sich bei dessen Analyse, daß die telepathische Nachricht dieselbe Rolle gespielt hat wie ein anderer Tagesrest und wie ein solcher von der Traumarbeit verändert und ihrer Tendenz dienstbar gemacht worden ist.

In der Analyse eines solchen telepathischen Traums ereignet sich nun das, was mir interessant genug schien, um es trotz seiner Geringfügigkeit zum Ausgangspunkt für diese Vorlesung zu wählen. Als ich im Jahre 1922[1] die erste Mitteilung über diesen Gegenstand machte, stand

[1] [›Traum und Telepathie‹ (1922 *a*).]

mir erst nur eine Beobachtung zur Verfügung. Seither habe ich manche ähnliche gemacht, aber ich bleibe beim ersten Beispiel, weil es sich am leichtesten darstellen läßt, und werde Sie sogleich *in medias res* einführen.

Ein offenbar intelligenter, nach seiner Behauptung keineswegs »okkultistisch angehauchter« Mann, schreibt mir über einen Traum, der ihm merkwürdig erscheint. Er schickt voraus, seine verheiratete, entfernt von ihm lebende Tochter erwarte Mitte Dezember ihre erste Niederkunft. Diese Tochter steht ihm sehr nahe, er weiß auch, daß sie sehr innig an ihm hängt. Nun träumt er in der Nacht vom 16. auf den 17. November, daß seine Frau Zwillinge geboren hat. Es folgen mancherlei Einzelheiten, die ich hier übergehen kann, die auch nicht alle Aufklärung gefunden haben. Die Frau, die im Traum Mutter der Zwillinge geworden ist, ist seine zweite Frau, die Stiefmutter der Tochter. Er wünscht sich keine Kinder von dieser Frau, der er die Eignung zur verständigen Kindererziehung abspricht, hatte auch zur Zeit des Traums den Geschlechtsverkehr mit ihr lange ausgesetzt. Was ihn veranlaßt, mir zu schreiben, ist nicht ein Zweifel an der Traumlehre, zu dem ihn der manifeste Trauminhalt berechtigt hätte, denn warum läßt der Traum im vollen Gegensatz zu seinen Wünschen diese Frau Kinder gebären? Auch zu einer Befürchtung, daß dies unerwünschte Ereignis eintreffen könnte, lag nach seiner Auskunft kein Anlaß vor. Was ihn bewog, mir von diesem Traum zu berichten, war der Umstand, daß er am 18. November früh die telegraphische Nachricht erhielt, die Tochter sei mit Zwillingen niedergekommen. Das Telegramm war tags vorher aufgegeben worden, die Geburt in der Nacht vom 16. auf den 17. erfolgt, ungefähr zur gleichen Stunde, als er von der Zwillingsgeburt seiner Frau träumte. Der Träumer fragt mich, ob ich das Zusammentreffen von Traum und Ereignis für zufällig halte. Er getraut sich nicht, den Traum einen telepathischen zu nennen, denn der Unterschied zwischen Trauminhalt und Ereignis betrifft gerade das, was ihm das Wesentliche scheint, die Person der Gebärenden. Aber aus einer seiner Bemerkungen geht hervor, daß er sich über einen richtigen telepathischen Traum nicht verwundert hätte. Die Tochter, meint er, habe in ihrer schweren Stunde sicher »besonders an ihn gedacht«.

Meine Damen und Herren! Ich bin sicher, Sie können sich diesen Traum bereits erklären und verstehen auch, warum ich ihn Ihnen erzählt habe. Da ist ein Mann, mit seiner zweiten Frau unzufrieden, er möchte lieber eine Frau haben wie seine Tochter aus erster Ehe. Fürs Unbewußte entfällt natürlich dieses: wie. Nun trifft ihn nächtlicherweile die telepathische Botschaft, die Tochter hat Zwillinge geboren. Die Traumarbeit bemächtigt sich dieser Nachricht, läßt den unbewußten Wunsch auf sie einwirken, der die Tochter an die Stelle der zweiten Frau setzen möchte, und so entsteht der befremdende manifeste Traum, der den Wunsch verhüllt und die Botschaft entstellt. Wir müssen sagen, erst die Traumdeutung hat uns gezeigt, daß es ein telepathischer Traum ist, die Psychoanalyse hat einen telepathischen Tatbestand aufgedeckt, den wir sonst nicht erkannt hätten.

Aber lassen Sie sich ja nicht irreführen! Trotzdem hat die Traumdeutung nichts über die objektive Wahrheit des telepathischen Tatbestands ausgesagt. Es kann auch ein Anschein sein, der sich auf andere Weise aufklären läßt. Es ist möglich, daß die latenten Traumgedanken des Mannes gelautet haben: Heute ist ja der Tag, an dem die Entbindung erfolgen müßte, wenn die Tochter, wie ich eigentlich glaube, sich um einen Monat verrechnet hat. Und ihr Aussehen war schon damals, als ich sie zuletzt sah, so, als ob sie Zwillinge haben würde. Und meine verstorbene Frau war so kinderlieb, wie würde die sich über Zwillinge gefreut haben! (Letzteres Moment setze ich nach noch nicht erwähnten Assoziationen des Träumers ein.) In diesem Fall wären gut begründete Vermutungen des Träumers, nicht eine telepathische Botschaft der Anreiz zum Traum gewesen, der Erfolg bliebe der nämliche. Sie sehen, auch diese Traumdeutung hat nichts über die Frage ausgesagt, ob man der Telepathie objektive Realität zugestehen darf. Das ließe sich nur durch eingehende Erkundigung nach allen Verhältnissen des Vorfalles entscheiden, was leider bei diesem Beispiel ebensowenig möglich war wie bei den anderen meiner Erfahrung. Zugegeben, daß die Annahme der Telepathie die bei weitem einfachste Erklärung gibt, aber damit ist nicht viel gewonnen. Die einfachste Erklärung ist nicht immer die richtige, die Wahrheit ist sehr oft nicht einfach, und ehe man sich zu einer so weittragenden Annahme entschließt, will man alle Vorsichten eingehalten haben.

Das Thema: Traum und Telepathie können wir jetzt verlassen, ich habe Ihnen nichts mehr darüber zu sagen. Aber beachten Sie wohl, nicht der Traum schien uns etwas über die Telepathie zu lehren, sondern die Deutung des Traumes, die psychoanalytische Bearbeitung. Somit können wir im folgenden vom Traum ganz absehen und wollen der Erwartung nachgehen, daß die Anwendung der Psychoanalyse einiges Licht auf andere, okkult geheißene Tatbestände werfen kann. Da ist z. B. das Phänomen der Induktion oder Gedankenübertragung, das der Telepathie sehr nahesteht, eigentlich ohne viel Zwang mit ihr vereinigt werden kann. Es besagt, daß seelische Vorgänge in einer Person, Vorstellungen, Erregungszustände, Willensimpulse sich durch den freien Raum auf eine andere Person übertragen können, ohne die bekannten Wege der Mitteilung durch Worte und Zeichen zu gebrauchen. Sie verstehen, wie merkwürdig, vielleicht auch praktisch bedeutsam es wäre, wenn dergleichen wirklich vorkäme. Nebenbei gesagt, es ist verwunderlich, daß gerade von diesem Phänomen in den alten Wunderberichten am wenigsten die Rede ist.

Während der psychoanalytischen Behandlung von Patienten habe ich den Eindruck bekommen, daß das Treiben der berufsmäßigen Wahrsager eine günstige Gelegenheit verbirgt, um besonders einwandfreie Beobachtungen über Gedankenübertragung anzustellen. Das sind unbedeutende oder selbst minderwertige Personen, die sich irgendeiner Hantierung hingeben, Karten aufschlagen, Schriften und Handlinien studieren, astrologische Berechnungen anstellen und dabei ihren Besuchern die Zukunft vorhersagen, nachdem sie sich mit Stücken von deren vergangenen oder gegenwärtigen Schicksalen vertraut gezeigt haben. Ihre Klienten zeigen sich meistens recht befriedigt durch diese Leistungen und sind ihnen auch nicht gram, wenn die Prophezeiungen späterhin nicht eintreffen. Ich bin mehrerer solcher Fälle habhaft geworden, konnte sie analytisch studieren und werde Ihnen gleich das merkwürdigste dieser Beispiele erzählen. Leider wird die Beweiskraft dieser Mitteilungen durch die zahlreichen Verschweigungen beeinträchtigt, zu denen mich die Pflicht der ärztlichen Diskretion nötigt. Entstellungen habe ich aber mit strengem Vorsatz vermieden. Hören Sie also die Geschichte einer meiner Patientinnen, die ein solches Erlebnis mit einem Wahrsager gehabt hat.

Sie war die älteste einer Reihe von Geschwistern gewesen, in einer außerordentlich starken Vaterbindung aufgewachsen, hatte jung geheiratet, in der Ehe volle Befriedigung gefunden. Zu ihrem Glück fehlte nur eines, daß sie kinderlos geblieben war, ihren geliebten Mann also nicht völlig an die Stelle des Vaters rücken konnte. Als sie nach langen Jahren der Enttäuschung sich zu einer gynäkologischen Operation entschließen wollte, machte ihr der Mann die Eröffnung, daß die Schuld an ihm liege, er sei durch eine Erkrankung vor der Ehe unfähig zur Kinderzeugung geworden. Diese Enttäuschung vertrug sie schlecht, wurde neurotisch, litt offenbar an Versuchungsängsten[1]. Um sie aufzuheitern, nahm sie der Mann auf eine Geschäftsreise nach Paris mit. Dort saßen sie eines Tages in der Halle des Hotels, als ihr eine gewisse Geschäftigkeit unter den Angestellten auffiel. Sie fragte, was es gäbe, und erfuhr, *Monsieur le professeur* sei gekommen und erteile Konsultationen in jenem Kabinett. Sie äußerte ihren Wunsch, auch einen Versuch zu machen. Der Mann schlug es ab, aber in einem unbewachten Moment war sie in den Konsultationsraum geschlüpft und stand vor dem Wahrsager. Sie war 27 Jahre alt, sah viel jünger aus, hatte den Ehering abgelegt. *Monsieur le professeur* ließ sie die Hand auf eine Tasse legen, die mit Asche gefüllt war, studierte sorgfältig den Abdruck, erzählte ihr dann allerlei von schweren Kämpfen, die ihr bevorstünden, und schloß mit der tröstlichen Versicherung, sie werde doch noch heiraten und mit 32 Jahren zwei Kinder haben. Als sie mir diese Geschichte erzählte, war sie 43 Jahre alt, schwer krank und ohne jede Aussicht, jemals ein Kind zu bekommen. Die Prophezeiung war also nicht eingetroffen, doch sprach sie von ihr keineswegs mit Bitterkeit, sondern mit dem unverkennbaren Ausdruck der Befriedigung, als ob sie ein erfreuliches Erlebnis erinnern würde. Es war leicht festzustellen, daß sie nicht die leiseste Ahnung hatte, was die beiden Zahlen der Prophezeiung [2 und 32] bedeuten könnten und ob sie überhaupt etwas bedeuteten.

Sie werden sagen, das ist eine dumme und unverständliche Geschichte, und fragen, wozu ich sie Ihnen erzählt habe. Nun, ich wäre ganz Ihrer Meinung, wenn nicht – und das ist jetzt der springende Punkt – die Analyse uns eine Deutung jener Prophezeiung ermöglichte, die gerade durch die Aufklärung der Details zwingend wirkt. Die beiden Zahlen finden nämlich ihren Platz im Leben der Mutter meiner Patientin. Diese hatte spät geheiratet, nach dreißig, und man hatte in der Familie oft dabei verweilt, daß sie sich so erfolgreich beeilt hatte, das Versäumte nachzuholen. Die beiden ersten Kinder, unsere Patientin voran, wurden mit dem kleinsten möglichen Intervall in dem gleichen Kalenderjahr geboren, und mit 32 Jahren hatte sie wirklich schon zwei Kinder. Was *Monsieur le professeur* meiner Patientin gesagt hatte, hieß also: Trösten Sie sich, Sie sind noch so jung. Sie werden noch dasselbe Schick-

---

[1] [Angst vor der Versuchung, ihren Ehemann zu betrügen.]

sal haben wie Ihre Mutter, die auch lange auf Kinder warten mußte, werden zwei Kinder haben mit 32 Jahren. Aber, dasselbe Schicksal zu haben wie die Mutter, sich an ihre Stelle zu setzen, ihren Platz beim Vater einzunehmen, das war ja der stärkste Wunsch ihrer Jugend gewesen, der Wunsch, an dessen Nichterfüllung sie jetzt zu erkranken begann. Die Prophezeiung versprach ihr, daß er doch noch zur Erfüllung kommen werde; wie sollte sie gegen den Propheten anders als freundlich fühlen können? Aber halten Sie es für möglich, daß *Monsieur le professeur* mit den Daten der intimen Familiengeschichte seiner zufälligen Klientin vertraut war? Unmöglich; woher kam ihm also die Kenntnis, die ihn befähigte, den stärksten und geheimsten Wunsch der Patientin durch die Aufnahme der beiden Zahlen in seine Prophezeiung auszudrücken? Ich sehe nur zwei Möglichkeiten der Erklärung. Entweder ist die Geschichte, so wie sie mir erzählt wurde, nicht wahr, hat sich anders zugetragen, oder es ist anzuerkennen, daß eine Gedankenübertragung als reales Phänomen besteht. Man kann freilich die Annahme machen, daß die Patientin nach einem Intervall von 16 Jahren die beiden Zahlen, auf die es ankommt, aus ihrem Unbewußten in jene Erinnerung eingesetzt hat. Ich habe keinen Anhaltspunkt für diese Vermutung, aber ich kann sie nicht ausschließen, und ich stelle mir vor, daß Sie eher bereit sein werden, an eine solche Auskunft zu glauben als an die Realität der Gedankenübertragung. Wenn Sie sich zu letzterem entschließen, vergessen Sie nicht daran, daß erst die Analyse den okkulten Tatbestand geschaffen, ihn aufgedeckt hat, wo er bis zur Unkenntlichkeit entstellt war.

Handelte es sich nur um *einen* solchen Fall wie der meiner Patientin, so würde man achselzuckend über ihn hinweggehen. Niemand fällt es ein, einen Glauben, der eine so entscheidende Wendung bedeutet, auf einer vereinzelten Beobachtung aufzubauen. Aber glauben Sie meiner Versicherung, es ist nicht der einzige Fall in meiner Erfahrung. Ich habe eine ganze Reihe von solchen Prophezeiungen gesammelt und von allen den Eindruck gewonnen, daß der Wahrsager nur die Gedanken der ihn befragenden Personen und ganz besonders ihre geheimen Wünsche zum Ausdruck gebracht hatte, daß man also berechtigt war, solche Prophezeiungen zu analysieren, als wären es subjektive Produktionen, Phantasien oder Träume der Betreffenden. Natürlich sind nicht alle Fälle gleich beweiskräftig und nicht in allen ist es gleich möglich, rationellere Erklärungen auszuschließen, aber es bleibt doch vom Ganzen ein starker

Überschuß von Wahrscheinlichkeit zu Gunsten einer tatsächlichen Gedankenübertragung übrig. Die Wichtigkeit des Gegenstandes würde es rechtfertigen, daß ich Ihnen alle meine Fälle vorführe, aber das kann ich nicht, wegen der Weitläufigkeit der dazu nötigen Darstellung und der dabei unvermeidlichen Verletzung der schuldigen Diskretion. Ich versuche es, mein Gewissen möglichst zu beschwichtigen, wenn ich Ihnen noch einige Beispiele gebe.

Eines Tages sucht mich ein hochintelligenter junger Mann auf, ein Student vor seinen letzten Doktorprüfungen, aber nicht imstande, sie abzulegen, denn, wie er klagt, hat er alle Interessen, Konzentrationsfähigkeit, selbst die Möglichkeit geordneter Erinnerung verloren. Die Vorgeschichte dieses lähmungsartigen Zustandes ist bald aufgedeckt, er ist nach einer Leistung großer Selbstüberwindung erkrankt. Er hat eine Schwester, an der er mit intensiver, aber stets verhaltener Liebe hing, wie sie an ihm. Wie schade, daß wir beide uns nicht heiraten können, hieß es oft genug unter ihnen. Ein würdiger Mann verliebte sich in diese Schwester, sie erwiderte die Neigung, aber die Eltern gaben die Verbindung nicht zu. In dieser Notlage wandte sich das Paar an den Bruder, der ihnen auch seine Hilfe nicht versagte. Er vermittelte die Korrespondenz zwischen ihnen, seinem Einfluß gelang es auch, die Eltern endlich zur Zustimmung zu bewegen. In der Verlobungszeit ereignete sich allerdings ein Zufall, dessen Bedeutung leicht zu erraten ist. Er unternahm eine schwierige Bergpartie mit dem zukünftigen Schwager führerlos, die beiden verloren den Weg und gerieten in die Gefahr, nicht mehr heil zurückzukommen. Kurz nach der Heirat der Schwester geriet er in jenen Zustand seelischer Erschöpfung.

Durch den Einfluß der Psychoanalyse arbeitsfähig geworden, verließ er mich, um seine Prüfungen zu machen, kam aber nach deren glücklicher Erledigung im Herbst desselben Jahres für kurze Zeit zu mir zurück. Er berichtete mir dann über ein merkwürdiges Erlebnis, das er vor dem Sommer gehabt hatte. In seiner Universitätsstadt gab es eine Wahrsagerin, die sich eines großen Zulaufs erfreute. Auch die Prinzen des Herrscherhauses pflegten sie vor wichtigen Unternehmungen regelmäßig zu konsultieren. Die Art, wie sie arbeitete, war sehr einfach. Sie ließ sich die Geburtsdaten einer bestimmten Person geben, verlangte nichts anderes von ihr zu wissen, auch nicht den Namen, dann schlug sie in astrologischen Büchern nach, machte lange Berechnungen und am Ende gab sie eine Prophezeiung über die betreffende Person von sich.

Mein Patient beschloß, ihre Geheimkunst für seinen Schwager in Anspruch zu nehmen. Er besuchte sie und nannte ihr die verlangten Daten von seinem Schwager. Nachdem sie ihre Rechnungen angestellt hatte, tat sie die Prophezeiung: Diese Person wird im Juli oder August dieses Jahres an einer Krebs- oder Austernvergiftung sterben. Mein Patient schloß dann seine Erzählung mit den Worten: »Und das war ganz großartig!«

Ich hatte von Anfang an unwillig zugehört. Nach diesem Ausruf gestattete ich mir die Frage. Was finden Sie an dieser Prophezeiung so großartig? Wir sind jetzt im Spätherbst, Ihr Schwager ist nicht gestorben, das hätten Sie mir längst erzählt. Also ist die Prophezeiung nicht eingetroffen. Das allerdings nicht, meinte er, aber das Merkwürdige ist folgendes. Mein Schwager ist ein leidenschaftlicher Liebhaber von Krebsen und Austern und hat sich im vorigen Sommer – also *vor* dem Besuch bei der Wahrsagerin – eine Austernvergiftung zugezogen, an der er fast gestorben wäre. Was sollte ich darauf sagen? Ich konnte mich nur ärgern, daß der hochgebildete Mann, der überdies eine erfolgreiche Analyse hinter sich hatte, den Zusammenhang nicht besser durchschaute. Ich für meinen Teil, ehe ich daran glaube, daß man aus astrologischen Tafeln den Eintritt einer Krebs- oder Austernvergiftung berechnen kann, will lieber annehmen, daß mein Patient den Haß gegen den Rivalen noch immer nicht überwunden hatte, an dessen Verdrängung er seinerzeit erkrankt war, und daß die Astrologin einfach seine eigene Erwartung aussprach: solche Liebhabereien gibt man nicht auf und eines Tages wird er doch daran zugrunde gehen. Ich gestehe, daß ich für diesen Fall keine andere Erklärung weiß außer vielleicht, daß mein Patient sich einen Scherz mit mir erlaubt hat. Aber er gab mir weder damals noch später Grund zu diesem Verdacht und schien, was er sagte, ernsthaft zu meinen.

Ein anderer Fall. Ein junger Mann in angesehener Stellung unterhält ein Verhältnis mit einer Lebedame, in dem sich ein merkwürdiger Zwang durchsetzt. Von Zeit zu Zeit muß er die Geliebte durch spottende und höhnende Reden kränken, bis sie in helle Verzweiflung gerät. Hat er sie so weit gebracht, so ist er erleichtert, er versöhnt sich mit ihr und beschenkt sie. Aber er möchte jetzt frei von ihr werden, der Zwang ist ihm unheimlich, er merkt, daß sein eigener Ruf unter diesem Verhältnis leidet, er will eine eigene Frau haben, eine Familie gründen. Nur daß er mit eigener Kraft nicht von der Lebedame loskommt, er nimmt dazu die Hilfe der Analyse in Anspruch. Nach einer solchen Beschimpfungsszene, schon während der Analyse, läßt er sich von ihr ein Kärtchen schreiben, das er einem Schriftkundigen vorlegt. Die Auskunft, die er von ihm erhält, lautet: Das ist die Schrift eines Menschen in äußerster Verzweiflung, die Person wird sich gewiß in den allernächsten Tagen umbringen. Das geschieht zwar nicht, die Dame bleibt am Leben, aber der Analyse gelingt es, seine Fesseln zu lockern; er verläßt die Dame und wendet sich einem jungen Mädchen zu, von dem er erwartet, daß es eine brave Frau für ihn werden kann. Bald nachher erscheint ein Traum, der nur auf einen beginnenden Zweifel an dem Wert dieses Mädchens gedeutet werden kann. Er nimmt auch von ihr eine Schriftprobe, die er derselben Autorität vorlegt, und hört ein Urteil über ihre Schrift, das seine Besorgnisse bestätigt. Er gibt also die Absicht, sie zu seiner Frau zu machen, auf.

Um die Gutachten des Schriftkundigen, zumal das erste, zu würdigen, muß man etwas von der Geheimgeschichte unseres Mannes wissen. Im frühen Jünglingsalter hatte er sich, seiner leidenschaftlichen Natur entsprechend, bis zur Raserei in eine junge Frau verliebt, die immerhin älter war als er. Von ihr abgewiesen, machte er einen Selbstmordversuch, an dessen ernster Absicht man nicht zweifeln kann. Nur durch ein Ungefähr entging er dem Tode und erst nach langer Pflege war er hergestellt. Aber diese wilde Tat machte auf die geliebte Frau einen tiefen Eindruck, sie schenkte ihm ihre Gunst, er wurde ihr Liebhaber, blieb ihr von da an heimlich verbunden und diente ihr in echt ritterlicher Weise. Nach mehr als zwei Dezennien, als sie beide gealtert waren, die Frau natürlich mehr als er, erwachte in ihm das Bedürfnis, sich von ihr abzulösen, frei zu werden, ein eigenes Leben zu führen, selbst ein Haus und eine Familie zu gründen. Und gleichzeitig mit diesem Überdruß stellte sich bei ihm das lange unterdrückte Bedürfnis nach Rache an der Geliebten ein. Hatte er sich einst umbringen wollen, weil sie ihn verschmäht hatte, so wollte er jetzt die Genugtuung haben, daß sie den Tod suchte, weil er sie verließ. Aber seine Liebe war noch immer zu stark, als daß dieser Wunsch ihm bewußt werden konnte; auch war er nicht imstande, ihr genug Böses anzutun, um sie in den Tod zu treiben. In dieser Gemütslage nahm er die Lebedame gewissermaßen als Prügelknaben auf, um *in corpore vili* seinen Rachedurst zu befriedigen, und gestattete sich an ihr alle Quälereien, von denen er erwarten konnte, sie würden bei ihr den Erfolg haben, den er bei der geliebten Frau erwünschte. Daß die Rache eigentlich dieser letzteren galt, verriet sich nur durch den Umstand, daß er die Frau zur Mitwisserin und Ratgeberin in seinem Liebesverhältnis machte, anstatt ihr seinen Abfall zu verbergen. Die Arme, die längst von der Geberin zur Empfängerin herabgesunken war, litt unter seiner Vertraulichkeit wahrscheinlich mehr als die Lebedame unter seiner Brutalität. Der Zwang, über den er sich bei der Ersatzperson beklagte und der ihn in die Analyse trieb, war natürlich von der alten Geliebten her auf sie übertragen; diese letztere war es, von der er sich frei machen wollte und nicht konnte. Ich bin kein Schriftenkenner und halte nicht viel von der Kunst, aus der Schrift den Charakter zu erraten, noch weniger glaube ich an die Möglichkeit, auf diesem Wege die Zukunft des Schreibers vorherzusagen. Sie sehen aber, wie immer man über den Wert der Graphologie denken mag, es ist unverkennbar, daß der Sachverständige, wenn er versprach, daß der Schreiber der ihm vorgelegten Probe sich in den nächsten Tagen umbringen werde, wiederum nur einen starken geheimen Wunsch der ihn befragenden Person ans Licht gezogen hatte. Etwas Ähnliches geschah dann auch beim zweiten Gutachten, nur daß hier nicht ein unbewußter Wunsch in Betracht kam, sondern daß die keimenden Zweifel und Besorgnisse des Befragenden durch den Mund des Schriftkundigen einen klaren Ausdruck fanden. Meinem Patienten gelang es übrigens, mit Hilfe der Analyse eine Liebeswahl zu treffen außerhalb des Zauberkreises, in den er gebannt gewesen war.

Meine Damen und Herren! Sie haben nun gehört, was die Traumdeutung und die Psychoanalyse überhaupt für den Okkultismus leistet. Sie haben an Beispielen gesehen, daß durch ihre Anwendung okkulte Tatbestände klargemacht werden, die sonst unkenntlich geblieben wären. Die Frage, die Sie gewiß am meisten interessiert, ob man an die objektive Realität dieser Befunde glauben darf, kann die Psychoanalyse nicht direkt beantworten, aber das mit ihrer Hilfe zutage geförderte Material macht wenigstens einen der Bejahung günstigen Eindruck. Dabei wird Ihr Interesse nicht haltmachen. Sie werden wissen wollen, zu welchen Schlüssen jenes ungleich reichere Material berechtigt, an dem die Psychoanalyse keinen Anteil hat. Dahin kann ich Ihnen aber nicht folgen, es ist nicht mehr mein Gebiet. Das einzige, was ich noch tun kann, wäre, daß ich Ihnen von Beobachtungen erzähle, die wenigstens die eine Beziehung zur Analyse haben, daß sie während der analytischen Behandlung gemacht, vielleicht auch durch ihren Einfluß ermöglicht wurden. Ich werde Ihnen ein solches Beispiel mitteilen, dasjenige, welches mir den stärksten Eindruck hinterlassen hat, werde sehr ausführlich sein, Ihre Aufmerksamkeit für eine Menge von Einzelheiten in Anspruch nehmen und dabei doch vieles unterdrücken müssen, was die überzeugende Kraft der Beobachtung sehr gesteigert hätte. Es ist ein Beispiel, in dem der Tatbestand klar zutage tritt und nicht durch die Analyse entwickelt zu werden braucht. Bei seiner Diskussion werden wir die Hilfe der Analyse aber nicht entbehren können. Ich sage es Ihnen aber vorher, auch dieses Beispiel von anscheinender Gedankenübertragung in der analytischen Situation ist nicht gegen alle Bedenken gefeit, gestattet keine unbedingte Parteinahme für die Realität des okkulten Phänomens.

Also hören Sie: An einem Herbsttag des Jahres 1919, etwa um ³/₄11 Uhr a. m., gibt der eben aus London eingetroffene Dr. David Forsyth[1] eine Karte für mich ab, während ich mit einem Patienten arbeite. (Mein geehrter Kollege von der London University wird es sicherlich nicht als Indiskretion auffassen, wenn ich so verrate, daß er sich von mir durch einige Monate in die Künste der psychoanalytischen Technik einführen ließ.) Ich habe nur Zeit, ihn zu begrüßen und für später zu bestellen. Dr. Forsyth hat Anspruch auf mein besonderes Interesse; er ist der erste Ausländer, der nach der Absperrung der Kriegsjahre zu mir kommt, der eine bessere Zeit eröffnen soll. Bald nachher, um 11 Uhr, kommt einer meiner Patienten, Herr P., ein geistreicher und liebenswürdiger Mann, im Alter zwischen 40 und 50, der mich seinerzeit wegen Schwierigkeiten beim Weibe aufgesucht hatte. Sein Fall versprach keinen therapeutischen Erfolg; ich hatte ihm längst vorgeschlagen, die Behandlung einzustellen, aber er hatte deren Fortsetzung gewünscht, offenbar weil er sich in einer wohltemperierten Vater-Übertragung auf mich behaglich fühlte. Geld spielte um diese Zeit keine Rolle, da zu wenig davon vorhanden war; die Stunden, die ich mit ihm verbrachte, waren auch für mich Anregung und Erholung, und so wurde, mit Hinwegsetzung über die strengen Regeln des ärztlichen Betriebs, die analytische Bemühung bis zu einem in Aussicht genommenen Termin weitergeführt.
An diesem Tag kam P. auf seine Versuche zurück, die Liebesbeziehungen zu Frauen aufzunehmen, und erwähnte wieder einmal das schöne, pikante, arme Mädchen, bei dem er Erfolg haben könnte, wenn nicht

[1] [Dr. David Forsyth (1877–1941), Oberarzt am Charing Cross Hospital, London, gehörte zu den ersten Mitgliedern der 1913 gegründeten Londoner Gesellschaft für Psychoanalyse.]

schon die Tatsache ihrer Virginität ihn von jedem ernsthaften Unternehmen abschrecken würde. Er hatte schon oft von ihr gesprochen, heute erzählte er zum ersten Mal, daß sie, die natürlich von den wirklichen Gründen seiner Verhinderung keine Ahnung hat, ihn den Herrn von *Vorsicht* zu nennen pflegt. Diese Mitteilung frappiert mich, die Karte des Dr. Forsyth ist mir zur Hand, ich zeige sie ihm.

Dies der Tatbestand. Ich erwarte, er wird Ihnen armselig erscheinen, aber hören Sie nur weiter zu, es steckt mehr dahinter.

P. hatte einige seiner jungen Jahre in England verlebt und daher ein dauerndes Interesse für englische Literatur bewahrt. Er besitzt eine reiche englische Bibliothek, pflegte mir Bücher aus ihr zu bringen, und ich verdanke ihm die Bekanntschaft mit Autoren wie Bennett und Galsworthy, von denen ich bis dahin wenig gelesen hatte. Eines Tages lieh er mir einen Roman von Galsworthy mit dem Titel *The Man of Property*, der im Schoß einer vom Dichter erfundenen Familie *Forsyte* spielt. Galsworthy ist offenbar von dieser seiner Schöpfung selbst gefangengenommen worden, denn er hat in späteren Erzählungen wiederholt auf Personen dieser Familie zurückgegriffen und endlich alle auf sie bezüglichen Erdichtungen unter dem Namen *The Forsyte Saga* gesammelt. Erst wenige Tage vor der Begebenheit, die ich erzähle, hatte mir P. einen neuen Band aus dieser Reihe gebracht. Der Name *Forsyte* und alles Typische, was der Dichter in ihm verkörpern wollte, hatte auch in meinen Unterhaltungen mit P. eine Rolle gespielt, er war zu einem Stück der Geheimsprache geworden, die sich bei regelmäßigem Verkehr so leicht zwischen zwei Personen ausbildet. Nun ist der Name *Forsyte* in jenen Romanen von dem meines Besuchers *Forsyth* wenig verschieden, für deutsche Aussprache kaum zu unterscheiden, und das sinnvolle englische Wort, das wir ebenso aussprechen würden, wäre *foresight*, zu übersetzen: Voraussicht oder Vorsicht. P. hatte also tatsächlich aus seinen persönlichen Beziehungen den gleichen Namen herausgeholt, der zur selben Zeit infolge eines ihm unbekannten Ereignisses mich beschäftigte.

Nicht wahr, das sieht schon besser aus. Aber ich meine, wir werden einen stärkeren Eindruck von dem auffälligen Phänomen und sogar etwas wie einen Einblick in die Bedingungen seiner Entstehung gewinnen, wenn wir zwei andere Assoziationen analytisch beleuchten, die P. in der nämlichen Stunde vorbrachte.

Erstens: An einem Tag der vorigen Woche hatte ich Herrn P. um 11 Uhr vergeblich erwartet und war dann ausgegangen, um Dr. Anton von Freund[1] in seiner Pension zu besuchen. Ich war überrascht zu finden, daß Herr P. in einem anderen Stockwerk des Hauses wohnte, das die Pension beherbergte. Mit Beziehung darauf hatte ich P. später erzählt, daß ich ihm sozusagen einen Besuch in seinem Hause gemacht hatte; ich weiß aber mit Bestimmtheit, daß ich den Namen der Person, die ich in der Pension besuchte, nicht genannt habe. Und nun stellt er bald nach der Erwähnung des Herrn v. Vorsicht an mich die Frage: Ist die *Freud-Ottorego*, die an der Volksuniversität englische Kurse abhält, vielleicht Ihre Tochter? Und zum ersten Male in unserem langen Verkehr läßt er meinem Namen die Entstellung widerfahren, an die mich Behörden, Ämter und Schriftsetzer allerdings gewöhnt haben; er sagt anstatt *Freud – Freund.*

Zweitens: Am Ende derselben Stunde erzählt er einen Traum, aus dem er mit Angst erwacht ist, einen richtigen Alptraum, meint er. Er fügt hinzu, daß er unlängst das englische Wort dafür vergessen und einem Fragenden die Auskunft gegeben, Alptraum heiße im Englischen *»a mare's nest«*. Das sei natürlich ein Unsinn, *a mare's nest* bedeute eine unglaubliche, eine Räubergeschichte, die Übersetzung von Alptraum laute *»night-mare«*. Dieser Einfall scheint mit dem Früheren nichts anderes gemein zu haben als das Element: englisch; mich muß er aber an einen kleinen Vorfall etwa einen Monat vorher erinnern. P. saß bei mir im Zimmer, als unvermutet ein anderer lieber Gast aus London, Dr. Ernest Jones, nach langer Trennung bei mir eintrat. Ich winkte ihm, ins andere Zimmer zu gehen, bis ich mit P. abgeredet hatte. Der erkannte ihn aber sofort nach seiner im Wartezimmer hängenden Photographie und sprach sogar den Wunsch aus, ihm vorgestellt zu werden. Nun ist Jones der Verfasser einer Monographie über den Alptraum – *night-mare* [1912]; ich wußte nicht, ob sie P. bekannt geworden war. Er vermied es, analytische Bücher zu lesen.

Ich möchte vor Ihnen zunächst untersuchen, welches analytische Verständnis sich für den Zusammenhang von P.'s Einfällen und für ihre Motivierung gewinnen läßt. P. war auf den Namen Forsyte oder Forsyth ähnlich wie ich eingestellt, er bedeutete ihm dasselbe, ich verdankte ihm überhaupt die Bekanntschaft mit diesem Namen. Der merkwürdige Tatbestand war, daß er diesen Namen unvermittelt in die Analyse brachte, die kürzeste Zeit, nachdem er mir durch ein neues Ereignis, die Ankunft des Londoner Arztes, in einem anderen Sinne bedeutungsvoll

---

[1] [Bekannter ungarischer Förderer der Psychoanalyse.]

geworden war. Aber vielleicht nicht minder interessant als die Tatsache selbst ist die Art, wie der Name in seiner Analysenstunde auftrat. Er sagte nicht etwa: Jetzt fällt mir der Name Forsyte aus den Ihnen bekannten Romanen ein, sondern er wußte ihn ohne jede bewußte Beziehung zu dieser Quelle mit seinen eigenen Erlebnissen zu verflechten und brachte ihn von daher zum Vorschein, was längst hätte geschehen können und bisher nicht geschehen war. Dann aber sagte er: Ich bin auch ein Forsyth, das Mädchen nennt mich ja so. Es ist schwer, die Mischung von eifersüchtigem Anspruch und wehmütiger Selbstherabsetzung zu verkennen, die sich in dieser Äußerung Ausdruck schafft. Man wird nicht irregehen, wenn man sie etwa so vervollständigt: Es kränkt mich, daß Ihre Gedanken sich so intensiv mit dem Ankömmling beschäftigen. Kehren Sie doch zu mir zurück, ich bin ja auch ein *Forsyth* – allerdings nur ein Herr von *Vorsicht*, wie das Mädchen sagt. Und nun greift sein Gedankengang am Assoziationsfaden des Elements: englisch auf zwei frühere Gelegenheiten zurück, die die gleiche Eifersucht rege machen konnten. »Vor einigen Tagen haben Sie einen Besuch in meinem Haus gemacht, aber leider nicht bei mir, bei einem Herrn v. *Freund*.« Dieser Gedanke läßt ihn den Namen Freud in Freund verfälschen. Die *Freud-Ottorego* im Vorlesungsverzeichnis muß herhalten, weil sie als Lehrerin des Englischen die manifeste Assoziation vermittelt. Und dann schließt sich die Erinnerung an einen anderen Besucher einige Wochen vorher an, auf den er gewiß ebenso eifersüchtig war, dem er sich aber gleichfalls nicht gewachsen fühlen konnte, denn der Dr. Jones verstand es, eine Abhandlung über den Alptraum zu schreiben, während er solche Träume höchstens selbst produzierte. Auch die Erwähnung seines Irrtums in der Bedeutung von *»a mare's nest«* gehört in denselben Zusammenhang, sie kann nur sagen wollen: Ich bin ja doch kein richtiger Engländer, so wenig wie ich ein richtiger Forsyth bin.

Ich kann nun seine Eifersuchtsregungen weder als unangemessen noch als unverständlich bezeichnen. Er war darauf vorbereitet worden, daß seine Analyse und damit unser Verkehr ein Ende finden werden, sobald wieder fremde Schüler und Patienten nach Wien kämen, und so geschah es auch wirklich bald hernach. Aber was wir bisher geleistet haben, war ein Stück analytischer Arbeit, die Aufklärung von drei in derselben Stunde vorgebrachten, von demselben Motiv gespeisten Einfällen, und es hat nicht viel mit der anderen Frage zu tun, ob diese Einfälle ohne Gedankenübertragung ableitbar sind oder nicht. Letztere stellt sich zu jedem der drei Einfälle ein und zerlegt sich somit in drei Einzelfragen: Konnte P. wissen, daß Dr. Forsyth eben seinen ersten Besuch bei mir gemacht hatte? Konnte er wissen, welches der Name der Person war, die ich in seinem Hause besucht hatte? Wußte er, daß Dr. Jones eine Abhandlung über den Alptraum geschrieben hatte? Oder war es nur mein Wissen um diese Dinge, das sich in seinen Einfällen verriet? Von der Beantwortung dieser drei Einzelfragen wird es abhängen, ob meine Beobachtung einen Schluß zu Gunsten der Gedankenübertragung erlaubt. Lassen wir die erste Frage noch eine Weile beiseite, die beiden anderen sind leichter zu behandeln. Der Fall des Besuchs in der Pension macht auf den ersten Blick einen besonders zuverlässigen Eindruck. Ich bin sicher, daß ich in meiner kurzen, scherzenden Erwähnung des Besuchs in seinem Haus keinen Namen genannt habe; ich halte es für sehr unwahrscheinlich, daß P. sich in der Pension nach dem Namen der betreffenden Person erkundigt hat, ich glaube eher, daß ihm die Existenz derselben völlig unbekannt geblieben ist. Aber die Beweiskraft dieses Falles wird durch eine Zufälligkeit gründlich zerstört. Der Mann, den ich in der Pension besucht hatte, hieß nicht nur *Freund*, er war auch uns allen ein wahrer Freund. Es war Dr. Anton v. Freund, dessen Spende die Gründung unseres Verlags ermöglicht hatte. Sein früher Tod wie der unseres Karl Abraham einige Jahre später waren die schwersten Unglücksfälle, die die Entwicklung der Psychoanalyse betroffen haben. Ich mag also Herrn P. damals gesagt haben: Ich habe in Ihrem Hause *einen Freund* besucht, und mit dieser Möglichkeit entfällt das okkultistische Interesse an seiner zweiten Assoziation.

Auch der Eindruck des dritten Einfalles verflüchtigt sich bald. Konnte P. wissen, daß Jones eine Abhandlung über den Alptraum veröffentlicht hat, da er nie analytische Literatur las? Ja, er konnte es wissen. Er besaß Bücher aus unserem Verlag, konnte immerhin die Titel der auf den Umschlägen angekündigten Neuerscheinungen gesehen haben. Es ist nicht zu erweisen, aber auch nicht abzuweisen. Auf diesem Weg werden wir also zu keiner Entscheidung kommen. Ich muß bedauern, daß meine Beobachtung an dem nämlichen Fehler leidet wie so viele ähnliche. Sie ist zu spät niedergeschrieben und ist diskutiert worden zu einer Zeit, da ich Herrn P. nicht mehr sah und ihn nicht weiter befragen konnte.

Kehren wir also zum ersten Vorfall zurück, der den scheinbaren Tatbestand der Gedankenübertragung auch isoliert aufrechthält. Konnte P. wissen, daß Doktor Forsyth eine Viertelstunde vor ihm bei mir gewesen war? Konnte er überhaupt von seiner Existenz oder Anwesenheit in Wien wissen? Der Neigung, beides glatt zu verneinen, darf man nicht nachgeben. Ich sehe doch einen Weg, der zu einer teilweisen Bejahung führt. Ich könnte doch Herrn P. die Mitteilung gemacht haben, daß ich einen Arzt aus England zum Unterricht in der Analyse erwarte, als erste Taube nach der Sintflut. Das könnte im Sommer 1919 gewesen sein; Dr. Forsyth hatte sich Monate vor seinem Eintreffen brieflich mit mir verständigt. Ich mag sogar seinen Namen genannt haben, obwohl mir das sehr unwahrscheinlich ist. Bei der anderweitigen Bedeutung dieses Namens für uns beide hätte sich an die Namensnennung eine Unterhaltung knüpfen müssen, von der mir etwas im Gedächtnis geblieben wäre. Immerhin mag es geschehen sein und ich es dann gründlich vergessen haben, so daß mich der Herr von Vorsicht in der Analysenstunde wie ein Wunder berühren konnte. Wenn man sich für einen Skeptiker hält, tut man gut daran, gelegentlich auch an seiner Skepsis zu zweifeln. Vielleicht gibt es auch bei mir die geheime Neigung zum Wunderbaren, die der Schaffung okkulter Tatbestände so entgegenkommt.

Ist so ein Stück des Wunderbaren aus dem Weg geräumt, so harrt unser noch ein anderes Stück, das schwierigste von allen. Angenommen, Herr P. habe gewußt, es gebe einen Dr. Forsyth und er werde im Herbst in Wien erwartet, wie erklärt es sich, daß er für ihn gerade am Tage seiner Ankunft und unmittelbar nach seinem ersten Besuch empfänglich wird? Man kann sagen, das ist Zufall, d. h. man läßt es unerklärt – aber ich habe jene zwei anderen Einfälle von P. gerade darum erörtert, um den Zufall auszuschließen, um Ihnen zu zeigen, daß er wirklich mit eifersüchtigen Gedanken über Leute, die mich besuchen und die ich besuche, beschäftigt war; oder man kann, um das Äußerste des Möglichen nicht zu vernachlässigen, die Annahme versuchen, P. habe eine besondere Erregung an mir gemerkt, von der ich freilich nichts weiß, und aus ihr seinen Schluß gezogen. Oder Herr P., der ja nur eine Viertelstunde nach dem Engländer ankam, sei ihm auf dem kleinen Stück des beiden gemeinsamen Weges begegnet, habe ihn nach seinem charakteristisch englischen Aussehen erkannt und, beständig auf seine eifersüchtige Erwartung eingestellt, gedacht: Also das ist der Dr. Forsyth, mit dessen Ankunft meine Analyse zu Ende kommen soll. Und wahrscheinlich kommt er gerade jetzt vom Professor. Weiter kann ich mit diesen rationalistischen Mutmaßungen nicht gehen. Es bleibt wiederum bei einem *non liquet*, aber ich muß es bekennen, nach meiner Empfindung neigt sich die Waagschale auch hier zu Gunsten der Gedankenübertragung. Übrigens bin ich gewiß nicht der Einzige, der in die Lage gekommen ist, solche »okkulte« Vorkommnisse in der analytischen Situation zu erleben. Helene Deutsch hat 1926 ähnliche Beobachtungen bekannt gemacht und deren Bedingtheit durch die Beziehungen der Übertragung zwischen Patienten und Analytiker studiert.

Ich bin überzeugt, Sie werden mit meiner Einstellung zu diesem Problem: nicht völlig überzeugt und doch zur Überzeugung bereit, nicht sehr zufrieden sein. Vielleicht sagen Sie sich: Das ist wieder so ein Fall, daß ein Mensch, der sein Leben lang rechtschaffen als Naturforscher gearbeitet hat, im Alter schwachsinnig, fromm und leichtgläubig wird. Ich weiß, einige große Namen gehören in diese Reihe, aber mich sollen Sie nicht dazu rechnen. Fromm wenigstens bin ich nicht geworden, ich hoffe, auch nicht leichtgläubig. Nur, wenn man sich sein Leben lang gebückt gehalten hat, um einem schmerzhaften Zusammenstoß mit den Tatsachen auszuweichen, so behält man auch im Alter den krummen Rükken, der sich vor neuen Tatsächlichkeiten beugt. Ihnen wäre es gewiß lieber, ich hielte an einem gemäßigten Theismus fest und zeigte mich unerbittlich in der Ablehnung alles Okkulten. Aber ich bin unfähig, um Gunst zu werben, ich muß Ihnen nahelegen, über die objektive Möglichkeit der Gedankenübertragung und damit auch der Telepathie freundlicher zu denken.
Sie vergessen nicht, daß ich diese Probleme hier nur insoweit behandelt habe, als man sich ihnen von der Psychoanalyse her annähern kann. Als sie vor länger als zehn Jahren zuerst in meinen Gesichtskreis traten, verspürte auch ich die Angst vor einer Bedrohung unserer wissenschaftlichen Weltanschauung, die im Falle, als sich Stücke des Okkultismus bewahrheiten, dem Spiritismus oder der Mystik den Platz räumen müßte. Ich denke heute anders; ich meine, es zeugt von keiner großen Zuversicht zur Wissenschaft, wenn man ihr nicht zutraut, daß sie auch aufnehmen und verarbeiten kann, was sich etwa an den okkulten Behauptungen als wahr herausstellt. Und was besonders die Gedankenübertragung betrifft, so scheint sie die Ausdehnung der wissenschaftlichen – Gegner sagen: mechanistischen – Denkweise auf das so schwer faßbare Geistige geradezu zu begünstigen. Der telepathische Vorgang soll ja darin bestehen, daß ein seelischer Akt der einen Person den nämlichen seelischen Akt bei einer anderen Person anregt.

Was zwischen den beiden seelischen Akten liegt, kann leicht ein physikalischer Vorgang sein, in den sich das Psychische an einem Ende umsetzt und der sich am anderen Ende wieder in das gleiche Psychische umsetzt. Die Analogie mit anderen Umsetzungen wie beim Sprechen und Hören am Telephon wäre dann unverkennbar. Und denken Sie, wenn man dieses physikalischen Äquivalents des psychischen Akts habhaft werden könnte! Ich möchte sagen, durch die Einschiebung des Unbewußten zwischen das Physikalische und das bis dahin »psychisch« Genannte hat uns die Psychoanalyse für die Annahme solcher Vorgänge wie die Telepathie vorbereitet. Gewöhnt man sich erst an die Vorstellung der Telepathie, so kann man mit ihr viel ausrichten, allerdings vorläufig nur in der Phantasie. Man weiß bekanntlich nicht, wie der Gesamtwille in den großen Insektenstaaten zustande kommt. Möglicherweise geschieht es auf dem Wege solch direkter psychischer Übertragung. Man wird auf die Vermutung geführt, daß dies der ursprüngliche, archaische Weg der Verständigung unter den Einzelwesen ist, der im Lauf der phylogenetischen Entwicklung durch die bessere Methode der Mitteilung mit Hilfe von Zeichen zurückgedrängt wird, die man mit den Sinnesorganen aufnimmt. Aber die ältere Methode könnte im Hintergrund erhalten bleiben und sich unter gewissen Bedingungen noch durchsetzen, z. B. auch in leidenschaftlich erregten Massen. Das ist alles noch unsicher und voll von ungelösten Rätseln, aber es ist kein Grund zum Erschrecken.

Wenn es eine Telepathie als realen Vorgang gibt, so kann man trotz ihrer schweren Erweisbarkeit vermuten, daß sie ein recht häufiges Phänomen ist. Es würde unseren Erwartungen entsprechen, wenn wir sie gerade im Seelenleben des Kindes aufzeigen könnten. Man wird da an die häufige Angstvorstellung der Kinder erinnert, daß die Eltern alle ihre Gedanken kennen, ohne daß sie sie ihnen mitgeteilt hätten, das volle Gegenstück und vielleicht die Quelle des Glaubens Erwachsener an die Allwissenheit Gottes. Vor kurzem hat eine vertrauenswürdige Frau, Dorothy Burlingham, in einem Aufsatz ›Kinderanalyse und Mutter‹ [1932] Beobachtungen mitgeteilt, die, wenn sie sich bestätigen lassen, dem restlichen Zweifel an der Realität der Gedankenübertragung ein Ende machen müssen. Sie machte sich die nicht mehr seltene Situation zunutze, daß sich Mutter und Kind gleichzeitig in Analyse befinden, und berichtet aus derselben merkwürdige Vorfälle wie den folgenden: Eines Tages erzählt die Mutter in ihrer Analysenstunde von einem Goldstück, das in einer ihrer Kinderszenen eine bestimmte Rolle spielt. Gleich darauf, nachdem sie nach Hause gekommen ist, kommt ihr kleiner, etwa zehnjähriger Junge zu ihr ins Zimmer und bringt ihr ein Goldstück, das sie für ihn aufbewahren soll. Sie fragt ihn erstaunt, woher er es hat. Er hat es zu seinem Geburtstag bekommen, aber der Geburtstag des Kindes liegt mehrere Monate zurück und es ist kein Anlaß, warum sich das Kind gerade jetzt an das Goldstück erinnert haben sollte. Die Mutter verständigt die Analytikerin des Kindes von dem Zusammentreffen und bittet sie, beim Kind nach der Begründung jener Handlung zu forschen. Aber die Analyse des Kindes bringt keinen Aufschluß, die Handlung hatte sich wie ein Fremdkörper in das Leben des Kindes an jenem Tage eingedrängt. Einige Wochen später sitzt die Mutter am Schreibtisch, um sich, wozu man sie gemahnt hatte, eine Notiz über das geschilderte Erlebnis zu machen. Da kommt der Knabe herein und verlangt das Goldstück zurück, er möchte es in seine analytische Stunde mitnehmen, um es zu zeigen. Wiederum kann die Analyse des Kindes keinen Zugang zu diesem Wunsch auffinden.

Und damit wären wir zur Psychoanalyse zurückgekommen, von der wir ausgegangen sind.

DIE ZERLEGUNG DER PSYCHISCHEN PERSÖNLICHKEIT[1]

Meine Damen und Herren! Ich weiß, Sie kennen für Ihre eigenen Beziehungen, ob es sich um Personen oder um Dinge handelt, die Bedeutung des Ausgangspunktes. So war es auch mit der Psychoanalyse: Für die Entwicklung, die sie nahm, für die Aufnahme, die sie fand, ist es nicht gleichgültig gewesen, daß sie ihre Arbeit am Symptom begann, am Ichfremdesten, das sich in der Seele vorfindet. Das Symptom stammt vom Verdrängten ab, ist gleichsam der Vertreter desselben vor dem Ich, das Verdrängte ist aber für das Ich Ausland, inneres Ausland, so wie die Realität – gestatten Sie den ungewohnten Ausdruck – äußeres Ausland ist. Vom Symptom her führte der Weg zum Unbewußten, zum Triebleben, zur Sexualität, und das war die Zeit, da die Psychoanalyse die geistvollen Einwendungen zu hören bekam, der Mensch sei nicht bloß ein Sexualwesen, er kenne auch edlere und höhere Regungen. Man hätte hinzusetzen können, gehoben durch das Bewußtsein dieser höheren Regungen nehme er sich öfters das Recht heraus, Unsinn zu denken und Tatsachen zu vernachlässigen.

Sie wissen es besser, es hat von allem Anfang an bei uns geheißen, der Mensch erkranke an dem Konflikt zwischen den Ansprüchen des Trieblebens und dem Widerstand, der sich in ihm dagegen erhebt, und wir hatten keinen Augenblick an diese widerstehende, abweisende, verdrängende Instanz vergessen, die wir uns mit ihren besonderen Kräften, den Ichtrieben, ausgestattet dachten, und die eben mit dem Ich der populären Psychologie zusammenfällt. Nur daß es bei dem mühsamen Fortschreiten der wissenschaftlichen Arbeit auch der Psychoanalyse nicht möglich war, alle Gebiete gleichzeitig zu studieren und sich über alle Probleme in einem Atem zu äußern. Endlich war man so weit gekommen, daß man seine Aufmerksamkeit vom Verdrängten weg auf das Verdrängende richten konnte, und stand vor diesem Ich, das so selbstverständlich zu sein schien, mit der sicheren Erwartung, auch hier Dinge zu finden, auf die man nicht vorbereitet

---

[1] [Der Stoff zu dieser Vorlesung stammt zum größten Teil aus den Kapiteln I, II, III und V der Arbeit *Das Ich und das Es* (1923 *b*); in der vorliegenden Vorlesung sind allerdings einige Punkte erweitert.]

sein konnte; aber es war nicht leicht, einen ersten Zugang zu finden. Das ist es, worüber ich Ihnen heute berichten will!
Ich muß aber doch meiner Vermutung Ausdruck geben, daß diese meine Darstellung der Ichpsychologie anders auf Sie wirken wird als die Einführung in die psychische Unterwelt, die ihr vorausgegangen ist. Warum das der Fall sein sollte, weiß ich nicht sicher zu sagen. Ich meinte zuerst, Sie würden herausfinden, daß ich Ihnen vorhin hauptsächlich Tatsachen berichtet hatte, wenn auch fremdartige und sonderbare, während Sie diesmal vorwiegend Auffassungen, also Spekulationen, zu hören bekommen. Aber es trifft nicht zu, bei besserer Erwägung muß ich behaupten, daß der Anteil der gedanklichen Verarbeitung des tatsächlichen Materials in unserer Ichpsychologie nicht viel größer ist als er in der Neurosenpsychologie war. Auch andere Begründungen meiner Erwartung mußte ich verwerfen; ich meine jetzt, es liegt irgendwie am Charakter des Stoffes selbst und an unserer Ungewohntheit, mit ihm umzugehen. Immerhin, ich werde nicht erstaunt sein, wenn Sie sich in Ihrem Urteil noch zurückhaltender und vorsichtiger zeigen als bisher.

Die Situation, in der wir uns zu Beginn unserer Untersuchung befinden, soll uns selbst den Weg weisen. Wir wollen das Ich zum Gegenstand dieser Untersuchung machen, unser eigenstes Ich. Aber kann man das? Das Ich ist ja doch das eigentlichste Subjekt, wie soll es zum Objekt werden? Nun, es ist kein Zweifel, daß man dies kann. Das Ich kann sich selbst zum Objekt nehmen, sich behandeln wie andere Objekte, sich beobachten, kritisieren, Gott weiß was noch alles mit sich selbst anstellen. Dabei stellt sich ein Teil des Ichs dem übrigen gegenüber. Das Ich ist also spaltbar, es spaltet sich während mancher seiner Funktionen, wenigstens vorübergehend. Die Teilstücke können sich nachher wieder vereinigen. Das ist gerade keine Neuigkeit, vielleicht eine ungewohnte Betonung allgemein bekannter Dinge. Anderseits sind wir mit der Auffassung vertraut, daß die Pathologie uns durch ihre Vergrößerungen und Vergröberungen auf normale Verhältnisse aufmerksam machen kann, die uns sonst entgangen wären. Wo sie uns einen Bruch oder Riß zeigt, kann normalerweise eine Gliederung vorhanden sein. Wenn wir einen Kristall zu Boden werfen, zerbricht er, aber nicht willkürlich, er zerfällt dabei nach seinen Spaltrichtungen in Stücke, deren Abgrenzung, obwohl unsichtbar, doch durch die Struktur des Kristalls vorherbestimmt war. Solche rissige und gesprungene

Strukturen sind auch die Geisteskranken. Etwas von der ehrfürchtigen Scheu, die alte Völker den Wahnsinnigen bezeugten, können auch wir ihnen nicht versagen. Sie haben sich von der äußeren Realität abgewendet, aber eben darum wissen sie mehr von der inneren, psychischen Realität und können uns manches verraten, was uns sonst unzugänglich wäre. Von einer Gruppe dieser Kranken sagen wir, sie leiden an Beobachtungswahn. Sie klagen uns, daß sie unausgesetzt und bis in ihr intimstes Tun von der Beobachtung unbekannter Mächte, wahrscheinlich doch Personen, belästigt werden, und hören halluzinatorisch, wie diese Personen die Ergebnisse ihrer Beobachtung verkünden: Jetzt will er das sagen, jetzt kleidet er sich an um auszugehen usw. Diese Beobachtung ist noch nicht dasselbe wie eine Verfolgung, aber sie ist nicht weit davon, sie setzt voraus, daß man ihnen mißtraut, daß man erwartet, sie bei verbotenen Handlungen zu ertappen, für die sie gestraft werden sollen. Wie wäre es, wenn diese Wahnsinnigen recht hätten, wenn bei uns allen eine solche beobachtende und strafandrohende Instanz im Ich vorhanden wäre, die sich bei ihnen nur scharf vom Ich gesondert hätte und irrtümlicherweise in die äußere Realität verschoben worden wäre?

Ich weiß nicht, ob es Ihnen ebenso ergehen wird wie mir. Seitdem ich unter dem starken Eindruck dieses Krankheitsbildes die Idee gefaßt hatte, daß die Sonderung einer beobachtenden Instanz vom übrigen Ich ein regelmäßiger Zug in der Struktur des Ichs sein könnte, hat sie mich nicht mehr verlassen, und ich war getrieben, nach den weiteren Charakteren und Beziehungen dieser so abgesonderten Instanz zu forschen. Der nächste Schritt ist bald getan. Schon der Inhalt des Beobachtungswahns legt es nahe, daß das Beobachten nur eine Vorbereitung ist für das Richten und Strafen, und somit erraten wir, daß eine andere Funktion dieser Instanz das sein muß, was wir unser Gewissen nennen. Es gibt kaum etwas anderes in uns, was wir so regelmäßig von unserem Ich sondern und so leicht ihm entgegenstellen wie gerade das Gewissen. Ich verspüre die Neigung, etwas zu tun, wovon ich mir Lust verspreche, aber ich unterlasse es mit der Begründung: mein Gewissen erlaubt es nicht. Oder ich habe mich von der übergroßen Lusterwartung bewegen lassen, etwas zu tun, wogegen die Stimme des Gewissens Einspruch erhob, und nach der Tat straft mich mein Gewissen mit peinlichen Vorwürfen, läßt mich die Reue ob der Tat empfinden. Ich könnte einfach sagen, die besondere Instanz, die ich im Ich zu unterscheiden beginne, ist das Gewissen, aber es ist vorsichtiger, diese Instanz selbständig zu halten und anzunehmen, das Gewissen sei eine ihrer Funktionen und die Selbstbeobachtung, die als Voraussetzung für die richterliche Tätigkeit des Gewissens unentbehrlich ist, sei eine andere. Und da es zur Anerkennung einer gesonderten Existenz gehört, daß man dem Ding einen eigenen Namen gibt, will ich diese Instanz im Ich von nun an als das *»Über-Ich«* bezeichnen.

Jetzt bin ich darauf gefaßt, daß Sie mich höhnisch fragen, ob unsere Ichpsychologie überhaupt darauf hinausläuft, gebräuchliche Abstraktionen wörtlich zu nehmen und zu vergröbern, sie aus Begriffen in Dinge zu verwandeln, womit nicht viel gewonnen wäre. Ich antworte, es wird schwerhalten, in der Ichpsychologie dem Allbekannten auszuweichen, es wird mehr auf neue Auffassungen und Anordnungen ankommen als auf Neuentdeckungen. Bleiben Sie also vorläufig bei Ihrer herabsetzenden Kritik und warten Sie die weiteren Ausführungen ab. Die Tatsachen der Pathologie geben unseren Bemühungen einen Hintergrund, den Sie für die Populärpsychologie vergebens suchen würden. Ich setze fort. Kaum daß wir uns mit der Idee eines solchen Über-Ichs befreundet haben, das eine gewisse Selbständigkeit genießt, seine eigenen Absichten verfolgt und in seinem Energiebesitz vom Ich unabhängig ist, drängt sich uns ein Krankheitsbild auf, das die Strenge, ja die Grausamkeit dieser Instanz und die Wandlungen in ihrer Beziehung zum Ich auffällig verdeutlicht. Ich meine den Zustand der Melancholie[1], genauer des melancholischen Anfalls, von dem ja auch Sie genug gehört haben, auch wenn Sie nicht Psychiater sind. An diesem Leiden, von dessen Verursachung und Mechanismus wir viel zu wenig wissen, ist der auffälligste Zug die Art, wie das Über-Ich – sagen Sie nur im stillen: das Gewissen – das Ich behandelt. Während der Melancholiker in gesunden Zeiten mehr oder weniger streng gegen sich sein kann, wie ein anderer, wird im melancholischen Anfall das Über-Ich überstreng, beschimpft, erniedrigt, mißhandelt das arme Ich, läßt es die schwersten Strafen erwarten, macht ihm Vorwürfe wegen längst vergangener Handlungen, die zu ihrer Zeit leicht genommen wurden, als hätte es das ganze Intervall über Anklagen gesammelt und nur seine gegenwärtige Erstarkung abgewartet, um mit ihnen hervorzutreten und auf Grund dieser Anklagen zu verurteilen. Das Über-Ich legt den strengsten moralischen Maßstab an das ihm hilflos preisgegebene Ich an, es vertritt ja überhaupt den Anspruch der Moralität, und wir

Depression

[1] [In der heutigen Terminologie würde man wahrscheinlich von »Depression« sprechen.]

erfassen mit einem Blick, daß unser moralisches Schuldgefühl der Ausdruck der Spannung zwischen Ich und Über-Ich ist. Es ist eine sehr merkwürdige Erfahrung, die Moralität, die uns angeblich von Gott verliehen und so tief eingepflanzt wurde, [bei solchen Patienten] als periodisches Phänomen zu sehen. Denn nach einer gewissen Anzahl von Monaten ist der ganze moralische Spuk vorüber, die Kritik des Über-Ichs schweigt, das Ich ist rehabilitiert und genießt wieder alle Menschenrechte bis zum nächsten Anfall. Ja bei manchen Formen der Erkrankung findet in den Zwischenzeiten etwas Gegenteiliges statt; das Ich befindet sich in einem seligen Rauschzustand, es triumphiert, als hätte das Über-Ich alle Kraft verloren oder wäre mit dem Ich zusammengeflossen, und dieses freigewordene, manische Ich gestattet sich wirklich hemmungslos die Befriedigung aller seiner Gelüste. Vorgänge, reich an ungelösten Rätseln!

Sie werden gewiß mehr als eine bloße Illustration erwarten, wenn ich Ihnen ankündige, daß wir über die Bildung des Über-Ichs, also über die Entstehung des Gewissens, mancherlei gelernt haben. In Anlehnung an einen bekannten Ausspruch Kants, der das Gewissen in uns mit dem gestirnten Himmel zusammenbringt, könnte ein Frommer wohl versucht sein, diese beiden als die Meisterstücke der Schöpfung zu verehren. Die Gestirne sind gewiß großartig, aber was das Gewissen betrifft, so hat Gott hierin ungleichmäßige und nachlässige Arbeit geleistet, denn eine große Überzahl von Menschen hat davon nur ein bescheidenes Maß oder kaum so viel, als noch der Rede wert ist, mitbekommen. Wir verkennen das Stück psychologischer Wahrheit keineswegs, das in der Behauptung, das Gewissen sei göttlicher Herkunft, enthalten ist, aber der Satz bedarf der Deutung. Wenn das Gewissen auch etwas »in uns« ist, so ist es doch nicht von Anfang an. Es ist so recht ein Gegensatz zum Sexualleben, das wirklich vom Anfang des Lebens an da ist und nicht erst später hinzukommt. Aber das kleine Kind ist bekanntlich amoralisch, es besitzt keine inneren Hemmungen gegen seine nach Lust strebenden Impulse. Die Rolle, die späterhin das Über-Ich übernimmt, wird zuerst von einer äußeren Macht, von der elterlichen Autorität, gespielt. Der Elterneinfluß regiert das Kind durch Gewährung von Liebesbeweisen und durch Androhung von Strafen, die dem Kinde den Liebesverlust beweisen und an sich gefürchtet werden müssen. Diese Realangst ist der Vorläufer der späteren Gewissensangst; solange sie herrscht, braucht man von Über-Ich und von Gewissen nicht zu reden. Erst in weiterer Folge bildet sich die sekundäre Situation aus, die wir allzu bereitwillig für die normale halten, daß die äußere Abhaltung verinnerlicht wird, daß an die Stelle der Elterninstanz das Über-Ich tritt, welches nun das Ich genau so beobachtet, lenkt und bedroht wie früher die Eltern das Kind.

Das Über-Ich, das solcherart die Macht, die Leistung und selbst die Methoden der Elterninstanz übernimmt, ist aber nicht nur der Rechtsnachfolger, sondern wirklich der legitime Leibeserbe derselben. Es geht direkt aus ihr hervor, wir werden bald erfahren, durch welchen Vorgang. Zunächst müssen wir jedoch bei einer Unstimmigkeit zwischen beiden verweilen. Das Über-Ich scheint in einseitiger Auswahl nur die Härte und Strenge der Eltern, ihre verbietende und strafende Funktion aufgegriffen zu haben, während deren liebevolle Fürsorge keine Aufnahme und Fortsetzung findet. Haben die Eltern wirklich ein strenges Regiment geführt, so glauben wir es leicht begreiflich zu finden, wenn sich auch beim Kind ein strenges Über-Ich entwickelt, aber die Erfahrung zeigt, gegen unsere Erwartung, daß das Über-Ich denselben Charakter unerbittlicher Härte erwerben kann, auch wenn die Erziehung milde und gütig war, Drohungen und Strafen möglichst vermieden hat. Wir werden auf diesen Widerspruch später zurückkommen, wenn wir die Triebumsetzungen bei der Bildung des Über-Ichs behandeln [vgl. S. 541 f.].

Von der Umwandlung der Elternbeziehung in das Über-Ich kann ich Ihnen nicht soviel sagen, wie ich gerne möchte, zum Teil weil dieser Vorgang so verwickelt ist, daß seine Darstellung sich nicht in den Rahmen einer Einführung fügt, wie ich sie Ihnen geben will, zum anderen Teil weil wir selbst nicht glauben, ihn voll durchschaut zu haben. Begnügen Sie sich also mit den folgenden Andeutungen. Die Grundlage dieses Vorganges ist eine sogenannte Identifizierung, d. h. eine Angleichung eines Ichs an ein fremdes, in deren Folge dies erste Ich sich in bestimmten Hinsichten so benimmt wie das andere, es nachahmt, gewissermaßen in sich aufnimmt. Man hat die Identifizierung nicht unpassend mit der oralen, kannibalistischen Einverleibung der fremden Person verglichen. Die Identifizierung ist eine sehr wichtige Form der Bindung an die andere Person, wahrscheinlich die ursprünglichste, nicht dasselbe wie eine Objektwahl. Man kann den Unterschied etwa so ausdrücken: Wenn der Knabe sich mit dem Vater identifiziert, so will er so *sein* wie der Vater; wenn er ihn zum Objekt seiner Wahl macht, so will er ihn *haben*, besitzen; im ersten Fall wird sein Ich nach dem Vorbild des Vaters verändert, im zweiten Falle ist dies nicht notwendig. Identifizierung und Objektwahl sind in weitem Ausmaß unabhängig voneinander; man kann sich aber auch mit der nämlichen Person identifizieren, sein Ich nach ihr verändern, die man z. B. zum Sexualobjekt genommen hat. Man sagt, daß die Beeinflussung des Ichs durch das Sexualobjekt besonders häufig bei Frauen vorkommt und für die Weiblichkeit charakteristisch ist. Von der bei weitem lehrreichsten Beziehung zwischen Identifizierung und Objektwahl muß ich Ihnen schon einmal in den früheren Vorlesungen gesprochen haben. Sie ist so leicht an Kindern wie an Erwachsenen, normalen und kranken Menschen zu beobachten. Wenn man ein Objekt verloren hat oder es aufgeben mußte, so entschädigt man sich oft genug dadurch, daß man sich mit ihm identifiziert, es in seinem Ich wieder aufrichtet, so daß hier die Objektwahl gleichsam zur Identifizierung regrediert[1].

Ich bin von diesen Ausführungen über die Identifizierung selbst durchaus nicht befriedigt, aber genug, wenn Sie mir zugeben können, daß die Einsetzung des Über-Ichs als ein gelungener Fall von Identifizierung mit der Elterninstanz beschrieben werden kann. Die für diese Auffassung entscheidende Tatsache ist nun, daß diese Neuschöpfung einer überlegenen Instanz im Ich aufs innigste mit dem Schicksal des Ödipuskomplexes verknüpft ist, so daß das Über-Ich als der Erbe dieser für die Kindheit so bedeutungsvollen Gefühlsbindung erscheint. Wir verstehen, mit dem Auflassen des Ödipuskomplexes mußte das Kind auf die intensiven Objektbesetzungen verzichten, die es bei den Eltern untergebracht hatte, und zur Entschädigung für diesen Objektverlust werden die wahrscheinlich längst vorhandenen Identifizierungen mit den Eltern in seinem Ich so sehr verstärkt. Solche Identifizierungen als Niederschläge aufgegebener Objektbesetzungen werden sich später im Leben des Kindes oft genug wiederholen, aber es entspricht durchaus dem Gefühlswert dieses ersten Falles einer solchen Umsetzung, daß deren Ergebnis eine Sonderstellung im Ich eingeräumt wird. Eingehende Untersuchung belehrt uns auch, daß das Über-Ich in seiner Stärke und Ausbildung verkümmert, wenn die Überwindung des Ödipuskomplexes nur unvollkommen gelingt. Im Laufe der Entwicklung nimmt das Über-Ich auch die Einflüsse jener Personen an, die an die Stelle der Eltern getreten sind, also von Erziehern, Lehrern, idealen Vorbildern.

---

[1] [Hierüber finden sich in den voraufgegangenen Vorlesungen nur spärliche Hinweise (s. die 26. Vorlesung, S. 411–12). Von Identifizierung handelt das VII. Kapitel von *Massenpsychologie und Ich-Analyse* (1921 *c*); die Bildung des Über-Ichs wird ausführlich im III. Kapitel von *Das Ich und das Es* (1923 *b*) erörtert.]

Es entfernt sich normalerweise immer mehr von den ursprünglichen Elternindividuen, es wird sozusagen unpersönlicher. Wir wollen auch nicht daran vergessen, daß das Kind seine Eltern in verschiedenen Lebenszeiten verschieden einschätzt. Zur Zeit, da der Ödipuskomplex dem Über-Ich den Platz räumt, sind sie etwas ganz Großartiges, später büßen sie sehr viel ein. Es kommen dann auch Identifizierungen mit diesen späteren Eltern zustande, sie liefern sogar regelmäßig wichtige Beiträge zur Charakterbildung, aber sie betreffen dann nur das Ich, beeinflussen nicht mehr das Über-Ich, das durch die frühesten Elternimagines bestimmt worden ist.

Ich hoffe, Sie haben bereits den Eindruck empfangen, daß die Aufstellung des Über-Ichs wirklich ein Strukturverhältnis beschreibt und nicht einfach eine Abstraktion wie die des Gewissens personifiziert. Wir haben noch eine wichtige Funktion zu erwähnen, die wir diesem Über-Ich zuteilen. Es ist auch der Träger des Ichideals, an dem das Ich sich mißt, dem es nachstrebt, dessen Anspruch auf immer weitergehende Vervollkommnung es zu erfüllen bemüht ist. Kein Zweifel, dieses Ichideal ist der Niederschlag der alten Elternvorstellung, der Ausdruck der Bewunderung jener Vollkommenheit, die das Kind ihnen damals zuschrieb[1].

Ich weiß, Sie haben viel von dem Gefühl der Minderwertigkeit gehört, das gerade die Neurotiker auszeichnen soll. Es spukt besonders in der sogenannt schönen Literatur. Ein Schriftsteller, der das Wort Minderwertigkeitskomplex gebraucht, glaubt damit allen Anforderungen der Psychoanalyse Genüge getan und seine Darstellung auf ein höheres psychologisches Niveau gehoben zu haben. In Wirklichkeit wird das Kunstwort Minderwertigkeitskomplex in der Psychoanalyse kaum verwendet. Es bedeutet uns nichts Einfaches, geschweige denn etwas Elementares. Es auf die Selbstwahrnehmung etwaiger Organverkümmerungen zurückzuführen, wie die Schule der sogenannten Individualpsychologen[2] zu tun beliebt, erscheint uns ein kurzsichtiger Irrtum. Das Gefühl der Minderwertigkeit hat stark erotische Wurzeln. Das Kind fühlt sich minderwertig, wenn es merkt, daß es nicht geliebt wird, und ebenso der Erwachsene. Das einzige Organ, das wirklich als minderwertig

---

[1] [Freud macht hier (ebenso wie in der 26. Vorlesung, S. 413) einen Unterschied zwischen »Über-Ich« und »Ichideal«. In anderen Werken, z. B. zu Beginn des III. Kapitels von *Das Ich und das Es*, verwendet er beide Bezeichnungen hingegen synonym.]

[2] [Ihre Ansichten werden in der 34. Vorlesung, S. 570 ff., diskutiert.]

betrachtet wird, ist der verkümmerte Penis, die Klitoris des Mädchens. Aber der Hauptanteil des Minderwertigkeitsgefühls stammt aus der Beziehung des Ichs zu seinem Über-Ich, ist ebenso wie das Schuldgefühl ein Ausdruck der Spannung zwischen beiden. Minderwertigkeitsgefühl und Schuldgefühl sind überhaupt schwer auseinanderzuhalten. Vielleicht täte man gut daran, im ersteren die erotische Ergänzung zum moralischen Minderwertigkeitsgefühl zu sehen. Wir haben dieser Frage der begrifflichen Abgrenzung in der Psychoanalyse wenig Aufmerksamkeit geschenkt.

Gerade weil der Minderwertigkeitskomplex so populär geworden ist, gestatte ich mir, Sie hier mit einer kleinen Abschweifung zu unterhalten. Eine historische Persönlichkeit unserer Zeit, die noch lebt, aber gegenwärtig in den Hintergrund gerückt ist, hat von einer Schädigung während der Geburt eine gewisse Verkümmerung eines Gliedes behalten. Ein sehr bekannter Schriftsteller unserer Tage, der am liebsten Biographien hervorragender Personen bearbeitet, hat auch das Leben dieses von mir bezeichneten Mannes behandelt[1]. Nun mag es ja schwer sein, das Bedürfnis nach psychologischer Vertiefung zu unterdrücken, wenn man eine Biographie schreibt. Unser Autor hat darum den Versuch gewagt, die ganze Charakterentwicklung des Helden über dem Minderwertigkeitsgefühl, das jener körperliche Defekt wachrufen mußte, aufzubauen. Er hat dabei eine kleine, aber nicht unwichtige Tatsache übersehen. Es ist gewöhnlich, daß Mütter, denen das Schicksal ein krankes oder sonst benachteiligtes Kind geschenkt hat, es für diese ungerechte Zurücksetzung durch ein Übermaß von Liebe zu entschädigen suchen. In dem zur Rede stehenden Falle benahm sich die stolze Mutter anders, sie entzog dem Kind ihre Liebe wegen seines Gebrechens. Als aus dem Kinde ein großmächtiger Mann geworden war, bewies dieser durch seine Handlungen unzweideutig, daß er der Mutter nie verziehen hatte. Wenn Sie sich auf die Bedeutung der Mutterliebe für das kindliche Seelenleben besinnen, werden Sie die Minderwertigkeitstheorie des Biographen wohl in Ihren Gedanken korrigieren.

Kehren wir zum Über-Ich zurück! Wir haben ihm die Selbstbeobachtung, das Gewissen und die Idealfunktion[2] zugeteilt. Aus unseren Ausführungen über seine Entstehung geht hervor, daß es eine unsäglich wichtige biologische wie eine schicksalsvolle psychologische Tatsache

[1] [*Wilhelm II.* von Emil Ludwig (1926).]
[2] [Vgl. die Anm. 1 auf S. 503.]

zu Voraussetzungen hat, nämlich die lange Abhängigkeit des Menschenkindes von seinen Eltern und den Ödipuskomplex, die beide wieder innig miteinander verknüpft sind. Das Über-Ich ist für uns die Vertretung aller moralischen Beschränkungen, der Anwalt des Strebens nach Vervollkommnung, kurz das, was uns von dem sogenannt Höheren im Menschenleben psychologisch greifbar geworden ist. Da es selbst auf den Einfluß der Eltern, Erzieher und dergleichen zurückgeht, erfahren wir noch mehr von seiner Bedeutung, wenn wir uns zu diesen seinen Quellen wenden. In der Regel folgen die Eltern und die ihnen analogen Autoritäten in der Erziehung des Kindes den Vorschriften des eigenen Über-Ichs. Wie immer sich ihr Ich mit ihrem Über-Ich auseinandergesetzt haben mag, in der Erziehung des Kindes sind sie streng und anspruchsvoll. Sie haben die Schwierigkeiten ihrer eigenen Kindheit vergessen, sind zufrieden, sich nun voll mit den eigenen Eltern identifizieren zu können, die ihnen seinerzeit die schweren Einschränkungen auferlegt haben. So wird das Über-Ich des Kindes eigentlich nicht nach dem Vorbild der Eltern, sondern des elterlichen Über-Ichs aufgebaut; es erfüllt sich mit dem gleichen Inhalt, es wird zum Träger der Tradition, all der zeitbeständigen Wertungen, die sich auf diesem Wege über Generationen fortgepflanzt haben. Sie erraten leicht, welch wichtige Hilfen für das Verständnis des sozialen Verhaltens der Menschen, z. B. für das der Verwahrlosung, vielleicht auch welch praktische Winke für die Erziehung sich aus der Berücksichtigung des Über-Ichs ergeben. Wahrscheinlich sündigen die sogenannt materialistischen Geschichtsauffassungen darin, daß sie diesen Faktor unterschätzen. Sie tun ihn mit der Bemerkung ab, daß die »Ideologien« der Menschen nichts anderes sind als Ergebnis und Überbau ihrer aktuellen ökonomischen Verhältnisse. Das ist die Wahrheit, aber sehr wahrscheinlich nicht die ganze Wahrheit. Die Menschheit lebt nie ganz in der Gegenwart, in den Ideologien des Über-Ichs lebt die Vergangenheit, die Tradition der Rasse und des Volkes fort, die den Einflüssen der Gegenwart, neuen Veränderungen, nur langsam weicht, und solange sie durch das Über-Ich wirkt, eine mächtige, von den ökonomischen Verhältnissen unabhängige Rolle im Menschenleben spielt. [Vgl. S. 604 ff.]

Im Jahre 1921 habe ich versucht, die Differenzierung von Ich und Über-Ich beim Studium der Massenpsychologie zu verwenden. Ich gelangte zu einer Formel wie: Eine psychologische Masse ist eine Vereinigung von Einzelnen, die die nämliche Person in ihr Über-Ich eingeführt und sich auf Grund dieser Gemeinsamkeit in ihrem Ich miteinander identifiziert haben[1]. Sie gilt natürlich nur für Massen, die einen Führer haben. Besäßen wir mehr Anwendungen dieser Art, so würde die Annahme des Über-Ichs das letzte Stück Befremden für uns verlieren und wir würden von jener Befangenheit gänzlich frei werden, die uns doch noch befällt, wenn wir uns, an die Unterweltatmosphäre gewöhnt, in den oberflächlicheren, höheren Schichten des seelischen Apparats bewegen. Wir glauben selbstverständlich nicht, daß wir mit der Sonderung des Über-Ichs das letzte Wort zur Ichpsychologie gesprochen haben. Es ist eher ein erster Anfang, aber in diesem Falle ist nicht nur der Anfang schwer.

Aber nun wartet unser eine andere Aufgabe, am sozusagen entgegengesetzten Ende des Ichs. Sie wird von einer Beobachtung während der analytischen Arbeit gestellt, einer Beobachtung, die eigentlich sehr alt ist. Wie es schon manchmal geht, hat es lange gebraucht, bis man sich zu ihrer Würdigung entschloß. Wie Sie wissen, ist eigentlich die ganze psychoanalytische Theorie über der Wahrnehmung des Widerstands aufgebaut, den uns der Patient bei dem Versuch, ihm sein Unbewußtes bewußtzumachen, leistet. Das objektive Zeichen des Widerstands ist, daß seine Einfälle versagen oder sich weit von dem behandelten Thema entfernen. Er kann den Widerstand auch subjektiv daran erkennen, daß er peinliche Empfindungen verspürt, wenn er sich dem Thema annähert. Aber dies letzte Zeichen kann auch wegbeiben. Dann sagen wir dem Patienten, daß wir aus seinem Verhalten schließen, er befinde sich jetzt im Widerstande, und er antwortet, er wisse nichts davon, er merke nur die Erschwerung der Einfälle. Es zeigt sich, daß wir recht hatten, aber dann war sein Widerstand auch unbewußt, ebenso unbewußt wie das Verdrängte, an dessen Hebung wir arbeiteten. Man hätte längst die Frage aufwerfen sollen: von welchem Teil seines Seelenlebens geht ein solcher unbewußter Widerstand aus? Der Anfänger in der Psychoanalyse wird rasch mit der Antwort zur Hand sein: Es ist eben der Widerstand des Unbewußten. Eine zweideutige, unbrauchbare Antwort! Wenn damit gemeint ist, er gehe vom Verdrängten aus, so müssen wir sagen: Gewiß nicht! Dem Verdrängten müssen wir eher einen starken Auftrieb zuschreiben, einen Drang, zum Bewußtsein durchzudringen. Der Widerstand kann nur eine Äußerung des

---

[1] [*Massenpsychologie* (1921 *c*), Schluß des VIII. Kapitels.]

Ichs sein, das seinerzeit die Verdrängung durchgeführt hat und sie jetzt aufrechthalten will. So haben wir's auch früher immer aufgefaßt. Seitdem wir eine besondere Instanz im Ich annehmen, die die einschränkenden und abweisenden Forderungen vertritt, das Über-Ich, können wir sagen, die Verdrängung sei das Werk dieses Über-Ichs, es führe sie entweder selbst durch oder in seinem Auftrag das ihm gehorsame Ich. Wenn nun der Fall vorliegt, daß der Widerstand in der Analyse dem Patienten nicht bewußt wird, so heißt das entweder, daß das Über-Ich und das Ich in ganz wichtigen Situationen unbewußt arbeiten können oder, was noch bedeutsamer wäre, daß Anteile von beiden, Ich und Über-Ich selbst, unbewußt sind. In beiden Fällen haben wir von der unerfreulichen Einsicht Kenntnis zu nehmen, daß (Über)-Ich und bewußt einerseits, Verdrängtes und unbewußt anderseits keineswegs zusammenfallen.

Meine Damen und Herren! Ich empfinde das Bedürfnis, eine Atempause zu machen, die auch Sie als wohltuend begrüßen werden, und mich, ehe ich fortsetze, bei Ihnen zu entschuldigen. Ich will Ihnen Nachträge zu einer Einführung in die Psychoanalyse geben, die ich vor fünfzehn Jahren begonnen habe, und muß mich benehmen, als hätten auch Sie in dieser Zwischenzeit nichts anderes als Psychoanalyse getrieben. Ich weiß, das ist eine ungehörige Zumutung, aber ich bin hilflos, ich kann es nicht anders machen. Es hängt wohl daran, daß es überhaupt so schwer ist, dem, der nicht selbst Psychoanalytiker ist, einen Einblick in die Psychoanalyse zu geben. Sie können mir glauben, daß wir nicht gern den Anschein erwecken, als seien wir Geheimbündler und betreiben eine Geheimwissenschaft. Und doch mußten wir erkennen und als unsere Überzeugung verkünden, das niemand das Recht hat, in die Psychoanalyse dreinzureden, wenn er sich nicht bestimmte Erfahrungen erworben hat, die man nur durch eine Analyse an seiner eigenen Person erwerben kann. Als ich Ihnen vor fünfzehn Jahren meine Vorlesungen gab, suchte ich Sie mit gewissen spekulativen Stücken unserer Theorie zu verschonen, aber gerade an die knüpfen die Neuerwerbungen an, von denen ich heute zu sprechen habe.

Ich kehre zum Thema zurück. In dem Zweifel, ob Ich und Über-Ich selbst unbewußt sein oder nur unbewußte Wirkungen entfalten können, haben wir uns mit guten Gründen für die erstere Möglichkeit entschieden. Ja, große Anteile des Ichs und Über-Ichs können unbewußt bleiben, sind normalerweise unbewußt. Das heißt, die Person weiß nichts von deren Inhalten, und es bedarf eines Aufwands an Mühe, sie ihr bewußtzumachen. Es trifft zu, daß Ich und bewußt, Verdrängt[es] und unbewußt nicht zusammenfallen. Wir empfinden das Bedürfnis, unsere Einstellung zum Problem bewußt-unbewußt gründlich zu revidieren. Zunächst sind wir geneigt, den Wert des Kriteriums der Bewußtheit, da es sich als so unzuverlässig erwiesen hat, recht herabzusetzen. Aber wir täten unrecht daran. Es ist damit wie mit unserem Leben; es ist nicht viel wert, aber es ist alles, was wir haben. Ohne die Leuchte der Bewußtseinsqualität wären wir im Dunkel der Tiefenpsychologie verloren; aber wir dürfen versuchen, uns neu zu orientieren.

Was man bewußt heißen soll, brauchen wir nicht zu erörtern, es ist jedem Zweifel entzogen. Die älteste und beste Bedeutung des Wortes »unbewußt« ist die deskriptive; wir nennen unbewußt einen psychischen Vorgang, dessen Existenz wir annehmen müssen, etwa weil wir ihn aus seinen Wirkungen erschließen, von dem wir aber nichts wissen. Wir haben dann zu ihm dieselbe Beziehung wie zu einem psychischen Vorgang bei einem anderen Menschen, nur daß er eben einer unserer eigenen ist. Wenn wir noch korrekter sein wollen, werden wir den Satz dahin modifizieren, daß wir einen Vorgang unbewußt heißen, wenn wir annehmen müssen, er sei *derzeit* aktiviert, obwohl wir *derzeit* nichts von ihm wissen. Diese Einschränkung läßt uns daran denken, daß die meisten bewußten Vorgänge nur kurze Zeit bewußt sind; sehr bald werden sie *latent*, können aber leicht wiederum bewußt werden. Wir könnten auch sagen, sie seien unbewußt geworden, wenn es überhaupt sicher wäre, daß sie im Zustand der Latenz noch etwas Psychisches sind. Soweit hätten wir nichts Neues erfahren, auch nicht das Recht erworben, den Begriff eines Unbewußten in die Psychologie einzuführen. Dann kommt aber die neue Erfahrung, die wir schon an den Fehlleistungen machen können. Wir sehen uns z. B. zur Erklärung eines Versprechens genötigt anzunehmen, daß sich bei dem Betreffenden eine bestimmte Redeabsicht gebildet hatte. Wir erraten sie mit Sicherheit aus der vorgefallenen Störung der Rede, aber sie hatte sich nicht durchgesetzt, sie war also unbewußt. Wenn wir sie nachträglich dem Redner vorführen, kann er sie als eine ihm vertraute anerkennen, dann war sie nur zeitweilig unbewußt, oder sie als ihm fremd verleugnen, dann war sie dauernd unbewußt[1]. Aus dieser Erfahrung schöpfen wir

[1] [Vgl. die 4. Vorlesung, S. 84 oben.]

rückgreifend das Recht, auch das als latent Bezeichnete für ein Unbewußtes zu erklären. Die Berücksichtigung dieser dynamischen Verhältnisse gestattet uns jetzt, zweierlei Unbewußtes zu unterscheiden, eines, das leicht, unter häufig hergestellten Bedingungen, sich in Bewußtes umwandelt, ein anderes, bei dem diese Umsetzung schwer, nur unter erheblichem Müheaufwand, möglicherweise niemals erfolgt. Um der Zweideutigkeit zu entgehen, ob wir das eine oder das andere Unbewußte meinen, das Wort im deskriptiven oder im dynamischen Sinn gebrauchen, wenden wir ein erlaubtes, einfaches Auskunftsmittel an. Wir heißen jenes Unbewußte, das nur latent ist und so leicht bewußt wird, das Vorbewußte, behalten die Bezeichnung »unbewußt« dem anderen vor. Wir haben nun drei Termini: bewußt, vorbewußt, unbewußt, mit denen wir in der Beschreibung der seelischen Phänomene unser Auskommen finden. Nochmals, rein deskriptiv ist auch das Vorbewußte unbewußt, aber wir bezeichnen es nicht so, außer in lockerer Darstellung oder wenn wir die Existenz unbewußter Vorgänge überhaupt im Seelenleben zu verteidigen haben.

Sie werden mir hoffentlich zugeben, das sei so weit nicht gar arg und erlaube eine bequeme Handhabung. Ja, aber leider hat die psychoanalytische Arbeit sich gedrängt gefunden, das Wort unbewußt noch in einem anderen, dritten, Sinn zu verwenden, und das mag allerdings Verwirrung gestiftet haben. Unter dem neuen und starken Einfluß, daß ein weites und wichtiges Gebiet des Seelenlebens der Kenntnis des Ichs normalerweise entzogen ist, so daß die Vorgänge darin als unbewußte im richtigen dynamischen Sinn anerkannt werden müssen, haben wir den Terminus »unbewußt« auch in einem topischen oder systematischen Sinn verstanden, von einem System des Vorbewußten und des Unbewußten gesprochen, von einem Konflikt des Ichs mit dem System Ubw, das Wort immer mehr eher eine seelische Provinz bedeuten lassen als eine Qualität des Seelischen. Die eigentlich unbequeme Entdeckung, daß auch Anteile des Ichs und Über-Ichs im dynamischen Sinne unbewußt sind, wirkt hier wie eine Erleichterung, gestattet uns, eine Komplikation wegzuräumen. Wir sehen, wir haben kein Recht, das ichfremde Seelengebiet das System Ubw zu nennen, da die Unbewußtheit nicht sein ausschließender Charakter ist. Gut, so wollen wir »unbewußt« nicht mehr im systematischen Sinn gebrauchen und dem bisher so Bezeichneten einen besseren, nicht mehr mißverständlichen Namen geben. In Anlehnung an den Sprachgebrauch bei Nietzsche und infolge einer Anregung von G. Groddeck [1923] heißen wir es fortan das *Es*. Dies unpersönliche Fürwort scheint besonders geeignet, den Hauptcharakter dieser Seelenprovinz, ihre Ichfremdheit, auszudrücken. Über-Ich, Ich und Es sind nun die drei Reiche, Gebiete, Provinzen, in die wir den Seelenapparat der Person zerlegen, mit deren gegenseitigen Beziehungen wir uns im weiteren beschäftigen wollen.

Vorher nur eine kurze Einschaltung. Ich vermute, Sie sind unzufrieden damit, daß die drei Qualitäten der Bewußtheit und die drei Provinzen des seelischen Apparats sich nicht zu drei friedlichen Paaren zusammengefunden haben, und sehen darin etwas wie eine Trübung unserer Resultate. Ich meine aber, wir sollten es nicht bedauern und sollten uns sagen, daß wir kein Recht hatten, eine so glatte Anordnung zu erwarten. Lassen Sie mich eine Vergleichung bringen; Vergleiche entscheiden nichts, das ist wahr, aber sie können machen, daß man sich heimischer fühlt. Ich imaginiere ein Land mit mannigfaltiger Bodengestaltung, Hügelland, Ebene und Seenketten, mit gemischter Bevölkerung – es wohnen darin Deutsche, Magyaren und Slowaken, die auch verschiedene Tätigkeiten betreiben. Nun könnte die Verteilung so sein, daß im Hügelland die Deutschen wohnen, die Viehzüchter sind, im Flachland die Magyaren, die Getreide und Wein bauen, an den Seen die Slowaken, die Fische fangen und Schilf flechten. Wenn diese Verteilung glatt und reinlich wäre, würde ein Wilson seine Freude an ihr haben[1]; es wäre auch bequem für den Vortrag in der Geographiestunde. Es ist aber wahrscheinlich, daß Sie weniger Ordnung und mehr Vermengung finden, wenn Sie die Gegend bereisen. Deutsche, Magyaren und Slowaken leben überall durcheinander, im Hügelland gibt es auch Äcker, in der Ebene wird auch Vieh gehalten. Einiges ist natürlich so, wie Sie es erwartet haben, denn auf Bergen kann man keine Fische fangen, im Wasser wächst kein Wein. Ja, das Bild der Gegend, das Sie mitgebracht haben, mag im großen und ganzen zutreffend sein; im einzelnen werden Sie sich Abweichungen gefallen lassen.

---

[1] [Hierzu sei erwähnt, daß Freud nur etwa ein Jahr vor der Niederschrift dieser Vorlesung zusammen mit W. C. Bullitt (dem damaligen amerikanischen Botschafter in Berlin) an einer psychologischen Studie über den Präsidenten Woodrow Wilson gearbeitet hatte, dessen politischem Urteilsvermögen Freud sehr kritisch gegenüberstand. Erst im Jahre 1966 hat Bullitt in englischer Sprache eine Studie über Wilson veröffentlicht, die zwar deutlich von Freuds Gedankengängen beeinflußt ist, aber – abgesehen von der Einleitung – offenbar keinen tatsächlich von Freud geschriebenen Beitrag enthält.]

Sie erwarten nicht, daß ich Ihnen vom *Es* außer dem neuen Namen viel Neues mitzuteilen habe. Es ist der dunkle, unzugängliche Teil unserer Persönlichkeit; das wenige, was wir von ihm wissen, haben wir durch das Studium der Traumarbeit und der neurotischen Symptombildung erfahren und das meiste davon hat negativen Charakter, läßt sich nur als Gegensatz zum Ich beschreiben. Wir nähern uns dem Es mit Vergleichen, nennen es ein Chaos, einen Kessel voll brodelnder Erregungen. Wir stellen uns vor, es sei am Ende gegen das Somatische offen, nehme da die Triebbedürfnisse in sich auf, die in ihm ihren psychischen Ausdruck finden[1], wir können aber nicht sagen, in welchem Substrat. Von den Trieben her erfüllt es sich mit Energie, aber es hat keine Organisation, bringt keinen Gesamtwillen auf, nur das Bestreben, den Triebbedürfnissen unter Einhaltung des Lustprinzips Befriedigung zu schaffen. Für die Vorgänge im Es gelten die logischen Denkgesetze nicht, vor allem nicht der Satz des Widerspruchs. Gegensätzliche Regungen bestehen nebeneinander, ohne einander aufzuheben oder sich voneinander abzuziehen, höchstens daß sie unter dem herrschenden ökonomischen Zwang zur Abfuhr der Energie zu Kompromißbildungen zusammentreten. Es gibt im Es nichts, was man der Negation gleichstellen könnte, auch nimmt man mit Überraschung die Ausnahme von dem Satz der Philosophen wahr, daß Raum und Zeit notwendige Formen unserer seelischen Akte seien[2]. Im Es findet sich nichts, was der Zeitvorstellung entspricht, keine Anerkennung eines zeitlichen Ablaufs und, was höchst merkwürdig ist und seiner Würdigung im philosophischen Denken wartet, keine Veränderung des seelischen Vorgangs durch den Zeitablauf. Wunschregungen, die das Es nie überschritten haben, aber auch Eindrücke, die durch Verdrängung ins Es versenkt worden sind, sind virtuell unsterblich, verhalten sich nach Dezennien, als ob sie neu vorgefallen wären. Als Vergangenheit erkannt, entwertet und ihrer Energiebesetzung beraubt können sie erst werden, wenn sie durch die analytische Arbeit bewußt geworden sind, und darauf beruht nicht zum kleinsten Teil die therapeutische Wirkung der analytischen Behandlung.

Ich habe immer wieder den Eindruck, daß wir aus dieser über jedem Zweifel feststehenden Tatsache der Unveränderlichkeit des Verdrängten durch die Zeit viel zu wenig für unsere Theorie gemacht haben.

---

[1] [Freud faßt die Triebe hier als etwas Physisches auf, dessen Repräsentanzen die seelischen Vorgänge sind.]

[2] [Freud bezieht sich hier auf Kant.]

Da scheint sich doch ein Zugang zu den tiefsten Einsichten zu eröffnen. Leider bin auch ich da nicht weitergekommen.

Selbstverständlich kennt das Es keine Wertungen, kein Gut und Böse, keine Moral. Das ökonomische oder, wenn Sie wollen, quantitative Moment, mit dem Lustprinzip innig verknüpft, beherrscht alle Vorgänge. Triebbesetzungen, die nach Abfuhr verlangen, das, meinen wir, sei alles im Es. Es scheint sogar, daß sich die Energie dieser Triebregungen in einem andern Zustand befindet als in den andern seelischen Bezirken, weit leichter beweglich und abfuhrfähig ist[1], denn sonst würden nicht jene Verschiebungen und Verdichtungen vorfallen, die für das Es charakteristisch sind und die so vollkommen von der Qualität des Besetzten – im Ich würden wir es eine Vorstellung nennen – absehen. Man gäbe was darum, wenn man von diesen Dingen mehr verstehen könnte! Sie sehen übrigens, daß wir in der Lage sind, vom Es noch andere Eigenschaften anzugeben, als daß es unbewußt ist, und Sie erkennen die Möglichkeit, daß Teile vom Ich und Über-Ich unbewußt seien, ohne die nämlichen primitiven und irrationellen Charaktere zu besitzen[2]. Zu einer Charaktersitik des eigentlichen Ichs, insofern es sich vom Es und vom Über-Ich sondern läßt, gelangen wir am ehesten, wenn wir seine Beziehung zum äußersten oberflächlichen Stück des seelischen Apparats ins Auge fassen, das wir als das System W-Bw bezeichnen. Dieses System ist der Außenwelt zugewendet, es vermittelt die Wahrnehmungen von ihr, in ihm entsteht während seiner Funktion das Phänomen des Bewußtseins. Es ist das Sinnesorgan des ganzen Apparats, empfänglich übrigens nicht nur für Erregungen, die von außen, sondern auch für solche, die aus dem Inneren des Seelenlebens herankommen. Die Auffassung bedarf kaum einer Rechtfertigung, daß das Ich jener Teil des Es ist, der durch die Nähe und den Einfluß der Außenwelt modifiziert wurde, zur Reizaufnahme und zum Reizschutz eingerichtet, vergleichbar der Rindenschicht, mit der sich ein Klümpchen lebender Substanz umgibt. Die Beziehung zur Außenwelt ist für das Ich entscheidend geworden, es hat die Aufgabe übernommen, sie bei dem Es zu vertreten, zum Heil des Es, das ohne Rücksicht auf diese übergewaltige Außenmacht im blinden Streben nach Triebbefrie-

---

[1] [Diese Unterscheidung ist von Freud oft getroffen worden, so im V. Abschnitt der Schrift ›Das Unbewußte‹ (1915 *e*), wo sie Breuer zugeschrieben wird und wo Freud bemerkt: »Ich glaube, daß diese Unterscheidung bis jetzt unsere tiefste Einsicht in das Wesen der nervösen Energie darstellt.« Vgl. auch die Anm. auf S. 524 unten.]

[2] [Diese Darstellung des Es beruht hauptsächlich auf dem V. Abschnitt der Arbeit ›Das Unbewußte‹.]

digung der Vernichtung nicht entgehen würde. In der Erfüllung dieser Funktion muß das Ich die Außenwelt beobachten, eine getreue Abbildung von ihr in den Erinnerungsspuren seiner Wahrnehmungen niederlegen, durch die Tätigkeit der Realitätsprüfung[1] fernhalten, was an diesem Bild der Außenwelt Zutat aus inneren Erregungsquellen ist. Im Auftrag des Es beherrscht das Ich die Zugänge zur Motilität, aber es hat zwischen Bedürfnis und Handlung den Aufschub der Denkarbeit eingeschaltet[2], während dessen es die Erinnerungsreste der Erfahrung verwertet. Auf solche Weise hat es das Lustprinzip entthront, das uneingeschränkt den Ablauf der Vorgänge im Es beherrscht, und es durch das Realitätsprinzip ersetzt, das mehr Sicherheit und größeren Erfolg verspricht.

Auch die so schwer zu beschreibende Beziehung zur Zeit wird dem Ich durch das Wahrnehmungssystem vermittelt; es ist kaum zweifelhaft, daß die Arbeitsweise dieses Systems der Zeitvorstellung den Ursprung gibt[3]. Was das Ich zum Unterschied vom Es aber ganz besonders auszeichnet, ist ein Zug zur Synthese seiner Inhalte, zur Zusammenfassung und Vereinheitlichung seiner seelischen Vorgänge, der dem Es völlig abgeht. Wenn wir nächstens einmal von den Trieben im Seelenleben handeln, wird es uns hoffentlich gelingen, diesen wesentlichen Charakter des Ichs auf seine Quelle zurückzuführen[4]. Er allein stellt jenen hohen Grad von Organisation her, dessen das Ich bei seinen besten Leistungen bedarf. Es entwickelt sich von der Triebwahrnehmung zur Triebbeherrschung, aber die letztere wird nur dadurch erreicht, daß die [psychische] Triebrepräsentanz[5] in einen größeren Verband eingeordnet, in einen Zusammenhang aufgenommen wird. Wenn wir uns populären Redeweisen anpassen, dürfen wir sagen, daß das Ich im Seelenleben Vernunft und Besonnenheit vertritt, das Es aber die ungezähmten Leidenschaften.

Wir haben uns bisher durch die Aufzählung der Vorzüge und Fähigkeiten des Ichs imponieren lassen; es ist jetzt Zeit, auch der Kehrseite zu gedenken. Das Ich ist doch nur ein Stück vom Es, ein durch die

---

[1] [Vgl. Anm. 1 auf S. 474.]

[2] [Weitere Erörterungen hierzu auf S. 524 unten.]

[3] [Ein Hinweis darauf, wie Freud sich diesen Zusammenhang vorstellte, findet sich in der Schrift ›Notiz über den »Wunderblock«‹ (1925 *a*).]

[4] [Tatsächlich ist Freud jedoch auf dieses Thema in den Vorlesungen nicht mehr zurückgekommen. Der synthetische Charakterzug des Ichs ist ausführlich im III. Kapitel von *Hemmung, Symptom und Angst* (1926 *d*) dargestellt.]

[5] [S. Anm. 1 auf S. 511.]

Nähe der gefahrdrohenden Außenwelt zweckmäßig verändertes Stück. In dynamischer Hinsicht ist es schwach, seine Energien hat es dem Es entlehnt, und wir sind nicht ganz ohne Einsicht in die Methoden, man könnte sagen: in die Schliche, durch die es dem Es weitere Energiebeträge entzieht. Ein solcher Weg ist zum Beispiel auch die Identifizierung mit beibehaltenen oder aufgegebenen Objekten. Die Objektbesetzungen gehen von den Triebansprüchen des Es aus. Das Ich hat sie zunächst zu registrieren. Aber indem es sich mit dem Objekt identifiziert, empfiehlt es sich dem Es an Stelle des Objekts, will es die Libido des Es auf sich lenken. Wir haben schon [S. 502] gehört, daß das Ich im Lauf des Lebens eine große Anzahl von solchen Niederschlägen ehemaliger Objektbesetzungen in sich aufnimmt. Im ganzen muß das Ich die Absichten des Es durchführen, es erfüllt seine Aufgabe, wenn es die Umstände ausfindig macht, unter denen diese Absichten am besten erreicht werden können. Man könnte das Verhältnis des Ichs zum Es mit dem des Reiters zu seinem Pferd vergleichen. Das Pferd gibt die Energie für die Lokomotion her, der Reiter hat das Vorrecht, das Ziel zu bestimmen, die Bewegung des starken Tieres zu leiten. Aber zwischen Ich und Es ereignet sich allzu häufig der nicht ideale Fall, daß der Reiter das Roß dahin führen muß, wohin es selbst gehen will.

Von einem Teil des Es hat sich das Ich durch Verdrängungswiderstände geschieden. Aber die Verdrängung setzt sich nicht in das Es fort. Das Verdrängte fließt mit dem übrigen Es zusammen.

Ein Sprichwort warnt davor, gleichzeitig zwei Herren zu dienen. Das arme Ich hat es noch schwerer, es dient drei gestrengen Herren, ist bemüht, deren Ansprüche und Forderungen in Einklang miteinander zu bringen. Diese Ansprüche gehen immer auseinander, scheinen oft unvereinbar zu sein; kein Wunder, wenn das Ich so oft an seiner Aufgabe scheitert. Die drei Zwingherren sind die Außenwelt, das Über-Ich und das Es. Wenn man die Anstrengungen des Ichs verfolgt, ihnen gleichzeitig gerecht zu werden, besser gesagt: ihnen gleichzeitig zu gehorchen, kann man nicht bereuen, dieses Ich personifiziert, es als ein besonderes Wesen hingestellt zu haben. Es fühlt sich von drei Seiten her eingeengt, von dreierlei Gefahren bedroht, auf die es im Falle der Bedrängnis mit Angstentwicklung reagiert. Durch seine Herkunft aus den Erfahrungen des Wahrnehmungssystems ist es dazu bestimmt, die Anforderungen der Außenwelt zu vertreten, aber es will auch der getreue Diener des Es sein, im Einvernehmen mit ihm bleiben, sich ihm als Objekt empfehlen, seine Libido auf sich ziehen. In seinem Vermittlungsbestreben zwischen Es und Realität ist es oft genötigt, die ubw Gebote des Es mit seinen vbw Rationalisierungen zu bekleiden, die Konflikte des Es mit der Realität zu vertuschen, mit diplomatischer Unaufrichtigkeit eine Rücksichtnahme auf die Realität vorzuspiegeln, auch wenn das Es starr und unnachgiebig geblieben ist. Anderseits wird es auf Schritt und Tritt von dem gestrengen Über-Ich beobachtet, das ihm bestimmte Normen seines Verhaltens vorhält, ohne Rücksicht auf die Schwierigkeiten von seiten des Es und der Außenwelt zu nehmen, und es im Falle der Nichteinhaltung mit den Spannungsgefühlen der Minderwertigkeit und des Schuldbewußtseins bestraft. So vom Es getrieben, vom Über-Ich eingeengt, von der Realität zurückgestoßen, ringt das Ich um die Bewältigung seiner ökonomischen Aufgabe, die Harmonie unter den Kräften und Einflüssen herzustellen, die in ihm und auf es wirken, und wir verstehen, warum wir so oft den Ausruf nicht unterdrücken können: Das Leben ist nicht leicht! Wenn das Ich seine Schwäche einbekennen muß, bricht es in Angst aus, Realangst vor der Außenwelt, Gewissensangst vor dem Über-Ich, neurotische Angst vor der Stärke der Leidenschaften im Es.

Die Strukturverhältnisse der seelischen Persönlichkeit, die ich vor Ihnen entwickelt habe, möchte ich in einer anspruchslosen Zeichnung darstellen, die ich Ihnen hier vorlege[1].

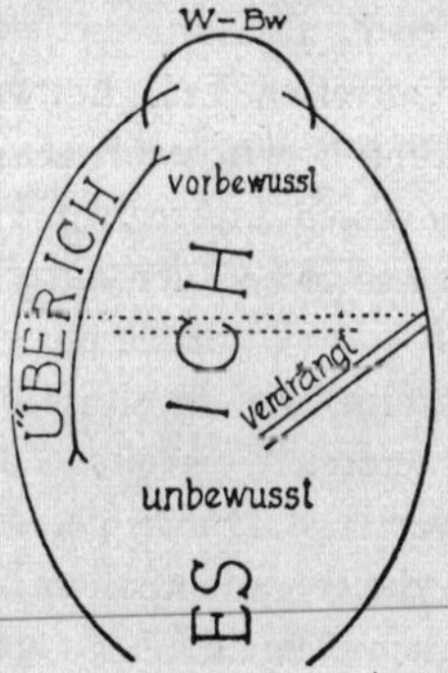

[1] [Diese Zeichnung stand in der Erstausgabe der *Neuen Folge* senkrecht, wie in unserer Abbildung. Sowohl in den *Gesammelten Schriften* als auch in den *Gesammelten Werken* wurde sie dann (wohl um Platz zu sparen) querliegend dargestellt.]

Sie sehen hier, das Über-Ich taucht in das Es ein; als Erbe des Ödipuskomplexes hat es ja intime Zusammenhänge mit ihm; es liegt weiter ab vom Wahrnehmungssystem als das Ich. Das Es verkehrt mit der Außenwelt nur über das Ich, wenigstens in diesem Schema. Es ist gewiß heute schwer zu sagen, inwieweit die Zeichnung richtig ist; in einem Punkt ist sie es gewiß nicht. Der Raum, den das unbewußte Es einnimmt, müßte unvergleichlich größer sein als der des Ichs oder des Vorbewußten. Ich bitte, verbessern Sie das in Ihren Gedanken.

Und nun zum Abschluß dieser gewiß anstrengenden und vielleicht nicht einleuchtenden Ausführungen noch eine Mahnung! Sie denken bei dieser Sonderung der Persönlichkeit in Ich, Über-Ich und Es gewiß nicht an scharfe Grenzen, wie sie künstlich in der politischen Geographie gezogen worden sind. Der Eigenart des Psychischen können wir nicht durch lineare Konturen gerecht werden wie in der Zeichnung oder in der primitiven Malerei, eher durch verschwimmende Farbenfelder wie bei den modernen Malern. Nachdem wir gesondert haben, müssen wir das Gesonderte wieder zusammenfließen lassen. Urteilen Sie nicht zu hart über einen ersten Versuch, das so schwer erfaßbare Psychische anschaulich zu machen. Es ist sehr wahrscheinlich, daß die Ausbildung dieser Sonderungen bei verschiedenen Personen großen Variationen unterliegt, möglich, daß sie bei der Funktion selbst verändert und zeitweilig rückgebildet werden. Besonders für die phylogenetisch letzte und heikelste, die Differenzierung von Ich und Über-Ich, scheint dergleichen zuzutreffen. Es ist unzweifelhaft, daß das gleiche durch psychische Erkrankung hervorgerufen wird. Man kann sich auch gut vorstellen, daß es gewissen mystischen Praktiken gelingen mag, die normalen Beziehungen zwischen den einzelnen seelischen Bezirken umzuwerfen, so daß z. B. die Wahrnehmung Verhältnisse im tiefen Ich und im Es erfassen kann, die ihr sonst unzugänglich waren. Ob man auf diesem Weg der letzten Weisheiten habhaft werden wird, von denen man alles Heil erwartet, darf man getrost bezweifeln. Immerhin wollen wir zugeben, daß die therapeutischen Bemühungen der Psychoanalyse sich einen ähnlichen Angriffspunkt gewählt haben. Ihre Absicht ist ja, das Ich zu stärken, es vom Über-Ich unabhängiger zu machen, sein Wahrnehmungsfeld zu erweitern und seine Organisation auszubauen, so daß es sich neue Stücke des Es aneignen kann. Wo Es war, soll Ich werden.

Es ist Kulturarbeit etwa wie die Trockenlegung der Zuydersee.

32. VORLESUNG

ANGST UND TRIEBLEBEN

Meine Damen und Herren! Sie werden nicht überrascht sein zu hören, daß ich Ihnen manche Neuheiten von unserer Auffassung der Angst und der Grundtriebe des Seelenlebens zu berichten habe, auch nicht, daß keine derselben als endgültige Lösung der schwebenden Probleme gelten will. In bestimmter Absicht spreche ich hier von Auffassungen. Es sind die schwierigsten Aufgaben, die uns gestellt werden, aber die Schwierigkeit liegt nicht etwa an der Unzulänglichkeit der Beobachtungen, es sind gerade die häufigsten und vertrautesten Phänomene, die uns jene Rätsel aufgeben; auch nicht an der Entlegenheit der Spekulationen, zu denen sie anregen; spekulative Verarbeitung kommt auf diesem Gebiet wenig in Betracht. Sondern es handelt sich wirklich um Auffassungen, d. h. darum, die richtigen abstrakten Vorstellungen einzuführen, deren Anwendung auf den Rohstoff der Beobachtung Ordnung und Durchsichtigkeit in ihm entstehen läßt.

Der *Angst* habe ich bereits eine Vorlesung der früheren Reihe, die fünfundzwanzigste, gewidmet. Ich muß deren Inhalt in Verkürzung wiederholen. Wir haben gesagt, Angst sei ein Affektzustand, also eine Vereinigung von bestimmten Empfindungen der Lust-Unlust-Reihe mit den ihnen entsprechenden Abfuhrinnervationen und deren Wahrnehmung, wahrscheinlich aber der Niederschlag eines gewissen bedeutungsvollen Ereignisses, durch Vererbung einverleibt, also vergleichbar dem individuell erworbenen hysterischen Anfall [1]. Als jenes Ereignis, das eine solche Affektspur hinterlassen, haben wir den Vorgang der Geburt in Anspruch genommen, bei dem die der Angst eigenen Beeinflussungen von Herztätigkeit und Atmung zweckmäßig waren. Die allererste Angst wäre also eine toxische gewesen. Wir sind dann von der Unterscheidung zwischen Realangst und neurotischer Angst ausgegangen, die erstere eine uns begreiflich scheinende Reaktion auf die Gefahr, d. h. auf erwartete Schädigung von außen, die andere durchaus rätselhaft, wie zwecklos. In einer Analyse der Realangst haben wir sie auf einen Zustand gesteigerter sensorischer Aufmerksamkeit und motori-

[1] [Vgl. die klarere Darstellung in der 25. Vorlesung, S. 382 f. oben.]

scher Spannung reduziert, den wir *Angstbereitschaft* heißen. Aus dieser entwickle sich die Angstreaktion. In der seien zwei Ausgänge möglich. Entweder die *Angstentwicklung*, die Wiederholung des alten traumatischen Erlebnisses, beschränkt sich auf ein Signal, dann kann die übrige Reaktion sich der neuen Gefahrlage anpassen, in Flucht oder Verteidigung ausgehen, oder das Alte behält die Oberhand, die gesamte Reaktion erschöpft sich in der Angstentwicklung, und dann wird der Affektzustand lähmend und für die Gegenwart unzweckmäßig.

Wir haben uns dann zur neurotischen Angst gewendet und gesagt, daß wir sie unter dreierlei Verhältnissen beobachten. Erstens als frei flottierende, allgemeine Ängstlichkeit, bereit, sich vorübergehend mit jeder neu auftauchenden Möglichkeit zu verknüpfen, als sogenannte Erwartungsangst, wie z. B. bei der typischen Angstneurose. Zweitens fest gebunden an bestimmte Vorstellungsinhalte in den sogenannten *Phobien*, bei denen wir eine Beziehung zur äußeren Gefahr zwar noch erkennen mögen, aber die Angst vor ihr für maßlos übertrieben halten müssen. Endlich drittens die Angst bei der Hysterie und anderen Formen schwerer Neurosen, die entweder Symptome begleitet oder unabhängig auftritt als Anfall oder länger anhaltender Zustand, immer aber ohne ersichtliche Begründung durch eine äußere Gefahr. Wir haben uns dann die zwei Fragen vorgelegt: Wovor fürchtet man sich bei neurotischer Angst? und: Wie kann man diese mit der Realangst vor äußeren Gefahren zusammenbringen?

Unsere Untersuchungen sind keineswegs erfolglos geblieben, wir haben einige wichtige Aufschlüsse gewonnen. In bezug auf die ängstliche Erwartung hat uns die klinische Erfahrung einen regelmäßigen Zusammenhang mit dem Libidohaushalt im Sexualleben kennen gelehrt. Die gewöhnlichste Ursache der Angstneurose ist die frustrane Erregung. Es wird eine libidinöse Erregung hervorgerufen, aber nicht befriedigt, nicht verwendet; an Stelle dieser von ihrer Verwendung abgelenkten Libido tritt dann die Ängstlichkeit auf. Ich glaubte mich sogar berechtigt zu sagen, diese unbefriedigte Libido verwandle sich direkt in Angst. Diese Auffassung fand eine Unterstützung in gewissen ganz regelmäßigen Phobien der kleinen Kinder. Viele dieser Phobien sind uns durchaus rätselhaft, andere aber, wie die Angst im Alleinsein und die vor fremden Personen, lassen eine sichere Erklärung zu. Die Einsamkeit sowie das fremde Gesicht erwecken die Sehnsucht nach der vertrauten Mutter; das Kind kann diese libidinöse Erregung nicht beherrschen, nicht in Schwebe halten, sondern verwandelt sie in Angst

Diese Kinderangst ist also nicht der Realangst, sondern der neurotischen zuzurechnen. Die Kinderphobien und die Angsterwartung der Angstneurose geben uns zwei Beispiele für die eine Art, wie neurotische Angst entsteht: Durch direkte Umwandlung der Libido. Einen zweiten Mechanismus werden wir sofort kennenlernen; es wird sich zeigen, daß er vom ersten nicht sehr verschieden ist.

Für die Angst bei der Hysterie und anderen Neurosen machen wir nämlich den Vorgang der Verdrängung verantwortlich. Wir meinen, wir können diesen vollständiger als vorhin beschreiben, wenn wir das Schicksal der zu verdrängenden Vorstellung von dem des ihr anhaftenden Libidobetrags gesondert halten. Es ist die Vorstellung, die die Verdrängung erfährt, eventuell zum Unkenntlichen entstellt wird; ihr Affektbetrag aber wird regelmäßig in Angst verwandelt und zwar gleichgültig, von welcher Art er sein mag, ob Aggression oder Liebe. Nun macht es keinen wesentlichen Unterschied, aus welchem Grund ein Libidobetrag unverwendbar geworden ist, ob aus infantiler Schwäche des Ichs wie bei den Kinderphobien, infolge somatischer Vorgänge im Sexualleben wie bei der Angstneurose oder durch Verdrängung wie bei der Hysterie. Die beiden Mechanismen der Entstehung neurotischer Angst fallen also eigentlich zusammen.

Während dieser Untersuchungen sind wir auf eine höchst bedeutsame Beziehung zwischen Angstentwicklung und Symptombildung aufmerksam geworden, nämlich, daß die beiden einander vertreten und ablösen. Der Agoraphobe z. B. beginnt seine Leidensgeschichte mit einem Angstanfall auf der Straße. Dieser würde sich jedesmal wiederholen, wenn er wieder auf die Straße ginge. Er schafft nun das Symptom der Straßenangst, das man auch eine Hemmung, Funktionseinschränkung des Ichs heißen kann, und erspart sich dadurch den Angstanfall. Das Umgekehrte sieht man, wenn man sich, wie es z. B. bei Zwangshandlungen möglich ist, in die Symptombildung einmengt. Hindert man den Kranken, sein Waschzeremoniell auszuführen, so gerät er in einen schwer erträglichen Angstzustand, gegen den ihn offenbar sein Symptom geschützt hatte. Und zwar scheint es, daß die Angstentwicklung das Frühere, die Symptombildung das Spätere ist, als ob die Symptome geschaffen würden, um den Ausbruch des Angstzustandes zu vermeiden. Und dazu stimmt es auch, daß die ersten Neurosen des Kindesalters Phobien sind, Zustände, an denen man so deutlich erkennt, wie eine anfängliche Angstentwicklung durch die spätere Symptombildung abgelöst wird: man empfängt den Eindruck, daß man von diesen Beziehungen her den besten Zugang zum Verständnis der neurotischen Angst finden wird. Gleichzeitig ist es uns auch gelungen, die Frage zu beantworten, wovor man sich bei neurotischer Angst fürchtet, und so die Verbindung zwischen neurotischer und Realangst herzustellen. Das, wovor man sich fürchtet, ist offenbar die eigene Libido. Der Unterschied von der Situation der Realangst liegt in zwei Punkten, daß die Gefahr eine innerliche ist anstatt einer äußeren und daß sie nicht bewußt erkannt wird.

Bei den Phobien kann man sehr deutlich erkennen, wie diese innerliche Gefahr in eine äußerliche umgesetzt, also neurotische Angst in scheinbare Realangst verwandelt wird. Nehmen wir, um einen oft sehr komplizierten Sachverhalt zu vereinfachen, an, daß der Agoraphobe sich regelmäßig vor den Regungen der Versuchung fürchte, die in ihm durch die Begegnungen auf der Straße geweckt werden. In seiner Phobie nimmt er eine Verschiebung vor und ängstigt sich nun vor einer äußeren Situation. Sein Gewinn dabei ist offenbar, daß er meint, sich so besser schützen zu können. Vor einer äußeren Gefahr kann man sich durch die Flucht retten, der Fluchtversuch vor einer inneren Gefahr ist ein schwieriges Unternehmen.

Am Schlusse meiner damaligen Vorlesung über die Angst habe ich selbst dem Urteil Ausdruck gegeben, daß diese verschiedenen Ergebnisse unserer Untersuchung nicht etwa einander widersprechen, aber doch irgendwie nicht zusammenstimmen. Die Angst ist als Affektzustand die Reproduktion eines alten gefahrdrohenden Ereignisses, die Angst steht im Dienst der Selbsterhaltung und ist ein Signal einer neuen Gefahr, sie entsteht aus irgendwie unverwendbar gewordener Libido, auch bei dem Prozeß der Verdrängung, sie wird durch die Symptombildung abgelöst, gleichsam psychisch gebunden – man verspürt, daß hier etwas fehlt, was aus Stücken eine Einheit macht.

Meine Damen und Herren! Jene Zerlegung der seelischen Persönlichkeit in ein Über-Ich, Ich und Es, die ich Ihnen in der letzten Vorlesung vorgetragen, hat uns auch eine neue Orientierung im Angstproblem aufgenötigt[1]. Mit dem Satz, das Ich ist die alleinige Angststätte, nur das Ich kann Angst produzieren und verspüren, haben wir eine neue, feste Position bezogen, von der aus manche Verhältnisse ein anderes Ansehen zeigen. Und wirklich, wir wüßten nicht, was für Sinn es hätte,

[1] [Der größere Teil dessen, was nun über das Thema der Angst folgt, ist der Arbeit *Hemmung, Symptom und Angst* (1926*d*) entnommen; aber die hier niedergelegten Ausführungen stellen Freuds endgültige Auffassung zu den strittigsten Punkten dar.]

von einer »Angst des Es« zu sprechen, oder dem Über-Ich die Fähigkeit zur Ängstlichkeit zuzuschreiben. Hingegen haben wir es als eine erwünschte Entsprechung begrüßt, daß die drei Hauptarten der Angst, die Realangst, die neurotische und die Gewissensangst sich so zwanglos auf die drei Abhängigkeiten des Ichs, von der Außenwelt, vom Es und vom Über-Ich, beziehen lassen [S. 515]. Mit dieser neuen Auffassung ist auch die Funktion der Angst als Signal zur Anzeige einer Gefahrsituation, die uns ja vorher nicht fremd war [vgl. S. 382 und S. 391], in den Vordergrund getreten, die Frage, aus welchem Stoff die Angst gemacht wird, hat an Interesse verloren, und die Beziehungen zwischen Realangst und neurotischer Angst haben sich in überraschender Weise geklärt und vereinfacht. Es ist übrigens bemerkenswert, daß wir jetzt die anscheinend komplizierten Fälle von Entstehung der Angst besser verstehen als die für einfach gehaltenen.

Wir haben nämlich neuerlich untersucht, wie die Angst bei gewissen Phobien entsteht, die wir der Angsthysterie zurechnen, und Fälle gewählt, bei denen es sich um die typische Verdrängung der Wunschregungen aus dem Ödipuskomplex handelte. Unserer Erwartung nach hätten wir finden sollen, daß es die libidinöse Besetzung des Mutterobjekts ist, die sich infolge der Verdrängung in Angst verwandelt und nun im symptomatischen Ausdruck als an den Vaterersatz geknüpft auftritt. Ich kann Ihnen die einzelnen Schritte einer solchen Untersuchung nicht vorführen, genug, das überraschende Resultat war das Gegenteil unserer Erwartung. Nicht die Verdrängung schafft die Angst, sondern die Angst ist früher da, die Angst macht die Verdrängung![1] Aber was für Angst kann es sein? Nur die Angst vor einer drohenden äußeren Gefahr, also eine Realangst. Es ist richtig, der Knabe bekommt Angst vor einem Anspruch seiner Libido, in diesem Falle vor der Liebe zu seiner Mutter, es ist also wirklich ein Fall von neurotischer Angst. Aber diese Verliebtheit erscheint ihm nur darum als eine innere Gefahr, der er sich durch den Verzicht auf dieses Objekt entziehen muß, weil sie eine äußere Gefahrsituation heraufbeschwört. Und in allen Fällen, die wir untersuchen, erhalten wir dasselbe Resultat. Bekennen wir es nur, wir waren nicht darauf gefaßt, daß sich die innere Triebgefahr als eine Bedingung und Vorbereitung einer äußeren, realen Gefahrsituation herausstellen würde.

Wir haben aber noch gar nicht gesagt, was die reale Gefahr ist, die das

---

[1] [Diese Annahmen hatten sich in den Analysen des »kleinen Hans« (1909 *b*) und des »Wolfsmanns« (1918 *b*) bestätigt.]

Kind als Folge seiner Mutterverliebtheit fürchtet. Es ist die Strafe der Kastration, der Verlust seines Gliedes. Natürlich werden Sie einwerfen, das sei doch keine reale Gefahr. Unsere Knaben werden doch nicht kastriert, weil sie in der Phase des Ödipuskomplexes in die Mutter verliebt sind. Aber das ist nicht so einfach abzutun. Vor allem kommt es nicht darauf an, ob die Kastration wirklich geübt wird; entscheidend ist, daß die Gefahr eine von außen drohende ist und daß das Kind an sie glaubt. Dazu hat es einigen Anlaß, denn man droht ihm oft genug mit dem Abschneiden des Gliedes während seiner phallischen Phase[1], in der Zeit seiner frühen Onanie, und Andeutungen dieser Strafe dürften regelmäßig eine phylogenetische Verstärkung bei ihm finden. Wir vermuten, in den Urzeiten der menschlichen Familie wurde die Kastration vom eifersüchtigen und grausamen Vater wirklich an den heranwachsenden Knaben vollzogen, und die Beschneidung, die bei den Primitiven so häufig ein Bestandteil des Mannbarkeitsrituals ist, sei ein gut kenntlicher Rest von ihr. Wir wissen, wie weit wir uns damit von der allgemeinen Ansicht entfernen, aber wir müssen daran festhalten, daß die Kastrationsangst einer der häufigsten und stärksten Motoren der Verdrängung und damit der Neurosenbildung ist. Analysen von Fällen, in denen zwar nicht die Kastration, aber wohl die Beschneidung bei Knaben als Therapie oder als Strafe für die Onanie vollzogen wurde, was in der anglo-amerikanischen Gesellschaft gar nicht so selten geschah, haben unserer Überzeugung die letzte Sicherheit gegeben. Es ist eine große Verlockung, an dieser Stelle näher auf den Kastrationskomplex einzugehen, aber wir wollen bei unserem Thema bleiben. Die Kastrationsangst ist natürlich nicht das einzige Motiv der Verdrängung, sie hat ja bereits bei den Frauen keine Stätte, die zwar einen Kastrationskomplex haben, aber keine Kastrationsangst haben können. An ihre Stelle tritt beim anderen Geschlecht die Angst vor dem Liebesverlust, ersichtlich eine Fortbildung der Angst des Säuglings, wenn er die Mutter vermißt. Sie verstehen, welche reale Gefahrsituation durch diese Angst angezeigt wird. Wenn die Mutter abwesend ist oder dem Kind ihre Liebe entzogen hat, ist es ja der Befriedigung seiner Bedürfnisse nicht mehr sicher, möglicherweise den peinlichsten Spannungsgefühlen ausgesetzt. Weisen Sie die Idee nicht ab, daß diese Angstbedingungen im Grunde die Situation der ursprünglichen Geburtsangst wiederholen, die ja auch eine Trennung von der Mutter bedeutete. Ja wenn Sie einem Gedankengang von Ferenczi [1925] fol-

[1] [Die phallische Phase wird in dieser Vorlesung weiter unten, S. 532 f., erörtert.]

gen, können Sie auch die Kastrationsangst dieser Reihe anschließen, denn der Verlust des männlichen Gliedes hat ja die Unmöglichkeit einer Wiedervereinigung mit der Mutter oder dem Ersatz für sie im Sexualakt zur Folge. Ich erwähne Ihnen nebenbei, die so häufige Phantasie der Rückkehr in den Mutterleib ist der Ersatz dieses Koituswunsches. Es gäbe hier noch so viel interessante Dinge und überraschende Zusammenhänge zu berichten, aber ich kann nicht über den Rahmen einer Einführung in die Psychoanalyse hinausgehen, will Sie nur noch aufmerksam machen, wie hier psychologische Ermittlungen bis zu biologischen Tatsachen vorstoßen.

Otto Rank, dem die Psychoanalyse viele schöne Beiträge verdankt, hat auch das Verdienst, die Bedeutung des Geburtsakts und der Trennung von der Mutter nachdrücklich betont zu haben [1924]. Allerdings fanden wir es alle unmöglich, die extremen Folgerungen anzunehmen, die er aus diesem Moment für die Theorie der Neurosen und sogar für die analytische Therapie gezogen hat. Den Kern seiner Lehre, daß das Angsterlebnis der Geburt das Vorbild aller späteren Gefahrsituationen ist, hatte er bereits vorgefunden[1]. Wenn wir bei diesen verweilen, werden wir sagen können, daß eigentlich jedem Entwicklungsalter eine bestimmte Angstbedingung, also Gefahrsituation, als ihm adäquat zugeteilt ist. Die Gefahr der psychischen Hilflosigkeit paßt zum Stadium der frühen Unreife des Ichs, die Gefahr des Objekt- (Liebes-)verlusts zur Unselbständigkeit der ersten Kinderjahre, die Kastrationsgefahr zur phallischen Phase, endlich die Angst vor dem Über-Ich, die eine besondere Stellung einnimmt, zur Latenzzeit. Mit dem Lauf der Entwicklung sollen die alten Angstbedingungen fallengelassen werden, da die ihnen entsprechenden Gefahrsituationen durch die Erstarkung des Ichs entwertet werden. Aber das ist nur in sehr unvollkommener Weise der Fall. Viele Menschen können die Angst vor dem Liebesverlust nicht überwinden, sie werden nie unabhängig genug von der Liebe anderer und setzen in diesem Punkt ihr infantiles Verhalten fort. Die Angst vor dem Über-Ich soll normalerweise kein Ende finden, da sie als Gewissensangst in den sozialen Beziehungen unentbehrlich ist und der Einzelne nur in den seltensten Fällen von der menschlichen Gemeinschaft unabhängig werden kann. Einige der alten Gefahrsituationen verstehen es auch, sich in späte Zeit hin-

---

[1] [Vgl. oben S. 383 f. und S. 393. Kritische Bemerkungen Freuds zu Ranks Geburtstheorie finden sich im VIII. Kapitel und zu Beginn des X. Kapitels von *Hemmung, Symptom und Angst* (1926 *d*).]

überzuretten, indem sie ihre Angstbedingungen zeitgemäß modifizieren. So erhält sich z. B. die Kastrationsgefahr unter der Maske der Syphilophobie. Man weiß zwar als Erwachsener, daß die Kastration nicht mehr als Strafe für das Gewährenlassen sexueller Gelüste üblich ist, aber man hat dafür erfahren, daß solche Triebfreiheit mit schweren Erkrankungen bedroht ist. Es ist kein Zweifel, daß die Personen, die wir Neurotiker heißen, in ihrem Verhalten zur Gefahr infantil bleiben und verjährte Angstbedingungen nicht überwunden haben. Nehmen wir dies als tatsächlichen Beitrag zur Charakteristik der Neurotiker an; warum es so ist, kann man nicht so schnell sagen.

Ich hoffe, Sie haben nicht die Übersicht verloren und wissen noch, daß wir dabei sind, die Beziehungen zwischen Angst und Verdrängung zu untersuchen. Wir haben dabei zwei Dinge neu erfahren, erstens, daß die Angst die Verdrängung macht, nicht, wie wir meinten, umgekehrt, und [zweitens] daß eine gefürchtete Triebsituation im Grunde auf eine äußere Gefahrsituation zurückgeht. Die nächste Frage wird lauten: Wie stellen wir uns jetzt den Vorgang einer Verdrängung unter dem Einfluß der Angst vor? Ich denke so: Das Ich merkt, daß die Befriedigung eines auftauchenden Triebanspruchs eine der wohl erinnerten Gefahrsituationen heraufbeschwören würde. Diese Triebbesetzung muß also irgendwie unterdrückt, aufgehoben, ohnmächtig gemacht werden. Wir wissen, diese Aufgabe gelingt dem Ich, wenn es stark ist und die betreffende Triebregung in seine Organisation einbezogen hat. Der Fall der Verdrängung ist aber der, daß die Triebregung noch dem Es angehört und das Ich sich schwach fühlt. Dann hilft sich das Ich durch eine Technik, die im Grunde mit der des normalen Denkens identisch ist. Das Denken ist ein probeweises Handeln mit kleinen Energiemengen, ähnlich wie die Verschiebungen kleiner Figuren auf der Landkarte, ehe der Feldherr seine Truppenmassen in Bewegung setzt[1]. Das Ich antizipiert also die Befriedigung der bedenklichen Triebregung und erlaubt ihr, die Unlustempfindungen zu Beginn der gefürchteten Gefahrsituation zu reproduzieren. Damit ist der Automatismus des Lust-Unlust-Prinzips ins Spiel gebracht, der nun die Verdrängung der gefährlichen Triebregung durchführt.

---

[1] [Diese aufschiebende Funktion des Denkens wurde schon in der 31. Vorlesung, S. 513, als eine der Hauptfunktionen des Ichs erwähnt. Die Vorstellung vom Denken als einem Probehandeln im verkleinerten Maßstab – einem wesentlichen Element der »Realitätsprüfung« – gehört zu den frühesten, grundlegenden Theorien Freuds und ist eng mit seiner Unterscheidung zwischen Primär- und Sekundärvorgang verknüpft (vgl. S. 512 und Anm. 1).]

Halt! werden Sie mir zurufen; da können wir nicht weiter mitgehen! Sie haben recht, ich muß noch einiges dazu tun, bevor es Ihnen annehmbar erscheinen kann. Zunächst das Zugeständnis, daß ich versucht habe, in die Sprache unseres normalen Denkens zu übersetzen, was in Wirklichkeit ein gewiß nicht bewußter oder vorbewußter Vorgang zwischen Energiebeträgen an einem unvorstellbaren Substrat sein muß. Aber das ist kein starker Einwand; man kann es ja nicht anders machen. Wichtiger ist, daß wir klar unterscheiden, was bei der Verdrängung im Ich und was im Es vorgeht. Was das Ich tut, haben wir eben gesagt. Es wendet eine Probebesetzung an und weckt den Lust-Unlust-Automatismus durch das Angstsignal. Dann sind mehrere Reaktionen möglich oder eine Vermengung von ihnen in wechselnden Beträgen. Entweder der Angstanfall wird voll entwickelt und das Ich zieht sich gänzlich von der anstößigen Erregung zurück; oder es setzt ihr an Stelle der Probebesetzung eine Gegenbesetzung entgegen und diese tritt mit der Energie der verdrängten Regung zur Symptombildung zusammen oder wird als Reaktionsbildung, als Verstärkung bestimmter Dispositionen, als bleibende Veränderung ins Ich aufgenommen. Je mehr die Angstentwicklung auf ein bloßes Signal beschränkt werden kann, desto mehr verwendet das Ich auf die Abwehraktionen, die einer psychischen Bindung des Verdrängten [d. h. der verdrängten Regung] gleichkommen, desto eher nähert sich auch der Vorgang einer normalen Verarbeitung an, gewiß ohne sie zu erreichen. Nebenbei, wir wollen hier einen Augenblick verweilen. Sie haben gewiß schon selbst angenommen, daß jenes schwer Definierbare, das man *Charakter* heißt, durchaus dem Ich zuzuteilen ist. Einiges, was diesen Charakter schafft, haben wir schon erhascht. Vor allem die Einverleibung der früheren Elterninstanz als Über Ich, wohl das wichtigste, entscheidende Stück, sodann die Identifizierungen mit beiden Eltern der späteren Zeit und anderen einflußreichen Personen und die gleichen Identifizierungen als Niederschläge aufgelassener Objektbeziehungen [vgl. S. 502]. Fügen wir jetzt als nie fehlende Beiträge zur Charakterbildung die Reaktionsbildungen hinzu, die das Ich zuerst in seinen Verdrängungen, später, bei den Zurückweisungen unerwünschter Triebregungen, durch normalere Mittel erwirbt[1].

---

[1] [Die ersten Sätze zum Thema »Charakter« nehmen die Diskussion vom Beginn des III. Kapitels der Arbeit *Das Ich und das Es* (1923 *b*) auf; der Rest geht auf Kapitel XI A) von *Hemmung, Symptom und Angst* (1926 *d*) zurück.]

Nun kehren wir zurück und wenden uns zum Es. Was bei der Verdrängung an der bekämpften Triebregung vorgeht, ist nicht mehr so leicht zu erraten. Unser Interesse fragt ja hauptsächlich, was geschieht mit der Energie, der libidinösen Ladung dieser Erregung, wie wird sie verwendet? Sie erinnern sich, die frühere Annahme war, gerade sie werde durch die Verdrängung in Angst verwandelt [vgl. S. 389 f.]. Das getrauen wir uns nicht mehr zu sagen; die bescheidene Antwort wird vielmehr lauten: wahrscheinlich ist ihr Schicksal nicht jedesmal das gleiche. Wahrscheinlich besteht eine intime Entsprechung zwischen dem jemaligen Vorgang im Ich und dem im Es an der verdrängten Regung, die uns bekannt werden sollte. Seitdem wir nämlich das Lust-Unlust-Prinzip, das durch das Angstsignal geweckt wird, in die Verdrängung haben eingreifen lassen, dürfen wir unsere Erwartungen abändern. Dies Prinzip regiert die Vorgänge im Es ganz unumschränkt. Wir können ihm zutrauen, daß es recht tiefgreifende Veränderungen an der betreffenden Triebregung zustande bringt. Wir sind darauf gefaßt, daß es sehr verschiedene Erfolge der Verdrängung geben wird, mehr oder weniger weitgehende. In manchen Fällen mag die verdrängte Triebregung ihre Libidobesetzung behalten, im Es unverändert fortbestehen, wenn auch unter dem ständigen Druck des Ichs. Andere Male scheint es vorzukommen, daß sie eine vollständige Zerstörung erfährt, bei der ihre Libido endgültig in andere Bahnen übergeleitet wird. Ich meinte, es geschehe so bei der normalen Erledigung des Ödipuskomplexes, der also in diesem wünschenswerten Falle nicht einfach verdrängt, sondern im Es zerstört wird[1]. Die klinische Erfahrung hat uns ferner gezeigt, daß in vielen Fällen anstatt des gewohnten Verdrängungserfolgs eine Libidoerniedrigung statthat, eine Regression der Libidoorganisation zu einer früheren Stufe. Das kann natürlich nur im Es vor sich gehen, und wenn es geschieht, dann unter dem Einfluß desselben Konflikts, der durch das Angstsignal eingeleitet wird. Das auffälligste Beispiel dieser Art gibt die Zwangsneurose, bei der Libidoregression und Verdrängung zusammenwirken.

Meine Damen und Herren! Ich besorge, diese Ausführungen werden Ihnen schwer faßbar erscheinen, und Sie werden erraten, daß sie nicht erschöpfend dargestellt sind. Ich bedauere, Ihr Mißvergnügen erregen zu müssen. Ich kann mir aber kein anderes Ziel setzen, als daß Sie einen Eindruck empfangen von der Art unserer Ergebnisse und

[1] [Vgl. ›Der Untergang des Ödipuskomplexes‹ (1924 *d*).]

den Schwierigkeiten ihrer Erarbeitung. Je tiefer wir in das Studium der seelischen Vorgänge eindringen, desto mehr erkennen wir deren Reichhaltigkeit und Verwicklung. Manche einfache Formel, die uns anfangs zu entsprechen schien, hat sich später als unzureichend herausgestellt. Wir werden nicht müde, sie abzuändern und zu verbessern. In der Vorlesung über Traumtheorie [der 29. Vorlesung] habe ich Sie in ein Gebiet geführt, auf dem sich in fünfzehn Jahren kaum ein neuer Fund ergeben hatte; hier, wo wir von der Angst handeln, sehen Sie alles in Fluß und Wandlung begriffen. Diese neuen Dinge sind auch noch nicht gründlich durchgearbeitet worden, vielleicht macht ihre Darstellung auch darum Schwierigkeiten. Halten Sie aus, wir werden das Thema der Angst bald verlassen können; ich behaupte nicht, daß es dann zu unserer Befriedigung erledigt sein wird. Hoffentlich sind wir doch um ein Stückchen weiter gekommen. Und unterwegs haben wir allerlei neue Einsichten erworben. So werden wir auch jetzt durch das Studium der Angst veranlaßt, unserer Schilderung des Ichs einen neuen Zug hinzuzufügen. Wir haben gesagt, das Ich sei schwach gegen das Es, sei sein getreuer Diener, bemüht, dessen Befehle durchzuführen, dessen Forderungen zu erfüllen. Wir denken nicht daran, diesen Satz zurückzunehmen. Aber anderseits ist dies Ich doch der besser organisierte, gegen die Realität orientierte Teil des Es. Wir dürfen die Sonderung beider nicht zu sehr übertreiben, auch nicht überrascht sein, wenn dem Ich seinerseits ein Einfluß auf die Vorgänge im Es zustünde. Ich meine, diesen Einfluß übt das Ich aus, indem es mittels des Angstsignals das fast allmächtige Lust-Unlust-Prinzip in Tätigkeit bringt. Allerdings unmittelbar darauf zeigt es wieder seine Schwäche, denn durch den Akt der Verdrängung verzichtet es auf ein Stück seiner Organisation, muß zulassen, daß die verdrängte Triebregung dauernd seinem Einfluß entzogen bleibt.

Und jetzt nur noch eine Bemerkung zum Angstproblem! Die neurotische Angst hat sich uns unter unseren Händen in Realangst verwandelt, in Angst vor bestimmten äußeren Gefahrsituationen. Aber dabei kann es nicht bleiben, wir müssen einen weiteren Schritt machen, der aber ein Schritt zurück sein wird. Wir fragen uns, was ist denn eigentlich das Gefährliche, das Gefürchtete an einer solchen Gefahrsituation? Offenbar nicht die objektiv zu beurteilende Schädigung der Person, die psychologisch gar nichts zu bedeuten brauchte, sondern was von ihr im Seelenleben angerichtet wird. Die Geburt z. B., unser Vorbild für den Angstzustand, kann doch kaum an sich als eine Schädigung betrachtet werden, wenngleich die Gefahr von Schädigungen dabei sein mag. Das Wesentliche an der Geburt wie an jeder Gefahrsituation ist, daß sie im seelischen Erleben einen Zustand von hochgespannter Erregung hervorruft, der als Unlust verspürt wird und dessen man durch Entladung nicht Herr werden kann. Heißen wir einen solchen Zustand, an dem die Bemühungen des Lustprinzips scheitern, einen *traumatischen* Moment, so sind wir über die Reihe neurotische Angst-Realangst-Gefahrsituation zu dem einfachen Satz gelangt: das Gefürchtete, der Gegenstand der Angst, ist jedesmal das Auftreten eines traumatischen Moments, der nicht nach der Norm des Lustprinzips erledigt werden kann. Wir verstehen sofort, durch die Begabung mit dem Lustprinzip sind wir nicht gegen objektive Schädigungen gesichert worden, sondern nur gegen eine bestimmte Schädigung unserer psychischen Ökonomie. Vom Lustprinzip zum Selbsterhaltungstrieb ist noch ein weiter Weg, es fehlt viel daran, daß beider Absichten sich vom Anfang an decken. Wir sehen aber auch noch etwas anderes; vielleicht ist dies die Lösung, die wir suchen. Nämlich, daß es sich hier überall um die Frage der relativen Quantitäten handelt. Nur die Größe der Erregungssumme macht einen Eindruck zum traumatischen Moment, lähmt die Leistung des Lustprinzips, gibt der Gefahrsituation ihre Bedeutung. Und wenn es sich so verhält, wenn sich diese Rätsel durch eine so nüchterne Auskunft beheben, warum sollte es nicht möglich sein, daß derartige traumatische Momente sich im Seelenleben ohne Beziehung auf die angenommenen Gefahrsituationen ereignen, bei denen also die Angst nicht als Signal geweckt wird, sondern neu mit frischer Begründung entsteht? Die klinische Erfahrung sagt mit Bestimmtheit aus, daß es wirklich so ist. Nur die späteren Verdrängungen zeigen den Mechanismus, den wir beschrieben haben, bei dem die Angst als Signal einer früheren Gefahrsituation wachgerufen wird; die ersten und ursprünglichen entstehen direkt bei dem Zusammentreffen des Ichs mit einem übergroßen Libidoanspruch aus traumatischen Momenten, sie bilden ihre Angst neu, allerdings nach dem Geburtsvorbild. Dasselbe mag für die Angstentwicklung bei Angstneurose durch somatische Schädigung der Sexualfunktion gelten. Daß es die Libido selbst ist, die dabei in Angst verwandelt wird, werden wir nicht mehr behaupten. Aber gegen eine zweifache Herkunft der Angst, einmal als direkte Folge des traumatischen Moments, das andere Mal als Signal, daß die Wiederholung eines solchen droht, sehe ich keinen Einwand.

Meine Damen und Herren! Nun sind Sie gewiß froh, daß Sie nichts mehr über die Angst anzuhören brauchen. Aber Sie haben nichts davon, es kommt nichts Besseres nach. Ich habe den Vorsatz, Sie noch heute auf das Gebiet der Libidotheorie oder Trieblehre zu führen, wo sich gleichfalls manches neu gestaltet hat. Ich will nicht sagen, daß wir hierin große Fortschritte gemacht haben, so daß es Ihnen jede Mühe lohnen würde, davon Kenntnis zu nehmen. Nein, es ist ein Feld, auf dem wir mühsam nach Orientierung und Einsichten ringen; Sie sollen nur Zeugen unserer Bemühung werden. Auch hier muß ich auf manches zurückgreifen, was ich Ihnen früher vorgetragen habe.

Die Trieblehre ist sozusagen unsere Mythologie. Die Triebe sind mythische Wesen, großartig in ihrer Unbestimmtheit. Wir können in unserer Arbeit keinen Augenblick von ihnen absehen und sind dabei nie sicher, sie scharf zu sehen. Sie wissen, wie sich das populäre Denken mit den Trieben auseinandersetzt. Man nimmt so viele und so verschiedenartige Triebe an, als man eben braucht, einen Geltungs-, Nachahmungs-, Spiel-, Geselligkeitstrieb und viele dergleichen mehr. Man nimmt sie gleichsam auf, läßt jeden seine besondere Arbeit tun und entläßt sie dann wieder. Uns hat immer die Ahnung gerührt, daß hinter diesen vielen kleinen ausgeliehenen Trieben sich etwas Ernsthaftes und Gewaltiges verbirgt, dem wir uns vorsichtig annähern möchten. Unser erster Schritt war bescheiden genug. Wir sagten uns, man gehe wahrscheinlich nicht irre, wenn man zunächst zwei Haupttriebe, Triebarten oder Triebgruppen unterscheide, nach den zwei großen Bedürfnissen: Hunger und Liebe. So eifersüchtig wir sonst die Unabhängigkeit der Psychologie von jeder anderen Wissenschaft verteidigen, hier stehe man doch im Schatten der unerschütterlichen biologischen Tatsache, daß das lebende Einzelwesen zwei Absichten diene, der Selbsterhaltung und der Arterhaltung, die unabhängig voneinander scheinen, unseres Wissens noch keine gemeinsame Ableitung erfahren haben, deren Interessen einander im tierischen Leben oft widerstreiten. Man treibe hier eigentlich biologische Psychologie, studiere die psychischen Begleiterscheinungen biologischer Vorgänge. Als Vertreter dieser Auffassung sind die »Ichtriebe« und die »Sexualtriebe« in die Psychoanalyse eingezogen. Zu den ersteren rechneten wir alles, was mit der Erhaltung, Behauptung, Vergrößerung der Person zu tun hat. Den letzteren mußten wir die Reichhaltigkeit leihen, die das infantile und das perverse Sexualleben verlangen. Da wir bei der Untersuchung der Neurosen das Ich als die einschränkende, verdrängende Macht kennenlernten, die Sexualstrebungen als das Eingeschränkte, Verdrängte, glaubten wir nicht nur die Verschiedenheit, sondern auch den Konflikt zwischen beiden Triebgruppen mit Händen zu greifen. Gegenstand unseres Studiums waren zunächst nur die Sexualtriebe, deren Energie wir »Libido« benannten. An ihnen versuchten wir unsere Vorstellungen, was ein Trieb sei und was man ihm zuschreiben dürfe, zu klären. Dies ist die Stelle der Libidotheorie.

Ein Trieb unterscheidet sich also von einem Reiz darin, daß er aus Reizquellen im Körperinnern stammt, wie eine konstante Kraft wirkt und daß die Person sich ihm nicht durch die Flucht entziehen kann, wie es beim äußeren Reiz möglich ist. Man kann am Trieb Quelle, Objekt und Ziel unterscheiden. Die Quelle ist ein Erregungszustand im Körperlichen, das Ziel die Aufhebung dieser Erregung, auf dem Wege von der Quelle zum Ziel wird der Trieb psychisch wirksam. Wir stellen ihn vor als einen gewissen Energiebetrag, der nach einer bestimmten Richtung drängt. Von diesem Drängen hat er den Namen: Trieb. Man spricht von aktiven und passiven Trieben, sollte richtiger sagen: aktiven und passiven Triebzielen; auch zur Erreichung eines passiven Zieles bedarf es eines Aufwands von Aktivität. Das Ziel kann am eigenen Körper erreicht werden, in der Regel ist ein äußeres Objekt eingeschoben, an dem der Trieb sein äußeres Ziel erreicht; sein inneres bleibt jedesmal die als Befriedigung empfundene Körperveränderung. Ob die Beziehung zur somatischen Quelle dem Trieb eine Spezifität verleiht und welche, ist uns nicht klar geworden. Daß Triebregungen aus einer Quelle sich solchen aus anderen Quellen anschließen und deren weiteres Schicksal teilen, daß überhaupt eine Triebbefriedigung durch eine andere ersetzt werden kann, sind nach dem Zeugnis der analytischen Erfahrung unzweifelhafte Tatsachen. Gestehen wir nur, daß wir sie nicht besonders gut verstehen. Auch die Beziehung des Triebs zu Ziel und Objekt läßt Abänderungen zu, beide können gegen andere vertauscht werden, die Beziehung zum Objekt ist immerhin leichter zu lockern. Eine gewisse Art von Modifikation des Ziels und Wechsel des Objekts, bei der unsere soziale Wertung in Betracht kommt, zeichnen wir als *Sublimierung* aus. Wir haben außerdem noch Grund, *zielgehemmte* Triebe zu unterscheiden, Triebregungen aus gut bekannten Quellen mit unzweideutigem Ziel, die aber auf dem Weg zur Befriedigung haltmachen, so daß eine dauernde Objektbesetzung und eine anhaltende [Gefühls]Strebung zustande kommt. Solcher Art ist z. B. die Zärtlichkeitsbeziehung, die unzweifelhaft aus den Quellen sexueller Bedürftigkeit herrührt und regelmäßig auf deren Befriedigung verzichtet[1]. Sie sehen, wieviel von den Eigenschaften und Schicksalen der Triebe sich noch unserem Verständnis entzieht; wir sollten hier auch eines Unterschieds gedenken, der sich zwischen Sexualtrieben und Selbsterhaltungstrieben zeigt und der theoretisch höchst bedeutsam wäre, wenn er die ganze Gruppe beträfe. Die Sexualtriebe fallen uns auf durch ihre Plastizität, die Fähigkeit, ihre Ziele zu wechseln, durch ihre Vertretbarkeit, indem sich eine Triebbefriedigung durch eine andere ersetzen läßt, und durch ihre Aufschiebbarkeit, von der uns eben die zielgehemmten Triebe ein gutes Beispiel gegeben haben. Diese Eigenschaften möchten wir den Selbsterhaltungstrieben absprechen und von ihnen aussagen, daß sie unbeugsam, unaufschiebbar, in ganz anderer Weise imperativ sind und zur Verdrängung wie zur Angst ein ganz anderes Verhältnis haben. Allein die nächste Überlegung sagt uns, daß diese Ausnahmestellung nicht allen Ichtrieben, nur dem Hunger und dem Durst zukommt und offenbar durch eine Besonderheit der Triebquellen begründet ist. Ein gutes Stück des verwirrenden Eindrucks kommt noch daher, daß wir nicht gesondert betrachtet haben, welche Veränderungen die ursprünglich dem Es angehörigen Triebregungen unter dem Einfluß des organisierten Ichs erfahren.

Auf festerem Boden bewegen wir uns, wenn wir untersuchen, auf welche Weise das Triebleben der Sexualfunktion dient. Hier haben wir ganz entscheidende Einsichten erworben, die Ihnen auch nicht mehr neu sind. Es ist also nicht so, daß man einen Sexualtrieb erkennt, der von Anfang an die Strebung nach dem Ziel der Sexualfunktion, der Vereinigung der beiden Geschlechtszellen, trägt. Sondern wir sehen eine große Anzahl von Partialtrieben, von verschiedenen Körperstellen und Regionen her, die ziemlich unabhängig voneinander nach Befriedigung streben und diese Befriedigung in etwas finden, was wir *Organlust* heißen können[2]. Die Genitalien sind die spätesten unter diesen *erogenen Zonen*, ihrer Organlust wird man den Namen: *sexuelle* Lust nicht mehr verweigern. Nicht alle dieser nach Lust strebenden Regungen werden in die schließliche Organisation der Sexualfunktion aufgenommen. Manche von ihnen werden als unbrauchbar beseitigt, durch Verdrängung oder anderswie, einige werden in der vorhin erwähnten

---

[1] [Dieser letzte Absatz ist weitgehend eine Wiederholung des ersten Teils von ›Triebe und Triebschicksale‹ (1915 *c*).]

[2] [Die Bezeichnung »Organlust« wird in einiger Ausführlichkeit in der 21. Vorlesung, S. 319–23, erörtert. Dort findet sich auch Weiteres zum ersten Teil dieses Absatzes.]

merkwürdigen Weise von ihrem Ziel abgelenkt und zur Verstärkung anderer Regungen verwendet, noch andere bleiben in Nebenrollen erhalten, dienen zur Durchführung einleitender Akte, zur Erzeugung von Vorlust[1]. Sie haben gehört, daß sich in dieser lang hingezogenen Entwicklung mehrere Phasen einer vorläufigen Organisation erkennen lassen, auch wie sich aus dieser Geschichte der Sexualfunktion ihre Abirrungen und Verkümmerungen erklären. Die erste dieser *prägenitalen* Phasen heißen wir die *orale*, weil entsprechend der Art, wie der Säugling ernährt wird, die erogene Mundzone auch beherrscht, was man die sexuelle Tätigkeit dieser Lebensperiode heißen darf. Auf einer zweiten Stufe drängen sich die *sadistischen* und die *analen* Impulse vor, gewiß im Zusammenhang mit dem Auftreten der Zähne, der Erstarkung der Muskulatur und der Beherrschung der Sphinkterfunktionen. Wir haben gerade über diese auffällige Entwicklungsstufe viel interessante Einzelheiten erfahren[2]. Als dritte erscheint die *phallische* Phase, in der bei beiden Geschlechtern das männliche Glied und, was ihm beim Mädchen entspricht, eine nicht mehr zu übersehende Bedeutung gewinnt[3]. Den Namen der *genitalen* Phase haben wir der endgültigen Sexualorganisation vorbehalten, die sich nach der Pubertät herstellt, in der erst das weibliche Genitale die Anerkennung findet, die das männliche längst erworben hatte.

Soweit ist das alles abgeblaßte Wiederholung. Und glauben Sie nicht, daß all das, was ich diesmal nicht erwähnt habe, auch nicht mehr gilt. Es bedurfte dieser Wiederholung, um den Bericht über Fortschritte in unseren Einsichten daran anzuknüpfen. Wir können uns rühmen, daß wir gerade über die frühen Organisationen der Libido viel Neues erfahren und die Bedeutung des Alten klarer erfaßt haben, was ich Ihnen wenigstens an einzelnen Proben zeigen will. Abraham hat 1924 dargetan, daß man an der sadistisch-analen Phase zwei Stufen unterscheiden kann. Auf der früheren dieser beiden walten die destruktiven Tendenzen des Vernichtens und Verlierens vor, auf der späteren die objektfreundlichen des Festhaltens und Besitzens. In der Mitte dieser Phase tritt also zuerst die Rücksicht auf das Objekt auf als Vorläufer einer späteren Liebesbesetzung. Ebenso berechtigt ist es, eine solche Unter-

---

[1] [Eine ausführliche Erörterung der Vorlust findet sich am Beginn der dritten der *Drei Abhandlungen zur Sexualtheorie* (1905 *d*). Das Thema kommt ferner mehrmals im Buch über den Witz (1905 *c*) vor.]

[2] [Diese Einzelheiten werden weiter unten, S. 533–35, diskutiert.]

[3] [S. ›Die infantile Genitalorganisation‹ (1923 *e*).]

teilung auch für die erste orale Phase anzunehmen. Auf der ersten Unterstufe handelt es sich nur um die orale Einverleibung, es fehlt auch jede Ambivalenz in der Beziehung zum Objekt der Mutterbrust. Die zweite Stufe, durch das Auftreten der Beißtätigkeit ausgezeichnet, kann als die *oralsadistische* bezeichnet werden; sie zeigt zum erstenmal die Erscheinungen der Ambivalenz, die dann in der nächsten, der sadistisch-analen Phase so viel deutlicher werden. Der Wert dieser neuen Unterscheidungen zeigt sich besonders, wenn man bei bestimmten Neurosen – Zwangsneurose, Melancholie – nach den Dispositionsstellen[1] in der Libidoentwicklung sucht. Rufen Sie sich hier ins Gedächtnis zurück, was wir über den Zusammenhang von Libidofixierung, Disposition und Regression erfahren haben [vgl. die 22. Vorlesung].

Unsere Einstellung zu den Phasen der Libidoorganisation hat sich überhaupt ein wenig verschoben. Wenn wir früher vor allem betonten, wie die eine derselben vor der nächsten vergeht, so gehört unsere Aufmerksamkeit jetzt den Tatsachen, die uns zeigen, wieviel von jeder früheren Phase neben und hinter den späteren Gestaltungen erhalten bleibt und sich eine dauernde Vertretung im Libidohaushalt und im Charakter der Person erwirbt. Noch bedeutsamer sind Studien geworden, die uns gelehrt haben, wie häufig sich unter pathologischen Bedingungen Regressionen zu früheren Phasen ereignen und daß bestimmte Regressionen für bestimmte Krankheitsformen charakteristisch sind[2]. Aber das kann ich hier nicht behandeln; es gehört in eine spezielle Neurosenpsychologie.

Triebumsetzungen und ähnliche Vorgänge haben wir besonders an der Analerotik, den Erregungen aus den Quellen der erogenen Analzone, studieren können und waren überrascht, wie vielfältigen Verwendungen diese Triebregungen zugeführt werden. Es ist vielleicht nicht leicht, sich von der Geringschätzung frei zu machen, die im Laufe der Entwicklung gerade diese Zone betroffen hat. Lassen wir uns darum von Abraham [1924] daran mahnen, daß der Anus embryologisch dem Urmund entspricht, welcher bis zum Darmende herabgewandert ist. Wir erfahren dann, daß mit der Entwertung des eigenen Kots, der Exkremente, dieses Triebinteresse aus analer Quelle auf Objekte übergeht, die als

[1] [Nämlich die Stellen in der Libidoentwicklung, an welchen durch Fixierung eine Disposition zu einer bestimmten Neurosenform angelegt wird. Vgl. ›Die Disposition zur Zwangsneurose‹ (1913 *i*).]

[2] [Hier bezieht sich Freud vermutlich noch einmal auf die wichtige Arbeit Abrahams aus dem Jahre 1924.]

Geschenk gegeben werden können. Und dies mit Recht, denn der Kot war das erste Geschenk, das der Säugling machen konnte, dessen er sich aus Liebe zu seiner Pflegerin entäußerte. Im weiteren, durchaus analog dem Bedeutungswandel in der Sprachentwicklung, setzt sich dies alte Kotinteresse in die Wertschätzung von *Gold* und *Geld* um, gibt aber auch seinen Beitrag zur affektiven Besetzung von *Kind* und von *Penis*. Nach der Überzeugung aller Kinder, die ja lange Zeit an der Kloakentheorie festhalten, wird das Kind wie ein Stück Kot aus dem Darm geboren[1]; die Defäkation ist das Vorbild des Geburtsaktes. Aber auch der Penis hat seinen Vorläufer in der Kotsäule, die das Schleimhautrohr des Darmes ausfüllt und reizt. Wenn das Kind, widerwillig genug, zur Kenntnis genommen hat, daß es menschliche Wesen gibt, die dieses Glied nicht besitzen, erscheint ihm der Penis als etwas vom Körper Ablösbares und rückt in unverkennbare Analogie zum Exkrement, das ja das erste Stück Leiblichkeit war, auf das man verzichten mußte. Ein großes Stück Analerotik wird so in Penisbesetzung überführt, aber das Interesse an diesem Körperteil hat außer der analerotischen eine vielleicht noch mächtigere orale Wurzel, denn nach der Einstellung des Säugens erbt der Penis auch von der Brustwarze des mütterlichen Organs.

Es ist unmöglich, sich in den Phantasien, den vom Unbewußten beeinflußten Einfällen und in der Symptomsprache des Menschen zurechtzufinden, wenn man diese tiefliegenden Beziehungen nicht kennt. Kot-Geld-Geschenk-Kind-Penis werden hier wie gleichbedeutend behandelt, auch durch gemeinsame Symbole vertreten. Vergessen Sie auch nicht, daß ich Ihnen nur sehr unvollständige Mitteilungen machen konnte. Ich kann etwa eilig hinzufügen, daß auch das später erwachende Interesse an der Vagina hauptsächlich analerotischer Herkunft ist. Es ist nicht verwunderlich, denn die Vagina selbst ist nach einem guten Wort von Lou Andreas-Salomé [1916] dem Enddarm »abgemietet«; im Leben der Homosexuellen, die ein gewisses Stück der Sexualentwicklung nicht mitgemacht haben, wird sie auch wieder durch diesen vertreten. In Träumen kommt häufig eine Lokalität vor, die früher ein einziger Raum war und jetzt durch eine Wand in zwei geteilt ist oder auch umgekehrt. Damit ist immer das Verhältnis der Vagina zum Darm gemeint. Wir können auch schön verfolgen, wie beim Mädchen normalerweise der ganz und gar unweibliche Wunsch nach dem Besitz eines Penis

[1] [Vgl. Freuds frühe Arbeit ›Über infantile Sexualtheorien‹ (1908 *c*).]

sich in den Wunsch nach einem Kind und dann nach einem Mann als Träger des Penis und Spender des Kindes umwandelt, so daß auch hier sichtbar wird, wie ein Stück ursprünglich analerotischen Interesses die Aufnahme in die spätere Genitalorganisation erwirbt[1].

Während solcher Studien an den prägenitalen Phasen der Libido haben sich uns auch einige neue Einblicke in die Charakterbildung ergeben. Wir sind auf eine Trias von Eigenschaften aufmerksam geworden, die ziemlich regelmäßig beisammen sind: Ordentlichkeit, Sparsamkeit und Eigensinn, und haben aus der Analyse solcher Personen erschlossen, daß diese Eigenschaften aus der Aufzehrung und andersartigen Verwendung ihrer Analerotik hervorgegangen sind. Wir sprechen also von einem *Analcharakter*, wo wir diese auffällige Vereinigung finden, und bringen den Analcharakter in einen gewissen Gegensatz zur unaufgearbeiteten Analerotik[2]. Eine ähnliche, vielleicht noch festere Beziehung fanden wir zwischen dem Ehrgeiz und der Urethralerotik. Eine merkwürdige Anspielung auf diesen Zusammenhang entnahmen wir der Sage, daß Alexander der Große in derselben Nacht geboren wurde, in der ein gewisser *Herostrat* aus eitler Ruhmsucht den viel bewunderten Tempel der Artemis zu *Ephesos* in Brand steckte. Als ob den Alten ein solcher Zusammenhang nicht unbekannt gewesen wäre! Wie viel das Urinieren mit Feuer und Feuerlöschen zu tun hat, wissen Sie ja[3]. Natürlich erwarten wir, daß auch andere Charaktereigenschaften sich in ähnlicher Weise als Niederschläge oder Reaktionsbildungen bestimmter prägenitaler Libidoformationen ergeben werden, können es aber noch nicht aufzeigen.

Nun ist es aber an der Zeit, daß ich in der Geschichte wie im Thema zurückgreife und die allgemeinsten Probleme des Trieblebens wieder aufnehme. Unserer Libidotheorie lag zunächst der Gegensatz von Ichtrieben und Sexualtrieben zugrunde. Als wir dann später begannen, das Ich selbst näher zu studieren und den Gesichtspunkt des Narzißmus erfaßten, verlor diese Unterscheidung selbst ihren Boden. In seltenen Fällen kann man erkennen, daß das Ich sich selbst zum Objekt nimmt, sich benimmt, als ob es in sich selbst verliebt wäre. Daher der der grie-

---

1 [Die beiden letzten Absätze beruhen zum größten Teil auf der Arbeit ›Über Triebumsetzungen, insbesondere der Analerotik‹ (1917 *c*), enthalten jedoch einige Ergänzungen. Das Thema wurde schon in der 20. Vorlesung, S. 311, gestreift.]

2 [Diese Zusammenhänge sind bereits in einer sehr frühen Arbeit Freuds, in ›Charakter und Analerotik‹ (1908 *b*), angedeutet.]

3 [Freud hatte diesem Thema kurz vorher eine kleine Arbeit gewidmet (1932 *a*).]

chischen Sage entlehnte *Narzißmus*. Aber das ist nur eine extreme Übersteigerung eines normalen Sachverhalts. Man lernt verstehen, daß das Ich immer das Hauptreservoir der Libido ist, von dem libidinöse Besetzungen der Objekte ausgehen und in das dieselben wieder zurückkehren, während der Großteil dieser Libido stetig im Ich verbleibt[1]. Es wird also unausgesetzt Ichlibido in Objektlibido umgewandelt und Objektlibido in Ichlibido. Dann können die beiden aber ihrer Natur nach nicht verschieden sein, dann hat es keinen Sinn, die Energie der einen von der der anderen zu sondern, man kann die Bezeichnung Libido fallenlassen oder sie als gleichbedeutend mit psychischer Energie überhaupt gebrauchen.

Wir sind nicht lange auf diesem Standpunkt verblieben. Die Ahnung von einer Gegensätzlichkeit innerhalb des Trieblebens hat sich bald einen anderen, noch schärferen Ausdruck verschafft. Diese Neuheit in der Trieblehre möchte ich aber nicht vor Ihnen ableiten; auch sie ruht im wesentlichen auf biologischen Erwägungen; ich werde sie Ihnen als fertiges Produkt vorführen. Wir nehmen an, daß es zwei wesensverschiedene Arten von Trieben gibt, die Sexualtriebe, im weitesten Sinne verstanden, den *Eros*, wenn Sie diese Benennung vorziehen, und die *Aggressionstriebe*, deren Ziel die Destruktion ist. Wenn Sie es so hören, werden Sie es kaum als Neuheit gelten lassen; es scheint ein Versuch zur theoretischen Verklärung des banalen Gegensatzes zwischen Lieben und Hassen, der vielleicht mit jener anderen Polarität von Anziehung und Abstoßung zusammenfällt, welche die Physik für die anorganische Welt annimmt. Aber es ist merkwürdig, daß diese Aufstellung doch von vielen als Neuerung empfunden wird, und zwar als eine sehr unerwünschte, die möglichst bald wieder beseitigt werden sollte. Ich nehme an, daß ein starkes affektives Moment sich in dieser Ablehnung durchsetzt. Warum haben wir selbst so lange Zeit gebraucht, ehe wir uns zur Anerkennung eines Aggressionstriebs entschlossen, warum nicht Tatsachen, die offen zutage liegen und jedermann bekannt sind, ohne Zögern für die Theorie verwertet? Wahrscheinlich würde es auf geringen Widerstand stoßen, wenn man den Tieren einen Trieb mit solchem Ziel zuschreiben wollte. Aber ihn in die menschliche Konstitution aufzunehmen, erscheint frevelhaft; es widerspricht zu vielen religiösen Voraussetzungen und sozialen Konventionen. Nein, der Mensch

[1] [Vgl. jedoch die Feststellung auf S. 514 oben: »Die Objektbesetzungen gehen von den Triebansprüchen des Es aus.« S. andererseits die Erwähnung einer Verschmelzung von Ich und Es in Hinsicht auf den Destruktionstrieb auf S. 538 unten.]

muß von Natur aus gut oder wenigstens gutmütig sein. Wenn er sich gelegentlich brutal, gewalttätig, grausam zeigt, so sind das vorübergehende Trübungen seines Gefühlslebens, meist provoziert, vielleicht nur Folge der unzweckmäßigen Gesellschaftsordnungen, die er sich bisher gegeben hat.

Leider spricht, was uns die Geschichte berichtet und was wir selbst erlebt haben, nicht in diesem Sinne, sondern rechtfertigt eher das Urteil, daß der Glaube an die »Güte« der menschlichen Natur eine jener schlimmsten Illusionen ist, von denen die Menschen eine Verschönerung und Erleichterung ihres Lebens erwarten, während sie in Wirklichkeit nur Schaden bringen. Wir brauchen diese Polemik nicht fortzusetzen, denn nicht wegen der Lehren von Geschichte und Lebenserfahrung haben wir die Annahme eine besonderen Aggressions- und Destruktionstriebs beim Menschen befürwortet, sondern es geschah auf Grund allgemeiner Erwägungen, zu denen uns die Würdigung der Phänomene des *Sadismus* und des *Masochismus* führte. Sie wissen, wir heißen es Sadismus, wenn die sexuelle Befriedigung an die Bedingung geknüpft ist, daß das Sexualobjekt Schmerzen, Mißhandlungen und Demütigungen erleide, Masochismus, wenn das Bedürfnis besteht, selbst dieses mißhandelte Objekt zu sein. Sie wissen auch, daß ein gewisser Zusatz dieser beiden Strebungen in die normale Sexualbeziehung aufgenommen ist und daß wir sie als Perversionen bezeichnen, wenn sie die anderen Sexualziele zurückdrängen und ihre eigenen Zeile an deren Stelle setzen[1]. Es wird Ihnen auch kaum entgangen sein, daß der Sadismus zur Männlichkeit, der Masochismus zur Weiblichkeit eine intimere Beziehung unterhält, als ob hier eine geheime Verwandtschaft bestünde, obwohl ich Ihnen sogleich sagen muß, daß wir nicht auf diesem Weg weitergekommen sind. Beide, Sadismus wie Masochismus, sind für die Libidotheorie recht rätselhafte Phänomene, der Masochismus ganz besonders, und es ist nur in der Ordnung, wenn das, was für die eine Theorie den Stein des Anstoßes gebildet hat, für die sie ersetzende den Eckstein abgeben sollte.

Wir meinen also, daß wir im Sadismus und im Masochismus zwei ausgezeichnete Beispiele von der Vermischung beider Triebarten, des Eros mit der Aggression, vor uns haben, und machen nun die Annahme, daß dies Verhältnis vorbildlich ist, daß alle Triebregungen, die wir studieren können, aus solchen Mischungen oder Legierungen der beiden Triebarten bestehen. Natürlich in den verschiedenartigsten Mischungs-

[1] [Vgl. hierzu die 20. und 21. Vorlesung, besonders S. 317–19.]

verhältnissen. Dabei würden die erotischen Triebe die Mannigfaltigkeit ihrer Sexualziele in die Mischung einführen, während die anderen nur Milderungen und Abstufungen ihrer eintönigen Tendenz zuließen. Durch diese Annahme haben wir uns die Aussicht auf Untersuchungen eröffnet, die einmal eine große Bedeutung für das Verständnis pathologischer Vorgänge bekommen können. Denn Mischungen mögen auch zerfallen und solchen Triebentmischungen darf man die schwersten Folgen für die Funktion zutrauen. Aber diese Gesichtspunkte sind noch zu neu; niemand hat bisher versucht, sie in der Arbeit zu verwerten[1].
Wir kehren zu dem besonderen Problem zurück, das uns der Masochismus aufgibt. Sehen wir für den Augenblick von seiner erotischen Komponente ab, so bürgt er uns für die Existenz einer Strebung, welche die Selbstzerstörung zum Ziel hat. Wenn es auch für den Destruktionstrieb [wie für die Libido] zutrifft, daß das Ich – aber wir meinen hier vielmehr das Es, die ganze Person[2] – ursprünglich alle Triebregungen in sich schließt, so ergibt sich die Auffassung, daß der Masochismus älter ist als der Sadismus, der Sadismus aber ist nach außen gewendeter Destruktionstrieb, der damit den Charakter der Aggression erwirbt. Soundsoviel vom ursprünglichen Destruktionstrieb mag noch im Inneren verbleiben; es scheint, daß unsere Wahrnehmung seiner nur unter diesen zwei Bedingungen habhaft wird, wenn er sich mit erotischen Trieben zum Masochismus verbindet oder wenn er sich als Aggression – mit größerem oder geringerem erotischen Zusatz – gegen die Außenwelt wendet. Nun drängt sich uns die Bedeutung der Möglichkeit auf, daß die Aggression in der Außenwelt Befriedigung nicht finden kann, weil sie auf reale Hindernisse stößt. Sie wird dann vielleicht zurücktreten, das Ausmaß der im Inneren waltenden Selbstdestruktion vermehren. Wir werden hören, daß dies wirklich so geschieht und wie wichtig dieser Vorgang ist. Verhinderte Aggression scheint eine schwere Schädigung zu bedeuten; es sieht wirklich so aus, als müßten wir anderes und andere zerstören, um uns nicht selbst zu zerstören, um uns vor der Tendenz zur Selbstdestruktion zu bewahren. Gewiß eine traurige Eröffnung für den Ethiker!
Aber der Ethiker wird sich noch auf lange hinaus mit der Unwahrscheinlichkeit unserer Spekulationen trösten. Ein sonderbarer Trieb, der sich mit der Zerstörung seines eigenen organischen Heims befaßt! Die Dichter sprechen zwar von solchen Dingen, aber Dichter sind unverantwort-

[1] [Zu dieser Frage s. das IV. Kapitel von *Das Ich und das Es* (1923 *b*).]
[2] [Vgl. Anm. S. 536.]

lich, sie genießen das Vorrecht der poetischen Lizenz. Allerdings sind ähnliche Vorstellungen auch der Physiologie nicht fremd, z. B. die der Magenschleimhaut, die sich selbst verdaut. Aber es ist zuzugeben, daß unser Selbstzerstörungstrieb einer breiteren Unterstützung bedarf. Eine Annahme von solcher Tragweite kann man doch nicht bloß darum wagen, weil einige arme Narren ihre Sexualbefriedigung an eine sonderbare Bedingung geknüpft haben. Ich meine, ein vertieftes Studium der Triebe wird uns geben, was wir brauchen. Die Triebe regieren nicht allein das seelische, sondern auch das vegetative Leben, und diese organischen Triebe zeigen einen Charakterzug, der unser stärkstes Interesse verdient. Ob es ein allgemeiner Charakter der Triebe ist, werden wir erst später beurteilen können. Sie enthüllen sich nämlich als Bestreben, einen früheren Zustand wiederherzustellen. Wir können annehmen, vom Moment an, da ein solcher einmal erreichter Zustand gestört worden, entsteht ein Trieb, ihn neu zu schaffen, und bringt Phänomene hervor, die wir als *Wiederholungszwang* bezeichnen können. So ist die Embryologie ein einziges Stück Wiederholungszwang, weit hinauf in die Tierreihe erstreckt sich ein Vermögen, verlorene Organe neu zu bilden, und der Heiltrieb, dem wir, neben den therapeutischen Hilfeleistungen, unsere Genesungen verdanken, dürfte der Rest dieser bei niederen Tieren so großartig entwickelten Fähigkeit sein. Die Laichwanderungen der Fische, vielleicht die Vögelflüge, möglicherweise alles, was wir bei den Tieren als Instinktäußerung bezeichnen, erfolgt unter dem Gebot des Wiederholungszwangs, der die *konservative Natur* der Triebe zum Ausdruck bringt. Auch auf seelischem Gebiet brauchen wir nicht lange nach Äußerungen desselben zu suchen. Es ist uns aufgefallen, daß die vergessenen und verdrängten Erlebnisse der früheren Kindheit sich während der analytischen Arbeit in Träumen und Reaktionen, besonders in denen der Übertragung reproduzieren, obwohl ihre Wiedererweckung dem Interesse des Lustprinzips zuwiderläuft, und wir haben uns die Erklärung gegeben, daß in diesen Fällen ein Wiederholungszwang sich selbst über das Lustprinzip hinaussetzt. Auch außerhalb der Analyse kann man Ähnliches beobachten. Es gibt Menschen, die in ihrem Leben ohne Korrektur immer die nämlichen Reaktionen zu ihrem Schaden wiederholen oder die selbst von einem unerbittlichen Schicksal verfolgt scheinen, während doch eine genauere Untersuchung lehrt, daß sie sich dieses Schicksal unwissentlich selbst bereiten. Wir schreiben dann dem Wiederholungszwang den *dämonischen* Charakter zu.

Was kann aber dieser konservative Zug der Triebe für das Verständnis unserer Selbstzerstörung leisten? Welchen früheren Zustand wollte ein solcher Trieb wiederherstellen? Nun, die Antwort liegt nicht ferne und eröffnet weite Perspektiven. Wenn es wahr ist, daß – in unvordenklicher Zeit und auf unvorstellbare Weise – einmal aus unbelebter Materie das Leben hervorgegangen ist, so muß nach unserer Voraussetzung damals ein Trieb entstanden sein, der das Leben wieder aufheben, den anorganischen Zustand wieder herstellen will. Erkennen wir in diesem Trieb die Selbstdestruktion unserer Annahme wieder, so dürfen wir diese als Ausdruck eines *Todestriebes* erfassen, der in keinem Lebensprozeß vermißt werden kann. Und nun scheiden sich uns die Triebe, an die wir glauben, in die zwei Gruppen der erotischen, die immer mehr lebende Substanz zu größeren Einheiten zusammenballen wollen, und der Todestriebe, die sich diesem Streben widersetzen und das Lebende in den anorganischen Zustand zurückführen. Aus dem Miteinander- und Gegeneinanderwirken der beiden gehen die Lebenserscheinungen hervor, denen der Tod ein Ende setzt.

Sie werden vielleicht achselzuckend sagen: Das ist nicht Naturwissenschaft, das ist Schopenhauersche Philosophie. Aber warum, meine Damen und Herren, sollte nicht ein kühner Denker erraten haben, was dann nüchterne und mühselige Detailforschung bestätigt? Und dann, alles ist schon einmal gesagt worden und vor Schopenhauer haben viele Ähnliches gesagt. Und weiter, was wir sagen, ist nicht einmal richtiger Schopenhauer. Wir behaupten nicht, der Tod sei das einzige Ziel des Lebens; wir übersehen nicht neben dem Tod das Leben. Wir anerkennen zwei Grundtriebe und lassen jedem sein eigenes Ziel. Wie sich die beiden im Lebensprozeß vermengen, wie der Todestrieb den Absichten des Eros dienstbar gemacht wird, zumal in seiner Wendung nach außen als Aggression, das sind Aufgaben, die der Forschung der Zukunft überlassen bleiben. Wir kommen nicht weiter als bis zur Stelle, wo sich eine solche Aussicht vor uns auftut. Auch die Frage, ob der konservative Charakter nicht allen Trieben ausnahmslos eignet, ob nicht auch die erotischen Triebe einen früheren Zustand wiederbringen wollen, wenn sie die Synthese des Lebenden zu größeren Einheiten anstreben, auch diese Frage werden wir unbeantwortet lassen müssen[1].

---

[1] [Diese Diskussion über den Wiederholungszwang und den Todestrieb ist fast vollständig aus der Arbeit *Jenseits des Lustprinzips* (1920 g) abgeleitet. Eine ausführlichere Darstellung des Masochismus findet sich in der späteren Arbeit ›Das ökonomische Problem des Masochismus‹ (1924 c).]

Wir haben uns ein wenig weit von unserer Basis entfernt. Ich will Ihnen nachträglich mitteilen, welches der Ausgangspunkt dieser Überlegungen zur Trieblehre war. Derselbe, der uns zur Revision der Beziehung zwischen dem Ich und dem Unbewußten geführt hat, der Eindruck aus der analytischen Arbeit, daß der Patient, der Widerstand leistet, so oft von diesem Widerstand nichts weiß. Aber nicht nur die Tatsache des Widerstands ist ihm unbewußt, auch die Motive desselben sind es. Wir mußten nach diesen Motiven oder diesem Motiv forschen und fanden es zu unserer Überraschung in einem starken Strafbedürfnis, das wir nur den masochistischen Wünschen anreihen konnten. Die praktische Bedeutung dieses Fundes steht hinter seiner theoretischen nicht zurück, denn dies Strafbedürfnis ist der schlimmste Feind unserer therapeutischen Bemühung. Es wird durch das Leiden befriedigt, das mit der Neurose verbunden ist, und hält darum am Kranksein fest. Es scheint, daß dieses Moment, das unbewußte Strafbedürfnis, an jeder neurotischen Erkrankung beteiligt ist. Geradezu überzeugend wirken hier Fälle, in denen sich das neurotische Leiden durch ein andersartiges ablösen läßt. Ich will Ihnen von einer solchen Erfahrung berichten. Es war mir einmal gelungen, ein älteres Mädchen von dem Symptomkomplex zu befreien, der sie durch etwa 15 Jahre zu einer qualvollen Existenz verurteilt und von der Teilnahme am Leben ausgeschlossen hatte. Sie empfand sich nun als gesund und stürzte sich in eine eifrige Tätigkeit, um ihre nicht geringfügigen Talente zu entwickeln und sich noch ein Stück Geltung, Genuß und Erfolg zu erhaschen. Aber jeder ihrer Versuche endete damit, daß man sie wissen ließ oder daß sie selbst einsah, sie sei zu alt geworden, um auf diesem Gebiet etwas zu erreichen. Nach jedem solchen Ausgang wäre der Rückfall in die Krankheit das nächste gewesen, aber das konnte sie nicht mehr zustande bringen; anstatt dessen ereigneten sich ihr jedesmal Unfälle, die sie für eine Zeit lang außer Tätigkeit setzten und leiden ließen. Sie war gefallen und hatte sich einen Fuß verstaucht oder ein Knie verletzt, bei irgendeiner Hantierung eine Hand beschädigt. Aufmerksam gemacht, wie groß ihr eigener Anteil an diesen anscheinenden Zufällen sein könnte, änderte sie sozusagen ihre Technik. Anstatt der Unfälle traten bei den gleichen Veranlassungen leichte Erkrankungen auf, Katarrhe, Anginen, grippeartige Zustände, rheumatische Schwellungen, bis endlich mit der Resignation, zu der sie sich entschloß, der ganze Spuk vorüber war.

Über die Herkunft dieses unbewußten Strafbedürfnisses, meinen wir, ist kein Zweifel. Es benimmt sich wie ein Stück des Gewissens, wie die

Fortsetzung unseres Gewissens ins Unbewußte, es wird auch dieselbe Herkunft haben wie das Gewissen, also einem Stück Aggression entsprechen, das verinnerlicht und vom Über-Ich übernommen wurde. Würden die Worte nur besser zusammenpassen, so wäre es für alle praktischen Belange nur gerechtfertigt, es »unbewußtes Schuldgefühl« zu heißen. Theoretisch sind wir eigentlich im Zweifel, ob wir annehmen sollen, daß alle aus der Außenwelt zurückgekehrte Aggression vom Über-Ich gebunden und somit gegen das Ich gewendet werde oder daß ein Teil von ihr seine stumme und unheimliche Tätigkeit als freier Destruktionstrieb im Ich und Es ausübe. Wahrscheinlicher ist eine solche Verteilung, doch wissen wir nichts weiter darüber. Bei der ersten Einsetzung des Über-Ichs ist gewiß zur Ausstattung dieser Instanz jenes Stück Aggression gegen die Eltern verwendet worden, dem das Kind infolge seiner Liebesfixierung wie der äußeren Schwierigkeiten keine Abfuhr nach außen schaffen konnte, und darum braucht die Strenge des Über-Ichs nicht einfach der Härte der Erziehung zu entsprechen [s. S. 501]. Es ist sehr wohl möglich, daß bei späteren Anlässen zur Unterdrückung der Aggression der Trieb denselben Weg nimmt, der ihm in jenem entscheidenden Zeitpunkte eröffnet wurde.

Personen, bei denen dies unbewußte Schuldgefühl übermächtig ist, verraten sich in der analytischen Behandlung durch die prognostisch so unliebsame negative therapeutische Reaktion. Wenn man ihnen eine Symptomlösung mitgeteilt hat, auf die normalerweise ein wenigstens zeitweiliges Schwinden des Symptoms folgen sollte, erzielt man bei ihnen im Gegenteil eine momentane Verstärkung des Symptoms und des Leidens. Es reicht oft hin, sie für ihr Benehmen in der Kur zu beloben, einige hoffnungsvolle Worte über den Fortschritt der Analyse zu äußern, um eine unverkennbare Verschlimmerung ihres Befindens herbeizuführen. Der Nicht-Analytiker würde sagen, er vermisse den »Genesungswillen«; nach analytischer Denkweise sehen Sie in diesem Benehmen eine Äußerung des unbewußten Schuldgefühls, dem Kranksein mit seinen Leiden und Verhinderungen eben recht ist. Die Probleme, die das unbewußte Schuldgefühl aufgerollt hat, seine Beziehungen zu Moral, Pädagogik, Kriminalität und Verwahrlosung sind gegenwärtig das bevorzugte Arbeitsgebiet der Psychoanalytiker[1].

An unerwarteter Stelle sind wir hier aus der psychischen Unterwelt

---

[1] [Die wichtigsten Erörterungen des Schuldgefühls stehen in Kapitel V der Arbeit *Das Ich und das Es* (1923 *b*), in ›Das ökonomische Problem des Masochismus‹ (1924 *c*) sowie in den Kapiteln VII und VIII von *Das Unbehagen in der Kultur* (1930 *a*).]

in den offenen Markt eingebrochen. Ich kann Sie nicht weiter führen, aber mit einem Gedankengang muß ich Sie noch aufhalten, ehe ich Sie für diesmal verabschiede. Es ist uns geläufig geworden zu sagen, daß unsere Kultur auf Kosten sexueller Strebungen aufgebaut ist, die von der Gesellschaft gehemmt, zum Teil zwar verdrängt, zum anderen Teil aber für neue Ziele nutzbar gemacht werden. Wir haben auch bei allem Stolz auf unsere kulturellen Errungenschaften zugestanden, daß es uns nicht leicht wird, die Anforderungen dieser Kultur zu erfüllen, uns in ihr wohl zu fühlen, weil die uns auferlegten Triebbeschränkungen eine schwere psychische Belastung bedeuten. Nun, was wir für die Sexualtriebe erkannt haben, gilt im gleichen, vielleicht in noch höherem Maße, für die anderen, die Aggressionstriebe. Diese sind es vor allem, die das Zusammenleben der Menschen erschweren und dessen Fortdauer bedrohen; Einschränkung seiner Aggression ist das erste, vielleicht das schwerste Opfer, das die Gesellschaft vom Einzelnen zu fordern hat. Wir haben erfahren, in wie ingeniöser Weise diese Bändigung des Widerspenstigen vollzogen wird. Die Einsetzung des Über-Ichs, das die gefährlichen aggressiven Regungen an sich reißt, bringt gleichsam eine Besatzung in die zum Aufruhr geneigte Stätte. Aber anderseits, rein psychologisch betrachtet, muß man bekennen, das Ich fühlt sich nicht wohl dabei, wenn es so den Bedürfnissen der Gesellschaft geopfert wird, wenn es sich den destruktiven Tendenzen der Aggression unterwerfen muß, die es gern selbst gegen andere betätigt hätte. Es ist wie eine Fortsetzung jenes Dilemmas vom Fressen und Gefressenwerden, das die organische Lebewelt beherrscht, aufs psychische Gebiet. Zum Glück sind die Aggressionstriebe niemals allein, immer mit den erotischen legiert. Diese letzteren haben unter den Bedingungen der vom Menschen geschaffenen Kultur vieles zu mildern und zu verhüten [1].

[1] [Die Aggressions- und Destruktionstriebe waren von Freud kurz zuvor ausführlich in seiner Arbeit *Das Unbehagen in der Kultur*, vor allem im V. und VI. Kapitel, erörtert worden.]

33. VORLESUNG

DIE WEIBLICHKEIT[1]

Meine Damen und Herren! Die ganze Zeit über, während ich mich vorbereite, mit Ihnen zu sprechen, ringe ich mit einer inneren Schwierigkeit. Ich fühle mich sozusagen meiner Lizenz nicht sicher. Es ist ja richtig, daß die Psychoanalyse sich in fünfzehn Arbeitsjahren verändert und bereichert hat, aber darum könnte doch eine Einführung in die Psychoanalyse unverändert und unergänzt bleiben. Immer schwebt es mir vor, daß diesen Vorträgen die Daseinsberechtigung fehlt. Den Analytikern sage ich zu wenig und überhaupt nichts Neues, Ihnen aber zu viel und solche Dinge, für deren Verständnis Sie nicht ausgerüstet sind, die nicht für Sie gehören. Ich habe nach Entschuldigungen ausgeschaut und jede einzelne Vorlesung durch eine andere Begründung rechtfertigen wollen. Die erste, über die Traumtheorie, sollte Sie mit einem Schlage wieder mitten in die analytische Atmosphäre versetzen und Ihnen zeigen, wie haltbar sich unsere Anschauungen erwiesen haben. An der zweiten, die die Wege vom Traum zum sogenannten Okkultismus verfolgt, reizte mich die Gelegenheit, ein freies Wort über ein Arbeitsgebiet zu sagen, auf dem heute vorurteilsvolle Erwartungen gegen leidenschaftliche Widerstände kämpfen, und ich durfte hoffen, Ihr am Beispiel der Psychoanalyse zur Toleranz erzogenes Urteil werde mir die Begleitung auf diesen Ausflug nicht verweigern. Die dritte Vorlesung, die über die Zerlegung der Persönlichkeit, stellte gewiß die härtesten Zumutungen an Sie, so fremdartig war ihr Inhalt, aber ich konnte diesen ersten Ansatz einer Ichpsychologie Ihnen unmöglich vorenthalten, und wenn wir ihn vor fünfzehn Jahren besessen hätten, hätte ich ihn schon damals erwähnen müssen. Die letzte Vorlesung endlich, der Sie wahrscheinlich nur unter großer Anspannung gefolgt sind, brachte notwendige Berichtigungen, neue Lösungsversuche der wichtigsten Rätselfragen, und meine Einführung wäre zu einer Irreführung geworden, wenn ich darüber geschwiegen hätte. Sie sehen, wenn man es unternimmt, sich

[1] [Diese Vorlesung stützt sich vor allem auf zwei frühere Arbeiten: ›Einige psychische Folgen des anatomischen Geschlechtsunterschieds‹ (1925 *j*) und ›Über die weibliche Sexualität‹ (1931 *b*). Der letzte Teil, der sich mit dem Erwachsenenleben der Frau beschäftigt, enthält jedoch neues Material.]

zu entschuldigen, kommt es am Ende darauf hinaus, daß alles unvermeidlich war, alles Verhängnis. Ich unterwerfe mich; ich bitte Sie, tun Sie es auch.

Auch die heutige Vorlesung sollte keine Aufnahme in eine Einführung finden, aber sie kann Ihnen eine Probe einer analytischen Detailarbeit geben, und ich kann zweierlei zu ihrer Empfehlung sagen. Sie bringt nichts als beobachtete Tatsachen, fast ohne Beisatz von Spekulation, und sie beschäftigt sich mit einem Thema, das Anspruch auf Ihr Interesse hat wie kaum ein anderes. Über das Rätsel der Weiblichkeit haben die Menschen zu allen Zeiten gegrübelt:

> »Häupter in Hieroglyphenmützen,
> Häupter in Turban und schwarzem Barett,
> Perückenhäupter und tausend andere
> Arme, schwitzende Menschenhäupter – – –«
>
> (Heine, *Nordsee*[1].)

Auch Sie werden sich von diesem Grübeln nicht ausgeschlossen haben, insoferne Sie Männer sind; von den Frauen unter Ihnen erwartet man es nicht, sie sind selbst dieses Rätsel. Männlich oder weiblich ist die erste Unterscheidung, die Sie machen, wenn Sie mit einem anderen menschlichen Wesen zusammentreffen, und Sie sind gewöhnt, diese Unterscheidung mit unbedenklicher Sicherheit zu machen. Die anatomische Wissenschaft teilt Ihre Sicherheit in einem Punkt und nicht weit darüber hinaus. Männlich ist das männliche Geschlechtsprodukt, das Spermatozoon und sein Träger, weiblich das Ei und der Organismus, der es beherbergt. Bei beiden Geschlechtern haben sich Organe gebildet, die ausschließlich den Geschlechtsfunktionen dienen, wahrscheinlich aus der nämlichen Anlage zu zwei verschiedenen Gestaltungen entwickelt. Bei beiden zeigen außerdem die anderen Organe, die Körperformen und Gewebe eine Beeinflussung durch das Geschlecht, aber diese ist inkonstant und ihr Ausmaß wechselnd, die sogenannten sekundären Geschlechtscharaktere. Und dann sagt Ihnen die Wissenschaft etwas, was Ihren Erwartungen zuwiderläuft und wahrscheinlich geeignet ist, Ihre Gefühle zu verwirren. Sie macht Sie darauf aufmerksam, daß Teile des männlichen Geschlechtsapparats sich auch am Körper des Weibes finden, wenngleich in verkümmertem Zustand, und das gleiche im anderen Falle. Sie sieht in diesem Vorkommen das Anzeichen einer

---

[1] [Zweiter Zyklus, VII, ›Fragen‹.]

Zwiegeschlechtigkeit, *Bisexualität*[1], als ob das Individuum nicht Mann oder Weib wäre, sondern jedesmal beides, nur von dem einen so viel mehr als vom andern. Sie werden dann aufgefordert, sich mit der Idee vertraut zu machen, daß das Verhältnis, nach dem sich Männliches und Weibliches im Einzelwesen vermengt, ganz erheblichen Schwankungen unterliegt. Da aber doch, von allerseltensten Fällen abgesehen, bei einer Person nur einerlei Geschlechtsprodukte – Eier oder Samenzellen – vorhanden sind, müssen Sie an der entscheidenden Bedeutung dieser Elemente irrewerden und den Schluß ziehen, das, was die Männlichkeit oder die Weiblichkeit ausmache, sei ein unbekannter Charakter, den die Anatomie nicht erfassen kann.

Kann es vielleicht die Psychologie? Wir sind gewohnt, männlich und weiblich auch als seelische Qualitäten zu gebrauchen, und haben ebenso den Gesichtspunkt der Bisexualität auf das Seelenleben übertragen. Wir sprechen also davon, daß ein Mensch, ob Männchen oder Weibchen, sich in diesem Punkt männlich, in jenem weiblich benehme. Aber Sie werden bald einsehen, das ist bloß Gefügigkeit gegen die Anatomie und gegen die Konvention. Sie können den Begriffen männlich und weiblich *keinen* neuen Inhalt geben. Die Unterscheidung ist keine psychologische; wenn Sie männlich sagen, meinen Sie in der Regel »aktiv«, und wenn Sie weiblich sagen, »passiv«. Nun ist es richtig, daß eine solche Beziehung besteht. Die männliche Geschlechtszelle ist aktiv beweglich, sucht die weibliche auf, und diese, das Ei, ist unbeweglich, passiv erwartend. Dies Verhalten der geschlechtlichen Elementarorganismen ist sogar vorbildlich für das Benehmen der Geschlechtsindividuen beim Sexualverkehr. Das Männchen verfolgt das Weibchen zum Zweck der sexuellen Vereinigung, greift es an, dringt in dasselbe ein. Aber damit haben Sie eben für die Psychologie den Charakter des Männlichen auf das Moment der Aggression reduziert. Sie werden zweifeln, ob Sie damit etwas Wesentliches getroffen haben, wenn Sie erwägen, daß in manchen Tierklassen die Weibchen die stärkeren und aggressiven sind, die Männchen nur aktiv bei dem einen Akt der geschlechtlichen Vereinigung. So ist es z. B. bei den Spinnen. Auch die Funktionen der Brutpflege und Aufzucht, die uns als so exquisit weiblich erscheinen, sind bei Tieren nicht regelmäßig an das weibliche Geschlecht geknüpft. Bei recht hochstehenden Arten beobachtet man, daß die Geschlechter sich in die Aufgabe de

[1] [Über Bisexualität s. die *Drei Abhandlungen zur Sexualtheorie* (1905 *d*), Abhandlung I (1, A).]

Brutpflege teilen oder selbst, daß das Männchen sich allein ihr widmet. Selbst auf dem Gebiet des menschlichen Sexuallebens merken Sie bald, wie unzureichend es ist, das männliche Benehmen durch Aktivität, das weibliche durch Passivität zu decken. Die Mutter ist in jedem Sinn aktiv gegen das Kind, selbst vom Saugakt können Sie ebensowohl sagen, sie säugt das Kind als sie läßt sich vom Kinde säugen. Je weiter Sie sich dann vom engeren sexuellen Gebiet entfernen, desto deutlicher wird jener »Überdeckungsfehler«[1]. Frauen können große Aktivität nach verschiedenen Richtungen entfalten, Männer können nicht mit ihresgleichen zusammenleben, wenn sie nicht ein hohes Maß von passiver Gefügigkeit entwickeln. Wenn Sie jetzt sagen, diese Tatsachen enthielten eben den Beweis, daß Männer wie Weiber im psychologischen Sinn bisexuell sind, so entnehme ich daraus, daß Sie bei sich beschlossen haben, »aktiv« mit »männlich«, »passiv« mit »weiblich« zusammenfallen zu lassen. Aber ich rate Ihnen davon ab. Es erscheint mir unzweckmäßig und es bringt keine neue Erkenntnis.

Man könnte daran denken, die Weiblichkeit psychologisch durch die Bevorzugung passiver Ziele zu charakterisieren. Das ist natürlich nicht dasselbe wie die Passivität; es mag ein großes Stück Aktivität notwendig sein, um ein passives Ziel durchzusetzen. Vielleicht geht es so zu, daß sich beim Weib von ihrem Anteil an der Sexualfunktion her eine Bevorzugung passiven Verhaltens und passiver Zielstrebungen ein Stück weit ins Leben hinein erstreckt, mehr oder weniger weit, je nachdem sich diese Vorbildlichkeit des Sexuallebens begrenzt oder ausbreitet. Dabei müssen wir aber achthaben, den Einfluß der sozialen Ordnungen nicht zu unterschätzen, die das Weib gleichfalls in passive Situationen drängen. Das ist alles noch sehr ungeklärt. Eine besonders konstante Beziehung zwischen Weiblichkeit und Triebleben wollen wir nicht übersehen. Die dem Weib konstitutionell vorgeschriebene und sozial auferlegte Unterdrückung seiner Aggression begünstigt die Ausbildung starker masochistischer Regungen, denen es ja gelingt, die nach innen gewendeten destruktiven Tendenzen erotisch zu binden. Der Masochismus ist also, wie man sagt, echt weiblich. Wenn Sie aber dem Masochismus, wie so häufig, bei Männern begegnen, was bleibt Ihnen übrig, als zu sagen, diese Männer zeigen sehr deutliche weibliche Züge?

Nun sind Sie bereits vorbereitet darauf, daß auch die Psychologie das Rätsel der Weiblichkeit nicht lösen wird. Diese Aufklärung muß wohl

---

[1] [Dieser Terminus wird in der 20. Vorlesung, S. 301, erklärt.]

anderswoher kommen und kann nicht kommen, ehe wir erfahren haben, wie die Differenzierung der lebenden Wesen in zwei Geschlechter überhaupt entstanden ist. Nichts wissen wir darüber, und die Zweigeschlechtlichkeit ist doch ein so auffälliger Charakter des organischen Lebens, durch den es sich scharf von der unbelebten Natur scheidet. Unterdes finden wir an jenen menschlichen Individuen, die durch den Besitz von weiblichen Genitalien als manifest oder vorwiegend weiblich charakterisiert sind, genug zu studieren. Der Eigenart der Psychoanalyse entspricht es dann, daß sie nicht beschreiben will, was das Weib ist, – das wäre eine für sie kaum lösbare Aufgabe, – sondern untersucht, wie es wird, wie sich das Weib aus dem bisexuell veranlagten Kind entwickelt. Wir haben darüber einiges in letzter Zeit erfahren, dank dem Umstande, daß mehrere unserer trefflichen Kolleginnen in der Analyse begonnen haben, diese Frage zu bearbeiten. Die Diskussion darüber hat aus dem Unterschied der Geschlechter einen besonderen Reiz bezogen, denn jedesmal, wenn eine Vergleichung zu Ungunsten ihres Geschlechts auszufallen schien, konnten unsere Damen den Verdacht äußern, daß wir, die männlichen Analytiker, gewisse tief eingewurzelte Vorurteile gegen die Weiblichkeit nicht überwunden hätten, was sich nun durch die Parteilichkeit unserer Forschung strafte. Wir hatten es dagegen auf dem Boden der Bisexualität leicht, jede Unhöflichkeit zu vermeiden. Wir brauchten nur zu sagen: Das gilt nicht für Sie. Sie sind eine Ausnahme, in diesem Punkt mehr männlich als weiblich.

Mit zwei Erwartungen treten wir auch an die Untersuchung der weiblichen Sexualentwicklung heran: Die erste, daß auch hier die Konstitution sich nicht ohne Sträuben in die Funktion fügen wird. Die andere, daß die entscheidenden Wendungen bereits vor der Pubertät angebahnt oder vollzogen sein werden. Beide sind bald bestätigt. Des weiteren sagt uns der Vergleich mit den Verhältnissen beim Knaben, daß die Entwicklung des kleinen Mädchens zum normalen Weib die schwierigere und kompliziertere ist, denn sie umfaßt zwei Aufgaben mehr, zu denen die Entwicklung des Mannes kein Gegenstück zeigt. Verfolgen wir die Parallele von ihrem Anfang an. Gewiß ist schon das Material bei Knabe und Mädchen verschieden; um das festzustellen, braucht es keine Psychoanalyse. Der Unterschied in der Bildung der Genitalien wird von anderen körperlichen Verschiedenheiten begleitet, die zu bekannt sind, als daß sie der Erwähnung bedürften. Auch in der Triebanlage treten Differenzen hervor, die das spätere Wesen des Weibes ahnen lassen. Das kleine Mädchen ist in der Regel weniger aggressiv, trotzig und selbstgenügsam, es scheint mehr Bedürfnis nach Zärtlichkeit zu haben, die man ihm erweisen soll, darum abhängiger und gefügiger zu sein. Daß es sich leichter und schneller zur Beherrschung der Exkretionen erziehen läßt, ist sehr wahrscheinlich nur die Folge dieser Gefügigkeit; Harn und Stuhl sind ja die ersten Geschenke, die das Kind seinen Pflegepersonen macht [s. S. 533 f. oben], deren Beherrschung die erste Konzession, die sich das kindliche Triebleben abringen läßt. Man empfängt auch den Eindruck, daß das kleine Mädchen intelligenter, lebhafter ist als der gleichaltrige Knabe, es kommt der Außenwelt mehr entgegen, macht zur gleichen Zeit stärkere Objektbesetzungen. Ich weiß nicht, ob dieser Vorsprung der Entwicklung durch exakte Feststellungen erhärtet worden ist, jedenfalls steht es fest, daß das Mädchen nicht intellektuell rückständig genannt werden kann. Aber diese Geschlechtsunterschiede kommen nicht sehr in Betracht, sie können durch individuelle Variationen aufgewogen werden. Für die Absichten, die wir zunächst verfolgen, können wir sie vernachlässigen.

Die frühen Phasen der Libidoentwicklung scheinen beide Geschlechter in gleicher Weise durchzumachen. Man hätte erwarten können, daß sich beim Mädchen bereits in der sadistisch-analen Phase ein Zurückbleiben der Aggression äußert, aber das trifft nicht ein. Die Analyse des Kinderspiels hat unseren weiblichen Analytikern gezeigt, daß die aggressiven Impulse der kleinen Mädchen an Reichlichkeit und Heftigkeit nichts zu wünschen übrig lassen. Mit dem Eintritt in die phallische Phase treten die Unterschiede der Geschlechter vollends gegen die Übereinstimmung zurück. Wir müssen nun anerkennen, das kleine Mädchen sei ein kleiner Mann. Diese Phase ist beim Knaben bekanntlich dadurch ausgezeichnet, daß er sich von seinem kleinen Penis lustvolle Sensationen zu verschaffen weiß und dessen erregten Zustand mit seinen Vorstellungen von sexuellem Verkehr zusammenbringt. Das nämliche tut das Mädchen mit ihrer noch kleineren Klitoris. Es scheint, daß sich bei ihr alle onanistischen Akte an diesem Penisäquivalent abspielen, daß die eigentlich weibliche Vagina noch für beide Geschlechter unentdeckt ist. Vereinzelte Stimmen berichten zwar auch von frühzeitigen vaginalen Sensationen, aber es dürfte nicht leicht sein, solche von analen oder Vorhofsensationen zu unterscheiden; auf keinen Fall können sie eine große Rolle spielen. Wir dürfen daran festhalten, daß in der phallischen Phase des Mädchens die Klitoris die leitende erogene Zone ist. Aber so soll es ja nicht bleiben, mit der Wendung zur Weiblichkeit soll die Klitoris ihre Empfindlichkeit und damit ihre Bedeutung ganz oder teilweise an die Vagina abtreten, und dies wäre die eine der beiden Aufgaben, die von der Entwicklung des Weibes zu lösen sind, während der glücklichere Mann zur Zeit der Geschlechtsreife nur fortzusetzen braucht, was er in der Periode der sexuellen Frühblüte vorgeübt hatte. Wir werden auf die Rolle der Klitoris noch zurückkommen, wenden uns jetzt zur zweiten Aufgabe, mit der die Entwicklung des Mädchens belastet ist. Das erste Liebesobjekt des Knaben ist die Mutter, sie bleibt es auch in der Formation des Ödipuskomplexes, im Grunde genommen durchs ganze Leben hindurch. Auch fürs Mädchen muß die Mutter – und die mit ihr verschmelzenden Gestalten der Amme, Pflegerin – das erste Objekt sein; die ersten Objektbesetzungen erfolgen ja in der Anlehnung an die Befriedigung der großen und einfachen Lebensbedürfnisse[1], und die Verhältnisse der Kinderpflege sind für beide Geschlechter die gleichen. In der Ödipussituation ist aber für das Mädchen der Vater das Liebesobjekt geworden, und wir erwarten, daß sie bei normalem Ablauf der Entwicklung vom Vaterobjekt aus den Weg zur endgültigen Objektwahl finden wird. Das Mädchen soll also im Wandel der Zeiten erogene Zone und Objekt tauschen, die beide der Knabe beibehält. Es entsteht dann die Frage, wie geht das vor sich, im besonderen: wie kommt das Mädchen von der Mutter zur Bindung an den Vater, oder mit anderen Worten: aus ihrer männlichen in die ihr biologisch bestimmte weibliche Phase?

Nun wäre es eine Lösung von idealer Einfachheit, wenn wir annehmen dürften, von einem bestimmten Alter an mache sich der elementare Einfluß der gegengeschlechtlichen Anziehung geltend und dränge das kleine Weib zum Mann, während dasselbe Gesetz dem Knaben das Beharren bei der Mutter gestatte. Ja man könnte hinzunehmen, daß die Kinder dabei den Winken folgen, die ihnen die geschlechtliche Bevorzugung der Eltern gibt. Aber so gut sollen wir es nicht haben, wir wissen kaum, ob wir an jene geheimnisvolle, analytisch nicht weiter zersetzbare Macht, von der die Dichter soviel schwärmen, im Ernst glauben dürfen. Wir haben eine Auskunft ganz anderer Art aus mühevollen Untersuchungen gewonnen, für welche wenigstens das Material leicht zu beschaffen war. Sie müssen nämlich wissen, daß die Zahl der Frauen, die bis in späte Zeiten in der zärtlichen Abhängigkeit vom Vaterobjekt ja noch vom realen Vater verbleiben, eine sehr große ist. An solchen

[1] [Vgl. die 21. Vorlesung, S. 323 f.]

Frauen mit intensiver und lang andauernder Vaterbindung haben wir überraschende Feststellungen gemacht. Wir wußten natürlich, daß es ein Vorstadium von Mutterbindung gegeben hatte, aber wir wußten nicht, daß es so inhaltsreich sein, so lang anhalten, so viel Anlässe zu Fixierungen und Dispositionen hinterlassen könne. Während dieser Zeit ist der Vater nur ein lästiger Rivale; in manchen Fällen überdauert die Mutterbindung das vierte Jahr. Fast alles, was wir später in der Vaterbeziehung finden, war schon in ihr vorhanden und ist nachher auf den Vater übertragen worden. Kurz, wir gewinnen die Überzeugung, daß man das Weib nicht verstehen kann, wenn man nicht diese Phase der *präödipalen Mutterbindung* würdigt.

Nun wollen wir gerne wissen, welches die libidinösen Beziehungen des Mädchens zur Mutter sind. Die Antwort lautet: sie sind sehr mannigfaltig. Da sie durch alle drei Phasen der kindlichen Sexualität gehen, nehmen sie auch die Charaktere der einzelnen Phasen an, drücken sich durch orale, sadistisch-anale und phallische Wünsche aus. Diese Wünsche vertreten sowohl aktive als passive Regungen; wenn man sie auf die später auftretende Differenzierung der Geschlechter bezieht, was man aber möglichst vermeiden soll, kann man sie männliche und weibliche heißen. Sie sind überdies voll ambivalent, ebensowohl zärtlicher als feindselig-aggressiver Natur. Die letzteren kommen oft erst zum Vorschein, nachdem sie in Angstvorstellungen verwandelt worden sind. Es ist nicht immer leicht, die Formulierung dieser frühen Sexualwünsche aufzuzeigen; am deutlichsten drückt sich der Wunsch aus, der Mutter ein Kind zu machen, wie der ihm entsprechende, ihr ein Kind zu gebären, beide der phallischen Zeit angehörig, befremdend genug, aber durch die analytische Beobachtung über jeden Zweifel festgestellt. Der Reiz dieser Untersuchungen liegt in den überraschenden Einzelfunden, die sie uns bringen. So z. B. entdeckt man die Angst, umgebracht oder vergiftet zu werden, die später den Kern einer paranoischen Erkrankung bilden kann, schon in dieser präödipalen Zeit auf die Mutter bezogen. Oder ein anderer Fall: Sie erinnern sich an eine interessante Episode aus der Geschichte der analytischen Forschung, die mir viele peinliche Stunden verursacht hat. In der Zeit, da das Hauptinteresse auf die Aufdeckung sexueller Kindheitstraumen gerichtet war, erzählten mir fast alle meine weiblichen Patienten, daß sie vom Vater verführt worden waren. Ich mußte endlich zur Einsicht kommen, daß diese Berichte unwahr seien, und lernte so verstehen, daß die hysterischen Symptome sich von Phantasien, nicht von realen Begebenheiten ableiten. Später erst konnte ich in dieser Phantasie von der Verführung durch den Vater den Ausdruck des typischen Ödipuskomplexes beim Weibe erkennen. Und nun findet man in der präödipalen Vorgeschichte der Mädchen die Verführungsphantasie wieder, aber die Verführerin ist regelmäßig die Mutter. Hier aber berührt die Phantasie den Boden der Wirklichkeit, denn es war wirklich die Mutter, die bei den Verrichtungen der Körperpflege Lustempfindungen am Genitale hervorrufen, vielleicht sogar zuerst erwecken mußte.

Ich erwarte, daß Sie zu dem Verdacht bereit seien, diese Schilderung von der Reichhaltigkeit und der Stärke der sexuellen Beziehungen des kleinen Mädchens zu seiner Mutter sei sehr überzeichnet. Man hat doch Gelegenheit, kleine Mädchen zu sehen, und merkt ihnen nichts dergleichen an. Aber der Einwand trifft nicht zu; man kann genug an den Kindern sehen, wenn man zu beobachten versteht, und überdies wollen Sie bedenken, wie wenig von seinen sexuellen Wünschen das Kind zu vorbewußtem Ausdruck bringen oder gar mitteilen kann. Wir bedienen uns dann nur eines guten Rechts, wenn wir nachträglich die Residuen und Konsequenzen dieser Gefühlswelt an Personen studieren, bei denen diese Entwicklungsvorgänge eine besonders deutliche oder selbst eine übermäßige Ausbildung erreicht hatten. Die Pathologie hat uns ja immer den Dienst geleistet, durch Isolierung und Übertreibung Verhältnisse kenntlich zu machen, die in der Normalität verdeckt geblieben wären. Und da unsere Untersuchungen keineswegs an schwer abnormen Menschen ausgeführt worden sind, meine ich, wir dürfen ihre Ergebnisse für glaubwürdig halten.

Wir werden jetzt unser Interesse auf die eine Frage richten, woran denn diese mächtige Mutterbindung des Mädchens zugrunde geht. Wir wissen, das ist ihr gewöhnliches Schicksal; sie ist dazu bestimmt, der Vaterbindung den Platz zu räumen. Da stoßen wir auf eine Tatsache, die uns den weiteren Weg weist. Es handelt sich bei diesem Schritt in der Entwicklung nicht um einen einfachen Wechsel des Objekts. Die Abwendung von der Mutter geschieht im Zeichen der Feindseligkeit, die Mutterbindung geht in Haß aus. Ein solcher Haß kann sehr auffällig werden und durchs ganze Leben anhalten, er kann später sorgfältig überkompensiert werden, in der Regel wird ein Teil von ihm überwunden, ein anderer Teil bleibt bestehen. Darauf haben die Begebenheiten späterer Jahre natürlich starken Einfluß. Wir beschränken uns aber darauf, ihn zur Zeit der Wendung zum Vater zu studieren und nach seinen Motivierungen zu befragen. Wir hören dann eine lange Liste von Anklagen und Beschwerden gegen die Mutter, die die feindseligen Gefühle des Kindes rechtfertigen sollen, von sehr verschiedenem Wert, deren Würdigung wir nicht unterlassen werden. Manche sind offenkundige Rationalisierungen, die wirklichen Quellen der Feindschaft haben wir zu finden. Ich hoffe, Sie werden Anteil daran nehmen, wenn ich Sie diesmal durch alle Details einer psychoanalytischen Untersuchung führe.

Der Vorwurf gegen die Mutter, der am weitesten zurückgreift, lautet, daß sie dem Kind zu wenig Milch gespendet hat, was ihr als Mangel an Liebe ausgelegt wird. Nun hat dieser Vorwurf in unseren Familien eine gewisse Berechtigung. Die Mütter haben oft nicht genug Nahrung für das Kind und begnügen sich damit, es einige Monate, ein halbes oder dreiviertel Jahre zu säugen. Bei primitiven Völkern werden die Kinder bis zu zwei und drei Jahren an der Mutterbrust genährt. Die Gestalt der nährenden Amme wird in der Regel mit der Mutter verschmolzen; wo dies nicht geschehen ist, wandelt sich der Vorwurf in den anderen, daß sie die Amme, die das Kind so bereitwillig nährte, zu früh weggeschickt hat. Aber was immer der wirkliche Sachverhalt gewesen sein mag, es ist unmöglich, daß der Vorwurf des Kindes so oft berechtigt ist, als man ihm begegnet. Es scheint vielmehr, daß die Gier des Kindes nach seiner ersten Nahrung überhaupt unstillbar ist, daß es den Verlust der Mutterbrust niemals verschmerzt. Ich wäre gar nicht überrascht, wenn die Analyse eines Primitiven, der noch an der Mutterbrust saugen durfte, als er schon laufen und sprechen konnte, denselben Vorwurf zutage fördern würde. Mit der Entziehung der Brust hängt wahrscheinlich auch die Angst vor Vergiftung zusammen. Gift ist die Nahrung, die einen krank macht. Vielleicht führt das Kind auch seine frühen Erkrankungen auf diese Versagung zurück. Es gehört bereits ein gut Stück intellektueller Schulung dazu, um an Zufall zu glauben; der Primitive, der Ungebildete, gewiß auch das Kind, wissen für alles, was geschieht, einen Grund anzugeben. Vielleicht war es ursprünglich ein Motiv im Sinne des Animismus. In manchen Schichten unserer Bevölkerung kann noch heute niemand sterben, der nicht von einem anderen umgebracht worden wäre, am besten vom Doktor. Und die regelmäßige neurotische Reaktion auf den Tod einer nahestehenden Person ist doch die Selbstbeschuldigung, daß man selbst diesen Tod verursacht hat.

Die nächste Anklage gegen die Mutter flammt auf, wenn das nächste Kind in der Kinderstube erscheint. Wenn möglich, hält sie den Zusammenhang mit der oralen Versagung fest. Die Mutter konnte oder wollte dem Kind nicht mehr Milch geben, weil sie die Nahrung für das neu Angekommene brauchte. Im Falle, daß die beiden Kinder so nahe beisammen sind, daß die Laktation durch die zweite Gravidität geschädigt wird, erwirbt ja dieser Vorwurf eine reale Begründung, und merkwürdigerweise ist das Kind auch bei einer Altersdifferenz von nur 11 Monaten nicht zu jung, um den Sachverhalt zur Kenntnis zu nehmen. Aber nicht allein die Milchnahrung mißgönnt das Kind dem unerwünschten Eindringling und Rivalen, sondern ebenso alle anderen Zeichen der mütterlichen Fürsorge. Es fühlt sich entthront, beraubt, in seinen Rechten geschädigt, wirft einen eifersüchtigen Haß auf das Geschwisterchen und entwickelt einen Groll auf die ungetreue Mutter, der sich sehr oft in einer unliebsamen Veränderung seines Benehmens Ausdruck schafft. Es wird etwa »schlimm«, reizbar, unfolgsam und macht seine Erwerbungen in der Beherrschung der Ausscheidungen rückgängig. Das ist alles längst bekannt und wird als selbstverständlich hingenommen, aber wir machen uns selten die richtige Vorstellung von der Stärke dieser eifersüchtigen Regungen, von der Zähigkeit, mit der sie haften bleiben, sowie von der Größe ihres Einflusses auf die spätere Entwicklung. Besonders, da dieser Eifersucht in den späteren Kinderjahren immer neue Nahrung zugeführt wird und die ganze Erschütterung sich bei jedem neuen Geschwisterchen wiederholt. Es ändert auch nicht viel daran, wenn das Kind etwa der bevorzugte Liebling der Mutter bleibt; die Liebesansprüche des Kindes sind unmäßig, fordern Ausschließlichkeit, lassen keine Teilung zu.

Eine reichliche Quelle für die Feindseligkeit des Kindes gegen die Mutter ergeben seine mannigfachen, je nach der Libidophase wechselnden Sexualwünsche, die meist nicht befriedigt werden können. Die stärkste dieser Versagungen ereignet sich in der phallischen Zeit, wenn die Mutter die lustvolle Betätigung am Genitale verbietet, – oft unter harten Drohungen und mit allen Zeichen des Unwillens, – zu der sie doch das Kind selbst angeleitet hatte. Man sollte meinen, das wären Motive genug, die Abwendung des Mädchens von der Mutter zu begründen. Man würde dann urteilen, diese Entzweiung folge unvermeidlicherweise aus der Natur der kindlichen Sexualität, aus der Unmäßigkeit der Liebesansprüche und der Unerfüllbarkeit der Sexualwünsche. Ja vielleicht denkt man, diese erste Liebesbeziehung des Kindes sei zum Untergang verurteilt, eben darum, weil sie die erste ist, denn diese frühzeitigen Objektbesetzungen sind regelmäßig im hohen Grade ambivalent; neben der starken Liebe ist immer eine starke Aggressionsneigung vorhanden, und je leidenschaftlicher das Kind sein Objekt liebt, desto empfindlicher wird es gegen Enttäuschungen und Versagungen von dessen Seite. Endlich muß die Liebe der angehäuften Feindseligkeit erliegen. Oder man kann eine solche ursprüngliche Ambivalenz der Liebesbesetzungen ablehnen und darauf hinweisen, daß es die besondere Natur des Mutter-Kind-Verhältnisses ist, die mit der gleichen Unvermeidlichkeit zur Störung der kindlichen Liebe führt, denn auch die mildeste Erziehung kann nicht anders als Zwang ausüben und Einschränkungen einführen, und jeder solcher Eingriff in seine Freiheit muß beim Kind als Reaktion die Neigung zur Auflehnung und Aggression hervorrufen. Ich meine, die Diskussion dieser Möglichkeiten könnte sehr interessant werden, aber da stellt sich plötzlich ein Einwand ein, der unser Interesse in eine andere Richtung drängt. Alle diese Momente, die Zurücksetzungen, Liebesenttäuschungen, die Eifersucht, die Verführung mit nachfolgendem Verbot, kommen doch auch im Verhältnis des Knaben zur Mutter zur Wirksamkeit und sind doch nicht imstande, ihn dem Mutterobjekt zu entfremden. Wenn wir nicht etwas finden, was für das Mädchen spezifisch ist, beim Knaben nicht oder nicht so vorkommt, haben wir den Ausgang der Mutterbindung beim Mädchen nicht erklärt.

Ich meine, wir haben dies spezifische Moment gefunden, und zwar an erwarteter Stelle, wenn auch in überraschender Form. An erwarteter Stelle, sage ich, denn es liegt im Kastrationskomplex. Der anatomische [Geschlechts]Unterschied muß sich doch in psychischen Folgen ausprägen. Eine Überraschung war es aber, aus den Analysen zu erfahren, daß das Mädchen die Mutter für seinen Penismangel verantwortlich macht und ihr diese Benachteiligung nicht verzeiht.

Sie hören, wir schreiben auch dem Weib einen Kastrationskomplex zu. Mit gutem Grund, aber er kann nicht denselben Inhalt haben wie beim Knaben. Bei diesem entsteht der Kastrationskomplex, nachdem er durch den Anblick eines weiblichen Genitales erfahren hat, daß das von ihm so hoch geschätzte Glied nicht notwendig mit dem Körper beisammen sein muß. Er entsinnt sich dann der Drohungen, die er sich durch seine Beschäftigung mit dem Glied zugezogen, fängt an, ihnen Glauben zu schenken, und gerät von da an unter den Einfluß der *Kastrationsangst*, die der mächtigste Motor seiner weiteren Entwicklung wird. Auch der Kastrationskomplex des Mädchens wird durch den Anblick des anderen Genitales eröffnet. Es merkt sofort den Unterschied und – man muß es zugestehen – auch seine Bedeutung. Es fühlt sich schwer beeinträchtigt, äußert oft, es möchte »auch so etwas haben« und verfällt nun dem *Penisneid,* der unvertilgbare Spuren in seiner Entwicklung und Charakterbildung hinterlassen, auch im günstigsten Fall nicht ohne schweren psychischen Aufwand überwunden werden wird. Daß das Mädchen die Tatsache ihres Penismangels anerkennt, will nicht etwa besagen, daß sie sich ihr leichthin unterwirft. Im Gegenteil, sie hält noch lange an dem Wunsch fest, auch so etwas zu bekommen, glaubt an diese Möglichkeit bis in unwahrscheinlich weite Jahre, und noch zu Zeiten, wenn das Wissen um die Realität die Erfüllung dieses Wunsches längst als unerreichbar beiseite geworfen hat, kann die Analyse nachweisen, daß er im Unbewußten erhalten geblieben ist und eine ansehnliche Energiebesetzung bewahrt hat. Der Wunsch, den ersehnten Penis endlich doch zu bekommen, kann noch seinen Beitrag zu den Motiven leisten, die das gereifte Weib in die Analyse drängen, und was sie verständigerweise von der Analyse erwarten kann, etwa die Fähigkeit, einen intellektuellen Beruf auszuüben, läßt sich oft als eine sublimierte Abwandlung dieses verdrängten Wunsches erkennen.

An der Bedeutsamkeit des Penisneides kann man nicht gut zweifeln. Hören Sie sich als Beispiel männlicher Ungerechtigkeit die Behauptung an, daß Neid und Eifersucht im Seelenleben der Frauen eine noch größere Rolle spielen als bei den Männern. Nicht daß diese Eigenschaften bei Männern vermißt würden oder daß sie bei Frauen keine andere Wurzel hätten als den Penisneid, aber wir sind geneigt, das Mehr bei den Frauen diesem letzteren Einfluß zuzuschreiben. Es hat sich aber bei manchen Analytikern die Neigung ergeben, jenen ersten Schub von Penisneid, in der phallischen Phase, in seiner Bedeutung herabzudrükken. Sie meinen, was man von dieser Einstellung bei der Frau findet, sei der Hauptsache nach eine sekundäre Bildung, die bei Gelegenheit späterer Konflikte durch Regression auf jene frühinfantile Regung zustande gekommen. Nun ist das ein allgemeines Problem der Tiefenpsychologie. Bei vielen pathologischen – oder auch nur ungewöhnlichen – Triebeinstellungen, z. B. bei allen sexuellen Perversionen, fragt es sich, wieviel von deren Stärke den frühinfantilen Fixierungen, wieviel dem Einfluß späterer Erlebnisse und Entwicklungen zuzuteilen ist. Es handelt sich dabei fast immer um Ergänzungsreihen, wie wir sie bei der Erörterung der Neurosenätiologie angenommen haben [1]. Beide Momente teilen sich in wechselndem Ausmaß in die Verursachung; ein Minder

[1] [S. die 22. und 23. Vorlesung, S. 341, S. 353 f. und S. 355.]

auf der einen Seite wird durch ein Mehr auf der anderen wettgemacht. Das Infantile ist in allen Fällen richtunggebend, ausschlaggebend nicht immer, aber doch oftmals. Gerade im Fall des Penisneides möchte ich mit Entschiedenheit für das Übergewicht des infantilen Moments eintreten.

Die Entdeckung seiner Kastration ist ein Wendepunkt in der Entwicklung des Mädchens. Drei Entwicklungsrichtungen gehen von ihr aus; die eine führt zur Sexualhemmung oder zur Neurose, die nächste zur Charakterveränderung im Sinne eines Männlichkeitskomplexes, die letzte endlich zur normalen Weiblichkeit. Über alle drei haben wir ziemlich viel, wenn auch nicht alles erfahren. Der wesentliche Inhalt der ersten ist, daß das kleine Mädchen, welches bisher männlich gelebt hatte, sich durch Erregung seiner Klitoris Lust zu verschaffen wußte und diese Betätigung mit seinen oft aktiven Sexualwünschen, die der Mutter galten, in Beziehung brachte, sich durch den Einfluß des Penisneides den Genuß seiner phallischen Sexualität verderben läßt. Durch den Vergleich mit dem so viel besser ausgestatteten Knaben in seiner Selbstliebe gekränkt, verzichtet es auf die masturbatorische Befriedigung an der Klitoris, verwirft seine Liebe zur Mutter und verdrängt dabei nicht selten ein gutes Stück seiner Sexualstrebungen überhaupt. Die Abwendung von der Mutter erfolgt wohl nicht mit einem Schlag, denn das Mädchen hält seine Kastration zuerst für ein individuelles Unglück, erst allmählich dehnt sie dieselbe auf andere weibliche Wesen, endlich auch auf die Mutter aus. Ihre Liebe hatte der *phallischen* Mutter gegolten; mit der Entdeckung, daß die Mutter kastriert ist, wird es möglich, sie als Liebesobjekt fallenzulassen, so daß die lange angesammelten Motive zur Feindseligkeit die Oberhand gewinnen. Das heißt also, daß durch die Entdeckung der Penislosigkeit das Weib dem Mädchen ebenso entwertet wird wie dem Knaben und später vielleicht dem Manne.

Sie wissen alle, welche überragende ätiologische Bedeutung unsere Neurotiker ihrer Onanie einräumen. Sie machen sie für alle ihre Beschwerden verantwortlich, und wir haben große Mühe, sie glauben zu machen, daß sie im Irrtum sind. Aber eigentlich sollten wir ihnen zugestehen, daß sie im Recht sind, denn die Onanie ist die Exekutive der kindlichen Sexualität, an deren Fehlentwicklung sie allerdings leiden. Nun beschuldigen die Neurotiker meist die Onanie der Pubertätszeit; die frühkindliche, auf die es in Wirklichkeit ankommt, haben sie meist vergessen. Ich wollte, ich hätte einmal die Gelegenheit, Ihnen ausführlich darzulegen, wie wichtig alle tatsächlichen Einzelheiten der frühen Onanie für die spätere Neurose oder den Charakter des Einzelnen werden, ob sie entdeckt wurde oder nicht, wie die Eltern sie bekämpften oder zuließen, ob es ihm selbst gelang, sie zu unterdrücken. Das alles hat unvergängliche Spuren in seiner Entwicklung hinterlassen. Aber ich bin vielmehr froh, daß ich dies nicht zu tun brauche; es wäre eine schwere, langwierige Aufgabe, und am Ende würden Sie mich in Verlegenheit bringen, weil Sie ganz gewiß praktische Ratschläge von mir forderten, wie man sich als Elternteil oder als Erzieher gegen die Onanie der kleinen Kinder verhalten soll. In der Entwicklung der Mädchen, die ich Ihnen vorführe, hören Sie nun ein Beispiel dafür, daß das Kind sich selbst um die Befreiung von der Onanie bemüht. Aber es gelingt ihm nicht immer. Wo der Penisneid einen starken Impuls gegen die klitoridische Onanie erweckt hat und diese doch nicht weichen will, entspinnt sich ein heftiger Befreiungskampf, in dem das Mädchen gleichsam die Rolle der jetzt abgesetzten Mutter selbst aufnimmt und seine ganze Unzufriedenheit mit der minderwertigen Klitoris im Widerstreben gegen die Befriedigung an ihr zum Ausdruck bringt. Noch viele Jahre später, wenn die onanistische Betätigung längst unterdrückt ist, setzt sich ein Interesse fort, das wir als Abwehr einer noch immer gefürchteten Versuchung deuten müssen. Es äußert sich im Auftauchen von Sympathie für Personen, denen man ähnliche Schwierigkeiten zumutet, es geht als Motiv in die Eheschließung ein, ja es kann die Wahl des Ehe- oder Liebespartners bestimmen. Die Erledigung der frühkindlichen Masturbation ist wahrlich keine leichte oder gleichgültige Sache.

Mit dem Aufgeben der klitoridischen Masturbation wird auf ein Stück Aktivität verzichtet. Die Passivität hat nun die Oberhand, die Wendung zum Vater wird vorwiegend mit Hilfe passiver Triebregungen vollzogen. Sie erkennen, daß ein solcher Entwicklungschub, der die phallische Aktivität aus dem Weg räumt, der Weiblichkeit den Boden ebnet. Wenn dabei nicht zuviel durch Verdrängung verlorengeht, kann diese Weiblichkeit normal ausfallen. Der Wunsch, mit dem sich das Mädchen an den Vater wendet, ist wohl ursprünglich der Wunsch nach dem Penis, den ihr die Mutter versagt hat und den sie nun vom Vater erwartet. Die weibliche Situation ist aber erst hergestellt, wenn sich der Wunsch nach dem Penis durch den nach dem Kind ersetzt, das Kind also nach alter symbolischer Äquivalenz an die Stelle des Penis tritt [vgl. S. 534 f.]. Es entgeht uns nicht, daß sich das Mädchen schon früher, in der ungestörten phallischen Phase, ein Kind gewünscht hatte; das war ja der Sinn ihres Spieles mit Puppen. Aber dies Spiel war nicht eigentlich der

Ausdruck ihrer Weiblichkeit, es diente der Mutteridentifizierung in der Absicht der Ersetzung der Passivität durch Aktivität. Sie spielte die Mutter und die Puppe war sie selbst; nun konnte sie an dem Kind all das tun, was die Mutter an ihr zu tun pflegte. Erst mit dem Einmünden des Peniswunsches wird das Puppenkind ein Kind vom Vater und von da an das stärkste weibliche Wunschziel. Das Glück ist groß, wenn dieser Kinderwunsch später einmal seine reale Erfüllung findet, ganz besonders aber, wenn das Kind ein Knäblein ist, das den ersehnten Penis mitbringt [s. S. 563 unten]. In der Zusammenstellung »Ein Kind vom Vater« ruht der Akzent häufig genug auf dem Kind und läßt den Vater unbetont. So schimmert der alte männliche Wunsch nach dem Besitz des Penis noch durch die vollendete Weiblichkeit durch. Aber vielleicht sollten wir diesen Peniswunsch eher als einen exquisit weiblichen anerkennen.

Mit der Übertragung des Kind-Penis-Wunsches auf den Vater ist das Mädchen in die Situation des Ödipuskomplexes eingetreten. Die Feindseligkeit gegen die Mutter, die nicht erst neu geschaffen zu werden brauchte, erfährt jetzt eine große Verstärkung, denn sie wird zur Rivalin, die vom Vater all das erhält, was das Mädchen von ihm begehrt. Der Ödipuskomplex des Mädchens hat uns lange den Einblick in dessen präödipale Mutterbindung verhüllt, die doch so wichtig ist und so nachhaltige Fixierungen hinterläßt. Für das Mädchen ist die Ödipussituation der Ausgang einer langen und schwierigen Entwicklung, eine Art vorläufiger Erledigung, eine Ruheposition, die man nicht so bald verläßt, besonders da der Beginn der Latenzzeit nicht fern ist. Und nun fällt uns im Verhältnis des Ödipuskomplexes zum Kastrationskomplex ein Unterschied zwischen den Geschlechtern auf, der wahrscheinlich folgenschwer ist. Der Ödipuskomplex des Knaben, in dem er seine Mutter begehrt und seinen Vater als Rivalen beseitigen möchte, entwickelt sich natürlich aus der Phase seiner phallischen Sexualität. Die Kastrationsdrohung zwingt ihn aber, diese Einstellung aufzugeben. Unter dem Eindruck der Gefahr, den Penis zu verlieren, wird der Ödipuskomplex verlassen, verdrängt, im normalsten Falle gründlich zerstört [s. S. 526], und als sein Erbe ein strenges Über-Ich eingesetzt. Was beim Mädchen geschieht, ist beinahe das Gegenteil. Der Kastrationskomplex bereitet den Ödipuskomplex vor anstatt ihn zu zerstören, durch den Einfluß des Penisneides wird das Mädchen aus der Mutterbindung vertrieben und läuft in die Ödipussituation wie in einen Hafen ein. Mit dem Wegfall der Kastrationsangst entfällt das Hauptmotiv, das den Knaben

gedrängt hatte, den Ödipuskomplex zu überwinden. Das Mädchen verbleibt in ihm unbestimmt lange, baut ihn nur spät und dann unvollkommen ab. Die Bildung des Über-Ichs muß unter diesen Verhältnissen leiden, es kann nicht die Stärke und die Unabhängigkeit erreichen, die ihm seine kulturelle Bedeutung verleihen und – Feministen hören es nicht gerne, wenn man auf die Auswirkungen dieses Moments für den durchschnittlichen weiblichen Charakter hinweist.
Um nun zurückzugreifen: als die zweite der möglichen Reaktionen nach der Entdeckung der weiblichen Kastration haben wir [S. 557] die Entwicklung eines starken Männlichkeitskomplexes erwähnt. Damit ist gemeint, daß das Mädchen sich gleichsam weigert, die unliebsame Tatsache anzuerkennen, in trotziger Auflehnung seine bisherige Männlichkeit noch übertreibt, an seiner klitoridischen Betätigung festhält und seine Zuflucht zu einer Identifizierung mit der phallischen Mutter oder dem Vater nimmt. Was kann für diesen Ausgang entscheidend sein? Wir können uns nichts anderes vorstellen als einen konstitutionellen Faktor, ein größeres Ausmaß von Aktivität, wie es sonst für das Männchen charakteristisch ist. Das Wesentliche des Vorgangs ist doch, daß an dieser Stelle der Entwicklung der Passivitätsschub vermieden wird, der die Wendung zur Weiblichkeit eröffnet. Als die äußerste Leistung dieses Männlichkeitskomplexes erscheint uns die Beeinflussung der Objektwahl im Sinne einer manifesten Homosexualität. Die analytische Erfahrung lehrt uns zwar, daß die weibliche Homosexualität selten oder nie die infantile Männlichkeit gradlinig fortsetzt. Es scheint dazuzugehören, daß auch solche Mädchen für eine Weile den Vater zum Objekt nehmen und sich in die Ödipussituation begeben. Dann aber werden sie durch die unausbleiblichen Enttäuschungen am Vater zur Regression auf ihren frühen Männlichkeitskomplex gedrängt. Man darf die Bedeutung dieser Enttäuschungen nicht überschätzen; sie bleiben auch dem zur Weiblichkeit bestimmten Mädchen nicht erspart, ohne den gleichen Erfolg zu haben. Die Übermacht des konstitutionellen Moments scheint unbestreitbar, aber die zwei Phasen in der Entwicklung der weiblichen Homosexualität spiegeln sich sehr schön in den Praktiken der Homosexuellen, die ebenso oft und ebenso deutlich Mutter und Kind miteinander spielen wie Mann und Weib.

Was ich Ihnen da erzählt habe, ist sozusagen die Vorgeschichte des Weibes. Es ist eine Erwerbung der allerletzten Jahre, mag Ihnen als Probe analytischer Kleinarbeit interessant gewesen sein. Da die Frau selbst das Thema ist, gestatte ich mir, diesmal einige Frauen namentlich zu erwähnen, denen diese Untersuchung wichtige Beiträge verdankt. Dr. Ruth Mack Brunswick hat [1928] als die erste einen Fall von Neurose beschrieben, der auf eine Fixierung im präödipalen Stadium zurückging und die Ödipussituation überhaupt nicht erreicht hatte. Er hatte die Form einer Eifersuchtsparanoia und erwies sich der Therapie zugänglich. Dr. Jeanne Lampl-de Groot hat [1927] die so unglaubwürdige phallische Aktivität des Mädchens gegen die Mutter in gesicherten Beobachtungen festgestellt, Dr. Helene Deutsch [1932] gezeigt, daß die Liebesakte homosexueller Frauen die Mutter-Kind-Beziehungen reproduzieren.

Das weitere Verhalten der Weiblichkeit durch die Pubertät bis in die Zeit der Reife zu verfolgen, liegt nicht in meiner Absicht. Unsere Einsichten wären auch unzureichend dafür. Einige Züge werde ich im nachfolgenden zusammenstellen. An die Vorgeschichte anknüpfend, will ich hier nur hervorheben, daß die Entfaltung der Weiblichkeit der Störung durch die Resterscheinungen der männlichen Vorzeit ausgesetzt bleibt. Regressionen zu den Fixierungen jener präödipalen Phasen ereignen sich sehr häufig; in manchen Lebensläufen kommt es zu einem wiederholten Alternieren von Zeiten, in denen die Männlichkeit oder die Weiblichkeit die Oberhand gewonnen hat. Ein Stück dessen, was wir Männer das »Rätsel des Weibes« heißen, leitet sich vielleicht von diesem Ausdruck der Bisexualität im weiblichen Leben ab. Aber eine andere Frage scheint während dieser Untersuchungen spruchreif geworden zu sein. Wir haben die Triebkraft des Sexuallebens Libido genannt. Das Sexualleben wird von der Polarität Männlich-Weiblich beherrscht; also liegt es nahe, das Verhältnis der Libido zu diesem Gegensatz ins Auge zu fassen. Es wäre nicht überraschend, wenn sich herausstellte, daß jeder Sexualität ihre besondere Libido zugeordnet wäre, so daß eine Art von Libido die Ziele des männlichen, eine andere die des weiblichen Sexuallebens verfolgen würde. Aber nichts dergleichen ist der Fall. Es gibt nur eine Libido, die in den Dienst der männlichen wie der weiblichen Sexualfunktion gestellt wird. Wir können ihr selbst kein Geschlecht geben; wenn wir sie nach der konventionellen Gleichstellung von Aktivität und Männlichkeit selbst männlich heißen wollen, dürfen wir nicht vergessen, daß sie auch Strebungen mit passiven Zielen vertritt. Immerhin, die Zusammenstellung »weibliche Libido« läßt jede Rechtfertigung vermissen. Es ist dann unser Eindruck, daß der Libido mehr Zwang angetan wurde, wenn sie in den Dienst der weiblichen Funktion gepreßt ist, und daß – um teleologisch zu reden – die Natur ihren Ansprüchen [d. h. denjenigen dieser Funktion] weniger sorgfältig Rechnung trägt als im Falle der Männlichkeit. Und das mag – wiederum teleologisch gedacht – seinen Grund darin haben, daß die Durchsetzung des biologischen Ziels der Aggression des Mannes anvertraut und von der Zustimmung des Weibes einigermaßen unabhängig gemacht worden ist.

Die sexuelle Frigidität des Weibes, deren Häufigkeit diese Zurücksetzung zu bestätigen scheint, ist ein erst ungenügend verstandenes Phänomen. Manchmal psychogen und dann der Beeinflussung zugänglich, legt sie in anderen Fällen die Annahme einer konstitutionellen Bedingtheit, selbst den Beitrag eines anatomischen Faktors, nahe.

Ich habe versprochen, Ihnen noch einige psychische Besonderheiten der reifen Weiblichkeit, vorzuführen, wie sie uns in der analytischen Beobachtung entgegentreten. Mehr als durchschnittlichen Wahrheitswert nehmen wir für diese Behauptungen nicht in Anspruch; auch ist es nicht immer leicht auseinanderzuhalten, was dem Einfluß der Sexualfunktion und was der sozialen Züchtung zuzuschreiben ist. Wir schreiben also der Weiblichkeit ein höheres Maß von Narzißmus zu, das noch ihre Objektwahl beeinflußt, so daß geliebt zu werden dem Weib ein stärkeres Bedürfnis ist als zu lieben. An der körperlichen Eitelkeit des Weibes ist noch die Wirkung des Penisneides mitbeteiligt, da sie ihre Reize als späte Entschädigung für die ursprüngliche sexuelle Minderwertigkeit um so höher einschätzen muß[1]. Der Scham, die als eine exquisit weibliche Eigenschaft gilt, aber weit mehr konventionell ist, als man denken sollte, schreiben wir die ursprüngliche Absicht zu, den Defekt des Genitales zu verdecken. Wir vergessen nicht, daß sie späterhin andere Funktionen übernommen hat. Man meint, daß die Frauen zu den Entdeckungen und Erfindungen der Kulturgeschichte wenig Beiträge geleistet haben, aber vielleicht haben sie doch eine Technik erfunden, die des Flechtens und Webens. Wenn dem so ist, so wäre man versucht, das unbewußte Motiv dieser Leistung zu erraten. Die Natur selbst hätte das Vorbild für diese Nachahmung gegeben, indem sie mit der Geschlechtsreife die Genitalbehaarung wachsen ließ, die das Genitale verhüllt. Der Schritt, der dann noch zu tun war, bestand darin, die Fasern aneinander haften zu machen, die am Körper in der Haut staken und nur miteinander verfilzt waren. Wenn Sie diesen Einfall als phantastisch zurückweisen und mir den Einfluß des Penismangels auf die Gestaltung

---

[1] [Vgl. ›Zur Einführung des Narzißmus‹ (1914 *c*), gegen Ende von Abschnitt II.]

der Weiblichkeit als eine fixe Idee anrechnen, bin ich natürlich wehrlos.

Die Bedingungen der Objektwahl des Weibes sind häufig genug durch soziale Verhältnisse unkenntlich gemacht. Wo sie sich frei zeigen darf, erfolgt sie oft nach dem narzißtischen Ideal des Mannes, der zu werden das Mädchen gewünscht hatte. Ist das Mädchen in der Vaterbindung, also im Ödipuskomplex, verblieben, so wählt es nach dem Vatertypus. Da bei der Wendung von der Mutter zum Vater die Feindseligkeit der ambivalenten Gefühlsbeziehung bei der Mutter verblieben ist, sollte eine solche Wahl eine glückliche Ehe versichern. Aber sehr oft tritt der Ausgang ein, der eine solche Erledigung des Ambivalenzkonflikts im allgemeinen bedroht. Die zurückgelassene Feindseligkeit kommt der positiven Bindung nach und greift auf das neue Objekt über. Der Ehemann, der zunächst vom Vater geerbt hatte, tritt mit der Zeit auch das Muttererbe an. So kann es leicht geschehen, daß die zweite Hälfte des Lebens einer Frau von dem Kampf gegen ihren Mann erfüllt wird wie die kürzere erste von der Auflehnung gegen ihre Mutter. Nachdem die Reaktion ausgelebt worden ist, kann sich eine zweite Ehe leicht sehr viel befriedigender gestalten. Eine andere Wandlung im Wesen der Frau, für die die Liebenden nicht vorbereitet sind, mag eintreten, nachdem in der Ehe das erste Kind geboren worden ist. Unter dem Eindruck der eigenen Mutterschaft kann eine Identifizierung mit der eigenen Mutter wiederbelebt werden, gegen die sich das Weib bis zur Ehe gesträubt hatte, und alle verfügbare Libido an sich reißen, so daß der Wiederholungszwang eine unglückliche Ehe der Eltern reproduziert. Daß das alte Moment des Penismangels seine Kraft noch immer nicht eingebüßt hat, zeigt sich in der verschiedenen Reaktion der Mutter auf die Geburt eines Sohnes oder einer Tochter. Nur das Verhältnis zum Sohn bringt der Mutter uneingeschränkte Befriedigung; es ist überhaupt die vollkommenste, am ehesten ambivalenzfreie aller menschlichen Beziehungen [1]. Auf den Sohn kann die Mutter den Ehrgeiz übertragen, den sie bei sich unterdrücken mußte, von ihm die Befriedigung all dessen erwarten, was ihr von ihrem Männlichkeitskomplex verblieben ist. Selbst die Ehe ist nicht eher versichert, als bis es der Frau gelungen ist, ihren Mann auch zu ihrem Kind zu machen und die Mutter gegen ihn zu agieren.

Die Mutteridentifizierung des Weibes läßt zwei Schichten erkennen, die

[1] [Diese Feststellung traf Freud in der 13. Vorlesung, S. 210 oben. Daß Ausnahmen vorkommen, wird an dem auf S. 504 gegebenen Beispiel gezeigt.]

präödipale, die auf der zärtlichen Bindung an die Mutter beruht und sie zum Vorbild nimmt, und die spätere aus dem Ödipuskomplex, die die Mutter beseitigen und beim Vater ersetzen will. Von beiden bleibt viel für die Zukunft übrig, man hat wohl ein Recht zu sagen, keine wird im Laufe der Entwicklung in ausreichendem Maße überwunden. Aber die Phase der zärtlichen präödipalen Bindung ist die für die Zukunft des Weibes entscheidende; in ihr bereitet sich die Erwerbung jener Eigenschaften vor, mit denen sie später ihrer Rolle in der Sexualfunktion genügen und ihre unschätzbaren sozialen Leistungen bestreiten wird. In dieser Identifizierung gewinnt sie auch die Anziehung für den Mann, die dessen ödipale Mutterbindung zur Verliebtheit entfacht. Nur daß dann so häufig erst der Sohn das erhält, um was er für sich geworben hatte. Man hat den Eindruck, die Liebe des Mannes und die der Frau sind um eine psychologische Phasendifferenz auseinander.

Daß man dem Weib wenig Sinn für Gerechtigkeit zuerkennen muß, hängt wohl mit dem Überwiegen des Neids in ihrem Seelenleben zusammen, denn die Gerechtigkeitsforderung ist eine Verarbeitung des Neids, gibt die Bedingung an, unter der man ihn fahrenlassen kann. Wir sagen auch von den Frauen aus, daß ihre sozialen Interessen schwächer und ihre Fähigkeit zur Triebsublimierung geringer sind als die der Männer. Das erstere leitet sich wohl vom dissozialen Charakter ab, der allen Sexualbeziehungen unzweifelhaft eignet. Liebende finden aneinander Genüge, und noch die Familie widerstrebt der Aufnahme in umfassendere Verbände[1]. Die Eignung zur Sublimierung ist den größten individuellen Schwankungen unterworfen. Hingegen kann ich es nicht unterlassen, einen Eindruck zu erwähnen, den man immer wieder in der analytischen Tätigkeit empfängt. Ein Mann um die Dreißig erscheint als ein jugendliches, eher unfertiges Individuum, von dem wir erwarten, daß es die Möglichkeiten der Entwicklung, die ihm die Analyse eröffnet, kräftig ausnützen wird. Eine Frau um die gleiche Lebenszeit aber erschreckt uns häufig durch ihre psychische Starrheit und Unveränderlichkeit. Ihre Libido hat endgültige Positionen eingenommen und scheint unfähig, sie gegen andere zu verlassen. Wege zu weiterer Entwicklung ergeben sich nicht; es ist, als wäre der ganze Prozeß bereits abgelaufen, bliebe von nun an unbeeinflußbar, ja als hätte die schwierige Entwicklung zur Weiblichkeit die Möglichkeiten der Person erschöpft. Wir beklagen diesen Sachverhalt als Therapeuten, selbst wenn

[1] [Vgl. einige Bemerkungen hierzu in Kapitel XII (D) von *Massenpsychologie und Ich-Analyse* (1921 c).]

es uns gelingt, dem Leiden durch die Erledigung des neurotischen Konflikts ein Ende zu machen.

Das ist alles, was ich Ihnen über die Weiblichkeit zu sagen hatte. Es ist gewiß unvollständig und fragmentarisch, klingt auch nicht immer freundlich. Vergessen Sie aber nicht, daß wir das Weib nur insofern beschrieben haben, als sein Wesen durch seine Sexualfunktion bestimmt wird. Dieser Einfluß geht freilich sehr weit, aber wir behalten im Auge, daß die einzelne Frau auch sonst ein menschliches Wesen sein mag. Wollen Sie mehr über die Weiblichkeit wissen, so befragen Sie Ihre eigenen Lebenserfahrungen, oder Sie wenden sich an die Dichter, oder Sie warten, bis die Wissenschaft Ihnen tiefere und besser zusammenhängende Auskünfte geben kann.

34. VORLESUNG

AUFKLÄRUNGEN, ANWENDUNGEN, ORIENTIERUNGEN

Meine Damen und Herren! Darf ich einmal, sozusagen des trockenen Tones statt, über Dinge vor Ihnen reden, die sehr wenig theoretische Bedeutung haben, die Sie aber doch nahe angehen, insoferne Sie der Psychoanalyse freundlich gesinnt sind? Setzen wir z. B. den Fall, daß Sie in Ihren Mußestunden einen deutschen, englischen oder amerikanischen Roman zur Hand nehmen, in dem Sie eine Schilderung der Menschen und der Zustände von heute zu finden erwarten. Nach wenigen Seiten stoßen Sie auf eine erste Äußerung über Psychoanalyse und dann bald auf weitere, auch wenn der Zusammenhang es nicht zu erfordern scheint. Sie müssen nicht meinen, daß es sich dabei um Anwendungen der Tiefenpsychologie zum besseren Verständnis der Personen im Text oder ihrer Taten handelt; es gibt allerdings auch ernsthaftere Dichtungen, in denen das wirklich versucht wird. Nein, es sind meist spöttische Bemerkungen, mit denen der Verfasser des Romans seine Belesenheit oder seine intellektuelle Überlegenheit dartun will. Nicht immer bekommen Sie auch den Eindruck, daß er das wirklich kennt, worüber er sich ausspricht. Oder Sie gehen zu Ihrer Erholung in eine gesellige Vereinigung; es muß nicht gerade in Wien sein. Nach kurzer Zeit geht das Gespräch auf die Psychoanalyse, Sie hören die verschiedensten Leute ihr Urteil abgeben, meist im Tone unbeirrter Sicherheit. Dies Urteil ist ganz gewöhnlich ein geringschätzendes, oft eine Schmähung, zum mindesten wieder eine Spötterei. Wenn Sie so unvorsichtig sind zu verraten, daß Sie etwas von dem Gegenstand verstehen, fallen alle über Sie her, verlangen Auskünfte und Erklärungen und geben Ihnen nach kurzer Zeit die Überzeugung, daß alle diese strengen Urteile vor jeder Information gefällt worden waren, daß kaum einer von diesen Gegnern je ein analytisches Buch zur Hand genommen hat, oder wenn doch, daß er nicht über den ersten Widerstand beim Zusammentreffen mit dem neuen Stoff hinweggekommen ist.

Von einer Einführung in die Psychoanalyse erwarten Sie vielleicht auch eine Anweisung, welche Argumente man zur Richtigstellung der offenkundigen Irrtümer über die Analyse verwenden, welche Bücher man zur besseren Information empfehlen, oder selbst, welche Beispiele aus Ihrer Lektüre oder Erfahrung Sie in der Diskussion anrufen sollen, um die Einstellung der Gesellschaft zu ändern. Ich bitte Sie, tun Sie nichts von alledem. Es wäre unnütz; am besten Sie verbergen überhaupt Ihr besseres Wissen. Wenn das nicht mehr möglich ist, so beschränken Sie sich darauf zu sagen, Sie meinen, soweit Sie orientiert sind, daß die Psychoanalyse ein besonderer Wissenszweig sei, recht schwer zu verstehen und zu beurteilen, daß sie sich mit sehr ernsthaften Dingen beschäftige, so daß man ihr mit ein paar Scherzen nicht nahekomme, und daß man sich für gesellschaftliche Unterhaltungen lieber ein anderes Spielzeug aussuchen solle. Natürlich beteiligen Sie sich auch nicht an Deutungsversuchen, wenn unvorsichtige Leute ihre Träume erzählen, und widerstehen auch der Versuchung, durch Berichte von Heilungen um Gunst für die Analyse zu werben.

Sie können aber die Frage aufwerfen, warum diese Leute, sowohl die Bücher schreiben als die Konversation machen, sich so inkorrekt benehmen, und Sie werden zur Annahme neigen, daß dies nicht nur an den Leuten, sondern auch an der Psychoanalyse liegt. Das meine ich auch; was Ihnen in Literatur und Gesellschaft als Vorurteil entgegentritt, ist die Nachwirkung eines früheren Urteils – nämlich des Urteils, das die Vertreter der offiziellen Wissenschaft über die junge Psychoanalyse gefällt hatten. Ich habe mich schon einmal in einer historischen Darstellung[1] darüber beklagt und werde es nicht wieder tun, – vielleicht war schon dies eine Mal zuviel, – aber wirklich, es gab keine Verletzung der Logik, aber auch keine des Anstandes und guten Geschmacks, die sich die wissenschaftlichen Gegner der Psychoanalyse damals nicht gestattet hätten. Es war eine Situation, wie sie im Mittelalter verwirklicht war, wenn ein Missetäter oder auch nur ein politischer Gegner an den Pranger gestellt und der Mißhandlung durch den Pöbel preisgegeben wurde. Und Sie machen es sich vielleicht nicht klar, wie weit hinauf in unserer Gesellschaft die Pöbelhaftigkeit reicht und welchen Unfug sich die Menschen erlauben, wenn sie sich als Massenbestandteil und der persönlichen Verantwortung überhoben fühlen. Ich war zu Beginn jener Zeiten ziemlich allein, sah bald ein, daß Polemisieren keine Aussicht habe, daß aber auch das Sich-beklagen und die Anrufung besserer Geister sinnlos sei, da es ja keine Instanzen gäbe, bei denen die Klage anzubringen wäre. Somit ging ich einen anderen

[1] [›Zur Geschichte der psychoanalytischen Bewegung‹ (1914 *d*).]

Weg; ich machte die erste Anwendung der Psychoanalyse, indem ich mir das Benehmen der Masse als Phänomen desselben Widerstands aufklärte, den ich bei den einzelnen Patienten zu bekämpfen hatte, enthielt mich selbst der Polemik und beeinflußte meine Anhänger, als sie allmählich hinzukamen, nach derselben Richtung. Das Verfahren war gut, der Bann, in den damals die Analyse getan wurde, ist seither aufgehoben worden, aber wie ein verlassener Glaube als Aberglaube fortlebt, eine von der Wissenschaft aufgegebene Theorie als Volksmeinung erhalten bleibt, so setzt sich heute jene ursprüngliche Ächtung der Psychoanalyse durch wissenschaftliche Kreise in der spöttischen Geringschätzung der Bücher schreibenden oder Konversation machenden Laien fort. Darüber werden Sie sich also nicht mehr verwundern.

Nun erwarten Sie aber nicht, die frohe Botschaft zu hören, der Kampf um die Analyse sei zu Ende und habe mit ihrer Anerkennung als Wissenschaft, ihrer Zulassung als Lehrstoff zur Universität geendet. Es ist keine Rede davon, er setzt sich fort, nur in mehr gesitteten Formen. Neu ist auch, daß sich in der wissenschaftlichen Gesellschaft eine Art von Pufferschicht zwischen der Analyse und ihren Gegnern gebildet hat, Leute, die etwas an der Analyse gelten lassen, es auch unter ergötzlichen Verklausulierungen bekennen, dafür anderes ablehnen, wie sie nicht laut genug verkünden können. Was sie bei dieser Auswahl bestimmt, ist nicht leicht zu erraten. Es scheinen persönliche Sympathien zu sein. Der eine nimmt Anstoß an der Sexualität, der andere am Unbewußten; besonders unbeliebt scheint die Tatsache der Symbolik zu sein. Daß das Gebäude der Psychoanalyse, obwohl unfertig, doch schon heute eine Einheit darstellt, aus der nicht jeder nach seiner Willkür Elemente herausbrechen kann, scheint für diese Eklektiker nicht in Betracht zu kommen. Von keinem dieser Halb- oder Viertelanhänger konnte ich den Eindruck bekommen, daß ihre Ablehnung auf Nachprüfung begründet war. Auch manche hervorragende Männer gehören zu dieser Kategorie. Sie sind freilich entschuldigt durch die Tatsache, daß ihre Zeit wie ihr Interesse anderen Dingen gehören, nämlich jenen, in deren Bewältigung sie so Bedeutendes geleistet haben. Aber sollten sie dann nicht lieber mit ihrem Urteil zurückhalten, anstatt so entschieden Partei zu nehmen? Bei einem dieser Großen gelang mir einmal eine rasche Bekehrung. Es war ein weltberühmter Kritiker, der den geistigen Strömungen der Zeit mit wohlwollendem Verständnis und prophetischem Scharfblick gefolgt war. Ich lernte ihn erst kennen, als er das achtzigste Jahr überschritten hatte, aber er war noch immer bezaubernd im Gespräch. Sie werden leicht erraten, wen ich meine[1]. Ich war es auch nicht, der auf die Psychoanalyse zu reden kam. Er tat es, indem er sich auf die bescheidenste Weise an mir maß. »Ich bin nur ein Literat«, sagte er, »aber Sie sind ein Naturforscher und Entdecker. Aber das eine muß ich Ihnen sagen: ich habe nie sexuelle Gefühle für meine Mutter gehabt.« »Aber das brauchen Sie ja gar nicht gewußt zu haben«, war meine Erwiderung, »das sind ja für den Erwachsenen unbewußte Vorgänge.« »Ach, so meinen Sie das«, sagte er erleichtert und drückte meine Hand. Wir plauderten noch einige Stunden im besten Einvernehmen. Ich hörte später, daß er in dem kurzen Lebensrest, der ihm noch vergönnt war, sich wiederholt freundlich über die Analyse äußerte und gerne das ihm neue Wort »Verdrängung« gebrauchte.

Ein bekannter Spruch mahnt, man soll von seinen Feinden lernen. Ich gestehe, daß mir dies nie gelungen ist, aber ich dachte doch, es könnte für Sie lehrreich werden, wenn ich mit Ihnen eine Musterung aller der Vorwürfe und Einwendungen vornähme, die die Gegner der Psychoanalyse gegen sie erhoben haben, und dann auf die so leicht aufzudekkenden Ungerechtigkeiten und Verstöße gegen die Logik hinwiese. Aber *»on second thoughts«* habe ich mir gesagt, das würde gar nicht interessant, sondern ermüdend und peinlich werden und gerade das sein, was ich in all diesen Jahren sorgfältig vermieden habe. Entschuldigen Sie mich also, wenn ich diesen Weg nicht weiter verfolge und Sie mit den Urteilen unserer sogenannt wissenschaftlichen Gegner verschone. Handelt es sich doch fast immer um Personen, deren einziger Befähigungsnachweis die Unbefangenheit ist, die sie sich durch Fernhaltung von den Erfahrungen der Psychoanalyse bewahrt haben. Aber ich weiß, so leichten Kaufs werden Sie mich nicht in anderen Fällen entlassen. Sie werden mir vorhalten: Es gibt doch soviel Personen, für die Ihre letzte Bemerkung nicht zutrifft. Diese sind der analytischen Erfahrung nicht ausgewichen, haben Patienten analysiert, sind vielleicht selbst analysiert worden, waren sogar eine Zeitlang Ihre Mitarbeiter und sind doch zu anderen Auffassungen und Theorien gekommen, auf Grund deren sie von Ihnen abgefallen sind und selbständige Schulen der Psychoanalyse begründet haben. Über die Möglichkeit und Bedeutung dieser in der Geschichte der Analyse so häufigen Abfallsbewegungen sollten Sie uns Aufklärung geben.

[1] [Es war Georg Brandes, der gefeierte dänische Gelehrte (1842–1927), den Freud zeitlebens verehrte.]

Ja, ich will es versuchen; in Kürze zwar, denn es kommt dabei weniger für das Verständnis der Analyse heraus, als Sie erwarten mögen. Ich weiß, Sie denken in erster Linie an die Adlersche Individualpsychologie, die z. B. in Amerika als eine gleichberechtigte Nebenlinie unserer Psychoanalyse betrachtet und regelmäßig mit ihr zusammen genannt wird. In Wirklichkeit hat sie sehr wenig mit ihr zu tun, führt aber infolge gewisser historischer Umstände eine Art von parasitärer Existenz auf ihre Kosten. Auf ihren Gründer treffen die Bedingungen, die wir für die Gegner dieser Gruppe angenommen haben, nur in geringem Ausmaß zu. Der Name selbst ist unpassend, scheint ein Produkt der Verlegenheit; wir können uns seine berechtigte Verwendung als Gegensatz zu Massenpsychologie nicht stören lassen; auch was wir treiben ist zumeist und vor allem Psychologie des menschlichen Individuums. In eine objektive Kritik der Adlerschen Individualpsychologie werde ich heute nicht eingehen, sie liegt nicht im Plan dieser Einführung, auch habe ich sie schon einmal versucht und habe wenig Anlaß, etwas an ihr zu ändern[1]. Den Eindruck, den sie hervorruft, will ich aber durch eine kleine Begebenheit in den Jahren vor der Analyse illustrieren.

In der Nähe der mährischen Kleinstadt[2], in der ich geboren bin und die ich als Kind von drei Jahren verlassen habe, befindet sich ein bescheidener Kurort, schön im Grünen gelegen. In den Gymnasialjahren war ich mehrmals auf Ferien dort. Etwa zwei Jahrzehnte später wurde die Erkrankung einer nahen Verwandten der Anlaß, diesen Ort wiederzusehen. In einer Unterhaltung mit dem Kurarzt, der meiner Verwandten Beistand geleistet hatte, erkundigte ich mich auch nach seinen Beziehungen zu den – ich glaubte – slowakischen Bauern, die im Winter seine einzige Klientel bildeten. Er erzählte, die ärztliche Tätigkeit spiele sich in folgender Weise ab: Zur Stunde seiner Ordination kommen die Patienten in sein Zimmer und stellen sich in einer Reihe auf. Einer nach dem anderen tritt dann hervor und klagt über seine Beschwerden. Er hat Kreuzschmerzen oder Magenkrämpfe oder Müdigkeit in den Beinen usw. Dann untersucht er ihn, und nachdem er sich orientiert hat, ruft

[1] [Freuds ausführlichste Kritik an Adlers Anschauungen steht in Abschnitt III seiner ›Geschichte der psychoanalytischen Bewegung‹ (1914 *d*). – Es mag verwundern, daß die Sezession Jungs in der vorliegenden Vorlesung nicht erwähnt ist (abgesehen von der kurzen, keine Namen nennenden Anspielung auf S. 572 unten) und ferner daß Freud annimmt, seine Leser würden Adlers Lehre vor der Jungschen den Vorrang geben. Das steht im Einklang mit einer Bemerkung in der ›Geschichte‹. Dort heißt es: »Von den beiden hier behandelten Bewegungen ist die Adlersche unzweifelhaft die bedeutsamere.«]

[2] [Freiberg; tschechisch: Příbor.]

er ihm die Diagnose zu, in jedem Fall die nämliche. Er übersetzte mir das Wort, es heiße soviel wie »verhext«. Ich fragte erstaunt, ob die Bauern denn keinen Anstoß daran nehmen, daß er bei allen Kranken denselben Befund habe. »O nein«, erwiderte er, »sie sind sehr zufrieden damit, es ist das, was sie erwartet haben. Jeder, der in die Reihe zurücktritt, deutet den anderen durch Mienen und Gebärden: ›Ja, das ist einer, der's versteht‹.« Wenig ahnte ich damals, unter welchen Verhältnissen ich einer analogen Situation wieder begegnen würde.

Ob nämlich einer ein Homosexueller ist oder ein Nekrophile, ein verängstigter Hysteriker, ein abgesperrter Zwangsneurotiker oder ein tobender Wahnsinniger, in jedem Fall wird der Individualpsychologe Adlerscher Richtung als das treibende Motiv seines Zustandes angeben, daß er sich zur Geltung bringen, seine Minderwertigkeit überkompensieren, oben bleiben, von der weiblichen auf die männliche Linie gelangen will. Etwas ganz Ähnliches hatten wir als junge Studenten auf der Klinik gehört, wenn einmal ein Fall von Hysterie vorgestellt wurde: Die Hysterischen erzeugen ihre Symptome, um sich interessant zu machen, die Aufmerksamkeit auf sich zu ziehen. Wie doch alte Weisheiten immer wiederkehren! Aber dieses Stückchen Psychologie schien uns schon damals die Rätsel der Hysterie nicht zu decken, es ließ z. B. unerklärt, warum die Kranken sich keiner anderen Mittel zur Erreichung ihrer Absicht bedienen. Etwas an dieser Lehre der Individualpsychologen muß natürlich richtig sein, ein Partikelchen für das Ganze. Der Selbsterhaltungstrieb wird versuchen, sich jede Situation zunutze zu machen, das Ich wird auch das Kranksein zum Vorteil wenden wollen. Man nennt das in der Psychoanalyse den »sekundären Krankheitsgewinn«[1]. Freilich, wenn man an die Tatsachen des Masochismus denkt, des unbewußten Strafbedürfnisses und der neurotischen Selbstschädigung, die die Annahme von Triebregungen nahelegen, welche der Selbsterhaltung zuwiderlaufen, wird man auch an der Allgemeingültigkeit jener banalen Wahrheit irre, auf der das Lehrgebäude der Individualpsychologie erbaut ist. Aber der großen Menge muß eine solche Lehre hoch willkommen sein, die keine Komplikationen anerkennt, keine neuen, schwer faßbaren Begriffe einführt, vom Unbewußten nichts weiß, das auf Allen lastende Problem der Sexualität mit einem Hieb beseitigt, sich auf die Aufdeckung der Schliche beschränkt, mit denen man sich das Leben bequem machen will. Denn die

---

[1] [Vgl. die 24. Vorlesung, S. 372 f.]

Menge ist selbst bequem, verlangt zur Erklärung nicht mehr als einen Grund, dankt der Wissenschaft nicht für ihre Weitläufigkeiten, will einfache Lösungen haben und Probleme erledigt wissen. Erwägt man, wie sehr die Individualpsychologie diesen Anforderungen entgegenkommt, so kann man die Erinnerung an einem Satz im *Wallenstein* nicht zurückdrängen:

»Wär' der Gedank' nicht so verwünscht gescheidt,
Man wär' versucht, ihn herzlich dumm zu nennen.« [1]

Die Kritik der Fachkreise, so unerbittlich gegen die Psychoanalyse, hat die Individualpsychologie im allgemeinen mit Samthandschuhen angefaßt. Es hat sich zwar in Amerika ereignet, daß einer der angesehensten Psychiater einen Aufsatz gegen Adler veröffentlichte, den er *»Enough«* überschrieb, in dem er seinem Überdruß an dem »Wiederholungszwang« der Individualpsychologen energischen Ausdruck gab. Wenn andere sich weit liebenswürdiger benommen haben, so hat wohl die Gegnerschaft gegen die Analyse viel dazu getan.

Über andere Schulen, die von unserer Psychoanalyse abgezweigt haben, brauche ich nicht viel zu sagen. Daß es geschehen ist, läßt sich weder für noch gegen den Wahrheitsgehalt der Psychoanalyse verwerten. Denken Sie an die starken affektiven Momente, die es Vielen schwer machen, sich einzuordnen oder unterzuordnen, und an die noch größere Schwierigkeit, die der Spruch *quot capita tot sensus* [2] mit Recht betont. Wenn die Meinungsverschiedenheiten ein gewisses Maß überschritten hatten, wurde es das Zweckmäßigste, sich zu trennen und von da an verschiedene Wege zu gehen, besonders wenn die theoretische Differenz eine Änderung des praktischen Handelns zur Folge hatte. Nehmen Sie z. B. an, daß ein Analytiker [3] den Einfluß der persönlichen Vergangenheit geringschätzt und die Verursachung der Neurosen ausschließlich in gegenwärtigen Motiven und auf die Zukunft gerichteten Erwartungen sucht. Dann wird er auch die Analyse der Kindheit vernachlässigen, überhaupt eine andere Technik einschlagen und den Ausfall der Ergebnisse aus der Kindheitsanalyse durch Steigerung seines lehrhaften Einflusses und durch direkte Hinweise auf bestimmte Lebensziele wettmachen müssen. Wir anderen werden dann sagen: Das mag eine Schule

---

[1] [Schiller, *Die Piccolomini*, II. Akt, 7. Szene.]

[2] [Er ist in der von Terenz (*Phormio*, II, 4) abgeleiteten Form bekannter: »Quot homines tot sententiae« (Soviel Köpfe, soviel Sinne).]

[3] [Gemeint ist Jung.]

der Weisheit sein, ist aber keine Analyse mehr. Oder ein anderer[1] mag zur Einsicht gekommen sein, daß das Angsterlebnis der Geburt den Keim zu allen späteren neurotischen Störungen legt; dann mag es ihm rechtmäßig erscheinen, die Analyse auf die Wirkungen dieses einen Eindrucks einzuschränken und therapeutischen Erfolg von einer drei- bis viermonatigen Behandlung zu versprechen. Sie merken, ich habe zwei Beispiele gewählt, die von diametral entgegengesetzten Voraussetzungen ausgehen. Es ist ein fast allgemeiner Charakter dieser »Abfallsbewegungen«, daß eine jede sich eines Stücks aus dem Motivenreichtum der Psychoanalyse bemächtigt und sich auf Grund dieser Besitzergreifung selbständig macht, etwa des Machttriebs, des ethischen Konflikts, der Mutter, der Genitalität usw. Wenn es Ihnen scheint, daß solche Sezessionen in der Geschichte der Psychoanalyse heute schon häufiger sind als bei anderen geistigen Bewegungen, so weiß ich nicht, ob ich Ihnen recht geben soll. Wenn es so ist, so muß man die innigen Beziehungen zwischen theoretischen Ansichten und therapeutischem Handeln dafür verantwortlich machen, die in der Psychoanalyse bestehen. Meinungsverschiedenheiten allein würden weit länger ertragen werden. Man liebt es, uns Psychoanalytikern Intoleranz vorzuwerfen. Die einzige Äußerung dieser häßlichen Eigenschaft war eben die Trennung von den Andersdenkenden. Sonst wurde ihnen nichts angetan; im Gegenteile, sie sind auf die Butterseite gefallen, haben es seither besser als vorhin, denn bei ihrem Ausscheiden haben sie sich gewöhnlich von einer der Belastungen frei gemacht, unter denen wir keuchen – vom Odium der kindlichen Sexualität etwa oder von der Lächerlichkeit der Symbolik –, und gelten jetzt der Umwelt als halbwegs ehrlich, was wir, die Zurückgebliebenen, noch immer nicht sind. Auch haben sie sich – bis auf eine bemerkenswerte Ausnahme – selbst ausgeschlossen[2].

Was für Ansprüche erheben Sie noch im Namen der Toleranz? Daß, wenn jemand eine Meinung geäußert hat, die wir für grundfalsch halten, wir ihm sagen: »Danke Ihnen schön, daß Sie diesen Widerspruch geäußert haben. Sie schützen uns gegen die Gefahr der Selbstgefälligkeit und geben uns Gelegenheit, den Amerikanern zu beweisen, daß wir wirklich so ›*broadminded*‹ sind, wie sie es immer wünschen. Wir glauben zwar kein Wort von dem, was Sie sagen, aber das macht nichts. Wahrscheinlich haben Sie ebenso recht wie wir. Wer kann denn überhaupt wissen, wer recht hat? Erlauben Sie uns, daß wir trotz der Gegner-

[1] [Hier bezieht sich Freud auf Rank.]
[2] [Dies könnte sich auf Stekel beziehen.]

schaft Ihre Ansicht in der Literatur vertreten. Wir hoffen, Sie werden die Liebenswürdigkeit haben, sich dafür für unsere einzusetzen, die Sie verwerfen.« Dies wird offenbar in der Zukunft die Gepflogenheit im wissenschaftlichen Betrieb werden, wenn sich der Mißbrauch der Einsteinschen Relativität vollends durchgesetzt hat. Es ist wahr, vorläufig haben wir es noch nicht so weit gebracht. Wir beschränken uns nach alter Manier darauf, nur unsere eigenen Überzeugungen zu vertreten, setzen uns der Gefahr des Irrtums aus, weil man sich dagegen nicht schützen kann, und lehnen ab, was uns widerspricht. Von dem Recht, unsere Meinungen abzuändern, wenn wir glauben, etwas Besseres gefunden zu haben, haben wir in der Psychoanalyse reichlich Gebrauch gemacht.

Es war eine der ersten Anwendungen der Psychoanalyse, daß sie uns die Gegnerschaft verstehen lehrte, die uns die Mitwelt bewies, weil wir Psychoanalyse trieben. Andere Anwendungen, von objektiver Natur, können ein allgemeineres Interesse beanspruchen. Unsere erste Absicht war ja, die Störungen des menschlichen Seelenlebens zu verstehen, weil eine merkwürdige Erfahrung gezeigt hatte, daß hier Verständnis und Heilung beinahe zusammenfallen, daß ein gangbarer Weg von dem einen zum anderen führt[1]. Es war auch lange Zeit die einzige Absicht. Aber dann erkannten wir die nahen Beziehungen, ja die innere Identität zwischen den pathologischen und den sogenannt normalen Vorgängen, die Psychoanalyse wurde zur Tiefenpsychologie, und da nichts, was Menschen schaffen oder treiben, ohne Mithilfe der Psychologie verständlich ist, ergaben sich die Anwendungen der Psychoanalyse auf zahlreiche Wissensgebiete, besonders geisteswissenschaftliche, von selbst, drängten sich auf und forderten Bearbeitung. Leider stießen diese Aufgaben auf Hindernisse, die, in der Sachlage begründet, auch heute noch nicht überwunden sind. Eine solche Anwendung setzt fachliche Kenntnis voraus, die der Analytiker nicht besitzt, während diejenigen, die sie besitzen, die Fachleute, von Analyse nichts wissen und vielleicht nichts wissen wollen. Es hat sich also ergeben, daß die Analytiker als Dilettanten mit mehr oder weniger zureichender Ausrüstung, oft in Eile zusammengerafft, Einfälle in jene Wissensgebiete unternommen haben, wie Mythologie, Kulturgeschichte, Ethnologie, Religionswissenschaft usw. Sie wurden von den dort ansässigen Forschern nicht besser

[1] [Das betrifft Breuers Behandlung seiner ersten Patientin, s. die 18. Vorlesung, S. 278 f.]

behandelt als Eindringlinge überhaupt, ihre Methoden wie ihre Resultate, soweit sie Aufmerksamkeit fanden, zunächst abgelehnt. Aber diese Verhältnisse sind in stetiger Besserung, auf allen Gebieten wächst die Anzahl der Personen, die Psychoanalyse studieren, um sie in ihrem Spezialfach zu verwerten, als Kolonisten die Pioniere abzulösen. Wir dürfen hier eine reiche Ernte an neuen Einsichten erwarten. Anwendungen der Analyse sind auch immer Bestätigungen derselben. Dort, wo die wissenschaftliche Arbeit von einer praktischen Betätigung weiter entfernt ist, werden wohl auch die unvermeidlichen Meinungskämpfe weniger erbittert ausfallen.

Ich empfinde es als eine starke Versuchung, Sie durch all die Anwendungen der Psychoanalyse auf die Geisteswissenschaften zu führen. Es sind Dinge, wissenswert für jeden Menschen mit geistigen Interessen, und eine Zeitlang nichts von Abnormität und Krankheit zu hören, wäre eine verdiente Erholung. Aber ich muß darauf verzichten, es führte uns wiederum über den Rahmen dieser Vorträge hinaus und, ehrlich gestanden, ich wäre der Aufgabe auch nicht gewachsen. Auf einigen dieser Gebiete habe ich zwar selbst den ersten Schritt getan, aber heute übersehe ich die Fülle nicht mehr und hätte viel zu studieren, um zu bewältigen, was seit meinen Anfängen hinzugekommen ist. Die unter Ihnen, die durch meine Absage enttäuscht sind, mögen sich an unserer Zeitschrift *Imago* schadlos halten, die für die nicht medizinischen Anwendungen der Analyse bestimmt ist[1].

Nur an einem Thema kann ich nicht so leicht vorbeigehen, nicht weil ich besonders viel davon verstehe oder selbst soviel dazugetan habe. Ganz im Gegenteil, ich habe mich kaum je damit beschäftigt[2]. Aber es ist so überaus wichtig, so reich an Hoffnungen für die Zukunft, vielleicht das Wichtigste von allem, was die Analyse betreibt. Ich meine die Anwendung der Psychoanalyse auf die Pädagogik, die Erziehung der nächsten Generation. Ich freue mich wenigstens sagen zu können, daß meine Tochter Anna Freud sich diese Arbeit zur Lebensaufgabe

---

[1] [S. die 10. Vorlesung, S. 176.]

[2] [Dies ist zwar die längste, aber keineswegs die einzige Darlegung Freuds über die Beziehungen zwischen Analyse und Erziehung. Abgesehen von zahlreichen gelegentlichen Erwähnungen, geht er z. B. in Abschnitt 3 des III. Kapitels der Fallstudie des »kleinen Hans« (1909 *b*), *Studienausgabe* Bd. 8, S. 118–22, recht ausführlich darauf ein. Die mit der Sexualerziehung verbundenen besonderen Probleme sind Gegenstand einer frühen Arbeit ›Zur sexuellen Aufklärung der Kinder‹ (1907 *c*). Das Thema der religiösen Erziehung kommt an mehreren Stellen im IX. und X. Kapitel von *Die Zukunft einer Illusion* (1927 *c*) zur Sprache.]

gesetzt hat, mein Versäumnis auf solche Art wiedergutmacht. Der Weg, der zu dieser Anwendung geführt hat, ist leicht zu übersehen. Wenn wir in der Behandlung eines erwachsenen Neurotikers der Determinierung seiner Symptome nachspürten, wurden wir regelmäßig bis in seine frühe Kindheit zurückgeleitet. Die Kenntnis der späteren Ätiologien reichte weder für das Verständnis noch für die therapeutische Wirkung aus. So wurden wir genötigt, uns mit den psychischen Besonderheiten des Kindesalters bekanntzumachen, und erfuhren eine Menge von Dingen, die anders als durch Analyse nicht zu erfahren waren, konnten auch viele allgemein geglaubte Meinungen über die Kindheit richtigstellen. Wir erkannten, daß den ersten Kinderjahren (etwa bis fünf) aus mehreren Gründen eine besondere Bedeutung zukommt. Erstens, weil sie die Frühblüte der Sexualität enthalten, die für das Sexualleben der Reifezeit entscheidende Anregungen hinterläßt. Zweitens, weil die Eindrücke dieser Zeit auf ein unfertiges und schwaches Ich treffen, auf das sie wie Traumen wirken. Das Ich kann sich der Affektstürme, die sie hervorrufen, nicht anders als durch Verdrängung erwehren und erwirbt solcherart im Kindesalter alle Dispositionen zu späteren Erkrankungen und Funktionsstörungen. Wir haben verstanden, die Schwierigkeit der Kindheit liegt darin, daß das Kind in einer kurzen Spanne Zeit sich die Resultate einer Kulturentwicklung aneignen soll, die sich über Jahrtausende erstreckt, Triebbeherrschung und soziale Anpassung, wenigstens die ersten Stücke von beiden. Nur einen Teil dieser Veränderung kann es durch seine eigene Entwicklung erreichen, vieles muß ihm von der Erziehung aufgedrängt werden. Wir verwundern uns nicht, wenn das Kind diese Aufgabe oft nur unvollkommen bewältigt. Viele Kinder machen in diesen frühen Zeiten Zustände durch, die man den Neurosen gleichstellen darf, gewiß alle, die späterhin manifest erkranken. Bei manchen Kindern wartet die neurotische Erkrankung nicht die Zeit der Reife ab, sie bricht schon in der Kinderzeit aus und macht Eltern und Ärzten zu schaffen.

Wir haben kein Bedenken getragen, die analytische Therapie bei solchen Kindern anzuwenden, die entweder unzweideutige neurotische Symptome zeigen oder auf dem Weg zu einer ungünstigen Charakterentwicklung waren. Die Besorgnis, dem Kind durch die Analyse zu schaden, der Gegner der Analyse Ausdruck gegeben haben, erwies sich als unbegründet. Unser Gewinn bei diesen Unternehmungen war, daß wir am lebenden Objekt bestätigen konnten, was wir beim Erwachsenen sozusagen aus historischen Dokumenten erschlossen hatten. Aber auch der Gewinn für die Kinder war sehr erfreulich. Es ergab sich, daß das Kind ein sehr günstiges Objekt für die analytische Therapie ist; die Erfolge sind gründliche und halten an. Natürlich muß man die für Erwachsene ausgearbeitete Technik der Behandlung für das Kind weitgehend abändern. Das Kind ist psychologisch ein anderes Objekt als der Erwachsene, es besitzt noch kein Über-Ich, die Methode der freien Assoziation trägt nicht weit, die Übertragung spielt, da die realen Eltern noch vorhanden sind, eine andere Rolle. Die inneren Widerstände, die wir beim Erwachsenen bekämpfen, sind beim Kind zumeist durch äußere Schwierigkeiten ersetzt. Wenn sich die Eltern zu Trägern des Widerstandes machen, wird oft das Ziel der Analyse oder diese selbst gefährdet, daher ist es oft notwendig, mit der Analyse des Kindes ein Stück analytischer Beeinflussung der Eltern zu verbinden. Anderseits werden die unvermeidlichen Abweichungen der Kinderanalyse von der Erwachsener durch den Umstand verringert, daß manche unserer Patienten soviel infantile Charakterzüge bewahrt haben, daß der Analytiker wiederum in Anpassung an das Objekt, nicht umhin kam, sich bei ihnen gewisser Techniken der Kinderanalyse zu bedienen. Es hat sich von selbst ergeben, daß die Kinderanalyse die Domäne weiblicher Analytiker geworden ist, und dabei wird es wohl bleiben.

Die Einsicht, daß die meisten unserer Kinder in ihrer Entwicklung eine neurotische Phase durchmachen, trägt den Keim einer hygienischen Forderung in sich. Man kann die Frage aufwerfen, ob es nicht zweckmäßig wäre, dem Kind mit einer Analyse zu Hilfe zu kommen, auch wenn es keine Anzeichen von Störung zeigt, als eine Maßregel der Fürsorge für seine Gesundheit, so wie man heute gesunde Kinder gegen Diphtherie impft, ohne abzuwarten, ob sie an Diphtherie erkranken. Die Diskussion dieser Frage hat heute nur ein akademisches Interesse; ich kann mir gestatten, sie vor Ihnen zu erörtern; der großen Menge unserer Zeitgenossen würde schon das Projekt als ein ungeheurer Frevel erscheinen, und bei der Stellung der meisten Elternpersonen zur Analyse muß man derzeit jede Hoffnung auf dessen Durchführung aufgeben. Eine solche Prophylaxe der Nervosität, die wahrscheinlich sehr wirksam sein würde, setzt auch eine ganz andere Verfassung der Gesellschaft voraus. Das Stichwort für die Anwendung der Psychoanalyse auf die Erziehung fällt heute an anderer Stelle. Machen wir uns klar, was die nächste Aufgabe der Erziehung ist. Das Kind soll Triebbeherrschung lernen. Ihm die Freiheit geben, daß es uneingeschränkt allen seinen Impulsen folgt, ist unmöglich. Es wäre ein sehr lehrreiches Experiment für Kinderpsychologen, aber die Eltern könnten dabei nicht leben und die Kinder selbst würden zu großem Schaden kommen, wie es sich zum Teil sofort, zum anderen Teil in späteren Jahren zeigen würde. Die Erziehung muß also hemmen, verbieten, unterdrücken und hat dies auch zu allen Zeiten reichlich besorgt. Aber aus der Analyse haben wir erfahren, daß gerade diese Triebunterdrückung die Gefahr der neurotischen Erkrankung mit sich bringt. Sie erinnern sich, wir haben eingehend untersucht, auf welchen Wegen dies geschieht[1]. Die Erziehung hat also ihren Weg zu suchen zwischen der Scylla des Gewährenlassens und der Charybdis des Versagens. Wenn die Aufgabe nicht überhaupt unlösbar ist, muß ein Optimum für die Erziehung aufzufinden sein, wie sie am meisten leisten und am wenigsten schaden kann. Es wird sich darum handeln zu entscheiden, wieviel man verbieten darf, zu welchen Zeiten und mit welchen Mitteln. Und dann hat man noch in Rechnung zu setzen, daß die Objekte der erziehlichen Beeinflussung sehr verschiedene konstitutionelle Veranlagungen mitbringen, so daß das nämliche Vorgehen des Erziehers unmöglich für alle Kinder gleich gut sein kann. Die nächste Erwägung lehrt, daß die Erziehung bisher ihre Aufgabe sehr schlecht erfüllt und den Kindern großen Schaden zugefügt hat. Wenn sie das Optimum findet und ihre Aufgabe in idealer Weise löst, dann kann sie hoffen, den einen Faktor in der Ätiologie der Erkrankung, den Einfluß der akzidentellen Kindheitstraumen, auszulöschen. Den anderen, die Macht einer unbotmäßigen Triebkonstitution, kann sie auf keinen Fall beseitigen. Überlegt man nun die schwierigen Aufgaben, die dem Erzieher gestellt sind, die konstitutionelle Eigenart des Kindes zu erkennen, aus kleinen Anzeichen zu erraten, was sich in seinem unfertigen Seelenleben abspielt, ihm das richtige Maß von Liebe zuzuteilen und doch ein wirksames Stück Autorität aufrechtzuhalten, so sagt man sich, die einzig zweckmäßige Vorbereitung für den Beruf des Erziehers ist eine gründliche psychoanalytische Schulung. Am besten ist es, wenn er selbst analysiert worden ist, denn ohne Erfahrung an der eigenen Person kann man sich die Analyse doch nicht zu eigen machen. Die Analyse der Lehrer und Erzieher scheint eine wirksamere prophylaktische Maßregel als die der Kinder selbst, auch setzen sich ihrer Durchführung geringere Schwierigkeiten entgegen.

Nur nebenbei sei einer indirekten Förderung der Kindererziehung durc

[1] [S. insbesondere die 22. und 23. Vorlesung. Das Dilemma der Erziehung wird au S. 356 erörtert.]

die Analyse gedacht, die mit der Zeit zu größerem Einfluß kommen kann. Eltern, die selbst eine Analyse erfahren haben und ihr viel verdanken, darunter die Einsicht in die Fehler ihrer eigenen Erziehung, werden ihre Kinder mit besserem Verständnis behandeln und ihnen vieles ersparen, was ihnen selbst nicht erspart geblieben war. Parallel mit den Bemühungen der Analytiker um die Beeinflussung der Erziehung laufen andere Untersuchungen über die Entstehung und Verhütung der Verwahrlosung und der Kriminalität. Auch hier öffne ich Ihnen nur die Türe und zeige Ihnen die Gemächer dahinter, führe Sie aber nicht hinein. Ich weiß, wenn Ihr Interesse der Psychoanalyse treu bleibt, werden Sie über diese Dinge viel Neues und Wertvolles hören können. Ich mag aber das Thema der Erziehung nicht verlassen, ohne eines bestimmten Gesichtspunktes zu gedenken. Es ist – und gewiß mit Recht – gesagt worden, jede Erziehung sei eine parteiisch gerichtete, strebe an, daß sich das Kind der bestehenden Gesellschaftsordnung einordne, ohne Rücksicht darauf, wie wertvoll oder wie haltbar diese an sich sei. Wenn man von den Mängeln unserer gegenwärtigen sozialen Einrichtungen überzeugt ist, kann man es nicht rechtfertigen, die psychoanalytisch gerichtete Erziehung noch in ihren Dienst zu stellen. Man muß ihr ein anderes, höheres Ziel setzen, das sich von den herrschenden sozialen Anforderungen frei gemacht hat. Ich meine aber, dies Argument ist hier nicht am Platz. Die Forderung geht über die Funktionsberechtigung der Analyse hinaus. Auch der Arzt, der zur Behandlung einer Pneumonie gerufen wird, hat sich nicht darum zu kümmern, ob der Erkrankte ein braver Mann, ein Selbstmörder oder ein Verbrecher ist, ob er verdient am Leben zu bleiben und ob man es ihm wünschen soll. Auch dies andere Ziel, das man der Erziehung setzen will, wird ein parteiisches sein, und es ist nicht Sache des Analytikers, zwischen den Parteien zu entscheiden. Ich sehe ganz ab davon, daß man der Psychoanalyse jeden Einfluß auf die Erziehung verweigern wird, wenn sie sich zu Absichten bekennt, die mit der bestehenden sozialen Ordnung unvereinbar sind. Die psychoanalytische Erziehung nimmt eine ungebetene Verantwortung auf sich, wenn sie sich vorsetzt, ihren Zögling zum Aufrührer zu modeln. Sie hat das ihrige getan, wenn sie ihn möglichst gesund und leistungsfähig entläßt. In ihr selbst sind genug revolutionäre Momente enthalten, um zu versichern, daß der von ihr Erzogene im späteren Leben sich nicht auf die Seite des Rückschritts und der Unterdrückung stellen wird. Ich meine sogar, revolutionäre Kinder sind in keiner Hinsicht wünschenswert.

Meine Damen und Herren! Ich habe noch vor, Ihnen einige Worte über die Psychoanalyse als Therapie zu sagen. Das Theoretische darüber habe ich schon vor 15 Jahren besprochen[1] und kann es heute auch nicht anders formulieren; die Erfahrung dieser Zwischenzeit soll nun auch zu Worte kommen. Sie wissen, die Psychoanalyse ist als Therapie entstanden, sie ist weit darüber hinausgewachsen, hat aber ihren Mutterboden nicht aufgegeben und ist für ihre Vertiefung und Weiterentwicklung immer noch an den Umgang mit Kranken gebunden. Die gehäuften Eindrücke, aus denen wir unsere Theorien entwickeln, können auf andere Weise nicht gewonnen werden. Die Mißerfolge, die wir als Therapeuten erfahren, stellen uns immer wieder neue Aufgaben, die Anforderungen des realen Lebens sind ein wirksamer Schutz gegen das Überwuchern der Spekulation, die wir in unserer Arbeit doch auch nicht entbehren können. Mit welchen Mitteln die Psychoanalyse den Kranken hilft, wenn sie hilft, und auf welchen Wegen, das haben wir schon vor Zeiten erörtert; heute wollen wir fragen, wieviel sie leistet.

Sie wissen vielleicht, ich war nie ein therapeutischer Enthusiast; es ist keine Gefahr, daß ich diesen Vortrag zu Anpreisungen mißbrauche. Ich sage lieber zu wenig als zu viel. Zur Zeit, als ich noch der einzige Analytiker war, pflegte ich von Personen, die meiner Sache angeblich freundlich gesinnt waren, zu hören: Das ist alles recht schön und geistreich, aber zeigen Sie mir einen Fall, den Sie durch Analyse geheilt haben. Das war eine der vielen Formeln, die einander im Lauf der Zeiten in der Funktion abgelöst haben, die unbequeme Neuheit beiseite zu schieben. Sie ist heute ebenso veraltet wie viele andere – der Stoß von Dankbriefen geheilter Patienten findet sich auch in der Mappe des Analytikers. Dabei macht die Analogie nicht halt. Die Psychoanalyse ist wirklich eine Therapie wie andere auch. Sie hat ihre Triumphe wie ihre Niederlagen, ihre Schwierigkeiten, Einschränkungen, Indikationen. Zu einer gewissen Zeit lautete eine Anklage gegen die Analyse, sie sei als Therapie nicht ernst zu nehmen, denn sie getraue sich nicht, eine Statistik ihrer Erfolge bekanntzugeben. Seither hat das von Dr. Max Eitingon gegründete psychoanalytische Institut in Berlin einen Rechenschaftsbericht über sein erstes Jahrzehnt veröffentlicht. Die Heilerfolge geben weder einen Grund, damit zu prahlen, noch sich ihrer zu schämen. Aber solche Statistiken sind überhaupt nicht lehrreich, das verarbeitete Material ist so heterogen, daß nur sehr große Zahlen etwas

[1] [In der 27. und 28. Vorlesung.]

besagen würden. Man tut besser, seine Einzelerfahrungen zu befragen. Da möchte ich sagen, ich glaube nicht, daß unsere Heilerfolge es mit denen von Lourdes aufnehmen können. Es gibt soviel mehr Menschen, die an die Wunder der heiligen Jungfrau, als die an die Existenz des Unbewußten glauben. Wenden wir uns zur irdischen Konkurrenz, so haben wir die psychoanalytische Therapie mit den anderen Methoden der Psychotherapie zusammenzustellen. Organische physikalische Behandlungen neurotischer Zustände braucht man heute kaum zu erwähnen. Als psychotherapeutisches Verfahren steht die Analyse nicht im Gegensatz zu den anderen Methoden dieses ärztlichen Spezialfachs; sie entwertet sie nicht, schließt sie nicht aus. Es ginge in der Theorie sehr gut zusammen, daß ein Arzt, der sich Psychotherapeut nennen will, die Analyse neben alle anderen Heilmethoden bei seinen Kranken verwendet, je nach der Eigenart des Falles und der Gunst oder Ungunst äußerer Verhältnisse. In der Wirklichkeit ist es die Technik, die die Spezialisierung der ärztlichen Tätigkeit erzwingt. So mußten sich auch Chirurgie und Orthopädie voneinander sondern. Die psychoanalytische Tätigkeit ist schwierig und anspruchsvoll, sie läßt sich nicht gut handhaben wie die Brille, die man beim Lesen aufsetzt und fürs Spazierengehen ablegt. In der Regel hat die Psychoanalyse den Arzt entweder ganz oder gar nicht. Die Psychotherapeuten, die sich gelegentlich auch der Analyse bedienen, stehen nach meiner Kenntnis nicht auf sicherem analytischen Boden; sie haben nicht die ganze Analyse angenommen, sondern sie verwässert, vielleicht »entgiftet«; man kann sie nicht zu den Analytikern zählen. Ich meine, das ist bedauerlich; aber ein Zusammenwirken in der ärztlichen Tätigkeit eines Analytikers mit einem Psychotherapeuten, der sich auf die anderen Methoden des Fachs beschränkt, wäre durchaus zweckmäßig.

Mit den anderen Verfahren der Psychotherapie verglichen, ist die Psychoanalyse das über jeden Zweifel mächtigste. Es ist auch recht und billig so, sie ist auch das mühevollste und zeitraubendste, man wird sie in leichten Fällen nicht anwenden; man kann mit ihr in geeigneten Fällen Störungen beseitigen, Änderungen hervorrufen, auf die man in voranalytischen Zeiten nicht zu hoffen wagte. Aber sie hat auch ihre sehr fühlbaren Schranken. Der therapeutische Ehrgeiz mancher meiner Anhänger hat sich die größte Mühe gegeben, über diese Hindernisse hinwegzukommen, so daß alle neurotischen Störungen durch die Psychoanalyse heilbar würden. Sie haben versucht, die analytische Arbeit in eine verkürzte Dauer zu zwängen, die Übertragung so zu steigern, daß sie allen Widerständen überlegen wird, andere Arten der Beeinflussung mit ihr zu vereinigen, um die Heilung zu erzwingen. Diese Bemühungen sind gewiß lobenswert, aber ich meine, sie sind vergeblich. Sie bringen auch die Gefahr mit sich, daß man selbst aus der Analyse hinausgedrängt wird und in ein uferloses Experimentieren gerät[1]. Die Erwartung, alles Neurotische heilen zu können, ist mir der Abkunft verdächtig von jenem Laienglauben, daß die Neurosen etwas ganz Überflüssiges sind, was überhaupt kein Recht hat zu existieren. In Wahrheit sind sie schwere, konstitutionell fixierte Affektionen, die sich selten auf einige Ausbrüche beschränken, meist über lange Lebensperioden oder das ganze Leben anhalten. Die analytische Erfahrung, daß man sie weitgehend beeinflussen kann, wenn man sich der historischen Krankheitsanlässe und der akzidentellen Hilfsmomente bemächtigt, hat uns veranlaßt, den konstitutionellen Faktor in der therapeutischen Praxis zu vernachlässigen; wir können ihm ja auch nichts anhaben; in der Theorie sollten wir seiner immer gedenken. Schon die durchgängige Unzugänglichkeit der Psychosen für die analytische Therapie sollte bei deren naher Verwandtschaft mit den Neurosen unsere Ansprüche bei diesen letzteren einschränken. Die therapeutische Wirksamkeit der Psychoanalyse bleibt durch eine Reihe von bedeutsamen und kaum angreifbaren Momenten beengt. Beim Kind, wo man auf die größten Erfolge rechnen könnte, sind es die äußerlichen Schwierigkeiten der Elternsituation, die aber doch zum Kindsein gehören. Beim Erwachsenen sind es in erster Linie zwei Momente, das Maß von psychischer Erstarrung und die Krankheitsform mit allem, was sie an tieferen Bestimmungen deckt. Das erste Moment wird mit Unrecht oft übersehen. So groß die Plastizität des seelischen Lebens und die Möglichkeit der Auffrischung alter Zustände auch ist, es läßt sich nicht alles wieder beleben. Manche Veränderungen scheinen endgültig, entsprechen Narbenbildungen nach abgelaufenen Prozessen. Andere Male empfängt man den Eindruck einer allgemeinen Erstarrung des Seelenlebens; die psychischen Vorgänge, die man seh wohl auf andere Wege weisen könnte, scheinen unfähig, die alten Weg zu verlassen. Aber vielleicht ist das dasselbe wie vorhin, nur ander gesehen. Gar zu häufig glaubt man zu verspüren, daß es der Therapi nur an der erforderlichen Triebkraft fehlt, um die Änderung durch zusetzen. Eine bestimmte Abhängigkeit, eine gewisse Triebkomponent ist zu stark im Vergleich mit den Gegenkräften, die wir mobil mache

[1] [Es ist möglich, daß Freud hier an seinen Freund Ferenczi gedacht hat.]

können. Ganz allgemein ist es so bei den Psychosen. Wir verstehen sie soweit, daß wir wohl wüßten, wo die Hebel anzusetzen wären, aber sie könnten die Last nicht bewegen. Hier knüpft sogar die Zukunftshoffnung an, daß die Kenntnis der Hormonwirkungen – Sie wissen, was das ist – uns die Mittel leiht, mit den quantitativen Faktoren der Erkrankungen erfolgreich zu ringen, aber heute sind wir davon weit entfernt. Ich verstehe, daß die Unsicherheit in all diesen Verhältnissen einen ständigen Antrieb gibt, die Technik der Analyse und besonders der Übertragung zu vervollkommnen. Besonders der Anfänger in der Analyse wird bei einem Mißerfolg im Zweifel bleiben, ob er die Eigenheiten des Falles oder seine ungeschickte Handhabung des therapeutischen Verfahrens beschuldigen soll. Aber ich sagte schon, ich glaube nicht, daß man durch die Bemühungen nach dieser Richtung viel erreichen kann.

Die andere Einschränkung der analytischen Erfolge wird durch die Krankheitsform gegeben. Sie wissen schon, das Anwendungsgebiet der analytischen Therapie sind die Übertragungsneurosen, Phobien, Hysterien, Zwangsneurosen, außerdem noch Abnormitäten des Charakters, die an Stelle solcher Erkrankungen entwickelt worden sind. Alles, was anders ist, narzißtische, psychotische Zustände, ist mehr oder weniger ungeeignet. Nur wäre es ja durchaus legitim, sich durch sorgfältige Ausschließung solcher Fälle vor Mißerfolgen zu schützen. Die Statistiken der Analyse würden durch diese Vorsicht eine große Aufbesserung erfahren. Ja, aber das hat einen Haken. Unsere Diagnosen erfolgen sehr häufig erst nachträglich, sie sind von der Art wie die Hexenprobe des Schottenkönigs, von der ich bei Victor Hugo gelesen habe. Dieser König behauptete, im Besitz einer unfehlbaren Methode zu sein, um eine Hexe zu erkennen. Er ließ sie in einem Kessel kochenden Wassers abbrühen und kostete dann die Suppe. Danach konnte er sagen: das war eine Hexe, oder: nein, das war keine. Ähnlich ist es bei uns, nur daß wir die Geschädigten sind. Wir können den Patienten, der zur Behandlung, oder ebenso den Kandidaten, der zur Ausbildung kommt, nicht beurteilen, ehe wir ihn durch einige Wochen oder Monate analytisch studiert haben. Wir kaufen tatsächlich die Katze im Sack. Der Patient brachte unbestimmte, allgemeine Beschwerden mit, die eine sichere Diagnose nicht gestatteten. Nach dieser Probezeit mag sich herausstellen, daß es ein ungeeigneter Fall ist. Wir schicken dann den Kandidaten weg, versuchen dann beim Patienten noch eine Weile, ob wir ihn nicht in güstigerem Licht sehen können. Der Patient rächt sich dadurch, daß er die Liste unserer Mißerfolge vergrößert, der abgewiesene Kandidat, wenn er ein Paranoider ist, etwa indem er selbst psychoanalytische Bücher verfaßt. Sie sehen, unsere Vorsicht hat uns nichts genützt.

Ich besorge, diese detaillierten Ausführungen gehen über Ihr Interesse hinaus. Aber noch mehr müßte es mir leid tun, wenn Sie meinen sollten, es sei meine Absicht, Ihre Achtung vor der Psychoanalyse als Therapie herabzusetzen. Vielleicht habe ich es wirklich ungeschickt angefangen; ich wollte nämlich das Gegenteil, die therapeutischen Beschränkungen der Analyse durch den Hinweis auf deren Unvermeidlichkeit entschuldigen. In derselben Absicht wende ich mich zu einem anderen Punkt, zum Vorwuf, daß die analytische Behandlung unverhältnismäßig lange Zeiten in Anspruch nimmt. Darauf ist zu sagen, psychische Veränderungen vollziehen sich eben nur langsam; wenn sie rasch, plötzlich eintreten, ist es ein übles Zeichen. Es ist wahr, die Behandlung einer schwereren Neurose zieht sich leicht über mehrere Jahre, aber legen Sie sich im Fall des Erfolgs die Frage vor, wie lange das Leiden gedauert hätte. Wahrscheinlich ein Dezennium für jedes Jahr Behandlung, das heißt das Kranksein wäre, wie wir es so oft an unbehandelten Kranken sehen, überhaupt nie erloschen. In manchen Fällen haben wir Grund, eine Analyse nach vielen Jahren wieder aufzunehmen, das Leben hatte auf neue Anlässe neue krankhafte Reaktionen entwickelt, in der Zwischenzeit war unser Patient gesund gewesen. Die erste Analyse hatte eben nicht alle seine pathologischen Dispositionen zum Vorschein gebracht, und es war natürlich, daß die Analyse eingestellt wurde, nachdem der Erfolg erreicht war. Es gibt auch schwer benachteiligte Menschen, die man ihr ganzes Leben über in analytischer Obhut hält und von Zeit zu Zeit wieder in Analyse nimmt, aber diese Personen wären sonst überhaupt nicht existenzfähig, und man muß froh sein, daß man sie mit dieser fraktionierten und rekurrierenden Behandlung aufrecht halten kann. Auch die Analyse von Charakterstörungen nimmt lange Behandlungszeiten in Anspruch, aber sie ist oft erfolgreich, und kennen Sie eine andere Therapie, mit der man diese Aufgabe auch nur in Angriff nehmen könnte? Therapeutischer Ehrgeiz mag sich durch diese Angaben unbefriedigt fühlen, allein wir haben am Beispiel der Tuberkulose und des Lupus gelernt, daß man Erfolg erst haben kann, wenn man die Therapie den Charakteren des Leidens angepaßt hat.

Ich sagte Ihnen, die Psychoanalyse begann als eine Therapie, aber nicht als Therapie wollte ich sie Ihrem Interesse empfehlen, sondern wegen ihres Wahrheitsgehalts, wegen der Aufschlüsse, die sie uns gibt über das, was dem Menschen am nächsten geht, sein eigenes Wesen, und wegen der Zusammenhänge, die sie zwischen den verschiedensten seiner Betätigungen aufdeckt. Als Therapie ist sie eine unter vielen, freilich eine *prima inter pares*. Wenn sie nicht ihren therapeutischen Wert hätte, wäre sie nicht an Kranken gefunden und durch mehr als dreißig Jahre entwickelt worden.

ÜBER EINE WELTANSCHAUUNG[1]

Meine Damen und Herren! Bei unserem letzten Beisammensein haben wir uns mit kleinen Alltagssorgen beschäftigt, gleichsam unser bescheidenes eigenes Haus bestellt. Nun wollen wir einen kühnen Anlauf nehmen und uns an die Beantwortung einer Frage wagen, die wiederholt von anderer Seite gestellt worden ist, ob die Psychoanalyse zu einer bestimmten Weltanschauung führt und zu welcher.

Weltanschauung ist, besorge ich, ein spezifisch deutscher Begriff, dessen Übersetzung in fremde Sprachen Schwierigkeiten machen dürfte. Wenn ich eine Definition davon versuche, wird sie Ihnen gewiß ungeschickt erscheinen. Ich meine also, eine Weltanschauung ist eine intellektuelle Konstruktion, die alle Probleme unseres Daseins aus einer übergeordneten Annahme einheitlich löst, in der demnach keine Frage offen bleibt und alles, was unser Interesse hat, seinen bestimmten Platz findet. Es ist leicht zu verstehen, daß der Besitz einer solchen Weltanschauung zu den Idealwünschen der Menschen gehört. Im Glauben an sie kann man sich im Leben sicher fühlen, wissen, was man anstreben soll, wie man seine Affekte und Interessen am zweckmäßigsten unterbringen kann.

Wenn das der Charakter einer Weltanschauung ist, so wird die Antwort für die Psychoanalyse leicht. Als eine Spezialwissenschaft, ein Zweig der Psychologie, – Tiefenpsychologie oder Psychologie des Unbewußten, – ist sie ganz ungeeignet, eine eigene Weltanschauung zu bilden, sie muß die der Wissenschaft annehmen. Die wissenschaftliche Weltanschauung entfernt sich aber bereits merklich von unserer Definition. Die *Einheitlichkeit* der Welterklärung wird zwar auch von ihr angenommen, aber nur als ein Programm, dessen Erfüllung in die Zukunft verschoben ist. Sonst ist sie durch negative Charaktere ausgezeichnet, durch die Einschränkung auf das derzeit Wißbare und die scharfe Ablehnung gewisser, ihr fremder Elemente. Sie behauptet, daß es keine andere Quelle der Weltkenntnis gibt als die intellektuelle Bearbeitung sorgfältig überprüfter Beobachtungen, also was man Forschung heißt, daneben keine Kenntnis aus Offenbarung, Intuition oder Divination. Es scheint, daß

[1] [Freud hatte das Thema dieser Vorlesung schon in einer Passage am Schluß de[s] II. Kapitels von *Hemmung, Symptom und Angst* (1926 *d*) angeschnitten.]

diese Auffassung in den letztvergangenen Jahrhunderten der allgemeinen Anerkennung sehr nahe war. Unserem Jahrhundert blieb es vorbehalten, den überheblichen Einwand zu finden, eine solche Weltanschauung sei ebenso armselig wie trostlos, übersehe die Ansprüche des Menschengeistes und die Bedürfnisse der menschlichen Seele.

Man kann diesen Einwand nicht energisch genug zurückweisen. Er ist ganz haltlos, denn Geist und Seele sind in genau der nämlichen Weise Objekte der wissenschaftlichen Forschung wie irgendwelche menschenfremden Dinge. Die Psychoanalyse hat ein besonderes Anrecht, hier das Wort für die wissenschaftliche Weltanschauung zu führen, weil man ihr nicht den Vorwurf machen kann, daß sie das Seelische im Weltbild vernachlässigt habe. Ihr Beitrag zur Wissenschaft besteht gerade in der Ausdehnung der Forschung auf das seelische Gebiet. Ohne eine solche Psychologie wäre allerdings die Wissenschaft sehr unvollständig. Nimmt man aber die Erforschung der intellektuellen und emotionellen Funktionen des Menschen (und der Tiere) in die Wissenschaft auf, so zeigt sich, daß an der Gesamteinstellung der Wissenschaft nichts geändert wird, es ergeben sich keine neuen Quellen des Wissens oder Methoden des Forschens. Intuition und Divination wären solche, wenn sie existierten, aber man darf sie beruhigt zu den Illusionen rechnen, den Erfüllungen von Wunschregungen. Man erkennt auch leicht, daß jene Anforderungen an eine Weltanschauung nur affektiv begründet sind. Die Wissenschaft nimmt zur Kenntnis, daß das menschliche Seelenleben solche Forderungen erschafft, ist bereit, deren Quellen nachzuprüfen, hat aber nicht den geringsten Anlaß, sie als berechtigt anzuerkennen. Sie sieht sich im Gegenteil gemahnt, alles was Illusion, Ergebnis solcher Affektforderung ist, sorgfältig vom Wissen zu scheiden.

Das bedeutet keineswegs, diese Wünsche verächtlich beiseite zu schieben oder ihren Wert fürs Menschenleben zu unterschätzen. Man ist bereit zu verfolgen, welche Erfüllungen dieselben sich in den Leistungen der Kunst, in den Systemen der Religion und der Philosophie geschaffen haben, aber man kann doch nicht übersehen, daß es unrechtmäßig und in hohem Grade unzweckmäßig wäre, die Übertragung dieser Ansprüche auf das Gebiet der Erkenntnis zuzulassen. Denn damit öffnet man die Wege, die ins Reich der Psychose, sei es der individuellen oder der Massenpsychose, führen, und entzieht jenen Strebungen wertvolle Energien, die sich der Wirklichkeit zuwenden, um, soweit es möglich ist, Wünsche und Bedürfnisse in ihr zu befriedigen.

Vom Standpunkt der Wissenschaft aus ist es unvermeidlich, hier Kritik zu üben und mit Ablehnungen und Zurückweisungen vorzugehen. Es ist unzulässig zu sagen, die Wissenschaft ist ein Gebiet menschlicher Geistestätigkeit, Religion und Philosophie sind andere, ihr zum mindesten gleichwertig, und die Wissenschaft hat diesen beiden nichts dareinzureden; sie haben alle gleichen Anspruch auf Wahrheit, und jedem Menschen steht es frei, zu wählen, woher er seine Überzeugung nehmen und wohin er seinen Glauben verlegen will. Eine solche Anschauung gilt als besonders vornehm, tolerant, umfassend und frei von engherzigen Vorurteilen. Leider ist sie nicht haltbar, sie hat Anteil an allen Schädlichkeiten einer ganz unwissenschaftlichen Weltanschauung und kommt ihr praktisch gleich. Es ist nun einmal so, daß die Wahrheit nicht tolerant sein kann, keine Kompromisse und Einschränkungen zuläßt, daß die Forschung alle Gebiete menschlicher Tätigkeit als ihr eigen betrachtet und unerbittlich kritisch werden muß, wenn eine andere Macht ein Stück davon für sich beschlagnahmen will.

Von den drei Mächten, die der Wissenschaft Grund und Boden bestreiten können, ist die Religion allein der ernsthafte Feind. Die Kunst ist fast immer harmlos und wohltätig, sie will nichts anderes sein als Illusion. Außer bei wenigen Personen, die, wie man sagt, von der Kunst besessen sind, wagt sie keine Übergriffe ins Reich der Realität. Die Philosophie ist der Wissenschaft nicht gegensätzlich, sie gebärdet sich selbst wie eine Wissenschaft, arbeitet zum Teil mit den gleichen Methoden, entfernt sich aber von ihr, indem sie an der Illusion festhält, ein lückenloses und zusammenhängendes Weltbild liefern zu können, das doch bei jedem neuen Fortschritt unseres Wissens zusammenbrechen muß. Methodisch geht sie darin irre, daß sie den Erkenntniswert unserer logischen Operationen überschätzt und etwa noch andere Wissensquellen wie die Intuition anerkennt. Und oft genug meint man, der Spott des Dichters (H. Heine) sei nicht unberechtigt, wenn er vom Philosophen sagt:

»Mit seinen Nachtmützen und Schlafrockfetzen
Stopft er die Lücken des Weltenbaus.«[1]

Aber die Philosophie hat keinen unmittelbaren Einfluß auf die große Menge von Menschen, sie ist das Interesse einer geringen Anzahl selbst von der dünnen Oberschicht der Intellektuellen, für alle anderen kaum faßbar. Dahingegen ist die Religion eine ungeheure Macht, die über

[1] [›Die Heimkehr‹, LVIII.]

die stärksten Emotionen der Menschen verfügt. Es ist bekannt, daß sie früher einmal alles umfaßte, was als Geistigkeit im Menschenleben eine Rolle spielt, daß sie die Stelle der Wissenschaft einnahm, als es noch kaum eine Wissenschaft gab, und daß sie eine Weltanschauung von unvergleichlicher Folgerichtigkeit und Geschlossenheit geschaffen hat, die, wiewohl erschüttert, heute noch fortbesteht.

Will man sich vom großartigen Wesen der Religion Rechenschaft geben, so muß man sich vorhalten, was sie den Menschen zu leisten unternimmt. Sie gibt ihnen Aufschluß über Herkunft und Entstehung der Welt, sie versichert ihnen Schutz und endliches Glück in den Wechselfällen des Lebens, und sie lenkt ihre Gesinnungen und Handlungen durch Vorschriften, die sie mit ihrer ganzen Autorität vertritt. Sie erfüllt also drei Funktionen. In der ersten befriedigt sie die menschliche Wißbegierde, tut dasselbe, was mit ihren Mitteln die Wissenschaft versucht, und tritt hier in Rivalität mit ihr. Ihrer zweiten Funktion verdankt sie wohl den größten Anteil ihres Einflusses. Wenn sie die Angst der Menschen vor den Gefahren und Wechselfällen des Lebens beschwichtigt, sie des guten Ausganges versichert, ihnen Trost im Unglück spendet, kann die Wissenschaft es nicht mit ihr aufnehmen. Diese lehrt zwar, wie man gewisse Gefahren vermeiden, manche Leiden erfolgreich bekämpfen kann; es wäre sehr unrecht zu bestreiten, daß sie den Menschen eine mächtige Helferin ist, aber in vielen Lagen muß sie den Menschen seinem Leid überlassen und weiß ihm nur zur Unterwerfung zu raten. In ihrer dritten Funktion, wenn sie Vorschriften gibt, Verbote und Einschränkungen erläßt, entfernt sie sich von der Wissenschaft am meisten. Denn diese begnügt sich damit, zu untersuchen und festzustellen. Aus ihren Anwendungen leiten sich allerdings Regeln und Ratschläge für das Verhalten im Leben ab. Unter Umständen sind es dieselben, die von der Religion geboten werden, aber dann mit anderer Begründung.

Das Zusammentreffen dieser drei Inhalte der Religion ist nicht ganz durchsichtig. Was soll die Aufklärung über die Entstehung der Welt mit der Einschärfung bestimmter ethischer Vorschriften zu tun haben? Die Zusicherungen von Schutz und Beglückung sind mit den ethischen Anforderungen inniger verknüpft. Sie sind der Lohn für die Erfüllung dieser Gebote; nur wer sich ihnen fügt, darf auf diese Wohltaten rechnen, auf den Ungehorsamen warten Strafen. Übrigens gibt es bei der Wissenschaft etwas Ähnliches. Wer ihre Anwendungen mißachtet, meint sie, setzt sich Schädigungen aus.

Man versteht das merkwürdige Zusammensein von Belehrung, Tröstung und Anforderung in der Religion erst, wenn man diese einer genetischen Analyse unterzieht. Diese darf von dem auffälligsten Punkt des Ensembles, von der Belehrung über die Weltentstehung ausgehen, denn warum sollte eine Kosmogonie ein regelmäßiger Bestandteil des religiösen Systems sein? Die Lehre ist also, daß die Welt von einem menschenähnlichen, aber in allen Stücken, Macht, Weisheit, Stärke der Leidenschaft vergrößerten Wesen, einem idealisierten Übermenschen geschaffen wurde. Tiere als Weltschöpfer weisen auf den Einfluß des Totemismus hin, den wir später wenigstens mit einer Bemerkung streifen werden. Es ist interessant, daß dieser Weltschöpfer immer nur einer ist, auch wo an viele Götter geglaubt wird. Ebenso, daß es zumeist ein Mann ist, obwohl es keineswegs an Andeutungen weiblicher Gottheiten fehlt und manche Mythologien die Weltschöpfung gerade damit beginnen lassen, daß ein Manngott eine weibliche Gottheit[1], die zum Ungeheuer erniedrigt ist, beseitigt. Die interessantesten Einzelprobleme schließen hier an, aber wir müssen eilen. Der weitere Weg ist uns leicht kenntlich gemacht, indem dieser Gott-Schöpfer direkt Vater geheißen wird. Die Psychoanalyse schließt, es ist wirklich der Vater, so großartig, wie er einmal dem kleinen Kind erschienen war. Der religiöse Mensch stellt sich die Schöpfung der Welt so vor wie seine eigene Entstehung.

Dann erklärt sich leicht, wie die tröstlichen Versicherungen und die strengen ethischen Forderungen mit der Kosmogonie zusammenkommen. Denn dieselbe Person, der das Kind seine Existenz verdankt, der Vater (richtiger wohl, die aus Vater und Mutter zusammengesetzte Elterninstanz), hat auch das schwache, hilflose, allen in der Außenwelt lauernden Gefahren ausgesetzte Kind beschützt und bewacht; in seiner Obhut hat es sich sicher gefühlt. Selbst erwachsen geworden, weiß sich der Mensch zwar im Besitz größerer Kräfte, aber auch seine Einsicht in die Gefahren des Lebens hat zugenommen, und er schließt mit Recht daß er im Grunde noch ebenso hilflos und ungeschützt geblieben is wie in der Kindheit, daß er der Welt gegenüber noch immer Kind ist Er mag also auch jetzt nicht auf den Schutz verzichten, den er als Kin genossen hat. Längst hat er aber auch erkannt, daß sein Vater ein i seiner Macht eng beschränktes, nicht mit allen Vorzügen aus gestattetes Wesen ist. Darum greift er auf das Erinnerungsbild des vo

[1] [Über weibliche Gottheiten sagt Freud erheblich mehr in *Der Mann Moses und d monotheistische Religion* (1939*a*), III. Aufsatz, I. Teil, Abschnitt D.]

ihm so überschätzten Vaters der Kinderzeit zurück, erhebt es zur Gottheit und rückt es in die Gegenwart und in die Realität. Die affektive Stärke dieses Erinnerungsbildes und die Fortdauer seiner Schutzbedürftigkeit tragen miteinander seinen Glauben an Gott.

Auch der dritte Hauptpunkt des religiösen Programms, die ethische Forderung, fügt sich ungezwungen in diese Kindheitssituation ein. Ich erinnere Sie an den berühmten Ausspruch Kants, der den gestirnten Himmel und das Sittengesetz in unserer Brust in einem Atem nennt [vgl. S. 500 oben]. So befremdend diese Zusammenstellung klingt, – denn was mögen die Himmelskörper mit der Frage zu tun haben, ob ein Menschenkind ein anderes liebt oder totschlägt? – so streift sie doch an eine große psychologische Wahrheit. Derselbe Vater (die Elterninstanz), der dem Kind das Leben gegeben und es vor den Gefahren desselben behütet hat, belehrte es auch, was es tun darf und was es unterlassen soll, wies es an, sich bestimmte Einschränkungen seiner Triebwünsche gefallen zu lassen, ließ es wissen, welche Rücksichten auf Eltern und Geschwister von ihm erwartet werden, wenn es ein geduldetes und gern gesehenes Mitglied des Familienkreises und später größerer Verbände werden will. Durch ein System von Liebesprämien und Strafen wird das Kind zur Kenntnis seiner sozialen Pflichten erzogen, wird es belehrt, daß seine Lebenssicherheit davon abhängt, daß die Eltern und dann auch die Anderen es lieben und an seine Liebe zu ihnen glauben können. Alle diese Verhältnisse trägt dann der Mensch unverändert in die Religion ein. Die Verbote und Forderungen der Eltern leben als sittliches Gewissen in seiner Brust weiter; mit Hilfe desselben Systems von Lohn und Strafe regiert Gott die Menschenwelt, von der Erfüllung der ethischen Forderungen hängt es ab, welches Maß von Schutz und Glücksbefriedigung dem Einzelnen zugewiesen wird; in der Liebe zu Gott und im Bewußtsein, von ihm geliebt zu werden, ist die Sicherheit begründet, mit der man sich gegen die Gefahren der Außenwelt wie der menschlichen Mitwelt wappnet. Endlich hat man sich im Gebet einen direkten Einfluß auf den göttlichen Willen und damit einen Anteil an der göttlichen Allmacht gesichert.

Ich weiß, während Sie mir zuhörten, haben sich Ihnen zahlreiche Fragestellungen aufgedrängt, auf die Sie gerne die Antwort hören möchten. Ich kann es hier und heute nicht unternehmen, aber ich bin zuversichtlich, daß keine dieser Detailuntersuchungen unseren Satz erschüttern würde, die religiöse Weltanschauung sei durch die Situation unserer

Kindheit determiniert. Umso merkwürdiger dann, daß sie trotz ihres infantilen Charakters doch einen Vorläufer hat. Es gab ohne Zweifel eine Zeit ohne Religion, ohne Götter. Man heißt sie den Animismus. Die Welt war auch damals voll von menschenähnlichen geistigen Wesen, Dämonen nennen wir sie, alle Objekte der Außenwelt waren der Sitz von ihnen oder vielleicht identisch mit ihnen, aber es gab keine Übermacht, die sie alle erschaffen hatte und auch weiter beherrschte und an die man sich um Schutz und Abhilfe wenden konnte. Die Dämonen des Animismus waren dem Menschen zumeist feindlich gesinnt, aber es scheint, daß der Mensch sich damals mehr zutraute als später. Er litt gewiß beständig unter schwerster Angst vor diesen bösen Geistern, aber er erwehrte sich ihrer durch bestimmte Handlungen, denen er die Kraft zuschrieb, sie zu verjagen. Auch hielt er sich sonst nicht für machtlos. Wenn er an die Natur einen Wunsch zu stellen hatte, z. B. Regen wollte, so richtete er nicht ein Gebet an den Wettergott, sondern er übte einen Zauber, von dem er eine direkte Beeinflussung der Natur erwartete, machte selbst etwas dem Regen ähnliches. Im Kampf gegen die Mächte der Umwelt war seine erste Waffe die *Magie*, die erste Vorläuferin unserer heutigen Technik. Wir nehmen an, daß das Vertrauen in die Magie sich von der Überschätzung der eigenen intellektuellen Operationen ableitet, von dem Glauben an die »Allmacht der Gedanken«, den wir übrigens bei unseren Zwangsneurotikern wiederfinden[1]. Wir könnten uns vorstellen, daß die Menschen jener Zeit besonders stolz auf ihre Erwerbungen in der Sprache waren, mit denen eine große Erleichterung des Denkens einhergehen mußte. Sie verliehen dem Wort Zauberkraft. Dieser Zug wurde später von der Religion übernommen. »Und Gott sprach: es werde Licht, und es ward Licht.« Übrigens zeigt die Tatsache der magischen Handlungen, daß der animistische Mensch sich nicht einfach auf die Kraft seiner Wünsche verließ. Er erwartete den Erfolg vielmehr von der Ausführung eines Aktes, der die Natur zur Nachahmung veranlassen sollte. Wenn er Regen wollte, schüttete er selbst Wasser aus; wenn er den Boden zur Fruchtbarkeit anregen wollte, gab er ihm das Schauspiel eines Geschlechtsverkehrs auf dem Felde.

Sie wissen, wie schwer etwas untergeht, was sich einmal psychischen Ausdruck verschafft hat. Sie werden also nicht überrascht sein zu hören, daß viele Äußerungen des Animismus sich bis auf den heutigen Tag erhalten haben, meist als sogenannter Aberglaube, neben und hin-

---

[1] [S. hierzu den dritten Aufsatz in *Totem und Tabu* (1912–13), besonders Abschnitt 3.

ter der Religion. Aber mehr noch, Sie werden das Urteil kaum abweisen können, daß unsere Philosophie wesentliche Züge der animistischen Denkweise bewahrt hat, die Überschätzung des Wortzaubers, den Glauben, daß die realen Vorgänge in der Welt die Wege gehen, die unser Denken ihnen anweisen will. Es wäre freilich ein Animismus ohne magische Handlungen. Anderseits dürfen wir erwarten, daß es schon in jenem Zeitalter irgendeine Art von Ethik gegeben hat, Vorschriften für den Verkehr der Menschen untereinander, aber nichts spricht dafür, daß sie inniger an den animistischen Glauben geknüpft waren. Wahrscheinlich waren sie der unmittelbare Ausdruck der Machtverhältnisse und praktischen Bedürfnisse.

Was den Übergang vom Animismus zur Religion erzwungen hat, wäre sehr wissenswert, aber Sie können sich vorstellen, welches Dunkel heute noch diese Urzeiten der Entwicklungsgeschichte des Menschengeistes verhüllt. Es scheint Tatsache, daß die erste Erscheinungsform der Religion der merkwürdige Totemismus war, die Tierverehrung, in dessen Gefolge auch die ersten ethischen Gebote, die Tabus, auftraten. Ich habe seinerzeit in einem Buche *Totem und Tabu* [1912–13] eine Vermutung ausgearbeitet, die diese Wandlung auf einen Umsturz in den Verhältnissen der menschlichen Familie zurückführt. Die Hauptleistung der Religion im Vergleich zum Animismus liegt in der psychischen Bindung der Dämonenangst. Doch hat sich als Überlebsel der Vorzeit der böse Geist eine Stelle im System der Religion gewahrt.

Ist dies die Vorgeschichte der religiösen Weltanschauung, so wenden wir uns jetzt zu dem, was seither geschehen und noch unter unseren Augen vor sich geht. Der wissenschaftliche Geist, an der Beobachtung der Naturvorgänge erstarkt, hat im Laufe der Zeiten begonnen, die Religion wie eine menschliche Angelegenheit zu behandeln und sie einer kritischen Prüfung zu unterziehen. Der konnte sie nicht standhalten. Es waren zunächst ihre Wunderberichte, die Befremden und Unglauben hervorriefen, weil sie allem widersprachen, was die nüchterne Beobachtung gelehrt hatte, und überdeutlich den Einfluß menschlicher Phantasietätigkeit verrieten. Dann mußten ihre Lehren zur Erklärung der bestehenden Welt Ablehnung finden, denn sie zeugten von einer Unwissenheit, die den Stempel alter Zeiten an sich trug und der man sich dank gesteigerter Vertrautheit mit den Naturgesetzen überlegen wußte. Daß die Welt durch Zeugungs- oder Schöpfungsakte entstanden sein sollte, analog der Entstehung des einzelnen Menschen, erschien nicht mehr als die nächste, selbstverständliche Annahme, seitdem sich dem Denken die Unterscheidung von belebten und seelenvollen Wesen und einer unbelebten Natur aufgedrängt hatte, mit der das Festhalten am ursprünglichen Animismus unmöglich wurde. Nicht zu übersehen ist auch der Einfluß des vergleichenden Studiums verschiedener religiöser Systeme und der Eindruck ihrer gegenseitigen Ausschließung und ihrer Intoleranz gegeneinander.

An diesen Vorübungen erstarkt, hat der wissenschaftliche Geist endlich den Mut gewonnen, sich an die Prüfung der bedeutsamsten und affektiv wertvollsten Stücke der religiösen Weltanschauung zu wagen. Man hätte es immer sehen können, aber man getraute sich erst spät es auszusprechen, daß auch die Behauptungen der Religion, die dem Menschen Schutz und Glück versprechen, wenn er nur gewisse ethische Anforderungen erfüllt, sich als unglaubwürdig erweisen. Es scheint nicht zuzutreffen, daß es eine Macht im Weltall gibt, die mit elterlicher Sorgfalt über das Wohlergehen des Einzelnen wacht und alles, was ihn betrifft, zu glücklichem Ende leitet. Vielmehr sind die Schicksale der Menschen weder mit der Annahme der Weltgüte noch mit der – ihr zum Teil widersprechenden – einer Weltgerechtigkeit zu vereinen. Erdbeben, Sturmfluten, Feuersbrünste machen keinen Unterschied zwischen dem Guten und Frommen und dem Bösewicht oder dem Ungläubigen. Auch wo nicht die unbelebte Natur in Betracht kommt und insoferne das Schicksal des einzelnen Menschen von seinen Beziehungen zu den anderen Menschen abhängt, ist es keineswegs die Regel, daß die Tugend belohnt wird und das Böse seine Strafe findet, sondern oft genug reißt der Gewalttätige, Schlaue, Rücksichtslose die beneideten Güter der Welt an sich und der Fromme geht leer aus. Dunkle, fühllose und lieblose Mächte bestimmen das menschliche Schicksal; das System von Belohnungen und Strafen, dem die Religion die Weltherrschaft zugeschrieben hat, scheint nicht zu existieren. Hier ist wiederum ein Anlaß, ein Stück der Beseelung, das sich aus dem Animismus in die Religion gerettet hatte, fallenzulassen.

Den letzten Beitrag zur Kritik der religiösen Weltanschauung hat die Psychoanalyse geleistet, indem sie auf den Ursprung der Religion aus der kindlichen Hilflosigkeit hinwies und ihre Inhalte aus den ins reife Leben fortgesetzten Wünschen und Bedürfnissen der Kinderzeit ableitete. Das bedeutete nicht gerade eine Widerlegung der Religion, aber es war doch eine notwendige Abrundung unseres Wissens um sie und wenigstens in einem Punkt ein Widerspruch, da sie selbst göttliche Abkunft für sich in Anspruch nimmt. Freilich hat sie damit nicht unrecht, wenn man unsere Deutung Gottes annimmt.

Das zusammenfassende Urteil der Wissenschaft über die religiöse Weltanschauung lautet also: Während die einzelnen Religionen miteinander hadern, welche von ihnen im Besitz der Wahrheit sei, meinen wir, daß der Wahrheitsgehalt der Religion überhaupt vernachlässigt werden darf. Religion ist ein Versuch, die Sinneswelt, in die wir gestellt sind, mittels der Wunschwelt zu bewältigen, die wir infolge biologischer und psychologischer Notwendigkeiten in uns entwickelt haben. Aber sie kann es nicht leisten. Ihre Lehren tragen das Gepräge der Zeiten, in denen sie entstanden sind, der unwissenden Kinderzeiten der Menschheit. Ihre Tröstungen verdienen kein Vertrauen. Die Erfahrung lehrt uns: Die Welt ist keine Kinderstube. Die ethischen Forderungen, denen die Religion Nachdruck verleihen will, verlangen vielmehr eine andere Begründung, denn sie sind der menschlichen Gesellschaft unentbehrlich und es ist gefährlich, ihre Befolgung an die religiöse Gläubigkeit zu knüpfen. Versucht man, die Religion in den Entwicklungsgang der Menschheit einzureihen, so erscheint sie nicht als ein Dauererwerb, sondern als ein Gegenstück der Neurose, die der einzelne Kulturmensch auf seinem Wege von der Kindheit zur Reife durchzumachen hat[1].

Es steht Ihnen natürlich frei, an dieser meiner Darstellung Kritik zu üben; ich werde Ihnen dabei selbst entgegenkommen. Was ich Ihnen über die allmähliche Abbröckelung der religiösen Weltanschauung gesagt habe, war gewiß in seiner Verkürzung unvollständig; die Reihenfolge der einzelnen Vorgänge war nicht ganz richtig angegeben, das Zusammenwirken verschiedener Kräfte beim Erwachen des wissenschaftlichen Geistes wurde nicht verfolgt. Ich habe auch die Veränderungen außer acht gelassen, die sich in der religiösen Weltanschauung selbst während der Zeit ihrer unbestrittenen Herrschaft und dann unter dem Einfluß der erwachenden Kritik vollzogen haben. Endlich habe ich meine Erörterung strenggenommen auf eine einzige Gestaltung der Religion, die der abendländischen Völker, eingeschränkt. Ich habe mir sozusagen ein Phantom geschaffen zum Zweck einer beschleunigten,

---

[1] [Freud erwog die Möglichkeit, daß die Gesellschaft ähnlich wie das Individuum an Neurosen leiden könne, im VIII. Kapitel von *Die Zukunft einer Illusion* (1927 *c*) sowie ganz am Schluß von *Das Unbehagen in der Kultur* (1930 *a*). Noch ausführlicher erörtert er sie im III. Aufsatz, Teil I, Abschnitt C des Werkes *Der Mann Moses und die monotheistische Religion* (1939 *a*). Schon lange vorher hatte er auf die Analogie zwischen Religionsübungen und Zwangshandlungen hingewiesen (Freud, 1907 *b*).]

möglichst eindrucksvollen Demonstration. Lassen wir die Frage beiseite, ob mein Wissen überhaupt hingereicht hätte, es besser und vollständiger zu machen. Ich weiß, alles, was ich Ihnen gesagt habe, können Sie anderswo finden, besser finden, nichts davon ist neu. Lassen Sie mich die Überzeugung aussprechen, daß die sorgfältigste Bearbeitung des Stoffs der Religionsprobleme unser Ergebnis nicht erschüttern würde.

Sie wissen, daß der Kampf des wissenschaftlichen Geistes gegen die religiöse Weltanschauung nicht zu Ende gekommen ist, er spielt sich noch in der Gegenwart unter unseren Augen ab. So wenig sonst die Psychoanalyse von der Waffe der Polemik Gebraucht macht, so wollen wir es uns doch nicht versagen, in diesen Streit Einsicht zu nehmen. Wir erreichen dabei vielleicht eine weitere Klärung unserer Stellung zu den Weltanschauungen. Sie werden sehen, wie leicht sich einige der Argumente, die die Anhänger der Religion vorbringen, zurückweisen lassen: andere mögen sich allerdings der Widerlegung entziehen.

Die erste Einwendung, die man hört, lautet, es sei eine Vermessenheit der Wissenschaft, die Religion zum Gegenstand ihrer Untersuchung zu nehmen, denn diese sei etwas Souveränes, jeder menschlichen Verstandestätigkeit Überlegenes, dem man mit klügelnder Kritik nicht nahekommen darf. Mit anderen Worten, die Wissenschaft ist zur Beurteilung der Religion nicht zuständig. Sie sei sonst ganz brauchbar und schätzenswert, solange sie sich auf ihr Gebiet beschränkt, aber die Religion sei nicht ihr Gebiet, da habe sie nichts zu suchen. Läßt man sich durch diese barsche Abweisung nicht abhalten und fragt weiter, worauf sich dieser Anspruch auf eine Ausnahmsstellung unter allen menschlichen Angelegenheiten gründet, so erhält man zur Antwort, wenn man überhaupt einer Antwort gewürdigt wird, die Religion darf nicht mit menschlichem Maß gemessen werden, denn sie ist göttlicher Herkunft, uns durch Offenbarung von einem Geist gegeben, den der Menschengeist nicht zu begreifen vermag. Man sollte meinen, nichts sei leichter abzuweisen als dieses Argument, es ist doch eine offenkundige *petitio principii*, ein *begging the question*, ich weiß keinen guten Ausdruck dafür im Deutschen. Es wird eben in Frage gestellt, ob es einen göttlichen Geist und seine Offenbarung gibt, und da ist es sicherlich keine Entscheidung, wenn gesagt wird, das könne man nicht fragen, denn die Gottheit darf nicht in Frage gestellt werden. Es ist hier wie gelegentlich in der analytischen Arbeit. Wenn ein sonst verständiger Patient eine bestimmte Zumutung mit einer besonders dummen Begründung zurückweist, so verbürgt diese logische Schwäche die Existenz eines besonders starken Motivs zum Widerspruch, das nur affektiver Natur, eine Gefühlsbindung sein kann.

Man kann auch eine andere Antwort erhalten, in der ein solches Motiv offen eingestanden wird. Die Religion darf nicht kritisch geprüft werden, weil sie das Höchste, Wertvollste, Erhabenste ist, was der menschliche Geist hervorgebracht hat, weil sie den tiefsten Gefühlen Ausdruck gibt, allein die Welt erträglich und das Leben menschenwürdig macht. Darauf braucht man nicht zu antworten, indem man die Einschätzung der Religion bestreitet, sondern indem man die Aufmerksamkeit auf einen anderen Sachverhalt richtet. Man betont, daß es sich gar nicht um einen Übergriff des wissenschaftlichen Geistes auf das Gebiet der Religion handelt, sondern im Gegenteil um einen Übergriff der Religion auf die Sphäre des wissenschaftlichen Denkens. Was immer Wert und Bedeutung der Religion sein mögen, sie hat kein Recht, das Denken irgendwie zu beschränken, also auch nicht das Recht, sich selbst von der Anwendung des Denkens auszunehmen.

Das wissenschaftliche Denken ist in seinem Wesen nicht verschieden von der normalen Denktätigkeit, die wir alle, Gläubige wie Ungläubige, bei der Besorgung unserer Angelegenheiten im Leben verwenden. Es hat sich nur in einigen Zügen besonders gestaltet, es interessiert sich auch für Dinge, die keinen unmittelbaren, greifbaren Nutzen haben, es bemüht sich, individuelle Faktoren und affektive Beeinflussungen sorgfältig fernzuhalten, prüft die Sinneswahrnehmungen, auf die es seine Schlüsse baut, strenger auf ihre Zuverlässigkeit, schafft sich neue Wahrnehmungen, die mit den Mitteln des Alltags nicht zu erreichen sind, und isoliert die Bedingungen dieser Neuerfahrungen in absichtlich variierten Versuchen. Sein Bestreben ist, die Übereinstimmung mit der Realität zu erreichen, d. h. mit dem, was außerhalb von uns, unabhängig von uns besteht und, wie uns die Erfahrung gelehrt hat, für die Erfüllung oder Vereitelung unserer Wünsche maßgebend ist. Diese Übereinstimmung mit der realen Außenwelt heißen wir Wahrheit. Sie bleibt das Ziel der wissenschaftlichen Arbeit, auch wenn wir deren praktischen Wert außer Augen lassen. Wenn also die Religion behauptet, daß sie die Wissenschaft ersetzen kann, daß sie darum, weil sie wohltuend und erhebend ist, auch wahr sein muß, so ist das in der Tat ein Übergriff, den man im allgemeinsten Interesse zurückweisen sollte. Es ist eine starke Zumutung an den Menschen, der gelernt hat, seine gewöhnlichen Geschäfte nach den Regeln der Erfahrung und unter Rücksicht auf die

Realität zu führen, daß er die Besorgung gerade seiner intimsten Interessen einer Instanz übertragen sollte, die die Befreiung von den Vorschriften des rationellen Denkens als ihr Vorrecht in Anspruch nimmt. Und was den Schutz betrifft, den die Religion ihren Gläubigen verspricht, so meine ich, niemand von uns würde auch nur in ein Automobil einsteigen wollen, dessen Lenker erklärt, er fahre unbeirrt durch die Regeln des Straßenverkehrs nach den Impulsen seiner von hohem Schwung getragenen Phantasie.

Das Denkverbot, das die Religion im Dienste ihrer Selbsterhaltung ausgehen läßt, ist auch keineswegs ungefährlich, weder für den Einzelnen noch für die menschliche Gemeinschaft. Die analytische Erfahrung hat uns gelehrt, daß ein solches Verbot, wenn auch ursprünglich auf ein bestimmtes Gebiet beschränkt, die Neigung hat sich auszubreiten und dann eine Ursache schwerer Hemmungen in der Lebenshaltung der Person wird. Diese Wirkung kann man auch am weiblichen Geschlecht beobachten als Folge des Verbots, sich auch nur im Denken mit seiner Sexualität zu beschäftigen. Die Schädlichkeit der religiösen Denkhemmung vermag die Biographik in der Lebensgeschichte fast aller hervorragenden Individuen vergangener Zeiten nachzuweisen. Anderseits gehört der Intellekt – oder nennen wir ihn bei seinem uns vertrauten Namen: die Vernunft – zu den Mächten, von denen man am ehesten einen einigenden Einfluß auf die Menschen erwarten darf, die Menschen, die so schwer zusammenzuhalten und darum kaum zu regieren sind. Man stelle sich vor, wie unmöglich die menschliche Gesellschaft würde, wenn jedermann auch nur sein eigenes Einmaleins und seine besondere Längen- und Gewichtseinheit hätte. Es ist unsere beste Zukunftshoffnung, daß der Intellekt – der wissenschaftliche Geist, die Vernunft – mit der Zeit die Diktatur im menschlichen Seelenleben erringen wird. Das Wesen der Vernunft bürgt dafür, daß sie dann nicht unterlassen wird, den menschlichen Gefühlsregungen und was von ihnen bestimmt wird die ihnen gebührende Stellung einzuräumen. Aber der gemeinsame Zwang einer solchen Herrschaft der Vernunft wird sich als das stärkste einigende Band unter den Menschen erweisen und weitere Einigungen anbahnen. Was sich, wie das Denkverbot der Religion, einer solchen Entwicklung widersetzt, ist eine Gefahr für die Zukunft der Menschheit.

Man kann nun fragen: Warum macht die Religion diesem für sie aussichtslosen Streit nicht ein Ende, indem sie frei heraus erklärt: »Es ist richtig, daß ich Euch das nicht geben kann, was man gemeinhin Wahrheit nennt; dafür müßt Ihr Euch an die Wissenschaft halten. Aber was ich zu geben habe, ist ungleich schöner, trostreicher und erhebender als alles, was Ihr von der Wissenschaft bekommen könnt. Und darum sage ich Euch, es ist wahr in einem anderen, höheren Sinn.« Die Antwort ist leicht zu finden. Die Religion kann dieses Zugeständnis nicht machen, weil sie damit jeden Einfluß auf die Menge einbüßen würde. Der gemeine Mann kennt nur eine Wahrheit im gemeinen Sinn des Wortes. Was eine höhere oder höchste Wahrheit sein soll, kann er sich nicht vorstellen. Die Wahrheit erscheint ihm so wenig der Steigerung fähig wie der Tod, und den Sprung vom Schönen zum Wahren kann er nicht mitmachen. Vielleicht denken Sie mit mir, er tut recht daran.

Der Kampf ist also nicht zu Ende. Die Anhänger der religiösen Weltanschauung handeln nach dem alten Satz: Die beste Verteidigung ist der Angriff. Sie fragen: Wer ist denn diese Wissenschaft, die sich anmaßt, unsere Religion zu entwerten, die Millionen von Menschen durch lange Jahrtausende Heil und Trost gespendet hat? Was hat sie ihrerseits bereits geleistet? Was können wir ferner von ihr erwarten? Trost und Erhebung zu bringen, dazu ist sie nach eigenem Geständnis unfähig. Sehen wir also davon ab, obwohl das kein leichter Verzicht ist. Aber was ist's mit ihren Lehren? Kann sie uns sagen, wie die Welt geworden ist und welchem Schicksal sie entgegengeht? Kann sie uns auch nur ein zusammenhängendes Weltbild zeichnen, uns zeigen, wohin die unerklärten Phänomene des Lebens gehören, wie die geistigen Kräfte auf die träge Materie zu wirken vermögen? Wenn sie das könnte, würden wir ihr unsere Achtung nicht versagen. Aber nichts von alledem, kein Problem dieser Art hat sie noch gelöst. Sie gibt uns Bruchstücke angeblicher Erkenntnis, die sie nicht zur Übereinstimmung miteinander bringen kann, sammelt Beobachtungen von Regelmäßigkeiten im Ablauf der Geschehnisse, die sie mit dem Namen von Gesetzen auszeichnet und ihren gewagten Deutungen unterwirft. Und mit welch geringem Grad von Sicherheit stattet sie ihre Ergebnisse aus! Alles, was sie lehrt, gilt nur vorläufig; was man heute als höchste Weisheit anpreist, wird morgen verworfen und wiederum nur probeweise durch anderes ersetzt. Der letzte Irrtum heißt dann Wahrheit. Und dieser Wahrheit sollen wir unser höchstes Gut zum Opfer bringen!

Meine Damen und Herren! Ich denke, insofern Sie selbst der hier angegriffenen wissenschaftlichen Weltanschauung anhängen, werden Sie durch diese Kritik nicht allzutief erschüttert worden sein. Im kaiserlichen Österreich fiel einst ein Wort, an das ich hier erinnern möchte.

Der alte Herr[1] schrie einmal die Abordnung einer ihm unbequemen Partei an: Das ist keine gewöhnliche Opposition mehr, das ist faktiöse Opposition. So ähnlich werden Sie finden, die Vorwürfe gegen die Wissenschaft, daß sie die Welträtsel noch nicht gelöst, sind in ungerechter und gehässiger Weise übertrieben; für diese großen Leistungen hat sie bisher wirklich zu wenig Zeit gehabt. Die Wissenschaft ist sehr jung, eine spät entwickelte menschliche Tätigkeit. Halten wir uns vor, um nur einige Daten auszuwählen, es sind etwa 300 Jahre vergangen, seit Kepler die Gesetze der Planetenbewegung fand, die Lebenszeit Newtons, der das Licht in seine Farben zerlegte und die Lehre von der Schwerkraft aufstellte, ging 1727 zu Ende, also vor wenig mehr als 200 Jahren, kurz vor der französischen Revolution erkannte Lavoisier den Sauerstoff. Ein Menschendasein ist sehr kurz im Vergleich zur Dauer der Menschheitsentwicklung, ich mag heute ein sehr alter Mann sein[2], aber immerhin war ich schon am Leben, als Ch. Darwin sein Werk über die Entstehung der Arten der Öffentlichkeit übergab. In dem gleichen Jahr 1859 wurde der Entdecker des Radiums, Pierre Curie, geboren. Und wenn Sie weiter zurückgehen, zu den Anfängen der exakten Naturwissenschaft bei den Griechen, zu Archimedes, Aristarch von Samos (um 250 v. Chr.), dem Vorläufer des Kopernikus, oder selbst zu den ersten Ansätzen der Astronomie bei den Babyloniern, so decken Sie damit nur einen kleinen Bruchteil des Zeitraums, den sie Anthropologie für die Entwicklung des Menschen von seiner affenähnlichen Urform aus in Anspruch nimmt und der gewiß mehr als ein Jahrhunderttausend umfaßt. Und vergessen wir nicht, das letzte Jahrhundert hat eine solche Fülle von neuen Entdeckungen, eine so große Beschleunigung des wissenschaftlichen Fortschritts gebracht, daß wir allen Grund haben, der Zukunft der Wissenschaft mit Zuversicht entgegenzusehen.

Den anderen Ausstellungen müssen wir in gewissem Umfang recht geben. So ist eben der Weg der Wissenschaft, langsam, tastend, mühselig. Es ist nicht zu leugnen und zu ändern. Kein Wunder, daß die Herren von der anderen Seite unzufrieden sind; sie sind verwöhnt, bei der Offenbarung haben sie es leichter gehabt. Der Fortschritt in der wissenschaftlichen Arbeit vollzieht sich ganz ähnlich wie in einer Analyse. Man bringt Erwartungen in die Arbeit mit, aber man muß sie zurückdrängen. Man erfährt durch die Beobachtung bald hier, bald dort etwas

[1] [So wurde Kaiser Franz Joseph im Volksmund genannt.]
[2] [Freud war, als er dies schrieb, 76 Jahre alt.]

Neues, die Stücke passen zunächst nicht zusammen. Man stellt Vermutungen auf, macht Hilfskonstruktionen, die man zurücknimmt, wenn sie sich nicht bestätigen, man braucht viel Geduld, Bereitschaft für alle Möglichkeiten, verzichtet auf frühe Überzeugungen, um nicht unter deren Zwang neue, unerwartete Momente zu übersehen, und am Ende lohnt sich der ganze Aufwand, die zerstreuten Funde fügen sich zusammen, man gewinnt den Einblick in ein ganzes Stück des seelischen Geschehens, hat die Aufgabe erledigt und ist nun frei für die nächste. Nur die Hilfe, die das Experiment der Forschung leistet, muß man in der Analyse entbehren.

An jener Kritik der Wissenschaft ist auch ein gutes Stück Übertreibung. Es ist nicht wahr, daß sie blind von einem Versuch zum andern torkelt, einen Irrtum mit einem anderen vertauscht. In der Regel arbeitet sie wie der Künstler am Tonmodell, wenn er am rohen Entwurf unermüdlich ändert, aufträgt und wegnimmt, bis er einen ihn befriedigenden Grad von Ähnlichkeit mit dem gesehenen oder vorgestellten Objekt erreicht hat. Auch gibt es, wenigstens in den älteren und reiferen Wissenschaften, schon heute einen soliden Grundstock, der nur modifiziert und ausgebaut, aber nicht mehr abgetragen wird. Es sieht nicht so arg aus im wissenschaftlichen Betrieb.

Und endlich, was wollen diese leidenschaftlichen Verunglimpfungen der Wissenschaft bezwecken? Trotz ihrer heutigen Unvollkommenheit und der ihr anhaftenden Schwierigkeiten bleibt sie uns unentbehrlich und ist durch nichts anderes zu ersetzen. Sie ist ungeahnter Vervollkommnungen fähig, die religiöse Weltanschauung ist es nicht. Diese ist in allen wesentlichen Stücken fertig; wenn sie ein Irrtum war, muß sie es für immer bleiben. Keine Verkleinerung der Wissenschaft kann auch etwas an der Tatsache ändern, daß sie versucht, unserer Abhängigkeit von der realen Außenwelt gerecht zu werden, während die Religion Illusion ist und ihre Stärke aus dem Entgegenkommen gegen unsere Triebwunschregungen bezieht[1].

Ich habe die Verpflichtung, noch anderer Weltanschauungen zu gedenken, die sich im Gegensatz zur wissenschaftlichen befinden; ich tue es aber ungern, da ich weiß, daß mir die richtige Kompetenz zu deren Beurteilung abgeht. Nehmen Sie also die folgenden Bemerkungen unter

---

[1] [Die Schrift *Die Zukunft einer Illusion* (1927 *c*) enthält Freuds ausführlichste Beurteilung der Religion.]

dem Eindruck dieses Bekenntnisses auf, und wenn Ihr Interesse geweckt worden ist, suchen Sie bessere Belehrung von anderer Seite.
An erster Stelle wären hier die verschiedenen philosophischen Systeme zu nennen, die es gewagt haben, das Bild der Welt zu zeichnen, wie es sich im Geist des meist weltabgewandten Denkers spiegelte. Aber eine allgemeine Charakteristik der Philosophie und ihrer Methoden zu geben, habe ich bereits [S. 588 oben] versucht, und zur Würdigung der einzelnen Systeme bin ich wohl so ungeeignet wie selten jemand. Wenden Sie sich also mit mir zu zwei anderen Erscheinungen, an denen man gerade in unserer Zeit nicht vorbeigehen kann.

Die eine dieser Weltanschauungen ist gleichsam ein Gegenstück zum politischen Anarchismus, vielleicht eine Ausstrahlung von ihm. Es hat solche intellektuelle Nihilisten gewiß schon früher gegeben, aber gegenwärtig scheint ihnen die Relativitätstheorie der modernen Physik zu Kopf gestiegen zu sein. Sie gehen zwar von der Wissenschaft aus, aber sie verstehen es, sie zur Selbstaufhebung, zum Selbstmord zu drängen, tragen ihr die Aufgabe auf, sich selbst durch Widerlegung ihrer Ansprüche aus dem Weg zu räumen. Oft gewinnt man dabei den Eindruck, dieser Nihilismus sei nur eine zeitweilige Einstellung, die bis zur Erledigung jener Aufgabe festgehalten wird. Hat man die Wissenschaft beseitigt, so mag auf dem freigewordenen Raum sich irgendein Mystizismus oder doch wieder die alte religiöse Weltanschauung ausbreiten. Nach der anarchistischen Lehre gibt es überhaupt keine Wahrheit, keine gesicherte Erkenntnis der Außenwelt. Was wir für wissenschaftliche Wahrheit ausgeben, ist doch nur das Produkt unserer eigenen Bedürfnisse, wie sie sich unter den wechselnden äußeren Bedingungen äußern müssen, also wiederum Illusion. Im Grunde finden wir doch nur, was wir brauchen, sehen nur, was wir sehen wollen. Wir können nicht anders. Da das Kriterium der Wahrheit, die Übereinstimmung mit der Außenwelt, entfällt, ist es recht gleichgültig, welchen Meinungen wir anhängen. Alle sind gleich wahr und gleich falsch. Und niemand hat das Recht, den Andern des Irrtums zu zeihen.
Für einen erkenntnistheoretisch gerichteten Geist könnte es eine Verlockung sein nachzuspüren, auf welchen Wegen, durch welche Sophismen es den Anarchisten gelingt, der Wissenschaft solche Endergebnisse abzulocken. Man müßte da auf Situationen stoßen, ähnlich wie sie sich aus dem bekannten Beispiel ableiten: Ein Kreter sagt: Alle Kreter sind Lügner, usw. Aber mir fehlen Lust und Fähigkeit, mich da tiefer ein-

zulassen. Ich kann nur sagen, die anarchistische Lehre klingt so großartig überlegen, solange sie sich auf Meinungen über abstrakte Dinge bezieht; sie versagt beim ersten Schritt ins praktische Leben. Nun werden die Handlungen der Menschen von ihren Meinungen, Kenntnissen, geleitet, und es ist derselbe wissenschaftliche Geist, der über den Bau der Atome oder die Abstammung des Menschen spekuliert und der die Konstruktion einer tragfähigen Brücke entwirft. Wäre es wirklich gleichgültig, was wir meinen, gäbe es keine Kenntnisse, die unter unseren Meinungen durch ihre Übereinstimmung mit der Wirklichkeit ausgezeichnet sind, so dürften wir Brücken ebensowohl aus Pappe bauen wie aus Stein, dem Kranken ein Dezigramm Morphin einspritzen anstatt eines Zentigramms, Tränengas zur Narkose nehmen an Stelle von Äther. Aber auch die intellektuellen Anarchisten würden solche praktische Anwendungen ihrer Theorie energisch ablehnen.

Die andere Gegnerschaft ist weit ernster zu nehmen, auch bedaure ich in diesem Fall am lebhaftesten die Unzulänglichkeit meiner Orientierung. Ich vermute, Sie wissen von dieser Sache mehr als ich und Sie haben längst Stellung für oder gegen den Marxismus genommen. Die Untersuchungen von K. Marx über die ökonomische Struktur der Gesellschaft und den Einfluß der verschiedenen Wirtschaftsformen auf alle Gebiete des Menschenlebens haben in unserer Zeit eine unbestreitbare Autorität gewonnen. Inwieweit sie im einzelnen das Richtige treffen oder irregehen, kann ich natürlich nicht wissen. Ich höre, daß es auch anderen, besser Unterrichteten nicht leicht wird. In der Marxschen Theorie haben mich Sätze befremdet wie, daß die Entwicklung der Gesellschaftsformen ein naturgeschichtlicher Prozeß sei, oder daß die Wandlungen in der sozialen Schichtung auf dem Weg eines dialektischen Prozesses auseinander hervorgehen. Ich bin gar nicht sicher, daß ich diese Behauptungen richtig verstehe, sie klingen auch nicht »materialistisch«, sondern eher wie ein Niederschlag jener dunklen Hegelschen Philosophie, durch deren Schule auch Marx gegangen ist. Ich weiß nicht, wie ich von meiner Laienmeinung frei werden kann, die gewohnt ist, die Klassenbildung in der Gesellschaft auf die Kämpfe zurückzuführen, die sich seit dem Beginn der Geschichte zwischen den um ein Geringes verschiedenen Menschenhorden abspielten. Die sozialen Unterschiede, meinte ich, waren ursprünglich Stammes- oder Rassenunterschiede. Psychologische Faktoren, wie das Ausmaß der konstitutionellen Aggressionslust, aber auch die Festigkeit der Organisation innerhalb der Horde, und materielle, wie der Besitz der besseren Waffen, entschieden den Sieg. Im Zusammenleben auf demselben Boden wurden die Sieger die Herren, die Besiegten die Sklaven. Dabei ist nichts von Naturgesetz oder Begriffswandlung zu entdecken, hingegen ist der Einfluß unverkennbar, den die fortschreitende Beherrschung der Naturkräfte auf die sozialen Beziehungen der Menschen übt, indem sie die neugewonnenen Machtmittel immer auch in den Dienst ihrer Aggression stellen und gegeneinander verwenden. Die Einführung des Metalls, der Bronze, des Eisens hat ganzen Kulturepochen und ihren sozialen Institutionen ein Ende gemacht. Ich glaube wirklich, daß das Schießpulver, die Feuerwaffe Rittertum und Adelsherrschaft aufgehoben hat und daß der russische Despotismus bereits vor dem verlorenen Krieg verurteilt war, da keine Inzucht innerhalb der Europa beherrschenden Familien ein Geschlecht von Zaren hätte erzeugen können, fähig, der Sprengkraft des Dynamits zu widerstehen.

Ja, vielleicht zahlen wir mit der gegenwärtigen, an den Weltkrieg anschließenden Wirtschaftskrise auch nur den Preis für den letzten großartigen Sieg über die Natur, die Eroberung des Luftraums. Das klingt nicht sehr einleuchtend, aber wenigstens die ersten Glieder des Zusammenhangs sind klar zu erkennen. Die Politik Englands fußte auf der Sicherheit, die ihm das seine Küsten umspülende Meer verbürgte. Im Moment, da Blériot den Kanal im Aeroplan überflogen hatte, war diese schützende Isolierung durchbrochen, und in jener Nacht, als in Friedenszeiten und zu Übungszwecken ein deutscher Zeppelin über London kreiste, war wohl der Krieg gegen Deutschland beschlossene Sache[1]. Auch die Drohung des Unterseeboots ist dabei nicht zu vergessen.

Ich schäme mich beinahe, ein Thema von solcher Wichtigkeit und Kompliziertheit vor Ihnen mit so wenigen unzureichenden Bemerkungen zu behandeln, weiß auch, daß ich Ihnen nichts gesagt habe, was Ihnen neu ist. Es liegt mir nur daran, Sie aufmerksam zu machen, daß das Verhältnis des Menschen zur Beherrschung der Natur, der er seine Waffen zum Kampf gegen seinesgleichen entnimmt, notwendigerweise auch seine ökonomischen Einrichtungen beeinflussen muß. Wir scheinen uns weit von den Problemen der Weltanschauung entfernt zu haben, aber wir werden bald wieder zur Stelle sein. Die Stärke des Marxismus liegt offenbar nicht in seiner Auffassung der Geschichte und der

[1] So wurde es mir im ersten Kriegsjahr von vertrauenswürdiger Seite mitgeteilt.

darauf gegründeten Vorhersage der Zukunft, sondern in dem scharfsinnigen Nachweis des zwingenden Einflusses, den die ökonomischen Verhältnisse der Menschen auf ihre intellektuellen, ethischen und künstlerischen Einstellungen haben. Eine Reihe von Zusammenhängen und Abhängigkeiten wurden damit aufgedeckt, die bis dahin fast völlig verkannt worden waren. Aber man kann nicht annehmen, daß die ökonomischen Motive die einzigen sind, die das Verhalten der Menschen in der Gesellschaft bestimmen. Schon die unzweifelhafte Tatsache, daß verschiedene Personen, Rassen, Völker unter den nämlichen Wirtschaftsbedingungen sich verschieden benehmen, schließt die Alleinherrschaft der ökonomischen Momente aus. Man versteht überhaupt nicht, wie man psychologische Faktoren übergehen kann, wo es sich um die Reaktionen lebender Menschenwesen handelt, denn nicht nur, daß solche bereits an der Herstellung jener ökonomischen Verhältnisse beteiligt waren, auch unter deren Herrschaft können Menschen nicht anders als ihre ursprünglichen Triebregungen ins Spiel bringen, ihren Selbsterhaltungstrieb, ihre Aggressionslust, ihr Liebesbedürfnis, ihren Drang nach Lusterwerb und Unlustvermeidung. In einer früheren Untersuchung haben wir auch den bedeutsamen Anspruch des Über-Ichs geltend gemacht, das Tradition und Idealbildungen der Vergangenheit vertritt und den Antrieben aus einer neuen ökonomischen Situation eine Zeitlang Widerstand leisten wird [vgl. S. 505 oben]. Endlich wollen wir nicht vergessen, daß über die Menschenmasse, die den ökonomischen Notwendigkeiten unterworfen ist, auch der Prozeß der Kulturentwicklung – Zivilisation sagen andere – abläuft, der gewiß von allen anderen Faktoren beeinflußt wird, aber sicherlich in seinem Ursprung von ihnen unabhängig ist, einem organischen Vorgang vergleichbar, und sehr wohl imstande, seinerseits auf die anderen Momente einzuwirken[1]. Er verschiebt die Triebziele und macht, daß die Menschen sich gegen das sträuben, was ihnen bisher erträglich war; auch scheint die fortschreitende Erstarkung des wissenschaftlichen Geistes ein wesentliches Stück von ihm zu sein. Wenn jemand imstande wäre,

[1] [Freud beschäftigte sich damals in besonderem Maße mit der Idee eines »Kulturprozesses«. Er hatte sie bereits an mehreren Stellen in *Das Unbehagen in der Kultur* (1930 *a*) erörtert, z. B. am Schluß der Kapitel III und VI sowie in der Mitte von Kapitel VIII; er erwähnte sie ferner am Schluß seines offenen Briefes an Einstein in *Warum Krieg?* (1933 *b*). Diese Idee war jedoch mit einer anderen Vorstellung verknüpft, die er schon viel früher vertreten hatte – der Hypothese nämlich, daß die *Verdrängung* ein organischer Prozeß sei. Diesen Zusammenhang hat Freud in zwei langen Anmerkungen zu Beginn und am Ende des IV. Kapitels von *Das Unbehagen in der Kultur* in aller Deutlichkeit herausgestellt.]

im einzelnen nachzuweisen, wie sich diese verschiedenen Momente, die allgemeine menschliche Triebanlage, ihre rassenhaften Variationen und ihre kulturellen Umbildungen unter den Bedingungen der sozialen Einordnung, der Berufstätigkeit und Erwerbsmöglichkeiten gebärden, einander hemmen und fördern, wenn jemand das leisten könnte, dann würde er die Ergänzung des Marxismus zu einer wirklichen Gesellschaftskunde gegeben haben. Denn auch die Soziologie, die vom Verhalten der Menschen in der Gesellschaft handelt, kann nichts anderes sein als angewandte Psychologie. Strenggenommen gibt es ja nur zwei Wissenschaften, Psychologie, reine und angewandte, und Naturkunde.

Mit der neugewonnenen Einsicht in die weitreichende Bedeutung ökonomischer Verhältnisse ergab sich die Versuchung, deren Abänderung nicht der historischen Entwicklung zu überlassen, sondern sie durch revolutionären Eingriff selbst durchzusetzen. In seiner Verwirklichung im russischen Bolschewismus hat nun der theoretische Marxismus die Energie, Geschlossenheit und Ausschließlichkeit einer Weltanschauung gewonnen, gleichzeitig aber auch eine unheimliche Ähnlichkeit mit dem, was er bekämpft. Ursprünglich selbst ein Stück Wissenschaft, in seiner Durchführung auf Wissenschaft und Technik aufgebaut, hat er doch ein Denkverbot geschaffen, das ebenso unerbittlich ist wie seinerzeit das der Religion. Eine kritische Untersuchung der marxistischen Theorie ist untersagt, Zweifel an ihrer Richtigkeit werden so geahndet wie einst die Ketzerei von der katholischen Kirche. Die Werke von Marx haben als Quelle einer Offenbarung die Stelle der Bibel und des Korans eingenommen, obwohl sie nicht freier von Widersprüchen und Dunkelheiten sein sollen als diese älteren heiligen Bücher.

Und obwohl der praktische Marxismus mit allen idealistischen Systemen und Illusionen erbarmungslos aufgeräumt hat, hat er doch selbst Illusionen entwickelt, die nicht weniger fragwürdig und unbeweisbar sind als die früheren. Er hofft, im Laufe weniger Generationen die menschliche Natur so zu verändern, daß sich ein fast reibungsloses Zusammenleben der Menschen in der neuen Gesellschaftsordnung ergibt und daß sie die Aufgaben der Arbeit zwangsfrei auf sich nehmen. Unterdes verlegt er die in der Gesellschaft unerläßlichen Triebeinschränkungen an andere Stellen und lenkt die aggressiven Neigungen, die jede menschliche Gemeinschaft bedrohen, nach außen ab, stürzt sich auf die Feindseligkeit der Armen gegen die Reichen, der bisher Ohnmächtigen gegen die früheren Machthaber. Aber eine solche Umwandlung der menschlichen Natur ist sehr unwahrscheinlich. Der Enthusiasmus, mit

dem die Menge gegenwärtig der bolschewistischen Anregung folgt, solange die neue Ordnung unfertig und von außen bedroht ist, gibt keine Sicherheit für eine Zukunft, in der sie ausgebaut und ungefährdet wäre. Ganz ähnlich wie die Religion muß auch der Bolschewismus seine Gläubigen für die Leiden und Entbehrungen des gegenwärtigen Lebens durch das Versprechen eines besseren Jenseits entschädigen, in dem es kein unbefriedigtes Bedürfnis mehr geben wird. Dies Paradies soll allerdings ein diesseitiges sein, auf Erden eingerichtet und in absehbarer Zeit eröffnet werden. Aber erinnern wir uns, auch die Juden, deren Religion nichts von einem jenseitigen Leben weiß, haben die Ankunft des Messias auf Erden erwartet, und das christliche Mittelalter hat wiederholt geglaubt, daß das Reich Gottes nahe bevorsteht.
Es ist nicht zweifelhaft, wie die Antwort des Bolschewismus auf diese Vorhalte lauten wird. Er wird sagen: Solange die Menschen in ihrer Natur noch nicht umgewandelt sind, muß man sich der Mittel bedienen, die heute auf sie wirken. Man kann den Zwang in ihrer Erziehung nicht entbehren, das Denkverbot, die Anwendung der Gewalt bis zum Blutvergießen, und wenn man nicht jene Illusionen in ihnen erweckte, würde man sie nicht dazu bringen, sich diesem Zwang zu fügen. Und er könnte höflich ersuchen, ihm doch zu sagen, wie man es anders machen könnte. Damit wären wir geschlagen. Ich wüßte keinen Rat zu geben. Ich würde gestehen, daß die Bedingungen dieses Experiments mich und meinesgleichen abgehalten hätten, es zu unternehmen, aber wir sind nicht die einzigen, auf die es ankommt. Es gibt auch Männer der Tat, unerschütterlich in ihren Überzeugungen, unzugänglich dem Zweifel, unempfindlich für die Leiden Anderer, wenn sie ihren Absichten im Wege sind. Solchen Männern verdanken wir es, daß der großartige Versuch einer solchen Neuordnung jetzt in Rußland wirklich durchgeführt wird. In einer Zeit, da große Nationen verkünden, sie erwarten ihr Heil nur vom Festhalten an der christlichen Frömmigkeit, wirkt die Umwälzung in Rußland – trotz aller unerfreulichen Einzelzüge – doch wie die Botschaft einer besseren Zukunft. Leider ergibt sich weder aus unserem Zweifel noch aus dem fanatischen Glauben der Anderen ein Wink, wie der Versuch ausgehen wird. Die Zukunft wird es lehren, vielleicht wird sie zeigen, daß der Versuch vorzeitig unternommen wurde, daß eine durchgreifende Änderung der sozialen Ordnung wenig Aussicht auf Erfolg hat, solange nicht neue Entdeckungen unsere Beherrschung der Naturkräfte gesteigert und damit die Befriedigung unserer Bedürfnisse erleichtert haben. Erst dann mag es möglich wer-

den, daß eine neue Gesellschaftsordnung nicht nur die materielle Not der Massen verbannt, sondern auch die kulturellen Ansprüche des Einzelnen erhört. Mit den Schwierigkeiten, welche die Unbändigkeit der menschlichen Natur jeder Art von sozialer Gemeinschaft bereitet, werden wir freilich auch dann noch unabsehbar lange zu ringen haben.

Meine Damen und Herren! Lassen Sie mich zum Schluß zusammenfassen, was ich über die Beziehung der Psychoanalyse zur Frage der Weltanschauung zu sagen hatte. Die Psychoanalyse, meine ich, ist unfähig, eine ihr besondere Weltanschauung zu erschaffen. Sie braucht es nicht, sie ist ein Stück Wissenschaft und kann sich der wissenschaftlichen Weltanschauung anschließen. Diese verdient aber kaum den großtönenden Namen, denn sie schaut nicht alles an, sie ist zu unvollendet, erhebt keinen Anspruch auf Geschlossenheit und Systembildung. Das wissenschaftliche Denken ist noch sehr jung unter den Menschen, hat zuviele der großen Probleme noch nicht bewältigen können. Eine auf die Wissenschaft aufgebaute Weltanschauung hat außer der Betonung der realen Außenwelt wesentlich negative Züge, wie die Bescheidung zur Wahrheit, die Ablehnung der Illusionen. Wer von unseren Mitmenschen mit diesem Zustand der Dinge unzufrieden ist, wer zu seiner augenblicklichen Beschwichtigung mehr verlangt, der mag es sich beschaffen, wo er es findet. Wir werden es ihm nicht verübeln, können ihm nicht helfen, aber auch seinetwegen nicht anders denken.

Anhang

BIBLIOGRAPHIE

Vorbemerkung: Titel von Büchern und Zeitschriften sind kursiv, Titel von Beiträgen zu Zeitschriften oder Büchern in einfache Anführungszeichen gesetzt. Die Abkürzungen entsprechen der *World List of Scientific Periodicals* (London, 1963–65). Weitere in diesem Band verwendete Abkürzungen finden sich in der *Liste der Abkürzungen* auf Seite 621. Die in runde Klammern gesetzten Zahlen am Ende bibliographischer Eintragungen geben die Seite bzw. Seiten des vorliegenden Bandes an, wo auf das betreffende Werk hingewiesen wird. Die kursivierten Kleinbuchstaben hinter den Jahreszahlen der unten aufgeführten Freud-Schriften beziehen sich auf die verbindliche Freud-Gesamtbibliographie, die im letzten Band der englischen Gesamtausgabe, der *Standard Edition of the Complete Psychological Works of Sigmund Freud*, enthalten ist. Eine deutsche Fassung dieser Gesamtbibliographie liegt in der Broschüre *Sigmund Freud-Konkordanz und -Gesamtbibliographie*, S. Fischer, Frankfurt am Main 1975, 3., korr. Aufl. 1980, vor. Für nichtwissenschaftliche Autoren und für wissenschaftliche Autoren, von denen kein spezielles Werk zitiert wird, siehe das *Namen- und Sachregister.*

ABEL, K. (1884) *Über den Gegensinn der Urworte,* Leipzig. (185 bis 186, 232–33)

ABRAHAM, K. (1908) ›Die psychosexuellen Differenzen der Hysterie und der Dementia praecox‹, *Zentbl. Nervenheilk.*, N. F. Bd. 19, S. 521. Neuausgabe in: K. Abraham, *Psychoanalytische Studien II*, hrsg. von J. Cremerius, *Conditio humana,* Frankfurt am Main 1971. (400–01)

(1916) ›Untersuchungen über die früheste prägenitale Entwicklungsstufe der Libido‹, *Int. Z. ärztl. Psychoanal.*, Bd. 4, S. 71. Neuausgabe in: K. Abraham, *Psychoanalytische Studien zur Charakterbildung* (Und andere Schriften), hrsg. von J. Cremerius, *Conditio humana,* Frankfurt am Main 1969; in Neuauflage seit 1971 unter dem Titel *Psychoanalytische Studien I.* (323)

(1922) ›Die Spinne als Traumsymbol‹, *Int. Z. Psychoanal.*, Bd. 8, S. 470. Neuausgabe in: K. Abraham, *Psychoanalytische Studien I* (s. o.). (466)

(1924) *Versuch einer Entwicklungsgeschichte der Libido,* Leipzig, Wien, Zürich. Neuausgabe in: K. Abraham, *Psychoanalytische Studien I* (s. o.). (532–33)

Adler, A. (1910) ›Der psychische Hermaphroditismus im Leben und in der Neurose‹, *Fortschr. Med.*, Bd. 28, S. 486. (239)

(1912) *Über den nervösen Charakter*, Wiesbaden. (369)

Alexander, F. (1925) ›Über Traumpaare und Traumreihen‹, *Int. Z. Psychoanal.*, Bd. 11, S. 80. (468)

Andreas-Salomé, L. (1916) ›»Anal« und »Sexual«‹, *Imago*, Bd. 4, S. 249. (311, 534)

Aristoteles *De Somniis* und *De divinatione per somnum*. (105)

Artemidorus von Daldis *Oneirocritica*. (104, 238)

Bernheim, H. (1886) *De la suggestion et de ses applications à la thérapeutique*, Paris. (431)

(1892) *Hypnotisme, suggestion et psychothérapie: études nouvelles*, Paris. (431)

Betlheim, S. und Hartmann, H. (1924) ›Über Fehlreaktionen des Gedächtnisses bei Korsakoffscher Psychose‹, *Arch. Psychiat. Nervenkr.*, Bd. 72, S. 278. (465)

Binet, A. (1888) *Études de psychologie expérimentale: le fétichisme dans l'amour*, Paris. (341)

Binz, C. (1878) *Über den Traum*, Bonn. (104)

Bloch, I. (1902–03) *Beiträge zur Ätiologie der Psychopathia sexualis* (2 Bde.), Dresden. (304)

Boehlich, W. (1965) (hrsg. von) *Der Berliner Antisemitismusstreit*, Frankfurt a. M. (21)

Bölsche, W. (1911–13) *Das Liebesleben in der Natur* (2 Bde.), Jena. (347)

Breuer, J. und Freud, S. (1893) *siehe* Freud, S. (1893 *a*)

(1895) *siehe* Freud, S. (1895 *d*)

Brill, A. A. (1912) *Psychoanalysis: Its Theories and Practical Application*, Philadelphia und London. (74, 76)

Brunswick, R. Mack (1928) ›Die Analyse eines Eifersuchtswahnes‹, *Int. Z Psychoanal.*, Bd. 14, S. 458. (561)

Bullitt, W. C. (1966) und Freud, S., *Thomas Woodrow Wilson, Twenty eighth President of the United States: A Psychologica Study*, Boston und London, 1967. (510)

Burlingham, D. (1932) ›Kinderanalyse und Mutter‹, *Psychoanal. Päd* Bd. 6, S. 269. (494–95)

Darwin, C. (1889) *The Expression of the Emotions in Man an Animals* (2. Aufl.), London (1. Aufl., London, 1872

DARWIN, C. (Forts.) [*Deutsche Übersetzung: Der Ausdruck der Gefühle bei Mensch und Tier*, Düsseldorf, 1964.]. (385)

(1958) *The Autobiography of Charles Darwin*, London (1. Aufl., 1887) [*Deutsche Übersetzung* von J. Victor Carus: *Leben und Briefe von Charles Darwin mit einem seine Autobiographie enthaltenden Capitel*, hrsg. von seinem Sohne Francis Darwin (3 Bde.), Stuttgart, 1887.]. (95)

DEUTSCH, H. (1926) ›Okkulte Vorgänge während der Psychoanalyse‹, *Imago*, Bd. 12, S. 418. (493)

(1932) ›Über die weibliche Homosexualität‹, *Int. Z. Psychoanal.*, Bd. 18, S. 219. (561)

DU PREL, C. (1885) *Die Philosophie der Mystik*, Leipzig. (146)

EISLER, M. J. (1919) ›Beiträge zur Traumdeutung‹, *Int. Z. ärztl. Psychoanal.*, Bd. 5, S. 295. (467)

EISLER, R. (1910) *Weltenmantel und Himmelszelt* (2 Bde.), München. (466)

FECHNER, G. T. (1860) *Elemente der Psychophysik*, Leipzig (2. Aufl., 1889). (107)

FEDERN, P. (1914) ›Über zwei typische Traumsensationen‹, *Jb. Psychoanalyse*, Bd. 6, S. 89. (164)

FERENCZI, S. (1913) ›Entwicklungsstufen des Wirklichkeitssinnes‹, *Int. Z. ärztl. Psychoanal.*, Bd. 1, S. 124. (344)

(1921) ›Die Symbolik der Brücke‹, *Int. Z. Psychoanal.*, Bd. 7, S. 211. (466)

(1922) ›Die Brückensymbolik und die Don Juan-Legende‹, *Int. Z. Psychoanal.*, Bd. 8, S. 77. (466)

(1925) ›Zur Psychoanalyse von Sexualgewohnheiten‹, *Int. Z. Psychoanal.*, Bd. 11, S. 6 (522–23)

FLIESS, W. (1906) *Der Ablauf des Lebens*, Wien. (316)

FREUD, M. (1957) *Glory Reflected*, London. (16–17)

FREUD, S. (1888–89) Übersetzung mit Vorrede und Anmerkungen von H. Bernheims *De la suggestion et de ses applications à la thérapeutique*, Paris, 1886, unter dem Titel *Die Suggestion und ihre Heilwirkung*, Wien. (431)

(1891 *b*) *Zur Auffassung der Aphasien*, Wien. (10)

(1892 *a*) Übersetzung von H. Bernheims *Hypnotisme, suggestion et psychothérapie: études nouvelles*, Paris, 1891, unter dem Titel *Neue Studien über Hypnotismus, Suggestion und Psychotherapie*, Wien. (431)

FREUD, S. (Forts.) (1893 *a*) und Breuer, J., ›Über den psychischen Mechanismus hysterischer Phänomene: Vorläufige Mitteilung‹, *G. W.*, Bd. 1, S. 81. (258, 275)

(1893 *b*) Vortrag: ›Über den psychischen Mechanismus hysterischer Phänomene‹ [revidiertes Stenogramm vom Vortr.], *Wien. Med. Presse*, Bd. 34, Nr. 4, Kol. 121, und Nr. 5, Kol. 165; *Studienausgabe*, Bd. 6. (275)

(1895 *b* [1894]) ›Über die Berechtigung, von der Neurasthenie einen bestimmten Symptomenkomplex als »Angstneurose« abzutrennen‹, *G. W.*, Bd. 1, S. 315; *Studienausgabe*, Bd. 6. (247, 374, 380, 385)

(1895 *d*) und Breuer, J., *Studien über Hysterie*, Wien; Neuausgabe (Fischer Taschenbuch), Frankfurt a. M. 1970. *G. W.*, Bd. 1, S. 77 (ohne die Beiträge von Breuer). (10, 29, 258, 269, 274, 275, 278–79, 290, 291, 431–32, 574)

(1897 *b*) *Inhaltsangaben der wissenschaftlichen Arbeiten des Privatdozenten Dr. Sigm. Freud (1877–1897)*, Wien. *G. W.*, Bd. 1, S. 463. (334)

(1900 *a*) *Die Traumdeutung*, Wien. *G. W.*, Bd. 2–3; *Studienausgabe*, Bd. 2. (16, 28, 94, 101, 104, 139, 153, 159, 178, 179, 181, 182, 185, 188, 203, 206, 272, 330, 452)

(1901 *b*) *Zur Psychopathologie des Alltagslebens*, Berlin. 1904. *G. W.*, Bd. 4. (16, 29, 50, 76, 81)

(1905 *c*) *Der Witz und seine Beziehung zum Unbewußten*, Wien. *G. W.*, Bd. 6; *Studienausgabe*, Bd. 4. (54, 62, 132 bis 133, 180, 182, 238, 474, 532)

(1905 *d*) *Drei Abhandlungen zur Sexualtheorie*, Wien *G. W.*, Bd. 5, S. 29; *Studienausgabe*, Bd. 5. (205, 300 532, 546)

(1905 *e* [1901]) ›Bruchstück einer Hysterie-Analyse‹ *G. W.*, Bd. 5, S. 163; *Studienausgabe*, Bd. 6. (191, 225 373)

(1906 *a*) ›Meine Ansichten über die Rolle der Sexualitä in der Ätiologie der Neurosen‹, *G. W.*, Bd. 5, S. 149; *Studienausgabe*, Bd. 5. (374)

(1907 *b*) ›Zwangshandlungen und Religionsübung‹, *G. W* Bd. 7, S. 129; *Studienausgabe*, Bd. 7. (264, 273, 306, 59

(1907 *c*) ›Zur sexuellen Aufklärung der Kinder‹, *G. W* Bd. 7, S. 19; *Studienausgabe*, Bd. 5. (575)

(1908 *a*) ›Hysterische Phantasien und ihre Beziehung zu Bisexualität‹, *G. W.*, Bd. 7, S. 191; *Studienausgabe*, Bd. (115, 362)

(1908 *b*) ›Charakter und Analerotik‹, *G. W.*, Bd. 7, S. 20 *Studienausgabe*, Bd. 7. (311, 535)

FREUD, S. (Forts.)

(1908 *c*) ›Über infantile Sexualtheorien‹, *G. W.*, Bd. 7, S. 171; *Studienausgabe*, Bd. 5. (313, 534)

(1908 *d*) ›Die »kulturelle« Sexualmoral und die moderne Nervosität‹, *G. W.*, Bd. 7, S. 143; *Studienausgabe*, Bd. 9. (306)

(1908 *e* [1907]) ›Der Dichter und das Phantasieren‹, *G. W.*, Bd. 7, S. 213; *Studienausgabe*, Bd. 10, S. 169. (115, 362)

(1909 *a*) ›Allgemeines über den hysterischen Anfall‹, *G. W.*, Bd. 7, S. 235; *Studienausgabe*, Bd. 6. (383)

(1909 *b*) ›Analyse der Phobie eines fünfjährigen Knaben‹, *G. W.*, Bd. 7, S. 243; *Studienausgabe*, Bd. 8, S. 9. (307, 313, 355, 387, 521, 575)

(1909 *d*) ›Bemerkungen über einen Fall von Zwangsneurose‹, *G. W.*, Bd. 7, S. 381; *Studienausgabe*, Bd. 7. (102, 298)

(1910 *a* [1909]) *Über Psychoanalyse*, Wien. *G. W.*, Bd. 8, S. 3. (101)

(1910 *e*) ›»Über den Gegensinn der Urworte«‹, *G. W.*, Bd. 8, S. 214; *Studienausgabe*, Bd. 4. (185–87, 232–33)

(1910 *i*) ›Die psychogene Sehstörung in psychoanalytischer Auffassung‹, *G. W.*, Bd. 8, S. 94; *Studienausgabe*, Bd. 6. (305)

(1911 *c*) ›Psychoanalytische Bemerkungen über einen autobiographisch beschriebenen Fall von Paranoia (Dementia paranoides)‹, *G. W.*, Bd. 8, S. 240; *Studienausgabe*, Bd. 7. (175, 409)

(1912 *c*) ›Über neurotische Erkrankungstypen‹, *G. W.*, Bd. 8, S. 322; *Studienausgabe*, Bd. 6. (343)

(1912–13) *Totem und Tabu*, Wien. 1913. *G. W.*, Bd. 9; *Studienausgabe*, Bd. 9. (255, 267, 326–27, 330, 592, 593)

(1913 *a*) ›Ein Traum als Beweismittel‹, *G. W.*, Bd. 10, S. 12. (225)

(1913 *i*) ›Die Disposition zur Zwangsneurose‹, *G. W.*, Bd. 8, S. 442; *Studienausgabe*, Bd. 7. (533)

(1914 *c*) ›Zur Einführung des Narzißmus‹, *G. W.*, Bd. 10, S. 138; *Studienausgabe*, Bd. 3. (401, 413, 562)

(1914 *d*) ›Zur Geschichte der psychoanalytischen Bewegung‹, *G. W.*, Bd. 10, S. 44. (29, 101, 567, 570)

(1914 *g*) ›Weitere Ratschläge zur Technik der Psychoanalyse: II. Erinnern, Wiederholen und Durcharbeiten‹, *G. W.*, Bd. 10, S. 126. (23)

(1915 *c*) ›Triebe und Triebschicksale‹, *G. W.*, Bd. 10, S. 210; *Studienausgabe*, Bd. 3. (531)

FREUD, S. (Forts.) (1915 *d*) ›Die Verdrängung‹, *G. W.*, Bd. 10, S. 248; *Studienausgabe*, Bd. 3. (285, 390, 396)

(1915 *e*) ›Das Unbewußte‹, *G. W.*, Bd. 10, S. 264; *Studienausgabe*, Bd. 3. (47, 285, 395, 396, 407, 512)

(1915 *f*) ›Mitteilung eines der psychoanalytischen Theorie widersprechenden Falles von Paranoia‹, *G. W.*, Bd. 10, S. 234; *Studienausgabe*, Bd. 7. (267, 411)

(1916–17 [1915–17]) *Vorlesungen zur Einführung in die Psychoanalyse*, Wien. *G. W.*, Bd. 11; *Studienausgabe*, Bd. 1, S. 33.

(1917 *c*) ›Über Triebumsetzungen, insbesondere der Analerotik‹, *G. W.*, Bd. 10, S. 402; *Studienausgabe*, Bd. 7. (311, 535)

(1917 *d* [1915]) ›Metapsychologische Ergänzung zur Traumlehre‹, *G. W.*, Bd. 10, S. 412; *Studienausgabe*, Bd. 3. (404, 474)

(1917 *e* [1915]) ›Trauer und Melancholie‹, *G. W.*, Bd. 10, S. 428; *Studienausgabe*, Bd. 3. (276, 412)

(1918 *b* [1914]) ›Aus der Geschichte einer infantilen Neurose‹, *G. W.*, Bd. 12, S. 29; *Studienausgabe*, Bd. 8, S. 125. (191, 355, 362, 521)

(1919 *h*) ›Das Unheimliche‹, *G. W.*, Bd. 12, S. 229; *Studienausgabe*, Bd. 4. (220)

(1920 *g*) *Jenseits des Lustprinzips*, Wien. *G. W.*, Bd. 13, S. 3; *Studienausgabe*, Bd. 3. (399, 400, 471, 540)

(1921 *c*) *Massenpsychologie und Ich-Analyse*, Wien *G. W.*, Bd. 13, S. 73; *Studienausgabe*, Bd. 9. (431, 502 505–06, 564)

(1922 *a*) ›Traum und Telepathie, *G. W.*, Bd. 13, S. 165 (477–78)

(1923 *a* [1922]) ›»Psychoanalyse« und »Libidotheorie«‹ *G. W.*, Bd. 13, S. 211. (19)

(1923 *b*) *Das Ich und das Es*, Wien. *G. W.*, Bd. 13, S. 237 *Studienausgabe*, Bd. 3. (230, 331, 395, 496, 502, 503, 525 538, 542)

(1923 *e*) ›Die infantile Genitalorganisation‹, *G. W.*, Bd 13, S. 293; *Studienausgabe*, Bd. 5. (322, 532)

(1924 *c*) ›Das ökonomische Problem des Masochismus *G. W.*, Bd. 13, S. 371; *Studienausgabe*, Bd. 3. (365, 54 542)

(1924 *d*) ›Der Untergang des Ödipuskomplexes‹, *G. W* Bd. 13, S. 395; *Studienausgabe*, Bd. 5. (313, 526)

(1925 *a*) ›Notiz über den »Wunderblock«‹, *G. W.*, Bd. 1 S. 3; *Studienausgabe*, Bd. 3. (513)

FREUD, S. (Forts.) (1925 *d* [1924]) *Selbstdarstellung*, Wien, 1934. *G. W.*, Bd. 14, S. 33. (7–8, 29)

(1925 *j*) ›Einige psychische Folgen des anatomischen Geschlechtsunterschieds‹, *G. W.*, Bd. 14, S. 19; *Studienausgabe*, Bd. 5. (313, 544)

(1926 *d*) *Hemmung, Symptom und Angst*, Wien. *G. W.*, Bd. 14, S. 113; *Studienausgabe*, Bd. 6. (286, 380, 393, 513, 520, 523, 525, 586)

(1926 *e*) *Die Frage der Laienanalyse*, Wien. *G. W.*, Bd. 14, S. 209. (29)

(1927 *a*) ›Nachwort zur *Frage der Laienanalyse*‹, *G. W.*, Bd. 14, S. 287. (8)

(1927 *c*) *Die Zukunft einer Illusion*, Wien. *G. W.*, Bd. 14, S. 325; *Studienausgabe*, Bd. 9. (35–6, 575, 595, 601)

(1927 *e*) ›Fetischismus‹, *G. W.*, 14, S. 311; *Studienausgabe*, Bd. 3. (342)

(1930 *a*) Das Unbehagen in der Kultur, Wien. *G. W.*, Bd. 14, S. 421; *Studienausgabe*, Bd. 9. (48, 157, 542, 543, 595, 605)

(1931 *b*) ›Über die weibliche Sexualität‹, *G. W.*, Bd. 14, S. 517; *Studienausgabe*, Bd. 5. (544)

(1932 *a*) ›Zur Gewinnung des Feuers‹, *G. W.*, Bd. 16, S. 3; *Studienausgabe*, Bd. 9. (535)

(1933 *a* [1932]) *Neue Folge der Vorlesungen zur Einführung in die Psychoanalyse*, Wien. *G. W.*, Bd. 15; *Studienausgabe*, Bd. 1, S. 447.

(1933 *b* [1932]) *Warum Krieg?*, Paris. *G. W.*, Bd. 16, S. 13; *Studienausgabe*, Bd. 9. (605)

(1935 *a*) ›Nachschrift 1935 zur *Selbstdarstellung*‹, *G. W.*, Bd. 16, S. 31. (8)

(1939 *a* [1937–39]) *Der Mann Moses und die monotheistische Religion*, *G. W.*, Bd. 16, S. 103; *Studienausgabe*, Bd. 9. (170, 590, 595)

(1940 *a* [1938]) *Abriß der Psychoanalyse*, *G. W.*, Bd. 17, S. 67. (29)

(1950 *a* [1887–1902]) *Aus den Anfängen der Psychoanalyse*, London; Frankfurt a. M., 1962. (Enthält ›Entwurf einer Psychologie‹, 1895.) (11, 14, 18, 28)

(1960 *a*) *Briefe 1873–1939* (hrsg. von E. und L. Freud), Frankfurt a. M. (2. erweiterte Aufl., 1968). (17, 18)

(1963 *a*) *Sigmund Freud / Oskar Pfister. Briefe 1909 bis 1939* (hrsg. von E. L. Freud und H. Meng), Frankfurt a. M. (18)

FREUD, S. (Forts.) (1965 *a*) *Sigmund Freud / Karl Abraham. Briefe 1907 bis 1926* (hrsg. von H. C. Abraham und E. L. Freud), Frankfurt a. M. (18)

(1966 *a*) *Sigmund Freud / Lou Andreas-Salomé. Briefwechsel* (hrsg. von E. Pfeiffer), Frankfurt a. M. (18)

(1966 *b*) Vorwort zu S. Freud und W. C. Bullitt *Thomas Woodrow Wilson, Twenty-eighth President of the United States: A Psychological Study*, Boston und London, 1967. (510)

(1968 *a*) *Sigmund Freud / Arnold Zweig. Briefwechsel* (hrsg. von E. L. Freud), Frankfurt a. M. (18)

GRODDECK, G. (1923) *Das Buch vom Es*, Wien. (509–10)

HALL, G. S. (1914) ›A Synthetic Genetic Study of Fear‹, *Am. J. Psychol.*, Bd. 25, S. 149. (385, 396)

HARTMANN, H. und BETLHEIM, S. (1924) *siehe* Betlheim, S. und Hartmann, H. (1924)

HESNARD, A. und RÉGIS, E. (1914) *siehe* Régis, E. und Hesnard, A. (1914)

HILDEBRANDT, F. W. (1875) *Der Traum und seine Verwerthung für's Leben*, Leipzig. (109–10)

HITSCHMANN, E. (1913) *Freuds Neurosenlehre*, Wien (2. Aufl.). (37)

HUG-HELLMUTH, H. VON (1915) ›Ein Traum, der sich selbst deutet‹, *Int. Z. ärztl. Psychoanal.*, Bd. 3, S. 33. (148–50, 153)

JANET, PIERRE (1913) ›Psycho-Analysis. Rapport par M. le Dr. Pierre Janet‹, *Int. Congr. Med.*, Bd. 17, Abschnitt XII (Psychiatrie) (1), S. 13. (258)

JODL, F. (1896) *Lehrbuch der Psychologie*, Stuttgart. (104)

JONES, E. (1911) ›The Psychopathology of Everyday Life‹, *Am. J. Psychol.*, Bd. 22, S. 477. (76, 77)

(1912) *Der Alptraum in seiner Beziehung zu gewissen Formen des mittelalterlichen Aberglaubens* (übers. H. Sachs), Leipzig und Wien. (489–91)

(1960) *Das Leben und Werk von Sigmund Freud*, Bd. 1, Bern und Stuttgart. (18)

(1962 *a*) *Das Leben und Werk von Sigmund Freud*, Bd. 2, Bern und Stuttgart. (18, 35)

(1962 *b*) *Das Leben und Werk von Sigmund Freud*, Bd. 3, Bern und Stuttgart. (18, 472)

JUNG, C. G. (1907) *Über die Psychologie der Dementia praecox*, Halle. (73–4, 269)

(1911) *Wandlungen und Symbole der Libido*, Leipzig und Wien, 1912. (364, 399)

KAPLAN, L. (1914) *Grundzüge der Psychoanalyse*, Wien. (37)

LAMPL-DE GROOT, J. (1927) ›Zur Entwicklungsgeschichte des Ödipuskomplexes der Frau‹, *Int. Z. Psychoanal.*, Bd. 13, S. 269. (561)

LEURET, F. (1834) *Fragmens psychologiques sur la folie*, Paris. (258)

LEVY, L. (1914) ›Die Sexualsymbolik der Bibel und des Talmuds‹, *Z. SexWiss.*, Bd. 1, S. 274 und S. 318. (170–71)

LICHTENBERG, G. C. VON (der Ältere) (1853) *Witzige und satirische Einfälle*, Bd. 2, neue, erweiterte Aufl., Göttingen. (62)

LINDNER, S. (1879) ›Das Saugen an den Fingern, Lippen etc. bei den Kindern (Ludeln)‹, *Jb. Kinderheilk.*, N. F., Bd. 14, S. 68. (309–10)

MAEDER, A. (1906) ›Contributions à la psychopathologie de la vie quotidienne‹, *Archs Psychol.*, Genève, Bd. 6, S. 148. (76)

(1908) ›Nouvelles contributions à la psychopathologie de la vie quotidienne‹, *Archs Psychol., Genève*, Bd. 7, S. 283. (76)

(1912) ›Über die Funktion des Traumes‹, *Jb. psychoanalyt. psychopath. Forsch.*, Bd. 4, S. 692. (239)

MAURY, L. F. A. (1878) *Le sommeil et les rêves*, Paris (1. Aufl., 1861). (104, 109–11)

MAYER, C. und MERINGER, R. (1895) *siehe* Meringer, R. (1895)

MEIJER, A. F. (1915) *De Behandeling van Zenuwzieken door Psycho-Analyse*, Amsterdam. (37)

MERINGER, R. (1895) und Mayer, C., *Versprechen und Verlesen: eine psychologisch-linguistische Studie*, Wien. (56–8, 64–6)

NÄCKE, P. (1899) ›Kritisches zum Kapitel der normalen und pathologischen Sexualität‹, *Arch. Psychiat. Nervenkr.*, Bd. 32, S. 356. (401)

NORDENSKJÖLD, O. et. al. (1904) *Antarctic. Zwei Jahre in Schnee und Eis am Südpol* (2 Bde.), Berlin. (145–46)

PFISTER, O. (1913) Die psychanalytische Methode, Leipzig und Berlin. (37)

RANK, O. (1909) *Der Mythus von der Geburt des Helden*, Leipzig und Wien. (169–70)

(1910 *a*) ›Ein Beispiel von poetischer Verwertung des Versprechens‹, *Zentbl. Psychoanal.*, Bd. 1, S. 109. (61–2)

(1910 *b*) ›Ein Traum, der sich selbst deutet‹, *Jb. psychoanalyt. psychopath. Forsch.*, Bd. 2, S. 465. (191)

RANK, O. (Forts.) (1912 *a*) ›Aktuelle Sexualregungen als Traumanlässe‹, *Zentbl. Psychoanal.*, Bd. 2, S. 596. (146)

(1912 *b*) *Das Inzest-Motiv in Dichtung und Sage*, Leipzig und Wien. (212, 332)

(1924) *Das Trauma der Geburt*, Wien. (523)

RÉGIS, E. und HESNARD, A. (1914) *La psychoanalyse des névroses et des psychoses*, Paris. (37)

REIK, TH. (1915–16) ›Die Pubertätsriten der Wilden‹, *Imago*, Bd. 4, S. 125 und S. 189. (329)

(1920) ›Völkerpsychologische Parallelen zum Traumsymbol des Mantels‹, *Int. Z. Psychoanal.*, Bd. 6, S. 350. (466)

SACHS, H. (1912) ›Traumdeutung und Menschenkenntnis‹, *Jb. psychoanalyt. psychopath. Forsch.*, Bd. 3, S. 568. (210–11)

SCHERNER, K. A. (1861) *Das Leben des Traumes*, Berlin. (112, 161, 162, 168)

SCHRÖTTER, K. (1912) ›Experimentelle Träume‹, *Zentbl. Psychoanal.*, Bd. 2, S. 638. (465)

SCHUBERT, G. H. VON (1814) *Die Symbolik des Traumes*, Bamberg. (172)

SILBERER, H. (1909) ›Bericht über eine Methode, gewisse symbolische Halluzinations-Erscheinungen hervorzurufen und zu beobachten‹, *Jb. psychoanalyt. psychopath. Forsch.*, Bd. 1, S. 513. (465)

(1912) ›Symbolik des Erwachens und Schwellensymbolik überhaupt‹, *Jb. psychoanalyt. psychopath. Forsch.*, Bd. 3, S. 621. (465)

(1914) *Probleme der Mystik und ihrer Symbolik*, Wien. (239, 301)

SPERBER, H. (1912) ›Über den Einfluß sexueller Momente auf Entstehung und Entwicklung der Sprache‹, *Imago*, Bd. 1, S. 405. (175)

STÄRCKE, J. (1916) ›Aus dem Alltagsleben‹, *Int. Z. ärztl. Psychoanal.*, Bd. 4, S. 21 und S. 98. (76)

STEKEL, W. (1911) *Die Sprache des Traumes*, Wiesbaden. (239)

STRÜMPELL, L. (1877) *Die Natur und Entstehung der Träume*, Leipzig (104, 107)

TOULOUSE, E. (1896) *Émile Zola: enquête médico-psychologique*, Paris (261)

VOLD, J. MOURLY (1910–12) *Über den Traum* (2 Bde.) (deutsche Übersetzung von O. Klemm), Leipzig. (104–05, 109, 164, 240)

WUNDT, W. (1874) *Grundzüge der physiologischen Psychologie*, Leipzig. (104)

LISTE DER ABKÜRZUNGEN

G. S.	Freud, *Gesammelte Schriften* (12 Bände), Wien, 1924–34.
G. W.	Freud, *Gesammelte Werke* (18 Bände), Bände 1–17 London, 1940–52, Band 18 Frankfurt am Main, 1968. Die ganze Edition seit 1960 bei S. Fischer Verlag, Frankfurt am Main.
Studienausgabe	Freud, *Studienausgabe* (10 Bände), S. Fischer Verlag, Frankfurt am Main, seit 1969.

Sonstige in diesem Band verwendeten Abkürzungen entsprechen der *World List of Scientific Periodicals* (4. Auflage), London, 1963–65.

BILDNACHWEIS

Tafel gegenüber S. 160:

Traum des Gefangenen von Moritz von Schwind (Bayer. Staatsgemäldesammlungen, München)

Der Abdruck erfolgt hier mit freundlicher Genehmigung der Bayerischen Staatsgemäldesammlungen, München.

REGISTER DER FEHLLEISTUNGEN

Sofern die Fehlleistungen nicht von Freud selbst berichtet werden, ist die Quelle jeweils in Klammern angegeben.

REGISTER DER TRÄUME

Die Angaben in Klammern führen zuerst den Träumer, danach den Berichterstatter des Traumes auf.

SYMBOLREGISTER

Symbole

Das Symbolisierte

NAMEN- UND SACHREGISTER

Zusammengestellt von Frances Partridge und Angela Richards

In dieses Register sind sämtliche Namen nicht-wissenschaftlicher Autoren aufgenommen. Es enthält auch Namen wissenschaftlicher Autoren; die angegebenen Seitenzahlen beziehen sich jedoch auf Textstellen, wo Freud nur den Namen des betreffenden Autors, nicht aber ein spezielles Werk erwähnt. Für Hinweise auf bestimmte wissenschaftliche Autoren möge der Leser die Bibliographie konsultieren.

STUDIENAUSGABE · INHALTSÜBERSICHT

Band I — *Vorlesungen zur Einführung in die Psychoanalyse* (1917); *Neue Folge der Vorlesungen zur Einführung in die Psychoanalyse* (1933)

Mit einer biographischen Skizze Freuds von James Strachey, einer Einleitung von Alexander Mitscherlich, Erläuterungen zur Edition von Angela Richards *

Band II — *Die Traumdeutung* (1900)

Band III — *Psychologie des Unbewußten*

Formulierungen über die zwei Prinzipien des psychischen Geschehens (1911)
Einige Bemerkungen über den Begriff des Unbewußten in der Psychoanalyse (1912)
Zur Einführung des Narzißmus (1914)
Triebe und Triebschicksale (1915)
Die Verdrängung (1915)
Das Unbewußte (1915)
Metapsychologische Ergänzung zur Traumlehre (1917)
Trauer und Melancholie (1917)
Jenseits des Lustprinzips (1920)
Das Ich und das Es (1923)
Neurose und Psychose (1924)
Das ökonomische Problem des Masochismus (1924)
Der Realitätsverlust bei Neurose und Psychose (1924)
Notiz über den ›Wunderblock‹ (1925)
Die Verneinung (1925)
Fetischismus (1927)
Die Ichspaltung im Abwehrvorgang (1938)

Band IV — *Psychologische Schriften*

Der Witz und seine Beziehung zum Unbewußten (1905)
Der Familienroman der Neurotiker (1909)
Über den Gegensinn der Urworte (1910)
Zur Psychologie des Gymnasiasten (1914)

---

* [Im übrigen wird der editorische Apparat in diesem Gesamtinhaltsplan, der lediglich zeigen soll, welche Werke Sigmund Freuds in die einzelnen Bände der *Studienausgabe* aufgenommen wurden, nicht berücksichtigt.]

Ronald W. Clark
Sigmund Freud

688 Seiten, geb.
Mit ausführlichen Anmerkungen, einem Literaturverzeichnis sowie einem Namen- und Sachregister

Ronald W. Clark, Autor vielgerühmter Bücher über Einstein und Bertrand Russel, hat nach Auffassung von Fachleuten mit diesem Buch die für das nächste Vierteljahrhundert gültige Freud-Biographie geschrieben. Nach Veröffentlichung der bekannten Freud-Biographie von Ernest Jones in den 50er Jahren ist eine Fülle neuen Materials ans Licht gekommen, das neue Einsichten in Freuds Leben und seine Wirkung auf das Denken seiner Zeit vermittelt. Clark stützt sich auf bisher unveröffentlichte Briefe und Dokumente, auf Materialien aus Archiven in Amerika, Großbritannien und Osteuropa. Mit bemerkenswerter Objektivität erarbeitet der Verfasser ein neues, menschliches und aufschlußreiches Porträt des Arztes Freud, schildert eindringlich Freuds Kampf um Anerkennung und geht schließlich der Frage nach, wie die wissenschaftliche Leistung des Vaters der Psychoanalyse im Lichte heutigen Wissens einzuschätzen ist. Freud, der verwöhnte Lieblingssohn, Freud, der gelegentlich allzu sehr liebende Vater, der greise Patriarch, der einen vergeblichen Kampf mit seiner Krebskrankheit führt, aber auch der Mann, dessen Innenleben weit enger mit der Entwicklung seiner Theorien verbunden war, als er sich selbst einzugestehen wagte – all dies wird in Clarks einfühlsam geschriebenem Buch lebendig.

»R. W. Clarks Buch ist zweifellos die ausgewogenste und kenntnisreichste Freud-Biografie der letzten Jahre. Sie vermittelt tiefe Einblikke in Leben und Werk eines Mannes, der in seiner wissenschaftlichen Bedeutung mit Kopernikus und Darwin verglichen wurde und dessen Entdeckungen nicht nur Medizin und Psychologie, sondern auch Geisteswissenschaften, ja unser gesamtes kulturelles Leben in kaum überschaubarer Weise beeinflußt haben. Auch über 40 Jahre nach seinem Tod ist – obwohl viele seiner Ideen zum anerkannten Gemeingut geworden sind – der erbitterte Streit um wesentliche Teile seiner Lehre noch nicht zu Ende.« Lothar Hanisch

S. Fischer Verlag

Aus der Geschichte der Psychoanalyse: Protokolle der Wiener Psychoanalytischen Vereinigung

Herausgegeben von Herman Nunberg † und Ernst Federn
Übersetzung der Einleitung
und Anmerkungen von Margarete Nunberg
Band 1: 1906–1908
Band 2: 1908–1910
Band 3: 1910–1911
Band 4: 1912–1918

»Vom Jahre 1902 an«, schrieb Freud in seiner ›Geschichte der psychoanalytischen Bewegung‹, »scharte sich eine Anzahl jüngerer Ärzte um mich mit der ausgesprochenen Absicht, die Psychoanalyse zu erlernen, auszuüben und zu verbreiten... Man kam an bestimmten Abenden in meiner Wohnung zusammen, diskutierte nach gewissen Regeln... Der Kreis umfaßte übrigens nicht nur Ärzte, sondern auch andere Gebildete..., Schriftsteller, Künstler usw.«
Zwischen 1906 und 1918 wurden diese Sitzungen regelmäßig protokolliert. Als Freud 1938 nach London emigrierte, übergab er das Originalmanuskript der Protokolle dem Psychoanalytiker Paul Federn; ihm gelang es, das unschätzbare Dokument aus den Anfängen der Psychoanalyse zu retten. Freuds Diktum, es sei schwer, Psychoanalyse als Vereinzelter zu treiben, sie sei ein »exquisit geselliges Unternehmen«, wird hier höchst anschaulich demonstriert. Der Leser kann sich als stummen Zeugen eines spontanen schöpferischen Gruppenprozesses erleben, sich vom Entzücken über die frühen Funde anstecken lassen und in Freuds Beiträgen und Diskussionsvoten dessen Denk- und Argumentationsstil sowie seinen Umgang mit den Schülern unmittelbar kennenlernen. Die verschiedenen Gruppenmitglieder und Gäste werden als Personen lebendig, die in den Kreis nicht nur ihre zum Teil kontroversen und konkurrierenden Ideen einbrachten, sondern auch ihre persönlichen Schwierigkeiten und Nöte.
Alle vier Bände der ungekürzten Protokolle sind ausführlich von den Herausgebern kommentiert. Der letzte Band enthält das Gesamtregister.

S. Fischer Verlag

Sigmund Freud
Das Motiv der Kästchenwahl
Faksimileausgabe

Mit einem Nachwort von Heinz Politzer
Herausgegeben von Ilse Grubrich-Simitis
Einmalige Auflage 1977. 64 Seiten und 16 Seiten Transkription

»Zwei Szenen aus Shakespeare, eine heitere und eine tragische, haben mir kürzlich den Anlaß zu einer kleinen Problemstellung und Lösung gegeben.« Mit diesem einfachen Satz beginnt Freud seinen meisterhaften literarischen Essay, der jetzt als vollständiges Faksimile vorliegt. Die heitere Szene ist die Wahl der Freier der Porzia zwischen drei Kästchen im ›Kaufmann von Venedig‹, die tragische die Szene im ›König Lear‹, in der Lear das Reich unter seine drei Töchter aufteilt. Die Porzia-Szene gab dem Essay den Titel, den Schwerpunkt aber legt Freud auf die Problematik des Lear. Was haben die drei Frauen zu bedeuten, zwischen denen er zu wählen hat? Und warum muß die Wahl auf die dritte, die Cordelia, fallen? Um diese Frage zu beantworten, verläßt Freud die Dichtung und zeigt die Verankerung der Dreierwahl im Mythos. Was haben Menschen ganz verschiedener Kulturkreise mit diesem Motiv zu bewältigen, zu verbergen versucht? In einer Serie von Deutungsschritten, in der Freud Mythos und Dichtung nach psychischen Abwehrmechanismen abklopft, gibt er die Lösung: Es geht um die Auseinandersetzung mit dem Tod. Was als Naturgesetz jedes Menschen Leben beendet, wird zur »Wahl« verharmlost, was der Tod bzw. die Todesgöttin ist, erscheint als die begehrenswerteste Frau, die Liebesgöttin. Doch Shakespeare hebt am Ende des ›Lear‹ die Entstellung auf. Und Freud schließt: »Ewige Weisheit im Gewande des uralten Mythus rät dem alten Manne, der Liebe zu entsagen, den Tod zu wählen, sich mit der Notwendigkeit des Sterbens zu befreunden.«
In seinem Nachwort untersucht Heinz Politzer den biographischen Hintergrund für die Entstehung der Arbeit. – Das Faksimile ist, mehrfarbig, im Originalformat der von Freud benutzten großen Bogen reproduziert. Die Edition enthält ferner eine Transkription sowie Hinweise von Ilse Grubrich-Simitis auf Freuds Schreibgewohnheiten.

S. Fischer Verlag

Psychoanalytische Grundbegriffe
Eine Einführung
in Sigmund Freuds Terminologie und Theoriebildung

Herausgegeben von Humberto Nagera
Unter Mitarbeit von
S. Baker, A. Colonna, E. Dansky, R. Edgcumbe, E. First,
A. Gavshon, A. Holder, G. Jones, M. Kawenoka, L. Kearney,
E. Koch, M. Laufer, C. Legg, D. Meers, H. Nagera (Hrsg.),
L. Neurath, P. Radford und K. Rees

Mit einem Vorwort von Anna Freud,
Literaturverzeichnis, Gesamtbibliographie der veröffentlichten
Schriften Sigmund Freuds, Stichwortverzeichnis
Band 6331

»Eine Untersuchung der Geschichte psychoanalytischer Grundbegriffe von ihrem ersten Auftauchen in den frühen Schriften Freuds bis zum letzten Band seiner gesammelten Werke« – so charakterisierte Anna Freud den Inhalt des vorliegenden Handbuches, das von Professor Dr. Nagera und seinen Mitarbeitern im Rahmen eines mehrjährigen Forschungsprogramms an der von Anna Freud geleiteten *Hamstead Child Therapy Clinic* erarbeitet wurde. In übersichtlichen Kapiteln werden alle wesentlichen psychoanalytischen Konzepte, die Sigmund Freud in einem langen Forscherleben entwickelt und vielfach modifiziert hatte, im historischen Zusammenhang vorgestellt. Ziel des vorliegenden Bandes ist es, dem Fachmann wie dem an Psychoanalyse interessierten Laien den Zugang zum umfangreichen Freudschen Gesamtwerk zu erleichtern und gleichzeitig Mißverständnisse oder gar Falschdarstellungen durch isoliertes Herausgreifen von Einzelheiten zu verhindern. In der wissenschaftlichen Öffentlichkeit wird das Handbuch als »unschätzbare Hilfe« bezeichnet.

Fischer Taschenbuch Verlag

Hermann Glaser
Sigmund Freuds Zwanzigstes Jahrhundert

Seelenbilder einer Epoche
Materialien und Analysen
Band 6395

»Dieses Buch erzählt von einem großen Mann und einer armen Zeit; von einem armen Mann in einer Zeit, die in vielem groß war, der aber dann, als sie sich selbst groß wähnte, alles in Scherben zerfiel; es erzählt, wie diese Zeit sich als die Zeit des großen Mannes erwies, und der Mann als Mann der armen Zeit.« So beginnt Hermann Glaser sein materialreiches Buch über Freud und das 20. Jahrhundert, über die Psychoanalyse und die Möglichkeiten psychoanalytischer Soziologie.

Ausgehend von den kulturphilosophischen und gesellschaftskritischen Schriften wird die »Seele« des Zeitalters beschrieben, wie sie sich in den politischen, sozialen und kulturellen Bewegungen um die Jahrhundertwende bis zum Zweiten Weltkrieg manifestiert – und wie sie Freuds Theorie selber bestimmte: Er war ein Bürger dieser Zeit, er deutete seine Zeit als Bürger.

Auf der Couch der Psychoanalyse wurde nicht nur der einzelne analysiert, sondern auch die Gesellschaft, die nach Freud nichts anderes ist als ein »umfangreicher Mensch«. Von der »›Kulturellen‹ Sexualmoral und die moderne Nervosität« (1908) bis zum »Unbehagen in der Kultur« und zu der Frage »Warum Krieg?« (1933) wird der Weg des Freudschen Denkens nachgezeichnet, das bis heute seine moralische und intellektuelle Kraft nicht verloren hat.

Aber Hermann Glaser beläßt es nicht dabei, die psychoanalytischen Kategorien auf die Sozialpsychologie zu projizieren. Er behält stets die gesellschaftliche und politische Praxis der Gegenwart im Auge, die den Erkenntniswert der Freudschen Traktate erst in Ansätzen zur Kenntnis genommen hat.

So ist sein Buch auch im Hinblick auf das letzte Drittel dieses Jahrhunderts geschrieben und denen empfohlen, die es in der Hand haben oder in die Hand nehmen wollen, den gesellschaftlichen Prozeß in einen menschlichen zurückzuführen.

Fischer Taschenbuch Verlag